W9-ADA-749

国家“十三五”重点图书

当代经济学系列丛书
Contemporary Economics Series
主编 陈昕

（第九版）

微观经济学
现代观点

［美］哈尔·R.范里安 著
费方域 朱保华 等 译

格致出版社
上海三联书店
上海人民出版社

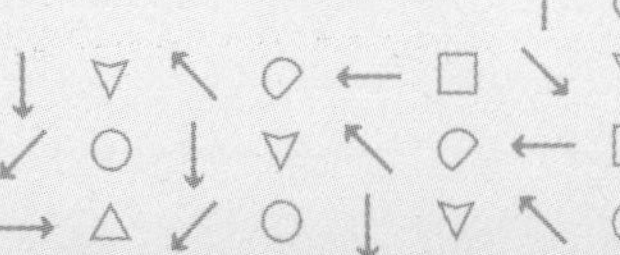

主编的话

上世纪80年代，为了全面地、系统地反映当代经济学的全貌及其进程，总结与挖掘当代经济学已有的和潜在的成果，展示当代经济学新的发展方向，我们决定出版"当代经济学系列丛书"。

"当代经济学系列丛书"是大型的、高层次的、综合性的经济学术理论丛书。它包括三个子系列：(1)当代经济学文库；(2)当代经济学译库；(3)当代经济学教学参考书系。本丛书在学科领域方面，不仅着眼于各传统经济学科的新成果，更注重经济学前沿学科、边缘学科和综合学科的新成就；在选题的采择上，广泛联系海内外学者，努力开掘学术功力深厚、思想新颖独到、作品水平拔尖的著作。"文库"力求达到中国经济学界当前的最高水平；"译库"翻译当代经济学的名人名著；"教学参考书系"主要出版国内外著名高等院校最新的经济学通用教材。

20多年过去了，本丛书先后出版了200多种著作，在很大程度上推动了中国经济学的现代化和国际标准化。这主要体现在两个方面：一是从研究范围、研究内容、研究方法、分析技术等方面完成了中国经济学从传统向现代的转轨；二是培养了整整一代青年经济学人，如今他们大都成长为中国第一线的经济学家，活跃在国内外的学术舞台上。

为了进一步推动中国经济学的发展，我们将继续引进翻译出版国际上经济学的最新研究成果，加强中国经济学家与世界各国经济学家之间的交流；同时，我们更鼓励中国经济学家创建自己的理论体系，在自主的理论框架内消化和吸收世界上最优秀的理论成果，并把它放到中国经济改革发展的实践中进行筛选和检验，进而寻找属于中国的又面向未来世界的经济制度和经济理论，使中国经济学真正立足于世界经济学之林。

我们渴望经济学家支持我们的追求；我们和经济学家一起瞻望中国经济学的未来。

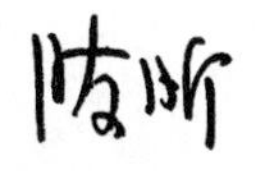

2014年1月1日

译者的话

（一）

经济学是研究如何将稀缺的资源有效地配置给相互竞争的用途的科学。自从莱昂内尔·罗宾斯的《论经济科学的性质和意义》一书于1935年问世以来，这个定义就一直在英美等国教科书中占据统治地位。国内大多也都在这个意义上使用“现代西方经济学”一词。

古希腊人最早创造了经济学这个名词，但只赋予它齐家之道即家庭管理法则的意思，而没有将它视为莱昂内尔·罗宾斯所提出的研究领域。到了1615年，就有一位不重要的重商主义者蒙克莱田·德瓦特维尔，出于“生财之学，于家于国皆同”的辩争，首次将经济学称为政治经济学。但是，政治经济学作为一门新兴的社会科学，却还是在古典经济学问鼎欧洲以后才被人们普遍接受。它集科学、道德、哲学和技能于一身，熔理论原则、实际政策、科学证据和政治辩护于一炉，始终关注国民财富和经济的增长。

整个19世纪，政治经济学沿着两个不同的方向发展。一个方向是把现存的制度当作外在的、既定的或从来就有的社会秩序，强调将复杂的社会现象简约成某种可以像物理学那样准确把握的东西进行研究，试图以此来达到净化经济学科的目的。另一个方向是对既定的社会制度本身提出疑问和否定，强调将生产关系作为主要内生变量进行研究，试图以此来达到拨正经济学科的目的。

在西方，第一个方向被描述成经济学科从本来具有道德、政治和规范特点的政治经济学转换成为具有工具、科学和实证特点的经济学的过程。其间，一方面，是经济学从传统意义的伦理哲学中分离出来，只研究可以完全用目的和手段来刻画和判断的人类理性行为。这也就是说，经济学中的人，不再是有丰富情感、有爱人之心的活生生的人，而是帕累托称呼的那种有动机、有能力寻求自己最大利益的抽象的“经济人”。趣语“经济学节约了爱”,指的就是这种情况。另一方面,是经济学的分析和论证尽量仿效精密科学尤其是数学和物理学的做法。市场交换关系被看作可用方程组表达的自发趋于和谐一致的系统,对于经济活动的理解,就从这种系统的假设中取得。艾尔弗雷德·马歇尔1890年出版的《经济学原理》和里昂·瓦尔拉斯1874年出版的《完全经济学要义》,对这个阶段的演进作了影响深远的总结。此后相当长的一个时期里,政治经济学这个词从经济论著的标题中消失了。奠定在古典经济学和边际主义综合基础上的新古典经济学,成为主流经济学。这就是罗宾斯定义的经济学。

稍后,经济学进一步分蘖为微观经济学和宏观经济学。不论经济学是合还是分,微观经济学的基础和核心的地位,实际上始终没有发生过丝毫动摇。微观经济学的研究对象是生产什么、怎样生产和为谁生产;研究领域是消费者理论、生产者理论、市场理论、分配理论、一般均衡理论、福利经济学、市场失灵和政府作用理论;除了无法回避的规范分析以外,研究方法主要是实证分析,大量采用数学技术。

微观经济学的发展,主要经历了这样几个阶段。第一个阶段,从古典到马歇尔、瓦尔拉斯,主要借助文字和图表,对供给(穆勒)、需求(杰文斯)、分配(克拉克)、单个市场(马歇尔)和多个市场(瓦尔拉斯)的交换与价格决定等方面的问题作了开创性的研究。第二个阶段,到希克斯和萨缪尔森,主要运用微积分,对消费者理论、生产者理论、不完全竞争理论、一般均衡理论、福利经济学等进行重塑和补充。第三个阶段,到阿罗和德布鲁,主要运用集合论和线性模型,在效用函数理论、竞争均衡和最优性问题、不确定性条件下的均衡、投入产出分析和博弈论等方面取得重大成就。第三个阶段,到当前,综合运用各种方法,发展了交易成本、产权、非均衡、X效率、寻租、信息、次优、机会选择、资产定价、资产组合、跨时期分析、整体分析和对偶分析等一系列新的理论和方法,大大拓宽了传统的学科边界和应用领域。

但是,从亚当·斯密至今,上下几百年,贯穿全部微观经济学(或者经济学)的主题,我看却始终只是一个,那就是经济自由主义信条:在自由市场经济中,大量自由的、极端自利的、追逐最大利润和最大效用的个人的分散活动,经由价格和竞争机制调节,会自动趋于和谐、有序、均衡,达到最佳效率状态。在此意义上可以说,对于该信条的证明的日趋严密和简洁,就是微观经济学的日趋成熟和精确。

传统的经济学理论侧重从公理化的视角抽象地分析问题,对于一些现实经济现象的解释能力受到了人们的质疑。因此,需要在研究理性消费者最优选择的基础上,进一步借鉴心理学的研究成果,研究消费者实际上如何进行选择;在构造精美的分析模型的基础上,进一步介绍描述精细的行为模型;在新古典经济理论可以解释和预测的范围之外,进一步确认行为经济理论可以解释和预测的重要经济现象。由于消费者选择行为是标准新古典经济理论最基础、最优美的部分,而行为经济学的很多部分,又都是在总结选择行为新的基础、建立新的概念体系以解释原有新古典经济理论所不能解释的异常经济现象的过程中拓展和完善起来的。

然而,无论从概念、原理以及方法的普适性、一致性和简易性程度,还是从理论的解释力、预测力和应用范围,或是从它们对个人、企业和政府的政策意义来看,同新古典经济学相比,似乎更应该从整体上将行为经济学看作一种新的经济学范式,看作当今发展得很快、成果很丰富、影响力也很大的一个经济学领域。诚然,在如假设的作用和性质,合适的调查方法,经验事实的价值,理性、效率和最优化问题等许多基本方面,这个领域的学术领袖们还都有着十分不同的看法;在共同理解一致的心理学框架下,在如跨时选择和社会偏好等许多论题中,通常也都只并存着很多适用于不同情况的模型,而还没有提炼出一个被普遍接受的一体化的模型。

行为经济学的开创性工作是20世纪70年代末作出的,主要反映在两篇文章中。一篇是丹尼尔·卡尼曼(Daniel Kahneman)和阿莫斯·特沃斯基(Amos Tversky)于1979年发表的《前景理论:风险条件下决策的分析》,文中提出了许多奠定行为经济学学科性质的新概念,如参照点、损失规避、效用度量、主观概率判断等。另一篇是理查德·塞勒(Richard Thaler)于1980年发表的《实证消费选择理论》,文中提出了心理账户等概念。20世纪80年代,越来越多的经济学家和心理学家进入这个领域,更多的现象得到解释,经济行为的心理学基础研究日益完善。为了肯定行为经济学这一崭新的研究方向,2002年度的诺贝尔经济学奖授予了卡尼曼和实验经济学的奠基者弗农·史密斯(Vernon Smith),后者的开创性工作为经济学家们提供了在实验室条件下观察人类行为倾向的有效途径。

微观经济学侧重讨论经济个体的选择,作为社会成员的经济个体的选择与社会整体的选择之间是否应该存在必要的联系呢?讨论整个社会如何按照一定的程序将经济个体的不同选择汇总成社会选择的理论方法构成了经济机制设计的主要问题。一般认为,利奥尼德·赫维茨(Leonid Hurwicz)是经济机制设计的开创者,但赫维茨提出的经济机制设计的研究方法比较传统,强调实现既定政策目标所需要的信息量。赫维茨最初考虑经济机制设计问题时,主要是在纯交换经济的背景下考虑实现帕累托有效率均衡的个人之间的信息如何进行交换,以及信息交换机制如何决定均衡结果的问题。赫维茨的研究工作的最大贡献是奠定了激励相容(incentive compatibility)的概念,并证明了以下定理:在纯交换经济中,满足参与约束(participation constraint)的激励相容的机制不能实现帕累托有效率的结果。在纯交换经济中,所谓参与约束就是人们愿意进行交换的条件。

既然不存在实现帕累托有效率均衡结果的同时满足参与约束的激励相容的机制,赫维茨提出了能否在更弱条件下寻找实现帕累托有效率的均衡结果的信息交换机制的问题。事实上,赫维茨的研究也提及了博弈的纳什均衡与机制设计的问题,但没有具体展开。针对赫维茨提出的寻找更弱条件的信息交换机制的问题,涌现了关于显示原理(revelation principle)的研究工作。显示原理表述的内容是:任何机制的均衡结果都可以通过激励相容的直接机制(direct mechanism)予以重现。对直接机制的简单解释是:博弈参与者直接依据自身的特征类型传递信息,而不是在伪装自身的特征类型的基础上再传递信息。因此,有些文献将直接机制表述为参与者类型的种类数等于信息集合的元素个数或参与者真实表示自己的偏好。借助显示原理,可以缩小寻找实现帕累托有效率的均衡结果的各种可能机制的范围。罗杰·迈尔森(Roger Myerson)的研究工作则说明了显示机制不仅适用于私人信息的问题,还适用于以道德风险为代表的隐藏行为(hidden action)问题。

针对寻找对应更弱条件的实现帕累托有效率的均衡结果的机制的问题,一种自然想法是考虑将希望实现的目标理解成博弈的纳什均衡的结果,以寻找相应形式的博弈。换言之,机制设计问题是否可以解读成能否找到相应的博弈,使得希望实现的目标成为博弈结果的问题。为此,埃里克·马斯金(Eric Maskin)研究了通过博弈的纳什均衡实现既定目标的条件,证明了只要满足一定的前提条件,就可以通过纳什均衡实现既定目标的马斯金定理。

此外,有些文献将经济机制设计理论称为实施(implementation)理论,但一般认为实施和机制设计之间还是存在差异。通常的倾向是,机制设计理论侧重讨论满足无策略操作性(strategy-proof)或贝叶斯激励相容的直接机制,较少讨论真实表示自己偏好以外的均衡结果;而实施理论侧重讨论以博弈均衡为预定理想目标的各种博弈及相应博弈均衡的性质。

传统与革新,从历史上看是承继的,从逻辑上看是螺旋上升的。这合乎认知规律,所有的科学都是这样前进着的。从亚里士多德和阿基米德,到牛顿、爱因斯坦和波尔,人类在不断地积累和丰富对于物理世界的认识。在这个领域,人们似乎没有也好像不需要,因为前人的睿智而让他们的光芒将所有的后人送入阴影,或者因为后人的辉煌而将前人的贡献一笔抹杀。类比于此,经济科学也应该这样对待自己的思想发展史。不了解新古典经济学,就很难理解现代经济学,因为,经济学所有重大的新成就,都是以新古典经济学为基准,都要借助于它的一些概念与工具。像新古典经济学这样有着如此深广影响的学说,总包含着人类对经济世界的真知灼见。所以,本书以新古典经济学作为主体,而把合同论、博弈论等留给其他专门的教材来作更多介绍,道理其实就像有了现代数学和现代物理,数学和物理学还是将拓扑学和量子力学作为专门课程,而仍然把微积分和普通物理单独作为基础课程一样。在更新的能让这些传统和革新都在自身内部找到恰当位置的体系诞生以前,这种新旧并存的局面恐怕还要持续相当长的时间。

以上所述是现代经济学或所谓的“现代西方经济学”的大致演进脉络,也是本书的学科背景。

(二)

本书第二版中译本自1991年面世以来,被很多高等院校和科研机构长期用作核心教材,深受师生们的欢迎。它的广泛流行,反映了改革开放后的中国认真学习现代经济理论的热情和能力;它的成功普及,见证了思想解放后的中国创造增长奇迹的伟大实践。

一本普通的中级经济学教材,为什么能拥有如此之多的读者而且长盛不衰呢?一本翻译过来的外国教材,为什么在中国也能如此长久地赢得广大读者呢?一本如此成功的教材,为什么还要不断地增补挑战新古典经济学范式的新理论和新方法,而同时又继续保留新古典经济学的主体地位呢?在中国的经济学教学中,为什么有必要大量使用这样一类教材?并且,为什么说这对于我们培养出经世济国的人才,推进改革,发展经济,在中国的具体国情下运用现代经济学理论是条捷径,是个良方呢?这些正是译者想要在此处进一步讨论,同时也是眼下需要再次加以回答的问题。

众所周知,一部优秀的中级经济学教科书,应该能够通过围绕它的训练,帮助读者准确掌握经济学的基本原理和基本方法,使得他们可以凭借它为基础来研修高级课程和其他学科，攻读学术文献，或者，也可以凭借它来弄清经济政策和形势，做好实际工作。而要达到这个标准，这部教材就必须既能够深刻理解现代经济学，牢牢把握主流和前沿；又能够明快表述现代经济学，使之合乎逻辑，合乎历史，容易领悟，容易贯通。

本书就是这样的一部优秀教材。首先，它在众多的现代经济学说中，紧紧抓住了新古典经济学这个主流，并将它作为全书的主体详细展开。新古典经济学之所以能长期占据支配地位，第一是因为，它能始终扣住并不懈求索现代社会和现代经济学关注的主要问题：价值决定和资源配置，并不断地推进和更新对于这个问题的认识水平。它对于福利经济学第一和第二定理的严格证明，分别明确了竞争性均衡实现帕累托最优的条件，以及在实现帕累托最优时通过市场机制进行资源配置的条件，从而既为市场（竞争，价格）在价值决定和资源配置中发挥基础性作用的完美和力量提供了理论根据，又为政府干预和市场失灵提供了理论根据。第二是因为，它能在漫长的发展过程中，不断地寻找和完善可以使它的各个概念、命题、法则得到统一界定和证明的方法论基础。它的理论可以从一些简单的公理推出，可以用数学的一般化形式来表述。这标志着它的成熟，也解释了它为何具有主宰和服务其他各经济学分支或应用经济学学科的根基性地位的原因。第三是因为，它能把自己构造成一个开放、吸纳的体系。认识总是先片面再比较全面的，比如，从"主观效用"发展到"效用是偏好的描述方式"，从"偏好"发展到"显示偏好"。认识总是由浅入深，由简单到复杂的，比如，从"确定性"发展到"不确定性"，引出了期望效用、风险态度、确定性等价等概念，从"决策"发展到"对策"，引出了一整套博弈理论。认识也总是由此及彼，由表及里的，比如，斯勒茨基方程对吉芬商品等现象的解释，产权与外部效应的关系。因此，一个科学的体系必须要能够扬弃旧知识，接受新知识。越是宽容、能接纳的体系，越有生命力，也越有征服力。独断不是科学态度。新古典经济学体系庞大，内容丰富，本书的一个突出优点，就是它能在中级水平上，系统而不破碎、准确而不含糊、推演而不武断地将这个理论的全部精华生动地展现出来。当你在书中读到像"边际替代率的含义"这样的章节的时候，你就会深深了解，这种功力的确来自作者对市场的深刻洞察和对理论的透彻理解。

其次，它紧紧抓住了主流经济学的发展和前沿。上个世纪在微观经济学领域，对传统新古典经济学的责难和反思在几个方面取得了突破性的成就。第一是20世纪30年代开始的科斯革命。它提出了这样一些带有根本性质的大问题：为什么有的（什么样的）经济活动在市场中进行，而有的却在组织（如企业）中进行？产权、法律、组织（通过交易成本）对此有什么影响（为什么是重要的）？当经济活动发生在组织里面时，调节行为和配置资源的机制与市场机制有些什么样的不同？此前，传统新古典是不讲产权，不讲制度，不讲法律，不讲政治，不讲组织的，科斯革命之后，便逐渐产生了建立在新古典分析基础之上的产权经济学、新制度经济学、法经济学、政治经济学和组织经济学等新兴分支学科，它们滋养、丰富和推动着理论经济学主干的拓展和深化。在传统新古典经济学那里，企业只是个黑匣子，只是生产函数和成本函数。企业的性质（为什么要有企业）和企业的边界（与市场的界线如何决定）是什么？企业内部各层级、各单元的激励和协调如何进行？这些基本的企业理论问题都没有得到研究，甚至都没有被恰当地提出来。而到现在，经济学却有了直接回答这些问题的委托—代理观点的企业理论、交易成本观点的企业理论以及不完全合同与产权观点的企业理论,等等。第二是20世纪六七十年代兴起的以阿克洛夫、斯蒂格里茨和斯宾塞为代表的信息经济学,它被视为经济学流行范式的根本改变。它提出的基本问题是:如果信息是不完全的,获取信息是要花费成本的话,传统的竞争均衡模型是否还继续有效?市场机制配置资源的功能是否还继续有效?在信息(事前或/和事后)不对称情况下,应该怎样解决逆向选择问题和道德风险问题?经济学应当如何引入信息问题,是作为自身的一个分支学科,还是将传统理论全部重写?传统新古典是以完全信息为假定前提的,而新范式的倡导者则认为,放松这个假定,竞争均衡就可能不存在,或者即使存在,也不是帕累托最优的均衡。他们还认为,旧范式不是没有看到信息问题,而是没有办法将它们纳入模型。因此,他们积极地发展起了信息经济学,或叫激励理论或委托—代理理论,以便处理信息问题;同时,也将它们积极地用于市场经济学、政治经济学、公共经济学(政府的作用)等方面的研究之中。第三是以冯·诺伊曼和奥斯卡·摩根斯坦1944年出版的《博弈论与经济行为》为标志确立,再经过纳什、海萨尼和泽尔腾(1994年诺贝尔经济学奖得主)、谢林和奥曼(2005年诺贝尔经济学奖得主)、夏普利、库恩、塔克、鲁宾斯坦等许多人的杰出工作而迅猛发展起来,并在经济学中取得中心地位的博弈论。它的开创者认为,新古典经济理论通过完全竞争假定(通过假设使价格成为给定),把经济人决策归结为可以规避博弈分析的一个单人简单最大化问题。但实际社会活动几乎都涉及策略互动,所以需要靠博弈论来分析。这个理论提出的问题是:应该怎样(以什么工具)解释不同利益主体之间的互动(冲突与合作)?在相互依赖的策略互动的情况下,人们应该如何选择理性行为,即采用什么策略,形成何种联盟?能否找到一个既相互联系而又根本上统一的方法论?能否既与市场竞争均衡贯通,又能应用于制度和组织中的激励设计?博弈论发展了一系列博弈均衡的概念和定理,形成了包括完全完美信息(静态与动态的)和不完全不完美信息条件下的非合作博弈理论、讨价还价理论、合作博弈(合同关系)理论、演进和学习博弈理论、实验博弈理论在内的庞大体系,并被频繁、广泛地应用于各种经济问题的分析之中。

本书的另一个突出优点,是它能在同样的中级水平上,通过市场失灵的逻辑联系,巧妙地将信息理论与外部效应摆放在了一起,将应用博弈理论与寡头理论贯穿到了一起,将拍卖作为市场形式和市场设计与市场供求均衡连接了起来。也许是太想体现新古典经济学在分析消费者行为与厂商行为时方法上的一致性,本书没有讨论企业的性质,也没有打开企业这个黑匣子。米尔格罗姆和罗伯茨在他们的《经济学、组织与管理》一书中,对这一问题是这样处理的,比如,先介绍传统新古典经济学的工资的供求决定模型,然后指出它的不实际,再详细阐述现代激励报酬理论。本书作者其实也完全可以这样对待企业理论,当然对于他作过特别研究并特别熟悉的信息技术那一章,他就是这样做的。

越是成功的经济学家,越是懂得这样一个道理:没有旧知识的积累,就不会有新知识的拓展;经济学的进步,靠的是一代又一代人的努力。因此,他们在重视学术论文的同时,也十分关注概览和教材。在西方,许多站在科学前沿,研究成果卓著的知名经济学家,都肯拿出时间亲自动手或主持撰写经济学教科书,原因也就在这里。

由经济学家写的教科书,同非经济学家写的相比,在视野、领悟、贯通、确切、适用等许多方面,显然有很大的不同。本书作者哈尔·R.范里安是位经济学家,在密歇根大学、加州伯克利大学执教多年，现任谷歌的首席经济学家。下面，我们就以他的这本书作为“典型”来分析一下，就反映西方微观经济学的本来面貌而言，经济学家笔下的教科书，怎样地有别于非经济学家编写的教科书。换言之，也就是借本书说明，一本好的教科书应该具备怎样的特点，在经济学的传播、继承、应用和创新过程中，能够发挥怎样的作用。那么，什么是本书所具备的主要特点和所能发挥的主要作用呢？

富有内容，使微观经济学的全部历史发展，在这里得到完整的逻辑展开，设立阶梯，使依赖它完成知识准备的读者，能一下子“站在前人肩膀上”，是本书第一个方面的特点和作用。突出方法，竭力推行适宜中级水平的微观经济学的分析技巧，提供工具，使学生一下子就能够掌握成套善事的利器，是本书第二个方面的特点和作用。注重应用，理论和方法都密切联系现实问题，启发诱导，培养学生运用所学到的知识和技巧解决实际问题的能力，是本书第三个方面的特点和作用。

微观经济学研究理性的个人在一定的资源限制下所能作出的最优选择。因此差不多所有的个人行为模型，形式上都可以归结为用最优化方法来处理的问题：通过确定进行选择的主体、可行范围和目标，在选择变量受约束的条件下，求目标函数的极大值，从而使得数学规划成为讨论如何求解和解如何随参量变动的一般条件的极为便利的工具。另一方面，由于任何个人的最优选择都是所有其他个人最优选择的函数，所以对于市场供求相等的经济均衡的研究，在形式上就可以归结为对于联立方程组的解的存在性、唯一性和比较静态性质的研究，因而可充分地利用有关的数学工具。极大化原理和均衡原理，是在构筑和分析微观经济学模型时最经常使用的技巧，也是本书竭力推行的基本分析方法。

为此，作者颇费了一番苦心。一方面，运用微积分，显然，这样不仅可以使许多论证变得相当简洁、严密，而且，由于微积分的灵巧和精确，常常还可以使所研究的问题得到更深刻的理解和印象。但另一方面，考虑到那些缺乏数学准备的学生可能会遇到的困难，又不得不将微积分内容作为附录，而将正文的数学分析限制在初等代数的水平上。可贵的是，即使这样，也还要让学生能体会经济分析严密的逻辑推理，能养成用等式或数字表示经济问题的习惯，能学会给经济问题以定量回答的本领。因此，我们在书中见到的是详细说明的基本概念、明确交代的假设条件和由假设到结论的周密严格的数理推导。不管分析是用数学符号、图表说明，还是用文字阐释处理，构成分析基础的实质上都是已被作为标准形式采用的公理化方法。深入浅出，用简易的运算和分析推出通常由高深奥秘的现代数学证明的结论，又不失论证的严密性和一般性，不能不说是本书获得成功的重要原因。

此外，大量列举具体例子，生动说明理论和方法如何付诸实践。各种例子可分为两类，一类是虚拟的，另一类来自报告文献。目的是借以启示学生，应该怎样把要解决的实际问题，转换为能用标准的微观经济学方法处理的形式，再通过图形分析和代数求解，找出量化了的并被赋予了经济含义的答案。这样做不仅可使学生的直觉、抽象能力、建模技巧、解题水平得以提高，而且理论的经验意义也显得更为明朗：可以并且应该加以应用和得到检验。

以上是本书称得上微观经济学“典范”教材的根据，也是我们在众多的同类教材中选择翻译它的原因。

原著从初版至今，已出版到了第九次。这里奉献给读者的，正是第九版的中译本。用作者的话来说,前八版获得了令他感到非常高兴的成功。这些版本在目的、架构、体例等方面一脉相承,保持了主旨上突出标准理论和分析方法(基本概念和定量解答),篇章上强调模块结构和逻辑顺序,论述上力求完整准确和详细易懂的显著特点。不同的只是,后续的版本逐渐地新增了"拍卖"、"博弈论的应用"、"信息技术"、"行为经济学"、"经济机制设计"、"测度"等章节,这些章节或者借助传统理论与方法分析新的经济问题,或者概括成功地应用于经济分析的新理论和新方法。

第七版区别于前六版的主要地方,是增补了"行为经济学"一章。由于行为经济学只是主要作为传统消费者理论的对照、补充和替代,而不是作为完整的新经济学范式来介绍给读者的,内容相对简要扼要。第八版主要结合经济理论的发展趋势,增添了经济机制设计的内容,并运用经济机制设计的思路改写了有关公共物品供给等章节,增加了碳税和限额交易、网页广告位置拍卖、双边市场、配对稳定性等应用分析,帮助人们理解经济学家在解决现实世界中出现的新问题时所使用的经济工具。第九版主要增添了介绍计量经济学的部分基本概念的"测度"一章,以及有关拍卖的补充内容和新示例。

本书的几次新版,陆续地引入了经济学新的研究成果。这其实是一次次地在提醒我们,经济学是开放的、实践的、与时俱进的科学,它的生命活力在于,它与现实的缺口和距离可以由它自身的发展来填补和缩小。

(三)

现代经济学或所谓的"现代西方经济学"是在西欧和美国的土壤上培育出来的。美国的经济学教科书,讨论的主要是美国经济,明显地刻着那里的制度烙印。当它们被介绍到具有不同文化、政治、经济背景的国家中去的时候,不可避免地会发生这样一个问题:它们能有多大程度的适用性?虽然,这个问题归根结底必须诉诸经验事实的回答,可是,人们却总愿意先从理论上来对它作一番探讨。

一部分西方国家的经济学家认为只存在一种经济学,即罗宾斯所定义的那种经济学。这种经济学的原理,在某种意义上说,脱离了经验主义的观察和对政策的关心,完全独立于时间和空间,因此,具有普遍的适用性。

然而,经济学是经验科学,它的研究对象是一定社会关系中人们利用有限物质资源满足各种需要的物质生产活动,它以理论思维的方式把握人们的这种经济活动。因此,不论是对人与人关系的洞悉,还是对人与物关系的观察,它的内容都应该在现实中存在原型,它的每一个概念、每一则命题、每一条原理,都应该得到逻辑的证明和实践的检验。由于认识和实践总是在一定的社会历史条件下进行的,所以同其他科学一样,经济学所揭示的,也都是有条件的真理:一方面,只在一定的条件下成立,在特定的时空中起作用;另一方面,只要条件具备,就不受时空限制,总会起作用。

经济学亦是社会科学。与自然科学不同,经济学的研究对象,不是独立于人之外,先于人类就已存在的自然界的运动规律,而是人参与其中,随着人们社会实践的发展而逐步展示的经济运动规律。人们的经济活动是社会历史活动,所以,每一个历史时代都有那一个历史时代的规律,处于不同发展阶段上的国家,肩负着不同的历史使命。每一个国家都有那一个国家的历史，它们过去走过的路不相同，现在走着的路也不会一样。自然界尽管也有历史，但它不是在人类实践的基础上形成的，就认识论来讲，自然科学不像社会科学这样受到对象本身历史发展的限制，因此，经济学是历史科学，而物理学不是。人们的经济活动是社会实践，总是在一定的制度背景和组织结构中进行，体现着人们一定的目的、要求、利益。因此，经济学与自然科学不同，带有意识形态的性质。

经济学作为一门学科，固然有着区别于其他学科的特定的研究对象，有着各种经济理论都必须解决的若干基本经济问题，有着对各种经济理论普遍适用的一般分析方法，有着各种经济理论共同采取的某些政策工具，但是，由于不同的国家之间，以及一个国家的不同发展阶段之间的经济情况不同，所以，共同的对象采取了因时因地不同的形态。共同的问题出现在不同的制度结构中和不同的发展水平上，共同的方法被用于分析不同的运转机制，因而共同的政策在不同类型经济中的作用范围、方式和结果大相径庭。所以，经济学在其实际存在的形态上，总是一个深刻烙有时代和发源地印记的经济理论体系因时因地的具体应用，整个体系由经济活动的主要规律贯穿、统帅，并带有意识形态的性质。既然各个经济体的主要矛盾不同，所走的具体道路不同，那么，在这种意义上可以说，有多少个经济体，就有多少种经济学（或者说经济理论体系）的具体应用。其实，甚至关于经济学本身，也有许多种经济学的不同学派。当代主流经济学与诸非主流经济学的对峙，就是一证。

有这么多种经济学学派，应该怎样把握呢？既然主流经济学只是其中的一种，为什么又要对它特别地加以关注呢？

当代经济学的众多运用可以分类把握。例如，按社会制度划分，可以有经济学在社会主义国家的运用和经济学在资本主义国家的运用；按经济发展的水平划分，可以有经济学在发达国家的应用和经济学在发展中国家的运用；按经济运行机制划分，可以有经济学在市场经济国家的运用和经济学在计划经济国家的运用。

对于经济学的每一种类型的运用，可以通过典型加以把握。自由资本主义时期的中心是英国，所以，经济学在英国的存在形态成为那时经济学的具体运用的代表。今天，垄断资本主义的中心移到了美国，所以，抓住了经济学在美国的存在形态这个典型，就可以以一知万，知道经济学的其他许多种同类的运用是怎么回事了。

以经济学在美国的存在形态为代表的现代西方经济学，是几百年理论探讨和经验研究相互作用的产物。经济发达的程度，为它反映商品经济运行过程中的变量依赖关系提供了客观的条件；由长期的理论争鸣和意见交锋沉积下来的专门知识，为它形成为一个关于经济过程的前后一贯的体系创造了主观的条件；实用性，即不同程度地揭示经济现象的某些内在联系，是它得以站立起来的一条腿。所以，从理论上说，它应该包括商品经济中普遍适用的某些一般的原理和方法。以为制度不同，不是自由市场经济，就不能向西方经济学借鉴的观点，是一种形而上学的误解。研究西方经济学，就是要在全面把握它的基础上，掌握经济学的一般原理和方法及其适用前提、假设和条件。显然，即使是适用的东西，也不能照搬，因为条件不同。从彼时彼地拿来的东西，在被用于考虑此时此地的问题的时候，通常总要根据实际情况作出修正和补充，而理论的新发展和新的经济分析方法，常常也就由此被创造出来。另一方面，还要注意，在具体运用西方经济学的时候，切勿疏忽了它的另一条腿:或明或暗地将现存制度作为既定前提。

自我国改革开放以来,许多西方经济理论被介绍进国内,就微观经济学来说,至少,在应当重视和研究资源配置效率,市场机制在资源配置中的作用,市场调节和政府干预的衔接,消费者和企业的理性行为,企业制度、法律制度和行政管理制度与经济运行效率的关系,经济效率和公平分配的关系,现代数学在经济分析中的应用,以经验为根据的估测和检验方法这样一些方面,我们确实向西方学习和借鉴了若干有用的东西,这是有目共睹的事实,无须赘述。需要讨论的倒是,在这个过程中间,我们应该认真加以总结的,是怎样一些规律性的认识。我以为,值得重视的少说也有这样几方面。

第一,有哪些东西可以借鉴,归根结底,取决于中国经济发展的固有逻辑。

资源配置效率(静态的和动态的),是社会制度不同的各种经济都要解决的一个中心问题,因而也是社会主义经济需要解决的一个中心问题。过去我们对这个问题关注不够。从客观上说,那是因为,当半封建半殖民地的生产关系严重阻碍生产力发展的时候,摆在我们面前的首要任务是实现社会变革,把生产力从旧制度的束缚下解放出来。从主观上说,那是因为,当新制度已经建立,努力发展生产力已经成为新历史阶段主要矛盾的主要方面的时候,我们却未能及时地转变工作重心,还在那里一味不断地"拔高"生产关系。结果,让失败和挫折教训了我们,或者毋宁说,是中国经济发展的固有逻辑教训了我们,才使我们把着重点转移到在既定的应当相对稳定的社会主义生产关系条件下,通过最优配置资源发展社会生产力的任务上来。这时,也只有到这时,我们才能放开眼光,向国外寻找资源有效配置的可供参考的途径和机制。

市场调节机制通过价格体系协调经济运行,依靠优胜劣汰提高经济效率,是一种比较廉价的资源配置机制。西方国家运用它,已有几百年的历史,既创造了不少成熟的经验,也积累了许多代价昂贵的教训。过去我们对它视而不见,因为我们搞产品经济,靠指令性计划调节,市场调节机制这一套无关我们的痛痒。同样,是中国经济发展的固有逻辑教训了我们,使我们认识到,商品经济是一个不可逾越的历史阶段。也只有到这时,我们才能伸出双手,从西方接受对我们有用的市场培育和管理办法。

第二,有哪些东西适用,归根结底,取决于中国经济不断展开的实践的检验。

当一个概念、一条原理、一种方法从西方经济理论中被抽取出来,用于解释或者规范中国的经济实践的时候,通常总有各种意见的交锋。赞成者说它如何如何适用,反对者说它如何如何不适用,并分别作出各自的逻辑论证。应该看到,发生这种争论,不仅不可避免,而且还十分必要和有益。但是,必须清醒地看到,在这个阶段,对与错的界限,还是不确定的,几分适用,几分不适用,还是不太清楚的。如果有谁这时硬要充当事前诸葛亮,随意地下结论,武断地作出裁定,那他一定非常愚蠢可笑,因为他不懂,这种争论只有付诸实践,经过事实的检验,才能终结。而且,通常这种验证还需要反复地进行多次,才能奏效。

第三,有哪些东西可以扎根,归根结底,取决于中国经济发展的具体规律。

自从著名波兰经济学家奥斯卡·兰格于20世纪30年代,在同对社会主义经济制度的可行性提出责难的西方经济学家米塞斯、哈耶克和罗宾斯等人的论战中,最早提出并实行利用当代西方经济学的合理成分为建立社会主义经济理论服务的主张以来,从事社会主义经济实践的人们，在建立社会主义经济理论体系的过程中，无不自觉或不自觉，直接或间接，鲜明或隐含，持续不断或断断续续地，向着西方经济学采择和借鉴可供利用的科学成分。在改革开放后的中国，这种情况变得尤为显著。

这是因为，一方面，从多年来经济建设和经济管理中存在的若干不能令人满意的现象来看，人们开始感到，我们曾经全面采取的原苏联经济理论模式，在许多方面都与中国的实际不相符合，因此，我们有建立具有中国特色的社会主义经济理论体系的迫切需要；另一方面，大量涌现的新问题，又不容等到新的理论体系建成之后再来解决，因此，就有这样的一些人，本着求实创新的探索精神，尝试着用一些借鉴过来的概念、原理和方法来描述新情况，研究新问题，又把其中被证明是适用的部分，提炼成新的论点，归纳进新的体系。熟悉西方经济学的人，现在在论述我国经济的理论和现实问题的著述中经常能见到似曾相识的概念和方法，道理就在这里。

应该看到，从接受原苏联教科书模式到提出建立中国特色的社会主义经济理论体系，是一个巨大的飞跃。但是，这种新体系要比较完整地形成，绝非一朝一夕之功。从根本上说，它完全依赖于并服务于我们在实践中成功地摸索出一条中国经济发展的具体道路；同时，也依赖于并服务于我们把实践中获得的经验一条一条地概括出来，上升为理论。

曾经有这样一个争论，辩争的是建立社会主义经济理论的时机是否已经成熟，或者说，现在是否具备建立社会主义经济理论的条件。其实，这得看话是怎么说的。自亚当·斯密到马克思，不能说斯密的或李嘉图的理论就不是资本主义经济学，因为他们确实也以理论的形态，从这样或那样的侧面抽象了资本主义的某些经济规律，但是，他们的理论又的确不同于马克思的资本主义政治经济学。在《资本论》中，我们见到的是以剩余价值论为核心的、系统而不零碎的、具体而不抽象的资本主义经济理论。这是斯密、李嘉图所不能及的。自由资本主义时代的矛盾，到马克思的时候已经有了比较充分的暴露，对于这些矛盾的认识，到马克思的时候也已有了不少的积累，马克思结合自己的观察，对这些认识又全部批判地作了吸收。这些，就是这种区别的客主观原因。

同样，在发展社会主义经济理论的道路上，只要是真正使马克思主义同中国社会主义经济实践相结合，研究了新情况，解决了新问题，概括了新经验，提出了新论点的经济理论，我们就应该承认它是中国的社会主义经济理论。不这样，理论就不能发展，实践就缺乏指导。但另一方面，我们也应清醒地看到，社会主义建设实践的展开确实还不够充分，许多矛盾确实还没有暴露，具体道路确实还正在摸索。因此，应该承认，现在的这种社会主义经济理论，还不是能由反映中国经济发展具体道路的基本规律统率，处于总结阶段上的那种全面而不片面，彼此联系而不分离的经济理论体系。不承认这一点，理论就不能发展，实践也难以由自在到自为。

显然，关键问题在于，现在被借鉴和利用的这些概念、原理和方法，能否被吸收进中国的社会主义经济理论体系？如果被吸收的话，又会以怎样的形态（原封不动，稍加改造，还是面貌全非），处于怎样的地位和联系之中？这些，归根结底，都将取决于中国经济实践的发展和反映这种实践的中国的社会主义经济理论的形成。

有两件轶事值得在这里提一下。一件是关于科斯的，他大学时到企业去，发现那里的情况不像黑板经济学讲的那样,于是才受启发写出了后来使他获得诺贝尔经济学奖的那篇开创性的论文《企业的性质》。另一件是关于斯蒂格利茨的,他在获诺贝尔经济学奖时说,他是在非洲生活的日子里,才越发感觉到完全竞争模型是多么不适合发展中国家,才越发意识到必须按与现实相一致的假定和结论来构筑模型。这两件事都说明了同一个道理:理论发展的一个重要源泉,是被教授的理论与现实之间发生的不一致,而即使是本科的教材,也足以为形成这种冲击提供对照。当然,经济理论也有它相对独立发展的一面。德布鲁在他的诺贝尔经济学奖获奖演说中,所详细叙述的他为了使一般均衡理论严密化、一般化和简化,而耐心等待、借助和引入数学中新的分析技巧,从而解决了偏好、效用和需求中的几个形式化问题的故事,就是一证。不过,从根本上说,前者总是更重要。数学能使概念更精确,思想更流畅,论证更简明,但只有被直觉验证的数学结论才是更有趣的。而这,也正是本书刻意想做且又做得很精彩的一个方面。

现在来看对本书这样一类教材的中国需求。时下,全世界聚焦中国。从经济学的视角看,其原因有三:一是继东亚经济增长奇迹和亚洲金融危机以后,中国创造出了持续稳定增长的新纪录;二是继原苏东一些国家转型以后,中国的改革开放取得了更令世人瞩目的业绩;三是中国的对外贸易、对外直接投资和资本市场自由化的规模与速度,使它在全球经济一体化的进程中取得了举足轻重的地位。这种局面带来了两个结果:一方面,中国的重大问题成了全世界都关心和研究的问题,中国现在不乏来自全世界的最好意见和建议;另一方面,思考中国的问题现在就必须用,也能够用全球的眼光和全人类的知识。总之一句话,解决好了中国的问题,就是解决好了世界关注的问题,对解决中国经济问题作出了贡献,就是对经济学作出了贡献。

那么,什么是当代中国最主要的问题呢?在回答之前,我们先来看看历史的经验。在中国近代,中国向何处去是时代的中心问题。为此,先进的中国人努力向西方学习,他们找来过达尔文的进化论,也找来过资产阶级的革命民主主义,但是,都失败了。后来,中国共产党人从西方找到了马克思主义,并运用它来分析中国社会的情况,总结中国革命的经验,指导群众的革命斗争,才在实践中排除了教条主义与经验主义的干扰,认清了中国社会和中国革命的性质,找到了夺取反帝反封建和反官僚资本的政治革命胜利的正确道路。

新中国成立以后,特别是在过渡时期完成以后,新中国的主要问题是社会主义向何处去。在当时中国这样一个贫穷落后的国家进行社会主义建设,的确是一项前无古人的事业。马克思主义经典作家没有这方面的具体实践,所以也就没有这方面的具体论述。中国在改革开放前推行的实际上是苏联中央集权的计划经济体制,改革开放以后,才转轨到中国特色社会主义市场经济体制。在中国这么大的一个国家试验计划经济,参与的人这么多,历时这么长,代价这么大,可是到了 1976 年,我们的国民经济却到了崩溃的边缘。而在中国试验市场经济转轨,参与的人更多,但历时却短,代价也小,成绩却很大。这两个试验,回答的都是当代中国的中心问题。它们是中国的世界级遗产。我们应该好好珍惜它们。

斯蒂格利茨在他那本被译为《社会主义向何处去》的著作中认为,一些国家原有计划经济体制的崩溃,不仅标志着中央计划经济理论的失败,而且还意味着市场社会主义的失败与新古典经济理论范式的失败。因为它们之间是包容、支持的关系,它们的根本错误是一样的。他还认为,一些国家的转型不太成功,其实是华盛顿共识的失败,从而也是作为其基础的新古典经济理论的失败。他把产权关系扭曲看作失败的重要原因之一,但又认为明晰产权不一定就能产生效率。他的看法有多少是对的,又有多少是错的,值得人们去思考、去检验,但首先,你就得知道什么是市场社会主义,什么是华盛顿共识,什么是新古典经济理论范式。

那本批评计划经济的名著《短缺经济学》曾经风靡改革开放初期的中国,作者科尔奈也因而为我们所熟知。他提出的软预算约束理论,引起了国际经济学界的广泛重视,并被吸纳进了一般经济理论。这是一个在欠发达国家产生出重要理论的典范。科尔奈的成功来自两个条件:一是参与计划经济实践,从而能够更容易地观察和捕捉到在计划经济下比在市场经济下表现得更突出、暴露得更清晰的软预算约束现象。二是多次访问英美大学所作的知识准备。我们现在丰富的实践,为我们的自主理论创新准备了第一个"行"的条件,而要利用好这个条件,我们还要作好第二个"知"的条件的准备。

中国的改革开放一直是摸着石头过河。这种态度既是实事求是,也是与时俱进。这不是不要理论,而是不盲从不轻信未经实践证明为正确的理论,即使对那些在彼时彼地被证明是正确的理论,也不采取教条主义和形而上学的态度,而是要看它们在中国经济的此时此地是否也被证明是真理。这也不是经验主义,而是不断思索,不断总结,不断把经验上升为理论。在生活中,真理与谬误常常纠缠在一起,而在学术界,却又总有那么一些人声称已经掌握了真理。在这种情况下,和谐而不是争执,宽容而不是独断,创新而不是守成,谨慎而不是鲁莽,会有利于我们广泛听取、比较和鉴别各种观点和意见,充分吸收、消化和利用各方面的经验,从而在亿万群众参加的中国的建设实践中,走出一条建设中国特色的强国富民的社会主义市场经济的路子来。

从这样的立场观点来看问题,你就会欣喜地发现:我们还从来没有像改革开放以来那样,在马克思主义的基本原理指导下,如此大规模地在中国的经济建设和改革实践中学习和运用现代经济和管理科学的理论和方法;我们也从来没有像改革开放以来那样,对国情这样了解,与世界这样沟通,和前沿这样逼近,对未来这样乐观;我们更从来没有像改革开放以来那样,对经济学的一般原理和方法在中国的具体运用而产生的中国特色的社会主义经济理论积累了如此之多,如此之宝贵的具体结论:初级阶段,多种所有制,稳定、改革和发展,按贡献分配,现代公司制度,科学发展观,效率、平等与和谐,竞争与创新,等等。只有了解历史,了解世界,了解全部经济学的人,才能真正体会到这些结论是多么重要,这些局面是多么来之不易。这些结论,已经写进了党的代表大会决议,成了我们制定路线与方针政策的理论基础,也成了我们写就社会主义向何处去这篇新时代大文章的有机组成部分。它们是中国特色的社会主义经济理论的主流,并且与时俱进,从来没有,也不可能被边缘化。当我们在课堂上大讲特讲西方主流经济学的时候,我们更要大讲特讲中国特色的社会主义经济理论的主流。因为,前者,是我们向世界学习;而后者,才是我们对世界的贡献。

建立中国特色的社会主义经济理论,是中国经济研究者的崇高使命,也是我们借鉴西方经济学的目的和归宿。方向已经辨明,坚冰已经打破,道路正在脚下,有志气、有抱负、有能力的中国经济理论工作者们的奋发努力必能实现预定目标。

瞿卫东、甘正中、王国新、陈锡荣、王正沛、王国平、裔文慧、邹文钧参加了本书1987年第一版的翻译工作,我和沈志彦校译了第一版的译稿用于教学;在正式翻译出版1990年第二版的过程中,我在第一版译稿的基础上对全书进行了一次补译和校译工作。在本书第六版的翻译过程中,程金伟帮助我初译了第六版新增的章节,并对其他部分作了校对和修正。上海交通大学安泰经济与管理学院经济系教授朱保华翻译了第七版及之后各版本的新增内容。上海世纪出版集团格致出版社的李娜女士,为本书的第六版及之后各版的中文翻译版做了细致的编辑工作,特此说明和致谢。

费方域教授

上海交通大学中国金融研究院副院长

2014年11月

第九版前言

我对《微观经济学：现代观点》前八版获得成功感到非常高兴。它使我确信，适合大学本科生水平的微观经济学分析方法拥有广泛的读者。

本书初版的主旨是阐述微观经济学的分析方法，以使学生能自己运用这些工具，而不是被动地吸取课本中描述的那些早已被领悟的例证。我认为要达到这个目的，最好的办法是突出微观经济学的基本概念，并提供应用它们的具体实例，而不是尝试提供一本充满术语和轶事的百科全书。

推行这种方法的困难在于，许多院校在开设经济学课程时，学生尚缺乏必要的数学准备。由于普遍缺乏微积分知识和解题经验，所以一些经济学分析方法很难介绍。尽管如此，推行分析方法也并非没有可能。学生只要具备关于线性需求函数和线性供给函数的简单知识，并知晓初等代数，就会大有作为。不过多应用数学，分析还是完全可能的。

值得强调的是尽管经济学分析方法是严密的逻辑推理，但这并不意味着非要应用高深的数学方法不可。数学语言固然有助于保证分析的严密性，而且只要可能，它无疑是最好的分析方法，但它却不一定适合所有的学生。

许多经济学专业的大学本科生应该懂得微积分，但是他们不懂——至少不是很懂。因此，本书正文没有应用微积分。许多章节给出的完全采用微积分分析的附录，是为那些掌握了微积分技能的学生提供的，它们不应该是其他学生理解教材内容的障碍。

需要说明的是，微积分分析不仅是正文论证的脚注，而且是更深刻地研究那些也可以用文字和图表来研究的问题的一种方法。许多论证只要稍用一点数学就会变得相当简单，所有攻读经济学的学生都该懂得这一点。在很多情况下，我发现，只要稍微加以诱导，列举一些有趣的经济实例，学生们从分析角度观察事物的热情就会大大提高。

对于不反感微积分的学生，我提供了本书的另一个版本，即《微观经济学:现代观点》(微积分版),将本书各章附录中的内容并入各章正文中。

本书还作了一些其他的创新尝试。首先,本书的章节一般都很简短。大部分章节同"讲义的篇幅"大致相当,从而可以一次读完。遵循一般顺序,我首先讨论消费者理论,然后讨论生产者理论。对消费者理论的讨论比正常情况下要多,但这并不表示我认为消费者理论是微观经济学中最重要的部分;实际上,我发觉学生对这部分内容最感神秘,因而对它详加阐述。

其次,我力图列举应用本书所述理论的大量实例。在大多数教科书中,学生们可以看到大量描绘曲线移动的图表,但有关这些问题的代数或微积分表述却不多见。实际上,人们是应用代数来解题的。曲线图给人们以直觉,而经济分析的真实功效却是给经济问题以定量分析的回答。每一个攻读经济学的学生都应该会用等式或数字表示经济问题,但是,人们却常常忽视这种技能的培养和开发。因此,我和同事 Theodore Bergstrom 合编了一本练习册,把它作为本书的辅导读物奉献给读者。我们竭力使其中的问题具有趣味性和指导性。我们相信它会给予学习微观经济学的学生非常有用的帮助。

第三,我相信本书的论述比常见的中级微观经济学教科书要准确得多。诚然在一般情况太难分析时,我有时也会选用特例来进行分析,但在这么做时,我总是设法如实地加以说明。总之,我尽力详细阐明每个论证的每一个步骤。我相信,本书的论述不仅比通常的更完整、更准确,而且由于它注重细节,也比其他书中松散的论述更容易理解。

使用说明

本书内容较多,一学期也许不能从容地教完,因此,应该仔细选择你想深入讨论的章节。如果你从本书的第一页开始,按章节的顺序进行,那么,教完全书需要太多的时间。本书的模块结构赋予指导教师在选择如何演示本书内容方面以很大的自由度,我希望有更多的人能够利用这种自由度。下面的图表显示了各个章节之间的相互联系。

黑色方框内的章节是"核心"章节——它们应该出现在每一种中级微观经济学教科书中。白色方框内的章节是"选择"章节:在每个学期,我都会兼顾其中的一些但不是全部的章节。灰色方框内的章节通常不会出现在我的教程中,但它们很可能轻易地在其他教程中出现。一条从 A 章至 B 章的实线意味着,在阅读 B 章之前你应该先阅读 A 章。而一条虚线则是指阅读 B 章需要了解 A 章的一些内容,但其依赖程度并不显著。

通常,我会先介绍消费者理论和市场理论,然后直接过渡到生产者理论。另一种流行的路径是在消费者理论之后,先介绍生产者理论;许多教师喜欢这种方式,我也是在付出了很大的努力后才确信这种方式是可行的。

有些人喜欢在消费者理论之前先讨论生产者理论,在本书的框架下,这是可行的,但如果你选择这条路径,你需要对本书的结构作出补充。例如,在讲授等产量线时,学生必须事先了解无差异曲线。

有关公共物品、外部效应、法律和信息的大部分内容可以在课程的早期介绍。我对这些内容的安排,使你可以很轻松地在你希望的任何地方介绍它们。

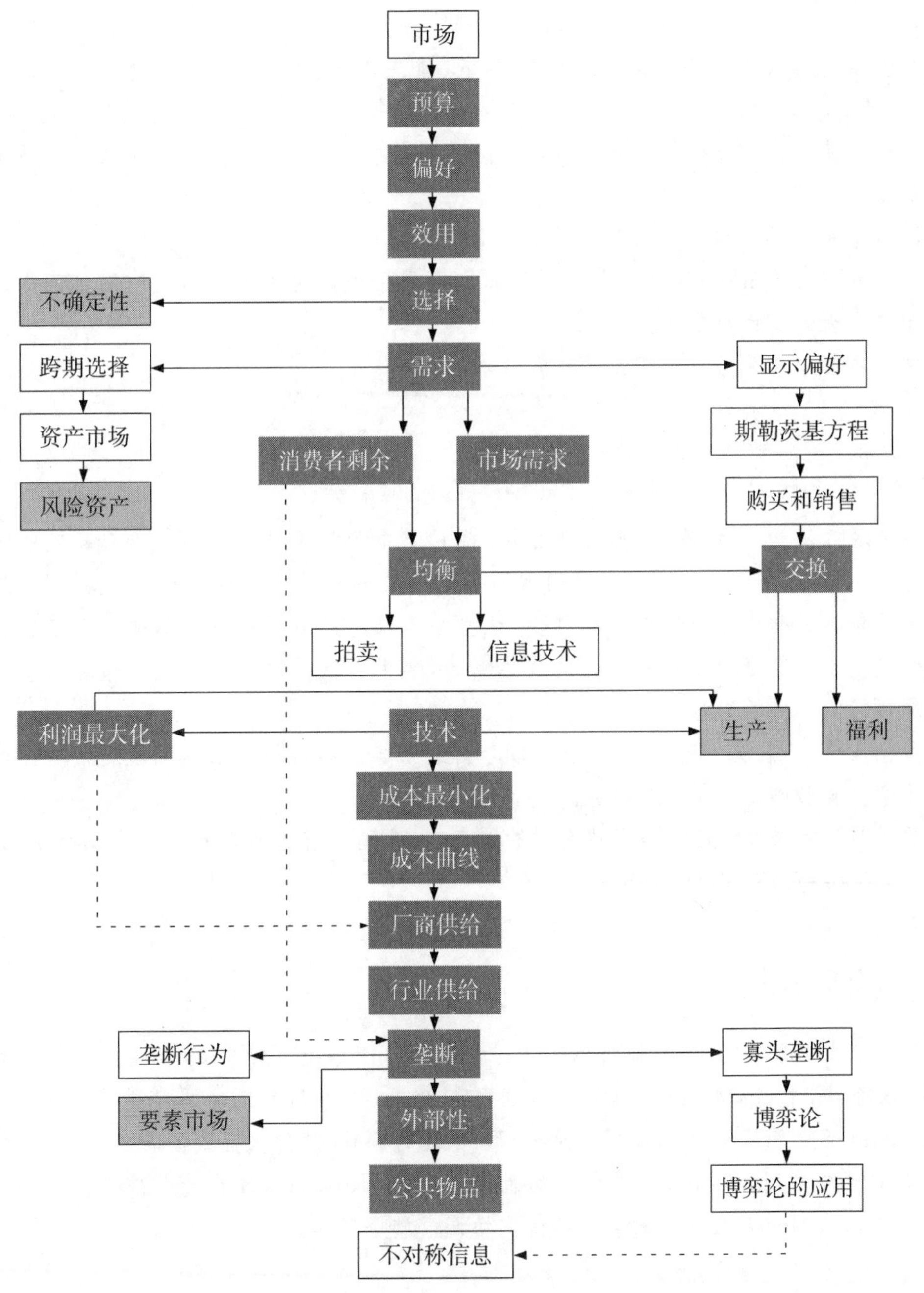

类似地，公共物品可以作为埃奇沃思方框图分析的一个例子来介绍。对外部效应的讨论可以排在成本曲线之后，而信息专题可以在学生熟悉经济分析方法后再引入。

第九版的修订说明

我新增加了“测度”一章来描述估计经济关系时会涉及的一些问题。想法是向学生介绍计量经济学的一些基本概念，并尝试将本书中的理论内容和实践中遇到的现实问题联系起来。

我提供了类似苹果公司、电子港湾、谷歌、雅虎等硅谷企业的新示例。我还讨论了iPod和iTunes之间的互补性、与脸谱网(facebook)等公司相关的正反馈以及谷歌、微软、雅虎等公司使用的广告拍卖模型等问题。我相信这些新增的示例是存在于实际经济活动之中的新鲜有趣的例子。

我也增加了关于机制设计的讨论篇幅,具体包括双边配对市场和维克里-克拉克-格罗夫斯(Vickrey-Clarke-Groves)机制。原本主要属于理论研究范畴的机制设计问题现已呈现出相当大的实践重要性。

我还增加了有关拍卖问题的讨论篇幅和新的示例。

练习册

《〈微观经济学:现代观点〉练习册(第九版)》是本教程不可或缺的一部分。它收集了几百道填空习题,引导学生逐步地运用他们从本书中学习到的工具。除了这些习题,这本练习册还包括一套选择题形式的小测验,这些小测验与练习册中每一章的习题有关。练习册还提供了这套测验的答案。通过这些测验,学生可以很快地复习他们通过做练习册中的题目而学习到的内容。

我们坚信,不解决一些问题,你就不能学好经济学。练习册提供的测验题使得学习过程对于学生和教师都变得非常容易。

要了解与本书及其配套练习册有关的信息,请登陆本书的网页 http://books.wwnorton.com/books/978-0-393-91967-7。

本书的面世

我运用由Donald Knuth设计的一款非常棒的打印系统 $\TeX$ 打印了全书。我安装的是Linux系统,用GNU emacs编辑,用rcs控制版本,并用 $\TeX$ Live系统进行处理。我使用makeindex来处理索引*,使用Trevor Darrell的psfig软件来插入图表。

Nancy Dale Muldoon对本书做了版面设计,我和Roy Tedoff在此基础上作了一些修改。编辑Jack Repchek在他的职责范围内协调了整个工作。

致谢

在本书的撰写过程中,我得到许多人的大力支持。首先,我要感谢第一版的编辑助理John Miller和Debra Holt。John提出过许多意见和建议,并根据本书的草稿编写了习题,他对本书定稿能做到逻辑严密、内容紧凑有重要贡献。Debra在最后阶段对全书作了仔细校对,使之能前后一致,并协助编写了索引。

* 在中译本中,译者将原书索引处理成"英汉名词对照表"。——译者注

在准备第一版时，下列人员曾向我提出过有益的建议和批评：Ken Binmore（密歇根大学），Mark Bagnoli（印第安纳大学），Larry Chenault（迈阿密大学），Jonathan Hoag（博林格林州立大学），Allen Jacobs（麻省理工学院），John McMillan（加州圣迭戈大学），Hal White（加州圣迭戈大学）和 Gary Yohe（卫斯理大学）。我特别感谢 Reiner Buchegger 博士，他不仅仔细阅读了本书的第一版，并把它翻译成德文，还向我提供了详尽的勘误表。Theodore Bergstrom，Jan Gerson，Oliver Landmann，Alasdair Smith，Barry Smith 和 David Winch，对初版也提出过不少建议，在此一并致谢。

第二版的编辑助理是 Sharon Parrott 与 Angela Bills，他们对本书的写作和编辑提供了非常有益的帮助。Robert M. Costrell（马萨诸塞大学阿默斯特分校），Ashley Lgman（爱达荷大学），Daniel Schwallie（凯斯西储大学），A.D.Slivinskie（西安大略大学）和 Charles Plourde（约克大学），也对如何改进第二版向我提出过详细的评论和建议，在此，我谨向他们致以谢意。

在准备第三版时，下列人员曾向我提出过有用的建议：Doris Cheng（圣何塞州立大学），Imre Csekó（布达佩斯大学），Gregory Hildebrandt（加州洛杉矶大学），Jamie Brown Kruse（科罗拉多大学），Richard Manning（布里格姆杨大学），Janet Mitchell（康奈尔大学），Charles Plourde（约克大学），Yeung-Nan Shieh（圣何塞州立大学），John Winder（多伦多大学）。我特别想感谢 Roger F. Miller（威斯康星大学）和 David Wildasin（印第安纳大学），感谢他们对本书详尽的评论、建议和修正。

第五版受益于下列人员的评论，他们是 Kealoah Widdows（瓦巴什学院），William Sims（康考迪亚大学），Jennifer R.Reinganum（范德比尔特大学）和 Paul D. Thistle（西密歇根大学）。

在准备第六版时，我得到了下列人员的有益的建议和批评，他们是 James S. Jordon（宾夕法尼亚州立大学），Brad Kamp（南佛罗里达大学），Sten Nyberg（斯德哥尔摩大学），Matthew R. Roelofs（西华盛顿大学），Maarten-Pieter Schinkel（马斯特里赫特大学）和 Arthur Walker（诺森比亚大学）。

第七版受益于下列人员的评论，他们是 Irina Khindanova（科罗拉多矿业大学），Istvan Konya（波士顿学院），Shomu Banerjee（佐治亚理工学院），Andrew Helms（佐治亚大学），Marc Melitz（哈佛大学），Andrew Chatterjea（康奈尔大学）和 Cheng-Zhong Qin（加州圣巴巴拉大学）。

第八版得益于下列人员的评论，他们是 Kevin Balsam（纽约市立大学亨特学院）、Clive Belfield（纽约市立大学皇后学院）、Reiner Buchegger（约翰·开普勒大学）、Lars Metzger（多特蒙德工业大学）、Jeffrey Miron（哈佛大学）、Babu Nahata（路易斯维尔大学）和 Scott J.Savage（科罗拉多大学）。

哈尔·R.范里安

于加州伯克利大学

目 录

市 场

一本微观经济学教科书的第 1 章通常是论述经济学的“范围和方法”。虽然这些内容可能是非常有趣的，但用这些内容来开始对经济学的研究似乎是不恰当的。人们在看到经济学分析的一些实例之前，是很难领会这样的论述方法的。

因此，我们将用一个经济学分析的实例来作为本书的开头。在第 1 章里，我们将考察一个特定的市场模型——住房市场。顺便将介绍经济学的一些新概念和新方法。假如进度较快请别担心。本章仅仅是提供关于如何使用这些概念的概况。以后，我们将更为详细地研究这些概念。

1.1 建立模型

经济学的研究是通过对社会各种现象建立模型来进行的。通过一个模型我们可以简单地表示现实世界的情况。这里的重点在“简单”二字上。试想一下，一张以 1∶1 的比例画出的地图是毫无用处的。同样，一个经济模型也无需描绘出现实世界的每一个方面。一个模型的力量在于能去除无关的细节，从而让经济学家把重点放在他或她要弄明白的经济现实的基本特征上。

这里，我们感兴趣的是住房的价格是由什么决定的，所以我们想简单地描述一下住房市场。在建立模型时，选择正确的简化方法要有一定的艺术。一般来说，我们要采用的是最简单的并且能够描述出我们正在考察的经济状况的模型。以后我们可以逐步地增加复杂的因素，使模型变得更为复杂，同时也希望更符合实际。

我们要仔细考察的具体例子是美国中西部一个中等大小的大学城的住房市场。在这个城市，有两种类型的住房，即那些邻近大学的住房以及那些离大学较远的住房。邻近大学的住房由于上学方便，通常被认为更受学生的欢迎。离得较远的那些住房必须乘公共汽车或长途骑自行车才能到达。因此，只要学生们付得起房租，大多数学生都愿意租邻近大学的住房。

我们设想要考察的住房分布在环绕大学的两大区域。邻近大学的住房在内城区，其余的在外城区。我们只是考察位于内城区的住房市场。外城区的住房应被看作是人们找不到邻近住房才会去的地方。我们假设在外城区有许多住房可供应,它们的价格固定在某个已知的水平上。我们只考察内城区住房价格的决定因素和谁将住在那儿。

在这个模型中,经济学家会说出两种住房的价格区别。他们会说外城区住房的价格是*外生变量*,而内城区住房的价格是*内生变量*。这就是说,外城区住房的价格已由不被这个特定模型所讨论的因素决定了,而内城区住房的价格的决定因素则是本模型要论述的。

在我们这个模型中,我们首先作出的简化是,所有的住房除了位置不同以外,在其他任何方面都是相同的。因而,在讲到住房"价格"时,可以不必考虑住房是一个卧室还是两个卧室,或者其他任何什么。

但是,是什么决定了住房价格呢?用什么来决定谁住在内城区和谁住在外城区呢?如何评价分配住房的各种经济机制的合意性?用什么概念来评价向个人分配住房的各种方案的优缺点呢?所有这些都是我们要在模型中加以论述的问题。

1.2 最优化与均衡

每当我们试图分析人类的行为时,我们需要有一种作为我们的分析基础的框架。在多数经济学中我们使用了一种建立在以下两个简单原理上的框架:

最优化原理:人们总是选择他们能支付得起的最佳消费方式。

均衡原理:价格会自行调整,直到人们的需求数量与供给数量相等。

让我们来考察一下这两个原理。第一个原理几乎是同义反复。如果人们可以任意地选择他们的行为,完全有理由设想人们总是设法选择他们所要的东西而不是不要的东西。当然,这个普遍原理也有例外。不过这些例外显然不属于经济行为的范围。

第二个原理的问题更复杂一些。至少可以想象在任何给定的时间内人们的需求与供给是不一致的,因而有些因素必定是在变化之中的。这些变化要花很长时间才能发生。更糟的是,这些变化会引起其他的变化,致使整个系统"不稳定"。

这样的事可能会发生……但通常是不会的。就住房市场来说,我们明显看到了月复一月的相当稳定的房租价格。我们感兴趣的正是这个均衡价格,而不是市场如何达到均衡或市场长期可能如何变化。

值得注意的是,用于均衡的定义在不同的模型中也许是不同的。在本章要考察的简单市场的情况中,需求和供给均衡的概念足以满足我们的需要。但是在更普遍的模型中,我们需要一种更广义的均衡定义。一般来说,均衡要求经济主体的行为必须相互一致。

我们如何用这两个原理来回答上面提出的问题呢?该是介绍一些经济学概念的时候了。

1.3 需求曲线

假设我们考察一下所有可能的住房租赁者,问问他们每个人租一套住房他或她所愿意支付的最高价格。

让我们从上说起。肯定会有某个人愿意支付最高价格。也许这个人很有钱,但又很懒,不愿意走远路……或者其他原因。假设这个人愿意每月支付500美元租一套住房。

如果只有一个人愿意每月付 500 美元租一套住房，并且房租的价格是每月 500 美元，那么只有一套住房能租出——租给愿意支付该价格的人。

假设人们愿意支付的第二高价格是 490 美元，而当时的市场价格是 499 美元，仍然只有一套住房能租出：愿意支付 500 美元的那个人会租这一套房子，但愿意支付 490 美元的人则不会。依此类推，如果价格是 498 美元、497 美元、496 美元等等……都只有一套房子会租出，直到 490 美元。当价格在 490 美元的时候，就恰好有两套房子能租出：一套由愿出 500 美元的人租赁，另一套由愿出 490 美元的人租赁。

类似地，在达到人们愿意支付的第三高价格之前，只有两套房子可以租出，依此类推。

某人愿意支付的最高价格通常被认为是此人的*保留价格*。保留价格是某人愿意接受的、购买有关商品的最高价格。换句话说，一个人的保留价格是他或她对于买或不买有关商品并不在乎的价格。在我们的实例中，如果一个人持有保留价格 p，那就是说他或她对于住在内城区并支付价格 p 和住在外城区是两可的。

因此，按价格 p^* 出租的住房数量正好是所持保留价格大于或等于 p^* 的人数。因为，如果市场价格是 p^*，那么所有愿意至少支付价格 p^* 来租房的人会想要内城区的住房，而所有不愿支付价格 p^* 的人将选择外城区的住房。

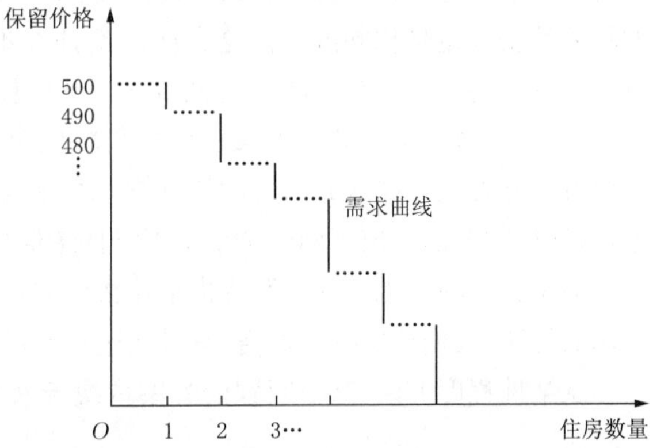

纵轴表示市场价格，横轴表示每一个价格上将租出的住房数量。

图 1.1　住房需求曲线

我们可以把这些保留价格绘在图上，见图 1.1。在图上，我们把价格标在纵轴上，把愿意支付该价格或更高价格的人数标在横轴上。

我们还可以把图 1.1 看作是计量在任何特定价格上愿意租房子的人数的一种方法。这样的曲线就是*需求曲线*——一条把需求量和价格联系起来的曲线。当市场价格超过 500 美元时，没有一套房子能租得出去；当价格在 500 美元和 490 美元之间时，有一套房子可以租出去；当价格在 490 美元和第三档最高保留价格之间时，有两套房子可以租出去；依此类推。需求曲线描述了每一个可能价格上的需求数量。

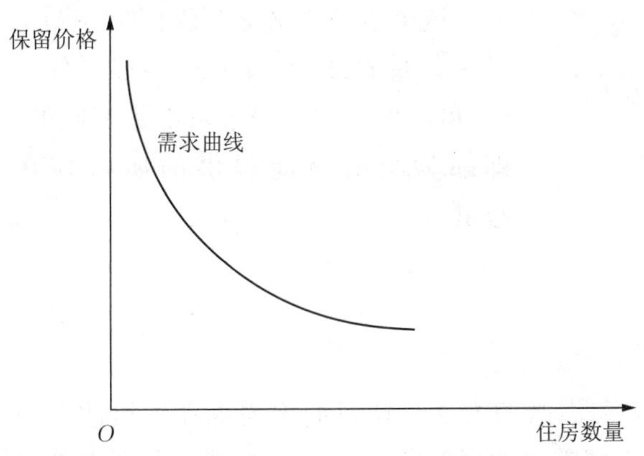

由于存在大批需求者，价格间的跳跃很小，需求曲线的倾斜通常是平缓的。

图 1.2　拥有众多需求者的住房需求曲线

住房的需求曲线向下倾斜：当住房价格下降时，会有更多的人愿意租赁住房。假如有一大批人，他们的保留价格只有细微的差别，可以设想需求曲线是平缓地向下倾斜的，如图 1.2 所示。图 1.2 中的曲线就是在有很多人想要租房子时图 1.1 所示的需求曲线。图1.1所显示的“跳跃”与市场的规模相比是如此小,因而我们在绘制市场需求曲线时,完全可以将其忽略。

1.4 供给曲线

现在我们已经有了一个显示需求行为的完美图像,让我们再来看供给行为。这里我们得考虑我们将要考察的市场的性质。我们要考察的情况是这样的:有许多独立的房东都想以市场能接受的最高价格出租他们的住房。我们把这种情况看作是一个竞争市场的例子。当然也可能有其他类型的市场,以后我们会加以考虑。

现在我们来看下面这种有很多独立经营的房东的情况。显然,如果所有的房东都竭尽全力争取最好的价格,而租房者对房东们要价的信息又非常灵通,那么内城区所有住房的均衡价格肯定是相同的。作这方面的论证并不难。假设情况与上述不同,住房的要价有一部分是高价 p_h,有一部分是低价 p_l。租用高价住房的人必定会转向低价住房的房东,并提出按 p_h 与 p_l 之间的某一价格租赁住房。用这种价格达成的交易对租赁者和房东双方都有好处。在双方都力图增加自己的利益,并且知道各种可供选择的价格的情况下,对同样的商品开出不同的价格是不能持续保持均衡的。

但是这个独一无二的均衡价格是什么样的呢? 让我们使用我们在建立需求曲线时所采用的方法:我们选定一个价格,看看在这个价格水平上有多少住房可以供给。

从某种程度上讲,这个问题的答案取决于我们考察市场的时间长短。如果我们考察的是几年时间,在这期间会进行新的住房建设,住房的数量必定会对住房的出价作出反应。但在“短期”内——譬如说某一年内——住房的数量多少是固定不变的。如果我们只考虑这个短期的情形,那么住房供给会固定在某一个预先决定的水平上。

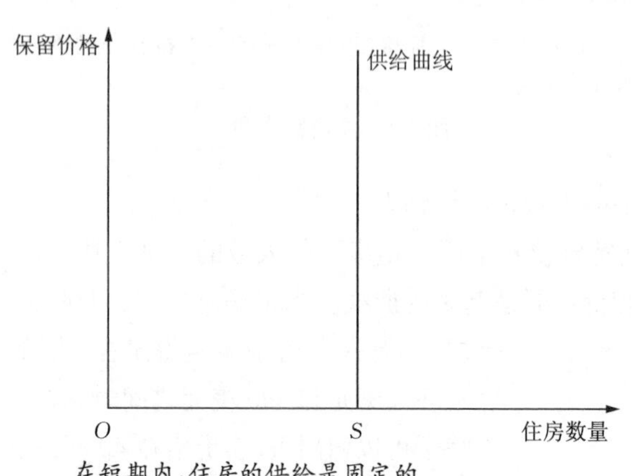

图 1.3 短期供给曲线

这个市场的供给曲线描绘在图上是一条垂直线,见图1.3。不管要什么价,可以出租的住房数量都是相同的,即都为当时所能提供的所有住房数量。

1.5 市场均衡

现在我们已有了显示住房市场的需求和供给的方法。让我们把需求和供给放在一起,看看市场的均衡行为是什么。我们只需把需求曲线和供给曲线画在同一张图上就可以达到此目的,见图 1.4。

在这个图中,我们用 p^* 来表示住房需求量等于住房供给量时的价格。这就是住房的均衡价格。在这一价格上，愿意至少支付价格 p^* 的消费者可以找到出租的房子，而每个房东也可以按这一现行的市场价格出租房子。无论是消费者还是房东都没有理由改变他们的行为。这就是我们所说的均衡：即人们的行为不会有变化。

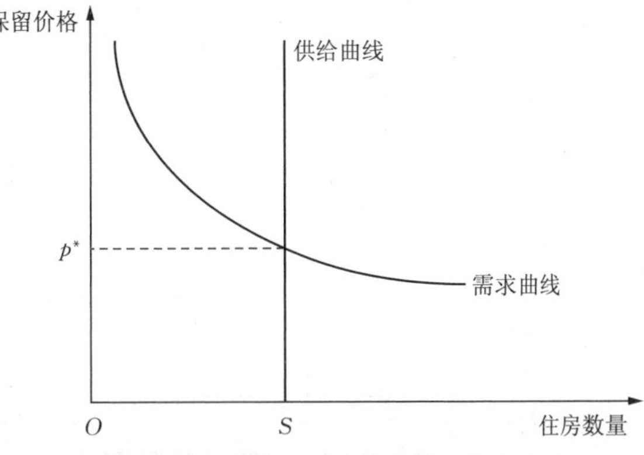

均衡价格是由供给曲线和需求曲线的交点决定的。

图 1.4 住房市场的均衡

为了更好地理解这一点，让我们来考察房租在除 p^* 之外的其他价格时供求会发生什么变化。例如，在价格 $p < p^*$ 时，需求大于供给，这种价格能持续下去吗？在这个价格上，至少有些房东会有较多的租赁者，比他们所能解决的人要多。有许许多多人会希望按此价格租到一套房子，愿意支付价格 p 的人要多于现有的房子。毫无疑问，有些房东会发现这时提高他们提供的住房的价格是有利的。

同样地，假定住房价格 p 大于 p^*，那么就会有一些住房闲置起来，因为愿意支付价格 p 的人会少于现有的待出租的房子。现在有些房东担心他们的住房没人租，因此这就会促使他们降低价格以吸引更多的租赁者。

如果价格高于 p^*，租赁者太少；如果价格低于 p^*，租赁者则太多。只有当价格是 p^* 的时候，愿意按此价格租房的人数才能与可供出租的住房数相等。只有当价格是 p^* 时，需求与供给才相等。

当价格是 p^* 时，租赁者需要的住房数量与房东们能供应的住房数量相等。从这个意义上讲，当价格是 p^* 时，房东与租赁者的行为是一致的。这就是住房市场的均衡价格。

一旦我们确定了邻近住房的市场价格，我们就可以了解哪些人最终将住这些房子，而哪些人只能住较远的房子。在我们的模型中，这个问题的答案是非常简单的：在市场均衡的条件下，任何愿意支付价格 p^* 或更高价格的人都可以得到内城区的房子；而任何愿意支付少于价格 p^* 的人则得到外城区的房子；持有保留价格 p^* 的人对住内城区或外城区的房子不在乎。住在内城区的其他人会以低于他们愿意支付的最高价格来租赁房子。因此，租赁者的住房配置取决于他们愿意支付的价格。

1.6 比较静态分析

现在我们已有了一个住房市场的经济模型，我们可以开始用它来分析均衡价格的行为。我们可以探讨一下当市场的各个方面发生变化时，住房价格会有什么变动。这种做法就是比较静态分析。因为它涉及两个“静态”均衡的比较，而不需关心市场是怎样从一种均衡达到另一种均衡的。

从一种均衡向另一种均衡的移动要花较长的时间，有关这样的移动是怎样发生的问题是非常有趣和重要的。但是人总是先会走再会跑的，因此我们暂且不管这些动态的问

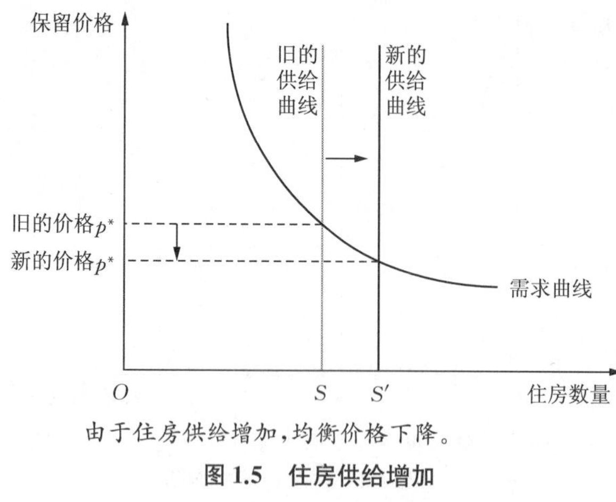

由于住房供给增加,均衡价格下降。

图 1.5　住房供给增加

题。比较静态分析只涉及均衡的比较,而在这方面也有很多问题需要解答。

让我们从一个简单的情况开始。假设住房的供给增加了,如图 1.5 所示。

从图上可以清楚地看出均衡价格将会下降:需求和供给的相交点在较低的价格处出现。同样,如果住房供给减少了,均衡价格就会上升。

现在让我们来看看更为复杂的也是更为有趣的例子。假设有一个房地产开发商决定把一些住房改成个人所有的公寓,那么其余住房的价格会有什么变动呢?

你最初的猜想也许是住房价格会上涨,因为供给减少了。但这未必正确。的确,可出租的住房的供给减少了,但是对住房的需求也减少了,因为原先租房子的一些人也许决定购买新的私人公寓了。

自然,我们可以假设私人公寓的购买者是那些已经住在内城区的人——即愿意支付高于 p^* 的价格的那些人。例如,假设 10 个依次持有最高保留价格的需求者决定购买住房而不是租房。这时,新的需求曲线正好是原先的需求曲线在每个价格上少了 10 个需求者,可以出租的房子也少了 10 套。因此,新的均衡价格与原先的一样,最终还是同样多的人住在内城区。这种情形由图 1.6 描述。需求曲线和供给曲线都以减少 10 套住房的幅度向左移动,因而均衡价格保持不变。

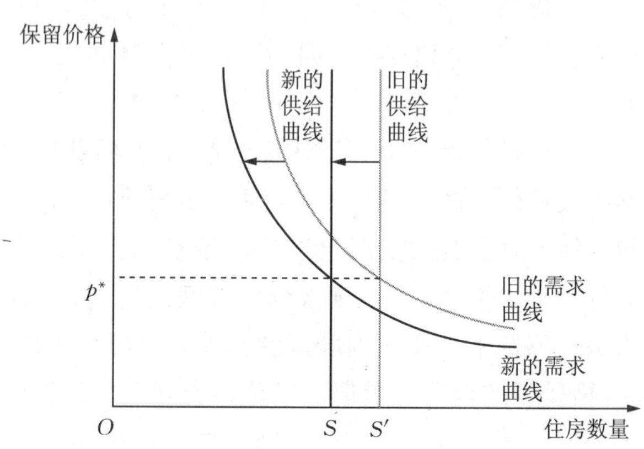

如果需求和供给曲线向左移动的数量相同,均衡价格不变。

图 1.6　产生私人公寓购买者的结果

大多数人都觉得这个结果令人奇怪。他们往往只看到住房供给减少,没有想到需求也减少了。我们所考察的是一个极端的例子:所有的私人公寓购买者是以前的公寓居住者。另一个例子更属极端——没有一个私人公寓购买者是原公寓居住者。

这个模型虽然简单,但它给了我们一个重要的洞识。如果我们想确定住房改成私人公寓会如何影响住房市场,我们不仅必须考虑它对住房供给的影响,而且还要考虑它对住房需求的影响。

让我们来看看另一个令人奇怪的比较静态分析的实例:对住房征税所产生的影响。假设市议会决定对住房征税,每年 50 美元。这样,每一个房东必须为他所拥有的每一套住房每年向市议会支付 50 美元。那么,这样做会对住房价格产生什么影响呢?

大多数人会认为，至少有一部分税收会转嫁到住房租赁者头上。但是令人奇怪的是，情况并非如此。事实上，住房的均衡价格保持不变！

为了验证这一点，我们得看看需求曲线和供给曲线会有什么变化。供给曲线没有变——征税后的住房与征税前一样多。需求曲线也没有变，因为在每一个不同价格上租出的房子数量也没有变。如果需求曲线和供给曲线没有移动，价格也就不会由于征税而发生变化。

这里有一个考察征税影响的方法：在征税前，每一个房东在保证他的住房全部租出的前提下总是尽可能索取最高的价格。均衡价格 p^* 是他能够索要的最高价格，它与使所有的住房均能被租出的价格是一致的。征税后房东们是否可以提高价格来补偿税收呢？回答是否定的。如果他们能够提高价格并把房子全部租出，他们早就这样做了。如果房东们索取的已是市场能接受的最高价格，那他们就不能再提高价格了。税收不会转嫁到住房租赁者头上，房东们必须支付所有的税收。

这个分析主要取决于住房供给保持固定不变的假设。如果住房数量随着税收的变化而变化，那么租赁者们支付的价格显然也会变。以后，当我们有了分析这些问题的更有效的工具后，我们将进一步考察这种行为。

1.7　配置住房的其他方法

在上一节中，我们描述了竞争市场中的住房均衡。但是，竞争市场只是配置资源的一种方法。让我们再来看看其他的方法。在这些配置住房的方法中，有些也许听起来比较陌生，但每一种方法都说明了一个值得注意的经济学论点。

价格歧视垄断者

首先，让我们来考察这种情况：即只有一个占支配地位的房东，他拥有所有的住房。或者我们把许许多多个别的房东看作是一个整体，把他们的行动看作是一个人的行动。市场被某一产品的单一卖主所支配的情况就是人们所说的*垄断*。

在出租房子时，房东可以决定依次把房子拍卖给愿出最高价的人。由于这意味着不同的人最终会付出不同的价格得到房子，我们把这称为*价格歧视垄断者*情形。为简化起见，我们假设价格歧视垄断者知道每一个人对住房的保留价格。（这不是很符合实际，但它便于说明一个重要的论点。）

这就是说，他会把第一套房子出租给愿意支付最多的人，即愿支付 500 美元的人。第二套房子将出租给愿支付 490 美元的人，随着我们沿需求曲线向下移动，这种情形将进行下去。每一套房子将出租给愿意为它支付最多的人。

这是价格歧视垄断者有趣的特征：得到住房的人与市场解决的情形正好一样，即这些人都是按超过 p^* 的价格租赁住房的人。最后一个租房的人支付 p^* ——正好与竞争市场上的均衡价格相同。价格歧视垄断者试图使他的利润最大化导致了与竞争市场上供给和需求机制同样的住房配置。人们支付的数量不同，但是得到住房的人相同。这并非巧合，但我们得等到以后再来分析其中的原因。

一般垄断者

我们曾假设价格歧视垄断者可以按不同的价格出租每一套房子。但是，如果他被迫按同样的价格出租所有的房子,情况又是怎样呢?在这种情况下,垄断者面临着一个权衡:如果他选择低价,他可以出租较多的住房,但与较高价格相比,他最终会少赚钱。

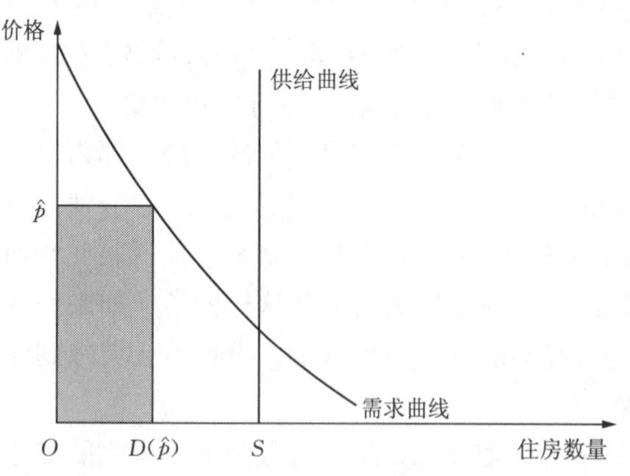

垄断者所得到的收益就是价格乘以数量的积,即图中所表示的方框面积。

图 1.7 收益方框

让我们用 $D(p)$ 来表示需求函数——当价格为 p 时的住房需求量。于是,如果垄断者定价为 p,他就可以出租 $D(p)$ 套住房,因而得到 $pD(p)$ 的收益。垄断者所得到的收益可以看作是一个方框的面积:方框的高度是价格 p,宽度是住房数量 $D(p)$。因而,高和宽的积——方框面积——代表垄断者得到的收益。这个方框见图 1.7。

如果垄断者没有与出租房子相关的费用,他总是会选择一个使他能得到最大租金收入的价格——即选择使收益方框最大的价格。在图 1.7 中,最大的收益方框出现在价格为 $\hat{p}$ 时。在这种情况下,垄断者会发现就他个人的利益来讲,还是不出租所有的住房为好。事实上,垄断者一般都是这样做的。垄断者一般都要限制可能获得的产量,从而使他的利润最大化。这就是说,垄断者一般总是索取一个高于竞争市场的均衡价格 p^* 的价格。在一般垄断者的情况下,较少的住房被租出,而且每一套住房都会以高于竞争市场的价格租出。

房租管制

我们要讨论的第三种或最后一种情况是房租管制。假设市议会决定限制房租的最高价格,假定是 p_{max}。我们假设价格 p_{max} 低于竞争市场上的均衡价格 p^*。如果是这样,就会出现*超额需求*:愿意按价格 p_{max} 租房的人多于可供应的住房。那么,谁将最终租到住房呢?

到现在为止,我们所描述的理论还不能回答这个问题。我们可以描述供给等于需求时的情形,但是在模型中,我们还不能详尽地描述当供给与需求不相等时会发生什么情况。在房租受管制的情况下,谁会租到住房,取决于谁最有时间去到处寻觅和谁认识当前的承租者等条件。所有这些不属于我们所建的简单模型的范围之内。也许在房租管制和竞争市场的情况下,恰好是同样的人租到住房。但这是非常不可能的结果。也许更可能的是,一些以前住在外城区的人最终会住进内城区,因而和原本在市场体制条件下会一直住在那里的人交换了地方。所以在房租管制的情况下,以房租管制价格出租的住房数量与在竞争价格情况下出租的住房数量是相同的,只是出租给不同的人而已。

1.8 什么方法最好

我们现在已经描述了四种可能的住房配置方法:

- 竞争市场

- 价格歧视垄断者
- 一般垄断者
- 房租管制

这就是配置住房的四种不同的经济体制。每一种方法都会导致不同的人租到房子和不同的租房价格。我们也许要问哪一种经济体制最好。但是，首先我们得给“最好”下定义。我们用什么标准来比较这些配置住房的方法呢？

我们能做的一件事就是看看有关人员的经济地位。显然，如果房东作为价格歧视垄断者来索要价格会得到最多的钱：这样做会使房东取得最大的收益。同样，对于房东来说，实行房租管制也许最为不利。

对于租赁者来说情况又是怎样呢？在价格歧视垄断者情形中，他们的境况一般也许更糟糕一些——他们中的大多数人得支付的价格高于按其他方法分配住房的价格。消费者的境况在房租管制的情况下是否会好一些呢？他们中的部分人会好一些：最终得到住房的消费者的境况比他们在市场解决的情况下要好。但是得不到住房的消费者的境况要比在市场解决的情况下差。

现在我们需要一个方法来考察所有的参与者——所有的租赁者和房东的经济地位。我们如何来考察不同的住房配置方法对所有人的合意性呢？从所有参与者的利益考虑，我们用什么标准来判断住房配置的方法“好”呢？

1.9　帕累托效率

有一个很有用的标准可用来比较不同经济体制的结果，这就是人们所知的帕累托效率或经济效率的概念。①我们从以下的定义开始：如果可以找到一种配置方法，在其他人的境况没有变坏的情况下，的确能使一些人的境况变得更好一些，我们就得到*帕累托改进*。如果一种配置方法存在帕累托改进，它就称为*帕累托低效率的*；如果一种配置方法不存在任何的帕累托改进，它就称为*帕累托有效率的*。

帕累托低效率配置具有以下令人失望的特征，即有某种方法能使某人在不损害其他人利益的情况下境况变得更好一些。也许还存在着有关配置的其他积极的东西，但帕累托低效率肯定是我们要坚决克服的。假如还存在着能使某人境况变得更好一些而又不损害其他人利益的方法，为何不采用呢？

帕累托效率的概念在经济学中是很重要的，以后我们还将详细地加以研究。它有许多微妙的含义，我们得慢慢地加以研究，但现在我们可略知一些帕累托效率的含义。

这里有一个对于研究帕累托效率概念很有用的方法。假设我们把内城区和外城区的住房任意地分配给租赁者，但允许他们相互租用各自的住房。有一些确实想住得离市区近一些的人也许会由于运气不好而住进外城区的住房。但是他们可以从某人那里转租到一套内城区的住房，因为那个分配到一套这样住房的人不像另外一个人那样看重这样的

① 帕累托效率(Pareto efficiency)是根据19世纪经济学家和社会学家维尔弗雷多·帕累托(Vilfredo Pareto，1848—1923年)的名字命名的，他是最先考察这一概念的含义的人之一。

房子。如果随意地给个人分配住房,通常总会有人希望交换住房,只要这样做能得到足够的补偿。

举个例子,假设A得到一套内城区的住房,他觉得值200美元。B得到外城区的一套住房。再假设B愿意用300美元去换A的住房。如果双方交换一下住房,并由B单方面支付给A一笔数目在200至300美元之间的钱,那么,这里就存在一种明确的“交易收益”。这笔交易的确切金额并不重要。重要的是,愿意为住房支付最多的人得到了住房——另外,这也会鼓励那些不那么看重内城区住房的人与非常看重内城区住房的人进行交易。

假设我们认为所有自愿的交易都进行了,因而所有能从交易中得到的收益都已取尽了。这种配置必定是帕累托有效率的。如果不是,肯定还存在着对双方都好而又不损害其他人利益的某种交易——但这与所有自愿的交易都已进行的设想是矛盾的。所有自愿的交易都得到进行的配置是帕累托有效率配置。

1.10 配置住房的不同方法的比较

我们在上面所讨论的交易过程是很普遍的,因而你不必考虑对此结果还需讲些什么。但有一个非常有趣的论点值得注意。让我们探讨一下,在所有“交易收益”都已取尽的配置情况下,谁将最终得到住房。

要弄明白这个问题的答案,只要注意一下任何一个拥有一套内城区住房的人一定要比拥有一套外城区住房的人持有一个更高的保留价格——要不然,他们可以交易,使双方都得到改善。所以,如果有S套住房出租,拥有最高保留价格的S个人就会最终得到内城区的住房。这种配置是帕累托有效率配置——其他的都不是,因为其他配置住房的方法允许某种交易存在,至少可以使二者的境况在不损害其他任何人利益的情况下变得更好些。

让我们把这个帕累托效率标准应用到前面已提到过的各种资源配置机制的结果上去。先从市场机制说起。人们很容易看到市场机制把内城区的住房配置给S个持最高保留价格的人——也就是愿意支付的价格高于均衡价格p^*的那些人。因此,在竞争市场上,一旦住房被租出,就再也没有交易收益可得,竞争市场产生的结果是帕累托有效率的。

价格歧视垄断者的情况又是怎样呢?这种配置方法的结果是帕累托有效率的吗?要看清楚这个问题的答案很简单,只要注意一下通过价格歧视垄断者配置方法得到住房的人与通过竞争市场配置方法得到住房的人,正好是同一批人:即任何愿意支付高于p^*的价格的人。因此,价格歧视垄断者产生的结果也是帕累托有效率的。

虽然从不再需要进一步交易的意义上讲,竞争市场和价格歧视垄断者所产生的结果都是帕累托有效率的,但它们的收入分配大不相同。当然,在价格歧视垄断者的情况下,消费者的境况比在竞争市场下的消费者的境况要差得多,而房东的境况却要好得多。一般来说,帕累托效率与交易收益的分配没有多大关系,它只是与交易的效率有关:也就是所有可能的交易是否都进行了。

只能索取一种价格的一般垄断者的情况又是怎样的呢?它所产生的结果不是帕累托

有效率的。要证实这一点,我们所要做的是注意以下情况:由于垄断者一般不会出租所有的住房,他可以通过把一套住房出租给按确定价格租不到房子的某人来增加他的利润。因此,这里存在着可以使垄断者和该租赁者双方都好一些的某种价格,只要垄断者不改变其他任何人支付的价格,其他租赁者的情况还是与以前一样好。这样,我们就发现了一种帕累托改进的方法——一种可以使双方都更好一些而又不损害其他任何人利益的方法。

最后一种情况是房租管制。它产生的结果也不是帕累托有效率的。这个论据来自以下事实:任意地给租赁者分配房子一般会致使某人(假定是A先生)住进内城区,而他愿意支付的钱要少于住在外城区的某人(假定是B女士)。假设A先生的保留价格是300美元,B女士的保留价格是500美元。

我们需要找出一种帕累托改进的方法——一种使A先生和B女士都好一些而又不损害他人的方法。做到这一点有一个很容易的办法——只要让A先生把他的住房转租给B女士。对B女士来说,出500美元能住在靠近大学的地方是值得的,但对A先生来说,房子只值300美元。如果B女士付给A先生400美元同时交换他们的住房,这对他们双方都好:B女士可以得到她认为值400美元以上的一套住房,A先生会得到他认为比内城区一套住房更值的400美元。

这个例子说明房租管制一般不会产生帕累托有效率配置,因为在市场调节后仍然还有一些交易可以进行。只要得到内城区住房的人不像得不到内城区住房的人那么看重内城区的房子,就总会有交易收益可得。

1.11　长期均衡

我们已经分析了短期内的住房均衡价格——在短期内,住房的供给是固定不变的。但是在长期内,住房的供给是会变化的。就如需求曲线衡量不同价格时的住房需求量那样,供给曲线衡量不同价格时的住房供给量。住房市场的价格最后要取决于供给与需求之间的相互作用。

那么,供给行为是由什么决定的呢?一般来说,由私营市场供给的新住房的数量取决于供应住房的利润的大小,从某种程度上讲,这取决于房东能索取的房租价格。为了分析长期内的住房市场的行为,我们必须考察供给者和需求者的行为,这是我们最终要从事的一项工作。

当供给可变动时,我们不仅可以探讨一下谁将得到住房,而且可以了解各种类型的市场机制将提供多少住房。垄断市场供应的住房比竞争市场供应的是多还是少?房租管制是增加还是减少了住房的均衡数量?哪一种经济机制将提供帕累托有效率的住房数量?为了回答这些类似的问题,我们必须提出更为系统的、更有效的工具来进行经济分析。

小　结

1. 经济学是通过对社会现象建立模型来进行研究的,这种模型能对现实社会作简化的描述。

2. 在经济分析过程中,经济学家以最优化原理和均衡原理为指导。最优化原理指的是人们总是试图选择对他们最有利的东西;均衡原理是指价格会自行调整直到需求和供给相等。
3. 需求曲线衡量在不同价格上人们愿意购买的需求量;供给曲线衡量在不同价格上人们愿意供应的供给量。均衡价格是需求量与供给量相等时的价格。
4. 研究均衡价格和数量在基础条件变化时如何变化的理论称为比较静态学。
5. 如果没有方法可使一些人的境况变得更好一些而又不致使另一些人的境况变得更差一些,那么,这种经济状况就是帕累托有效率的。帕累托效率的概念可用于评估配置资源的各种方法。

复习题

1. 假设 25 个人的保留价格为 500 美元,第 26 个人持有的保留价格为 200 美元,需求曲线呈什么形状?

2. 在上述例子中,假如只有 24 套住房可以出租,均衡价格是多少? 如果有 26 套住房可出租,均衡价格又是多少? 如果有 25 套住房可出租,均衡价格是多少?

3. 假定人们持有不同的保留价格,为什么市场需求曲线向下倾斜?

4. 在书中,我们假设公寓购买者都是来自内城区的人——那些已经在内城区租房的人。如果公寓购买者都是来自外城区的人——那些目前没有在内城区租房的人,内城区住房的价格会发生什么样的变化呢?

5. 现在假设公寓的购买者都是内城区的人,但是每一公寓由两套住房构成,住房的价格会发生什么样的变化呢?

6. 设想一下征税会对长期内的建房数量产生什么影响?

7. 假定需求曲线是 $D(p)=100-2p$,如果垄断者有 60 套住房,他会定什么价格? 他可以租出多少套? 如果他有 40 套住房,他会定什么价格? 他可以租出多少套?

8. 如果我们的房租管制模型允许不受限制的转租,最终谁将租到内城区的住房? 产生的结果是帕累托有效率的吗?

预算约束

经济学关于消费者的理论是非常简单的:经济学家认为消费者总是选择他们能够负担的最佳物品。为了使这个理论拥有具体的内容,我们需要更为精确地论述一下什么是我们所说的“最佳”,什么是我们所说的“能够负担”。在本章,我们将考察如何来论述一个消费者能够负担的物品;在下一章,我们将把重点放在消费者如何决定最佳物品这个概念上。接着我们将着手对消费者行为这个简单模型的含义作详细的研究。

2.1 预算约束

让我们从考察预算约束的概念开始。假设有几组商品可供消费者选择。在现实生活中,人们要消费很多商品。但是为了方便起见,我们这里只考虑两种商品的情形,这样,我们就可以用图来描述消费者的选择问题。

我们将用(x_1, x_2)来表示消费者的消费束。它只是一个包含两个数字的表列,以告诉我们消费者选择商品 x_1 的消费量和消费者选择商品 x_2 的消费量。有时候为了方便起见,我们用一个简单的符号 X 来表示消费者的消费束,相应的 X 只是两个数字的组合(x_1, x_2)的缩写。

假设我们可以知道两种商品的价格(p_1, p_2)和消费者要花费的货币总数 m,则消费者的预算约束可以写为

$$p_1x_1 + p_2x_2 \leqslant m \tag{2.1}$$

这里的 p_1x_1 是消费者花费在商品 1 上的货币数量,p_2x_2 是消费者花费在商品 2 上的货币数量。消费者的预算约束要求花费在这两种商品上的货币数量不超过消费者能花费的总数。消费者能够负担的消费束是费用不超过 m 的那些商品。我们把当价格为(p_1, p_2)和收入为 m 时能够负担的消费束的集合称为消费者的预算集。

2.2 通常只需考虑两种商品

两种商品的假设比你起初想象的要更有概括性,因为我们常常把其中的一种商品看

作是消费者除另外一种商品外想要消费的其他各种商品的代表。

举个例子,如果我们有兴趣研究消费者对牛奶的需求,我们会用 x_1 来衡量他(或她)每月消费的牛奶的夸脱数。于是我们可以让 x_2 来代表消费者除了牛奶之外可能要消费的其他各种商品。

当我们采纳了这个解释后,就可以方便地把商品 2 看作是消费者可以用来购买其他各种商品的货币。根据这种解释,因为 1 美元的价格就是 1 美元,商品 2 的价格自然等于 1。于是,预算约束的公式可以写为

$$p_1x_1 + x_2 \leqslant m \tag{2.2}$$

这个公式简单地表明,花费在商品 1 上的货币数量 p_1x_1 加上花费在其他商品 x_2 上的货币数量,不能大于消费者需要花费的货币总量 m。

我们认为商品 2 代表了一种**复合商品**,它代表了消费者除了商品 1 之外还需要消费的其他各种商品。这样一种复合商品常常是用花在除了商品 1 之外的其他商品上的美元数来衡量的。就预算约束这个代数式来讲,式(2.2)正是式(2.1)的特殊形式,这里 $p_2=1$。因此,我们关于预算约束的一切论述,总的来说要以复合商品假说为前提。

2.3 预算集的性质

预算线指的是所需费用正好等于 m 的一系列消费束:这些消费束正好可以把消费者的收入用完,即

$$p_1x_1 + p_2x_2 = m \tag{2.3}$$

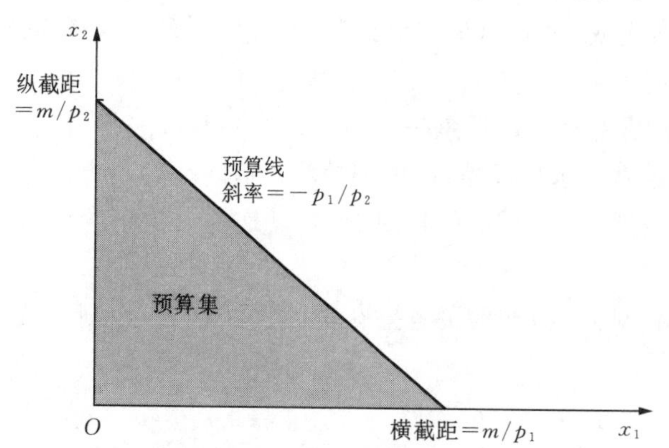

预算集由在特定价格和收入下能够负担的所有消费束组成。

图 2.1 预算集

预算集已在图 2.1 中绘出。粗线就是预算线——这些消费束的费用正好等于 m——在这条预算线以下的消费束所需费用少于 m。

我们可以把等式(2.3)的预算线重新安排一下,并得出公式

$$x_2 = \frac{m}{p_2} - \frac{p_1}{p_2}x_1 \tag{2.4}$$

这是一个用以表示纵截距为 m/p_2 和斜率为 $-p_1/p_2$ 的一条直线的公式。这个公式告诉我们,如果消费者消费 x_1 单位的商品 1,为了满足这一预算约束,他需要消费多少单位的商品 2。

这里有一个绘制特定价格为(p_1, p_2)和特定收入为 m 时的预算线的简易方法。你只要考虑一下,如果消费者把他所有的钱都用于购买商品 2,他可以购买多少商品 2? 答案当然是 m/p_2。然后再想:如果消费者把所有的钱都用于购买商品 1,他可以购买多少商品

1? 答案是m/p_1。这样用横截距和纵截距就可以测量出消费者如果把所有的钱分别用于单独购买商品1和商品2的话能得到多少商品。要绘制这条预算线,只要把这两点定在图像的恰当的轴线上,再用一条直线把它们连接起来就可以了。

经济学对预算线的斜率有一个很妙的解释。它表示市场愿意用商品1来"替代"商品2的比率。例如,假如消费者准备把对商品1的消费增加Δx_1,为了满足预算约束,他对商品2的消费要如何作变动呢? 让我们用Δx_2来表示他对商品2的消费所作出的变动。

现在请注意,如果他要满足预算约束,在他作出变动之前和之后他必须满足

$$p_1x_1 + p_2x_2 = m$$

和

$$p_1(x_1 + \Delta x_1) + p_2(x_2 + \Delta x_2) = m$$

从第二个等式中减去第一个等式可得出

$$p_1\Delta x_1 + p_2\Delta x_2 = 0$$

这就是说,他的消费变动的总价值必定为零。求解$\Delta x_2/\Delta x_1$,按此比率用商品1替代商品2,仍然能满足预算约束,可以得出

$$\frac{\Delta x_2}{\Delta x_1} = -\frac{p_1}{p_2}$$

这正是预算线的斜率。因为Δx_1和Δx_2的符号必定总是相反的,这个斜率始终是负数。如果你要继续满足预算约束,在你多消费商品1时,你就得少消费商品2,反之亦然。

有时经济学家认为,用预算线的斜率可以计量消费商品1的机会成本。为了多消费商品1,你得放弃一部分商品2的消费。放弃消费商品2的机会正是多消费商品1的经济成本;这个成本是用预算线的斜率来衡量的。

2.4 预算线如何变动

当价格和收入变动时,消费者能够负担的商品集也会变动。这些变动是如何影响预算集的呢?

让我们先看看收入的变动。从等式(2.4)中可以看到,增加收入会增加纵截距而不会影响预算线的斜率。因此,增加收入导致了如图2.2所示的那种结果,即预算线向外平行移动。同样,减少收入会引起预算线向内平行移动。

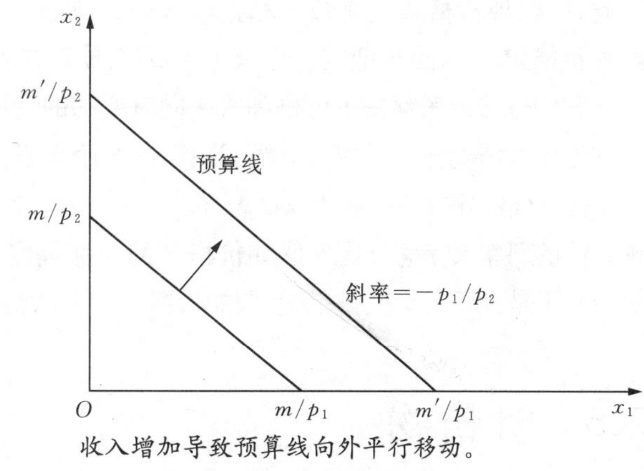

收入增加导致预算线向外平行移动。

图2.2 增加收入

价格变动的情况又是怎样呢?我们首先考察提高价格1,并使价格2和收入保持固定不变的情况。根据等式(2.4),提高价格1不会改变纵截距,但它会使预算线的斜率变得更陡峭,因为价格1与价格2的比率 p_1/p_2 会变大。

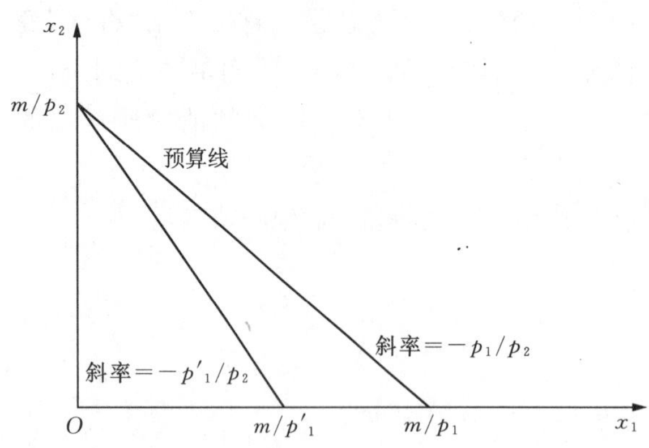

假如商品1的价格比原先提高了,那么预算线就会变得更陡峭。

图2.3 提高价格

另一个观察预算线如何变动的方法是前面所提到过的绘制一条预算线的简易方法。如果你把所有的钱都用于购买商品2,那么,提高商品1的价格不会改变你所能购买的商品2的最大数量——因而预算线的纵截距没有变。但是,如果你把所有的钱都用于购买商品1,而商品1的价格已比原先提高了,那么,你必然要减少对商品1的消费。这样,预算线的横截距必定向内移动,导致了如图2.3所示的倾斜结果。

当商品1和商品2的价格同时变动时,预算线又会怎样呢?假设我们把商品1和商品2的价格提高1倍,在这种情况下,横截距和纵截距都会因此而向内移动一半,预算线也会向内移动一半。把两种价格乘上2和把收入除以2是一样的。

我们也可以从代数式中看出这点。假设我们原来的预算线是

$$p_1x_1+p_2x_2=m$$

现在假设把两种价格提高至原先的 t 倍。把两种价格乘以 t 得出

$$tp_1x_1+tp_2x_2=m$$

但这个公式等于

$$p_1x_1+p_2x_2=\frac{m}{t}$$

因此,把两种价格乘上常数 t 和把收入除以常数 t 是完全一样的。依此类推,如果我们把两种价格乘上 t,同时把收入也乘上 t,那么预算线就不会变动。

我们也可以考察一下价格和收入同时变动的情况。假如两种价格上涨,收入减少,那么会发生什么情况呢?考虑一下横截距和纵截距会发生什么样的变化。如果 m 减少而 p_1 和 p_2 两种价格提高,那么截距 m/p_1 和 m/p_2 一定会缩短。这就意味着预算线将向内移动。预算线的斜率又是怎样呢?假如价格2的上涨幅度大于价格1,那么 $-p_1/p_2$ 就会减少(绝对值),于是预算线会变得平缓;假如价格2的上涨幅度小于价格1,预算线则会变得更陡。

2.5 计价物

我们用两个价格和一个收入来确定预算线,但这些变量中有一个是多余的。我们可

以把其中一个价格或收入的值规定为是固定不变的，然后调整另外两个变量，这样就可以确切地描绘出同一个预算集。因此，预算线

$$p_1x_1+p_2x_2=m$$

就与下列预算线是相同的：

$$\frac{p_1}{p_2}x_1+x_2=\frac{m}{p_2}$$

或者

$$\frac{p_1}{m}x_1+\frac{p_2}{m}x_2=1$$

这是因为第一条预算线是把每一项除以 p_2 得出的，而第二条预算线是把每一项除以 m 得出的。在第一种情况下，我们限定 $p_2=1$，而在第二种情况下，我们限定 $m=1$。把其中一种商品的价格或收入限定为 1，并适当地调整其他商品的价格和收入完全不会改变预算集。

当我们把其中的一个价格限定为 1 时，就如上面我们所做的那样，我们常常把那种价格称为计价物(numeraire)价格。我们就是相对于计价物价格来测量其他价格和收入。有时，把商品之一看作计价物商品是很方便的，因为这样就可以少考虑一种价格。

2.6 税收、补贴和配给

经济政策常常会运用诸如税收这类可以影响消费者预算约束的工具。例如，政府要征收从量税，也就是说，消费者对他所购买的每 1 单位商品都得支付一定的税收。例如，在美国，购买 1 加仑汽油得支付 15 美分的联邦汽油税。

那么，从量税是如何影响消费者的预算线的呢？对于消费者来说，这种税收就等于提高价格。因此，每 1 单位商品 1 的 t 美元从量税仅仅是把商品 1 的价格从 p_1 变为 p_1+t。如我们上面所看到的那样，这意味着预算线必定会比原先更陡峭。

另外一种税是从价税。顾名思义，这是一种对商品的价值——价格——而不是对所购买商品的数量所征收的税。从价税通常是用百分比来表示的。在美国，大多数州都征收销售税。如果销售税是 6%，那么，标价为 1 美元的商品实际的销售价就是 1.06 美元。

如果商品 1 的价格是 p_1，但得付税率为 τ 的销售税，那么对于消费者来说，它的实际价格就是 $(1+\tau)p_1$。消费者每购买 1 单位商品 1 得付 p_1 给供应者和 τp_1 给政府，所以该商品对于消费者的总的费用是 $(1+\tau)p_1$。

补贴与税收正好相反。从量补贴就是政府根据消费者所购买商品的数量来给予消费者一定的补贴。例如，消费牛奶是有补贴的，政府根据消费者购买的牛奶数量支付给每个消费者一笔钱。如果消费每 1 单位商品 1 的补贴是 s 元，那么对于消费者来说，商品 1 的价格就是 p_1-s。这样就使预算线比原先更平缓。

同样，从价补贴是根据被补贴商品的价格而实行的补贴。假如你每捐赠给慈善事业 2 美元，政府就给你 1 美元，这样你对慈善事业的捐赠就得到 50% 的补贴。一般来说，如果

商品 1 的价格是 p_1,它的从价补贴率是 σ,消费者的实际价格就是 $(1-\sigma)p_1$。

你可以清楚地看到,税收和补贴以同样的方式影响着价格,除了代数符号不同之外:对于消费者来说,税收会提高价格而补贴则降低价格。

政府可能会运用的另一种税收或补贴是*总额税*或*总额补贴*。就总额税而言,不管消费者的行为如何,政府总要取走一笔固定金额的货币。这表明征收总额税会使消费者的预算线向内移动,因为他的货币收入减少了。同样,总额补贴使预算线向外移动。从量税和从价税以这样或那样的方式转动预算线,而转动的方式则取决于何种商品被征税,但总额税使预算线向内移动。

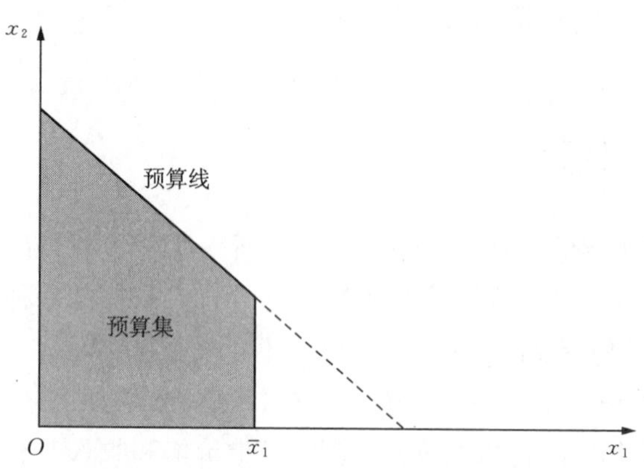

如果商品 1 是配给供应的,那么预算集超过配给数量的那部分必须砍掉。

图 2.4 受配给限制的预算集

政府有时也实行配给供应。也就是说,有些商品的消费量是受限制的,不能超过某个数量。例如,在第二次世界大战期间,美国政府对黄油和肉这类食品实行配给供应。

假设商品 1 是实行配给供应的,那么,一个消费者对商品 1 的消费量不得多于 $\bar{x}_1$。于是,消费者的预算集看上去就如图 2.4 所示的那样:它仍是原来的预算集,只是被砍掉一块。被砍掉的那一块由消费者买得起但却受到 $x_1>\bar{x}_1$ 限制的所有消费束组成的。

有时,税收、补贴和配给是混在一起运用的。例如,我们可以考虑这样一种情况,即消费者可以按价格 p_1 消费最多为 $\bar{x}_1$ 数量的商品 1,接着他得对超过 $\bar{x}_1$ 的所有消费量支付税收 t。这个消费者的预算集可以绘制成图 2.5。在这里,预算线在 $\bar{x}_1$ 左边的斜率为 $-p_1/p_2$,在 $\bar{x}_1$ 右边的斜率为 $-(p_1+t)/p_2$。

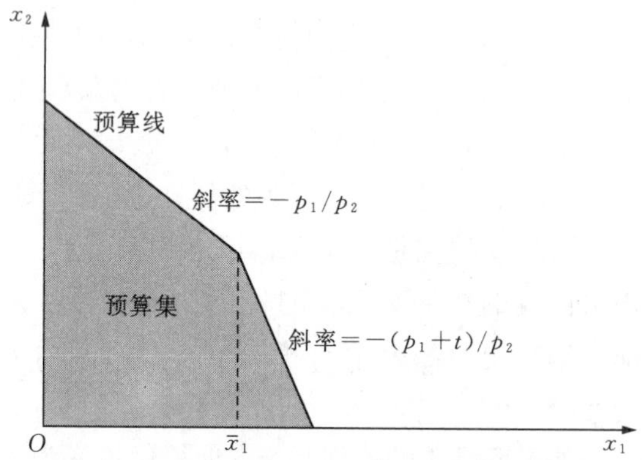

在这个预算集中,消费者只需对超过 $\bar{x}_1$ 数量的商品 1 的消费纳税,因而在 $\bar{x}_1$ 右边的预算线变得陡峭了。

图 2.5 对大于 $\bar{x}_1$ 的消费量征税

例子:食品券计划

自 1964 年《食品券法》公布以来,美国联邦政府一直对穷人购买食品提供补贴。这个计划的细节已经修改过几次。这里,我们将论述一下这些调整之一的经济效果。

在 1979 年以前,允许符合某种资格条件的家庭购买食品券,然后可凭食品券去零售商店购买食品。例如,在 1975 年 1 月,一个四口之家参加这项计划每月最多能得到 153 美元的食品券配给。

对于各个家庭来说,购买这些食品券的价格取决于家庭收入。一个四口之家,经调整后的月收入如为 300 美元,则购买全月配给的食品券需支付 83 美元。如果一个四口之家的月收入仅为 100 美元，则购买全月的食品券仅需支付 25 美元。①

1979 年以前的食品券计划是对食品的一种从价补贴。对食品的补贴率取决于家庭收入。如果一个四口之家为购买配给的食品券付出 83 美元，那么就意味着他支付 1 美元就可以得到 1.84 美元的食品（1.84＝153/83）。同样，一个为购买配给的食品券付出 25 美元的家庭，支付 1 美元就可以得到 6.12 美元的食品（6.12＝153/25）。

食品券计划对家庭的预算集的影响已绘在图 2.6A 上。在图中，我们用横轴表示花费在食品上的货币数量，用纵轴表示其他商品的一切费用。既然我们用货币来计量每一件商品的费用，每一件商品的“价格”自然是 1，因而预算线的斜率为－1。

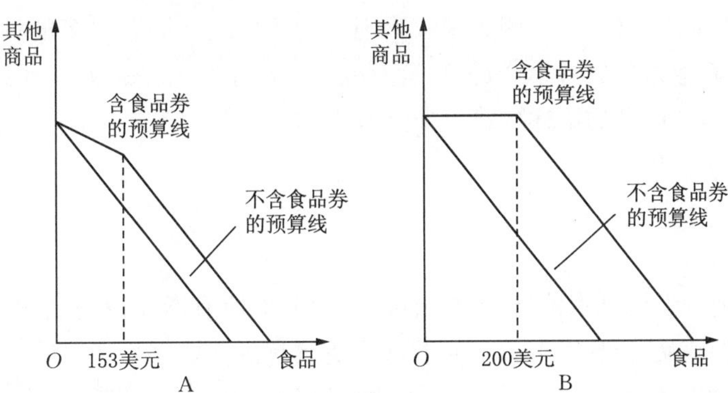

预算线如何受到食品券计划的影响。图 A 显示 1979 年以前的计划，图 B 显示 1979 年以后的计划。

图 2.6　食品券

如果一个家庭用 25 美元可以购买 153 美元的食品券，那么，购买食品的补贴率大约是 84%（＝1－25/153），因而预算线的斜率大约是－0.16（＝－25/153），直到这个家庭把 153 美元都用于购买食品。家庭花费在食品方面的每 1 美元（直到 153 美元全部用完）使得其对其他商品的消费减少了大约 16 美分，而在家庭把 153 美元全部用于购买食品之后，预算线又有了一个－1 的斜率。

这些结果导致了图 2.6 所示的拗折形。收入高的家庭对食品券配给的支付要多些。因此，随着家庭收入的增加，预算线的斜率会更陡峭。

1979 年对食品券计划进行了修改。原先要求家庭购买食品券，现在只是将食品券发给符合要求的家庭。图 2.6B 显示了它对预算集所产生的影响。

假设一个家庭每月得到价值 200 美元的食品券。也就是说，这个家庭每月可以多消费 200 美元的食品，不管它在其他商品上花费了多少，即预算线将向右移动 200 美元。但斜率没有变化：在食品上少花费 1 美元意味着可在其他商品上多花费 1 美元。但是由于家庭不能合法地出售食品券，它可以花在其他商品上的最大金额没有变化。除了食品券不能出售外，食品券计划实际上是一种总额补贴。

2.7　预算线的变化

在下一章，我们将分析消费者是如何根据他（或她）的预算集来选择一个最佳消费束

① 这些数字取自肯尼思·克拉克森（Kenneth Clarkson）：《食品券和营养》，美国企业研究所 1975 年版。

的。但在这里,我们已经可以谈谈我们在观察预算线变动之后所得到的结论。

首先,我们可以看到,当我们把价格和收入都乘上一个确定的正数时,预算集不变,因此,消费者对预算集的最佳选择也不会变。甚至不用分析选择过程本身,我们就可以得出一个重要的结论:一个完全平衡的通货膨胀——所有的价格和收入以同样的比率上涨——不会改变任何人的预算集,因而也不会改变任何人的最佳选择。

其次,我们还可以谈谈消费者面临不同的价格和收入时的境况。假设消费者的收入增加而价格保持不变,我们知道这意味着预算线会平行向外移动。因此,低收入消费者选择的一切消费束也可能是高收入消费者的选择。但是这样做,高收入消费者的境况至少与低收入消费者的一样好,这是因为高收入消费者相比之下拥有更多的消费选择。同样,如果价格下降,其他条件保持不变,消费者所处的境况至少会一样好。通过观察得到的这样一个简单道理,在以后的论述中将是非常有用的。

小　结

1. 预算集是由消费者按既定价格和收入能负担得起的所有商品束组成的。我们象征性地假设只有两种商品,但这个假设比它看起来更具有概括性。
2. 预算线可以记为 $p_1x_1+p_2x_2=m$。它的斜率是 $-p_1/p_2$,纵截距是 m/p_2,横截距是 m/p_1。
3. 增加收入使预算线向外移动。提高商品 1 的价格使预算线变得陡峭,提高商品 2 的价格使预算线变得平坦。
4. 税收、补贴和配给通过改变消费者支付的价格而改变了预算线的斜率和位置。

复习题

1. 消费者最初的预算线是 $p_1x_1+p_2x_2=m$。接着,商品 1 的价格提高了 1 倍,商品 2 的价格提高了 7 倍,收入增加了 3 倍。根据原先的价格和收入写出新预算线的方程。

2. 如果商品 2 的价格上涨了,而商品 1 的价格和收入保持不变,预算线会有什么变化?

3. 如果商品 1 的价格上涨了 1 倍,商品 2 的价格上涨了 2 倍,预算线是变得平缓了还是变得陡峭了?

4. 计价物的定义是什么?

5. 假设政府起初对每加仑汽油征税 15 美分,后来,又决定对每加仑汽油补贴 7 美分。这两种方法混合运用后的净税收是多少?

6. 假设预算方程是 $p_1x_1+p_2x_2=m$。如果政府决定征收 u 单位的总额税、对商品 1 征收 t 单位的从量税,以及对商品 2 进行从量补贴 s,新预算线的公式是什么?

7. 如果消费者的收入增加了,同时有一种商品的价格下降了,那么消费者的境况至少会与原先一样好吗?

偏　好

在第 2 章中，我们看到关于消费者行为的经济模型是非常简单的：它告诉我们人们总是选择他们能够负担的最佳物品。上一章我们主要弄清楚了“能够负担”的意义，这一章我们将主要弄清楚“最佳物品”的经济概念。

我们把消费者选择的目标称为*消费束*。这是一个完整的商品和劳务表，它涉及我们正在研究的选择问题。要着重强调的是“完整”二字：当你分析消费者的选择问题时，你应确信你是把一切合适的商品都归在消费束的范围内。

如果我们想在更广泛的基础上分析消费者选择，我们不仅需要一个消费者可能消费的完整的商品表，而且要说出这些商品在何时、何地以及何种情况下可以供应。总而言之，人们除了关心他们今天得到多少食品之外，还要关心他们明天将得到多少食品。大西洋中的一条救生艇与撒哈拉沙漠中的一条救生艇是截然不同的。下雨天的一把伞与大晴天的一把伞也是完全不同的商品。我们把在不同地区和不同情况下得到的“同样的”商品看作不同的商品常常是有益的，因为在那些情况下，消费者对商品的评价也许是不同的。

然而，当我们把注意力限定在简单的选择问题上时，有关的商品常常是显而易见的。我们通常采取前面已描述过的做法，即只用两种商品，令其中一种商品代表“其他各种商品”，这样我们可以集中在一种商品与其他各种商品之间的权衡抉择上。用这种方法我们就可以研究包括许多商品在内的消费选择，并且仍然可以用二维图解来说明问题。

所以，我们假设消费束由两种商品组成，令 x_1 代表一种商品的数量，x_2 代表另一种商品的数量。这样，整个消费束就可以用 (x_1, x_2) 来表示。如前所述，偶尔我们把这个消费束缩写为 X。

3.1　消费者偏好

我们假定给定任意两个消费束 (x_1, x_2) 和 (y_1, y_2)，消费者可以按照自身的意愿对它们进行排序。这就是说，消费者可以决定其中一个消费束的确比另一个要好，或者两个消费束对他来说是无差异的。

我们用符号 $\succ$ 来表示在两个消费束中，有一个是受到*严格偏好*的，因此，$(x_1, x_2) \succ$

(y_1, y_2)可以解释为对于消费者来说(x_1, x_2)严格偏好于(y_1, y_2),从这个意义上讲,消费者肯定要消费束X而不要消费束Y。这种偏好关系是一种运算概念。如果消费者偏好一个消费束甚于另一个消费束,只要有机会他(或她)就会选择其偏好的消费束而不要另一个。因此,偏好这个概念是建立在消费者行为基础上的。为了搞清楚在两个消费束中是否有一个受到偏爱,我们得看看在涉及两个消费束的选择情况下,消费者是如何行动的。如果他在可以得到(y_1, y_2)的情况下总是选择(x_1, x_2),那自然可以说这个消费者偏好的是(x_1, x_2)而不是(y_1, y_2)。

如果两个消费束对消费者来说是*无差异*的,我们就用符号～来表示,并记为$(x_1, x_2) \sim (y_1, y_2)$。无差异的意思是说,按照消费者的偏好,他消费另一个消费束(y_1, y_2)与消费(x_1, x_2)消费束相比,所获得的满足程度完全一样。

如果消费者在两个消费束之间有偏好或无差异,我们说对他来说(x_1, x_2)*弱偏好于*(y_1, y_2),并表示为$(x_1, x_2) \succeq (y_1, y_2)$。

严格偏好、弱偏好和无差异这些概念之间的关系并不是独立的,而是相关的!举个例子,如果$(x_1, x_2) \succeq (y_1, y_2)$和$(y_1, y_2) \succeq (x_1, x_2)$,我们可以得出结论:$(x_1, x_2) \sim (y_1, y_2)$。也就是说,假如消费者认为$(x_1, x_2)$至少与$(y_1, y_2)$一样好,并且$(y_1, y_2)$也至少与$(x_1, x_2)$一样好,那么这两个商品消费束对消费者来说就是无差异的。

同样,如果$(x_1, x_2) \succeq (y_1, y_2)$,但是我们还知道这并不包括$(x_1, x_2) \sim (y_1, y_2)$的情形,从而我们可以得出结论:$(x_1, x_2) \succ (y_1, y_2)$。这就是说,如果消费者认为$(x_1, x_2)$至少与$(y_1, y_2)$一样好,但他对这两个消费束并不是无差异的,那么,必定是他认为(x_1, x_2)的确比(y_1, y_2)要好。

3.2 关于偏好的几种假设

经济学家常常会就消费者偏好的"一致性"作一些假设。例如,$(x_1, x_2) \succ (y_1, y_2)$和$(y_1, y_2) \succ (x_1, x_2)$并存的情况似乎是不大合理的——且不说是自相矛盾的。因为这意味着消费者明确偏爱的是X消费束,而不是Y消费束……反之亦然。

所以,我们通常作一些偏好关系如何起作用的假设。有些关于偏好的假设是很重要的,我们把它们称之为消费者理论的"公理"。下面就是关于消费者偏好的三条公理:

完备性公理 我们假定任何两个消费束都是可以比较的。也就是说,假定有任一X消费束和任一Y消费束,我们假定$(x_1, x_2) \succeq (y_1, y_2)$,或者$(y_1, y_2) \succeq (x_1, x_2)$,或者两种情况都有,在最后这种情况下,消费者对这两个消费束是无差异的。

反身性公理 我们假定任何消费束至少与本身是一样好的,即$(x_1, x_2) \succeq (x_1, x_2)$。

传递性公理 假如$(x_1, x_2) \succeq (y_1, y_2)$,并且$(y_1, y_2) \succeq (z_1, z_2)$,那么我们就可假定$(x_1, x_2) \succeq (z_1, z_2)$。换句话说,假如消费者认为$X$至少与$Y$一样好,$Y$至少和$Z$一样好,消费者就认为$X$至少与$Z$一样好。

对第一条公理,完备性公理,几乎没有人提出异议,至少对那些经济学家们普遍考察的选择类型来说是没有异议的。说任何两个消费束是可以比较的,只不过是说只要有两个消费束,消费者就可以作出选择。人们也许会想象一些涉及生与死选择的极端情况,在这类情形中,要作出选择也许是困难的,甚至是不可能的,但这些选择大部分不属于经济学分析的范围。

第二条公理,反身性公理,是极普通的。任何消费束与同样的消费束相比当然至少是同样好的。幼儿的家长有时也许会注意到违背这一假设的行为,但这条公理对于绝大多数成人的行为来说似乎是理所当然的。

第三条公理,传递性公理,要难理解一些。偏好的传递性是否是偏好必然具有的特征这一点还不清楚。仅以纯逻辑为基础的偏好是可以传递的这一假设似乎还不那么令人信服。事实上并非如此。传递性是关于人们选择行为的一种假设,而不是纯逻辑学的一个陈述。它是否是逻辑学上的一个基本事实并不是问题的关键,关键是它是否合理地、正确地描述了人们的相关行为。

当一个人说他喜爱 X 消费束胜过 Y 消费束,喜爱 Y 消费束胜过 Z 消费束,但是接着又说他喜爱 Z 消费束胜过 X 消费束时,你对此人有什么看法?你肯定认为此人是个怪人。

更为重要的是,当这个消费者要在 X、Y 和 Z 三个消费束中作出选择时,他的行为会是怎样的呢?如果我们要他选择他最喜爱的消费束,他就会遇到一个难题,因为不管他选择哪个消费束,总有另一个消费束是他更为喜爱的。如果我们得有一个可以说明人们是怎样作出最佳选择的理论,那就是偏好必须服从传递性公理或类似这样的理论。如果偏好不能传递,就会出现没有最佳选择的消费束集合。

3.3 无差异曲线

事实证明,关于消费者选择的整套理论可以用满足前面描述的三条公理的偏好理论,再加上一些技术性的假设来表述。然而,我们发现用人们所知的*无差异曲线*这个概念来描述偏好是很方便的。

请看图 3.1,这里我们用两个轴分别表示消费者对商品 1 和商品 2 的消费。让我们取某个消费束(x_1, x_2),把其他至少如(x_1, x_2)那么受偏好的一切消费束绘成阴影,我们称之为*弱偏好集*。在这个集的分界线上的消费束——它们和(x_1, x_2)对于消费者来说都是无差异的——组成了一条*无差异曲线*。

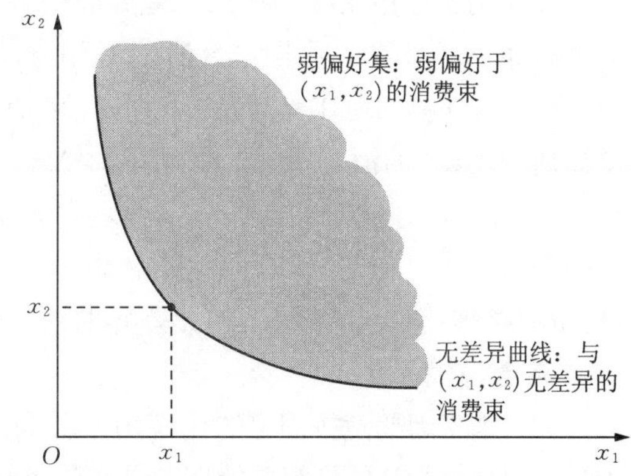

绘成阴影的区域由所有这样的消费束组成,这些消费束至少与消费束(x_1, x_2)一样好。

图 3.1 弱偏好集

我们可以通过我们所需要的任何消费束来绘制一条无差异曲线。通过一个消费束绘出的无差异曲线是由所有这样的消费束组成的,即对消费者来说,所有这些消费束与那个给定的消费束是无差异的。

在用无差异曲线描述偏好时遇到的一个问题是,它们仅仅告诉你消费者认为无差异的消费束——而没有告诉你哪些消费束

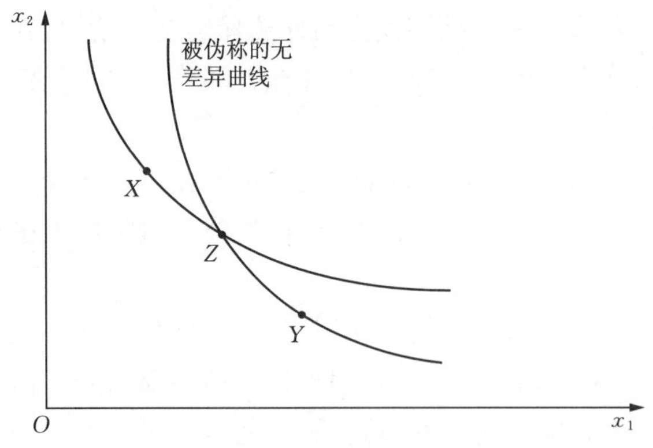

如果相交了,X、Y 和 Z 相互之间都会无差异,因而也就不可能位于不同的无差异曲线上。

图 3.2　无差异曲线不能相交

更好些和哪些更差些。因此,有时在无差异曲线上画箭头表明更受偏爱的消费束的方向是很有用的。我们不必在所有场合都这样做,我们只是在一些会引起混乱的场合使用这个办法。

如果我们不想对偏好作进一步的假设,无差异曲线可以以非常独特的形状出现。但即使是在一般性的水平上,我们仍然可以论述有关无差异曲线的一个重要原理:表示不同偏好水平的无差异曲线是不可能相交的。这就是说,图 3.2 所示的那种情况是不可能发生的。

为了证明这一点,我们挑选 X、Y、Z 三个消费束,使得 X 只位于一条无差异曲线上,Y 只位于另一条无差异曲线上,Z 位于两条无差异曲线的相交点上。根据各条无差异曲线表示不同的偏好程度这个假设,那么,消费者对其中一个消费束,比方说 X,严格地比对另外一个消费束 Y 更为偏好。我们知道 $X \sim Z$ 和$Z \sim Y$,因此,根据传递性公理,可以推出:$X \sim Y$。但这与 $X \succ Y$ 的假设是矛盾的。由这个矛盾可得出这样的结果——表示不同偏好程度的无差异曲线是不可能相交的。

无差异曲线还有其他什么特点吗? 抽象的回答是:不多。无差异曲线是描述偏好的一个方法,几乎任何你可能想到的“合理”的偏好都可以用无差异曲线刻画出来。诀窍是要研究什么样的偏好产生什么形状的无差异曲线。

3.4　偏好的实例

让我们通过一些实例把偏好与无差异曲线联系起来。我们将描述一些偏好的情况,然后看看它们的无差异曲线是什么样的。

要绘制出已用文字表述的无差异曲线有一个大体的步骤。首先用铅笔在图上定下某个消费束(x_1, x_2),再考虑给消费者稍微增加一点商品 1,即 Δx_1,使他的消费束变为$(x_1+\Delta x_1, x_2)$。现在要问,要使消费者在现在的消费点与原先的消费点之间无差异,你得如何变动 x_2 的消费? 把这变动记为 Δx_2。试问:“假如商品 1 已有所变动,要使消费者在$(x_1+\Delta x_1, x_2+\Delta x_2)$与$(x_1, x_2)$之间无差异,商品 2 该如何作变动?”一旦你决定了对某一个消费束所作的变动,你就绘制出了无差异曲线的一部分。再试着变动另一个消费束,依此类推,直至一个清晰的无差异曲线图全部绘制好。

完全替代品

如果消费者愿意按固定的比率用一种商品代替另一种商品,那么这两种商品是完全替代品。完全替代品的最简单的例子是消费者愿意在 1∶1 的基础上替代商品。

例如,我们假设要在红、蓝两种铅笔之间进行选择,有关的消费者喜欢铅笔,但一点也不在乎铅笔的颜色。选一个消费束,比方说(10, 10)。那么,对于这个消费者来说,任何包括 20

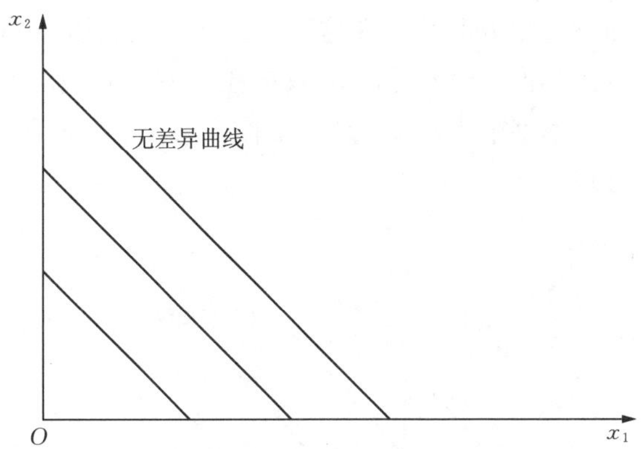

消费者只关心铅笔的总数，而不在乎它们的颜色。因此无差异曲线是斜率为－1的直线。

图 3.3　完全替代品

支铅笔的消费束与消费束(10，10)是一样的。从数学上讲，任何使得 $x_1+x_2=20$ 的消费束(x_1，x_2)都在这条通过(10，10)的消费者的无差异曲线上。因此，这个消费者的无差异曲线是所有斜率为－1的平行直线，如图 3.3 所示。铅笔总数多的消费束比铅笔总数少的更受偏爱，因此偏好增加的方向是朝着右上方，如图 3.3 所示。

根据绘制无差异曲线的一般程序，应该如何体现这一点呢？如果我们的消费束是(10，10)，并把第一种商品的数量增加一个单位至 11，那么我们该如何改变第二种商品的数量以回到原来的无差异曲线呢？答案是明确的，即我们得把第二种商品减少一个单位。对任何消费束都可采纳这一步骤并得到同样的结果——在这种情况下，所有的无差异曲线都有一个不变的斜率－1。

完全替代品的一个重要特点是无差异曲线具有固定的斜率。例如，假定我们用纵轴表示蓝铅笔的数量，横轴表示红铅笔的对数。这两种商品的无差异曲线的斜率是－2，因为消费者为多得到 1 对红铅笔而愿意放弃两支蓝铅笔。

本书中，我们主要考虑在 1∶1 基础上的完全替代情况，一般情况则留到练习册中去处理。

完全互补品

*完全互补品*是始终以固定的比例一起消费的商品。从某种意义上说，这些商品是相互“补充”的。一个非常恰当的例子是右脚的鞋子和左脚的鞋子。消费者喜爱鞋子，而且总是左、右脚一起穿的。一双鞋只要少了一只，对消费者就毫无用处了。

让我们绘制完全互补品的无差异曲线。假设我们选择消费束(10，10)。现在增加 1 只右鞋，我们得到(11，10)的组合。假定这种情况对消费者来说与原先的情形无差异：这增加的 1 只鞋对他毫无用处。如果我们增加 1 只左鞋，情况也是一样，消费者对(10，11)和(10，10)也是无差异的。

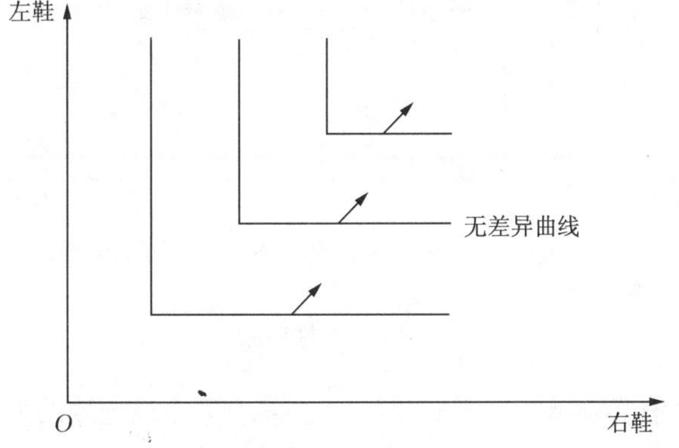

消费者始终要以固定比例消费商品，因此无差异曲线呈 L 形。

图 3.4　完全互补品

因此，这条无差异曲线呈 L 形，在 L 形的顶点，左鞋的数量等于右鞋的数量，如图 3.4 所示。

同时增加左鞋和右鞋的数量更受消费者的偏爱，所以偏好增加的方向再一次指向右上方，如图所示。

完全互补品的一个重要特点是，消费者偏好以固定比例消费物品，但不一定都是 1∶1 的比例。如果消费者喝一杯茶时总要放两匙糖，但喝其他饮料时一点糖也不放，于是无差异曲线仍然呈L形。在这种情况下L角会以(2匙糖,1杯茶)、(4匙糖,2杯茶)的组合出现,依此类推。而不是以(1只右鞋,1只左鞋)和(2只右鞋,2只左鞋)的形式出现。

本书中,我们主要考察商品按1∶1比例消费的情况,而把一般情况留到练习册中处理。

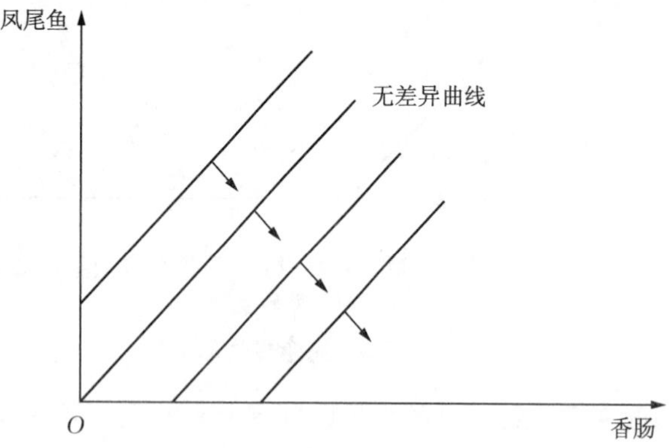

在这里,对于消费者来说,凤尾鱼是厌恶品而香肠是嗜好品,因而无差异曲线的斜率为正数。

图3.5 厌恶品

厌恶品

厌恶品是消费者不喜欢的商品。例如,假设现在所谈的商品是香肠和凤尾鱼——消费者喜爱香肠而不喜爱凤尾鱼。我们再假设在香肠和凤尾鱼之间存在着替换的可能。也就是说,当消费者不得不消费一定量的凤尾鱼时,可以得到一些夹在馅饼里的香肠作为补偿。我们如何用无差异曲线把这些偏好表示出来呢?

选一个由一些香肠和一些凤尾鱼组成的消费束(x_1, x_2)。如果我们给消费者更多的凤尾鱼,那我们该如何处理香肠的消费数量以使消费者维持相同的无差异曲线呢?显然,我们得给他一些额外的香肠来补偿他对凤尾鱼的忍受。这样,消费者的无差异曲线必定是向右上方倾斜,如图3.5所示。

偏好增加的方向是指向右下方——即朝着凤尾鱼消费减少和香肠消费增加的方向,如图中箭头所示。

中性商品

中性商品是消费者无论从哪方面说都不在乎的商品。如果一个消费者正好对凤尾鱼持中立态度那情况又怎样呢?[①]在这种情况下,消费者的无差异曲线是一条垂直线,如图3.6所示。消费者只关心他能得到多少香肠,而毫不关心他将得到多少凤尾鱼。他得到的香肠越多越好,但增加一些凤尾鱼对他没有任何影响。

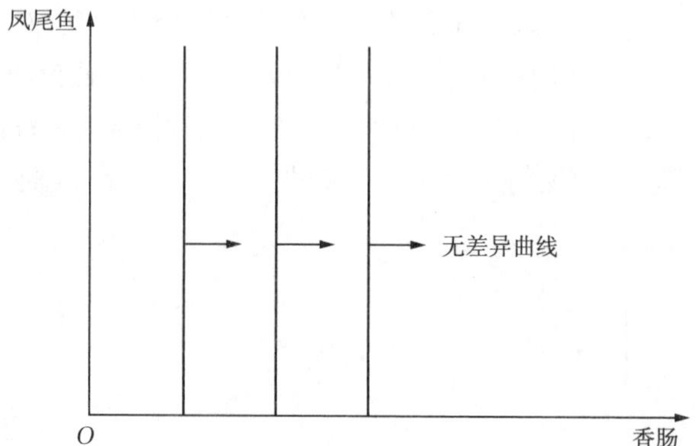

消费者喜爱香肠,但对凤尾鱼持中立态度,因而无差异曲线是垂直线。

图3.6 中性商品

餍 足

我们有时要考察有关餍足的情况,即对于消费者来说有一个最佳的消费束,就他自己的偏好而言,越接近这个消费束越好。例如,假设消费者有某个最偏爱的消费束($\bar{x}_1$, $\bar{x}_2$),离这个消费束越远,他的情况就越糟。在这种情况下,我们说($\bar{x}_1$, $\bar{x}_2$)是一个

① 人人都对凤尾鱼持中立态度吗?

餍足点或最佳点。消费者的无差异曲线看上去就如图 3.7 所示的那样。最佳点是$(\bar{x}_1, \bar{x}_2)$，远离这个最佳点的点都处于“较低的”无差异曲线上。

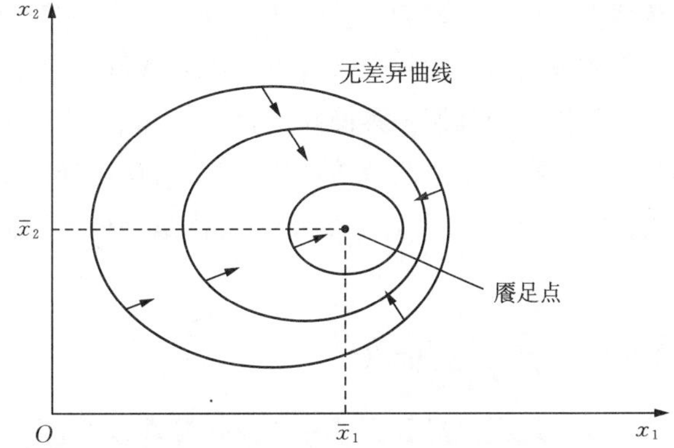

消费束$(\bar{x}_1, \bar{x}_2)$是餍足点或最佳点，无差异曲线就围绕着这个点。

图 3.7　餍足的偏好

在这种情况下，当消费者拥有的两种商品都“太少”或“太多”时，无差异曲线的斜率为负数；当他拥有的其中一种商品“太多”时，无差异曲线的斜率为正数。当他拥有的其中一种商品太多时，这种商品就成了厌恶品——减少对厌恶品的消费使他更接近“最佳点”。如果他拥有的两种商品都太多，那么这两种商品都是厌恶品，减少对这两种商品的消费使他接近最佳点。

假定这两种商品是巧克力蛋糕和冰淇淋。你每个星期要吃的巧克力蛋糕和冰淇淋也许有一个最合适的数量。少于那个数量会使你难受，但多于那个数量也会让你不舒服。

如果你设想一下，大多数商品在这方面都像巧克力蛋糕和冰淇淋一样——几乎每一种东西你都可能会拥有得太多。但是，人们一般不会自愿地选择过多地拥有他们所消费的商品。人们为什么要选择拥有超过他们所想要的商品呢？因此，从经济学选择的观点来看，令人感兴趣的领域是人们拥有的东西往往少于他们想要的，大多数商品都是这样。人们实际关心的选择就是这样的选择，而这些选择也是我们所关注的。

离散商品

通常我们设想商品是用可以划分为分量的单位来计量的——你也许每月平均消费 12.43 加仑牛奶，尽管你一次购买 1 夸脱牛奶。但是，有时我们要考察对那种自然以离散单位出现的商品的偏好。

例如，考察一个消费者对汽车的消费。我们可以用花在使用汽车上的时间来确定对汽车的需求。所以我们有一个连续变量，但是出于多种目的，人们感兴趣的是实际需求的汽车数量。

用偏好来描述人们对这类离散商品的选择行为并不困难。假设 x_2 是花在其他商品上的货币，而 x_1 是一种只能以整数量获得的离散商品。我们已在图 3.8 中显示了这种商

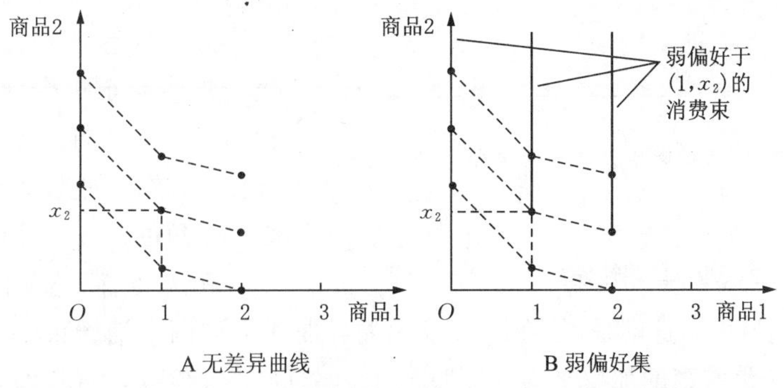

这里，商品 1 只能按整数单位获得。在图 A 中，虚线把几个无差异的消费束连接起来，在图 B 中，几条垂直线代表了至少与指明的消费束一样好的消费束。

图 3.8　离散商品

品的无差异“曲线”和弱偏好集。在这种情况下,与某一给定消费束无差异的诸消费束是一个离散点集。与特定消费束至少一样好的该消费束集将是一组线段。

选择是否强调一种商品的离散性取决于我们的应用。如果在我们分析的时期内,消费者只选择一个或两个单位的商品,承认选择的离散性也许很重要,但如果消费者选择 30 或 40 个单位的商品,那么,把它看作是一种连续商品也许较为方便。

3.5 良态偏好

我们现在已经看到了一些无差异曲线的例子。如我们所看到的,许多偏好类型,合理的或不合理的,都可以用简单的图像描述出来。但是,如果我们要想对偏好作概括性的描述,把研究重点集中在少数几种一般的无差异曲线的形状上就比较方便。在这一节中,我们将描述一些较为概括性的假设,这些假设可以说明偏好和与它们有关的无差异曲线形状的含义。这些假设不是仅有的可能性假设,在某些情况下,你也许要应用不同的假设。但我们把它们看作是*良态无差异曲线*的定义性特征。

首先,我们一般假定,就商品(goods)而不是厌恶品(bads)而论,人们认为多多益善。更为精确地讲,如果(x_1, x_2)是正常商品组成的消费束,(y_1, y_2)是至少包含这两种商品的相同数量并且其中一种商品多一些的消费束,那么$(y_1, y_2) \succ (x_1, x_2)$。这个假定有时被称为偏好的*单调性*。正如我们在讨论餍足时提出的,多多益善也许只会在达到某个点之前的限度内成立。因此,关于单调性的假定只是表明我们将考察到达这个餍足点之前的情况——在餍足点到达之前,越多越好。如果每一个消费者对每一种商品的消费都感到餍足,那么经济学就不再是一门有趣的学科。

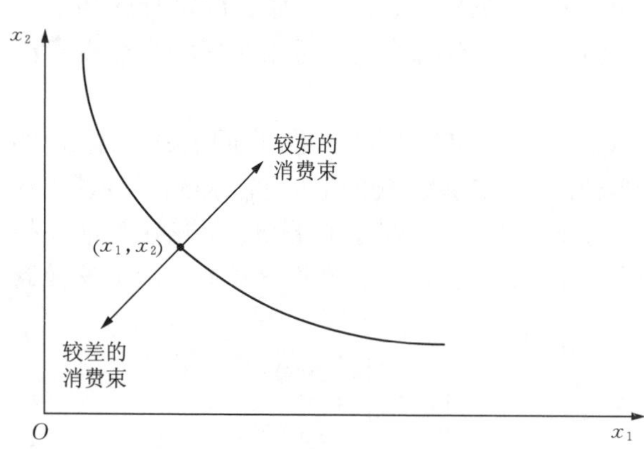

对于消费者来说,两种商品都较多的组合是一个较好的消费束,两种商品都较少的组合表示一个较差的消费束。

图 3.9 单调性偏好

无差异曲线的形状的单调性是什么含义呢?它意味着这些曲线的斜率是负的。考察一下图 3.9,如果我们从消费束(x_1, x_2)出发,向其右上方的任何一点移动,我们肯定会达到一个更受偏好的位置。如果我们向其左下方移动,我们肯定会到达一个较差的位置。所以,如果我们要移动至一个无差异的位置,我们必须不是向左上方就是向右下方移动:这时的无差异曲线的斜率必定是负的。

其次,我们还要假设平均消费束偏好于端点消费束。这就是说,在同一条无差异曲线上取两个消费束(x_1, x_2)和(y_1, y_2),考虑这两个消费束的加权平均$[(1/2)x_1 + (1/2)y_1, (1/2)x_2 + (1/2)y_2]$,平均消费束就至少与两个端点消费束中的每一个一样好,或者严格偏好于两个端点消费束的任意一个。这个加权平均消费束拥有在两个端点消费束中出现的商品 1 的平均数量和商品 2

的平均数量。因此,它位于连接 X 消费束和 Y 消费束的直线的中间。

实际上,我们还要假定在 0 和 1 之间的任何权数 t 都满足上面的分析,而不仅局限于 1/2。因此,我们假定,如果 $(x_1, x_2) \sim (y_1, y_2)$,那么对于任何满足 $0 \leqslant t \leqslant 1$ 的 t 来说,

$$(tx_1 + (1-t)y_1,\ tx_2 + (1-t)y_2) \succeq (x_1,\ x_2)$$

两个消费束的加权平均消费束赋予 X 消费束的权数是 t,赋予 Y 消费束的权数是 $(1-t)$。因此,沿着连接两个消费束端点的直线,从 X 消费束到加权平均消费束的距离与从 X 消费束到 Y 消费束的距离的比值恰好是 t。

这个关于偏好的假设从几何学上讲是什么意思呢?它意味着这个弱偏好于 (x_1, x_2) 的消费束集是一个凸集。假设 (x_1, x_2) 和 (y_1, y_2) 是无差异消费束。如果平均消费束比端点消费束更受偏好,那么 (x_1, x_2) 和 (y_1, y_2) 的所有加权平均消费束都弱偏好于 (x_1, x_2) 和 (y_1, y_2)。凸集具有这样的特征,即如果你在这个集上任取两点,再画一条线把这两点连接起来,那么这条线段完全在集内。

图 3.10A 描述的是凸偏好的一个实例,而图 3.10B 和图 3.10C 则展示了非凸偏好的两个实例。图 3.10C 展示的偏好如此的不凸,所以我们把它称为"凹偏好"。

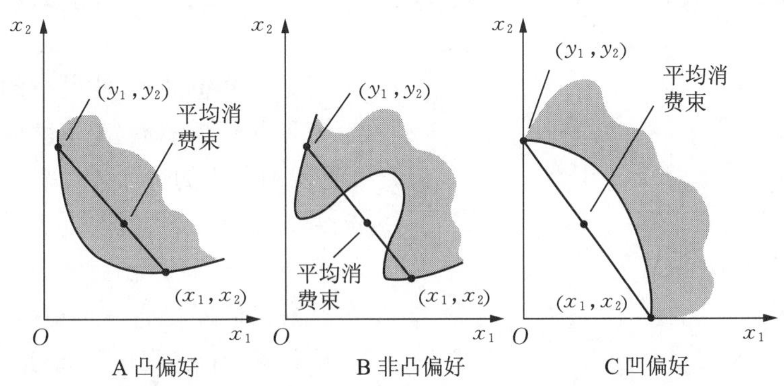

A 图显示了凸偏好,B 图显示了非凸偏好,C 图显示了凹偏好。

图 3.10　各种偏好

你能想象出不是凸的偏好吗?有一个可能性也许类似于我偏好冰淇淋和橄榄的情况。我喜爱冰淇淋和橄榄……,但我不喜欢同时吃这两样东西。考察我在下一个小时的消费,我也许对消费 8 盎司冰淇淋和 2 盎司橄榄,或者 8 盎司橄榄和 2 盎司冰淇淋无差异,但是无论哪个消费束都比各消费 5 盎司的冰淇淋和橄榄要好。这就是图 3.10C 所描述的那种偏好。

为什么我们希望假设凸的良态偏好?因为在大多数情况下,各种商品是一起消费的。图 3.10B 和图 3.10C 描述的偏好意味着消费者会专门偏爱一种商品,至少从某种程度上讲,仅消费一种商品。然而,正常的情况是,消费者会希望用一种商品去换取其他商品,最终可以一起消费各种商品,而不是专门消费其中的一种商品。

事实上,如果考察一下我每月对冰淇淋和橄榄的消费偏好,而不是只看我眼前的消费偏好,那么,这些消费偏好看上去更像图 3.10A 而不像图 3.10C。每个月,我都会喜爱吃一

些冰淇淋和一些橄榄——尽管是在不同的时间——而不爱在整整一个月内专门消费其中的一种商品。

最后,还要对凸的假设作扩充的是关于*严格凸*的假定。这就是说,两个无差异消费束的加权平均严格偏好于两个端点消费束。凸偏好的无差异曲线可能具有平坦的部分,但严格凸偏好的无差异曲线没有平坦部分,它们是"圆形"的。两种完全替代商品的偏好是凸的,但不是严格凸的。

3.6 边际替代率

我们常常发现把无差异曲线上某一点的斜率提出来研究是很有用的。这个观点很有用,所以它甚至有一个名称:无差异曲线的斜率就是人们所知的*边际替代率*(marginal rate of substitution, MRS)。这个名称来自这样的事实,即边际替代率衡量消费者愿意用一种商品去替代另一种商品的比率。

假设我们从消费者那里取走 Δx_1 的一部分商品 1,然后给他恰好能够使他回到原先的无差异曲线上去的 Δx_2 的一部分商品 2。因此,用一部分商品 2 替代一部分商品 1 之后,他的境况与以前一样好。我们认为,$\Delta x_2/\Delta x_1$ 就是消费者愿意用商品 2 去替代商品 1 的比率。

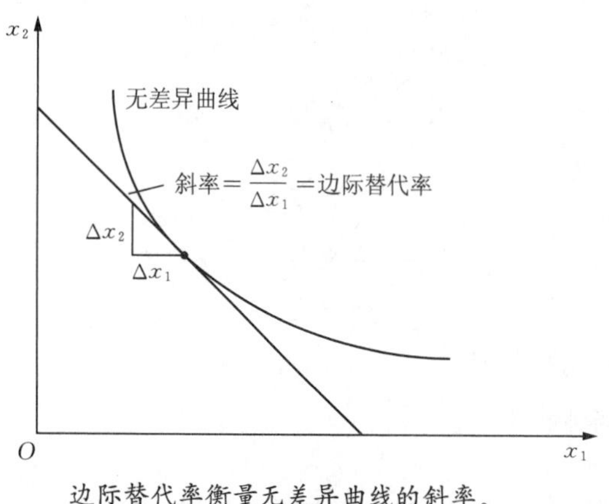

边际替代率衡量无差异曲线的斜率。

图 3.11 边际替代率(MRS)

现在设想 Δx_1 是很小的变动——边际变动。于是,$\Delta x_2/\Delta x_1$ 就成为衡量商品 2 替代商品 1 的边际替代率。随着 Δx_1 逐渐变小,$\Delta x_2/\Delta x_1$ 就趋近于无差异曲线的斜率,如图 3.11 所示。

当我们写 $\Delta x_2/\Delta x_1$ 这个比率时,我们总是想到分子和分母都是很小的数字——描绘从原先消费束开始的边际变化。因而,定义边际替代率的比率总是对无差异曲线斜率的一种描绘:消费者正好愿意按此比率用一部分商品 2 来替代一部分商品 1。

边际替代率一般是负数,这是它容易引起困惑的一个特点。我们已知,偏好的单调性意味着无差异曲线一定有负的斜率,又因为边际替代率就是对无差异曲线斜率的数字测度,所以边际替代率自然为负数。

边际替代率衡量了消费者行为的一个有趣的方面。假设消费者具有良态偏好,也就是说,消费者的偏好是单调的、凸的,他目前正消费某个消费束(x_1, x_2)。现在我们为他提供一次交换商品的机会:他可以用商品 1 换取商品 2,或者用商品 2 换取商品 1,并且按某个"交换率 E",他可以进行任何数量的交换。

这就是说,如果消费者放弃 Δx_1 单位的商品 1,作为交换,他能得到 $E\Delta x_1$ 单位的商品 2。或者反过来,如果他放弃 Δx_2 单位的商品 2,他可以得到 $\Delta x_2/E$ 单位的商品 1。从几何学上讲,这等价于我们提供给消费者一个这样的机会,即沿着一条穿越(x_1, x_2)点的斜率为 $-E$ 的直线任意移动,如图 3.12所示。从(x_1, x_2)点向左上方移动涉及用商品 1 去换取商品 2,向右下方移动涉及用商品 2 去换取商品 1。无论怎样移动,交换率都是 E。由于交换总要涉及放弃一种商品去换取另一种商品,交换率 E 与斜率 $-E$ 是相对应的。

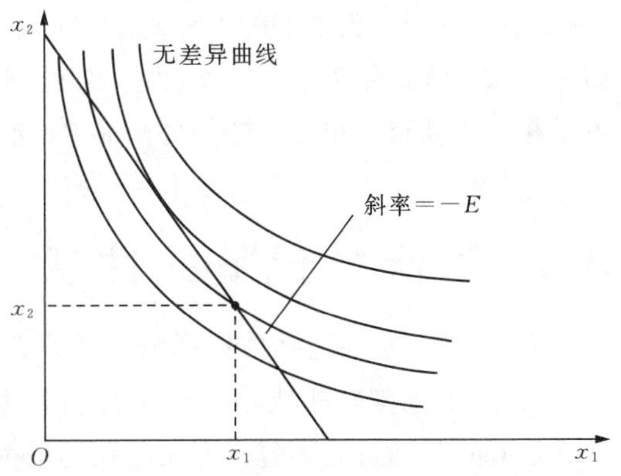

我们允许消费者按交换率 E 交换商品,这意味着消费者可以沿着一条斜率为 $-E$ 的直线移动。

图 3.12　按交换率进行交换

现在我们要问,为了使消费者保持在(x_1, x_2)点上不动,交换率应该是多少?要回答这个问题,我们只要注意一下在交换线与无差异曲线相交的任何时候,在那条交换线上总会有一些比(x_1, x_2)更受偏好的点——它们位于穿越(x_1, x_2)点的无差异曲线的上方。因此,如果要保持在(x_1, x_2)点上不动,交换线必定与该无差异曲线相切。也就是说,交换线的斜率 $-E$ 必定是无差异曲线在(x_1, x_2)点上的斜率。按任何其他交换率,交换线总会与无差异曲线相交,从而使消费者移向一个更受偏好的点。

因此无差异曲线的斜率,也就是边际替代率,衡量了有关消费者行为的一个比率,按此比率,消费者恰好处在交换或不交换的边际上。而按任何不等于边际替代率(MRS)的交换率,消费者总想用一种商品去交换另一种商品。但是,如果交换率等于边际替代率,消费者就会保持不动。

3.7　边际替代率的其他解释

我们已经说过边际替代率衡量了这样一个比率,按此比率消费者正好处在愿意用商品 1 去换取商品 2 的边际上,我们也可以说,消费者正处在愿意"支付"一些商品 1 去多购买一些商品 2 的边际上。所以,有时候你可能听到人们这样讲:无差异曲线的斜率衡量了人们的边际支付意愿。

如果商品 2 代表对"其他一切商品"的消费,而且是用你可以花费在其他商品上的美元数来计量的,那么,边际支付意愿的解释就是很自然的。用商品 2 换取商品 1 的边际替代率表示人们为了多消费一点商品 1 而愿意放弃花费在其他商品上的美元数量。因此,边际替代率衡量这样一种边际意愿,即为了多消费一点商品 1 而愿意放弃的美元数。放弃这些美元就像是为了多消费一点商品 1 而支付美元一样。

如果你想应用关于边际替代率的边际支付意愿解释,你应该慎重地强调"边际"和"意愿"这两个概念。边际替代率衡量人们为了得到商品 1 的一个边际量的额外消费而愿意支付的商品 2 的数量。为了得到某一个额外消费数量你实际付出的数量也许与你愿意支付的数量不同。你应该支付多少取决于该商品的价格,你愿意支付多少则不取决于价格——而是取决于你的偏好。

同样,你愿意为消费的大变动支付的数量也许与你愿意为消费的边际变动支付的数量不一致。你最终为购买一个商品实际支付多少,取决于你对该商品的偏好以及你面临的价格。为获得一小部分的额外商品,你愿意支付多少只取决于你的偏好。

3.8 边际替代率的性状

有时,通过描述边际替代率的性状来描绘无差异曲线的形状是很有用的。比如,"完全替代品"的无差异曲线是通过边际替代率为不变的-1这一事实来表示它的特性的。"中性商品"是通过边际替代率无论在哪里都是无穷大的这一事实来表示它的特性的。而"完全互补品"是由边际替代率或为0或为无穷大,即边际替代率不可能在它们中间取值这一事实来表示它的特性的。

我们早已指出关于单调性的假设含有这样的意思,即无差异曲线必定有一个负的斜率,因而边际替代率始终蕴含着减少一种商品的消费去换取较多的另外一种商品的单调性偏好。

凸的无差异曲线展示了边际替代率的另一种特性。对严格凸的无差异曲线来说,边际替代率——无差异曲线的斜率——随着我们增加x_1而减小(绝对值)。因此,无差异曲线展示了一个*递减的边际替代率*。也就是说,一个人为1单位商品2的额外消费,而愿意放弃的商品1的数量随着商品1的数量的增加而增加。这样分析,无差异曲线的凸的特性看起来就很自然:你对一种商品拥有得越多,你就越愿意放弃其中的一部分去换取另外一种商品。(但是,请记住冰淇淋和橄榄的例子——对于一些成双成对的商品来说,这个假定也许不能成立!)

小　结

1. 经济学家假设消费者可以对各种各样的消费可能性进行排序,消费者对消费束排序的方式显示了消费者的偏好。
2. 无差异曲线可以用来描绘各种不同的偏好。
3. 良态偏好是单调的(意味着多多益善)和凸的(意味着平均消费束比端点消费束更受偏好)。
4. 边际替代率(MRS)衡量了无差异曲线的斜率。这可以解释为消费者为获得更多的商品1而愿意放弃的商品2的数量。

复习题

1. 如果我们看到在(y_1, y_2)可以同时得到的情况下,消费者却选择了(x_1, x_2),那么,$(x_1, x_2) \succ (y_1, y_2)$的结论正确吗?

2. 考虑一下包括 A、B、C 的一组人，以及“A 与 B 至少一样高”中的“至少一样高”的关系。这种关系是传递的吗？是完备的吗？

3. 取同样一组人，然后考虑一下“的确比……高”这样一种关系。这种关系是传递的吗？反身的吗？完备的吗？

4. 一个大学足球教练说，若让他在两个队员 A 和 B 中挑选，他总是偏爱个子大、跑得快的那一个。这种偏好关系是传递的吗？完备的吗？

5. 无差异曲线自身能相交吗？例如，图 3.2 能绘制成一条单独的无差异曲线吗？

6. 如果偏好是单调的，图 3.2 能变成一条单独的无差异曲线吗？

7. 假如香肠和凤尾鱼都是厌恶品，那么，无差异曲线的斜率是正的还是负的？

8. 请分析为什么凸偏好意味着“平均消费束比端点消费束更受偏好”。

9. 用 1 美元钞票去替代 5 美元钞票的边际替代率是多少？

10. 如果商品 1 是“中性商品”，它替代商品 2 的边际替代率是多少？

11. 想一想你对它的偏好也许是凹的一些商品。

▶4

效 用

在维多利亚女王时代，哲学家和经济学家轻率地把“效用”看作是一个人的整个福利的指标。效用被看作是对个人快乐的数学测度。这个观念一旦确立，自然就认为消费者进行选择是为了实现他们的效用最大化，也就是使他们尽可能获得最大的快乐。

问题是这些古典经济学家实际上从来没有阐述过如何去度量效用。我们应该怎样使与不同选择相联系的效用的“量”数量化呢？一个人的效用与另一个人的效用是一样的吗？“多一支棒棒糖给我带来的效用是多一个胡萝卜给我带来的效用的两倍”，这句话的意思是什么呢？除了人们要实现效用最大化以外，效用的概念还有其他的独立意义吗？

由于存在这些概念上的问题，经济学家放弃了把效用当作对快乐的测度的旧式观点。取而代之的是在*消费者偏好*基础上经过完全重新阐述的消费者行为理论，在这个理论中，效用仅仅看作是描述偏好的一种方法。

经济学家逐渐认识到，就选择行为来说，所有涉及效用的问题，都是一个消费束的效用是否比另一个消费束的效用更高一些的问题——高出多少实际上与问题无关。最初，偏好是用效用定义的：对消费束(x_1, x_2)的偏好超过对消费束(y_1, y_2)的偏好，就意味着消费束X的效用大于消费束Y的效用。但是现在，我们倾向于从相反的方向来考察这些问题。消费者偏好对于分析选择来说是很有用的基本描述，而效用则只不过是描述偏好的一种方式。

*效用函数*是为每个可能的消费束指派一个数字的方法，它指派给受较多偏好的消费束的数字大于指派给受较少偏好的消费束的数字。这就是说，对消费束(x_1, x_2)的偏好超过对消费束(y_1, y_2)的偏好，其充分必要条件是(x_1, x_2)的效用大于(y_1, y_2)的效用：这用符号表示就是，$(x_1, x_2)\succ(y_1, y_2)$当且仅当$u(x_1, x_2)>u(y_1, y_2)$。

效用指派的唯一重要特征在于它对消费束所进行的排序。效用函数的数值，只在对不同消费束进行排序时才有意义；任意两个消费束之间的效用差额的大小是无关紧要的。因为这种效用强调消费束的排列次序，所以它被称作*序数效用*。

请看表4.1，在这个例子中，我们列举了为三个消费束指派效用的若干不同办法，所有这些办法都能使消费束按相同的次序进行排列。在这个例子中，消费者偏好A胜于偏好B，偏好B胜于偏好C。所有这些指派办法都是描述相同偏好顺序的有效的效用函数，因为它们都具有这样一个特征：指派给A的数字大于指派给B的数字，指派给B的数字又大于指派给C的数字。

表 4.1　指派效用的不同办法

消费束 \ 效用	U_1	U_2	U_3
A	3	17	−1
B	2	10	−2
C	1	0.002	−3

因为只有消费束的排序才有意义，所以不可能只存在一种为消费束指派效用的办法。如果我们能够找到一种为消费束指派效用数字的办法，我们就能找到无限多种指派效用的办法。如果 $u(x_1, x_2)$代表一种为消费束(x_1, x_2)指派效用数字的办法，那么 $u(x_1, x_2)$乘以 2(或任何其他正数)就一定也是指派效用的一种办法。

乘以 2 是单调变换的一个例子。单调变换是以保持数字次序不变的方式将一组数字变换成另一组数字的方法。

通常，我们是用把每个数字 u 转换成其他某个数字 $f(u)$的函数 $f(u)$来表示一个单调变换的。这种变换是在 $u_1>u_2$ 隐含着 $f(u_1)>f(u_2)$的意义上以保持数字次序不变的方式进行的。单调变换和单调函数在本质上是同一回事。

乘以一个正数(例如，$f(u)=3u$)，加上任意数(例如，$f(u)=u+17$)，u 的奇次幂(例如，$f(u)=u^3$)，等等①，这些都是单调变换的例子。

通过考察两个 u 值之间的 f 的变动除以 u 的变动的商，可以测度随 u 变动的 $f(u)$的变动率：

$$\frac{\Delta f}{\Delta u}=\frac{f(u_2)-f(u_1)}{u_2-u_1}$$

对于单调变换来说，$f(u_2)-f(u_1)$同 u_2-u_1 的符号始终是一样的。因此，单调函数的变动率总是正的。这意味着单调函数的图形总是具有正的斜率，如图 4.1A 所示的那样。

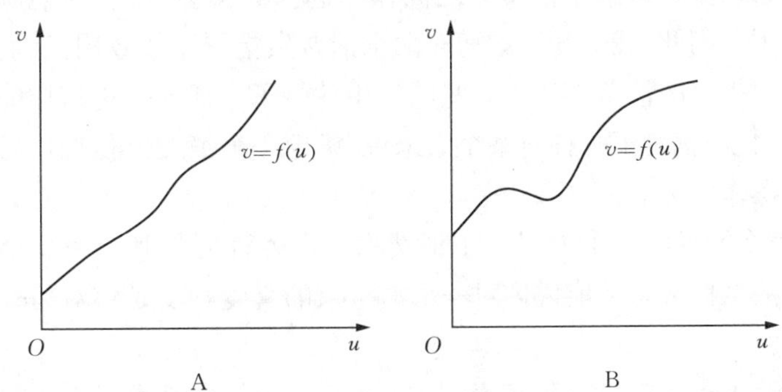

图 A 所示的是一个单调函数——始终递增的函数。图 B 所示的函数不是单调函数，因为它有时递增，有时递减。

图 4.1　正单调变换

① 我们这里所谓的“单调变换”，严格来说应该称作“正单调变换”，以区别于“负单调变换”，后者是将数字的次序倒转过来的一种单调变换。单调(monotonic)变换有时被称作“单调的(monotonous)变换”，这似乎是不公正的，因为它们实际上是饶有趣味的。

如果 $f(u)$是表示某种偏好的效用函数的任一单调变换,那么 $f(u(x_1, x_2))$就一定也是一个表示那些相同偏好的效用函数。

为什么这样说呢?论证可以用下面三个命题来给出:

1. $u(x_1, x_2)$代表特定的偏好意味着$(x_1, x_2)\succ(y_1, y_2)$的充分必要条件是$u(x_1, x_2)>u(y_1, y_2)$。

2. 但如果 $f(u)$是一个单调变换,$f(u(x_1, x_2))>f(u(y_1, y_2))$的充分必要条件是$u(x_1, x_2)>u(y_1, y_2)$。

3. 因此,在$(x_1, x_2)\succ(y_1, y_2)$的充分必要条件是 $f(u(x_1, x_2))>f(u(y_1, y_2))$时,函数 $f(u)$同原效用函数 $u(x_1, x_2)$以一样的方式代表偏好。

我们用下面这个原理来概括这段讨论:*一个效用函数的单调变换还是一个效用函数,这个效用函数代表的偏好与原效用函数代表的偏好相同*。

从几何学上讲,效用函数是一种给无差异曲线标明序数的办法。因为一条无差异曲线上的每一个消费束带来的效用一定相同,所以,效用函数就是一种通过使较高效用的无差异曲线得到较大的指派数字的方式,给不同的无差异曲线指派数字的方法。从这个角度看,单调变换只不过是对无差异曲线重新标明数字。只要包含受较多偏好的消费束的无差异曲线比包含受较少偏好的消费束的无差异曲线得到更大一些的数字,这些标出的数字就一定表示相同的偏好。

4.1 基数效用

有一些效用理论对效用的数值赋予了重要意义,这些理论被称作*基数效用*理论。在这种理论中,两个消费束之间的效用差额的大小被认为具有某种重要的意义。

我们知道如何说明某个人对一个消费束的偏好是否超过对另一个消费束的偏好:我们只要提供给他(或她)在这两个消费束之间作一选择的机会,然后观察他(或她)选择哪一个消费束就行了。因此,我们知道如何对两个消费束指派序数效用:我们只要指派给被选择的消费束比遭拒绝的消费束较高一些的效用就行了。任何一种这样的指派都是一个效用函数。因此,我们就有了一种对某个人来说,确定一个消费束是否比另一个消费束具有更高效用的可操作的标准。

但是,我们怎么能说明某个人对一个消费束的喜爱程度是其对另一个消费束的喜爱程度的两倍呢?甚至你又怎么能说你对一个消费束的喜爱程度是你对另一个消费束的喜爱程度的两倍呢?

我们可以为这种指派提出各种定义:如果我愿意为一个消费束支付的货币两倍于对另一个消费束支付的货币,那么,我对这个消费束的喜爱程度就是我对另一个消费束的喜爱程度的两倍。或者,如果我为了得到一个消费束相对于另一个消费束愿意奔走两倍远的路程,等候两倍长的时间,或下两倍的赌注,那么,我对这个消费束的喜爱程度就两倍于我对另一个消费束的喜爱程度。

这些定义中的每一个都没有错;每种定义都能产生一种指派效用水平的办法,按照这种办法,所指派数字的大小具有某种操作上的意义。但是,每一个定义都不很准确。特别是，虽然它们中的每一个都可能解释对某一样东西的需要两倍于对另一样东西的需要意味着什么，但看起来没有一个能对这种说法作出令人信服的解释。

即使我们能够找到一种似乎特别令人信服的指派效用数值的方法，这种方法对于我们描述选择行为又有什么用呢？为了确定是这个消费束还是另一个消费束被选择，我们只需要知道我们偏好哪一个消费束——哪一个消费束具有较高的效用。知道效用具体有多大并不会对我们描述选择行为有任何的帮助。既然基数效用并不是描述选择行为所必需的，而且，也没有任何令人信服的方法来指派基数效用，所以我们将完全坚持序数效用的分析框架。

4.2　构造效用函数

但是，我们能确信一定有指派序数效用的办法吗？在偏好次序已知的情况下，我们总是能够找到一种按这种偏好次序排列消费束的效用函数吗？存在一种描述任意的合理偏好次序的效用函数吗？

并不是每一种偏好都能够用效用函数来表示。举例来说，假使某人的偏好不具有传递性，使得 $A > B > C > A$。那么，这些偏好的效用函数就应该由 $u(A)$、$u(B)$、$u(C)$这样一些数字组成并使得 $u(A) > u(B) > u(C) > u(A)$，而这却是不可能的。

但是，如果我们排除像非传递偏好那样的反常情况，那么就可以证明，通常我们是能够找到代表偏好的效用函数的。我们在这里先演示一种构造效用函数的办法，另一种办法将在第 14 章中作出说明。

假设我们已知一张无差异曲线图，如图 4.2所示。我们知道，效用函数是一种为无差异曲线标记数字使得受较多偏好的无差异曲线得到较大数字的一种办法。我们如何做到这一点呢？

一种容易的做法是画一条如图 4.2 所示的对顶线，沿着这条线测度每条无差异曲线离原点的距离，并以此标记每条无差异曲线。

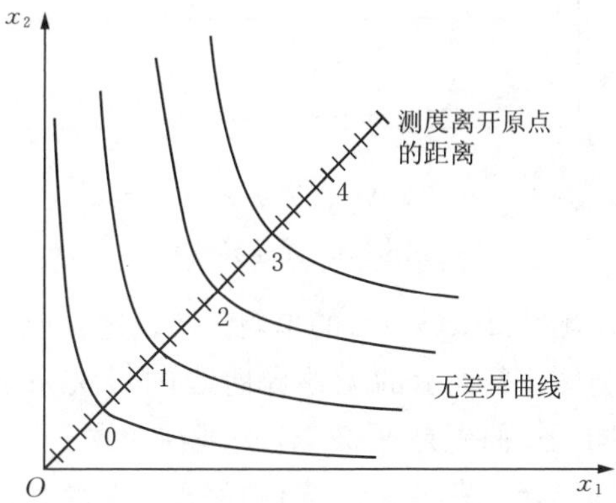

画一条对顶线，用沿这条线测度的每条无差异曲线离原点的距离给每条无差异曲线标记数字。

图 4.2　根据无差异曲线构造效用函数

我们如何知道这就是一个效用函数呢？不难看出，如果偏好是单调的，这条经过原点的直线就一定与每条无差异曲线只相交一次。因此，每个消费束只能标记一个数字，而且，处在较高位置的无差异曲线上的那些消费束将标上较大的数字——这一切表明这就是一个效用函数。

这使我们找到了一个为无差异曲线标记数字的办法，至少，只要偏好是单调的，情况就是如此。虽然，这在任何给定的情况下并非始终是最自然的办法，但这种办法至少说明了序数效用函数的概念是相当一般化的：几乎任何一种“合理”的偏好都能够用效用函数表示。

4.3 效用函数的几个例子

在第 3 章,我们描述了关于偏好和表示偏好的无差异曲线的几个例子。我们也可以用效用函数来表示这些偏好。如果你已经知道效用函数 $u(x_1, x_2)$,要绘制无差异曲线就比较容易了:你只要标出所有使得 $u(x_1, x_2)$等于一个常数的点(x_1, x_2)就行了。在数学上,使得 $u(x_1, x_2)$等于一个常数的所有点(x_1, x_2)的集合称作水平集。对应于每个不同的常数值,我们可以得到不同的无差异曲线。

例子:由效用推导出无差异曲线

假设效用函数由 $u(x_1, x_2)=x_1x_2$ 给出,无差异曲线看起来像什么呢?

我们知道,对于某个常数 k 来说,典型的无差异曲线就是使得 $k=x_1x_2$ 的所有 x_1 和 x_2 的集合。将 x_2 作为 x_1 的函数求解,我们发现典型的无差异曲线满足公式

$$x_2=\frac{k}{x_1}$$

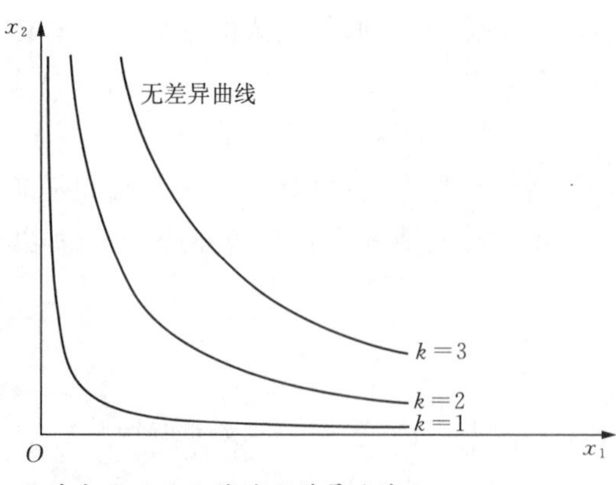

对应于不同 k 值的无差异曲线 $k=x_1x_2$。

图 4.3 无差异曲线

图 4.3 画出了 $k=1, 2, 3, \cdots$时的无差异曲线。

让我们来考察另外一个例子。假定我们已知一个效用函数 $v(x_1, x_2)=x_1^2x_2^2$。它的无差异曲线看起来是什么样的呢?根据标准的代数法则,我们得到

$$v(x_1, x_2)=x_1^2x_2^2=(x_1x_2)^2=u(x_1, x_2)^2$$

因此,效用函数 $v(x_1, x_2)$只是效用函数 $u(x_1, x_2)$的平方。由于 $u(x_1, x_2)$不可能取负值,所以 $v(x_1, x_2)$是原先效用函数 $u(x_1, x_2)$的单调变换。这意味着效用函数 $v(x_1, x_2)=x_1^2x_2^2$ 的无差异曲线一定与图 4.3 所示的无差异曲线的形状完全相同。虽然无差异曲线上标记的数字有所不同——原先是 1, 2, 3, …现在变成了 1, 4, 9, …——但是,满足 $v(x_1, x_2)=9$ 的消费束的集合与满足 $u(x_1, x_2)=3$ 的消费束的集合完全相同。因为 $v(x_1, x_2)$和 $u(x_1, x_2)$以完全相同的次序对全部消费束进行排列,所以它们所描述的偏好完全相同。

按另一方向做——找出表示某条无差异曲线的效用函数——相对来说要更为困难。做这件事有两种方法。第一种是数学方法。已知无差异曲线,我们要找到这样一个函数:沿每条无差异曲线它都是一个常数,并且对较高的无差异曲线指派较大的数字。

第二种方法比较直观。假定已知对偏好的描述,我们要尽量考虑消费者在试图使什么实现最大化——哪一种商品组合能描述消费者的选择行为。虽然现在这样说似乎还有点含糊,但在我们讨论过几个例子以后,它的意义就会变得比较明确。

完全替代

还记得关于红、蓝铅笔的那个例子吗?消费者看重的全部事情就是铅笔的总数。因

此,用铅笔的总数来测度效用是自然的。我们暂时选择 $u(x_1, x_2)=x_1+x_2$ 作为效用函数,但这是真的效用函数吗?只需要回答两个问题:沿着无差异曲线移动,它等于常数吗?对于受较多偏好的消费束,它指派了较高的数字吗?这两个问题的答案都是肯定的,所以我们就有了效用函数。

当然,这并不是我们所能使用的唯一的效用函数。我们也可以用铅笔数的平方来表示效用函数。因此,就像 $u(x_1, x_2)$ 的任何其他单调变换一样,效用函数 $v(x_1, x_2)=(x_1+x_2)^2=x_1^2+2x_1x_2+x_2^2$ 也能够表示完全替代偏好。

如果消费者愿意按不同于 1 比 1 的比例用商品 1 换取商品 2,情况又会怎样呢?举例来说,假设消费者为了补偿他所放弃的 1 单位商品 1,要求获得 2 单位的商品 2。这意味着,对于消费者来说,商品 1 的价值是商品 2 的价值的两倍。因此,效用函数采取的形式是,$u(x_1, x_2)=2x_1+x_2$。注意,由这种效用函数推导出的无差异曲线的斜率为 -2。

一般地,完全替代偏好可以用以下形式的效用函数来描述

$$u(x_1, x_2)=ax_1+bx_2$$

这里的 a 和 b 是用来测度商品 1 和商品 2 对于消费者的"价值"的某两个正数。注意,典型的无差异曲线的斜率由 $-a/b$ 给出。

完全互补

关于左脚鞋和右脚鞋的例子就符合这种情况。在这种偏好情况下,消费者只关心他有多少双鞋,所以自然地我们就选择鞋子的成双数作为效用函数。你所有鞋的完全成双数是你所有的右脚鞋的数量 x_1 和你所有的左脚鞋的数量 x_2 中的最小数。因此,完全互补的效用函数采取的形式是 $u(x_1, x_2)=\min\{x_1, x_2\}$。

为了证明这种效用函数确实可行,我们选出一个消费束,例如(10, 10)。如果我们增加 1 个单位商品 1,我们就得到(11, 10),但我们还是处在同一条无差异曲线上,是这样吗?是的,因为 $\min(10, 10)=\min(11, 10)=10$。

因此,$u(x_1, x_2)=\min\{x_1, x_2\}$ 是能够描述完全互补的效用函数的。同往常一样,任何单调变换也都是合适的效用函数。

在消费者愿意按不同于 1 比 1 的某个比例消费商品的情况下,事情又会怎样呢?例如,对于每杯茶总是放两匙糖的消费者来说,情况会怎样呢?如果 x_1 表示可得到的茶的杯数,x_2 表示可得到的糖的匙数,则按此比例放糖的茶的杯数就将是 $\min\left\{x_1, \frac{1}{2}x_2\right\}$。

这里的构思有点巧妙,因此在进一步分析之前我们先对它进行讨论。如果茶的杯数大于糖的匙数的一半,那么,我们就不能对每一杯茶都放两匙糖。这种情况下,最终的结果是只有 $\frac{1}{2}x_2$ 杯茶放了糖(你可以通过对 x_1 和 x_2 取不同的值来验证这一点)。

当然,这个效用函数的任意单调变换将描述相同的偏好。例如,我们将效用函数乘以 2 就可以去掉式子中的分数。这样得到的效用函数就是 $u(x_1, x_2)=\min\{2x_1, x_2\}$。

一般地,描述完全互补偏好的效用函数可以由下式给出

$$u(x_1, x_2)=\min\{ax_1, bx_2\}$$

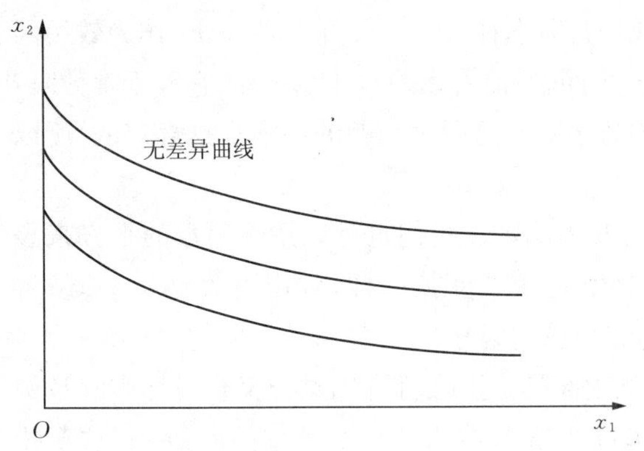

每条无差异曲线都是一条单一的无差异曲线垂直移动的结果。

图 4.4 拟线性偏好

式中的 a 和 b 是描述商品消费比例的正数。

拟线性偏好

这里的无差异曲线的形状我们以前从未见过。如图 4.4 所示,假设消费者的无差异曲线都是相互之间垂直平移得到的。这意味着全部无差异曲线都是一条无差异曲线垂直"移动"的结果。由此得到这样一个结论:无差异曲线的方程一定采取 $x_2=k-v(x_1)$ 的形式,其中 k 是对不同的无差异曲线取不同的值的常数。该方程表明,每条无差异曲线的高度等于 x_1 的某个函数 $-v(x_1)$ 再加上常数 k。较高无差异曲线的 k 值较大。(减号只是为了方便,下面我们就会明白为什么用减号比较方便。)

这里自然用 k 来为无差异曲线标号——大致地说,k 就是无差异曲线在纵轴方向的高度。求解 k 并令它等于效用,我们就有

$$u(x_1, x_2)=k=v(x_1)+x_2$$

在这种情况下,效用函数对商品 2 来说是线性的,但对商品 1 来说却是非线性的;因此,它称作*拟线性效用*,意味着"局部线性"的效用。$u(x_1, x_2)=\sqrt{x_1}+x_2$ 或者 $u(x_1, x_2)=\ln x_1+x_2$ 都是拟线性效用的具体例子。虽然拟线性效用函数并不特别符合现实,但它们却非常容易分析,就像我们在本书后面的若干例子中所见到的那样。

柯布-道格拉斯偏好

另一种普遍使用的效用函数是*柯布-道格拉斯效用函数*

$$u(x_1, x_2)=x_1^c x_2^d$$

其中,c 和 d 都是描述消费者偏好的正数。①

柯布-道格拉斯效用函数在一些例子中很有用。由柯布-道格拉斯效用函数代表的偏好,它的一般形状如图 4.5 所示。我们在图 4.5A 中绘制了 $c=1/2$, $d=1/2$ 的无差异曲线,在图 4.5B 中绘制了 $c=1/5$, $d=4/5$ 的无差异曲线。请注意参数 c 和 d 的不同值是如何导致无差异曲线的不同形状的。

柯布-道格拉斯无差异曲线看起来就像我们在第 3 章中称作"良态无差异曲线"的凸的、单调的无差异曲线。柯布-道格拉斯偏好是良态无差异曲线的标准范例,事实上,描述它们的公式大约就是产生良态偏好的最简单的代数表达式。在后面的研究中我们将看到,柯布-道格拉斯偏好在用代数描述经济思想的例子中是十分有用的。

---

① 保罗·道格拉斯(Paul Douglas)是 20 世纪的一位经济学家,他先在芝加哥大学执教,后来成为美国的一名参议员。查尔斯·柯布(Charles Cobb)是阿默斯特学院(Amherst College)的一位数学家。柯布-道格拉斯函数形式最初常常被用来研究生产行为。

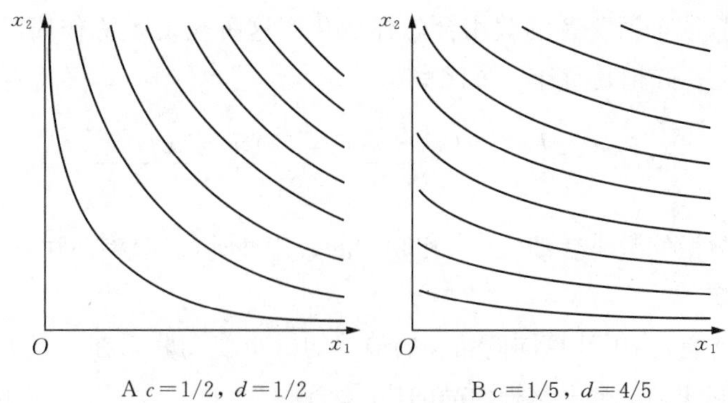

A $c=1/2$, $d=1/2$　　　　B $c=1/5$, $d=4/5$

图 A 表示的是 $c=1/2$, $d=1/2$ 时的情形；图 B 表示的是 $c=1/5$, $d=4/5$ 时的情形。

图 4.5　柯布-道格拉斯无差异曲线

当然，柯布-道格拉斯效用函数的单调变换会确切地表示同一个偏好，考察这种变换的两个例子，对我们是有帮助的。

第一个例子是，如果我们取效用的自然对数，各项的乘积就会变成相加的和，因此我们就会有

$$v(x_1, x_2)=\ln(x_1^c x_2^d)=c\ln x_1+d\ln x_2$$

由于取对数是一种单调变换，所以这个效用函数的无差异曲线看起来就像最初那个柯布-道格拉斯函数的无差异曲线。（对自然对数的简要复习，可参见本书的数学附录。）

第二个例子是，假设我们从下述形式的柯布-道格拉斯函数出发：

$$v(x_1, x_2)=x_1^c x_2^d$$

将上式取幂 $1/(c+d)$，我们就有

$$x_1^{\frac{c}{c+d}}\ x_2^{\frac{d}{c+d}}$$

现在定义一个新的数

$$a=\frac{c}{c+d}$$

我们就能把效用函数写成

$$v(x_1, x_2)=x_1^a x_2^{1-a}$$

这意味着我们总是能够对柯布-道格拉斯效用函数作单调变换而使指数和等于 1。后面将会证明，这是一个有用的解释。

柯布-道格拉斯效用函数可以用各种不同的形式表示，你最好学会认识它们，因为在我们的例子中，这族偏好是非常有用的。

4.4　边际效用

考察这样一个消费者，他（或她）正在消费某消费束(x_1, x_2)。当我们稍微多给他（或

她)一点商品 1 时,这个消费者的效用会怎样变化? 这种变动率称作商品 1 的边际效用。我们把它记为 MU_1,并把它看作一个比率

$$MU_1 = \frac{\Delta U}{\Delta x_1} = \frac{u(x_1 + \Delta x_1, x_2) - u(x_1, x_2)}{\Delta x_1}$$

它测度与商品 1 数量的微小变动(Δx_1)相联系的效用变动(ΔU)率。注意商品 2 的数量在此计算中保持不变。[①]

这个定义隐含着,为了计算同商品 1 的消费的微小变动联系在一起的效用的变动,我们只需要使消费的变动量乘上这种商品的边际效用:

$$\Delta U = MU_1 \Delta x_1$$

商品 2 的边际效用可以用相同的方式来定义:

$$MU_2 = \frac{\Delta U}{\Delta x_2} = \frac{u(x_1, x_2 + \Delta x_2) - u(x_1, x_2)}{\Delta x_2}$$

注意,商品 1 的消费数量在我们计算商品 2 的边际效用时保持不变。我们可以用公式

$$\Delta U = MU_2 \Delta x_2$$

来计算同商品 2 的消费的变动相联系的效用的变动。

这里,认识到边际效用的量值取决于效用的量值是非常重要的。因此,边际效用取决于我们所选择的测度效用的特定办法。如果效用扩大 2 倍,边际效用也会相应地扩大 2 倍。虽然我们仍然有表示相同偏好的完全有效的效用函数,但它的标度却有所不同。

这表明边际效用本身并没有行为方面的内容。我们能根据消费者的选择行为来计算边际效用吗? 我们不能。选择行为仅仅显示了有关消费者按什么方式排列不同消费束的信息;而边际效用则取决于我们用来反映偏好次序的特定的效用函数,效用函数的数值并没有特殊的意义。然而,就像我们在下一节中将要见到的那样,我们可以证明,边际效用也可以用来计算某种的确具有行为方面内容的东西。

4.5 边际效用和边际替代率

效用函数 $u(x_1, x_2)$可以用来度量第 3 章定义的边际替代率(MRS)。记住,边际替代率度量的是在给定消费束上的无差异曲线的斜率:它可以被解释为消费者恰好愿意用商品 2 代替商品 1 的比率。

这种解释使我们得到一个计算边际替代率的简单方法。考察在效用保持不变的条件下每种商品的消费的变化($\Delta x_1, \Delta x_2$)——即我们沿着无差异曲线移动时消费的变化,那么我们一定有

$$MU_1 \Delta x_1 + MU_2 \Delta x_2 = \Delta U = 0$$

① 边际效用的微积分表述可参见本章附录。

求解无差异曲线的斜率,我们得到

$$\text{MRS}=\frac{\Delta x_2}{\Delta x_1}=-\frac{MU_1}{MU_2} \tag{4.1}$$

(注意,方程的左边是下标 2 在分子,下标 1 在分母;方程的右边则是下标 1 在分子,而下标 2 在分母。千万不要混淆!)

边际替代率的代数符号是负的,因为你要得到更多一些商品 1,又要保持相同的效用水平,你就必须放弃一些商品 2。可是,保留这个麻烦的负号总会令人感到讨厌,因而经济学家通常都用其绝对值来表示边际替代率——把它看作是一个正数。只要不发生混淆,我们就遵循这一习惯。

关于边际替代率计算的饶有兴趣的事情是:可以通过观察人们的实际行为来度量边际替代率——就像第 3 章所描述的那样,我们可以找到人们恰好愿意接受的那个交换率。

效用函数,从而边际效用函数,并不是唯一的。一个效用函数的任何单调变换都能使你得到另一个同样有效的效用函数。因此,比如说我们把效用乘以 2,那么边际效用就一定也要乘以 2。因此,边际效用函数的量值取决于所选择的效用函数,而这种选择是任意的。边际效用函数不是仅仅取决于行为,而且取决于我们用来描述行为的效用函数。

但边际效用的比率却给了我们一个可观察的量值——边际替代率。边际效用的比率同你所选择的效用函数的特定变换没有关系。我们可以看一下,如果你把效用乘以 2,结果将会怎样。这时,边际替代率(MRS)变成

$$\text{MRS}=-\frac{2MU_1}{2MU_2}$$

这里的 2 可以消掉,所以边际替代率保持不变。

对效用函数进行任何单调变换,都会发生相同的情况。进行单调变换就是对无差异曲线重新标号,而上述边际替代率的计算则只关注沿既定无差异曲线的移动。即使边际效用由于单调变换发生了变化,边际效用的比率也不会与所选择的代表偏好的特定方式相关。

4.6 通勤车票的效用

效用函数基本上是描述选择行为的方法:如果当我们可获得消费束 Y 时我们却选择了消费束 X,那么 X 一定具有比 Y 较高的效用。通过研究消费者所作的选择,我们可以估计出描述消费者行为的效用函数。

在运输经济学领域,人们普遍运用这一思想来研究消费者经常往返于两地的行为。在大多数城市中,往返于住所和上班地点的人们都面临着乘公交车还是驾车去上班的选择。每一种选择都可以看作是以下特征的一个不同组合:行车时间、等候时间、实际开支的费用,以及舒适、便利等等。我们用 x_1 表示每种交通方式的行车时间,用 x_2 表示每种交通方式的等候时间,其余依次类推。

如果$(x_1, x_2, \cdots, x_n)$表示自己驾车时的 n 个不同特征的值,$(y_1, y_2, \cdots, y_n)$表示

乘公交车时的 n 个不同特征的值,我们就可以考虑这样一个模型,在这个模型中,消费者对于自己驾车还是乘公交车的选择,取决于他更偏好哪一个组合。

更具体地,一般出行者对上述特征的偏好可以表示为如下形式的效用函数

$$U(x_1, x_2, \cdots, x_n)=\beta_1 x_1+\beta_2 x_2+\cdots+\beta_n x_n$$

其中,系数$(\beta_1, \beta_2, \cdots, \beta_n)$都是未知参数。虽然,这个效用函数的任何单调变换毫无疑问都能同样地描述选择行为,但是从统计的角度看,最容易处理的还是它的线性形式。

现在,假设我们观察的是这样一组相似的出行者,他们根据其面临的往返时间和费用的具体模式在自己驾车和乘公交车之间作出选择。可以采用一些统计技术来找到对于一组出行者的可观察到的选择模式来说最适合的系数 $\beta_i(i=1, \cdots, n)$。这些统计技术提供了为不同的交通方式估计效用函数的办法。

有一份研究报告给出的效用函数采用了以下的形式:①

$$U(TW, TT, C)=-0.147TW-0.0411TT-2.24C \tag{4.2}$$

其中,

TW =乘公交车或自己驾车要用的全部步行时间

TT =以分钟计算的全部行车时间

C =以美元计算的全部行车费用

在多梅尼亚-麦克法登的研究报告中,这个估计出来的效用函数准确地描述了占他们样本 93%的家庭在自己驾车和乘公交车之间所作的选择。

(4.2)式中三个变量的系数描述的是一个普通家庭给予各种特征的权数,换言之,就是各种特征的边际效用。一个系数对另一个系数的比率,度量的是一个特征和另一个特征之间的边际替代率。例如,步行时间的边际效用对全部行车时间的边际效用的比率,表示在一般消费者看来,步行比乘车大致要艰辛 3 倍。换句话说,要是能减少 1 分钟的步行时间,消费者宁愿多增加 3 分钟的乘车时间。

同样,费用对行车时间的比率也表示一般出行者在这两个变量之间的权衡。在这份研究报告中,一般出行者对往返时间的估价是 0.041 1/2.24=0.018 3 美元/分钟,也就是每小时 1.10 美元。而在 1967 年,也就是研究样本的年份,一般出行者的工资大约为 1 小时 2.85 美元。

这种估计出来的效用函数对于决定公共运输系统进行某种改革是否值得这个问题很有价值。例如,在上述效用函数中,能对交通方式的选择作出解释的一个重要因素就是往返所花费的时间。城市的交通管理当局可以按照某种成本,增加公交车的数量以减少这种往返时间。但是,新增乘客人数所带来的收益能够保证补偿新增的支出吗?

已知效用函数和一组出行者,我们就能预测出哪些出行者会选择自己驾车,哪些出行

---

① 参见托马斯·多梅尼克和丹尼尔·麦克法登(Thomas Domenich and Daniel McFadden):《城市交通需求》(北荷兰出版社,1975 年)。除了这里描述的完全经济变量以外,该书中的预测过程还引入了各种形式的家庭地理特征。由于丹尼尔·麦克法登在发展用于预测此类模型的技术方面所做出的贡献,他被授予 2000 年度的诺贝尔经济学奖。

者会选择乘公交车。由此，我们可以对收益是否足以补偿新增成本的问题得出结论。

此外，我们还可以用边际替代率来估算每个出行者对减少的往返时间所作的估价。在上述多梅尼亚-麦克法登的研究报告中，我们看到，一般消费者在1967年是按照每小时1.10美元的比率对往返时间进行估价的。因此，这些出行者应该愿意为他(或她)的往返时间减少20分钟而支付大约0.37美元。这个数字使我们得到了一个度量适当增加公交车服务所带来的美元收益的尺度。这种收益必须同成本进行比较，以决定增加这些服务是否值得。有了对收益的数量测度，当然有助于确定合理的交通政策。

小　结

1. 效用函数仅仅是一种表示或概括偏好排列次序的方法。效用水平的数值并没有实质性的含义。
2. 因此，对于一个既定的效用函数来说，它的任何一种单调变换所表示的都是相同的偏好。
3. 由公式 $\text{MRS}=\Delta x_2/\Delta x_1=-MU_1/MU_2$，可以根据效用函数计算出边际替代率(MRS)。

复习题

1. 正文说明了一个数自乘奇数次是单调变换。一个数自乘偶数次又会怎样呢？这是一种单调变换吗？(提示：考虑 $f(u)=u^2$ 这种情况。)

2. 下面哪些是单调变换？

(1) $u=2v-13$；

(2) $u=-1/v^2$；

(3) $u=1/v^2$；

(4) $u=\ln v$；

(5) $u=-e^{-v}$；

(6) $u=v^2$；

(7) $u=v^2$，其中 $v>0$；

(8) $u=v^2$，其中 $v<0$。

3. 我们在正文中说过，如果偏好是单调的，经由原点的对顶线与每一条无差异曲线只会相交一次。你能严格地证明这一点吗？(提示：如果它同某条无差异曲线相交两次，会出现什么情况呢？)

4. 哪种偏好可用如同 $u(x_1, x_2)=\sqrt{x_1+x_2}$ 形式的效用函数表示？效用函数 $v(x_1, x_2)=13x_1+13x_2$ 表示何种偏好？

5. 哪种偏好可用如同 $u(x_1, x_2)=x_1+\sqrt{x_2}$ 形式的效用函数表示？效用函数

$v(x_1, x_2)=x_1^2+2x_1\sqrt{x_2}+x_2$ 是 $u(x_1, x_2)$ 的单调变换吗?

6. 考虑效用函数 $u(x_1, x_2)=\sqrt{x_1x_2}$,它表示哪种偏好? 函数 $v(x_1, x_2)=x_1^2x_2$ 是 $u(x_1, x_2)$ 的单调变换吗? 函数 $w(x_1, x_2)=x_1^2x_2^2$ 是 $u(x_1, x_2)$ 的单调变换吗?

7. 你能解释为什么效用函数的单调变换不会改变其边际替代率?

附录

我们首先要弄清楚"边际效用"的含义。与经济学中的其他领域一样,"边际"就是导数的意思。因此,商品 1 的边际效用就是

$$MU_1=\lim_{\Delta x_1\to 0}\frac{u(x_1+\Delta x_1, x_2)-u(x_1, x_2)}{\Delta x_1}=\frac{\partial u(x_1, x_2)}{\partial x_1}$$

注意,我们在这里使用了偏导数,因为商品 1 的边际效用是在商品 2 的数量保持不变的假设下进行计算的。

现在,我们可以采用微分形式重新表述正文中的边际替代率的推导过程。我们用两种方法进行这种推导,一种是微分,另一种是隐函数。

在第一种方法中,我们考察效用保持不变时的一种变动($\mathrm{d}x_1$, $\mathrm{d}x_2$)。因此,我们要求

$$\mathrm{d}u=\frac{\partial u(x_1, x_2)}{\partial x_1}\mathrm{d}x_1+\frac{\partial u(x_1, x_2)}{\partial x_2}\mathrm{d}x_2=0$$

第一项度量的是微小变动 $\mathrm{d}x_1$ 所造成的效用增加,第二项度量的是微小变动 $\mathrm{d}x_2$ 所造成的效用增加。我们要对这些变动进行选择以使效用的总变动 $\mathrm{d}u$ 等于零。求解 $\mathrm{d}x_2/\mathrm{d}x_1$,我们得到

$$\frac{\mathrm{d}x_2}{\mathrm{d}x_1}=-\frac{\partial u(x_1, x_2)/\partial x_1}{\partial u(x_1, x_2)/\partial x_2}$$

这正是正文中方程(4.1)的微分表达形式。

在第二种方法中,我们把无差异曲线看作是由函数 $x_2(x_1)$ 表示的。这就是说,对于每个 x_1 的值,函数 $x_2(x_1)$ 都能告诉我们,为了留在那条特定的无差异曲线上,我们需要的 x_2 是多少。因此,$x_2(x_1)$ 必须满足等式

$$u(x_1, x_2(x_1))\equiv k$$

式中的 k 是所讨论的无差异曲线的效用标号。

对这个恒等式两边关于 x_1 求微分,可以得到

$$\frac{\partial u(x_1, x_2)}{\partial x_1}+\frac{\partial u(x_1, x_2)}{\partial x_2}\frac{\partial x_2(x_1)}{\partial x_1}=0$$

注意,在这个恒等式中有两个地方出现 x_1,所以 x_1 的变动将通过两条途径使效用函数发

生变动，因此，我们必须在出现 x_1 的每一处求导。

接下来，求解这个方程并得到关于$\partial x_2(x_1)/\partial x_1$ 的表达式

$$\frac{\partial x_2(x_1)}{\partial x_1}=-\frac{\partial u(x_1, x_2)/\partial x_1}{\partial u(x_1, x_2)/\partial x_2}$$

这与我们以前得到的解相同。

虽然隐函数法要稍微严格一些，但只要你不做什么傻事，微分法就显得更为直接。

假设我们对一个效用函数作单调变换，例如，$v(x_1, x_2)=f(u(x_1, x_2))$。我们先计算这个效用函数的边际替代率(MRS)。根据连锁法则，我们可以得到

$$\text{MRS}=-\frac{\partial v/\partial x_1}{\partial v/\partial x_2}=-\frac{\partial f/\partial u}{\partial f/\partial u}\frac{\partial u/\partial x_1}{\partial u/\partial x_2}=-\frac{\partial u/\partial x_1}{\partial u/\partial x_2}$$

因为分子分母中的$\partial f/\partial u$ 可以消去。这表明边际替代率与效用的表示方法无关。

这使我们得到一个识别由不同效用函数表示的偏好的有用办法：已知两个效用函数，只要计算一下边际替代率，看看它们是否相同。如果它们相同，那么这两个效用函数就具有相同的无差异曲线。如果对于每个效用函数来说，偏好递增的方向相同，那么基本偏好也一定相同。

例子：柯布-道格拉斯偏好

柯布-道格拉斯偏好的边际替代率很容易用上面推导出的公式来计算。

如果我们选择对数表达式

$$u(x_1, x_2)=c\ln x_1+d\ln x_2$$

那么，我们就会有

$$\text{MRS}=-\frac{\partial u(x_1, x_2)/\partial x_1}{\partial u(x_1, x_2)/\partial x_2}=\frac{c/x_1}{d/x_2}=-\frac{cx_2}{dx_1}$$

注意，这里的 MRS 只取决于两个参数的比率和两种商品的数量。

如果我们选择指数表达式

$$u(x_1, x_2)=x_1^c x_2^d$$

结果又会怎样？这时，我们会有

$$\text{MRS}=-\frac{\partial u(x_1, x_2)/\partial x_1}{\partial u(x_1, x_2)/\partial x_2}=-\frac{cx_1^{c-1}x_2^d}{dx_1^c x_2^{d-1}}=-\frac{cx_2}{dx_1}$$

这和上面的结果完全一样。当然，你一直知道，单调变换不可能改变边际替代率。

▶5

选 择

在这一章里,我们将把预算集和消费者偏好理论结合在一起,以考察消费者的最优选择。前面我们已经说过,所谓消费者选择的经济模型,指的是人们总是选择他们能够负担的最优消费束。现在,我们可用更为专业化的术语把这个模型进一步表述为"消费者从他们的预算集中选择最偏好的消费束"。

5.1 最优选择

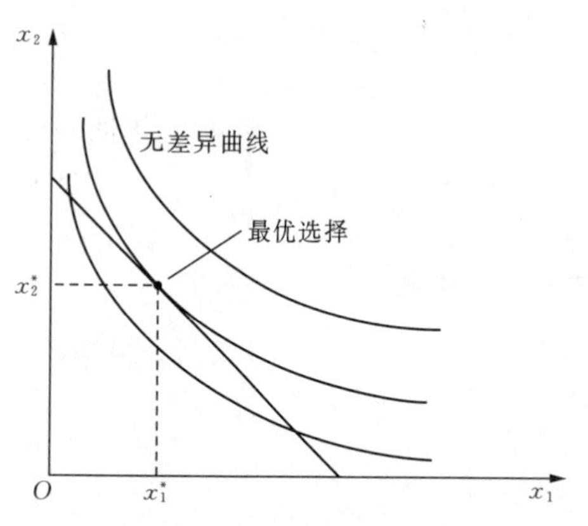

最优消费位置处在无差异曲线与预算线的切点上。

图 5.1 最优选择

图 5.1 显示了一种典型的情况。在该图中,我们绘制了预算集和消费者的几条无差异曲线。我们想在预算集中找出处在最高无差异曲线上的消费束。因为偏好是性状良好的,所以多总比少更受到偏好。因此,我们只把注意力集中于预算线上的消费束,而不考虑预算线以下的消费束。

现在,让我们从预算线的右下角开始向左移动。当我们沿着预算线移动时,注意到,我们正移向越来越高的无差异曲线。当我们达到刚好与预算线相切的最高的无差异曲线时,我们就停下来。图中,预算线与无差异曲线相切处的消费束标记为(x_1^*, x_2^*)。

(x_1^*, x_2^*)是消费者的最优选择。与(x_1^*, x_2^*)相比他更偏好的消费束集——在无差异曲线之上的消费束集——并不和他能够负担的消费束,即他的预算线以下的消费束相交。因此,消费束(x_1^*, x_2^*)是消费者能够负担的最优消费束。

注意,最优消费束的一个重要特征是:在这种选择处,无差异曲线与预算线是相切的。认真考虑一下你就会明白情况必定如此:如果无差异曲线与预算线不相切,那它就会穿过预算线,如果它穿过预算线,那么在预算线上就会有某个邻近的点处在无差异曲线的上方——这意味着我们尚未处在最优消费束上。

最优选择必须真的符合相切条件吗？并非所有的情况都是如此。但是在大多数饶有兴趣的场合，情况确是如此。在最优选择点上，无差异曲线不会穿过预算线始终是成立的，那么，在什么情况下“不穿过”就意味着相切呢？我们先来看几种例外情况。

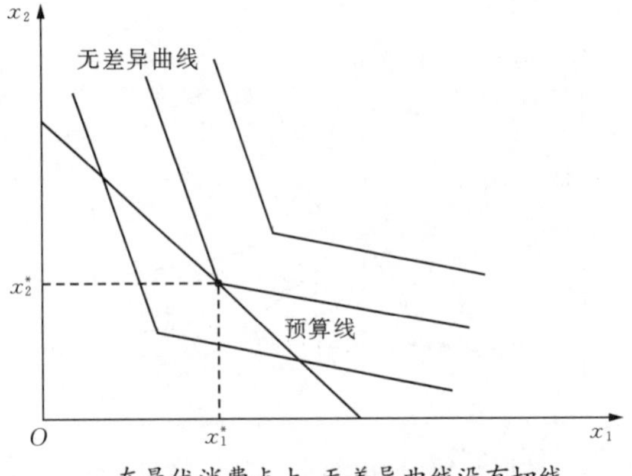

在最优消费点上，无差异曲线没有切线。

图 5.2 折拗的偏好

第一种例外，无差异曲线有可能没有切线，如图 5.2 所示。无差异曲线在最优选择点上有一个折点，而没有确定的切线，因为切线的数学定义要求在任何一点上只有唯一的一条切线。这种情况并没有多少经济意义——它比其他任何情况都麻烦。

第二种例外情况更为有趣。如图 5.3 所示，假设最优选择出现在某些商品的消费为零的时候。那么，虽然无差异曲线的斜率与预算线的斜率不相同，但无差异曲线却仍然没有穿过预算线。我们说图 5.1 代表一个内部最优，而图 5.3 则代表一个边界最优。

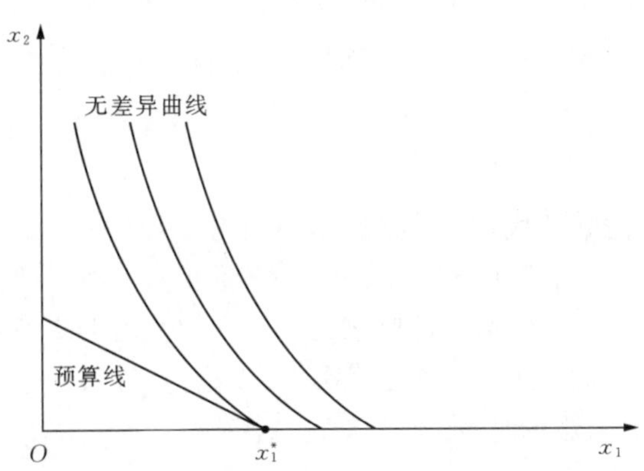

在最优消费选择处，商品 2 的消费为零。无差异曲线与预算线不相切。

图 5.3 边界最优

如果我们愿意不考虑“折拗偏好”的情况，我们就可以忘记图 5.2 给出的例子。如果我们愿意将考察只限于内部最优的情况，我们也可以不考虑第二个例子。假如我们的内部最优处在平滑的无差异曲线上，无差异曲线的斜率与预算线的斜率就必定相同。因为如果它们不相同，无差异曲线就将穿过预算线，我们也就不可能找到最优点。

我们已经找到了最优选择必须满足的必要条件。如果最优选择涉及同时消费两种商品——因此它是一个内部最优——那么无差异曲线必定与预算线相切。但是，相切是否就是最优消费束的充分条件呢？如果我们找到这样一个消费束，在该点处无差异曲线与预算线相切，那么我们能否肯定我们达到了最优选择呢？

请看图 5.4，在这里，我们有三个相切条件都得到满足的消费束，它们都是内部点，但其中只有两种选择是最优的。所以，通常情况下，相切仅仅是最优选择的必要条件，而不是充分条件。

但有一个重要的例外，即在凸偏好的情况下相切是最优选择的充分条件。在凸偏好的情况下，任何满足相切条件的点必定是最优点，这在几何学上是很清楚的：由于凸的无差异曲线必定弯曲而离开预算线，它们不可能再弯回来与之相切。

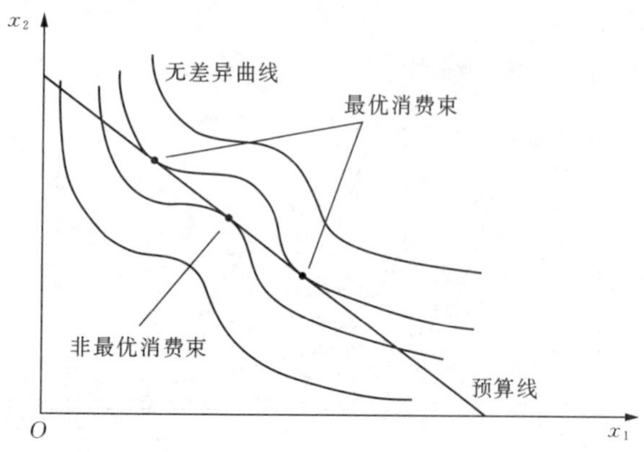

这里有三个切点,但只有两个最优点。因此,相切是必要条件而不是充分条件。

图 5.4　不止一个切点

图 5.4 还向我们显示了在通常情况下,满足相切条件的最优消费束不止一个。然而凸本身又意味着一个限制条件,如果无差异曲线是严格凸的——它没有任何平坦的部分——那么,在每一条预算线上将只有一个最优选择。尽管这可以用数学证明,但仅仅从图形上就可以看出。

在内部最优点上,边际替代率一定等于预算线斜率的这个条件从图上看是相当明显的。但它在经济学上的含义是什么呢?回想一下,边际替代率的一种解释是消费者恰好愿意采纳的交换比率。那么,假定市场正向消费者提供一个等于$-p_1/p_2$的交换比率——如果你放弃 1 单位的商品 1,你就能够购买 p_1/p_2 单位的商品 2。如果消费者处在某个他愿意保持不变的消费束上,那么,在这个消费束上边际替代率必定等于这个交换比率,即

$$\text{MRS}=-\frac{p_1}{p_2}$$

考察这个问题的另一种方法是设想如果边际替代率与价格比率不相同将会发生什么情况。例如,假定 MRS 为 $\Delta x_2/\Delta x_1=-1/2$,而价格比率为 1/1。这意味着消费者刚好愿意放弃 2 单位的商品 1,以获得 1 单位的商品 2——但市场却愿意在 1 比 1 的基础上交换它们。因此,消费者肯定愿意放弃一些商品 1 以便购买更多的商品 2。无论何时,只要边际替代率与价格比率不相同,消费者就肯定不会处在他(或她)的最优选择上。

5.2　消费者需求

一定价格和收入水平下的商品 1 和商品 2 的最优选择,称作消费者的需求束。通常情况下,当价格和收入水平发生变化时,消费者的最优选择也将会改变。需求函数是将最优选择——需求数量——与不同的价格和收入值联系在一起的函数。

我们将需求函数记为同时依赖于价格和收入的函数:$x_1(p_1, p_2, m)$和 $x_2(p_1, p_2, m)$。对于每一组不同的价格和收入,都将有一个不同的商品组合成为消费者的最优选择。不同的偏好将导致不同的需求函数,我们下面就将研究几个例子。在后面几章中,我们的主要目标是研究这些需求函数的性状——当价格和收入发生变化时,最优选择是如何变化的。

5.3　若干例子

我们把上述关于消费者选择的模型应用于第 3 章描述的有关偏好的例子。对于每一

个例子，论证的基本程序相同：绘制出无差异曲线和预算线，然后找出预算线与最高无差异曲线相切的点。

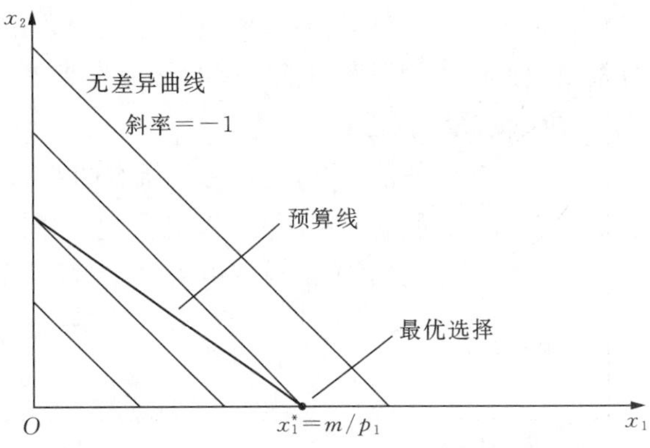

如果商品是完全替代的，最优选择通常在边界上。

图 5.5　完全替代情况下的最优选择

完全替代

图 5.5 所示的是完全替代的例子。我们有三种可能的情况。如果 $p_2>p_1$，那么预算线的斜率就比无差异曲线的斜率平坦。在这种情况下，最优消费束是消费者把所有的钱都花费在商品 1 的消费上。如果 $p_1>p_2$，那么，在最优选择点上，消费者就只购买商品 2。最后，如果 $p_1=p_2$，就会有一系列的最优选择——在这种情况下，满足预算约束的任何数量的商品 1 和商品 2 的组合都是最优的。因此，对商品 1 来说，需求函数为

$$x_1=\begin{cases} m/p_1 & \text{若 } p_1<p_2 \\ \text{介于 0 和 } m/p_1 \text{ 之间的任何数量} & \text{若 } p_1=p_2 \\ 0 & \text{若 } p_1>p_2 \end{cases}$$

这些结论与通常的感觉是否一致呢？所有这些都表明，如果两种商品是完全替代的，那么消费者将会只购买较便宜的那一种。而如果两种商品的价格相同，消费者就不会在意购买哪一种。

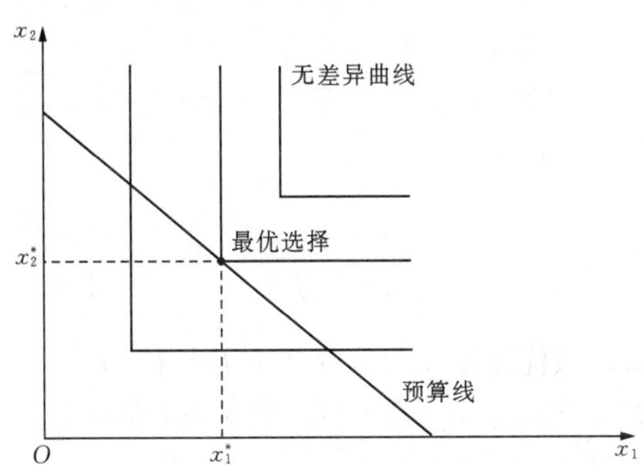

如果商品是完全互补的，那么由于最优选择出现在 $x_1=x_2$ 的地方，所以需求量总是处在对角线上。

图 5.6　完全互补情况下的最优选择

完全互补

图 5.6 显示了完全互补的情况。请注意，最优选择必然总是出现在对角线上。因为在那里，无论价格是多少，消费者所购买的两种商品的数量都相同。对应于我们的例子，就是人有两只脚，所以要成双地买鞋。①

让我们运用代数方法来求出最优选择。我们知道不管价格如何，消费者总要购买相同数量的商品 1 和商品 2。我们用 x 来表示这个数量。于是，我们必须满足预算约束

$$p_1x_1+p_2x_2=m$$

求解 x，我们得到关于商品 1 和商品 2 的最优选择：

$$x_1=x_2=x=\frac{m}{p_1+p_2}$$

① 不要担心，以后我们将得到更多有趣的结论。

在这里,最优选择的需求函数是相当直观的。由于两种商品总是一起消费,所以,这种消费就好像是消费者将他所有的钱都花费在价格为 p_1+p_2 的单一商品上。

中性商品和厌恶品

在中性商品的情况下,消费者把所有的钱都花费在他喜爱的商品上,而不购买任何中性商品。如果一种商品是厌恶品,也会发生相同情况。因此,如果商品 1 是嗜好品,而商品 2 是厌恶品,那么需求函数就将为

$$x_1=m/p_1$$
$$x_2=0$$

离散商品

假设商品 1 是只能以整数单位获得的商品,而商品 2 是可用来购买一切东西的货币。如果消费者分别选择 1, 2, 3, …单位的商品 1,那他也就是分别选择了消费束$(1, m-p_1)$, $(2, m-2p_1)$, $(3, m-3p_1)$,依此类推。我们只要比较每个消费束的效用,就能知道哪个消费束的效用最高。

或者,我们也可以运用图 5.7 所示的无差异曲线来进行分析。像通常一样,最优消费束处在最高的无差异“曲线”上。如果商品 1 的价格非常高,消费者就会作出消费零单位的选择;随着价格的下降,消费者将会发现消费 1 个单位是最优的。一般地,随着价格的进一步下降,消费者会选择消费更多单位的商品 1。

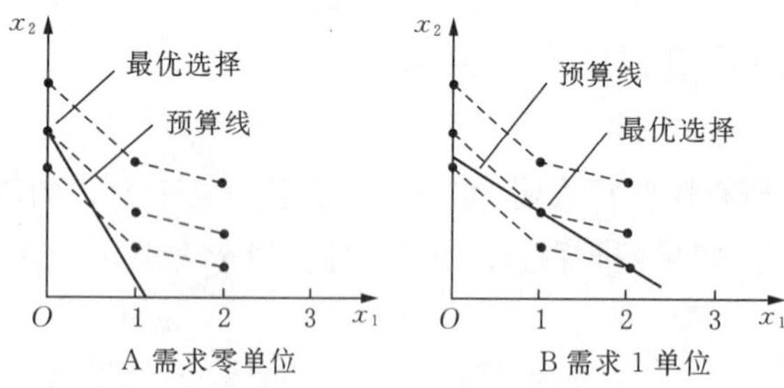

在图 A 中,商品 1 的需求等于零,而在图 B 中,商品 1 的需求是 1 个单位。

图 5.7 离散商品

凹偏好

考察图 5.8 所示的情况,X 是否是最优选择?不是。对这些偏好来说,最优选择永远是边界选择,就像消费束 Z 一样。回想一下非凸偏好的情况。如果你有钱购买冰淇淋和橄榄,而你又不喜欢一起消费它们,你就会把钱全部花在其中一种或另一种商品上。

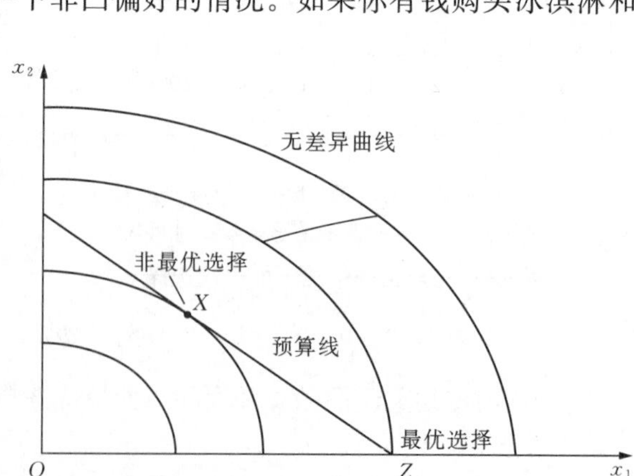

最优选择是处在边界上的 Z 点,而不是内部切点 X,因为 Z 点处在较高的无差异曲线上。

图 5.8 凹偏好情况下的最优选择

柯布-道格拉斯偏好

假定效用函数取柯布-道格拉斯函数形式:$u(x_1, x_2)=x_1^c x_2^d$。在本章的附录中,我们运用微积分求出了这一效用函数的最优选择,其结果是

$$x_1=\frac{c}{c+d}\frac{m}{p_1}$$
$$x_2=\frac{d}{c+d}\frac{m}{p_2}$$

这些需求函数在代数例子中通常是很有用的，所以你要尽可能地记住它们。

柯布-道格拉斯偏好有一个便利的特性。考察一个具有柯布-道格拉斯偏好的消费者在商品 1 上的花费占他收入的比重。如果他消费 x_1 单位的商品 1，花费 p_1x_1，那么，这部分消费占他全部收入的比例就为 p_1x_1/m。用需求函数代替 x_1，我们有

$$\frac{p_1x_1}{m}=\frac{p_1}{m}\frac{c}{c+d}\frac{m}{p_1}=\frac{c}{c+d}$$

类似地，消费者在商品 2 上的花费占他收入的比重为 $d/(c+d)$。

因此，具有柯布-道格拉斯偏好的消费者在每种商品上的花费总是占他收入的一个固定的份额。这个份额的大小取决于柯布-道格拉斯函数中的指数。

这就是为什么将柯布-道格拉斯效用函数的指数和指定为 1 会非常方便的原因。如果 $u(x_1, x_2)=x_1^a x_2^{1-a}$，那么，我们就能直接将 a 视作在商品 1 上的花费占收入的比重。正因为如此，我们通常把柯布-道格拉斯偏好记为这种形式。

5.4　估计效用函数

我们现在已知偏好和效用函数的一些不同的形式，并考察了由这些偏好所产生的各种需求行为。但在实际生活中，我们却常常必须从相反的方向来进行研究：我们观察到的是需求行为，而问题却是由哪种偏好产生了我们观察到的行为。

例如，假设我们观察到一个消费者在若干不同价格和收入水平下作出的选择。表 5.1 列举的就是一例。这是一张在不同年份时的不同价格和收入水平下对两种商品的需求表。运用公式 $s_1=p_1x_1/m$ 和 $s_2=p_2x_2/m$，我们计算出了每年在每种商品上的花费占收入的份额。

表 5.1　描述消费行为的若干数据

年份	p_1	p_2	m	x_1	x_2	s_1	s_2	效用
1	1	1	100	25	75	0.25	0.75	57.0
2	1	2	100	24	38	0.24	0.76	33.9
3	2	1	100	13	74	0.26	0.74	47.9
4	1	2	200	48	76	0.24	0.76	67.8
5	2	1	200	25	150	0.25	0.75	95.8
6	1	4	400	100	75	0.25	0.75	80.6
7	4	1	400	24	304	0.24	0.76	161.1

就这些数据来说，支出的份额相对保持不变。虽然不同的观察之间存在小的偏差，但这不足以影响我们的结论。商品 1 的平均支出份额约是 1/4，商品 2 的平均支出份额约是 3/4。看起来，形如 $u(x_1, x_2)=x_1^{\frac{1}{4}}x_2^{\frac{3}{4}}$ 的效用函数与这些数据拟合得相当好。换句话说，这种形式的效用函数产生的选择行为与观察到的选择行为相当近似。便利起见，我们运用这个估计的柯布-道格拉斯效用函数，计算出了与每次的观察数据相对应的效用值。

就我们依据观察到的行为所能得到的结论而言，消费者看起来一直在使函数 $u(x_1,$

$x_2)=x_1^{\frac{1}{4}}x_2^{\frac{3}{4}}$ 实现最大化。对消费者行为的进一步观察很可能使我们否定这个假说,但基于我们已有的数据,它与最优化模型拟合得非常好。

这一点具有非常重要的意义,因为现在我们就可以利用这种"拟合"的效用函数,来评价拟推出的新政策将会产生的影响。举例来说,假设在政府计划实施的税制下,消费者面临的价格为(2, 3),他拥有的收入为200。那么,按照我们的估计,这些价格下的需求束应该是

$$x_1=\frac{1}{4}\ \frac{200}{2}=25$$

$$x_2=\frac{3}{4}\ \frac{200}{3}=50$$

这个需求束的估计效用是

$$u(x_1,\ x_2)=25^{\frac{1}{4}}50^{\frac{3}{4}}\approx 42$$

这意味着新的税收政策使消费者的境况好于他在第2个年份中的境况,而差于他在第3个年份中的境况。这样,我们就可以通过观察到的选择行为来评价拟推出的新政策对这个消费者的影响。

由于这个思想在经济学中非常重要,所以,我们接下来重温一下它的推理方法。给定关于选择行为的某些观察资料,我们试图确定的是消费者在使怎样的效用函数(如果存在的话)实现最大化。一旦估计出这样的效用函数,我们就能运用它来预测新情况下的选择行为,以及评估经济环境中可能发生的变化。

当然,我们这里描述的是一种非常简单的情况。实际上,我们通常得不到关于个人消费选择的详细数据。我们经常获得的是个人的分组数据——青少年、中产阶级家庭、老年人,等等。对于不同的商品,这些群体具有不同的偏好,这些偏好反映在他们的消费支出模式中。我们能够估计出描述他们消费模式的效用函数,因此也就能运用这种估计的效用函数来预测需求,并对政策建议进行评估。

在上述的简单例子中,很明显,支出份额相对保持不变,因此,柯布-道格拉斯效用函数实现了相当好的拟合。在其他情况下,更复杂的效用函数形式可能比较适合,这时,计算变得更加繁杂,我们可能需要使用计算机来进行估计,但是,计算程序的基本思想都是一致的。

5.5 边际替代率条件的含义

上一节,我们考察了这样一个重要的思想:关于需求行为的观察数据能够告诉我们有关产生这种行为的消费者基础偏好的重要信息。拥有足够多的关于消费者选择的观察资料,我们通常就能估计出产生这些选择的效用函数。

然而,甚至对于一个消费者在一组价格下的选择所作的观察,也能使我们对消费变化时消费者的效用将如何变化的问题作出某种有用的推断。让我们来看看这个推断是如何得到的。

在组织良好的市场上，典型的情况是每个人面临大致相同的商品价格。例如，考虑黄油和牛奶这两种商品。如果每个人都面临相同的价格，每个人都在最优化自己的选择，每个人都处在内部解上……那么，每个人对于黄油和牛奶必然具有相同的边际替代率。

下面的论述直接来源于上述的分析。对于黄油和牛奶，市场为每个人提供了相同的交换率，每个人都在调整消费束，直到两种商品对于他们的"内部"边际价值等于这两种商品在市场上的"外部"价值。

有趣的是这个论述并不依赖于收入和嗜好。人们也许会对两种商品的总消费作出极不相同的评价，一些人可能消费很多黄油和少量的牛奶，而另外一些人则可能正相反。一些富裕的人或许会消费很多牛奶和很多黄油，而另外一些人则可能对每一种商品都消费得很少。但是，消费这两种商品的每一个人都必定具有相同的边际替代率。他们必须约定以一种商品表示的另一种商品的价值：他们愿意牺牲多少数量的一种商品以换取另一种商品。

以价格比率衡量边际替代率非常重要，因为它意味着，我们拥有一种为消费束可能发生的变化进行估价的方法。例如，假定牛奶的价格是每夸脱 1 美元，而黄油的价格是每磅 2 美元。那么，对消费牛奶和黄油的所有人来说，边际替代率一定是 2：他们必须得到 2 夸脱牛奶作为对放弃 1 磅黄油的补偿；或者相反，作为对放弃 2 夸脱牛奶的补偿，他们必须得到价值相当的 1 磅黄油。因此，消费这两种商品的每一个人都将以相同的方式来评价边际消费。

现在假定一个发明家发明了一种把牛奶变成黄油的新方法：将 3 夸脱牛奶倒入特定的机器中，就可以得到 1 磅黄油，而不会产生任何有用的副产品，试问，这种机器会有市场吗？毫无疑问，风险资本家肯定不会问津，这是因为每个人都已在用 2 夸脱牛奶换取 1 磅黄油的点上进行交易，他们怎么又会为换取 1 磅黄油而放弃 3 夸脱牛奶呢？答案是他们必然不愿意。因此，这种发明毫无价值。

但是，如果机器的操作相反，倒入 1 磅黄油能得到 3 夸脱牛奶，又将会出现什么情况呢？这种机器会有市场吗？答案是肯定的。牛奶和黄油的市场价格告诉我们，人们仅能用 1 磅黄油换取 2 夸脱牛奶。因此，与市场上现行的交换比率相比，用 1 磅黄油换取 3 夸脱牛奶更为合算。

市场价格显示第一台机器是无利可图的：它投入价值 3 美元的牛奶，但只产出价值 2 美元的黄油，这一事实恰好是人们认为投入价值大于产出价值的另一种表述方式。第二台机器仅用价值 2 美元的黄油就产出了价值 3 美元的牛奶，由于人们认为产出的价值超出了投入的价值，这台机器是有利可图的。

重要的是，由于价格度量的是人们恰好愿意用一种商品替代另一种商品的比率，所以，价格可以应用于评价涉及消费变化的政策建议中。注意，价格并不是随意的数字，它反映了人们对边际物品的评价，这一事实是经济学中最基本和最重要的观点之一。

如果我们观察到一组价格下的一次选择，我们就得到一个消费点上的边际替代率。如果价格发生变化，而我们又观察到了相应的另一次选择，我们就得到了另一个边际替代率。随着我们观察到越来越多的选择，关于产生观察到的选择行为的基础偏好的形状，我们也就知道得越来越多。

5.6 税收类型的选择

即使我们运用到目前为止已经论述过的很少一部分的消费理论,我们也能够得出有趣的和重要的结论。这里有一个描述在两种税收类型之间进行选择的很好的例子。我们知道,从量税是根据商品的消费量课征的税,例如对每加仑汽油征收 15 美分的汽油税。所得税则是对收入课征的税。如果政府想要增加一定数量的收入,是征收从量税较好还是征收所得税较好呢?让我们运用已经学过的知识来回答这个问题。

首先,我们分析征收从量税。假定初始的预算约束为

$$p_1x_1+p_2x_2=m$$

那么,如果我们按税率 t 对商品 1 的消费课税,预算约束会发生什么变化?答案很简单。在消费者看来,商品 1 的价格就好像上升了 t。因此,新的预算约束就是

$$(p_1+t)x_1+p_2x_2=m \tag{5.1}$$

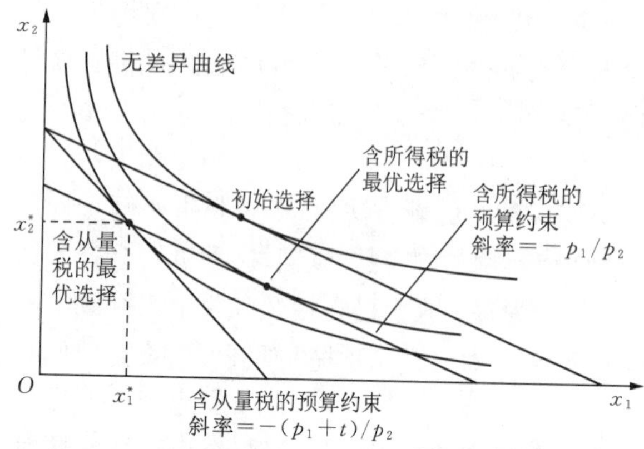

这里,我们考察税收收入都为 R^* 时的从量税和所得税的情况。在所得税情况下,消费者的境况相对会更好。因为他可以选择处在更高无差异曲线上的点。

图 5.9 所得税与从量税

因此,商品的从量税提高了消费者面临的价格。图 5.9 提供了这种价格变化如何影响需求的一个例子。此时,我们还无法确定这种税收是增加还是减少商品 1 的消费,尽管我们推测课税将会使消费减少。无论出现哪种情况,最优选择 (x_1^*, x_2^*) 都必须满足预算约束

$$(p_1+t)x_1^*+p_2x_2^*=m \tag{5.2}$$

通过这种课税,政府收入增加的数量为 $R^*=tx_1^*$。

现在,让我们再来考虑一下使政府增加相同数量收入的所得税的情况,在这种情况下,预算约束的形式将为

$$p_1x_1+p_2x_2=m-R^*$$

进一步,替代掉 R^*,上式变为

$$p_1x_1+p_2x_2=m-tx_1^*$$

在图 5.9 中,这条预算线处在什么位置呢?

很显然,这条预算线与初始预算线具有相同的斜率 $-p_1/p_2$,但问题是要确定它的位置。可以证明,包含所得税的预算线必定经过点 (x_1^*, x_2^*)。检验的方法是将 (x_1^*, x_2^*) 代

入包含所得税的预算约束中,看它是否满足约束条件。

方程式

$$p_1x_1^* + p_2x_2^* = m - tx_1^*$$

正确吗?是的,因为它恰好是式(5.2)经过整理后的形式,而我们已知后者是正确的。

这就证实(x_1^*, x_2^*)位于包含所得税的预算线上:它是消费者能够负担的选择。但是,它是否就是最优选择呢?答案显然是否定的。在(x_1^*, x_2^*)点上,边际替代率为$-(p_1+t)/p_2$,但所得税却让我们按照$-p_1/p_2$的比率进行交换。这样,预算线就与无差异曲线在(x_1^*, x_2^*)点相交。这意味着预算线上可能有一些点比(x_1^*, x_2^*)点更受消费者的偏好。

因此,在政府向消费者征收相同数量的税收的条件下,消费者在课征所得税时的境况,好于他在课征从量税时的境况,从这个意义上说,所得税肯定优于从量税。

这是一个好的结论,值得我们记住,但是,对它的局限也必须有所了解。第一,它仅仅适用于一个消费者的情况。这一论点表明,对任何既定的一个消费者来说,在政府得到相同数量税收的情况下,与课征从量税相比,课征所得税会使他(或她)的境况更好些。但是,不同的人所缴纳的所得税的数量是不同的。因此,对全体消费者来说,统一的所得税并不一定比统一的从量税更好(考虑一下这种情况,一些消费者不消费任何数量的商品1——这些消费者肯定偏好从量税而不喜欢统一的所得税)。

第二,我们假定征收所得税时消费者的收入不会变化,并且假定所得税基本上是一次性缴纳的——这种税仅仅改变消费者必须花费的货币数量,但并不影响他必须作出的任何选择。这是一个不太符合现实的假设。如果收入是消费者自己赚得的,我们就可以预期,课征这种税将挫伤消费者赚取收入的热情,以至于课税以后,税后收入的下降幅度可能超过课税的数量。

第三,我们完全忽略了供给对课税的反应。我们已经说明了需求是如何对税收变化作出反应的,但是,供给对税收变化也有反应,一项完全的分析应当将这些反应也包括在内。

小 结

1. 消费者的最优选择是消费者预算集中处在最高无差异曲线上的消费束。
2. 最优消费束的特征一般由无差异曲线的斜率(边际替代率)与预算线的斜率相等这个条件来表示。
3. 如果我们观察到若干个消费选择,我们就很可能估计出产生那种选择行为的效用函数。这样一种效用函数可以用来预测未来的选择,以及估计新的经济政策对消费者的效用。
4. 如果每个人在两种商品上面临相同的价格,那么,他们就具有相同的边际替代率,并因此愿意以相同的方式来交换这两种商品。

复习题

1. 假定两种商品是完全替代品,那么商品 2 的需求函数是什么?

2. 假设无差异曲线是一条斜率为 $-b$ 的直线,并且给出任意的价格 p_1、p_2 和收入 m,那么,消费者的最优选择是什么?

3. 假定一个消费者在每一杯咖啡里总是加 2 匙糖。如果每匙糖的价格为 p_1,每杯咖啡的价格为 p_2,消费者花费在咖啡和糖上的总额为 m 美元,那么,他打算分别购买多少咖啡和糖?

4. 假定你对冰淇淋和橄榄具有高度的非凸偏好,如同正文描述的那样,你所面临的价格分别为 p_1 和 p_2,并有 m 美元可供支出。请列出你所选择的最优消费束。

5. 如果一个消费者的效用函数为 $u(x_1, x_2)=x_1x_2^4$,那么,他在商品 2 上的花费占他收入的比例是多少?

6. 在哪一种类型的偏好下,无论课征从量税还是课征所得税,消费者的境况会一样好?

附录

能够求解偏好最大化问题和得到实际需求函数的代数例子,是十分有用的。在本章正文中,我们在诸如完全替代和完全互补这些简单的情况下作了这方面的工作。这里,我们来看如何在更为一般的情况下进行这些工作。

首先,我们通常用效用函数 $u(x_1, x_2)$ 来表示消费者的偏好。在第 4 章,我们已经看到,它不是一个很有限制性的假定;大多数性状良好的偏好都可以用效用函数来描述。

首先注意到,我们已经获悉如何求解最优选择的问题。这里,我们仅仅需要把前面 3 章中已经学过的知识结合在一起。从本章中,我们知道最优选择 (x_1, x_2) 必须满足条件

$$\mathrm{MRS}(x_1, x_2)=-p_1/p_2 \tag{5.3}$$

在第 4 章的附录中,我们得知边际替代率(MRS)可以表示为效用函数的导数之比的相反数。因此,替代 MRS 并消去负号,我们有

$$\frac{\partial u(x_1, x_2)/\partial x_1}{\partial u(x_1, x_2)/\partial x_2}=\frac{p_1}{p_2} \tag{5.4}$$

在第 2 章里,我们知道最优选择必须满足预算约束

$$p_1x_1+p_2x_2=m \tag{5.5}$$

这使我们得到两个方程——边际替代率条件和预算约束——以及两个未知数 x_1 和 x_2。我们所要做的就是求解这两个方程,并找出作为价格和收入的函数的 x_1 与 x_2 的最优选择。求解两元一次方程组的方法有很多种,常用的一种解法——尽管它不总是最简单

的——是从预算约束中解出一种选择，然后将它代入边际替代率(MRS)条件中。

将预算约束重新整理为

$$x_2=\frac{m}{p_2}-\frac{p_1}{p_2}x_1 \tag{5.6}$$

将上式代入方程式(5.4)中，得到

$$\frac{\partial u(x_1, m/p_2-(p_1/p_2)x_1)/\partial x_1}{\partial u(x_1, m/p_2-(p_1/p_2)x_1)/\partial x_2}=\frac{p_1}{p_2}$$

这看似可怕的表达式仅有一个未知数 x_1，一般可以从中求解出用(p_1, p_2, m)表示的 x_1。然后，通过预算约束可以求解出作为价格和收入的函数的 x_2。

我们也可以采用最大化的微积分条件这一更系统的方法来求得效用最大化问题的解。为此，我们首先使效用最大化问题成为一个约束最大化问题：

$$\max_{x_1, x_2} u(x_1, x_2)$$
$$\text{s.t. } p_1x_1+p_2x_2=m$$

这一问题要求，我们所选择的 x_1 和 x_2 要满足两个条件：第一，它们必须满足预算约束；第二，它们实现的 $u(x_1, x_2)$值要比满足预算约束的 x_1 和 x_2 的任何其他值给出的效用值都大。

解这一问题有两种有用的方法。第一种是简单地从约束条件中求得用其中一个变量表示的另一个变量，然后将其代入目标函数。

例如，对于 x_1 的任何给定值，为满足预算约束我们所需要的 x_2 可以通过线性函数

$$x_2(x_1)=\frac{m}{p_2}-\frac{p_1}{p_2}x_1 \tag{5.7}$$

给出。

现在，我们用 $x_2(x_1)$来替代效用函数中的 x_2，得到非约束最大化问题

$$\max_{x_1} u(x_1, m/p_2-(p_1/p_2)x_1)$$

这是一个仅与 x_1 有关的非约束最大化问题。因为无论 x_1 取任何值，我们所使用的函数 $x_2(x_1)$都能保证 x_2 的值满足预算约束。

一般情况下，我们只要对 x_1 求微分并令其结果等于零就可以求解这一问题。按此程序，我们首先得到一阶条件式：

$$\frac{\partial u(x_1, x_2(x_1))}{\partial x_1}+\frac{\partial u(x_1, x_2(x_1))}{\partial x_2}\frac{\mathrm{d}x_2}{\mathrm{d}x_1}=0 \tag{5.8}$$

这里的第一项表示增加 x_1 将如何使效用增加的直接效应，第二项由两部分组成：增加 x_2 的效用增长率$\partial u/\partial x_2$，乘以 x_1 增加时为继续满足预算方程 x_2 的增长率 $\mathrm{d}x_2/\mathrm{d}x_1$。我们可以对式(5.7)求微分，以计算后面这个导数

$$\frac{dx_2}{dx_1}=-\frac{p_1}{p_2}$$

将它代入式(5.8),我们有

$$\frac{\partial u(x_1^*, x_2^*)/\partial x_1}{\partial u(x_1^*, x_2^*)/\partial x_2}=\frac{p_1}{p_2}$$

这恰好表示 x_1 和 x_2 之间的边际替代率必定等于在最优选择(x_1^*, x_2^*)点上的价格比率。这就是我们上面得到的最优选择条件:无差异曲线的斜率必须等于预算线的斜率。当然,最优选择也必须满足预算约束 $p_1x_1^*+p_2x_2^*=m$,这又给了我们包含两个未知数的两个方程。

第二种方法是通过运用拉格朗日乘数法来求解这些问题。这种方法首先要定义一个称作拉格朗日的辅助函数:

$$L=u(x_1, x_2)-\lambda(p_1x_1+p_2x_2-m)$$

新变量 λ 称作拉格朗日乘数,这是因为在拉格朗日函数中它与约束条件相乘。拉格朗日定理认为,最优选择(x_1^*, x_2^*)必定满足三个一阶条件:

$$\frac{\partial L}{\partial x_1}=\frac{\partial u(x_1^*, x_2^*)}{\partial x_1}-\lambda p_1=0$$

$$\frac{\partial L}{\partial x_2}=\frac{\partial u(x_1^*, x_2^*)}{\partial x_2}-\lambda p_2=0$$

$$\frac{\partial L}{\partial \lambda}=p_1x_1^*+p_2x_2^*-m=0$$

这三个方程具有几个有趣的特点:第一,可以注意到,它们都是拉格朗日函数对于 x_1、x_2 以及 λ 的导数,且都等于0。其中,最后一个对于 λ 的导数恰好就是预算约束。第二,对于三个未知数 x_1、x_2 和 λ,我们拥有三个方程式,我们有希望求解出用 p_1、p_2 和 m 表示的 x_1 和 x_2。

拉格朗日定理在任何一本高级微积分书中都有证明。在高级经济学教程中,它的应用相当广泛。但是,对于我们的目的来说,我们只需知道这一定理的陈述以及如何应用就可以了。

在我们所给出的特定情况下,如果用第一个条件除以第二个条件,就可以得到

$$\frac{\partial u(x_1^*, x_2^*)/\partial x_1}{\partial u(x_1^*, x_2^*)/\partial x_2}=\frac{p_1}{p_2}$$

正如我们前面的论述,上式简要地说明了边际替代率必须等于价格比率。预算约束给了我们另一个方程,因此,我们又回到了包含两个未知数的两个方程。

例子:柯布-道格拉斯需求函数

在第4章,我们介绍了柯布-道格拉斯效用函数

$$u(x_1, x_2)=x_1^cx_2^d$$

由于效用函数只对单调变换有定义，因此，对此表达式取对数后再处理是比较方便的：

$$\ln u(x_1, x_2) = c\ln x_1 + d\ln x_2$$

让我们为柯布-道格拉斯效用函数找出 x_1 和 x_2 的需求函数。我们所要解决的问题是

$$\max_{x_1, x_2} c\ln x_1 + d\ln x_2$$
$$\text{s.t. } p_1x_1 + p_2x_2 = m$$

求解这一问题至少有三种方法。一种方法是写出边际替代率条件和预算约束。运用在第 4 章中导出的边际替代率表达式，我们有

$$\frac{cx_2}{dx_1} = \frac{p_1}{p_2}$$
$$p_1x_1 + p_2x_2 = m$$

两个方程含有两个未知数，可以求出 x_1 和 x_2 的最优选择。求解的一个方法是把第二式代入第一式中，得

$$\frac{c(m/p_2 - x_1p_1/p_2)}{dx_1} = \frac{p_1}{p_2}$$

交叉相乘，得

$$c(m - x_1p_1) = dp_1x_1$$

重新整理后得到

$$cm = (c+d)p_1x_1$$

或者

$$x_1 = \frac{c}{c+d}\frac{m}{p_1}$$

这就是 x_1 的需求函数。要找出 x_2 的需求函数，只要将上式代入预算约束，就可以得到

$$x_2 = \frac{m}{p_2} - \frac{p_1}{p_2}\frac{c}{c+d}\frac{m}{p_1}$$
$$= \frac{d}{c+d}\frac{m}{p_2}$$

第二种方法是一开始就将预算约束代入最大化问题。如果采用这种方法，我们的问题就变成

$$\max_{x_1} c\ln x_1 + d\ln(m/p_2 - x_1p_1/p_2)$$

这个问题的一阶条件是

$$\frac{c}{x_1} - d\frac{p_2}{m - p_1x_1}\frac{p_1}{p_2} = 0$$

只需很浅显的代数知识，我们就能得到解

$$x_1=\frac{c}{c+d}\frac{m}{p_1}$$

把这再代回到预算约束 $x_2=m/p_2-x_1p_1/p_2$,就可得到

$$x_2=\frac{d}{c+d}\frac{m}{p_2}$$

这些就是这两种商品的需求函数,令人高兴的是,它们与用其他方法求出的解完全相同。

现在采用拉格朗日方法。建立拉格朗日函数

$$L=c\ln x_1+d\ln x_2-\lambda(p_1x_1+p_2x_2-m)$$

然后微分,得出三个一阶条件

$$\frac{\partial L}{\partial x_1}=\frac{c}{x_1}-\lambda p_1=0$$

$$\frac{\partial L}{\partial x_2}=\frac{d}{x_2}-\lambda p_2=0$$

$$\frac{\partial L}{\partial \lambda}=p_1x_1+p_2x_2-m=0$$

现在,窍门在于如何解出这些方程!最好的运算步骤是先解出 λ,然后再解 x_1 和 x_2。因此,我们先整理前面这两个方程,得到

$$c=\lambda p_1x_1$$

$$d=\lambda p_2x_2$$

只需要把这两个方程相加,就可以得到:

$$c+d=\lambda(p_1x_1+p_2x_2)=\lambda m$$

由此可得

$$\lambda=\frac{c+d}{m}$$

把这代回前面的两个方程求解 x_1 和 x_2,便可得到

$$x_1=\frac{c}{c+d}\frac{m}{p_1}$$

$$x_2=\frac{d}{c+d}\frac{m}{p_2}$$

恰好与前面的结果一样。

需　求

在上一章中，我们描述了消费者选择的基本模型：受预算约束的效用最大化如何导致最优选择。我们看到，消费者的最优选择取决于消费者的收入和商品的价格，我们还举例说明了某些简单偏好的最优选择。

消费者的*需求函数*刻画的是每种商品的作为消费者面临的价格和收入的函数的最优消费数量。我们把需求函数记作

$$x_1 = x_1(p_1, p_2, m)$$
$$x_2 = x_2(p_1, p_2, m)$$

每个方程的左边代表需求的数量，每个方程的右边是把价格和收入同需求量联系在一起的函数。

在这一章里，我们要考察当价格和收入发生变动时，对一种商品的需求会如何变动这样一个问题。众所周知，我们最初在第 1 章中描述的比较静态分析方法所研究的就是某个选择如何对经济环境的变动作出反应。"比较"意味着我们要比较经济环境变动前后的两种状态。"静态"意味着我们只考虑均衡选择，而并不关注任何可能涉及的从一种选择到另一种选择的调整过程。

就消费者来说，在我们的模型中，只有两种东西影响最优选择，那就是价格和收入。因此，消费者理论中的比较静态问题所要研究的只是这样一个问题：当价格和收入发生变动时，需求怎样变动。

6.1　正常商品与低档商品

我们先来考虑当一个消费者的收入发生变动时，他对一种商品的需求会怎样变动这样一个问题。我们想要知道，在一种收入水平上的最优选择，如何同在另一种收入水平上的最优选择进行比较。在进行这种比较时，我们将使价格保持不变，而只考察由于收入变动造成的需求变动。

我们已经知道，当价格不变时，货币收入的增加是如何影响预算线的——它使预算线

向外平行移动。那么,这又如何影响需求呢?

我们通常认为,当收入增加时,对每种商品的需求一定也会增加,如图 6.1 所示。那些特别缺乏想象力的经济学家把这种商品称作正常商品。如果商品 1 是正常商品,那么,收入增加时对这种商品的需求就会增加,而收入减少时对这种商品的需求就会减少。对正常商品来说,需求数量的变动总是与收入的变动方向保持一致:

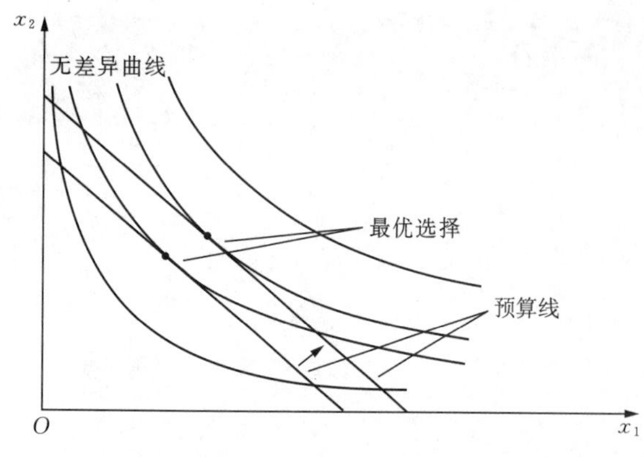

两种商品的需求随着收入的增加而增加,因此这两种商品都是正常商品。

图 6.1 正常商品

$$\frac{\Delta x_1}{\Delta m} > 0$$

如果有某种东西被称作正常商品,那么我们就能肯定地说,一定也会有某种非正常商品存在的可能。确实,非正常商品是存在的。例如,在图 6.2 所给出的那一簇精心制作的良态无差异曲线上,收入的增加将导致对其中一种商品的需求减少。这样的一种商品就称作低档商品。也许它就是"非正常商品",但你应该考虑到,它决不是异常商品的全部。许多种商品的需求在收入增加时都会减少;例如米粥、红肠、棚屋甚至任何一种低质量的商品都可以归入这类商品。

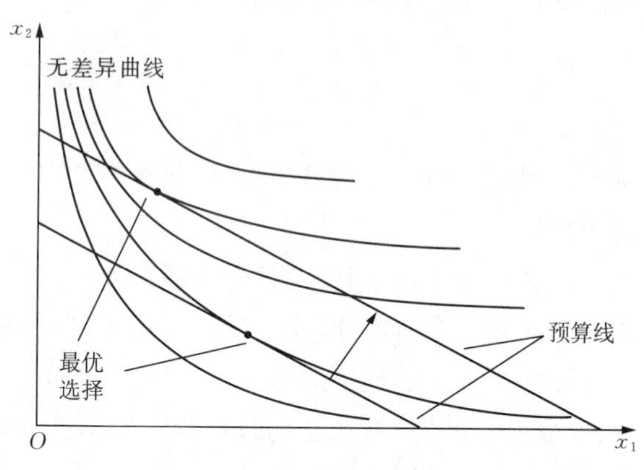

商品 1 是一种低档商品,这意味着当收入增加时对这种商品的需求会减少。

图 6.2 低档商品

一种商品是否是低档商品取决于我们所考察的收入水平。极端贫困的人当收入增加时很可能会消费更多的红肠。但是,只要超过某个临界点,对红肠的消费就会随着收入的增加而减少。知悉经济理论能兼容这两种可能性是令人鼓舞的,因为在实际生活中,当收入增加时对商品的需求既有可能增加,也有可能减少。

6.2 收入提供曲线和恩格尔曲线

我们已经看到,收入的增加伴随着预算线向外平行移动。当把预算线平行地向外移动时,我们可以将一系列的需求束连接起来,从而构成收入提供曲线。如图 6.3A 所示,这种曲线代表了不同收入水平上的需求束。收入提供曲线也称作收入扩展线。如图 6.3A

所示，如果两种商品都是正常商品，收入扩展线的斜率就一定为正值。

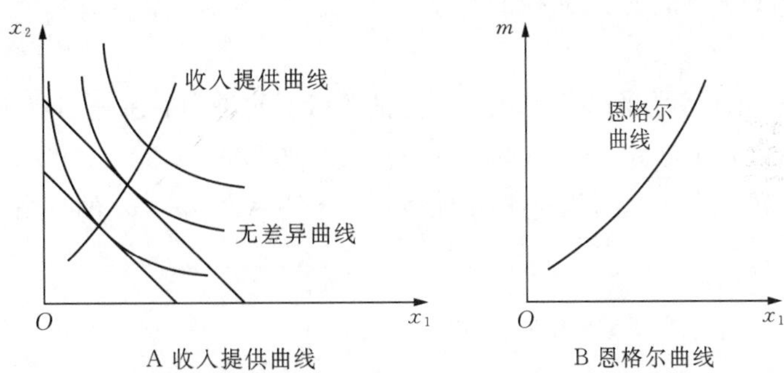

图 A 中的收入提供曲线(收入扩展线)表示价格不变条件下，不同收入水平上的最优选择。在图 B 中，当我们绘制出商品 1 对应于收入水平 m 的最优选择时，我们就得到了恩格尔曲线。

图 6.3 需求如何随收入变动而变动

对于每种收入水平 m，每种商品一定存在某个最优选择。让我们将注意力集中到商品 1 上，考察在每一组价格和收入水平上所作出的最优选择 $x_1(p_1, p_2, m)$。很明显，这恰好就是商品 1 的需求函数。如果我们让商品 1 和商品 2 的价格保持不变，然后考察收入变动时需求所作出的变动，我们就能得到一条**恩格尔曲线**。恩格尔曲线表示的是，在所有的价格保持不变时，需求如何随收入变动而变动的情况。图 6.3B 是恩格尔曲线的一个例子。

6.3 几个实例

考虑第 5 章描述的那些偏好情况，我们将考察它们的收入提供曲线和恩格尔曲线是怎样的。

完全替代

图 6.4 显示的是完全替代的情况。如果 $p_1 < p_2$，消费者专门消费商品 1，那么，收入增加就意味着他将增加商品 1 的消费。因此，如图 6.4A 所示，收入提供曲线就是横轴。

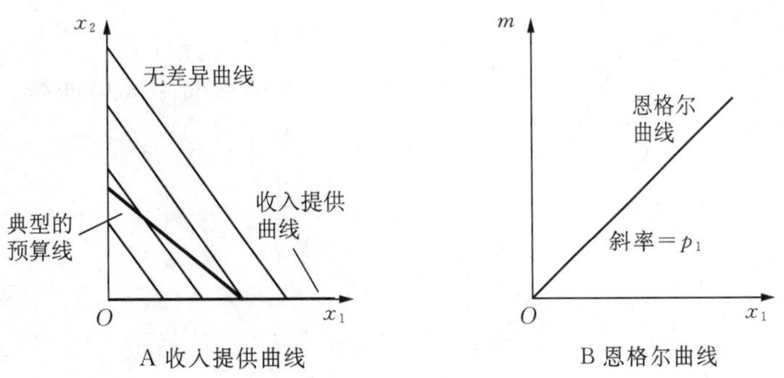

完全替代情况下的收入提供曲线(图 A)和恩格尔曲线(图 B)。

图 6.4 完全替代

在这种情况下，由于对商品 1 的需求是 $x_1 = m/p_1$，所以恩格尔曲线一定是一条斜率

为 p_1 的直线,如图 6.4B 所示。(由于纵轴代表 m,横轴表示 x_1,将需求函数整理为 $m = p_1x_1$,很明显,可以发现恩格尔曲线的斜率为 p_1。)

完全互补

完全互补的需求行为如图 6.5 所示。既然消费者对每种商品总是消费相同的数量,所以不管怎样,收入提供曲线总是一条经过原点的对角线,如图 6.5A 所示。我们已经看到,商品 1 的需求是 $x_1 = m/(p_1 + p_2)$,因此,恩格尔曲线是一条斜率为 $p_1 + p_2$ 的直线,如图 6.5B 所示。

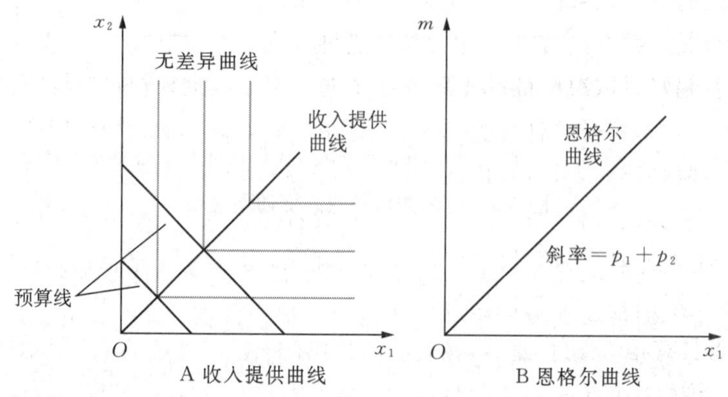

完全互补情况下的收入提供曲线(图 A)和恩格尔曲线(图 B)。

图 6.5　完全互补

柯布-道格拉斯偏好

对于柯布-道格拉斯偏好,较为方便的办法是考察需求函数的代数形式,以了解曲线的形状。如果 $u(x_1, x_2) = x_1^a x_2^{1-a}$,商品 1 的柯布-道格拉斯需求函数就是 $x_1 = am/p_1$。在 p_1 保持不变的情况下,它是 m 的线性函数。因此,m 加倍需求也加倍,m 扩大 3 倍需求也扩大 3 倍,依此类推。事实上,m 乘以任意的正数 t 后,需求恰好也乘以这个相同的数。

对商品 2 的需求是 $x_2 = (1-a)m/p_2$,显然,这也是线性函数。两种商品的需求函数都是收入的线性函数这个事实,意味着收入扩展线一定是经过原点的直线,如图 6.6A 所示。商品 1 的恩格尔曲线一定是斜率为 p_1/a 的一条直线,如图 6.6B 所示。

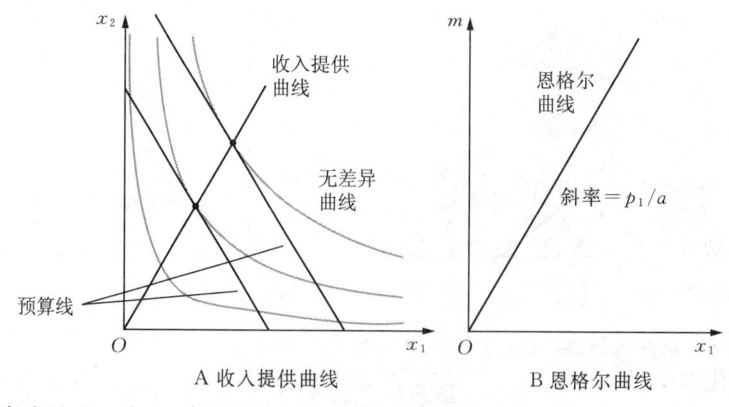

柯布-道格拉斯效用下的收入提供曲线(图 A)和恩格尔曲线(图 B)。

图 6.6　柯布-道格拉斯偏好

相似偏好

到目前为止，我们看到的全部收入提供曲线和恩格尔曲线都是简单明了的——事实上，它们都是直线！之所以会这样，是因为我们列举的例子都非常简单。实际的恩格尔曲线并不一定都是直线。通常，当收入增加时，商品的需求或者比收入增加得快，或者比收入增加得慢。如果同收入相比，商品的需求增加的比例较大，那么，我们就说这种商品是*奢侈品*；相反，如果商品的需求增加的比例较小，那么，我们就说这种商品是*必需品*。

作为分界线的情况是商品的需求与收入增加的比例相同，这就是我们上面所考察的三个例子中的情况。哪种消费者偏好会导致这种行为呢？

假设消费者偏好只取决于商品1对商品2的比率。这意味着，如果消费者对(x_1, x_2)的偏好胜过(y_1, y_2)，那么，他就会自动地偏好$(2x_1, 2x_2)$而不偏好$(2y_1, 2y_2)$，偏好$(3x_1, 3x_2)$而不偏好$(3y_1, 3y_2)$，依此类推。因为对于所有这些消费束，商品1对商品2的比率都相同。事实上，对于任意的正值t，消费者都会偏好(tx_1, tx_2)，而不偏好(ty_1, ty_2)，具有这种性质的偏好称作*相似偏好*。不难证明，上述三种偏好——完全替代、完全互补和柯布-道格拉斯偏好——都是相似偏好。

如果消费者具有相似偏好，那么，他的收入提供曲线就会像图6.7所显示的那样，都是经由原点的直线。说得更具体一些，如果偏好是相似的，它就意味着当收入按任意的比例$t>0$递增或递减时，需求束也会按相同的比例递增或递减。这可以进行严格的证明，但仅从图中也可以相当清晰地看出。如果无差异曲线与预算线相切于(x_1^*, x_2^*)点，那么，通过(tx_1^*, tx_2^*)点的无差异曲线就与价格保持不变、收入是原先t倍的预算线相切。这隐含着恩格尔曲线也是直线。如果你的收入增加一倍，那么，对每种商品的需求就恰好也会增加一倍。

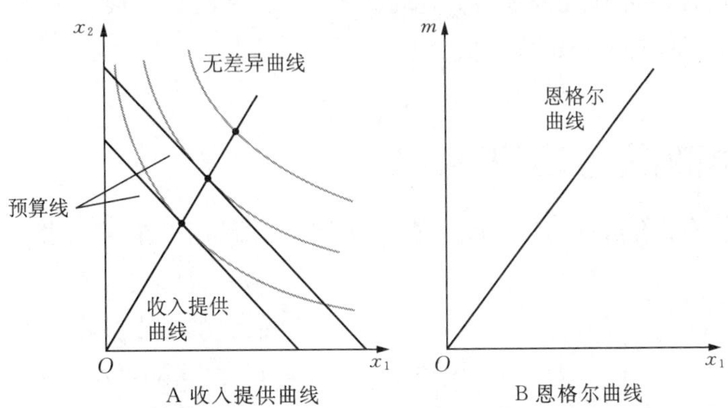

相似偏好情况下的收入提供曲线(图A)和恩格尔曲线(图B)。

图6.7　相似偏好

由于收入效用十分简单，因此相似偏好是非常简便的。不幸的是，基于相同的原因，相似偏好并不很真实！但在我们的例子中将经常用到它们。

拟线性偏好

另一种产生特殊形式的收入提供曲线和恩格尔曲线的偏好是拟线性偏好。回顾第4章给出的拟线性偏好的定义。如图6.8所示，这种情况下，所有的无差异曲线都是一条无差异曲线的“移动”变形。等价地，这种偏好的效用函数采取$u(x_1, x_2)=v(x_1)+x_2$的形式。如果我们把预算线向外移动,将会出现什么情况?在拟线性偏好的情况下,如果一条无差异曲线在(x_1^*, x_2^*)点与预算线相切,那么,对于任意的常数k,另一条无差异曲线一定也会在(x_1^*, x_2^*+k)点与预算线相切。收入增加完全不会改变对商品1的需求,所有新增加的收入将全部用在商品2的消费上。如果偏好是拟线性的,我们有时称商品1具有"零收入效应"。因此,商品1的恩格尔曲线是一条垂直线——当收入变动时,商品1的需求保持不变。

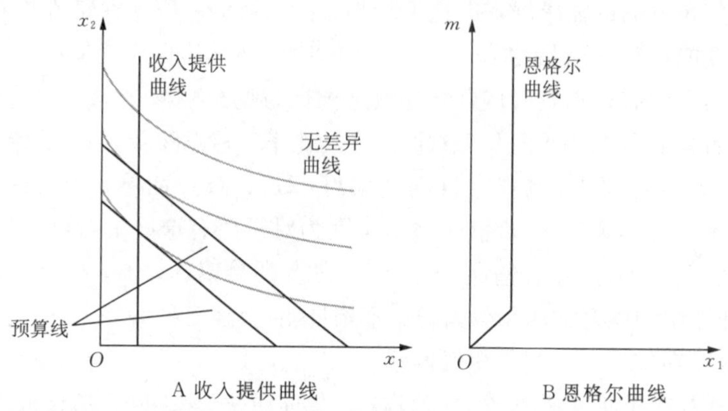

具有拟线性偏好的收入提供曲线(图A)和恩格尔曲线(图B)。

图6.8 拟线性偏好

在实际生活中,这类事情可能在怎样一种情形下发生呢?假设商品1是铅笔,商品2是花费在其他商品上的货币。起初,我可能将所有的收入都花费在铅笔上,但当我的收入增加时,我不会购买更多的铅笔——我的全部新增收入都将花费在其他商品上。其他类似的例子或许是盐或牙膏。当我们考察所有其他商品和只占消费者预算很小一部分的某种商品之间的一种选择时,拟线性假设也许是很合理的,至少当消费者的收入足够大时是如此。

6.4 普通商品与吉芬商品

现在我们来考察价格变动的情况。假定我们降低商品1的价格,同时保持商品2的价格和货币收入不变。这种情况下,商品1的需求数量会发生什么变化呢?直觉告诉我们,当商品1的价格下降时,它的需求数量将会增加。普通商品的情况确是如此,如图6.9所示。

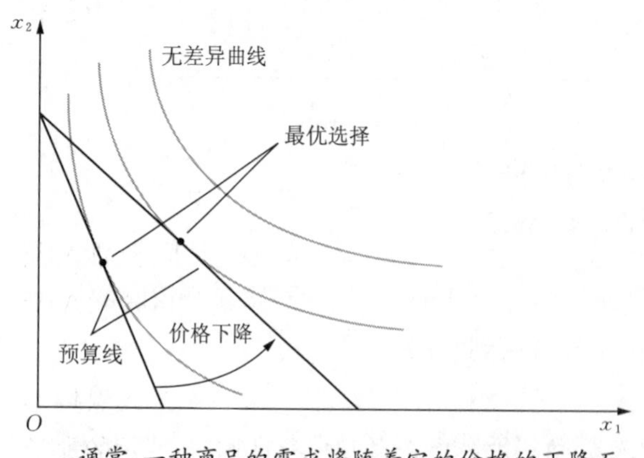

通常,一种商品的需求将随着它的价格的下降而增加,如同这里所显示的情况。

图6.9 普通商品

当商品1的价格下降时,预算线会变得平坦一些。换言之,就是纵截距保持不变,横截距右移。在图6.9中,商品1的最优选择也会右移:商品1的需求增加了。但我们可能会问,情况是否总是这样呢?是否不论消费者的偏好如何,只要商品的价格下降,这种商品的需求就会增加?

事实证明这个问题的答案是否定的。从逻辑上说,完全可能找到一些性状良好的偏好,对于它们来说,商品1价格下降将导致商品1的需求减少。这样的商品称作吉芬商品,以最早注意到这种可能性的19世纪经济学家吉芬的名字命名。图6.10显示了它的一个例子。

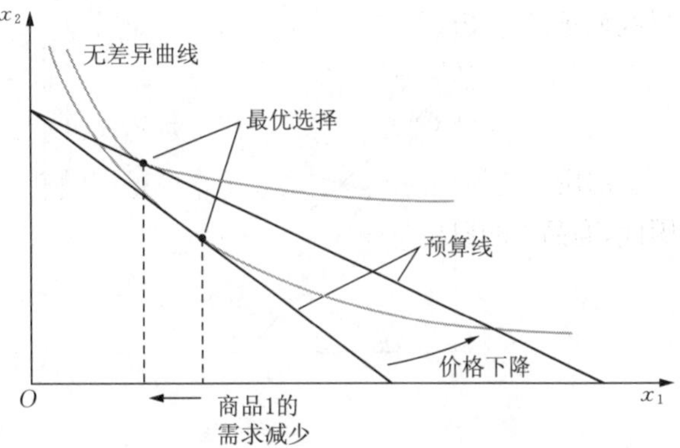

商品1是吉芬商品,因为当它的价格下降时,它的需求将会减少。

图6.10 吉芬商品

这种情况在经济学上怎么解释?哪种偏好可能产生如图6.10所示的那种特殊行为?假定你正在消费的是粥和牛奶这样两种商品。目前,你一周消费的量是7碗粥和7杯牛奶。现在,粥变得便宜了,如果你还是每周消费7碗粥,你就会有多余的钱用以购买更多的牛奶。事实上,一旦有了因为粥价下跌而节省的那笔额外货币,你就会决定多喝牛奶少喝粥。虽然因粥价下跌而节省的这笔额外货币可以花费在其他方面——但是你想用它来做的一件事很可能就是减少对粥的消费!因此,价格变动在相当程度上类似于收入变动。即使货币收入保持不变,商品价格的变动也会使购买力发生变化,从而引起需求的变化。

因此,尽管吉芬商品在实际生活中很难碰到,但它却并不是完全只在逻辑的意义上才不似是而非的。绝大部分商品都是普通商品——当它们的价格上升时,它们的需求就下降。下面我们就会明白,为什么这是普遍的情况。

顺便提一下,我们同时用粥作为低档商品和吉芬商品的例子并非出于偶然。事实上,这两者之间存在着密切的内在联系,下一章我们就会探讨这种联系。

然而到现在为止,我们对消费者理论所作的考察似乎留给我们这样一个印象,即差不多一切都可能发生:如果收入增加,商品的需求既可能增加,也可能减少;如果价格上涨,商品的需求也是既可能增加,又可能减少。消费者理论与任意一种行为都相容吗?或者,哪些行为可以从消费者行为的经济模型中排除掉呢?可以证明,最大化模型对行为是施加限制的。但我们必须等到下一章才能看到这些限制是什么。

6.5 价格提供曲线和需求曲线

假设我们让商品1的价格发生变动而让 p_2 和收入保持不变。从几何上说,这涉及预算线的转动。我们可以考虑,将这些最优点联结在一起构成价格提供曲线,如图6.11A所示。这条曲线代表了在商品1的不同价格水平上的需求束。

我们也可以用不同的方式来表示这个信息。再次使商品2的价格和货币收入保持不变,然后针对每个不同的 p_1 标绘出商品1的最优消费水平,结果就是图6.11B所示的那条需求曲线。使 p_2 和 m 取某个事先确定的值并保持不变,那么,需求曲线就是需求函数 $x_1(p_1, p_2, m)$ 的几何图形。

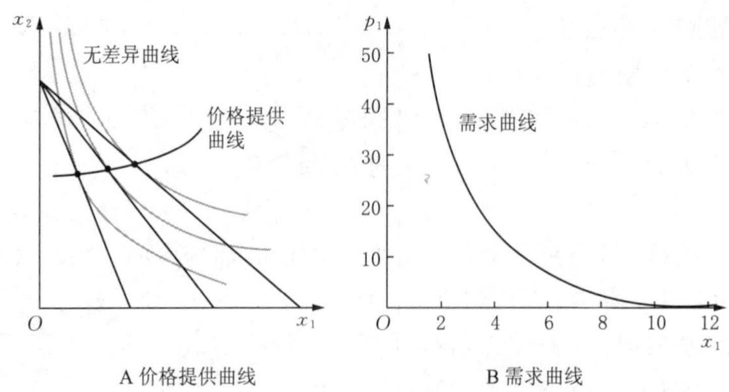

图 A 显示了一条价格提供曲线,它表示商品 1 价格变动时的各个最优选择点。图 B 显示了一条相应的需求曲线,它表示作为其价格的函数的商品 1 的最优选择点。

图 6.11 价格提供曲线和需求曲线

一般地,当一种商品的价格上升时,对这种商品的需求就会减少。因此,一种商品的价格和需求数量的变动方向是相反的。这表明,典型的需求曲线具有负的斜率。用变化率来表示,我们通常有

$$\frac{\Delta x_1}{\Delta p_1} < 0$$

这个式子仅仅说明,需求曲线的斜率通常为负值。

然而,我们已在吉芬商品的例子中看到,当吉芬商品的价格下降时,对该商品的需求会减少。因此,具有正斜率的需求曲线尽管不太可能存在,却也是有可能的。

6.6 几个例子

我们运用第 3 章所讨论的偏好问题,来考察需求曲线的几个例子。

完全替代

图 6.12 所示的是完全替代——例如红铅笔和蓝铅笔——情况下的价格提供曲线和需求曲线。如我们在第 5 章所看到的那样,当 $p_1 > p_2$ 时,商品 1 的需求为 0;当 $p_1 = p_2$ 时,

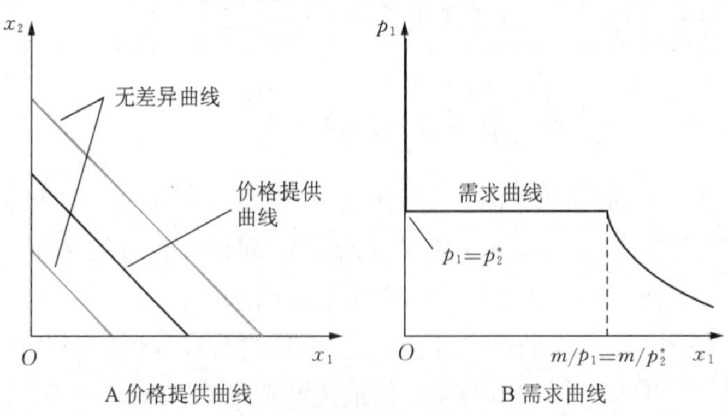

完全替代情况下的价格提供曲线(图 A)和需求曲线(图 B)。

图 6.12 完全替代

商品 1 的需求是预算线上的任一数量；当 $p_1 < p_2$ 时，商品 1 的需求等于 m/p_1。价格提供曲线描绘了这些可能性。

为了找出需求曲线，我们保持商品 2 的价格 p_2^* 不变，然后对应于商品 1 的价格标绘出商品 1 的需求，从而得到如图 6.12B 所示的需求曲线。

完全互补

图 6.13 所示的是完全互补的情况——如同左鞋和右鞋的例子。我们知道，这种情况下，无论价格如何，消费者对商品 1 和商品 2 的需求量总是相同的。因此，消费者的价格提供曲线总是一条对角线，如图 6.13A 所示。

我们在第 5 章知道，商品 1 的需求可以表示为

$$x_1 = \frac{m}{p_1 + p_2}$$

如果我们保持 m 和 p_2 不变，然后标绘出 x_1 和 p_1 之间的关系，我们就可以得到一条如图 6.13B 所示的需求曲线。

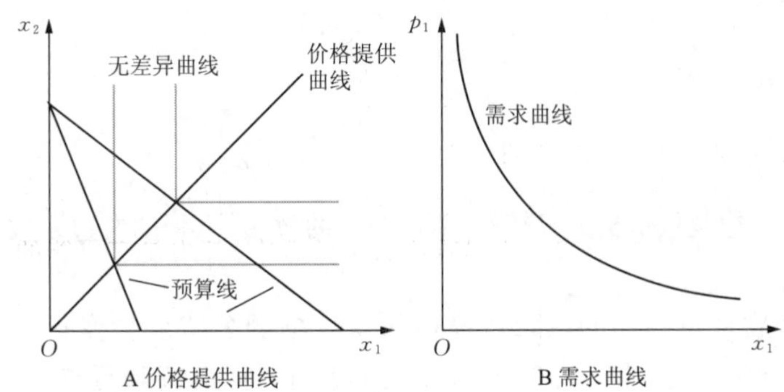

完全互补情况下的价格提供曲线(图 A)和需求曲线(图 B)。

图 6.13　完全互补

离散商品

假设商品 1 是离散商品。如果 p_1 非常高，消费者就会严格偏好消费零单位的商品 1；如果 p_1 足够低，消费者就会严格偏好消费 1 单位的商品 1。在某个价格 r_1 处，消费者在消费和不消费商品 1 之间无差异。使消费者消费或不消费某种商品刚好无差异的价格称作保留价格①。无差异曲线和需求曲线如图 6.14 所示。

从图中清晰可见，需求行为可以用消费者刚好愿意再购买一个单位商品的一系列保留价格来描述。在价格 r_1 处，消费者愿意购买 1 单位商品；如果价格降至 r_2，消费者就会愿意再购买一个单位，依此类推。

---

①　保留价格这个术语源自拍卖市场。当某人想在一次拍卖中售出某物品的时候，典型的情况是他规定他愿意售出该物品的最低价格。如果最好的报价低于这个规定价格，这个销售者就保留他自己购买这个物品的权利。这个价格因此成为熟知的销售者保留价格，最终被用来描述使某人刚好愿意购买或出售某种物品的那个价格。

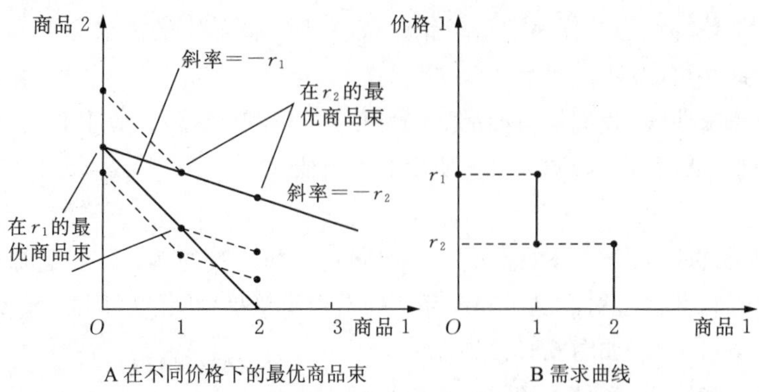

A 在不同价格下的最优商品束　　B 需求曲线

随着商品 1 价格的下降,会存在某个价格,也就是保留价格,在该价格处消费者在消费和不消费商品 1 之间无差异。随着价格的进一步下降,离散商品的需求数量会增加到几个单位。

图 6.14　离散商品

这些价格可以用原效用函数描述。例如,在价格 r_1 处,消费者刚好在消费零单位或 1 单位商品 1 之间无差异,因此,r_1 一定满足方程

$$u(0,\ m)=u(1,\ m-r_1) \tag{6.1}$$

同样,r_2 满足方程

$$u(1,\ m-r_2)=u(2,\ m-2r_2) \tag{6.2}$$

这个方程的左边是按价格 r_2 消费 1 单位商品的效用,方程的右边是按价格 r_2 消费 2 单位商品的效用。

如果效用函数是拟线性的,那么,描述保留价格的公式就会变得更加简单。如果 $u(x_1,\ x_2)=v(x_1)+x_2$,并且 $v(0)=0$,那我们就可以把式(6.1)写成

$$v(0)+m=m=v(1)+m-r_1$$

由于 $v(0)=0$,我们可以求解 r_1 得到

$$r_1=v(1) \tag{6.3}$$

同样,我们可以把式(6.2)写成

$$v(1)+m-r_2=v(2)+m-2r_2$$

经过整理,这个式子变为

$$r_2=v(2)-v(1)$$

用这个方法做下去,第 3 个消费单位的保留价格由下式给出

$$r_3=v(3)-v(2)$$

依此类推。

在每种情况下,保留价格都是对导致消费者增加 1 单位商品消费所必需的效用增量的测度。不太严格地讲,保留价格测度的是与商品 1 的不同消费水平相对应的边际效用。

我们提出的凸偏好的假设隐含着保留价格序列一定是递减的：$r_1 > r_2 > r_3 \cdots$。

基于拟线性效用函数的特殊结构，保留价格并不取决于消费者对商品 2 的消费数量。当然，这是一种特例，但它却使对需求行为的描述变得非常容易。给定任意的价格 p，我们能找到它在保留价格表中所处的位置。例如，假设 p 位于 r_6 和 r_7 之间，$r_6 > p$ 这一事实意味着消费者为得到 6 单位的商品 1 愿意放弃 p 美元/单位，$p > r_7$ 意味着消费者不愿意放弃 p 美元以换取第 7 个单位的商品 1。

虽然这个论证非常直观，但为了清晰起见，我们还是转向数学证明。假设消费者需求 6 单位的商品 1，我们想要证明 $r_6 \geqslant p \geqslant r_7$ 一定成立。

如果消费者使效用最大化，那么，对于所有可能的选择 x_1，我们一定有

$$v(6) + m - 6p \geqslant v(x_1) + m - px_1$$

特别地，一定有

$$v(6) + m - 6p \geqslant v(5) + m - 5p$$

整理这个方程，我们得到

$$r_6 = v(6) - v(5) \geqslant p$$

这恰好是我们想要证明的不等式的前半部分。

运用相同的办法，可以得到

$$v(6) + m - 6p \geqslant v(7) + m - 7p$$

整理这个方程，我们得到

$$p \geqslant v(7) - v(6) = r_7$$

这是我们想要证明的不等式的后半部分。

6.7 替代和互补

虽然我们早已使用过替代和互补这两个术语，但现在适合给出它们的正式定义。既然我们已多次看到完全替代和完全互补的情况，所以再考虑不完全的情况似乎是合情合理的。

我们首先考虑“替代”的情况。我们讲过，红铅笔和蓝铅笔可以看作完全替代品，至少对那些不在乎颜色的人来说是这样。但是，铅笔和钢笔之间又是怎样的一种关系呢？这就是一种“不完全”替代的关系。也就是说，在某种程度上，铅笔和钢笔是互相替代的，虽然它们不像红、蓝铅笔那样彼此可以完全替代。

同样，我们讲过左、右两只鞋是完全互补的。但是，一双鞋和一双袜子之间又是怎样的一种关系呢？左、右两只鞋几乎总是一起消费的，而鞋子和袜子往往也是一起消费的。像鞋、袜这样的互补品，常常是（尽管不总是）一起消费的。

既然已经讨论了替代和互补的基本概念，我们能给出它们的经济学上的精确定义。回顾一下，典型的情况是，商品 1 的需求函数是商品 1 的价格和商品 2 的价格的函数。所

以我们把它记作 $x_1(p_1, p_2, m)$。我们要问,当商品 2 的价格发生变动时,商品 1 的需求会怎样变动——增加还是减少?

如果当商品 2 的价格上升时,商品 1 的需求增加,我们就称商品 1 是商品 2 的*替代品*。用变动率来表示,如果

$$\frac{\Delta x_1}{\Delta p_2} > 0$$

商品 1 就是商品 2 的替代品。这里的含义是,当商品 2 变得更为昂贵时,消费者就会转向消费商品 1:消费者是用较便宜的商品替代较贵的商品。

另一方面,如果当商品 2 的价格上升时商品 1 的需求下降,我们就称商品 1 是商品 2 的*互补品*。这意味着

$$\frac{\Delta x_1}{\Delta p_2} < 0$$

互补品指的是一起消费的商品,就像咖啡和糖,所以当其中一种商品的价格上升时,这两种商品的需求都趋于减少。

完全替代和完全互补的情况很好地说明了这些论点。注意,在完全替代的情况下,$\Delta x_1/\Delta p_2$ 取正值(或零);在完全互补的情况下,$\Delta x_1/\Delta p_2$ 取负值。

对于上述的概念,提出以下两点告诫是适当的。第一,将两种商品归结为非互补品即替代品是非常特殊的情况。由于收入保持不变,所以,如果你将较多的货币花费在商品 1 上,你就必须减少花费在商品 2 上的货币,这就使各种可能的行为受到了某些限制。当商品超过两种时,这些限制就不再是一个问题。

第二,虽然用消费者需求行为表示的替代品和互补品的定义看似切合实际,但是在更为一般的情形下,这些定义仍然存在某些问题。举例来说,如果我们将上述定义应用到超过两种商品的情形中,那么完全有可能出现这种情况:商品 1 可能是商品 3 的替代品,而商品 3 又可能是商品 1 的互补品。由于这种独特的性质,更进一步的论述通常采用与此不同的关于替代品和互补品的定义。上面给出的定义所描述的概念称作*总替代品*和*总互补品*,对于我们这里的分析,有它们也就足够了。

6.8 反需求函数

如果我们使 p_2 和 m 保持不变,然后绘出与 x_1 相对应的 p_1,我们就能得到*需求曲线*。如上所述,我们通常认为需求曲线是向下倾斜的,所以,较高的价格将导致较少的需求,虽然吉芬商品的例子说明相反的情况也是有可能的。

只要我们的确有一条向下倾斜的需求曲线(这是通常所具有的形状),提一下*反需求曲线*就非常有意义。反需求函数把价格视作数量的函数。这就是说,对于商品 1 的任一需求水平,反需求曲线度量的是,为了使消费者选择这个消费水平,商品 1 所必须具有的价格。因此,反需求曲线同正需求曲线度量的是同一种关系,只是看问题的角度不同罢了。图 6.15 显示的就是一个反需求函数——或者正需求函数,这取决于看问题

的角度。

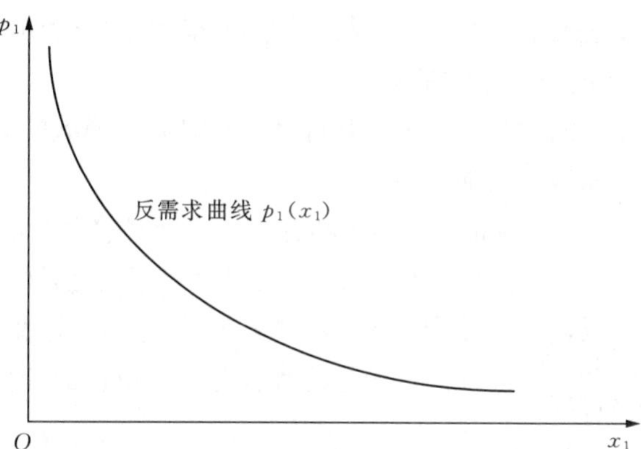

如果你把需求曲线看作是作为数量的函数的价格的测度，你就得到一个反需求函数。

图 6.15 反需求函数

回顾一下，例如，商品 1 的柯布-道格拉斯需求是 $x_1 = am/p_1$。同样，我们也能将价格和数量之间的这种关系写成 $p_1 = am/x_1$。第一种表述是正需求函数；第二种表述是反需求函数。

反需求函数具有一种有用的经济学解释。回顾一下这种情况：只要两种商品的消费量都为正值，最优选择就必须满足边际替代率的绝对值等于价格比率这个条件，即

$$|\text{MRS}| = \frac{p_1}{p_2}$$

这就是说，例如，在商品 1 的最优需求水平上，我们一定有

$$p_1 = p_2 \ |\text{MRS}| \tag{6.4}$$

因此，在商品 1 的最优需求水平上，商品 1 的价格同商品 1 和商品 2 之间的边际替代率的绝对值成比例。

为简化起见，假设商品 2 的价格为 1，那么，我们从式(6.4)就可以得知，在最优需求水平上，商品 1 的价格度量的是，为了得到较多一些商品 1，消费者愿意放弃的商品 2 的数量。在这种情况下，反需求函数仅仅度量的是边际替代率的绝对值。对于 x_1 的任一最优需求水平，反需求函数表明，消费者愿意得到多少商品 2，以作为对少量减少商品 1 的消费量的补偿。或者相反，反需求函数度量，为了得到较多一些商品 1，消费者愿意放弃多少商品 2 以保持无差异。

如果把商品 2 视作花费在其他商品上的货币，那么，我们就可以把边际替代率视作是个人为了获取稍多一些商品 1 而愿意放弃的货币数量。前面讲过，在这种情况下，我们可以把边际替代率看作是对边际支付意愿的测度。因为在这种情况下，商品 1 的价格就是边际替代率，所以，这就意味着商品 1 的价格本身就是对边际支付意愿的测度。

对于任意数量的 x_1，反需求曲线测度的是消费者为了得到稍多一些商品 1 而愿意放弃的货币数量，或者换句话说，就是消费者为购买最后一个单位的商品 1 而愿意放弃的货币数量。对于足够小数量的商品 1，这两种说法实际上是一回事。

以这种方式看，向下倾斜的反需求曲线具有新的含义。当 x_1 非常小时，消费者愿意放弃很多货币——很多其他商品，来换取稍多一点的商品 1。当 x_1 较大时，消费者在边际上只愿意放弃较少的货币来换取稍多一些的商品 1。因此，从牺牲商品 2 以换取商品 1 的边际意愿的意义上说，当我们增加商品 1 的消费时，边际支付意愿是递减的。

小 结

1. 通常，消费者对于一种商品的需求函数取决于所有商品的价格和收入。

2. 正常商品是那种在收入增加时需求随着增加的商品。低档商品是那种在收入增加时需求反而减少的商品。
3. 普通商品是那种在其价格上升时需求降低的商品。吉芬商品是那种在其价格上升时需求随之增加的商品。
4. 如果对商品 1 的需求随着商品 2 价格的上升而增加,那么,商品 1 就是商品 2 的替代品。如果对商品 1 的需求随着商品 2 价格的上升而下降,那么,商品 1 就是商品 2 的互补品。
5. 反需求函数测度的是消费者消费某个既定数量时的价格。在给定的消费水平上,需求曲线的高度测度的是消费者对于 1 单位额外商品的边际支付意愿。

复习题

1. 假设消费者只消费两种商品,而且他总是花光他的全部货币,在这种情况下,这两种商品有可能都是低档商品吗?

2. 说明完全替代是相似偏好的一个例子。

3. 说明柯布-道格拉斯偏好是相似偏好。

4. 收入提供曲线对于恩格尔曲线,就像价格提供曲线对于什么曲线?

5. 如果偏好是凹的,消费者会一起消费两种商品吗?

6. 汉堡包和小甜圆面包是互补品还是替代品?

7. 在完全互补的情况下,商品 1 的反需求函数是什么形式?

8. "如果需求函数是 $x_1=-p_1$,那么,反需求函数就是 $x=-1/p_1$。"这个结论是对还是错?

附录

如果偏好具有独特的形式,那就意味着由这种偏好推出的需求函数也具有独特的形式。在第 4 章,我们论述了拟线性偏好。这种偏好的所有无差异曲线之间都相互平行,并且它的效用函数可以采取以下的形式:

$$u(x_1, x_2)=v(x_1)+x_2$$

这种效用函数的最大化问题是

$$\max_{x_1, x_2} v(x_1)+x_2$$
$$\text{s.t. } p_1x_1+p_2x_2=m$$

从预算约束中解出作为 x_1 的函数的 x_2,将其代入目标函数,我们有

$$\max_{x_1} v(x_1)+m/p_2-p_1x_1/p_2$$

通过求导,我们得到一阶条件

$$v'(x_1^*)=\frac{p_1}{p_2}$$

这种需求函数具有一种有趣的性质:对商品1的需求一定独立于收入——就像我们在用无差异曲线表示时所看到的那样。它的反需求曲线可以表示为

$$p_1(x_1)=v'(x_1)p_2$$

这就是说,商品1的反需求函数等于效用函数的导数乘上 p_2。一旦我们得到商品1的需求函数,商品2的需求函数就可以从预算约束中推得。

举例来说,我们就效用函数

$$u(x_1, x_2)=\ln x_1+x_2$$

来推算需求函数。使用一阶条件,得到

$$\frac{1}{x_1}=\frac{p_1}{p_2}$$

因此,商品1的正需求函数是

$$x_1=\frac{p_2}{p_1}$$

它的反需求函数是

$$p_1(x_1)=\frac{p_2}{x_1}$$

将 $x_1=p_2/p_1$ 代入预算约束,可以推出商品2的正需求函数,即

$$x_2=\frac{m}{p_2}-1$$

有关这些需求函数,提出一点告诫是很有必要的。注意,在这个例子中,商品1的需求是独立于收入的。这是拟线性效用函数的一个普遍性质——当收入变动时,商品1的需求保持不变。然而,这只是对于收入的某些值才成立。需求函数不能严格地对于所有的收入值都与收入不相关;毕竟,当收入为零时,所有的需求也都是零。事实上,上面推得的拟线性需求函数只在每种商品的消费数量都是正值时才是重要的。

在这个例子中,当 $m<p_2$ 时,商品2的最优消费为零。随着收入的增加,消费商品1的边际效用将递减。当 $m=p_2$ 时,把额外收入花费在商品1上的边际效用等于将额外收入花费在商品2上的边际效用。超越这个点后,消费者将把所有的额外收入都花费在商品2上。

因此,一种能较好地描述商品2的需求的方法是

$$x_2=\begin{cases}0 & \text{当 } m\leqslant p_2 \text{ 时}\\ m/p_2-1 & \text{当 } m>p_2 \text{ 时}\end{cases}$$

对于更多有关拟线性需求函数性质的讨论,可参见哈尔·R.范里安:《微观经济分析》,第三版(纽约:诺顿公司,1992年)。

▶7

显示偏好

我们在第 6 章中看到,如何利用关于消费者偏好和预算约束的信息来确定消费者的需求。在这一章中,我们把这个过程颠倒过来,说明可以怎样利用关于消费者需求的信息,来得到关于他(或她)的偏好的信息。到目前为止,我们考虑的一直是偏好能揭示人们怎样的行为这样一个问题。但在实际生活中,偏好是不能直接观察到的:我们必须通过观察人们的行为来发现他们的偏好。在这一章里,我们将阐明若干帮助我们做这项工作的工具。

当谈到通过观察人们的行为来决定他们的偏好时,我们必须假定在观察这些行为时偏好保持不变。虽然在一个很长的时期内,这样的假定是不合理的,但是对于经济学家通常所考察的一个月或一个季度这样的时期,特定消费者的嗜好发生重大变化似乎是不可能的。因此,我们还是维持这个假设,也就是说,在观察消费者选择行为的时期内,消费者的偏好是稳定的。

7.1 显示偏好的概念

在开始这项研究以前,让我们作一个通常的假设:在这一章里,基本偏好——不论它们是什么——都是严格凸的。因此,对于每个预算,有且仅有一个需求束。虽然对显示偏好来说,这个假设并不是必要的,但是这个假设却可以使论述得到简化。

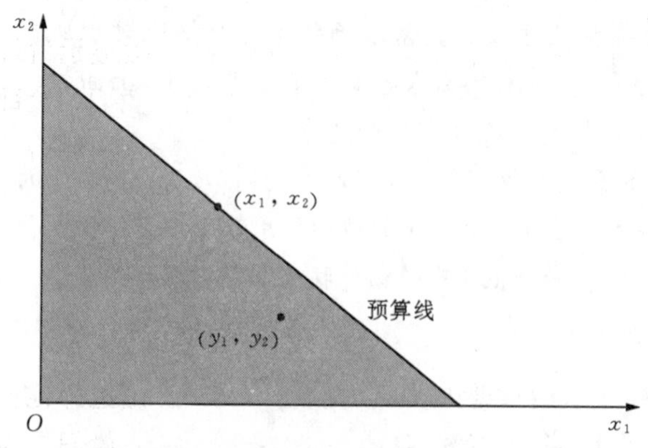

消费者选择的消费束(x_1, x_2)被显示偏好于消费者能够选择而没有选择的消费束(y_1, y_2)。

图 7.1 显示偏好

如图 7.1,我们绘出了消费者的需求束(x_1, x_2)和位于预算线以下的另一任意的消费束(y_1, y_2)。假设这个消费者就是我们一直研究的那种追求效用最优化的消费者。那么,关于这两个消费束之间的消费者偏好,我们能得到什么结论呢?

当然,按既定的预算,消费束(y_1, y_2)肯定能够买得起——只要消费者愿意,他(或她)就可以购买它,甚至在购买后还会有钱剩余。由于(x_1, x_2)是最佳消费束,所以它一定比消费者能够购买的其他任何消费束都要好。因此,特别地,它一定比(y_1, y_2)好。

这个论点对于位于预算线和预算线以下的不同于需求束的任一消费束都成立。由于这些消费束在既定的预算约束下本来是可以购买的,但它们却没有被购买,所以被购买的消费束一定要更好一些。正是在这里,我们使用了"对于每个预算,有且只有一个需求束"的假设。如果偏好不是严格凸的,从而无差异曲线上有一段平坦的部分,则预算线上的某些消费束就有可能同需求束一样好。处理这种复杂的情况并不十分困难,但通过假设把它排除则更为容易。

在图 7.1 中,预算线以下阴影里的全部消费束都显示比需求束(x_1, x_2)要差。这是因为它们本来是可以被选择的,但是为了选择(x_1, x_2),只好不选择它们。现在,我们把显示偏好的这种几何分析转化成代数分析。

设(x_1, x_2)是消费者在收入为 m 时按价格(p_1, p_2)购买的消费束。按这种价格和收入,(y_1, y_2)是有能力购买的这句话意味着什么呢?它意味着(y_1, y_2)满足预算约束

$$p_1y_1 + p_2y_2 \leqslant m$$

因为(x_1, x_2)是按既定预算实际购买的消费束,所以,它一定满足等式形式的预算约束

$$p_1x_1 + p_2x_2 = m$$

联立这两个方程,在预算约束(p_1, p_2, m)下,有能力购买(y_1, y_2)这句话就意味着

$$p_1x_1 + p_2x_2 \geqslant p_1y_1 + p_2y_2$$

如果这个不等式得到满足,而且(y_1, y_2)又确实是不同于(x_1, x_2)的消费束,我们就称(x_1, x_2)**被直接显示偏好于**(y_1, y_2)。

注意,这个不等式的左边是消费者按价格(p_1, p_2)在实际选择的消费束上的支出。因此,显示偏好是按某种预算实际需求的消费束,和按这种预算能够购买但并未购买的消费束之间的一种关系。

"显示偏好"这个概念其实有点误导,它同偏好并没有什么内在的联系,尽管我们在上面看到,如果消费者在进行最优选择,这两个概念是密切联系的。与其说"X 被显示偏好于 Y",不如说"X 比 Y 先被选择"更好一些。当我们称 X 被显示偏好于 Y 时,我们的全部意思是 X 是在我们本来可以选择 Y 的时候被选择的,也就是说,$p_1x_1 + p_2x_2 \geqslant p_1y_1 + p_2y_2$。

7.2 从显示偏好到偏好

可以对上一节的内容作一简单的概括。从消费者行为模型——人们总是选择他们能够购买的最好的东西——可以得到这样一个结论:人们作出的选择一定比他们能做的选择更受偏好。或者用上一节的术语表示,如果(x_1, x_2)被直接显示偏好于(y_1, y_2),那么,事实上(x_1, x_2)受到的偏好就一定超过(y_1, y_2)受到的偏好。更正式的说

法是:

显示偏好原理 设(x_1, x_2)是按价格(p_1, p_2)选择的消费束,(y_1, y_2)是使得$p_1x_1+p_2x_2 \geqslant p_1y_1+p_2y_2$的另一个消费束。在这种情况下,假若消费者总是在他能够购买的消费束中选择他最偏好的消费束,那么,我们就一定有$(x_1, x_2) \succ (y_1, y_2)$。

当你首次看到这个原理时,你可能感觉它是同义反复。如果X被显示偏好于Y,这难道不自动意味着对X的偏好超过对Y的偏好吗?答案是否定的。"显示偏好"只表明在Y能被购买的情况下,所选择的是X;而"偏好"则表示消费者把X的次序排在Y的前面。如果消费者总是选择他所能购买的最佳消费束,"显示偏好"就隐含着"偏好",但这是行为模型的结果,而不是术语定义的结果。

这就是为什么前面提到的"一个消费束比另一个消费束'先被选择'"的说法更好一些的理由。因此,我们也可以这样来表述显示偏好原理:"如果消费束X先于Y被选择,那么对X的偏好就一定超过对Y的偏好。"在这个陈述中,行为模型如何使我们能利用观察到的选择来推断某些基本偏好的信息,是十分清晰的。

不论你使用什么术语,基本的一点是清楚的,如果我们观察到,在另一个消费束能够买得起的情况下,选择的却是这个消费束,那么我们就获得了有关这两个消费束之间的偏好的某种信息:对这个消费束的偏好超过对另一个消费束的偏好。

现在假设我们恰好知道(y_1, y_2)是在价格(q_1, q_2)上的需求束,而且,(y_1, y_2)本身又被显示偏好于另一个消费束(z_1, z_2)。即

$$q_1y_1+q_2y_2 \geqslant q_1z_1+q_2z_2$$

由此,我们知道$(x_1, x_2) \succ (y_1, y_2)$和$(y_1, y_2) \succ (z_1, z_2)$。根据传递性假设,我们可以得出结论:$(x_1, x_2) \succ (z_1, z_2)$。

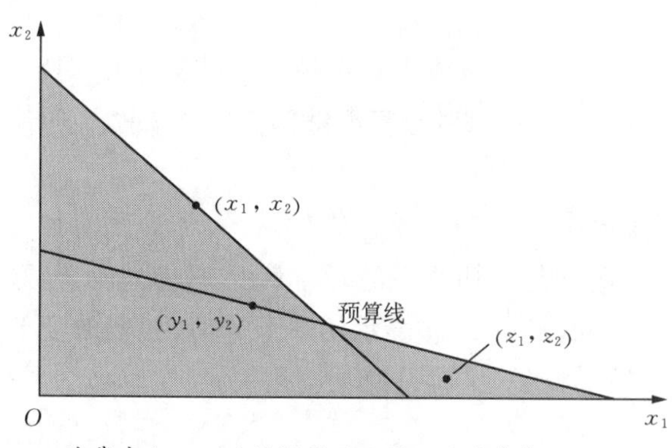

消费束(x_1, x_2)被间接显示偏好于消费束(z_1, z_2)。

图 7.2 间接显示偏好

图 7.2 说明了这个论点。显示偏好和传递性告诉我们:对于作了如图所示的选择的消费者来说,(x_1, x_2)一定比(z_1, z_2)要更好一些。

在这种情况下,称(x_1, x_2)被间接显示偏好于(z_1, z_2)是很自然的。当然,观察到的选择"链"可以比 3 个消费束更长:如果消费束A被直接显示偏好于消费束B,而B又被直接显示偏好于C,C又被直接显示偏好于D……依此类推,一直到M,那么,消费束A就被间接显示偏好于消费束M。这种直接比较链可以扩展至任意的长度。

如果一个消费束要么被直接显示偏好于另一个消费束,要么被间接显示偏好于它,那么,我们就称第一个消费束被显示偏好于第二个消费束。显示偏好的概念虽然简单,但它的作用却令人吃惊。只要考察一下消费者的选择,我们就能得到许多关于基本偏好的信

息。举个例子,在图 7.2 中,我们拥有一些不同预算约束下需求束的观察资料。我们可以从这些观察资料中推出这样的结论:由于(x_1, x_2)被直接显示偏好或间接显示偏好于阴影区域中的所有消费束,所以,作出这些选择的消费者对于(x_1, x_2)的偏好超过他对于阴影区域中所有消费束的偏好。另一种解释是穿过(x_1, x_2)点的真实无差异曲线,不管它是什么形状,必定位于阴影区之上。

7.3 恢复偏好

通过观察消费者作出的选择,我们可以获知他(或她)的偏好。随着我们观察的选择越来越多,我们就能对消费者的偏好作出越来越准确的估计。

这种关于偏好的信息在制定政策时是非常重要的。大多数经济政策涉及某种商品对另一种商品的替换:如果我们对鞋子征税,对衣服实施补贴,那么,我们最终就可能拥有较多的衣服而只拥有较少的鞋。为了评估这样一项政策的合意性,了解消费者在衣服和鞋之间的偏好是重要的。根据对消费者选择作出的观察,我们可以利用显示偏好和有关技术来获得这种信息。

如果我们愿意增加更多关于消费者偏好的假设,我们就能更准确地估计出无差异曲线的形状。例如,假定我们观察两个被显示偏好于消费束 X 的消费束 Y 和消费束 Z,如图 7.3所示,再假定偏好是凸的。那么,我们就可以知道,对所有 Y 和 Z 的加权平均消费束的偏好一定也超过对 X 的偏好。如果我们愿意假设偏好是单调的,两种商品的数量都比 X、Y 和 Z 更多的所有消费束——或它们的加权平均消费束——也都比 X 更受偏好。

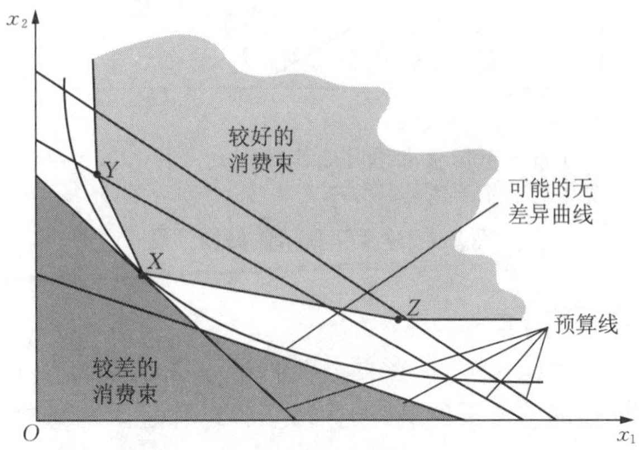

上阴影区由比 X 更受偏好的消费束组成,下阴影区由显示比 X 更差一些的消费束组成。经过 X 的无差异曲线一定位于两个阴影区之间的某个地方。

图 7.3 寻找无差异曲线

图 7.3 中标记为“较差的消费束”区域由显示比 X 更差一些的消费束组成。也就是说,这个区域包含了所有比 X 花费少的消费束,以及所有与比 X 花费少的消费束相比花费更少的消费束,依此类推。

因此,我们可以从图 7.3 中推出这样一个结论:根据作出选择的消费者的偏好,所有上阴影区的消费束都比 X 要好一些,所有下阴影区的消费束都比 X 要差一些。经过 X 的真实的无差异曲线一定位于两个阴影区之间的某个地方。只要很好地应用显示偏好概念和关于偏好的几个简单的假设,我们就能相当准确地找到无差异曲线。

7.4 显示偏好弱公理

以上所述的一切都假定,消费者具有偏好,并且他总是在他能买得起的消费束中选择最好的消费束。如果消费者的行为不是这样,那么,我们上面构造的对无差异曲线的“估计”就没有什么意义了。自然,会产生这样的问题:我们怎么能判定消费者的行为是否遵循最大化模型?或者反过来说,哪种观察结果会使我们得出消费者并未追求效用最大化的结论?

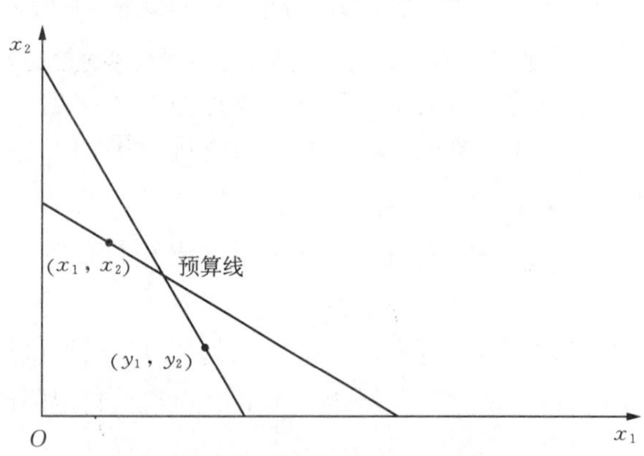

如果一个消费者同时选择(x_1, x_2)和(y_1, y_2),那他就违反了显示偏好弱公理。

图 7.4 违反了显示偏好弱公理

考察图 7.4 所示的那种情况。这两种选择都能由追求效用最大化的消费者作出吗?按照显示偏好的逻辑,我们从图 7.4 中得出以下两个结论:(1)对(x_1, x_2)的偏好超过对(y_1, y_2)的偏好;(2)对(y_1, y_2)的偏好超过对(x_1, x_2)的偏好。这显然是荒谬的。在图 7.4 中,明显地,消费者在能够选择(y_1, y_2)的时候却选择了(x_1, x_2),这表明他对(x_1, x_2)的偏好超过对(y_1, y_2)的偏好,同时,在他能够选择(x_1, x_2)时,他却选择了(y_1, y_2)——这又显示了完全相反的偏好顺序。

显然,这个消费者不可能是追求效用最大化的消费者。这或者是因为消费者并未选择他能够购买的最好的消费束,或者是因为选择问题的其他方面发生了变化而我们却没有观察到。也许是消费者嗜好,或者是经济环境的其他方面发生了变化。总之,这种反常的情况与没有变化的环境下的消费者选择模型是不相容的。

消费者选择理论隐含着不可能出现这种观察结果。如果消费者选择的是他能够购买的最好的东西,那么,他们有能力购买却没有购买的东西就一定比他们选择的东西要差一些。经济学家将这个简明的论点归纳为以下消费者理论的基本公理:

显示偏好弱公理(WARP) 如果(x_1, x_2)直接显示偏好于(y_1, y_2),且(x_1, x_2)不同于(y_1, y_2),那么,(y_1, y_2)就不可能直接显示偏好于(x_1, x_2)。

换言之,假定一个消费束(x_1, x_2)是按价格(p_1, p_2)购买的,另一个消费束(y_1, y_2)是按价格(q_1, q_2)购买的,那么只要

$$p_1x_1 + p_2x_2 \geqslant p_1y_1 + p_2y_2$$

就不可能再有

$$q_1y_1 + q_2y_2 \geqslant q_1x_1 + q_2x_2$$

用文字表述就是:如果在购买消费束 X 时,有能力购买消费束 Y,那么在购买消费束 Y 时,

X 就一定是无力购买的消费束。

图 7.4 中的消费者违反了显示偏好弱公理。所以,我们说这个消费者的行为不可能是效用最大化的行为。①

在图 7.4 中,不可能绘制出一系列使图中的两个消费束都是效用最大化的消费束的无差异曲线。相反,图 7.5 中的消费者行为就满足显示偏好弱公理。因此,有可能找出显示消费者行为是最优行为的无差异曲线。图中显示了无差异曲线的一种可能的选择。

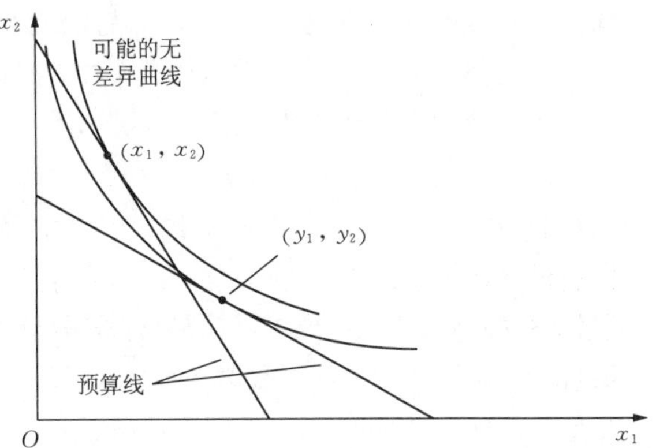

满足显示偏好弱公理的消费者选择和某些可能的无差异曲线。

图 7.5 满足显示偏好弱公理(WARP)

7.5 检验显示偏好弱公理[选学]

显示偏好弱公理是总是选择他(或她)所能购买的最好东西的消费者必须满足的条件,认识到这一点是非常重要的。显示偏好弱公理是我们模型的逻辑内涵,因此可以用来检验特定的消费者,或者我们可能将之作为消费者考虑的经济实体是否与我们的经济模型保持一致。

让我们考虑如何在实践中系统地检验显示偏好弱公理。假设我们观察到按不同价格选择的若干消费束。我们用(p_1^t, p_2^t)表示第 t 次观察到的价格,用(x_1^t, x_2^t)表示第 t 次观察到的选择。运用表格 7.1 中的数据,我们来举一个具体的例子。

表 7.1 某些消费数据

观察	p_1	p_2	x_1	x_2
1	1	2	1	2
2	2	1	2	1
3	1	1	2	2

表 7.2 每个消费束按各组价格计算的费用

		消费束 1	消费束 2	消费束 3
价格	1	5	4*	6
	2	4*	5	6
	3	3*	3*	4

依据这些数据,我们就能计算出消费者按每组不同的价格购买每个消费束所花费的费用,表 7.2 就是计算的结果。例如,位于第 3 行第 1 列的项度量的是按第三组价格购买第一个消费束的消费者必须花费多少货币。

表 7.2 中对角线上的项度量的是消费者在各种选择上支付的货币数量,各行中的其他项则度量消费者在购买不同消费束时花费的货币数量。因此,我们只要看位于第 3 行第 1 列的项(如果消费者按第三组价格购买第一个消费束,他必须花费的货币)是否小于位于第 3 行第 3 列的项(如果消费者按第三组价格购

① 我们可以说他的行为是符合显示偏好弱公理的吗?当然,我们可以,但有些勉强。

买第三个消费束，他实际花费的货币），就能知悉消费束 3 是否被显示偏好于消费束 1。在这个特定的例子中，消费者在购买消费束 3 的时候是能够购买消费束 1 的，所以，这就意味着消费束 3 被显示偏好于消费束 1。因此，我们对表中位于第 3 行第 1 列的项标记一个星号。

从数学的角度看，我们要对位于第 s 行第 t 列的项标记星号，如果该项的数字小于位于第 s 行第 s 列的项的数字的话。

依据这张表格，我们就可以检验是否违反显示偏好弱公理。在此框架下，违反显示偏好弱公理的是这样两个观察数据：使第 t 行第 s 列的项标记星号和使第 s 行第 t 列的项标记星号的数据 t 和数据 s。这意味着，“消费束 t 被显示偏好于消费束 s”和“消费束 s 被显示偏好于消费束 t”同时成立，这显然违背了显示偏好弱公理。

我们现在可以借助计算机（或研究助理），来检验在这些观察到的选择中，是否存在类似于这样的成对观察数据。如果存在，那么这些选择就同经济学的消费者理论不一致。这或者是因为消费者理论对于这个特定的消费者是错误的；或者是因为在我们不能控制的消费者环境中，其他某种东西发生了改变。因此，就某种观察到的选择是否与消费者理论相一致的问题而言，显示偏好的弱公理为我们提供了易于检验的条件。

我们从表 7.2 中看到，位于第 1 行第 2 列的项和位于第 2 行第 1 列的项都标有星号。这表明当消费者实际选择观察到的选择 1 时，观察到的选择 2 也是能够被选择的，反之亦然。这就违反了显示偏好弱公理。我们的结论是：具有稳定偏好、总是选择能够购买的最好东西的消费者，是不可能产生表 7.1 和表 7.2 所示的那些数据的。

7.6 显示偏好强公理

上一节所描述的显示偏好弱公理，向我们提供了所有追求效用最大化的消费者都必须满足的一个可观察的条件。但是还存在一个更强的条件，有时，它也是有用的。

我们已经注意到，如果消费束 X 被显示偏好于消费束 Y，消费束 Y 又被显示偏好于消费束 Z，那么，事实上 X 就一定比 Z 更受偏好。如果消费者的偏好是一致的，我们就永远不可能观察到显示 Z 比 X 更受偏好的选择序列。

显示偏好弱公理要求，如果 X 被直接显示偏好于 Y，那么，我们就决不可能观察到 Y 被直接显示偏好于 X。而*显示偏好强公理*（SARP）要求，同样的条件对间接显示偏好也成立。更正式地，我们有：

显示偏好强公理（SARP） 如果 (x_1, x_2) 被直接或间接显示偏好于 (y_1, y_2)，且 (x_1, x_2) 与 (y_1, y_2) 不同，则 (y_1, y_2) 不可能被直接或间接显示偏好于 (x_1, x_2)。

很清楚，如果观察到的行为是最优化行为，那么，这种行为就一定满足显示偏好强公理。因为，如果消费者追求效用最大化，且 (x_1, x_2) 被直接或间接显示偏好于 (y_1, y_2)，那么，我们就一定有 $(x_1, x_2) \succ (y_1, y_2)$。所以，$(x_1, x_2)$ 被显示偏好于 (y_1, y_2) 和 (y_1, y_2) 被显示偏好于 (x_1, x_2) 就隐含着 $(x_1, x_2) \succ (y_1, y_2)$ 和 $(y_1, y_2) \succ (x_1, x_2)$，这显然是自相矛盾的。因此，我们可以得出这样一个结论：这或者是因为消费者没有追求效用最大化，或者是因为消费者环境的某些其他方面——如嗜好、其他价格，等等——发生了改变。

大致地讲，由于消费者的基本偏好一定是传递的，所以消费者的显示偏好也一定是传递的。因此，显示偏好强公理是最优化行为的一个必要内涵：如果消费者总是选择他能够负担的最好的东西，那么，观察到的行为就一定满足显示偏好强公理。更令人惊异的是，任何满足强公理的行为都可视作由下述意义上的最优化行为产生：如果观察到的选择满足显示偏好强公理，我们就总能找到可能产生观察到的选择的性状良好的偏好。在这个意义上说，显示偏好强公理是最优化行为的充分条件：如果观察到的选择满足显示偏好强公理，那么我们就总有可能找到使观察到的行为是最优化行为的偏好。不幸的是，对它的证明超出了本书的范围，但是，了解它的重要性却是本书的应尽义务。

它所表明的是，显示偏好强公理为我们提供了消费者最优化模型施加在消费者行为上的全部约束。因为，如果观察到的选择满足显示偏好强公理，我们就能"构建"可能产生这种选择的偏好。因此，显示偏好强公理是使观察到的选择与消费者选择的经济模型相一致的充分必要条件。

这能证明构建的偏好实际上产生了观察到的选择吗？当然不能。同任何科学陈述一样，我们只能证明观察到的行为与陈述并非不一致。我们不能证明经济模型是正确的；我们只能确定模型的内涵，并判断观察到的选择是否与这些内涵相一致。

7.7 如何检验显示偏好强公理[选学]

假设我们拥有一张类似于表 7.2 的表格：只要观察到的选择 t 被显示偏好于观察到的选择 s，就应该对位于表格的第 t 行第 s 列的项标记星号。我们如何利用这张表检验显示偏好强公理呢？

最简单的方法是首先变换这张表格。表 7.3 提供了一个例子。除了使用的数字不同，这张表与表 7.2 完全一样。表格中的星号表示直接显示偏好。括弧中的星号将在下面说明。

表 7.3 如何检验显示偏好强公理

		消费束		
		1	2	3
价格	1	20	10*	22(*)
	2	21	20	15*
	3	12	15	10

现在，我们系统地考察表 7.3 中的各项，看看观察到的选择中是否存在使得某个消费束被间接显示偏好于另一个消费束的"链"。举例来说，由于位于第 1 行第 2 列的项上标有星号，所以，消费束 1 被直接显示偏好于消费束 2。由于位于第 2 行第 3 列的项上标有星号，所以，消费束 2 被直接显示偏好于消费束 3。因此，消费束 1 被间接显示偏好于消费束 3，我们对位于第 1 行第 3 列的项标记一个带括弧的星号，用这种符号表示间接显示偏好。

一般地，如果观察到很多选择，我们就必须考察任意长度的各种选择链，看看是否存在一种观察到的选择被间接显示偏好于另一种观察到的选择。尽管如何做到这点还并不十分清楚，但是可以证明，只要利用简单的计算机程序，就可以从描述直接显示偏好关系的表格中计算出间接显示偏好关系。如果观察到的选择 s 根据任意其他观察到的选择链都被显示偏好于观察到的选择 t，计算机就会对表格中的 st 项标记星号。

一旦我们进行了这种计算，我们就能很容易地检验显示偏好强公理。我们只需查看一下,是否存在这样一种情况:位于第 t 行第 s 列的项和位于第 s 行第 t 列的项都标有星号。如果这种情况存在,我们就会发现,这种情况下,观察到的选择 t(直接或间接)显示偏好于观察到的选择 s,与此同时,观察到的选择 s 显示偏好于观察到的选择 t,这是违反显示偏好强公理的。

另一方面,如果我们没有发现这种违反显示偏好强公理的情况,那么,我们就能确定我们观察到的选择与消费者经济理论是一致的。这些观察到的选择可能是追求效用最大化、具有良态偏好的消费者作出的。因此,我们对于特定消费者的行动是否同经济理论相一致的检验是完全可操作的。

这一点非常重要,因为我们可以为若干像消费者那样行动的经济单位建立模型。举例来说,假设我们考察的是一个由若干人组成的家庭。这个家庭的消费选择会使"家庭效用"最大化吗?如果我们有家庭消费选择的资料,我们就能利用显示偏好强公理来回答这个问题。我们可以想到的另一种像消费者那样行动的经济单位是医院、学校这样的非营利性机构。学校在进行经济选择时会使它们的效用最大化吗?如果我们有一张学校面对不同价格时所作的经济选择表,那么从原则上说,我们就能回答这类问题。

7.8 指　数

假设我们在两个不同的时期分别考察消费者的消费束,并且我们想要比较消费从一个时期到另一个时期所发生的变化。令 b 代表基期,t 代表另一个时期。在 t 年的"平均"消费如何与基期的消费进行比较呢?

假设在时期 t,价格是$(p_1^t,\ p_2^t)$,消费者的选择是$(x_1^t,\ x_2^t)$。在基期 b,价格是$(p_1^b,\ p_2^b)$,消费者的选择是$(x_1^b,\ x_2^b)$。我们想要问的是,消费者的"平均"消费发生了怎样的变动。

如果令 w_1 和 w_2 为某种用于计算平均数的"权数",那么我们就能得到以下这种数量指数

$$I_q=\frac{w_1x_1^t+w_2x_2^t}{w_1x_1^b+w_2x_2^b}$$

如果 I_q 大于 1,我们就可以说从时期 b 到时期 t,"平均"消费是上升的;如果 I_q 小于 1,我们就可以说这期间的"平均"消费是下降的。

问题是我们用什么来作权数?最自然的选择是利用我们所研究的商品的价格来充当权数,因为在某种意义上,它们度量的是这两种商品的相对重要性。不过,这里有两组价格:我们应当使用哪一组呢?

如果用基期价格作为权数,我们得到的数量指数就称作**拉氏指数**(Laspeyres index)。如果用时期 t 的价格作为权数,我们得到的数量指数就称作**帕氏指数**(Paasche index)。除了采用了不同的权数,这两种指数回答的都是"平均"消费发生了什么变动这样一个问题。

把时期 t 的价格作为权数代入数量指数,我们发现**帕氏数量指数**可以表示为

$$P_q=\frac{p_1^t x_1^t+p_2^t x_2^t}{p_1^t x_1^b+p_2^t x_2^b}$$

把时期 b 的价格作为权数代入数量指数，那么，拉氏数量指数可以表示为

$$L_q=\frac{p_1^b x_1^t+p_2^b x_2^t}{p_1^b x_1^b+p_2^b x_2^b}$$

可以证明，拉氏指数和帕氏指数能够告诉我们一些关于消费者福利的非常重要的信息。假设我们处于帕氏数量指数大于 1 的情况，即

$$P_q=\frac{p_1^t x_1^t+p_2^t x_2^t}{p_1^t x_1^b+p_2^t x_2^b}>1$$

在这种情况下，比较消费者在时期 t 和时期 b 的福利状况，我们能够得到什么结论呢？

答案可以用显示偏好给出。只要使上述不等式交叉相乘，我们就有

$$p_1^t x_1^t+p_2^t x_2^t>p_1^t x_1^b+p_2^t x_2^b$$

这表明，消费者在时期 t 的境况一定好于他在时期 b 的境况，这是因为在时期 t，他有能力消费时期 b 时的消费束，但他却没有这样做。

如果帕氏指数小于 1，情况又会怎样呢？此时，我们有

$$p_1^t x_1^t+p_2^t x_2^t<p_1^t x_1^b+p_2^t x_2^b$$

这个式子说明，当消费者选择消费束(x_1^t, x_2^t)时，他是没有能力购买消费束(x_1^b, x_2^b)的。但是对于消费者如何排列消费束次序，这个式子并没有显示任何信息。仅仅因为某种东西的费用超出你的支付能力，并不意味着你对于它的偏好就超过对你现在正在消费的东西的偏好。

拉氏指数的情况又如何呢？它以相同的方式起作用。假设拉氏指数小于 1，即

$$L_q=\frac{p_1^b x_1^t+p_2^b x_2^t}{p_1^b x_1^b+p_2^b x_2^b}<1$$

交叉相乘，得到

$$p_1^b x_1^b+p_2^b x_2^b>p_1^b x_1^t+p_2^b x_2^t$$

这个式子表明，消费束(x_1^b, x_2^b)被显示偏好于消费束(x_1^t, x_2^t)。因此，消费者在时期 b 的境况好于他在时期 t 的境况。

7.9 价格指数

价格指数在很大程度上是以相同的方式起作用的。一般地，价格指数是价格的加权平均数：

$$I_p=\frac{p_1^t w_1+p_2^t w_2}{p_1^b w_1+p_2^b w_2}$$

在这种情况下,选择数量作为计算平均值的权数是很自然的。依据我们选择的权数,我们得到两种不同的指数。如果我们选择时期 t 的数量作为权数,我们就得到帕氏价格指数

$$P_p = \frac{p_1^t x_1^t + p_2^t x_2^t}{p_1^b x_1^t + p_2^b x_2^t}$$

如果我们选择基期的数量作为权数,我们就得到拉氏价格指数:

$$L_p = \frac{p_1^t x_1^b + p_2^t x_2^b}{p_1^b x_1^b + p_2^b x_2^b}$$

假设帕氏价格指数小于1,关于消费者在时期 t 和时期 b 的福利状况,依据显示偏好我们可以得到什么结论?

这里,依据显示偏好我们得不到任何结论。问题在于,在这个定义指数的分式的分子和分母中出现了不同的价格,使得显示偏好比较无法进行。

我们定义一个衡量总支出变动的新指数

$$M = \frac{p_1^t x_1^t + p_2^t x_2^t}{p_1^b x_1^b + p_2^b x_2^b}$$

这是时期 t 的总支出对时期 b 的总支出的比率。

现在,假设帕氏价格指数大于 M。这意味着

$$P_p = \frac{p_1^t x_1^t + p_2^t x_2^t}{p_1^b x_1^t + p_2^b x_2^t} > \frac{p_1^t x_1^t + p_2^t x_2^t}{p_1^b x_1^b + p_2^b x_2^b}$$

从这个表达式的两边消去分子,然后交叉相乘,我们有

$$p_1^b x_1^b + p_2^b x_2^b > p_1^b x_1^t + p_2^b x_2^t$$

这个式子说明,在基期 b 选择的消费束被显示偏好于在时期 t 选择的消费束。这个分析隐含着,如果帕氏价格指数大于支出指数,消费者在基期 b 的境况一定好于他在时期 t 的境况。

这个结论非常直观,毕竟,如果从基期 b 到时期 t,价格比收入上升得快,我们就可以预期这种趋势会使消费者的境况变坏。上面给出的显示偏好分析证实了这种直觉。

对拉氏价格指数可以作出相同的论断。如果拉氏价格指数小于 M,那么,消费者在时期 t 的境况就一定好于他在基期 b 的境况。再一次,这种分析证实了以下的直观结论:如果价格比收入上升得慢,消费者的境况就会变得更好。在运用价格指数时,重要的不是指数大于1还是小于1,而是指数大于还是小于支出指数。

例子:社会保险金的指数化

许多老人把社会保险金作为他们的唯一收入来源。因此,人们一直在尝试以一种即使当价格发生变动时也能使购买力保持不变的方法,来调整社会保险金的支付。这时,由于支付的保险金数量取决于某种价格指数或生活费用指数的变动,所以这种方法称作指数化。

下面给出的是一种指数化计划。在基期 b,经济学家测度达到退休年龄的公民的平均

消费束。在随后的每个年份，社会保险系统会调整保险金的支付，使得达到退休年龄的一般公民的"购买力"保持不变，也就是说，平均的社会保险金恰好能够购买基期 b 可获得的消费束，如图 7.6 所示。

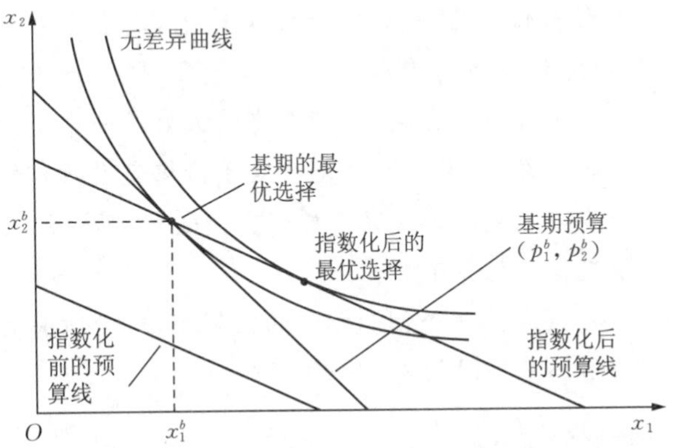

变动价格通常会使消费者的境况好于他在基期的境况。

图 7.6　社会保险

这种指数化计划的一个明显结果是，达到退休年龄的一般公民的境况总会好于他（或她）在基期的境况。假设选择年份 b 作为价格指数的基期。那么，消费束（x_1^b，x_2^b）就是按价格（p_1^b，p_2^b）选择的最优消费束。这意味着价格（p_1^b，p_2^b）下的预算线一定与无差异曲线相切于点（x_1^b，x_2^b）。

现在，假设价格发生了改变。具体地说，就是假设不考虑社会保险时，价格上升使得预算线向内移动并向上翘起。向内移动是因为价格上升；向上翘起是因为相对价格发生了变化。而指数化计划会增加社会保险金，使得原先的消费束（x_1^b，x_2^b）按新价格仍然能够支付得起。这意味着指数化后的预算线将与原先的无差异曲线相交，新预算线上将会有另一个消费束，消费者对于它的偏好严格超过对于（x_1^b，x_2^b）的偏好。因此，指数化以后，消费者通常总是能选择一个比他（或她）的基期选择更好一些的消费束。

小　结

1. 当一个消费束是在消费者本来可以选择另一个消费束时的选择，我们就称第一个消费束被显示偏好于第二个消费束。
2. 如果消费者总是选择他（或她）能够购买的最受偏好的消费束，那么这就意味着，选择的消费束一定比消费者能够购买但却未选择的消费束更受偏好。
3. 观察消费者的选择能够使我们"重新获得"或估计出这些选择背后的偏好。我们观察的选择越多，我们对产生这些选择的潜在偏好的估计就越准确。
4. 如果消费者的行为必须与最优化选择的经济模型相一致，那么，显示偏好弱公理（WARP）和显示偏好强公理（SARP）就是他们必须满足的必要条件。

复习题

1. 当价格为 $(p_1, p_2)=(1, 2)$ 时，消费者需求 $(x_1, x_2)=(1, 2)$；当价格为 $(q_1, q_2)=(2, 1)$ 时，消费者需求 $(y_1, y_2)=(2, 1)$。这种行为与最大化行为模型相一致吗？

2. 当价格为$(p_1, p_2)=(2, 1)$时,消费者需求$(x_1, x_2)=(1, 2)$;当价格为$(q_1, q_2)=(1, 2)$时,消费者需求$(y_1, y_2)=(2, 1)$。这种行为与最大化行为模型相一致吗?

3. 在前面的练习中,消费者更偏好哪一个消费束,消费束X还是消费束Y?

4. 我们看到,社会保险金对于价格变动所作的调整,通常使得社会保险金领取人的境况至少与基期时的境况一样好。问题是,不论他们具有哪种偏好,哪种价格变动会使他们的境况恰好保持不变?

5. 在与上一个问题相同的框架中,对于所有的价格变动,哪一种偏好能使消费者的境况恰好与基期时的境况一样好?

▶8

斯勒茨基方程

消费者的行为如何随着经济环境的变化而变化，这是经济学家经常关心的一个问题。在这一章，我们要研究的是，消费者在商品选择时如何对商品价格的变动作出反应。很自然，人们一般认为，当一种商品的价格上升时，对该商品的需求就会减少。但是，如同第6章的描述，我们也可能提出相反的例证：当一种商品的价格下降时，对这种商品的最佳需求会减少。具有这种特性的商品称作吉芬商品。

虽然吉芬商品非常奇特，并且主要是一种理论上的特例，但是，现实中的确存在这样一些情况，其中价格的变动也许具有某些"反常"效应，但可以证明这种效应并非如此的反常。例如，我们通常认为，如果人们得到较高的工资，他们就会更多地工作。但是，如果工资从每小时10美元提高到每小时1 000美元，你会怎么做呢？你真的会更多地工作吗？难道你不会减少工作小时并用你已经赚得的货币的一部分来做其他事情吗？如果你的工资是每小时1 000 000美元，你又会如何呢？难道你就不会减少工作时间吗？

再比如，考虑当苹果价格上升时，你对苹果的需求情况。你很可能会减少对苹果的消费。但是，对于一个靠种植和出售苹果为生的家庭，情况又会如何呢？如果苹果的价格上升，他们的收入就可能增加，结果，他们现在能够更多地消费自己的苹果。对于这样的一类消费者，苹果价格的上升很可能导致他们消费更多的苹果。

这究竟是怎么一回事？价格的变动会对需求产生如此分歧的效应？在本章和下一章，我们将区分这些效应。

8.1 替代效应

当一种商品的价格发生变动时，就会产生两种效应：用一种商品交换另一种商品的比率会发生变化；代表全部收入的购买力也会发生变化。例如，如果商品1的价格下降，这就意味着为购买商品1而不得不放弃的商品2的数量减少了。商品1的价格变动，改变了市场上以商品2"替代"商品1的比率。消费者面对的市场上两种商品之间的替换已经发生了变化。

与此同时，如果商品1变得更便宜，这就意味着你所拥有的货币可以购买更多的商品

1。货币的购买力提高了;虽然你所持有的货币数量没有改变,但它们能够购买的商品的数量增加了。

第一种效应——由于两种商品之间的交换比率的变化引起的需求变化——称作替代效应;第二种效应——由于购买力提高引起的需求变化——称作收入效应。这只是对上述两种效应的粗略的定义。为了给出更精确的定义,我们必须对这两种效应进行更详细的考察。

考察所采用的方法是把价格的变动划分为两个步骤:第一步,相对价格发生变动,同时调整货币收入使购买力保持不变;第二步,对购买力进行调整,同时使相对价格保持不变。

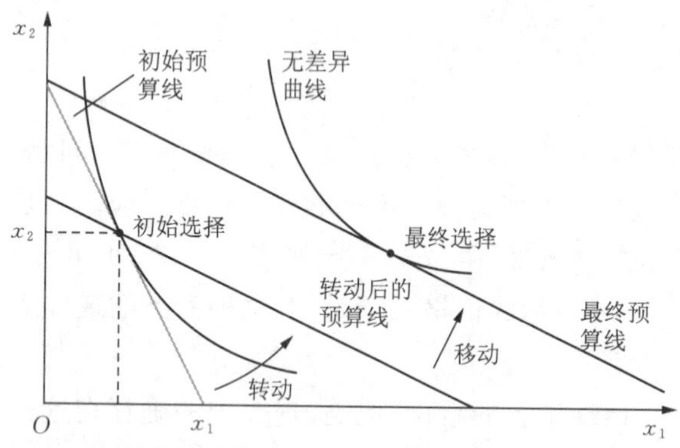

当收入保持不变而商品 1 的价格发生变动时,预算线绕纵轴转动。我们把这种调整看作两个阶段:首先是转动,即预算线绕最初选择的需求束转动;然后是移动,即这条转动后的线向外移动到新的需求束上。

图 8.1　转动和移动

图 8.1 对此作了最好的说明。这里考察的是商品 1 的价格下降的情况,这意味着预算线绕纵截距 m/p_2 转动并变得更平坦。我们可以把预算线的这种变动分为两步:第一步是预算线绕着原需求束转动,第二步是转动后的预算线向外移动到新的需求束上。

这种"转动-移动"处理能使我们方便地把需求变动分解成两部分。第一步——转动——是预算线的斜率发生变化而购买力保持不变的一种变动,而第二步则是预算线的斜率保持不变而购买力发生变化的一种变动。这种分解只是一种假设的解释——消费者仅仅观察价格变动就作出反应选择新消费束。但在分析消费者的选择如何变化时,考虑预算线变动的两个阶段——先转动,后移动——是有用处的。

预算线的转动和移动的经济学意义是什么呢?我们首先考虑转动后的预算线。这条预算线与最终的预算线具有相同的斜率,因而也具有相同的相对价格。但是,由于纵截距不同,所以相应地,这两条预算线代表的货币收入也不同。既然原先的消费束(x_1, x_2)仍然处在转动后的预算线上,所以恰好还能支付得起这个消费束。从这个意义上讲,消费者的购买力在预算线转动前后保持不变。

计算一下我们必须对货币收入作多大的调整,才能使原先的消费束按转动后的预算线恰好能够支付得起。设 m' 表示恰好能使原先的消费束支付得起的货币收入量;这也一定是转动后的预算线所代表的货币收入量。既然按照(p_1, p_2, m)和(p_1', p_2, m')都恰好能支付得起消费束(x_1, x_2),因此我们有

$$m' = p_1'x_1 + p_2x_2$$

$$m = p_1x_1 + p_2x_2$$

用第一个方程减第二个方程,得到

$$m' - m = x_1[p_1' - p_1]$$

这个方程表明,为了使原先的消费束按新的价格仍然能支付得起,货币收入必须作出的变动恰好等于商品 1 的原消费量与价格变动量的乘积。

令 $\Delta p_1 = p_1' - p_1$ 表示商品 1 的价格变动,$\Delta m = m' - m$ 表示使原先的消费束恰好能支付得起的收入变动,则我们有

$$\Delta m = x_1 \Delta p_1 \tag{8.1}$$

注意,收入和价格总是按相同的方向变动:如果价格上升,那么,我们必须提高收入才能支付得起同样的消费束。

下面,我们将运用具体的数字来说明这一点。假设消费者最初每星期消费 20 支棒糖,棒糖的价格为每支 50 美分。如果每支棒糖的价格提高 10 美分——从而 $\Delta p_1 = 0.60 - 0.50 = 0.10$——要使原先的消费束恰好能支付得起,收入应该如何变动?

运用式(8.1),我们有

$$\Delta m = \Delta p_1 \times x_1 = 0.10 \times 20 = 2 \text{ 美元}$$

也就是说,如果消费者的收入增加 2 美元,他就恰好能消费与原先数量相同的 20 支棒糖。

现在,我们拥有一个转动后的预算线公式:它就是那条按照新的价格,收入变动为 Δm 的预算线。注意,如果商品 1 的价格下降,那么,收入的调整就一定是负向的。当商品的价格下降时,消费者的购买力就会提高,因此,要保持购买力不变就必须减少消费者的收入。同样,当商品的价格上升时,消费者的购买力就会下降,要保持购买力不变,收入就必须作正向变动。

尽管 (x_1, x_2) 仍然是可支付的,但是通常,它并非转动后的预算线上的最佳购买。在图 8.2 中,我们用 Y 表示转动后的预算线上的最佳购买。这个消费束就是在价格变动时,调整货币收入以使原先的消费束能够支付得起之后的最优消费束。从 X 到 Y 的移动就称作替代效应,它指的是当价格变动但购买力保持不变时,消费者如何用一种商品“替代”其他商品的情况。

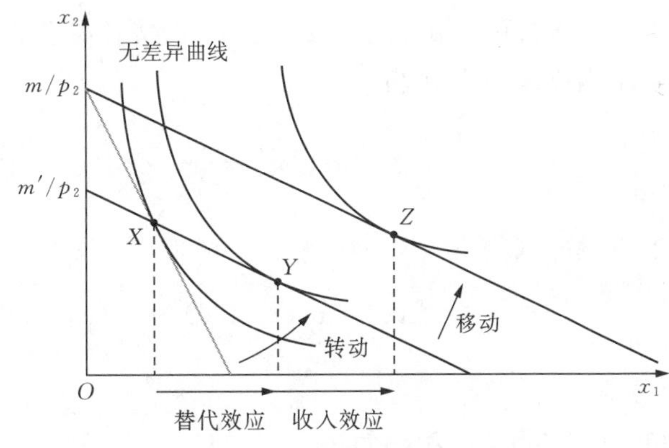

转动表示替代效应,移动表示收入效应。

图 8.2 替代效应和收入效应

更确切地说,替代效应 Δx_1^s 衡量的是在商品 1 的价格变动至 p_1',同时货币收入变动至 m' 时,商品 1 的需求所发生的变化,即

$$\Delta x_1^s = x_1(p_1', m') - x_1(p_1, m)$$

为了确定替代效应,我们必须运用消费者的需求函数分别计算 (p_1', m') 和 (p_1, m) 下的最

优选择。商品 1 的需求变动可大可小,这取决于消费者的无差异曲线的形状。但是,如果给定消费者的需求函数,那么,代入数字计算替代效应就很容易。(很显然,商品 1 的需求也取决于商品 2 的价格;但商品 2 的价格在这里保持不变,因此,为了避免引起符号的混乱,需求函数没有考虑这个因素。)

有时,替代效应也称作*补偿需求变动*。这个概念指的是,当价格上升时,作为补偿,消费者获得足够多的收入,从而恰好能购买原先的消费束。当然,当价格下降时,对他的"补偿"就是从他那里取走一部分货币。为了保持一致,我们一般使用"替代"这个术语,虽然"补偿"这个词用得也很广泛。

例子:计算替代效应

假设消费者对牛奶的需求函数为

$$x_1 = 10 + \frac{m}{10p_1}$$

最初,他的收入是每周 120 美元,牛奶的价格是每夸脱 3 美元。所以,他对牛奶的需求是 $10+120/(10\times3)=14$ 夸脱/周。

现在,假设牛奶的价格下降到每夸脱 2 美元,那么,按照新的价格他的需求变为 $10+120/(10\times2)=16$ 夸脱/周。需求的总变化是每周+2 夸脱。

为了计算替代效应,首先必须计算出,当牛奶的价格变为每夸脱 2 美元时,为了使原先所消费的牛奶量恰好能支付得起,收入必须作出的变动量。运用式(8.1),我们得到

$$\Delta m = x_1 \Delta p_1 = 14(2-3) = -14 \text{ 美元}$$

因此,要使购买力保持不变,所需的收入水平为 $m' = m + \Delta m = 120 - 14 = 106$。按照每夸脱 2 美元的新价格和这个收入水平,消费者需求的牛奶量是多少?只要把这些数字代入需求函数,就可以求得

$$x_1(p'_1, m') = x_1(2, 106) = 10 + \frac{106}{10\times2} = 15.3$$

所以,替代效应为

$$\Delta x_1^s = x_1(2, 106) - x_1(3, 120) = 15.3 - 14 = 1.3$$

8.2 收入效应

现在,我们转向价格调整的第二个阶段——移动。我们也很容易得到它的经济学解释。我们知道,预算线的平行移动是在相对价格保持不变而收入变动时发生的移动。因此,价格调整的第二阶段称作*收入效应*。我们使消费者的收入从 m' 增加到 m,并使价格保持在 (p'_1, p_2) 上不变。在图 8.2 中,这种变化使我们从点 (y_1, y_2) 移动至 (z_1, z_2)。既然我们所做的一切是改变收入,而同时使价格保持不变,那么,把这种移动称作收入效应就是很自然的。

更确切地说,收入效应 Δx_1^n 衡量的是在使商品 1 的价格保持在 p_1' 上不变,同时使收入从 m' 变动至 m 时,商品 1 的需求变动,即

$$\Delta x_1^n = x_1(p_1', m) - x_1(p_1', m')$$

在 6.1 节,我们已经考察过收入效应,并由此得知,收入效应可以在两个方向上起作用:它既可以增加商品 1 的需求,也可以减少商品 1 的需求,究竟如何,取决于商品 1 是正常商品还是低档商品。

当一种商品的价格下降时,为使购买力保持不变,我们需要减少收入。如果这种商品是正常商品,那么,收入的减少就会导致需求的减少。而如果这种商品是低档商品,收入的减少就会导致需求的增加。

例子:计算收入效应

在本章前面给出的例子中,我们已知

$$x_1(p_1', m) = x_1(2, 120) = 16$$
$$x_1(p_1', m') = x_1(2, 106) = 15.3$$

因此,这个问题的收入效应是

$$\Delta x_1^n = x_1(2, 120) - x_1(2, 106) = 16 - 15.3 = 0.7$$

对于这个消费者而言,牛奶是正常商品,因此随着收入的增加,牛奶的需求也会增加。

8.3 替代效应的符号

上面我们看到,根据所考察的商品是正常商品还是低档商品,收入效应可能为正,也可能为负。替代效应的情况又如何呢?如图 8.2 所示,如果一种商品的价格下降,那么,因替代效应而导致的这种商品的需求变动一定是非负的。也就是说,如果 $p_1 > p_1'$,我们一定有 $x_1(p_1', m') \geqslant x_1(p_1, m)$,从而 $\Delta x_1^s \geqslant 0$。

对这个论点的证明如下。考察图 8.2 中位于转动后的预算线上的这样一些点,在这些点上,商品 1 的消费量少于消费束 X 中商品 1 的消费量。虽然这些消费束按原先的价格 (p_1, p_2) 是支付得起的,但它们并没有被购买。相反,购买的是消费束 X。假设消费者总是选择他能够支付的最优消费束,那么,消费者对消费束 X 的偏好,一定超过他对转动后的预算线上位于原预算集内的所有消费束的偏好。

这说明,转动后的预算线上的最优选择,一定不会是位于初始预算线以下的某个消费束。转动后的预算线上的最优选择必定或者是 X,或者是 X 右侧的某个点。这意味着,在新的最优选择中的商品 1 的消费量,至少将与原先的消费量一样多,而这正是我们想要证明的结论。在图 8.2 所示的情况中,转动后的预算线上的最优选择是消费束 Y,与原先的消费束 X 相比,它显然包含着消费更多的商品 1。

替代效应总是与价格的变动方向相反。我们称替代效应是负的,就是因为由替代效应引起的需求变动方向总是与价格变动的方向相反:如果价格上升,由替代效应引起的需求就会下降。

8.4 需求的总变动

需求的总变动 Δx_1,是在收入保持不变的情况下由价格变动引起的需求变动:

$$\Delta x_1 = x_1(p_1', m) - x_1(p_1, m)$$

上面我们已经看到,这个变动可以分解成两种变动:替代效应和收入效应。用上面定义的符号表示,即

$$\Delta x_1 = \Delta x_1^s + \Delta x_1^n$$
$$x_1(p_1', m) - x_1(p_1, m) = [x_1(p_1', m') - x_1(p_1, m)] + [x_1(p_1', m) - x_1(p_1', m')]$$

用文字表述,这个方程表明需求的总变动等于替代效应和收入效应的和。这个方程称作*斯勒茨基方程*。①注意,它是一个恒等式:对于 p_1、p_1'、m 和 m' 的一切值,它都成立。消去上式右边的第一项和第四项,则右边恒等于左边。

斯勒茨基方程的要旨并不仅仅就是这个代数恒等式——这在数学上是很平常的。它的要旨在于解释等式右边的两项——替代效应和收入效应。特别地,我们可以运用有关收入效应和替代效应的符号的知识,来确定总效应的符号。

尽管替代效应总是负的——与价格变动的方向相反——收入效应却是可正可负。因此相应地,总效应也就表现为可正可负。但是,如果我们考察的是正常商品,那么,替代效应和收入效应的作用方向就会相同。价格上升意味着需求会因替代效应而下降;同时,如果价格上升,那就好比收入下降,这对于正常商品来说就意味着需求下降。这两种效应相互加强。用符号表示就是,由价格上升而引起的正常商品的需求的变动为

$$\begin{array}{ccc} \Delta x_1 = & \Delta x_1^s + & \Delta x_1^n \\ (-) & (-) & (-) \end{array}$$

(每一项下的负号表示,式中的每一项都是负的。)

特别要注意收入效应的符号。由于我们考察的是价格上升的情形,所以,这就隐含着购买力的下降——对于正常商品,这就隐含着需求的下降。

另一方面,如果我们考察的是低档商品,那么,就很可能出现收入效应超过替代效应的情况,结果,因价格上升而引起的需求总变动实际上取正值。它是这样一种情形:

$$\begin{array}{ccc} \Delta x_1 = & \Delta x_1^s + & \Delta x_1^n \\ (?) & (-) & (+) \end{array}$$

如果上式右边的第二项——收入效应——足够大,那么,需求的总变动就可能为正。这表示价格上升导致需求也上升。这就是前文描述的反常的吉芬商品的情况:价格上升使消费者的购买力下降,从而他不得不增加对低档商品的需求。

① 以俄国经济学家尤金·斯勒茨基(Eugen Slutsky, 1880—1948 年)的名字命名,他对需求理论颇有研究。

但斯勒茨基方程表明,这种反常效应只可能发生在低档商品上:如果一种商品是正常商品,那么,收入效应和替代效应就会互相加强,从而需求的总变动就会始终朝着“正常”的方向。

因此,吉芬商品必定是低档商品,但低档商品却不一定是吉芬商品:吉芬商品的收入效应不仅带有“反常”符号,而且它还必须大到足以超过替代效应的“正常”符号。这就是吉芬商品在实际生活中极少见到的原因。它们不仅必须是低档商品,而且必须是非常低档的商品。

图 8.3 对这种关系作了说明。为了找出替代效应和收入效应,我们在图中进行了通常的转动-移动处理。在图中的两种情况中,商品 1 都是低档商品,因此收入效应都是负的。在图 8.3A 中,收入效应大到足以超过替代效应,所以商品 1 是一种吉芬商品。在图 8.3B 中,收入效应相对较小,所以商品 1 以正常的方式对价格的变动作出反应。

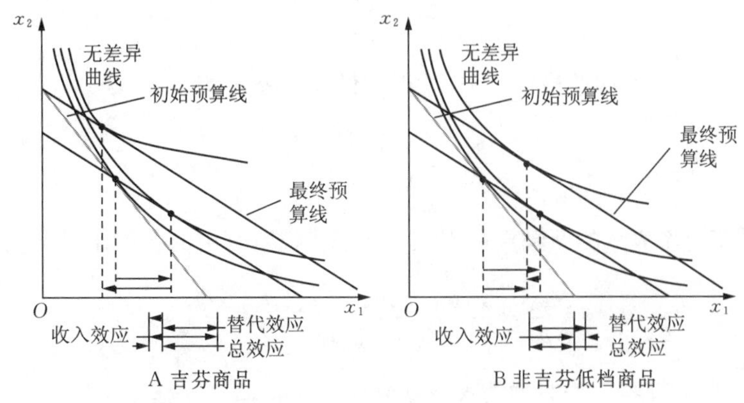

图 A 显示的是一种足以成为吉芬商品的低档商品。图 B 显示的也是一种低档商品,但它的收入效应尚未大到足以成为一种吉芬商品。

图 8.3 低档商品

8.5 变动率

我们已经知道,收入效应和替代效应既可以从图形上表示为转动和移动的组合,也可以从代数上用斯勒茨基方程

$$\Delta x_1 = \Delta x_1^s + \Delta x_1^n$$

来描述。这个恒等式只是说明,需求的总变动等于替代效应和收入效应之和。这里,斯勒茨基方程是用绝对变动量表示的,但更通常的做法是用变化率表示。

当用变化率表示斯勒茨基方程时,可以证明,简便的做法是把 Δx_1^m 定义为负收入效应:

$$\Delta x_1^m = x_1(p_1', m') - x_1(p_1', m) = -\Delta x_1^n$$

依据这个定义,斯勒茨基方程变为

$$\Delta x_1 = \Delta x_1^s - \Delta x_1^m$$

等式两边都除以 Δp_1,我们得到

$$\frac{\Delta x_1}{\Delta p_1}=\frac{\Delta x_1^s}{\Delta p_1}-\frac{\Delta x_1^m}{\Delta p_1} \tag{8.2}$$

上式右边的第一项是因替代效应——当价格发生变化,为使原先的消费束恰好支付得起,收入作出调整——导致的需求的变动率。再看第二项,因为分子中包含收入变动,所以较恰当的处理方式是使分母也包含收入变动。

我们知道,收入变动 Δm 和价格变动 Δp_1 是通过公式

$$\Delta m=x_1\Delta p_1$$

联系在一起的。求解 Δp_1,我们得到

$$\Delta p_1=\frac{\Delta m}{x_1}$$

将上式代入式(8.2)中的最后一项,就得到最终的公式

$$\frac{\Delta x_1}{\Delta p_1}=\frac{\Delta x_1^s}{\Delta p_1}-\frac{\Delta x_1^m}{\Delta m}x_1$$

这就是用变化率表示的斯勒茨基方程。我们可以对其中的各项作以下说明:

$$\frac{\Delta x_1}{\Delta p_1}=\frac{x_1(p_1', m)-x_1(p_1, m)}{\Delta p_1}$$

是当价格变动,收入保持不变时的需求变动率;

$$\frac{\Delta x_1^s}{\Delta p_1}=\frac{x_1(p_1', m')-x_1(p_1, m)}{\Delta p_1}$$

是当价格变动,收入调整到恰好使原先的消费束还能支付得起时的需求变动率,也就是替代效应;

$$\frac{\Delta x_1^m}{\Delta m}x_1=\frac{x_1(p_1', m')-x_1(p_1', m)}{m'-m}x_1 \tag{8.3}$$

是价格保持不变和收入作出调整时的需求变动率,也就是收入效应。

收入效应本身又可分解成两部分:由收入变动引起的需求变动,乘上最初的需求水平。当价格变动 Δp_1 时,由收入效应引起的需求变动为

$$\Delta x_1^m=\frac{x_1(p_1', m')-x_1(p_1', m)}{\Delta m}x_1\Delta p_1$$

但最后一项 $x_1\Delta p_1$ 恰好就是,为使原先的消费束仍然可行所必需的收入变动。也就是说 $x_1\Delta p_1=\Delta m$,所以,由收入效应引起的需求变动就变为

$$\Delta x_1^m=\frac{x_1(p_1', m')-x_1(p_1', m)}{\Delta m}\Delta m$$

这与我们在前面得到的结论相同。

8.6 需求法则

在第 5 章,我们曾对下面这样一个事实表示过关注,即消费者理论似乎没有特定的内容:当价格上升时,需求有可能增加,也有可能减少;同样,当收入增加时,需求有可能增加,也有可能减少。一个理论,如果不能把观察到的行为限定在某个模式内,它就是一个没有价值的理论。与所有行为都相容的模型是不具有真实内容的。

但是,我们知道,消费者理论确实包含某些内容——我们看到,一个追求最优化的消费者作出的选择一定满足显示偏好强公理。而且,我们还看到,任何价格变动都能分解成两种变动:一种是替代效应,它的符号肯定为负——与价格变动的方向相反;另一种是收入效应,它的符号取决于商品是正常商品还是低档商品。

虽然消费者理论并不限制价格变动时需求变动的情况,也不限制收入变动时需求变动的情况,但它的确限制了这两种变动是如何相互作用的。具体地说,我们有以下的需求法则:

需求法则 如果一种商品的需求随着收入的增加而增加,那么,这种商品的需求一定会随着价格的上升而下降。

这个结论可以直接从斯勒茨基方程中得到:如果收入增加时商品的需求也增加,那么我们考察的就是一种正常商品。而如果我们考察的是一种正常商品,那么,替代效应和收入效应就会相互加强,所以,价格上升必定会导致需求下降。

8.7 替代效应和收入效应的例子

现在,我们就几种特定类型的偏好来考察价格变动的一些例子,并且把需求变动分解成收入效应和替代效应。

我们首先考虑完全互补的情况。图 8.4 显示了斯勒茨基分解。当我们绕着选定的点转动预算线时,新预算线上的最优选择与原先预算线上的最优选择完全相同——这意味着替代效应为零。需求变动完全归因于收入效应。

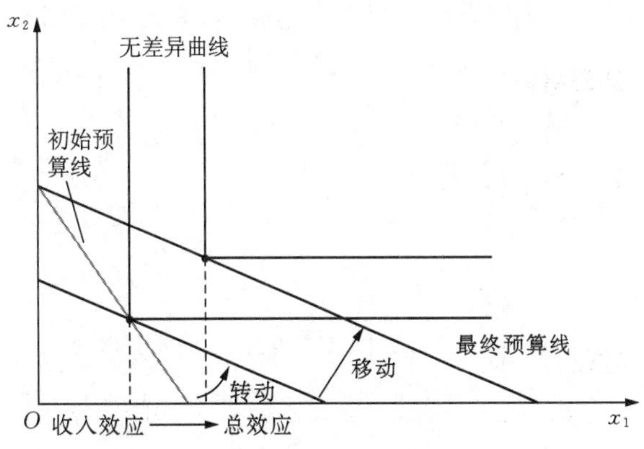

完全互补情况下的斯勒茨基分解。

图 8.4 完全互补

图 8.5 显示的完全替代的情况又如何呢?这里,当我们转动预算线时,需求束从纵轴跳到横轴上,根本不存在移动。需求变动完全归因于替代效应。

作为第三个例子,我们考察拟线性偏好的情况。这种情况有些独特。我们已经知道,当偏好是拟线性时,收入变动不会引起商品 1 的需求变动。如图 8.6 所示,这意味着商品 1 的全部需求变动都归因于替代效应,收入效应等于零。

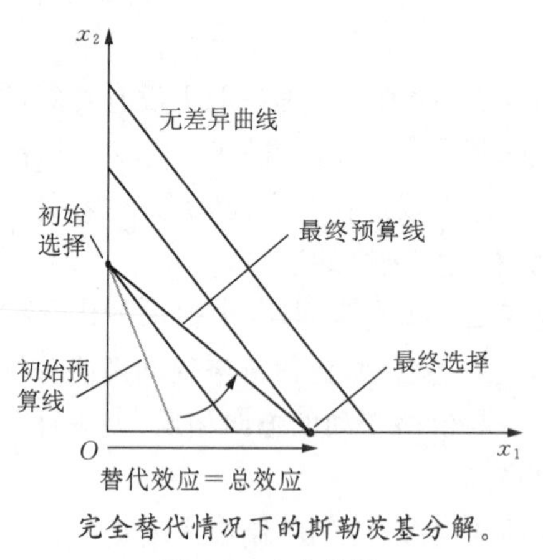

完全替代情况下的斯勒茨基分解。

图 8.5　完全替代

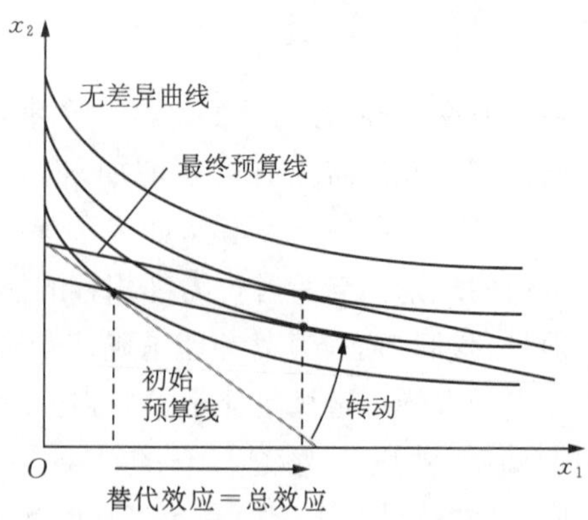

在拟线性偏好的情况下,全部需求变动都归因于替代效应。

图 8.6　拟线性偏好

例子:退税

1974 年,石油输出国组织(OPEC)对美国实行石油禁运。OPEC 能使油轮几个星期内不进入美国港口。美国薄弱的石油供给因此陷入混乱,这件事严重地惊动了美国国会和美国总统,许多旨在减少美国对外国石油的依赖程度的计划也随之被纷纷提出。

其中的一个计划是提高汽油税。提高消费者使用汽油的成本通常会使他们减少汽油的消费,而汽油消费减少又会减少对外国石油的需求。

但是,直接提高汽油税会使消费者的钱包"受损",而且这项计划本身在政治上也是行不通的。因此,有人建议,通过汽油税从消费者那里征得的税收,应该以直接货币支付的形式,或者通过减少某些其他税的办法,退还给消费者。

这项提议的批评者认为,如果把这笔税收再退回给消费者,这种税就不会对需求产生任何影响,因为消费者正好可以用这笔退回的收入购买更多的汽油。对于这项计划的经济分析又能告诉我们什么呢?

为简化起见,我们假设汽油税最终会全部转嫁给汽油的消费者,因此,汽油价格的上涨幅度将恰好等于税收量。(通常,只有一部分税收会转嫁出去,但这里我们忽略这种复杂的情况。)假设汽油税使汽油的价格从 p 上升至 $p'=p+t$,平均消费者(average consumer)对此作出的反应是把他的汽油消费从 x 减少为 x'。征收汽油税后,平均消费者将对每加仑汽油多支付 t 美元,此时,他的汽油消费量为 x',所以,通过征税从平均消费者那里得到的收入是

$$R=tx'=(p'-p)x'$$

注意,税收收入取决于消费者最终消费的汽油量 x',而不取决于他最初的消费量 x。

若令 y 表示我们在所有其他商品上的支出,并规定它的价格为 1,那么最初的预算约束为

$$px+y=m \tag{8.4}$$

而实行退税计划后的预算约束将是

$$(p+t)x'+y'=m+tx' \tag{8.5}$$

在预算约束(8.5)式中,平均消费者选择的是等式左边的变量——对每种商品的消费,而等式右边——收入加政府退税——视作保持不变。退税额取决于所有消费者的行为,而不是平均消费者的行为。这种情况下,可以证明退税额就是从平均消费者那里征得的税收——但这是因为他是平均消费者,而不是由于任何其他的原因。

如果消去方程(8.5)两边的 tx',我们得到

$$px'+y'=m$$

因此,(x', y')在最初的预算约束下是可以支付得起的,但消费者却最终选择了(x, y)。所以事实一定是,我们对于(x, y)的偏好超过对(x', y')的偏好,换句话说,如果实施这项计划,消费者的境况将变坏。这也许就是这项计划从未付诸实施的原因。

图 8.7 显示了退税情况下的均衡。征税使商品 1 变得更昂贵,而退税又增加了货币收入。退税后,最初的需求束不再支付得起,消费者的境况无疑是变坏了。消费者在退税计划下的选择包括:消费较少的汽油和更多的"所有其他商品"。

对于汽油的消费量我们又能说些什么呢?平均消费者能够支付得起原先消费的汽油量,但因为税收的因素,汽油变得更昂贵。因而通常,消费者的选择是减少汽油的消费。

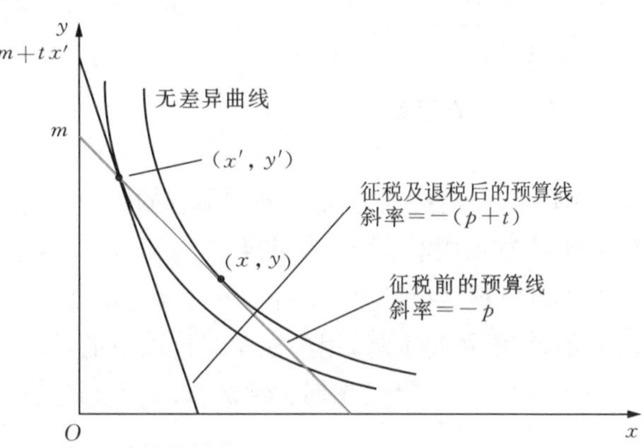

向消费者征税,然后再将税收退还给消费者,这将使消费者的境况变坏。

图 8.7 退税

例子:自愿实时定价

电力生产面临一个非常严重的装机容量问题:在装机容量内,生产电力相对比较便宜。依据定义,在装机容量点,企业不可能再生产额外的电力。扩容的成本非常高,所以从经济的角度看,在电力需求高峰阶段找到降低电力消耗的途径就非常有吸引力。

在气候温暖的州,如乔治亚,电力需求高峰时期的大约 30%的电力消耗来自空调的使用。另一方面,由于现在提前一天预测天气的温度比较容易,潜在的用户就有时间通过将空调设定在一个较高的温度上,或穿着轻便的衣服等等,来调整他们的用电需求。这里的挑战是要创建一种定价机制,使能够削减用电量的用户拥有减少电力消费的激励。

一种方法是采用实时定价(Real Time Pricing, RTP)。在一个实时定价计划下,大型行业用户安装了一种特殊的电表,使得每时每刻的电价都不相同,实际的电价要取决于电力生产企业所发出的信号。当对电力的需求接近装机容量时,电力生产企业就会提高价格以刺激用户削减用电量。电价表是电力总需求的一个函数。

乔治亚电力公司宣称,它在实施世界上最大规模的实时定价计划。在 1999 年,它成功地将高电价时段的电力需求量减少了 750 兆瓦,这是通过激励某些大型用户削减 60%的用电量实现的。

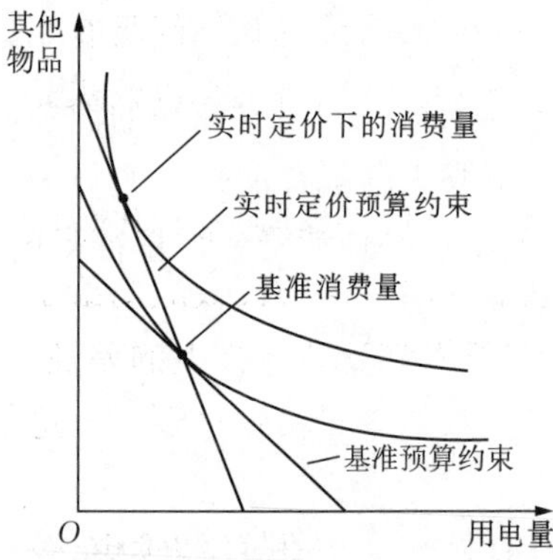

当实时价格上涨时,用户就要为额外的用电量支付较高的价格,但如果他们削减用电量,在相同的价格下他们也能获得折扣。这将引起预算线沿基准消费量"转动",并倾向于改善用户的境况。

图 8.8　自愿实时定价

乔治亚电力公司对基本的实时定价模型作了几处引人注目的修改。在它的定价计划下,每个用户都被分配了一个基准用电量,这个基准量代表了他们的正常用电量。当电力供应不足从而电价上涨时,用户就要对超过这个基准的用电量支付较高的价格。但是,如果他们能够将用电量控制在基准量之下,他们也可以获得一种价格折扣。

图 8.8 显示了这种定价机制是如何影响用户的预算约束的。纵轴度量的是"花费在电力以外的其他物品上的货币",横轴是"用电量"。通常情况下,按由电力的基准价格确定的预算约束,用户会选择用电量以最大化自己的效用。最终他们所选择的用电量就是他们的基准消费量。

当气温上升时,实时价格就会上涨,使电力消费变得更加昂贵。但是,这种价格上涨对于削减用电量的用户是一件好事情,这是因为,他们会因节省的每千瓦用电量而获得一种基于较高实时价格的回扣(rebate)。如果用电量维持在基准量上,那么用户的支出就不会改变。

不难发现,这种定价计划是一种围绕基准消费量的斯勒茨基式转动。因此,我们有理由相信,用电量将下降,用户在实时价格下的境况将至少和基准价格下的境况一样好。事实上,这项计划一直以来都非常流行,它大约拥有1 600户自愿参与者。

8.8　另一种替代效应

在价格发生变动,而消费者的购买力保持不变从而最初的需求束仍能支付得起的情况下需求所发生的变动,被经济学家称为"替代效应"。无论如何,这只是替代效应的一种定义,替代效应还具有另一种有用的定义。

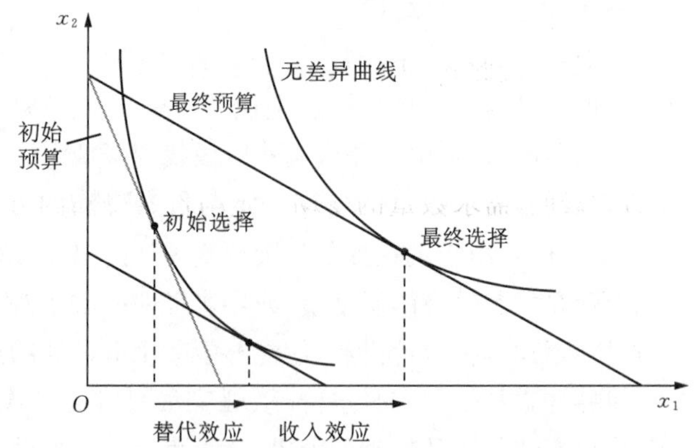

这里,我们让预算线绕着无差异曲线而不是初始选择转动。

图 8.9　希克斯替代效应

我们研究的上述定义称作斯勒茨基替代效应。本节将要论述的定义则称作希克斯替代效应①。

假设我们不是让预算线绕着初始消费束转动,而是绕着穿过初始消费束的无差异曲线转动,如图 8.9

① 这个概念以英国的诺贝尔经济学奖获得者约翰·希克斯(John Hicks)的名字命名。

所示。以这种方式，我们向消费者展示了一条新的预算线，该预算线与最终的预算线具有相同的相对价格，但却具有不同的收入。在这条预算线上，消费者的购买力将不足以购买其初始消费束——但却足以购买与其初始消费束无差异的消费束。

因此，希克斯替代效应不是保持购买力不变而是保持效应不变。斯勒茨基替代效应给予消费者足够多的货币使他恰好能回复到原先的消费水平，而希克斯替代效应则给予消费者足够多的货币使他恰好能回到原先的无差异曲线。尽管存在这些定义上的差别，但可以证明希克斯替代效应一定是负的——它的变动方向与价格变动的方向相反——这与斯勒茨基替代效应相同。

这可以再次通过显示偏好来证明。令(x_1, x_2)为按价格(p_1, p_2)选择的需求束，令(y_1, y_2)为按另一组价格(q_1, q_2)选择的需求束。假设收入使得消费者对于(x_1, x_2)和(y_1, y_2)无差异。由于消费者对于(x_1, x_2)和(y_1, y_2)无差异，所以其中任何一个需求束都不会被显示偏好于另一个需求束。

利用显示偏好的定义，这意味着以下两个不等式不成立

$$p_1x_1 + p_2x_2 > p_1y_1 + p_2y_2$$
$$q_1y_1 + q_2y_2 > q_1x_1 + q_2x_2$$

由此，以下这两个不等式一定成立

$$p_1x_1 + p_2x_2 \leqslant p_1y_1 + p_2y_2$$
$$q_1y_1 + q_2y_2 \leqslant q_1x_1 + q_2x_2$$

把这两个不等式相加，重新整理后有

$$(q_1 - p_1)(y_1 - x_1) + (q_2 - p_2)(y_2 - x_2) \leqslant 0$$

这个式子是对当价格变动，调整收入使得消费者停留在原先的无差异曲线上时，需求将如何变动的一种一般性的表述。在我们考察的特定情况中，我们只让第一种商品的价格发生变化。因此$q_2 = p_2$，从而我们有

$$(q_1 - p_1)(y_1 - x_1) \leqslant 0$$

这个方程表明，需求数量的变动一定与价格变动的方向相反，而这正是我们想要证明的结论。

需求的总变动仍然等于收入效应和替代效应的和——不过现在是希克斯替代效应。由于希克斯替代效应也是负的，所以，斯勒茨基方程仍严格采取我们前面所描述的形式，并具有相同的解释。斯勒茨基替代效应和希克斯替代效应的定义都有它们的用处，究竟哪一种更为有用，这取决于所研究的问题。可以证明，对于较小的价格变动，这两种替代效应实际上是相同的。

8.9 补偿需求曲线

我们已经看到，需求数量在三种不同的框架下是如何随着价格的变化而变化的：收入

保持不变(标准情形);购买力保持不变(斯勒茨基效应);效用保持不变(希克斯效应)。我们可以在上述的任意一种情况下,绘制出价格和需求数量之间的关系。这就产生了三种不同的需求曲线:标准需求曲线、斯勒茨基需求曲线和希克斯需求曲线。

本章的分析指出,斯勒茨基需求曲线和希克斯需求曲线总是向下倾斜的。进一步,对于正常商品来说,普通需求曲线是向下倾斜的。但是,对吉芬商品的分析显示,在低档商品的情况下,普通需求曲线向上倾斜在理论上是可能的。

希克斯需求曲线——效用保持不变——有时也称作*补偿需求曲线*。想象一下我们构建希克斯需求曲线的过程:在价格变化时,我们调整收入以保持效用不变;很自然,补偿需求曲线这个术语因此而生。因此,消费者因价格的变化而获得补偿,他在希克斯需求曲线上每一点的效用都相同。这与普通需求曲线的情况形成了鲜明的对照。在后面这种情况下,消费者在高价格下的境况要比在低价格下的境况差,这是因为他的收入保持不变。

在高级教程里,补偿需求曲线是非常有用的,特别体现在收益-成本分析中。在这种分析中,我们很自然地要搞清楚,因某项政策变动而需要支付多少来补偿消费者。这类支付的规模给出了一个对政策变动成本的有用估计。但是,对补偿需求曲线的实际计算还需要更多的数学工具,而这已经超出了本书的范围。

小　结

1. 商品的价格下降会对消费产生两种效应。相对价格的变动使得消费者消费更多更便宜的商品。由价格下降导致的购买力的提高,可能增加消费,也可能减少消费,究竟如何,取决于商品是正常商品还是低档商品。
2. 由相对价格变动引起的需求变动称作替代效应;由购买力变动引起的需求变动称作收入效应。
3. 替代效应指的是当价格变动而购买力保持不变,即初始消费束仍能支付得起时的需求变动情况。为了使实际购买力保持不变,货币收入必须作出调整。货币收入的必要变动可以表示为$\Delta m = x_1 \Delta p_1$。
4. 依据斯勒茨基方程,需求的总变动等于替代效应和收入效应的和。
5. 依据需求定律,正常商品一定具有向下倾斜的需求曲线。

复习题

1. 假定消费者对于两种商品的偏好符合完全替代的情况,你能以使全部需求变动归因于收入效应的方式改变商品的价格吗?

2. 假定偏好是凹的。替代效应仍然是负的吗?

3. 在征收汽油税的例子中,如果不是根据最终消费的汽油量x',而是根据最初消费的汽油量x向消费者退税,情况会发生怎样的变化?

4. 在上面这个问题中,政府支出比它征得的税收更多还是更少?

5. 如果实际上是根据最初的消费量进行退税,那么,消费者的境况是变得更好呢,还是变得更坏?

附录

让我们用微积分来推导斯勒茨基方程。先考察替代效应的斯勒茨基定义,在这个定义中,收入已作出调整以使消费者刚好足以购买初始消费束$(\bar{x}_1, \bar{x}_2)$。如果价格是(p_1, p_2),那么,消费者随调整作出的选择将取决于(p_1, p_2)和$(\bar{x}_1, \bar{x}_2)$。让我们把这种关系叫做商品1的斯勒茨基需求方程,并把它记为$x_1^s(p_1, p_2, \bar{x}_1, \bar{x}_2)$。

假设按照价格$(\bar{p}_1, \bar{p}_2)$和收入$\bar{m}$,初始消费束是$(\bar{x}_1, \bar{x}_2)$。斯勒茨基需求方程就会告诉我们,如果面对某组不同的价格(p_1, p_2)和拥有收入$p_1\bar{x}_1+p_2\bar{x}_2$,消费者将需求些什么?因此,按照$(p_1, p_2, \bar{x}_1, \bar{x}_2)$的斯勒茨基需求方程是按照价格$(p_1, p_2)$和收入$p_1\bar{x}_1+p_2\bar{x}_2$的正常需求。这就是说,

$$x_1^s(p_1, p_2, \bar{x}_1, \bar{x}_2) \equiv x_1(p_1, p_2, p_1\bar{x}_1+p_2\bar{x}_2)$$

这个方程告诉我们,在价格(p_1, p_2)上的斯勒茨基需求就是消费者在他有足够的收入购买他的初始消费束$(\bar{x}_1, \bar{x}_2)$时的那个需求量。这恰好就是斯勒茨基需求方程的定义。

对这个恒等式关于p_1微分,我们有

$$\frac{\partial x_1^s(p_1, p_2, \bar{x}_1, \bar{x}_2)}{\partial p_1}=\frac{\partial x_1(p_1, p_2, \bar{m})}{\partial p_1}+\frac{\partial x_1(p_1, p_2, \bar{m})}{\partial m}\bar{x}_1$$

经过整理,我们有

$$\frac{\partial x_1(p_1, p_2, \bar{m})}{\partial p_1}=\frac{\partial x_1^s(p_1, p_2, \bar{x}_1, \bar{x}_2)}{\partial p_1}-\frac{\partial x_1(p_1, p_2, \bar{m})}{\partial m}\bar{x}_1$$

注意这里使用了链式规则。

这是斯勒茨基方程的导数形式。它说明价格变动的总效应是由替代效应(收入调整到消费束$(\bar{x}_1, \bar{x}_2)$可行)和收入效应构成的。我们已从正文的分析中知悉,替代效应是负的,收入效应的符号取决于所研究的商品是正常商品还是低档商品。与我们看到的一样,除了我们用导数符号代替Δ号以外,这恰好就是正文中所述的斯勒茨基方程的形式。

希克斯替代效应的情况怎么样呢?也可以为它定义一个斯勒茨基方程,我们令$x_1^h(p_1, p_2, \bar{u})$为希克斯型需求函数,它度量的是,当收入调整到消费者的效用水平与原先的效用水平$\bar{u}$维持一样时消费者按价格(p_1, p_2)进行消费的量。由此必然可以推得,在这种情况下,斯勒茨基方程将采取形式

$$\frac{\partial x_1(p_1, p_2, m)}{\partial p_1}=\frac{\partial x_1^h(p_1, p_2, \bar{u})}{\partial p_1}-\frac{\partial x_1(p_1, p_2, m)}{\partial m}\bar{x}_1$$

对此方程的证明取决于这样一个事实,即对于无限小的价格变动,

$$\frac{\partial x_1^h(p_1, p_2, \bar{u})}{\partial p_1} = \frac{\partial x_1^s(p_1, p_2, \bar{x}_1, \bar{x}_2)}{\partial p_1}$$

这就是说,对于价格的微小变动来说,斯勒茨基替代效应与希克斯替代效应是相同的。对这个结论的证明并不太困难,但它涉及的某些概念超出了本书的范围①。

例子:少量退税

我们可以用斯勒茨基方程的微积分形式来研究在税收退回给消费者的情况下,消费选择将对税收的少量变动如何作出反应这样一个问题。

同前面一样,假设征税引起的价格上涨幅度恰好等于全部税收额。令 x 表示汽油量,p 表示汽油的初始价格,t 表示税额,则消费变动可以表示为

$$\mathrm{d}x = \frac{\partial x}{\partial p}t + \frac{\partial x}{\partial m}tx$$

第一项度量需求对价格变动的反应乘以价格变动量的积——它表示税收的价格效应。第二项表示需求对收入变动的反应乘以收入变动量的积——收入增加的数量为税收收入退回给消费者的金额。

现在使用斯勒茨基方程来扩充右边第一项以得到价格变动的替代效应和收入效应:

$$\mathrm{d}x = \frac{\partial x^s}{\partial p}t - \frac{\partial x}{\partial m}tx + \frac{\partial x}{\partial m}tx = \frac{\partial x^s}{\partial p}t$$

去掉收入效应,剩下的全都是完全的替代效应。征收少量的税,再把税收退回给消费者,就如同施加一种价格变动然后调整收入以使原先的消费束仍能支付得起一样——只要税收足够小则导数近似有效。

① 一个相对简单的证明可参见哈尔·R.范里安:《微观经济分析》,第三版(纽约,诺顿出版公司,1992 年)。

购买和销售

在前面各章研究的简单的消费者模型中，消费者的收入是既定的。事实上，人们是通过销售他们所拥有的东西——生产的产品，积累的资产，或者更为普遍的，自己的劳动——来获得收入的。在这一章，我们要研究的问题是，为了描述这种行为，前文描述的模型必须作怎样的修正。

9.1 净需求和总需求

与前文一样，我们的研究只限于包含两种商品的模型。现在，我们假设，对于这两种商品，消费者的初始禀赋为(ω_1, ω_2)。这也是消费者进入市场前所拥有的商品数量。考虑这样一个农民，他的初始禀赋包括ω_1单位的胡萝卜和ω_2单位的土豆。通过观察商品的市场价格，他将决定这两种商品的购买和销售的数量。

这里，我们需要将消费者的*总需求*和*净需求*区分开。商品的总需求是消费者对这种商品的实际最终消费的数量，即他（或她）最终拥有的商品量。商品的净需求是消费者最终拥有的商品量（总需求）与商品的初始禀赋之间的差额。一种商品的净需求就是这种商品的购买量或销售量。

如果令(x_1, x_2)表示总需求，那么，$(x_1-\omega_1, x_2-\omega_2)$就代表净需求。注意，虽然总需求通常为正值，但净需求却是可正可负。如果商品1的净需求是负值，那么这表明，消费者想要消费的商品1的数量小于他最初拥有的数量；也就是说，消费者愿意向市场供给商品1。负的净需求量就是供给量。

从经济分析的角度看，总需求显得更为重要，因为它是消费者最终所关注的。但是，市场实际显示的是净需求，因此，净需求更接近于普通人认为的需求或供给。

9.2 预算约束

我们应该首先考虑预算约束的形式。消费者的最终消费面临的预算约束是怎样的呢？它一定是：消费者最终拥有的消费束的价值等于其初始禀赋的价值。用代数式表示，

就是

$$p_1x_1 + p_2x_2 = p_1\omega_1 + p_2\omega_2$$

运用净需求的定义,上式还可以表示为

$$p_1(x_1 - \omega_1) + p_2(x_2 - \omega_2) = 0$$

如果$(x_1 - \omega_1)$取正值,我们称消费者是商品1的*净购买者*或*净需求者*;如果它取负值,我们称消费者是商品1的*净销售者*或*净供给者*。因此,上述方程表明,消费者所购买商品的价值必定等于他所销售商品的价值,这看似是非常合理的。

当考虑禀赋时,我们也能将预算线表示为前文所描述的形式。此时,这里存在以下两个方程

$$p_1x_1 + p_2x_2 = m$$
$$m = p_1\omega_1 + p_2\omega_2$$

可见,一旦确定了价格,禀赋价值从而消费者的货币收入也就确定了。

这条预算线的几何图形是怎样的呢?当我们确定价格时,货币收入也就随之确定了,所以,我们拥有一条与前文一样的预算线。因此,预算线的斜率一定是$-p_1/p_2$,至此,唯一的问题是要确定预算线的位置。

预算线的位置可以根据下面这个简单的观察来确定:禀赋束总是位于预算线上。这就是说,满足预算线的(x_1, x_2)的一组值是$x_1=\omega_1$和$x_2=\omega_2$。禀赋总是恰好能支付得起的,这是因为你必须支付的量就是禀赋的价值。

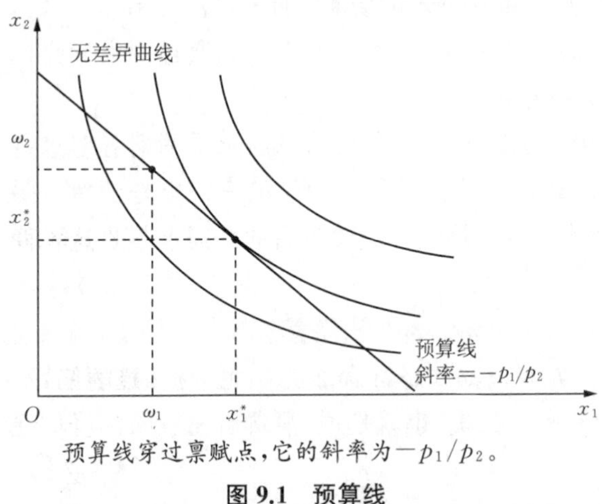

预算线穿过禀赋点,它的斜率为$-p_1/p_2$。

图9.1 预算线

把这些信息综合在一起,就能证明,预算线的斜率为$-p_1/p_2$,并穿过禀赋点,如图9.1所示。

给定这个预算约束,消费者就能像以前那样选择最优消费束。在图9.1中,我们给出了一个最优消费束为(x_1^*, x_2^*)的例子。与以前一样,它一定满足边际替代率等于价格比率的最优化条件。

在这个特定的例子中,$x_1^* > \omega_1$,$x_2^* < \omega_2$,所以,消费者是商品1的净购买者,同时他又是商品2的净销售者。净需求只是消费者购买或销售这两种商品的净数量。通常,消费者既有可能是购买者,也有可能是销售者,这取决于两种商品的相对价格。

9.3 禀赋的变动

在前文对消费者选择所作的分析中,我们研究了在价格保持不变的条件下,最优消费

如何随着货币收入的变动而变动的情况。同样，我们在这里可以作相似的分析，研究在价格保持不变的条件下，最优消费如何随着禀赋的变动而变动。

例如，假设禀赋从(ω_1, ω_2)变为(ω_1', ω_2')，使得

$$p_1\omega_1 + p_2\omega_2 > p_1\omega_1' + p_2\omega_2'$$

这个不等式表示，新禀赋(ω_1', ω_2')的价值小于初始禀赋的价值，也就是说，消费者出售禀赋可以获得的货币收入减少了。

图 9.2A 显示的就是这种情况：预算线内移。实际上，由于这种移动等价于货币收入的减少，所以，我们可以推出与研究货币收入减少时相同的两个结论。第一，消费者拥有禀赋(ω_1', ω_2')时的境况一定差于他拥有初始禀赋(ω_1, ω_2)时的境况，这是因为他的消费可能性已经减少。第二，每种商品的需求的变动方式取决于该商品是正常商品还是低档商品。

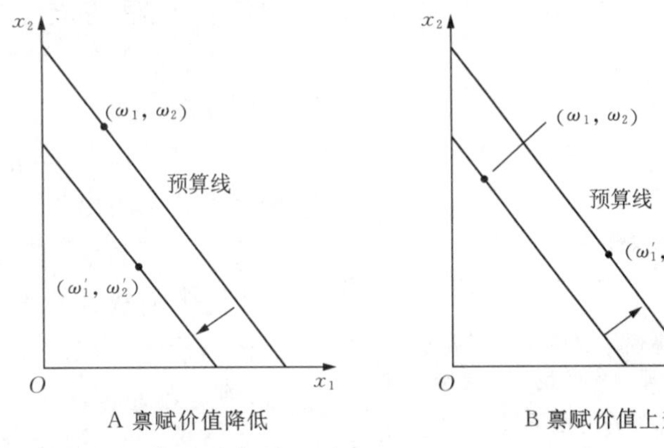

在图 A 中，禀赋价值降低；在图 B 中，它上升。

图 9.2 禀赋价值的变动

例如，当商品 1 是正常商品，并且消费者的禀赋价值减少时，我们就可以得出这样一个结论：消费者对商品 1 的需求将会下降。

图 9.2B 显示的是禀赋价值上升的情况。根据上面的论证，如果预算线向外平行移动，消费者的境况一定会变得更好。用代数式表示，如果禀赋从(ω_1, ω_2)变为(ω_1', ω_2')，并且$p_1\omega_1 + p_2\omega_2 < p_1\omega_1' + p_2\omega_2'$，那么，消费者的新预算集一定包含原预算集。反过来这又隐含着，消费者对新预算集下的最优选择的偏好一定超过对初始禀赋下的最优选择的偏好。

这个问题值得深思。我们在第 7 章讨论过，仅仅因为一个消费束比另一个消费束具有较高的费用，并不意味着这个消费束就比另一个消费束更受偏好。但是，这个说法对于必须消费的一个消费束是成立的，并且只在这种情况下成立。如果一个消费者可以在自由市场上按固定价格出售一组商品，那么他总是会偏好具有较高价值的一组商品而不是具有较低价值的那组商品。这是因为较高价值的那组商品可以给他带来更多的收入，从而可以获得更多的消费可能性。因此，消费者对于具有较高价值的禀赋的偏好总是超过对于具有较低价值的禀赋的偏好。在下文，我们将证明这一简单的观察结果具有某种重要的含义。

还要考虑这样一种情况，如果$p_1\omega_1 + p_2\omega_2 = p_1\omega_1' + p_2\omega_2'$，事情将会出现什么变化？在这种情况下，预算集根本没有变化：消费者的境况在拥有(ω_1, ω_2)时和在拥有(ω_1', ω_2')时是完全

一样的,因此,他的最优选择也应该完全一样。这里,禀赋点只是沿着初始的预算线移动。

9.4 价格变动

前面,在考察需求如何随着价格的变动而变动时,我们的研究建立在货币收入保持不变的假设基础上。现在,当货币收入取决于禀赋的价值时,这一假设就不再合理了:如果你所出售的商品的价值发生了变化,那么相应地,你得到的货币收入也会发生变化。因此,在消费者拥有禀赋的情况下,价格变动自然隐含着收入变动。

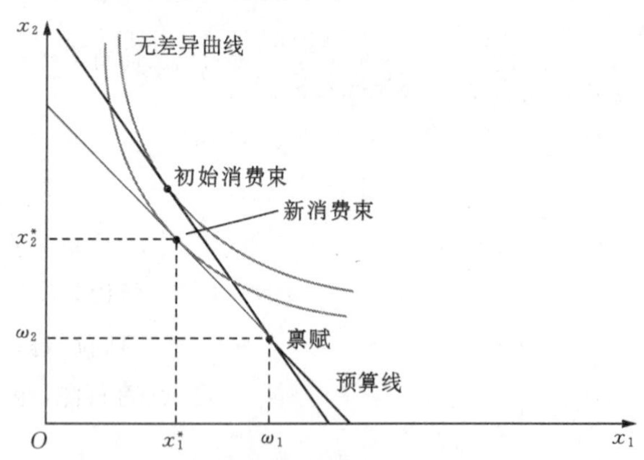

商品1的价格下降使得预算线绕禀赋点转动。如果消费者仍然是一个供给者,那么他的境况一定会变坏。

图9.3 商品1的价格下降

首先,我们从几何上考虑这个问题。我们知道,如果商品1的价格下降,预算线就会变得比较平坦。由于禀赋束总是能够支付得起的,所以,这就意味着预算线一定绕禀赋点转动,如图9.3所示。

在这种情况下,消费者不但一开始是商品1的出售者,而且在价格下降后,他也仍然是商品1的出售者。关于这个消费者的福利,我们能推出什么结论呢?在图9.3中,价格变动后,消费者处在比价格变动前较低的无差异曲线上,但这种情况是否具有普遍性呢?运用显示偏好原理,我们就可以得到这个问题的答案。

如果消费者仍然是一个供给者,那么他的新消费束就一定位于新预算线的浅色部分。而新预算线的这个部分落在初始的预算集内:在价格变动以前,消费者可以毫无限制地选择这些消费束。因此,根据显示偏好原理,所有这些选择都要比初始消费束差。我们由此可以推出这样一个结论:如果消费者所出售的商品的价格下降,而消费者又决定继续充当供给者,那么这个消费者的福利就一定会下降。

如果消费者所出售的商品的价格下降,消费者又决定转而成为这种商品的购买者,结果又会怎样呢?在这种情况下,消费者的境况可能会变得好一些,也可能会变得坏一些,结果无法确定。

现在,我们再分析消费者是商品的净购买者的情形。在这种情况下,几乎一切都颠倒过来了:如果消费者是一种商品的净购买者,当这种商品的价格上升,消费者的最优选择是继续充当购买者时,他的境况就一定会变坏。如果价格上升使他变成了一个销售者,那么,他的境况可能会变好,也可能会变坏,这两种结果都是有可能的。如同前文的分析,简单地应用显示偏好,你就可以从图中推出这些结论,为了使你更好地理解这些结论的推导过程,你最好绘制一张图亲自实验一下。

显示偏好还能使我们理解关于在价格变动时是继续充当购买者还是成为销售者的若干重要论点。如图9.4所示,假设消费者开始是商品1的净购买者,考虑如果商品1的价

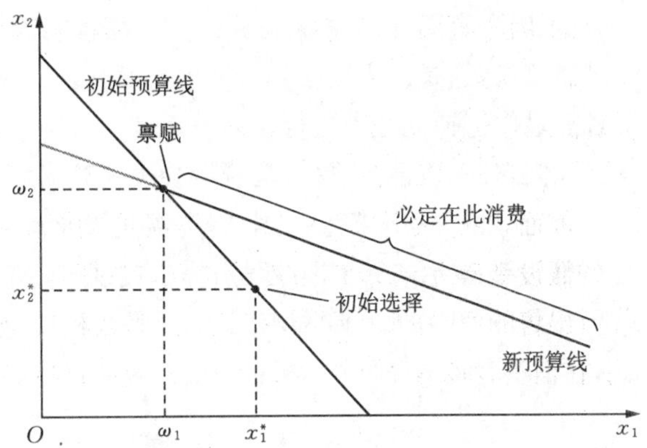

如果消费者起初是购买者,当他所购买的商品的价格下降时,他会继续充当购买者。

图 9.4 商品 1 的价格下降

格下降,将会出现什么情况。此时,预算线会变得比较平坦,如图 9.4 所示。

与往常一样,我们并不能确切地知道消费者对商品 1 的购买量是会增加还是会减少——这取决于他的嗜好。但是,某些结论是确定的:消费者会继续充当商品 1 的净购买者——他不会转而成为销售者。

我们是如何得到这个结论的呢?考虑当这个消费者转而成为销售者时可能会出现的情况。这时,他的消费就会处在图 9.4 中新预算线的浅色部分。虽然浅色部分的消费束是初始预算线下的可行消费束,但他却最终拒绝了它们而选择了(x_1^*, x_2^*)。因此,(x_1^*, x_2^*)一定好于浅色部分的所有消费束。同样,(x_1^*, x_2^*)也是新预算线下的可行消费束。所以,不论他在新预算线下消费什么,他所消费的消费束一定好于(x_1^*, x_2^*)——从而好于新预算线的浅色部分上的任何一点。这就意味着他对商品 1 的消费 x_1 一定位于禀赋点的右侧,也就是说,他一定会继续充当商品 1 的净需求者。

同样,这种结论也适用于一种商品的净销售者:如果消费者所销售的商品的价格上升,他就不会转而成为该商品的净购买者。我们不能确定消费者对他所销售商品的消费会增加还是会减少——但我们可以确定,如果价格上升,他会继续销售该商品。

9.5 提供曲线和需求曲线

第 6 章讨论过,价格提供曲线描述的是消费者可能消费的两种商品的各种组合;需求曲线表述的是某种商品的价格和需求数量之间的关系。确切地说,在消费者拥有两种商品的禀赋时,这些解释也一样成立。

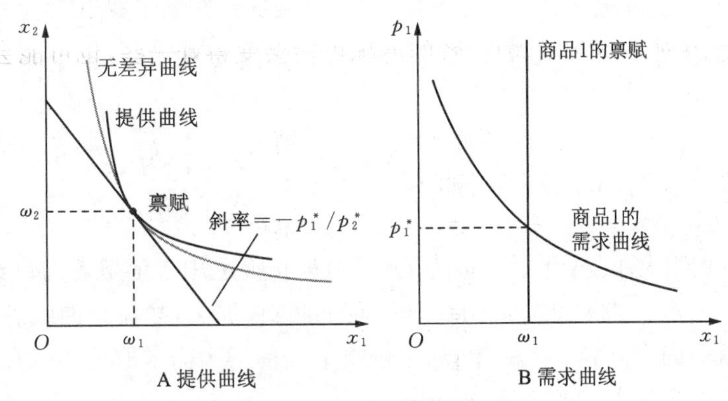

当存在禀赋时,有两种描述需求束和价格之间关系的方法。

图 9.5 提供曲线和需求曲线

例如,考察图 9.5,它显示了一个消费者的价格提供曲线和需求曲线。提供曲线总是经过禀赋点,这是因为在某种价格上禀赋会成为一个消费束,也就是说,在某种价格上,消费者的最优选择就是不进行交易。

我们知道,按某些价格,消费者会决定充当商品 1 的购买者,而按另一些价格,他又会决定充当商品 1 的出售者。因此,提供曲线通常会向禀赋点的左边和右边延伸。

图 9.5B 显示的需求曲线是总需求曲线——它度量的是消费者对商品 1 的总消费量。我们在图 9.6 中展示了净需求曲线。

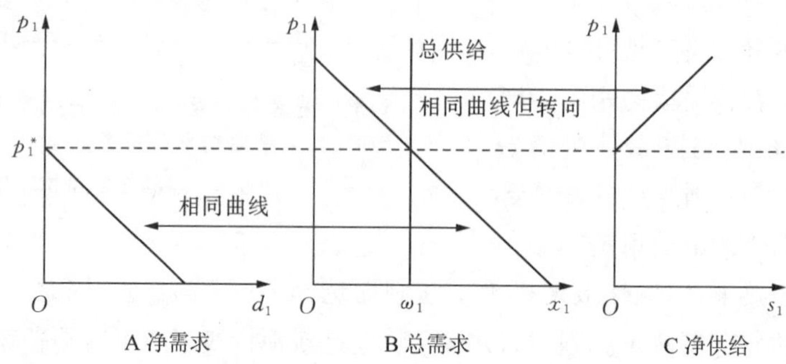

运用总需求和净需求描述需求行为和供给行为。

图 9.6 总需求、净需求和净供给

注意,对于某些价格,商品 1 的净需求一般是负值。当商品 1 的价格变得很高,以至于消费者决定成为商品 1 的出售者时,情况就是如此。在某个价格上,消费者会在成为商品 1 的净需求者和净供给者之间来回摇摆。

常规的方法是绘制出正的供给曲线,虽然在实际中,把供给看作负的需求可能更有意义。这里我们遵循传统,用常规的方法绘制净供给曲线——数量为正值,如图 9.6 所示。

用代数式表示,商品 1 的净需求 $d_1(p_1, p_2)$ 等于总需求 $x_1(p_1, p_2)$ 和商品 1 的初始禀赋的差额。当这个差额取正值时,也就是说,当商品 1 的消费量超过他(或她)的禀赋量时:

$$d_1(p_1, p_2)=\begin{cases} x_1(p_1, p_2)-\omega_1 & \text{若差额为正} \\ 0 & \text{若差额不为正} \end{cases}$$

当消费者对商品 1 的禀赋量和消费量之间的差额大于零时,这个差额就是净供给曲线:

$$s_1(p_1, p_2)=\begin{cases} \omega_1-x_1(p_1, p_2) & \text{若差额为正} \\ 0 & \text{若差额不为正} \end{cases}$$

迄今为止,我们得到的关于需求行为的性质,都直接适用于消费者的供给行为——因为供给只是负的需求。如果总需求曲线总是向下倾斜,那么,净需求曲线就会向下倾斜,而净供给曲线就会向上倾斜。想一想:如果价格上升使得净需求取更小的负值(绝对值更大),那么净供给就会取更大的正值。

9.6 修正的斯勒茨基方程

显示偏好的上述应用虽然简便,但它们却不能真正地回答主要的问题:商品的需求如何对它的价格变动作出反应?我们在第 8 章分析过,如果货币收入保持不变,并且商品是正常商品,那么该商品价格的下降就一定会导致需求的增加。

这里的关键在于"货币收入保持不变"。而我们这里考察的情况,必然会涉及货币收入的变动,这是因为当价格发生变动时,禀赋的价值也一定会发生变动。

在第 8 章中,我们描述了斯勒茨基方程,这个方程把由价格变动引起的需求变动分解成替代效应和收入效应。收入效应归因于价格变动时的购买力的变动。但是现在,当价格发生变动时,购买力变动的原因有两个。第一个原因包含在斯勒茨基方程的定义中:例如,当价格下降时,你可以仍然只购买以前的消费数量,并把剩余的货币留待将来使用,我们把这称作*普通收入效应*。但第二个效应是新的。当一种商品的价格发生变动时,禀赋的价值会随之发生变动,从而你的货币收入也会相应地变动。例如,如果你是一种商品的净供给者,那么,这种商品的价格下降就会直接减少你的货币收入,因为你此时出售禀赋已不可能获得与以前一样多的货币了。这样,我们就不仅拥有与以前相同的效应,还拥有由价格对禀赋束价值的影响而产生的额外的收入效应,我们称后者为*禀赋收入效应*。

在前文描述的斯勒茨基方程中,货币收入是固定的。但现在,我们不得不考虑货币收入随着禀赋价值的变动而变动的情况。因此,当我们计算价格变动对需求的影响时,斯勒茨基方程将采取以下的形式:

需求的总变动=替代效应引起的变动+普通收入效应引起的需求变动
+禀赋收入效应引起的需求变动

前两种效应是我们熟知的。与以前一样,我们令 Δx_1 表示需求的总变动,Δx_1^s 表示由替代效应引起的需求变动,Δx_1^m 表示由普通收入效应引起的需求变动。这样,把这几项代入上述"文字方程"后,我们就可以得到用变动率表示的斯勒茨基方程:

$$\frac{\Delta x_1}{\Delta p_1}=\frac{\Delta x_1^s}{\Delta p_1}-x_1\frac{\Delta x_1^m}{\Delta m}+\text{禀赋收入效应} \tag{9.1}$$

最后一项又是怎样的呢?下面我们将推出它的显性表达式,但我们首先考虑它包括哪些内容。当禀赋价格发生变动时,货币收入也会随之发生变动,而货币收入的变动又会导致需求的变动。因此,禀赋收入效应由以下两项组成:

禀赋收入效应=收入变动引起的需求变动×价格变动引起的收入变动 (9.2)

我们首先考察第二个效应。由于收入定义为

$$m=p_1\omega_1+p_2\omega_2$$

所以,我们有

$$\frac{\Delta m}{\Delta p_1}=\omega_1$$

这表明当商品1的价格发生变动时,货币收入将如何变动:如果你拥有10单位商品1待出售,那么,当它的价格上升1美元时,你的货币收入就会随之上升10美元。

方程(9.2)中的第一项只表示在收入变动时需求如何变动的情况。我们已经有了它的一个表达式,即 $\Delta x_1^m/\Delta m$:需求变动除以收入变动。因此,禀赋收入效应可以表示为

$$\text{禀赋收入效应}=\frac{\Delta x_1^m}{\Delta m}\frac{\Delta m}{\Delta p_1}=\frac{\Delta x_1^m}{\Delta m}\omega_1 \tag{9.3}$$

将方程(9.3)代入方程(9.1),我们可以得到斯勒茨基方程的最终形式:

$$\frac{\Delta x_1}{\Delta p_1}=\frac{\Delta x_1^s}{\Delta p_1}+(\omega_1-x_1)\frac{\Delta x_1^m}{\Delta m}$$

运用这个方程就可以回答前面提出的问题。我们知道,替代效应的符号总是负的——与价格变动的方向相反。我们假设这种商品是正常商品,即 $\Delta x_1^m/\Delta m>0$。这样,组合的收入效应的符号就取决于消费者是商品1的净需求者还是净供给者。如果消费者是一种正常商品的净需求者,并且这种商品的价格上升,那么,这个消费者对这种商品的购买量就一定会减少。如果消费者是一种正常商品的净供给者,那么,总效应的符号就是两可的:它取决于收入效应(正的)与替代效应(负的)的比较。

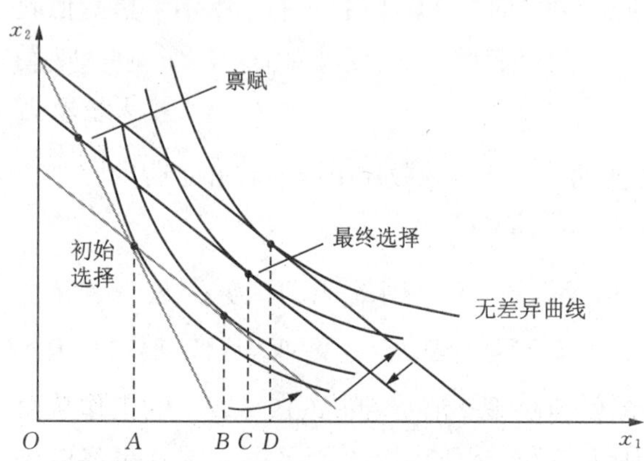

把价格变动的效应分解成替代效应(A 至 B)、普通收入效应(B 至 D)和禀赋收入效应(D 至 C)。

图 9.7 修正的斯勒茨基方程

与以前一样,这些变动中的每一项都可以用图形表示,尽管这些图形叠加在一起显得相当凌乱。参见图9.7,它显示的是价格变动时的斯勒茨基分解图。商品1的需求的总变动表示为 A 至 C。这是三项独立的移动的总和:表示为 A 至 B 的替代效应和两项收入效应。普通收入效应表示为 B 至 D,它是需求在货币收入保持不变时的变动——与第8章考察的收入效应完全相同。但是,由于在价格变动时禀赋价值也发生了变动,所以,现在又出现了一个额外的收入效应:由于禀赋价值发生了变动,所以货币收入也会发生变动。货币收入的这种变动使预算线向内移动并穿过禀赋束。表示为 D 至 C 的需求变动度量的就是这种禀赋收入效应。

9.7 斯勒茨基方程的应用

假设类似于第8章一开始所描述的消费者,某个消费者正在出售自己种植的苹果和橘子。我们在第8章讨论过,如果苹果的价格上升,那么实际上,这个消费者就有可能消

费更多的苹果。应用本章推出的斯勒茨基方程,我们不难看清楚这里的原因。如果令 x_a 表示消费者对苹果的需求,p_a 表示苹果的价格,那么我们有

$$\frac{\Delta x_a}{\Delta p_a}=\frac{\Delta x_a^s}{\Delta p_a}+(\omega_a-x_a)\frac{\Delta x_a^m}{\Delta m}$$
$$(-) \qquad\quad (+) \quad (+)$$

这个式子表明,当苹果的价格变动时,苹果需求的总变动等于替代效应和收入效应之和。替代效应沿着"正常"的方向发挥作用——苹果价格的上升降低了对苹果的需求。但如果苹果对于这个消费者是正常商品,那么,收入效应就会沿着"反常"的方向发挥作用。由于该消费者是苹果的净供给者,苹果价格的上升增加了他的货币收入,以至于收入效应使他想要消费更多的苹果。如果上式的后一项大到足以超过替代效应,我们就能容易地得到"反常"的结果。

例子:计算禀赋收入效应

下面,我们要求解一个数字不多的例题。假设牛奶场主每周生产 40 夸脱牛奶。最初,牛奶的价格是每夸脱 3 美元,牛奶场主对牛奶的需求函数为

$$x_1=10+\frac{m}{10p_1}$$

由于他每周按 3 美元/夸脱的价格生产 40 夸脱牛奶,所以他的收入是每周 120 美元。因此,他初始的牛奶需求是 $x_1=14$。现在假设牛奶的价格变成 2 美元/夸脱,相应地,他的货币收入变为 $m'=2\times40=80$ 美元,他对牛奶的需求也随之变为 $x_1'=10+80/20=14$。

如果他的货币收入固定在 $m=120$ 美元,按变动后的价格,他对牛奶的购买量就是 $x_1=10+120/(10\times2)=16$ 夸脱。于是,禀赋收入效应——由禀赋价值变动引起的需求变动——等于-2。这个例题的替代效应和普通收入效应在第 8 章已经计算过。

9.8 劳动供给

我们运用禀赋概念来分析消费者的劳动供给决策。消费者可以选择较多的工作从而获得较多的消费,也可以选择较少的工作从而获得较少的消费。消费量和劳动量将取决于消费者偏好和预算约束的相互作用。

预算约束

假设不论消费者是否工作,最初他都拥有某些货币收入 M。这些收入也许来自投资回报,也许来自亲戚,等等。我们称它为消费者的*非劳动收入*。(消费者的非劳动收入有可能为零,但我们要考虑到它取正值的可能性。)

令 C 表示消费者的消费量,p 为消费价格,w 为工资率,L 为劳动的供给量,我们就得到以下形式的预算约束:

$$pC=M+wL$$

这表明消费者消费的价值一定等于他的非劳动收入和劳动收入之和。

我们比较上式与前面讨论的预算约束的例子。它们的主要区别在于,上式的右边有消费者可以选择的因素——劳动供给。将这一项移到等式的左边,我们得到

$$pC - wL = M$$

这个式子的形式相对好一点,但是,通常带正号的项现在却带负号,如何弥补这个不足呢?假定劳动供给存在最大值——每天24小时,每周7天,或者任意和我们所使用的度量单位相容的东西。令 $\bar{L}$ 表示这种劳动时间的最大量,并在上式的两边分别加上 $w\bar{L}$,经过重新整理,我们得到

$$pC + w(\bar{L} - L) = M + w\bar{L}$$

我们定义 $\bar{C}=M/p$ 为消费者根本不劳动时所拥有的消费量。这就是说,$\bar{C}$ 是消费品禀赋。据此,我们有

$$pC + w(\bar{L} - L) = p\bar{C} + w\bar{L}$$

现在,上式就与我们以前所熟知的等式非常相似。上式的左边有两个选择变量,右边有两个禀赋变量。变量 $\bar{L}-L$ 可视作"闲暇",即不劳动的时间。令变量 R 表示闲暇,则 $R=\bar{L}-L$。所以,你能享受的最大闲暇是 $\bar{R}=\bar{L}$。最终,预算约束变为

$$pC + wR = p\bar{C} + w\bar{R}$$

从形式上看,上式与本章一开始给出的预算约束完全相同。但是,它却具有更为有趣的解释。它表明,消费者消费的价值加上闲暇的价值,必定等于他的消费品禀赋价值与按工资率定价的时间禀赋的价值之和。工资率不仅是劳动的价格,还是闲暇的价格。

总之,假定工资率是每小时10美元,如果你决定休息1小时,那么你要付出多大的代价?答案是你要放弃10美元的收入,这就是休息1小时的价格。通常,经济学家把工资率看作闲暇的机会成本。

有时,这个预算约束的右边部分也称作消费者的*完全收入*或*隐含收入*。它度量的是消费者所拥有的价值——他的消费品禀赋(如果他拥有)和时间禀赋。它与消费者的*已评定的收入*不同,后者只是他提供一部分时间所得到的收入。

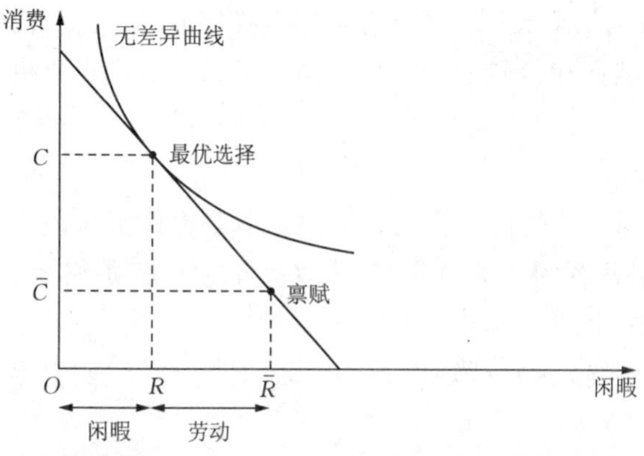

最优选择描绘了从原点向右度量的对闲暇的需求,和从禀赋点向左度量的劳动供给。

图9.8 劳动供给

这个预算约束的一个令人满意的特点是,它与我们以前见到的等式非常相似。它通过禀赋点($\bar{L}$, $\bar{C}$),并且它的斜率是 $-w/p$。禀赋就是消费者根本不进行市场交易时所拥有的东西,预算线的斜率则告诉我们用一种商品交换另一种商品的市场比率。

如图9.8所示,消费者的最优选择出现在边际替代率——消费与闲暇之间的权衡——等于*实际工资* ω/p 的地方。消费者多工作一点时间所获得的额外消费的价值,必须恰好等于

为获得这一消费而失去的闲暇的价值。实际工资指的是若消费者放弃1小时闲暇他所能得到的消费量。

9.9 劳动供给的比较静态分析

首先,我们考察在工资和价格保持不变的条件下,消费者的劳动供给是如何随着货币收入的变动而变化的。假设你中了彩票大奖,从而增加了一大笔非劳动收入,那么你的劳动供给会发生什么变化?你对闲暇的需求又会发生怎样的变化?

对绝大多数人来说,货币收入增加,劳动供给就会减少。换句话说,闲暇对于绝大多数人或许是一种正常商品:当人们的货币收入增加时,他们就会消费更多的闲暇。这种看法似乎不乏例证,所以我们把它看作一种既定的假设,即假定闲暇是一种正常商品。

对于消费者的劳动供给对工资率变化的反应来说,这又能说明什么呢?工资率增加时会产生两种效应:工作报酬上升;闲暇消费的成本增加。运用收入效应和替代效应的概念以及斯勒茨基方程,我们可以将这些效应分离开,单独进行分析。

工资率增加时,闲暇变得更昂贵,这本身就会减少人们对闲暇的需求(替代效应)。由于闲暇是一种正常商品,所以我们可以预期,工资率的增加必然会降低对闲暇的需求,也就是说,导致劳动供给增加。这是第8章所给出的斯勒茨基方程的必然结果。一种正常商品的需求曲线的斜率必定是负的。如果闲暇是一种正常商品,劳动的供给曲线就一定具有正斜率。

但这种分析也有问题。首先,从直观上说,“提高工资总是会增加劳动供给”的说法并非合理。假如我的工资变得非常高,我完全可以把额外的收入“花”在享受闲暇上。我们如何把这种看似合理的行为和上面的经济理论融合在一起呢?

如果理论给出的是一种错误答案,那么,这有可能是我们滥用理论的缘故。在这个例子中,我们确实犯了这类错误。前面讨论的斯勒茨基实例是在货币收入不变的前提下来阐明需求的变化。但是,如果工资率发生变化,货币收入也一定会发生变化。因货币收入变化而引起的需求变化是一种额外收入效应,即禀赋收入效应。这种收入效应发生在普通收入效应之外。

如果我们应用本章前面所述的斯勒茨基方程的适当形式,我们就可以得到下面的表达式

$$\frac{\Delta R}{\Delta \omega} = \text{替代效应} + (\bar{R} - R)\frac{\Delta R}{\Delta m} \qquad (9.4)$$

$$\qquad (-) \qquad\qquad (+) \quad (+)$$

在这个表达式中,替代效应肯定是负的,如同它一贯的那样;由于我们假定闲暇是一种正常商品,所以 $\Delta R/\Delta m$ 是正的。但$(\bar{R}-R)$也是正的,这样,整个式子的符号就不明确。不同于通常的消费者需求,闲暇需求的符号模棱两可,即使它是一种正常商品。随着工资率的增加,人们既可能工作得更多也可能工作得更少。

为什么会产生这种模棱两可的情形呢?当工资率增长时,替代效应表明,为了用消费替代闲暇,人们会工作得更多。然而随着工资率的增长,禀赋的价值也会有所增加。这好比是一笔额外的收入,完全可以用于额外的闲暇消费。究竟哪种效应更大是一个经验问

题,只依靠理论本身不能解决。我们必须考察人们实际的劳动供给决策才能确定哪一种效应占主导地位。

这种由工资率增长而引起的劳动供给减少,就是向后弯曲的劳动供给曲线所描述的情况。斯勒茨基方程告诉我们,$(\bar{R}-R)$越大,即劳动供给越多,这种效应越有可能发生。当$\bar{R}=R$时,消费者仅仅享受闲暇,因而此时工资率的增长只会单纯引起替代效应,从而导致劳动供给增加。但是,随着劳动供给的增加,工资的每次增长都会给消费者投入的全部工作时间带来额外的收入。因此,到了一定的程度,他也许会用这些额外的收入"购买"额外的闲暇——减少他的劳动供给。

图 9.9 显示了上述的向后弯曲的劳动供给曲线。当工资率较低时,替代效应大于收入效应,工资增长将会减少对闲暇的需求,从而导致劳动供给增加。但是,对于较高的工资率,收入效应却有可能超过替代效应,如果确是如此,工资增长就会使劳动供给减少。

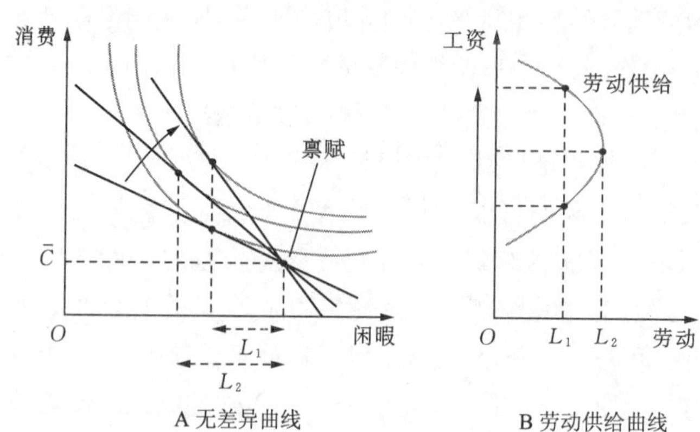

当工资率提高时,劳动供给从 L_1 增加到 L_2。但工资率的进一步提高却使劳动供给回到 L_1。

图 9.9 向后弯曲的劳动供给曲线

例子:加班与劳动供给

假设有这样一个工人,按图 9.10 所描述的工资率 w,他愿意提供的劳动量为 $L^* = \bar{R} - R^*$。假设公司对他的额外工作时间支付较高的工资,$w' > w$,这种支付称作*加班工资*。

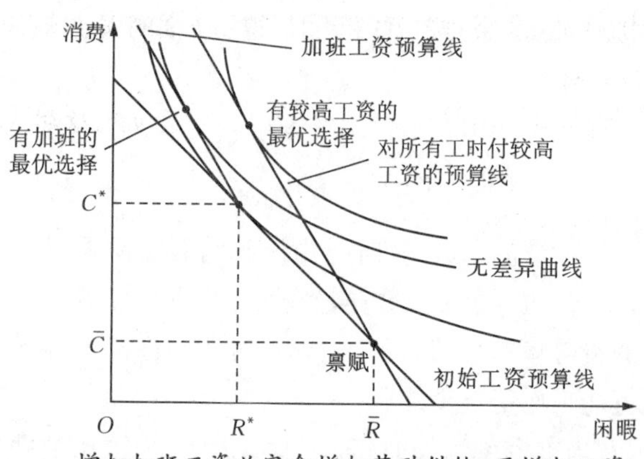

增加加班工资必定会增加劳动供给,而增加工资却可能会减少劳动供给。

图 9.10 增加加班工资与增加工资

参照图 9.10,这意味着,对于超过 L^* 的劳动供给,预算线的斜率将变得更陡峭。我们知道,此时工人的最优选择是提供比 L^* 更多的劳动时间,这是因为在加班之前就存在工作时间比 L^* 少的选择,但却被他拒绝了,所以,根据通常的显示偏好原理我们可以得出这个结论。

注意,加班工资无疑会增加劳动供给,但对全部工作时间都支付较高的工资却得到一种模棱两可的结果:如上所述,劳动供给既可能增加,也可能减少。这是因为，对加班工资的反应基本上是完全的替代效应——预算线绕选择点转动所导致的最优选择的变化。加班只是给额外的工作时间支付更高的报酬，而增加工资却是给全部工作时间都支付更高的报酬。因此，增加工资同时包含了替代效应和收入效应，而增加加班工资只会引起完全的替代效应。图9.10显示了这样的一个例子。图中，增加工资引起劳动供给减少，而增加加班工资却导致劳动供给增加。

小　结

1. 消费者通过出售他们的商品禀赋而得到收入。
2. 商品的总需求是消费者最终消费的数量。商品的净需求是消费者购买的数量。因而，净需求是总需求与禀赋之间的差异。
3. 预算约束具有斜率$-p_1/p_2$，并且通过禀赋束。
4. 当价格变动时，消费者必须出售的东西的价值将发生变化，从而产生斯勒茨基方程中的额外收入效应。
5. 劳动供给是收入和替代效应相互作用的一个有趣的例子。由于这两个效应的相互作用，劳动供给对工资率变化所作出的反应是模棱两可的。

复习题

1. 假设消费者的净需求是(5，−3)，禀赋是(4，4)，那么，他的总需求是多少？

2. 价格是$(p_1, p_2)=(2, 3)$，并且，消费者的现期消费是$(x_1, x_2)=(4, 4)$。存在这两种商品的完美市场，在那里商品进行买卖是没有成本的。消费者一定偏好消费需求束$(y_1, y_2)=(3, 5)$吗？他一定偏好拥有需求束(y_1, y_2)吗？

3. 价格是$(p_1, p_2)=(2, 3)$，消费者的现期消费是$(x_1, x_2)=(4, 4)$。现在价格变为$(q_1, q_2)=(2, 4)$。在这些新的价格下，消费者的境况会变得更好一些吗？

4. 美国现在使用的汽油约有一半是进口的，其余部分需要由国内生产来满足。石油价格能否上升一些以使得美国的境况变得更好？

5. 假设出现奇迹，一天的小时数从24增加到30(碰巧发生在考试周的前夕)，这将怎样影响预算约束？

6. 如果闲暇是一种低档商品，关于劳动供给曲线的斜率，你能得到什么结论？

附录

本书正文中对斯勒茨基方程的推导是存在一点问题的。当我们考虑禀赋的货币价值变动如何影响需求这个问题时，我们说这种影响等于$\Delta x_1^m/\Delta m$。在斯勒茨基的原方程中，这就是当收入发生变动时使原先的消费束仍能支付得起的那个需求变动率。但在禀赋价值发生变动时,这却并不一定等于需求变动率。让我们来更具体地研究这个问题。

令商品1的价格从 p_1 变到 p_1',使用 m'' 来表示由禀赋价值变动引起的按价格 p_1' 计算的新的货币收入。假设商品2的价格保持不变,因此我们可以不用把它作为需求函数中的一个变量。

根据 m'' 的定义,我们有

$$m''-m=\Delta p_1\omega_1$$

注意下面这个式子是完全正确的:

$$\begin{aligned}\frac{x_1(p_1',m'')-x_1(p_1,m)}{\Delta p_1}&=+\frac{x_1(p_1',m')-x_1(p_1,m)}{\Delta p_1}\quad(\text{替代效应})\\&-\frac{x_1(p_1',m')-x_1(p_1',m)}{\Delta p_1}\quad(\text{普通收入效应})\\&+\frac{x_1(p_1',m'')-x_1(p_1',m)}{\Delta p_1}\quad(\text{禀赋收入效应})\end{aligned}$$

(只要消掉右边具有相反符号的相同项。)

根据普通收入效应的定义,

$$\Delta p_1=\frac{m'-m}{x_1}$$

根据禀赋收入效应的定义,

$$\Delta p_1=\frac{m''-m}{\omega_1}$$

通过这些替代我们可以得到斯勒茨基方程的如下形式:

$$\begin{aligned}\frac{x_1(p_1',m'')-x_1(p_1,m)}{\Delta p_1}&=+\frac{x_1(p_1',m')-x_1(p_1,m)}{\Delta p_1}\quad(\text{替代效应})\\&-\frac{x_1(p_1',m')-x_1(p_1',m)}{m'-m}x_1\quad(\text{普通收入效应})\\&+\frac{x_1(p_1',m'')-x_1(p_1',m)}{m''-m}\omega_1\quad(\text{禀赋收入效应})\end{aligned}$$

用 Δs 的形式重写这个方程,我们有

$$\frac{\Delta x_1}{\Delta p_1}=\frac{\Delta x_1^s}{\Delta p_1}-\frac{\Delta x_1^m}{\Delta m}x_1+\frac{\Delta x_1^w}{\Delta m}\omega_1$$

这里唯一新出现的项是最后一项。它表示商品1的需求如何随收入变动而变动,乘以商品1的禀赋的积。显然这就是禀赋收入效应。

假设我们考虑的是非常微小的价格变动,因此伴随的收入变动一定也是非常微小的话,这两种收入效应的分式实际上就会相等,这是因为,在收入从 m 变到 m' 时的商品1的变动率应当和收入从 m 变到 m'' 时的商品1的变动率大致相等。对于这种微小的变动,我

们可以推出诸项并将最后两项收入效应写作

$$\frac{\Delta x_1^m}{\Delta m}(\omega_1 - x_1)$$

这样推得的斯勒茨基方程具有和以前推出的方程相同的形式：

$$\frac{\Delta x_1}{\Delta p_1} = \frac{\Delta x_1^s}{\Delta p_1} + (\omega_1 - x_1)\frac{\Delta x_1^m}{\Delta m}$$

如果我们想用微积分形式来表达斯勒茨基方程，我们可以对这个表达式取极限。或者，假如你喜欢，我们只要通过取偏微分，也可以直接推出修正的斯勒茨基方程。设 $x_1(p_1, m(p_1))$是商品 1 的需求函数，我们使式中的价格 2 保持不变，并认定货币收入通过关系 $m(p_1) = p_1\omega_1 + p_2\omega_2$ 而取决于商品 1 的价格。于是，我们可以写出

$$\frac{\mathrm{d}x_1(p_1, m(p_1))}{\mathrm{d}p_1} = \frac{\partial x_1(p_1, m)}{\partial p_1} + \frac{\partial x_1(p_1, m)}{\partial m}\frac{\mathrm{d}m(p_1)}{\mathrm{d}p_1} \tag{9.5}$$

由 $m(p_1)$的定义，我们可以知悉在价格变动时的收入变动

$$\frac{\partial m(p_1)}{\partial p_1} = \omega_1 \tag{9.6}$$

根据斯勒茨基方程，我们可以知悉在价格发生变动，而货币收入保持不变时需求是如何发生变动的：

$$\frac{\partial x_1(p_1, m)}{\partial p_1} = \frac{\partial x_1^s(p_1)}{\partial p_1} - \frac{\partial x(p_1, m)}{\partial m}x_1 \tag{9.7}$$

把方程(9.6)和方程(9.7)代入方程(9.5)，我们有

$$\frac{\mathrm{d}x_1(p_1, m(p_1))}{\mathrm{d}p_1} = \frac{\partial x_1^s(p_1)}{\partial p_1} + \frac{\partial x(p_1, m)}{\partial m}(\omega_1 - x_1)$$

这就是我们所想要的斯勒茨基方程形式。

▶10

跨时期选择

在这一章，我们将通过考察多时期储蓄和消费的选择，来继续研究消费者的行为。多时期的消费选择也称作跨时期选择。

10.1 预算约束

假设有这样一个消费者，他要对某种商品在两个时期的消费量作出选择。通常，我们会像第 2 章所描述的那样，把这种商品视为一种综合商品，但是如果你愿意，你也可以把它看作一种特定的商品。我们令(c_1, c_2)表示这种商品在每个时期的消费量，并假定它在每个时期的消费价格都恒等于 1。消费者在每个时期所拥有的货币量表示为(m_1, m_2)。

最初，假设消费者将货币从时期 1 转移到时期 2 的唯一途径是通过不生利息的储蓄。并且，假设他不可能借到货币，所以他在时期 1 最多只能花费 m_1。图 10.1 显示了这种预算约束的图形。

我们看到，这里存在两种可能的选择：消费者可以选择按(m_1, m_2)进行消费，这意味着在每个时期他恰好消费掉他同期的收入；或者，他可以选择时期 1 的消费低于他同期的收入。在后面这种情况中，消费者为时期 2 的消费而牺牲了他在时期 1 的某些消费。

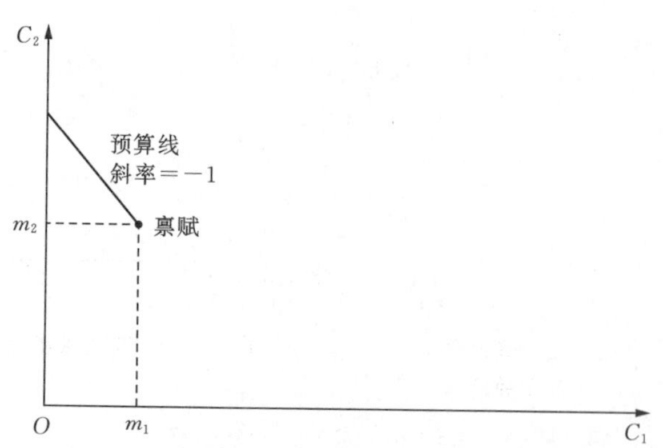

这是在利率为零和不允许借款条件下的预算约束。消费者在时期 1 的消费越少，它在时期 2 的消费就会越多。

图 10.1 预算约束

现在，假设消费者可以按某个利率 r 借贷货币。为方便起见，我们仍然保持每个时期的消费价格为 1。接下来，我们要推导这种情况下的预算约束。首先，假设消费者决定做一个储蓄者，所以他在时期 1 的消费 c_1 小于同期的收入 m_1。这种情况下，储蓄 m_1-c_1 使他可以按利率 r 获得利

息。他在时期 2 能够消费的数量可以表示为

$$\begin{aligned} c_2 &= m_2 + (m_1 - c_1) + r(m_1 - c_1) \\ &= m_2 + (1+r)(m_1 - c_1) \end{aligned} \tag{10.1}$$

上式表明,消费者在时期 2 能够消费的数量,等于同期的收入加上时期 1 的储蓄,再加上他因储蓄而获得的利息。

现在,假设消费者是一个借款者,从而在时期 1,他的消费超过他的收入。如果 $c_1 > m_1$,消费者就是一个借款者,他必须在时期 2 支付利息 $r(c_1 - m_1)$。当然,他还必须偿还借款 $c_1 - m_1$。这意味着他的预算约束是

$$\begin{aligned} c_2 &= m_2 - r(c_1 - m_1) - (c_1 - m_1) \\ &= m_2 + (1+r)(m_1 - c_1) \end{aligned}$$

这恰好是我们前面得到的公式。如果 $m_1 - c_1$ 为正值,消费者将因储蓄而获得利息;如果 $m_1 - c_1$ 为负值,消费者将因借款而支付利息。

如果 $c_1 = m_1$,那么,必然有 $c_2 = m_2$,此时,消费者既不是借款者,也不是贷款者。我们称这种消费状况是"波洛尼厄斯点"①。

我们可以重新排列上述的消费者预算约束,以得到其他两种有用的形式:

$$(1+r)c_1 + c_2 = (1+r)m_1 + m_2 \tag{10.2}$$

和

$$c_1 + \frac{c_2}{1+r} = m_1 + \frac{m_2}{1+r} \tag{10.3}$$

注意,这两个方程都具有下面的一般形式

$$p_1 x_1 + p_2 x_2 = p_1 m_1 + p_2 m_2$$

在方程(10.2)中,$p_1 = 1+r$ 且 $p_2 = 1$。在方程(10.3)中,$p_1 = 1$, $p_2 = 1/(1+r)$。

我们认为,方程(10.2)是用终值表示预算约束,方程(10.3)则是用现值表示预算约束。使用这些术语的原因在于,在第一个预算约束中,将来消费的价格被视为 1,而在第二个预算约束中,现在消费的价格被看作 1。第一个预算约束用时期 2 的价格来度量时期 1 的价格,第二个方程则正好相反。

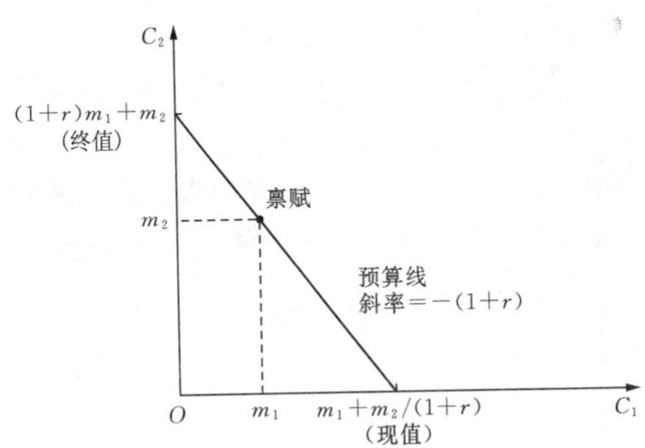

预算线的横截距度量的是禀赋的现值,纵截距度量的是禀赋的终值。

图 10.2 现值和终值

图 10.2 给出了终值和现值的几何解释。两个时期的货币禀赋的现值等于,在

① "不要向别人借钱,也不要借钱给别人;因为借钱给别人,通常会使你既失去钱财,又失去朋友;而向别人借钱,则会使你丢掉节俭的美德。"《哈姆莱特》第一幕第三场,波洛尼厄斯(Polonius)对他儿子的忠告。

时期 1 可以产生与禀赋相同的预算集的货币量。这恰好就是预算线的横截距,它给出了时期 1 可能消费的最大数量。考察预算约束,这个数量为 $\bar{c}_1 = m_1 + m_2/(1+r)$,它就是禀赋的现值。

同样,预算线的纵截距表示的是时期 2 可能消费的最大数量,它出现在 $c_1 = 0$ 处。再次依据预算约束,我们可以求得这个数量,即 $\bar{c}_2 = (1+r)m_1 + m_2$,它就是禀赋的终值。

现值是表示跨时期预算约束的更为重要的形式,因为它是用现值来度量终值的,这也是我们通常考察这种问题的方式。

从上述的任意一个方程,我们都可以很容易地看清楚这种预算约束的形式。预算线经过点(m_1, m_2),它始终是一种消费者支付得起的消费模式,并且,预算线的斜率是$-(1+r)$。

10.2 消费偏好

现在,我们考虑用无差异曲线表示的消费者偏好。无差异曲线的形状表明消费者对不同时期消费的嗜好。举例来说,如果我们绘制一簇斜率恒等于-1的无差异曲线,那么它们表示的是某个在今天消费和明天消费之间无差异的消费者的嗜好。对这个消费者来说,今天消费和明天消费之间的边际替代率等于-1。

如果我们画的是一簇表示完全互补的无差异曲线,那么它们表明,消费者想要使今天的消费量等于明天的消费量。这样的消费者不会愿意用一个时期的消费替代另一个时期的消费,不论这样做可以给他带来多大的收益。

与往常一样,更合理的还是良态偏好这种中间状况:消费者愿意用一部分今天的消费替代明天的消费,至于他愿意替代的数量则取决于他特有的消费模式。

这种情况下,偏好呈凸性是非常自然的,因为在凸性偏好下消费者愿意在每个时期都消费一个"平均"的数量,而不是今天消费很多明天一点也不消费,或者相反。

10.3 比较静态分析

给定一个消费者的预算约束,以及他对两个时期消费的偏好,我们就能考察最优的消费选择(c_1, c_2)。如果消费者选择一个 $c_1 < m_1$ 的点,我们称他是一个贷款者;如果消费者选择一个 $c_1 > m_1$ 的点,我们称他是一个借款者。图 10.3A 显示的是消费者作为借款者的情况,图 10.3B 显示的是消费者作为贷款者的情况。

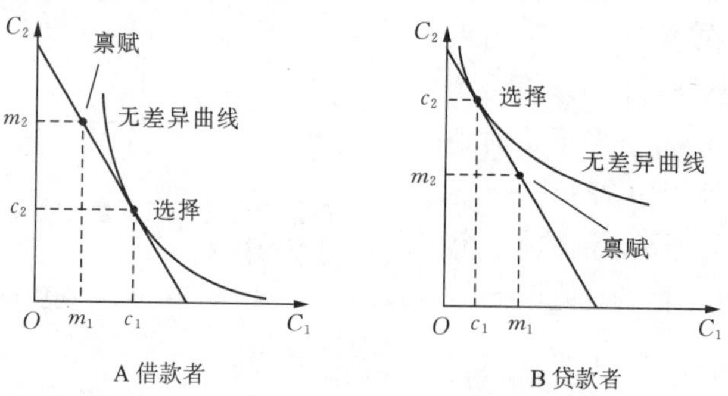

图 A 表示的是借款者的情况,因为 $c_1 > m_1$;图 B 表示的是贷款者的情况,因为 $c_1 < m_1$。

图 10.3 借款者和贷款者

现在,我们来研究消费者是如何对利率变动作出反应的。从方程(10.1)我们看到,利率上升一定会使得预算线更加陡峭:对于 c_1 的既定下降幅度,利率上升能使消费者在时期2获得更多的消费。当然,禀赋总是可以支付得起的,所以预算线的这种移动,实质上是围绕禀赋点的转动。

我们还可以分析,成为一个借款者还是一个贷款者的选择是如何随着利率的变动而变化的。这里有两种情况,取决于消费者最初是借款者还是贷款者。首先,假定他是一个贷款者,那么我们一定可以得出这样的结论:如果利率上升,这个消费者必定还会选择做一个贷款者。

图10.4阐明了这个论点。如果消费者最初是一个贷款者,那么他的消费束一定位于禀赋点的左边。现在,如果利率上升,消费者有可能移到禀赋点右边的新的消费点上去吗?

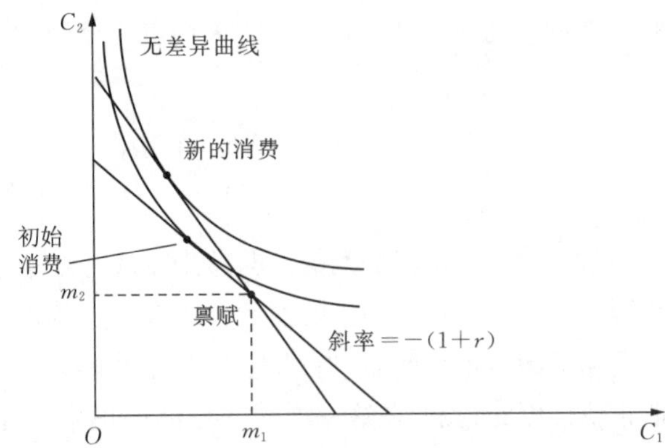

利率上升使预算线绕禀赋点转动到一个更陡峭的位置;显示偏好隐含着新的消费束一定位于禀赋点的左边。

图10.4 如果一个人是贷款者,那么利率上升后,他仍然会是一个贷款者

不能,因为这将违反显示偏好原理:当消费者面临初始预算集时,他可以得到新预算线上禀赋点右边的选择,但他拒绝了所有这些选择,并选择了初始的最优消费束。由于在新预算线下,初始的最优消费束仍是可以获得的,所以新的最优消费束一定是初始预算集外面的一点——这意味着它一定位于禀赋点的左边。当利率上升时,消费者一定还是贷款者。

上述分析同样也适用于借款者:如果消费者一开始是借款者,那么,当利率下降时,他仍然是一个借款者。(你可以勾勒一幅与图10.4相似的图形,看你是否能清楚地说明这个论点。)

因此,如果某人是一个贷款者,那么利率上升后他仍然是一个贷款者;如果某人是一个借款者,那么,利率下降后他仍然是一个借款者。另一方面,如果某人是一个贷款者,那么利率下降时他有可能转变为一个借款者;同样,利率上升有可能使一个借款者变成一个贷款者。对于后面这两种情况,显示偏好并不能作出解释。

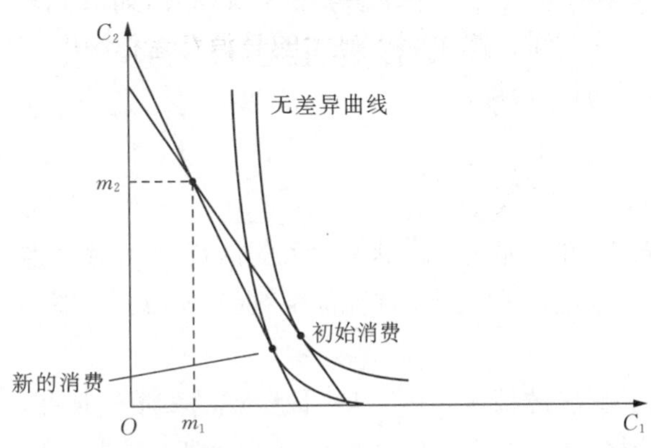

如果借款者所面临的利率上升,并且消费者决定仍然做一个借款者,那么他的境况肯定会变坏。

图10.5 利率上升使一个借款者的境况变坏

显示偏好也可以用来判断消费者福利是如何随着利率的变动而变化的。消费者起初是个借款者,但在利率上升后,他却决定仍然做一个借款者,那么在新的利率下,他的境况一定会变坏。图10.5阐明了这个论点;如果消费者仍然是一个借款者,那么他一定会在这样一个点上经营:这个点在初始预算集下是可以支付得起的,但它却没有被选择。因此,这种变动意味着他的境况必定会变坏。

10.4 斯勒茨基方程和跨时期选择

如同第9章的描述,我们可以利用斯勒茨基方程,将因利率变动而引起的需求变动分解为收入效应和替代效应。假设利率上升,这将对每个时期的消费产生怎样的影响呢?

这里,使用终值预算约束比使用现值预算约束更容易分析。在终值预算约束下,提高利率如同提高今天消费相对于明天消费的价格。写出斯勒茨基方程,我们得到

$$\underset{(?)}{\frac{\Delta c_1^t}{\Delta p_1}}=\underset{(-)}{\frac{\Delta c_1^s}{\Delta p_1}}+\underset{(?)}{(m_1-c_1)}\underset{(+)}{\frac{\Delta c_1^m}{\Delta_m}}$$

替代效应与价格变动的方向总是相反。在这种情况下,时期1的消费价格上涨,替代效应表明消费者在时期1的消费会下降。这就是替代效应下方负号的含义。我们假设该时期消费的是正常商品,所以上式的最后一项——消费如何随着收入的变动而变动——取正值。因此,我们在这一项的下方标记正号。现在,整个表达式的符号就取决于(m_1-c_1)的符号。如果某人是借款者,那么这一项就是负的,从而整个表达式一定取负值——对于一个借款者来说,利率上升必定使他减少今天的消费。

为什么会出现这种结果呢?当利率上升时,替代效应总是会减少今天的消费。对于一个借款者来说,利率的提高意味着他明天必须支付更多的利息。这种效应促使他在时期1减少借款,从而减少消费。

对于一个贷款者来说,整体效应是不确定的。总效应是负的替代效应和正的收入效应的加总。从贷款者的角度看,利率上升可以给他带来许多额外收入,从而使他愿意在时期1消费更多的数量。

利率变动的效应并不难理解。如同其他任何价格变动的情况,利率变动也具有替代效应和收入效应。但是,如果没有像斯勒茨基方程这样一个工具来区分不同的效应,利率变动的效应就可能很难分析。而有了这样一个工具,我们就可以直接地分析这些效应。

10.5 通货膨胀

上述分析都是借助一般"消费"物品来进行的。放弃Δc单位今天的消费,可以使消费者购买$(1+r)\Delta c$单位明天的消费。这一分析隐含地假定消费"价格"保持不变——既不存在通货膨胀,也不存在通货紧缩。

但是,修正我们的分析使它能适应通货膨胀的情况,并不是一件困难的事情。现在,我们假设消费品在每个时期具有不同的价格。为方便起见,选择今天的消费价格为1,明天的消费价格为p_2。同样,用消费物品的单位来度量禀赋也是非常方便的,所以时期2的禀赋的货币价值为p_2m_2。这样,消费者在时期2能够支配的货币数量就可以表示为

$$p_2c_2=p_2m_2+(1+r)(m_1-c_1)$$

从而它在时期 2 可以获得的消费数量是

$$c_2=m_2+\frac{(1+r)}{p_2}(m_1-c_1)$$

注意,这个方程与前面给出的方程十分相似——只是在这里,我们使用的是 $(1+r)/p_2$ 而不是$(1+r)$。

我们用通货膨胀率来表示预算约束。通货膨胀率 π 就是价格的上涨率。由于 $p_1=1$,我们有

$$p_2=1+\pi$$

由它我们可以得到

$$c_2=m_2+\frac{1+r}{1+\pi}(m_1-c_1)$$

我们再创建一个新的变量 ρ,即实际利率,并把它定义为

$$1+\rho=\frac{1+r}{1+\pi}$$

这样,预算约束就变成

$$c_2=m_2+(1+\rho)(m_1-c_1)$$

1 加上实际利率 ρ 度量的是,你在时期 1 放弃的若干消费是你在时期 2 所能得到的额外消费。这是它被称作实际利率的原因:它表明的是你能得到的额外消费,而不是额外的美元数。

美元利率又称作名义利率。如上所述,这两种利率之间的关系由下面的式子给出:

$$1+\rho=\frac{1+r}{1+\pi}$$

为了求得 ρ 的显性表达式,我们将这个方程记为

$$\rho=\frac{1+r}{1+\pi}-1=\frac{1+r}{1+\pi}-\frac{1+\pi}{1+\pi}=\frac{r-\pi}{1+\pi}$$

这就是实际利率的精确表达式,但是我们通常使用的只是一个近似表达式。如果通货膨胀率并不太高,那么这个分式中的分母就只是略微大于 1。因此,实际利率可以近似地表示为

$$\rho\approx r-\pi$$

它表示实际利率恰好是名义利率减去通货膨胀率(符号"≈"表示"约等于")。这个表达式非常容易理解:如果名义利率为 18%,当价格上涨 10%后,实际利率——如果你现在放弃若干消费,你在下个时期所能得到的额外消费——将大约是 8%。

当然,在制定消费计划时,我们总是着眼于未来。一般地,我们知道下一个时期的名

义利率,但并不知道下一个时期的通货膨胀率。因此,实际利率通常被看作现行的利率扣减预期的通货膨胀率。人们对明年的通货膨胀率有不同的预期,相应地,他们对实际利率也有不同的估计。如果人们能够合理地预测通货膨胀率,那么这些估计的偏差就不会太大。

10.6 现值:更仔细的研究

现在,我们回到 10.1 节中方程(10.2)和(10.3)所表示的那两种形式的预算约束,即

$$(1+r)c_1+c_2=(1+r)m_1+m_2$$

和

$$c_1+\frac{c_2}{(1+r)}=m_1+\frac{m_2}{(1+r)}$$

考虑这两个方程的右边。我们认为,第一个方程用终值表示禀赋的价值,第二个方程用现值表示禀赋的价值。

我们首先考察终值这个概念。如果我们能够按利率 r 借款和贷款,那么与今天的 1 美元等价的终值应该是多少呢?答案是$(1+r)$美元。这就是说,只要按利率 r 把钱借给银行,今天的 1 美元就可以变成明天的$(1+r)$美元。换句话说,下一个时期的$(1+r)$美元等价于今天的 1 美元,因为它是你为购买——即借入——今天的 1 美元,而在下一个时期必须支付的美元数。价值$(1+r)$是用下一个时期的美元表示的今天 1 美元的价格。从第一个预算约束可以很容易地看清楚这一点:这个约束是以将来的美元为单位来表示的——时期 2 的美元价格为 1,时期 1 的美元则是用时期 2 的美元来度量的。

现值的情形又如何呢?恰好相反,一切都以今天的美元为单位来度量。以今天的 1 美元为单位,下一个时期的 1 美元的价值是多少呢?答案是 $1/(1+r)$美元。这是因为,只要把 $1/(1+r)$美元存入银行,按利率 r,到下一个时期它就会变成 1 美元。下一个时期要支付的 1 美元的现值是 $1/(1+r)$美元。

现值的概念给了我们另一种表达两时期消费的预算问题的方法:如果消费的现值等于收入的现值,那么这项消费计划就是可行的。

现值概念还有一层重要含义,它与第 9 章所描述的以下观点密切相关:如果消费者能够按不变价格自由买卖商品,那么消费者总会偏好具有较高价值的禀赋,而不是具有较低价值的禀赋。在跨时期决策的情形下,这个原理隐含着:*如果消费者能够按固定利率进行借贷,那么消费者始终偏好具有较高现值的收入模式,而不是具有较低现值的收入模式。*

基于与使第 9 章的命题成立相同的原因,这种观点也是成立的:具有较高价值的禀赋产生的预算线离原点较远。新预算集包括原预算集,这意味着消费者在拥有原预算集下的全部消费机会以外,又增加了许多新的消费机会。经济学家有时认为,具有较高现值的禀赋占优于具有较低现值的禀赋,这是因为与出售具有较低现值的禀赋相比,出售具有较高现值的禀赋可以使消费者在每个时期得到更多的消费。

当然,如果一种禀赋的现值比另一种禀赋的现值大,那么这种禀赋的终值也一定较

大。但是，现值是度量跨时期货币禀赋的购买力的一种更为简便的方法，它也是我们将给予最大关注的度量形式。

10.7 跨时期的现值分析

我们接下来考察一个三时期的模型。假设我们在每个时期都能按利率 r 借贷货币，并且利率在三个时期内都保持不变。于是，与以往相同，用时期 1 的消费表示的时期 2 的消费价格应该是 $1/(1+r)$。

时期 3 的消费价格又是多少呢？很显然，如果今天投资 1 美元，那么，到下一个时期它就会变成 $(1+r)$ 美元；如果我们将这笔钱再投资，那么到第三个时期它就会增加到 $(1+r)^2$ 美元。因此，如果今天投资 $1/(1+r)^2$ 美元，到时期 3 我们就会拥有 1 美元。相应地，用时期 1 的消费表示的时期 3 的消费价格是 $1/(1+r)^2$。时期 3 的每 1 美元的额外消费，对应的是时期 1 的 $1/(1+r)^2$ 美元的支出。这意味着预算约束具有以下的形式：

$$c_1+\frac{c_2}{1+r}+\frac{c_3}{(1+r)^2}=m_1+\frac{m_2}{1+r}+\frac{m_3}{(1+r)^2}$$

这与我们前面见到的预算约束一样，在这里，用今天的消费表示的时期 t 的消费价格记为

$$p_t=\frac{1}{(1+r)^{t-1}}$$

与以往一样，任何消费者都偏好按这些价格计算的现值较高的禀赋，因为这样做一定会使预算集向外扩展。

我们已经推导出了不变利率假设条件下的预算约束，但是，这很容易推广到利率变化的情况。例如，假设从时期 1 到时期 2 的储蓄利息是 r_1，从时期 2 到时期 3 的储蓄利息是 r_2，于是，时期 1 的 1 美元到时期 3 就会增至 $(1+r_1)(1+r_2)$ 美元。相应地，时期 3 的 1 美元的现值就是 $1/(1+r_1)(1+r_2)$。这意味着预算约束的修正形式是

$$c_1+\frac{c_2}{1+r_1}+\frac{c_3}{(1+r_1)(1+r_2)}=m_1+\frac{m_2}{1+r_1}+\frac{m_3}{(1+r_1)(1+r_2)}$$

这个表达式并不难处理，但是通常我们只需要考察不变利率的情况。

表 10.1 展示了这样几个例子：未来 t 年的 1 美元按不同利率计算的现值。值得注意的是，按某些“合理”的利率，现值的下降幅度竟如此之大。例如，按 10%的利率计算，20 年后的 1 美元的现值只有 15 美分。

表 10.1 将来 t 年 1 美元的现值

利率 \ 年数	1	2	5	10	15	20	25	30
0.05	0.95	0.91	0.78	0.61	0.48	0.37	0.30	0.23
0.10	0.91	0.83	0.62	0.39	0.24	0.15	0.09	0.06
0.15	0.87	0.76	0.50	0.25	0.12	0.06	0.03	0.02
0.20	0.83	0.69	0.40	0.16	0.06	0.03	0.01	0.00

10.8 现值的应用

首先,我们考虑一个重要的一般原理:*现值是将收入流折算成今天的美元的唯一正确的方法*。现值度量的是消费者货币禀赋的价值,从现值的这一定义中可以直接推出这个原理。只要消费者能按不变利率自由借贷,与现值较低的禀赋相比,具有较高现值的禀赋总是能在每个时期产生更多的消费。不论你对不同时期消费的嗜好如何,你都会偏好具有较高现值的货币流,而不是现值较低的货币流,因为这种偏好总会使你在每个时期拥有更多的消费可能性。

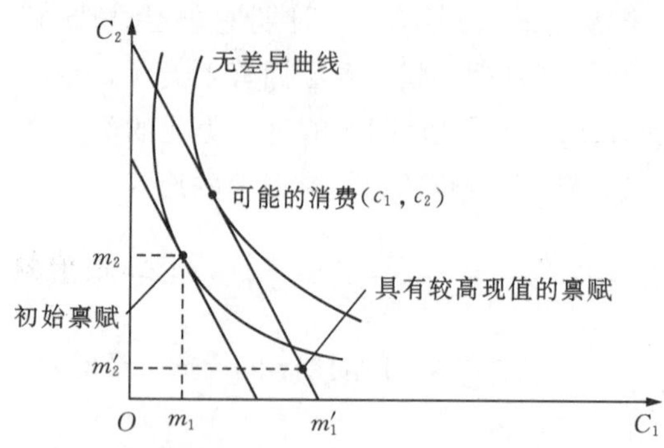

如果消费者能够按市场利率借贷,那么,具有较高现值的禀赋就会使他在每个时期拥有更多的消费可能性。

图 10.6 较高的现值

图 10.6 阐明了这个论点。图中,(m_1', m_2')是一个比消费者的初始禀赋要差的消费束,因为它位于经过初始禀赋的无差异曲线的下方。但是,如果消费者能够按利率 r 进行借贷,他就会偏好(m_1', m_2')胜过偏好(m_1, m_2),这是因为,在禀赋(m_1', m_2')下,他能支付得起像(c_1, c_2)这样的消费束,而消费束(c_1, c_2)显然要好于他目前的消费束。

现值的一个非常重要的应用是评估不同的投资。如果你想要比较产生不同收入流的两项投资,以找到更有利的投资,那么你只要简单地计算出它们的现值,然后选择现值较大的一项投资即可。具有较大现值的投资总会给你带来更多的消费可能性。

有时,收入流必须用跨时期的支付流来购买。例如,我们可以用"从银行抵押借款并在若干年内分期支付"的办法购买一幢公寓。假设支付流(P_1, P_2)可以购买收入流(M_1, M_2)。

在这种情况下,我们可以通过比较收入流和支付流的现值来评估投资。如果

$$M_1+\frac{M_2}{1+r}>P_1+\frac{P_2}{1+r} \tag{10.4}$$

即收入流的现值超过支付流的现值,那么,这就是一项好的投资——它将增加禀赋的现值。

评估投资的一种等价的方式是使用净现值的概念。为了计算净现值,我们需要在每个时期求净现金流,然后再将这些净现金流折算成现值。在这个例子中,净现金流是(M_1-P_1, M_2-P_2),所以,净现值为

$$NPV=M_1-P_1+\frac{M_2-P_2}{1+r}$$

将这个式子与式(10.4)进行比较,我们发现,一项投资值得进行的充分必要条件是它的净现值为正值。

净现值法非常便利，因为它只要求我们在每个时期把正的和负的现金流加总在一起，然后再将得到的现金流折现。

例子：收入流的估价

假设我们正在考虑A和B两项投资方案。投资A今年的收入为100美元，第二年的收入为200美元。投资B今年的收入为零，第二年的收入为310美元。哪一项投资更好？

答案取决于利率。如果利率为零，那么，答案很清楚——只需要将收入相加。因为如果利率为零，现值就简化为收入的加总。

如果利率为零，投资A的现值是

$$PV_{A}=100+200=300$$

投资B的现值是

$$PV_{B}=0+310=310$$

所以，我们偏好投资B。

但如果利率足够高，我们就会得到相反的结果。例如，假设利率是20%，那么，现值就变成

$$PV_{A}=100+\frac{200}{1.2}=266.67$$

$$PV_{B}=0+\frac{310}{1.2}=258.33$$

现在，A成为更有利的投资。投资A在早期能够实现更多的货币收入，这意味着当利率足够高时，投资A具有较高的现值。

例子：一张信用卡的真实成本

通过信用卡透支货币是昂贵的：许多公司索要的年利率为15%—21%。但是，考虑到计算这些财务费用的方式，信用卡借款的实际利率远远高于这个水平。

假设一张信用卡的持有人在某月的第一天赊购了一笔2 000美元的货物，并且一个月的财务费用率为1.5%。如果消费者在本月结束前还清了全部的借款余额，他就不需要支付任何的财务费用。如果消费者没有作出任何的偿付，他就必须在第二个月的开始支付一笔2 000×1.5%=30美元的财务费用。

如果在本月的最后一天，消费者对于2 000美元的借款余额只偿付了1 800美元，情况又会如何呢？在这种情况下，消费者只借款200美元，所以财务费用应该是3美元。但是，许多信用卡公司向消费者索取的费用远不止这些。原因是许多公司的财务费用是基于“平均月度余额”计算的，即使部分的借款余额在本月结束前已经还清。在这个例子中，平均月度余额大约是2 000美元(30天内是2 000美元，1天内是200美元)。因此，即使消费者只借款200美元，财务费用却只是稍微低于30美元。基于借款的实际数量，这里的利率是每月15%！

例子：延长版权保护期

美国宪法第一条第八款是“为促进科学和实用技艺的进步，对作家和发明家各自的著

作和发明,给予有限期限的排他性权利",这个条款赋予了国会保护专利和版权的权力。

"有限期限"的含义是什么?美国对专利的保护期限是固定的20年,但对版权的保护期限却存在很大差异。

国会在1790年通过的第一部版权法规定了14年的保护期和延续更新的14年保护期。随后,1831年将版权的保护期延长到了28年。1909年,在1831年的28年版权保护期的基础上,允许再附加申请继续保护28年的选择权。版权的保护期在1962年延长到了47年,在1978年延长到了67年。1967年规定的版权保护期是作者的生存期及死后的50年,"雇佣作品"的版权保护期是75年。1998年的Sonny Bono延长版权保护期的法案将个人作品的版权保护期延长到了作者的生存期及死后的70年,而"雇佣作品"的版权保护期变成75年至95年。

问题是"作者的生存期及死后的70年"是否还应该理解成有限的期限?人们或许会问这样的问题:为鼓励作者创作更多的作品,1998年延长版权保护期的法案创造的附加激励是什么?

现在,我们考虑一个简单的事例。假设年利率是7%,版权保护期从80年延长到100年的现值的增加量只相当于前80年版权保护期的现值的0.33%。既然是遥远未来的事情,额外增加的20年版权保护期几乎不影响作品创作期的版权的现值。因此,版权法案很可能一开始只为作品创作提供了微不足道的额外激励。

尽管延长版权保护期只带来微不足道的价值增加,为何还有人愿意为延长版权保护期的法案而支付游说费用呢?答案在于:1998年的法案溯及既往地延长版权保护期,使得版权保护期即将结束的作品能重新获得新的保护期限。

例如,人们普遍认为迪斯尼公司积极游说通过延长版权保护期的法案的理由是,其原创的米老鼠电影《汽船威利号》(*Steamboat Willie*)的版权保护期快结束了。

由于作者最关心的事情是出现在作品创作时的激励因素,因而这种溯及既往的延长版权保护期的方法毫无经济意义。即使没有这种溯及既往的延长版权保护期的方案,只要额外的版权保护期的经济价值很低,就不太可能有人会费神要求延长版权保护期。

10.9 债券

证券是承诺作出某种形式的支付安排的金融工具。由于人们需要多种支付安排,所以存在多种金融工具。金融市场使人们有机会交换不同模式的跨时期现金流。通常,这些现金流用来为某个时期的消费提供资金。

这里,我们要研究的一种具体证券是债券。债券是由政府或公司发行的。它基本上是一种借款的方式。借款人——发行债券的行为人——承诺在每个时期支付固定数量的x美元(*息票*),直至某个日期T(*到期日*)为止,在到期日,借款人向债券的持有人支付F美元(*面值*)。

因此,债券的收入流形如(x, x, x, …, F)。如果利率不变,这种债券的折现值就很容易计算。它可以表示为

$$PV=\frac{x}{(1+r)}+\frac{x}{(1+r)^2}+\cdots+\frac{F}{(1+r)^T}$$

注意,如果利率上升,债券的现值就会下降。这是为什么呢?当利率提高时,将来支付的 1 美元的现值会下降,所以,债券未来收入流的价值现在就要降低。

债券市场既大又发达。未清偿债券的市场价值将随着利率的波动而波动,这是因为由债券代表的收入流的现值将发生变化。

一种令人特别感兴趣的债券是永久支付利息的公债。这些债券称作统一公债或终身年金。假设我们考虑一种统一公债,它承诺永久性地每年支付 x 美元。为了计算这种统一公债的价值,我们需要计算以下无穷级数的和:

$$PV=\frac{x}{(1+r)}+\frac{x}{(1+r)^2}+\cdots$$

计算这个级数的技巧是把因子 $1/(1+r)$ 提出:

$$PV=\frac{1}{1+r}\left[x+\frac{x}{(1+r)}+\frac{x}{(1+r)^2}+\cdots\right]$$

方括号中的项恰好是 x 加上现值!代入并求解 PV:

$$PV=\frac{1}{(1+r)}[x+PV]$$
$$=\frac{x}{r}$$

这样做并不困难,但有一种更简单的办法可以立即得到答案。如果你想永久地获得 x 美元,按利率 r 计算你需要持有多少货币 V?直接写出方程

$$Vr=x$$

它意味着 V 的利息一定等于 x。这样,这项投资的价值就可以表示为

$$V=\frac{x}{r}$$

所以,我们得到这样一个结论:承诺永久支付 x 美元的统一公债的现值,一定可以表示为 x/r。

对于统一公债,我们可以直接观察到,利率提高是如何降低它的价值的。例如,假设一种统一公债在发行时的利率是 10%。如果它承诺永久地每年支付 10 美元,那么,它现在的价值就是 100 美元——因为 100 美元将每年产生 10 美元的利息。

现在假设利率上升到 20%。统一公债的价值必定会降到 50 美元,因为按 20%的利率,它现在只需要 50 美元就可以每年产生 10 美元的利息。

统一公债公式通常可以用来计算长期债券的近似价值。举例来说,如果利率是 10%,30 年后的 1 美元现在只值 6 美分。对于我们通常面临的利率水平,30 年可能也是一个无穷大。

例子:分期偿还的贷款

假设你借到一笔1 000美元的贷款,你承诺每个月偿还100美元,并在12个月内还清。你支付的利率是多少?

乍一看,你的借款利率是20%:你借款1 000美元,却总共要偿还1 200美元。但是,这种分析是错误的。因为从1个整年的角度看,你的实际借款额并不是1 000美元。最初你借款1 000美元,但一个月后要偿还100美元。因此,一个月后你实际只借到900美元,并且在第二个月你只需支付900美元本月所产生的利息。当持有900美元满一个月后,你又要偿还100美元,依此类推。

最终,这笔贷款的实际支付流为

$$(1\,000,\ -100,\ -100,\ \cdots,\ -100)$$

使用计算器或计算机,我们就可以求出使上述支付流的现值等于零的利率。你在分期偿还借款上支付的真实利率大约是35%!

10.10 税收

在美国,利息收入是作为普通收入课税的。这意味着,利息收入和劳动收入所支付的税率相同。假设你的边际税级为 t,那么,每增加额外一单位的美元收入 Δm,你的税负就要增加 $t\Delta m$。如果你对一种资产投资 X 美元,你就能获得利息收入 rX。但是,你还必须对这项收入支付税额 trX,所以你的税后收入只有 $(1-t)rX$。我们把利率 $(1-t)r$ 称作税后利率。

如果你决定借入而不是贷出 X 美元,情况又会如何呢?很显然,你必须为这笔借款支付利息 rX。在美国,某些利息支付可以抵扣税款,但另一些则不可以。例如,抵押借款的利息支付是可以抵扣税款的,但普通消费借款的利息支付则不能抵扣税款。另一方面,企业的大多数利息支付都能够抵扣税款。

如果一项特定的利息支付可以抵扣税款,你就能从其他应税收入中扣除这项利息支付,并只对剩余的收入纳税。于是,你所支付的 rX 美元利息将使你的纳税额减少 trX。最终,你借入的 X 美元的全部成本等于 $rX-trX=(1-t)rX$。

因此,对于处在相同税级的纳税人,不论是借款人还是贷款人,税后利率都是相同的。对储蓄课税会减少人们想要储蓄的货币量,而对借款补贴却会增加人们想要借入的货币量。

例子:奖学金和储蓄

在美国,许多学生可以获得某种形式的财务援助以应付高校生活的各种开支。一个学生可以得到的财务援助的数量取决于许多种因素,但其中一种重要的因素是家庭支付高校费用的能力。美国的大多数学院和大学都在使用一种由大学入学考试委员会(College Entrance Examination Board, CEEB)计算的对这种支付能力的标准度量。

如果某个学生想申请财务援助,他或她的家庭就必须完成一份描述其财务状况的调查问卷。CEEB利用有关学生父母收入和财产的信息,来创建一个对“调整后的可支配收入"的测度。父母对"调整后的可支配收入"的贡献度大约在22%—47%之间，具体的份额要取决于收入水平。在1985年，大约拥有35 000美元税前收入的双亲预期能为子女支付7 000美元的高校费用。

父母积累的财产每增加额外1单位美元，都会提高他们的预期贡献度，并降低其子女有望获得的财务援助的数量。CEEB所使用的公式有效地实现了对为子女高等教育而储蓄的父母征税。身为国民经济研究局（National Bureau of Economic Research, NBER）主席以及哈佛大学经济学教授的马丁·费尔德斯坦曾经计算过这种税收的规模。①

考虑这样一户家庭的情况，父母在自己的女儿刚考入大学时储蓄额外一个单位的美元。按6%的利率，现在的1美元在4年后的终值大约是1.26美元。由于必须对这部分利息收入支付联邦税和州税，这1美元的储蓄在4年内只能赚取1.19美元的税后利息收入。但是，由于额外1美元的储蓄增加了父母的总资产，在总共的4个学年内，他们的女儿在每个学年所获得的援助数量都下降了。最终，这种"教育税"的效应使得现在的1美元在4年后的终值只有87美分。这等价于150%的收入税。

费尔德斯坦还对一组有未入高校子女的中等收入家庭的样本进行了考察，以研究他们的储蓄行为。他推测，考虑联邦税、州税和"教育税"的综合影响，一户拥有40 000美元年收入以及两个高校适龄子女的家庭的储蓄额要比在其他情况下减少50%。

10.11 利率的选择

在上面的讨论中，我们谈到了"利率"。实际生活中存在许多种利率，例如，名义利率、实际利率、税前利率、税后利率、短期利率、长期利率，等等。在进行现值分析时，使用哪一种利率比较"合适"?

回答这个问题的思路是考虑基本原理。折现值这个概念之所以产生，是因为我们要将一个时点上的货币转换成另一个时点上的等价的货币量。"利率"就是对一项投资的报酬，这种投资能够使我们以上述方式转移资金。

当存在各种可供选择的利率时，如果我们想要进行这种分析，我们就要考虑哪一种利率的特点最接近于我们试图估价的收入流。如果不对收入流征税，我们就应该使用税后利率；如果收入流要持续30年，我们就应该使用长期利率；如果收入流具有风险，我们就应该使用具有相似风险特征的投资的利率。（后面我们将详细说明最后这句话的真正含义。）

利率度量的是资金的*机会成本*——货币用于其他用途时所产生的价值。因此，每一种收入流都应该与其他的最优选择进行比较，就税收、风险和流动性而言，它们都具有相似的特征。

---

① 马丁·费尔德斯坦(Martin Feldstein)：《学院奖学金制度和私人储蓄》，《美国经济评论》，总第85期，第3页(1995年6月)。

小　结

1. 跨时期消费的预算约束可以表示为现值或终值的形式。
2. 前面推导出的一般选择问题的比较静态结果同样适用于跨时期消费问题。
3. 实际利率度量的是,你放弃今天的某些消费因而在将来可以得到的额外消费。
4. 按不变利率进行借贷的消费者,总是偏好具有较高现值的禀赋,胜过偏好现值较低的禀赋。

复习题

1. 如果利率是20%,那么20年后支付的100万美元在今天的价值是多少?

2. 当利率提高时,跨时期的预算约束是变得更陡峭还是更平坦?

3. 在研究跨时期的食品购买时,商品完全替代的假设是否仍然有效?

4. 一个消费者,最初他是一个贷款人,并且即使利率下跌后,他仍然是一个贷款人。在利率变动后,这个消费者的境况是变好还是变坏?如果这个消费者在利率变动后转变为一个借款人,他的境况是变好还是变坏?

5. 如果利率是10%,一年后的100美元的现值是多少?如果利率是5%,它的现值又是多少?

▶11

资产市场

资产是长期提供服务流的商品。它可以提供消费服务流，如住房提供的服务，或者，它也可以提供能用来购买消费品的货币流。提供货币流的资产称作金融资产。

我们在上一章讨论的债券就是金融资产的例子。债券提供的服务流就是它所支付的利息流。其他金融资产，如公司股票，提供的则是不同模式的现金流。在这一章，我们将在资产所提供的将来服务流完全确定的条件下，研究资产市场的功能。

11.1 报酬率

根据这种公认的极端的假设，我们有一条关于资产报酬率的简单原理，这就是：如果资产所提供的现金流不存在不确定性，那么所有的资产就一定具有相同的报酬率。理由很明显：如果一项资产的报酬率高于另一项资产的报酬率，而两项资产除此之外又完全一样，那么没有人会愿意购买报酬率较低的资产。所以，在均衡状态，人们所实际拥有的资产必定具有相同的报酬率。

下面，我们来研究报酬率的调整过程。考虑这样一种资产 A，它的现行价格是 p_0，预期的明天价格是 p_1。这里，人人都知道资产 A 在今天的价格，也都能确定资产 A 在明天的价格。为简化起见，我们假定，资产 A 在时点 0 和 1 之间的时期不存在任何的股息或其他现金支付。进一步假设，存在另一项我们可以在时点 0 和 1 之间的时期持有的资产 B，它会在这段时期支付利率 r。现在考虑这两项可能的投资：在期初，或者对资产 A 投资 1 美元，到期末再将它兑现；或者将 1 美元投资于资产 B，到期末赚取 r 美元的利息。

在期末，这两项投资的价值将是多少呢？我们首先要计算，我们投资 1 美元可以购买多少单位的资产 A。令 x 代表这个数量，那么，我们有

$$p_0 x = 1$$

或

$$x = \frac{1}{p_0}$$

因此,价值1美元的资产A在期末的终值是

$$FV = p_1 x = \frac{p_1}{p_0}$$

另一方面,如果我们将1美元投资于资产B,在期末,我们就会得到$1+r$美元。如果投资者对资产A和资产B的投资处于均衡状态,那么,对它们中的任一项的1美元投资在期末一定会值相同的数量。由此,我们得到以下的均衡条件:

$$1+r=\frac{p_1}{p_0}$$

如果这个等式不满足,情况会怎样呢?那么,一定会存在赚钱的方式。例如,如果

$$1+r>\frac{p_1}{p_0}$$

那么,拥有资产A的人就会在期初按p_0的价格卖掉资产A,再把卖得的货币投资于资产B。到期末,他们对资产B的投资的价值就会变为$p_0(1+r)$,按照上面的不等式,它要比p_1大。这就能保证他们在期末有足够多的货币重新购买资产A——他们又回到了起点,但是在购买资产A后他剩余了额外的货币。

这种做法——购买一定量的某种资产和出售一定量的另一种资产以实现确定的报酬——称作*无风险套利*,又叫*短期套利*。只要有人在积极地寻求"确定的报酬",我们就可以预期,运行良好的市场会迅速地消除任何的套利机会。因此,"均衡中不存在套利的机会"就成为对均衡条件的另一种表述方式。我们将这种均衡条件称作*无套利条件*。

但是,在实际运行中,套利是如何消除不均衡情况的呢?在上面给出的例子中,我们认为,若$1+r>p_1/p_0$,那么,资产A的任何持有者都会愿意在期初将它出售,这是因为在期末,他们肯定会拥有足够多的货币重新购买资产A。但他们会将此资产卖给谁呢?谁会愿意购买这种资产呢?肯定会有许多人愿意按p_0的价格出售资产A,但却没有人会这样愚蠢地按这个价格购买资产A。

这就意味着供给超过了需求,因此,价格将下降。它会下降多少呢?下降的幅度将恰好满足无套利条件,直到$1+r=p_1/p_0$为止。

11.2 套利与现值

通过交叉相乘,我们可以将无套利条件重新表述为一种非常有用的形式

$$p_0=\frac{p_1}{1+r}$$

上式表明,资产的现行价格必定等于它的现值。实际上,我们是把无套利条件中的终值比较转换成了现值比较。因此,如果满足无套利条件,那么,我们就能断定资产一定是按它们的现值出售的。任何背离现值的定价都提供了赚钱的机会。

11.3 对资产差异的调整

上述无套利规则假定，除了完全的货币差异，这两种资产所提供的资产服务完全相同。但如果这些资产所提供的服务具有不同的特征，那么在断言这两种资产一定具有相同的均衡报酬率以前，我们就需要对这些差异作出调整。

例如，一种资产可能比另一种资产更容易出售。有时，我们称这种情况是一种资产比另一种资产具有更大的*流动性*。在这种情况下，我们就需要根据寻找资产买主的困难程度来调整报酬率的大小。例如，价值 10 万美元的房屋的流动性很可能小于价值 10 万美元的国库券的流动性。

类似地，一种资产可能比另一种资产具有更大的风险。一种资产的报酬率可能是有保证的，而另一种资产的报酬率却可能具有很大的风险。在第 13 章，我们将研究对这些风险差异进行调整的方式。

这里，我们要考察另外两种类型的调整。其中的一种调整针对那些具有某些消费报酬的资产，另一种调整则针对那些具有不同税收性质的资产。

11.4 具有消费报酬的资产

大多数资产的报酬直接表现为货币的形式，但另有一些资产具有消费报酬。这方面最好的例子是住房。如果你正居住的房子归你所有，那么你就不必支付租金；因此，拥有该资产的部分“报酬”来自“不必支付租金就能住进房子”的事实。换句话说，你在向自己支付房租。虽然后一种说法听起来很特别，但却包含着重要的内容。

实际上，由于你有权居住在自己的房子里，你并未明确地向自己支付房租，但是，设想房屋所有者已隐含地支付了这笔房租是非常有用的。房屋的*隐含租金率*就是你向他人租用相同房屋时支付的租金率。换句话说，也就是你在公开市场上把房屋出租给其他人而收取的租金率。由于选择了“把房子出租给自己”，你也就放弃了从他人那里赚取租金的机会，从而产生了机会成本。

假设你房屋的隐含租金为每年 T 美元，那么，拥有这房子的部分报酬就是由此产生的每年 T 美元的隐含收入——如果你不拥有这所房子，要居住在同样条件的房子中你必须支付的货币。

但是，这并不是你那所房子的全部报酬。就如房地产商不厌其烦地对我们说的那样，房产也是一种投资。当你购买一幢房子时，你为此支付了一笔相当可观的货币，因此，你理所当然地可以期望通过房屋的增值，从这笔投资中获得货币报酬。资产价值的这种增加称作*增值*。

我们用 A 表示房屋在一年中的预期增值。拥有房屋的总报酬是房租报酬 T 和投资报酬 A 的总和。如果住房的初始成本是 P，那么，房屋在初始投资上的总报酬率就是

$$h=\frac{T+A}{P}$$

这个总报酬率由消费报酬率 T/P 和投资报酬率 A/P 两部分构成。

我们用 r 表示其他金融资产的报酬率。于是,在均衡状态,房屋投资的总报酬率应该等于 r:

$$r=\frac{T+A}{P}$$

这里,我们可以用这种方式来考虑问题。年初,你可以在银行投资 p 美元,而后在年末赚得 rP 美元,或者,你也可以在房屋上投资 P 美元,从而节省 T 美元的房租,并在年末赚得 A 美元。这两种投资的总报酬一定相同。假如 $T+A<rP$,那么,你投资于银行并支付 T 美元的租金,就会使你的境况变得更好。到年底,你就会拥有 $rP-T>A$ 美元。若 $T+A>rP$,则投资房屋将会是更好的选择(当然,这里忽略了不动产经纪人的佣金和买卖的交易成本)。

由于总报酬率等于利率,所以一般地,金融报酬率 A/P 总是小于利率。所以,在均衡状态,提供消费报酬的资产的金融报酬率通常要比完全金融资产的报酬率低。这意味着,仅仅作为金融投资而购买房屋、绘画或珠宝,也许并不是一个好主意,这是因为其部分资产价格反映的是拥有这些资产的人从资产中得到的消费报酬。另一方面,如果你对这些资产的消费报酬给予相当高的评价,或者拥有这些资产你可以获取租金,那么购买这些资产就是值得的。这类资产的总报酬可以证明这项投资是一个非常明智的选择。

11.5 对资产报酬征税

美国国内税局在征税时对两种不同的资产报酬作了区分。第一种报酬是股息或利息。这种报酬是在资产的存续期内按年份或月份支付的。你将按与劳动所得税相同的一般税率,来支付股息收入税和利息收入税。

第二种报酬是资本利得。当按高于买入价的价格出售资产时,资本利得就会产生。但只有当实际出售资产时,资本利得才会被征税。在现行的税法下,资本利得的税率与一般收入的税率相同,不过,已有一些提议主张对它们应该实行更为优惠的税率。

按与一般收入相同的税率对资本利得征税,有时被认为是一种"中性"的政策。但是,至少有两个理由对这种观点提出了挑战。第一个理由是,资本利得税仅仅是在资产实际出售时才支付的,而股息税或利息税却是每年都要支付的。资本利得税可以递延至资产出售之际这个事实,使得资本利得的有效税率低于一般收入的税率。

资本利得和一般收入的税率相同并非中性的第二个理由是,资本利得税取决于资产的增值。如果资产的价值只是因为通货膨胀才增加的,那么消费者就可能是在为其实际价值并未发生变化的资产纳税。例如,假设某人购买了价值 100 美元的资产,10 年后这项资产价值 200 美元。假设在同一时期内,一般物价水平也上涨了一倍。那么,即使这个人所拥有资产的购买力水平并没有改变,他也必须为 100 美元的资本利得纳税。这种情况倾向于使资本利得税高于一般收入税。上述两种效应中究竟哪一种占主导地位,还是一个有争议的问题。

除了对股息和资本利得的征税方式不同之外，在处理资产报酬方面，税法还具有许多其他方面的差异。例如，在美国，联邦政府对市政公债——即州或市发行的公债——是不征税的。我们前面提到过，房主使用自有住房而获得的消费报酬是不纳税的。此外，在美国，甚至使用自有住房的房主获得的有关该住房的资本利得，也有一部分是不需要纳税的。

税法对不同资产按不同方式征税这个事实，意味着在比较报酬率时，无套利规则必须针对这种税收差异作出调整。假设一种资产的税前报酬率是 r_b，另一种资产的免税报酬率是 r_e，那么，当这两种资产由同一个人持有，并且这个人按税率 t 交纳所得税时，我们就一定有

$$(1-t)r_b=r_e$$

这就是说，每种资产的税后报酬一定相同。否则，个人就不会同时持有这两种资产——资产税后报酬不同，他们会转而单独持有税后报酬较高的资产。当然，这里的分析舍弃了流动性、风险等方面的差异。

11.6 市场泡沫

设想你正在盘算购买 1 年后确保价值为 22 万美元的房屋，（反映你的其他投资机会的）现行利率是 10%。房屋的公平交易价格应该是其现在的价值 20 万美元。

假设事情并不是那么确定的。尽管许多人相信 1 年后的房屋价值是 22 万美元，但没有任何保证。伴随房屋购买的其他风险，我们希望房屋的销售价格低于 20 万美元。

设想 1 年之后的房屋价值是远高于预期的 24 万美元。尽管现行的利率还是 10%，但房屋价值上升了 20%。或许这种经验会导致人们修正自己对房屋的未来价值的认识，人们可能认为房屋价值在下一年将增加 20%或更多。

如果许多人都这样认为，他们现在就会抬高房屋的价格，使得其他人对未来房地产市场的预期更为乐观。依据我们对价格调整的讨论，对于人们期望获得高于利率的收益的资产，资产的价格将上涨。更高的资产价格可能减少目前的资产需求，但也可鼓励人们对未来的资产收益寄予更高的期望。

第一种效应是高价减少需求，起着有助于稳定价格的作用。第二种效应是高价导致期望未来更高的价格，起着让价格波动的作用。

这是一个资产泡沫的例子。在资产泡沫中，出于各种原因，资产价格上涨，这又导致人们期望未来资产价格的进一步上涨。如果人们期望未来资产价格的明显上涨，人们将在今天购买更多的资产，推动资产价格的更快上涨。

金融市场可能遭遇这样的资产泡沫，特别是在金融市场的参与者缺乏经验的时候。例如，2000 年至 2001 年期间，出现了技术性企业股票价格的飞涨；2005 年至 2006 年期间，美国的多数地区和许多其他国家出现了房地产泡沫。

所有泡沫最终都将破灭。资产价格下降，一些人只能持有价格比购买价格低得多的资产。

避免泡沫的关键在于关注经济的基本面。在美国房地产泡沫的过程中,相同住房的房屋价格与房屋年租金的比率远远高于历史统计数据的正常值。这一差异反映了房屋购买者对房屋价格未来涨幅的预期。

相似地,房屋价格的中位数与收入中位数的比值也达到了历史的最高值。房屋价格与房屋租金比、房屋价格与收入比都是房屋的高价格无法维持的警示信号。

"这次真的和以往不同"可能成为人们持有的非常有害的信念,特别是当这种信念影响到金融市场的时候。

11.7 应用

所有无风险的资产必定获得相同的报酬这一事实虽然十分明显,但它却非常重要。它对于资产市场的运行具有令人吃惊的巨大意义。

可耗竭资源

我们来研究可耗竭资源(如石油)的市场均衡情况。考察一个存在着许多供给者的竞争性石油市场,为简化起见,我们假设石油的开采成本等于零。然后,我们考虑随着时间的推移,石油的价格会发生怎样的变化?

可以证明,石油价格必定按利率上升。为了看清楚这一点,我们只要注意以下的事实即可:地下的石油是与其他资产相同的资产。如果把石油从一个时期保留到下一个时期对石油的生产者来说是值得的,那么,这样做带给他的报酬一定会等于他从别处可以获得的金融报酬。令 p_{t+1} 和 p_t 分别表示时间 $t+1$ 和时间 t 时的价格,我们有

$$p_{t+1}=(1+r)p_t$$

作为我们在石油市场上的跨时期无套利条件。

上面的论述可以归结为这样一个简单的思想:石油储藏在地下就像货币存放在银行。如果货币存放在银行获得的报酬率是 r,那么石油储藏在地下一定也会得到相同的报酬率。如果地下石油的报酬率超过存入银行的货币的报酬率,就不会有人愿意去开采石油,因为人们宁愿等到以后再去开采它,而这样一来,就会使得石油的价格上升。而如果地下石油的报酬率低于存入银行的货币的报酬率,油井的所有者就会立即着手开采石油,并把出售石油获得的货币存入银行,从而抑制了当前的石油价格。

这番论述告诉我们石油价格是如何变动的。但价格水平本身又是由什么决定的呢?可以证明,石油价格水平是由对石油的需求决定的。我们来研究一个非常简单的市场需求模型。

假设对石油的需求保持在每年 D 桶不变,世界石油的总供给是 S 桶。这样,全部的石油还可以持续供给 $T=S/D$ 年。当石油耗竭时,我们就不得不采用替代技术,例如液化煤,它可以按每桶 C 美元的不变成本进行生产。我们假设液化煤在各种用途上都能完全替代石油。

从现在起 T 年后,当石油恰好耗尽时,它的价格会是多少呢?很显然,它的价格一定是每桶 C 美元,这也是它的完全替代品液化煤的价格。这表明,今天一桶石油的价格 p_0,

一定会按利率 r 在接下来的 T 年内上涨到 C。由此，我们得到这样一个方程

$$p_0(1+r)^T=C$$

即

$$p_0=\frac{C}{(1+r)^T}$$

这个表达式揭示，石油的现行价格是这个问题中的其他变量的函数。现在，我们可以讨论一些有趣的比较静态问题。例如，如果新发现了原先不知道的石油资源，情况会变得怎样呢？这意味着石油的使用年限 T 会增加，从而 $(1+r)^T$ 会增加，最终 p_0 会下降。所以毋庸置疑，石油供给的增加将会使它的现行价格下降。

如果出现一种能够降低成本 C 的技术突破，情况又会怎样呢？上述方程表明，p_0 必定下降。如果液化煤是石油的唯一替代品，那么，石油的价格一定会等于它的完全替代品液化煤的价格。

何时砍伐森林

假设森林的规模——用从中可以获得的木材量来度量——是时间的某种函数 $F(t)$。再假设木材的价格保持不变，而树木的增长率一开始很高，随后就逐渐递减。如果木材市场是完全竞争的，什么时候应该砍伐森林？

答案是：当森林的增长率等于利率时，就应该砍伐森林。在此之前，森林的报酬率大于存入银行的货币的报酬率，在此之后，森林的报酬率小于存入银行的货币的报酬率。当森林的增长率恰好等于利率时，就是砍伐森林的最佳时机。

通过计算在时间 T 所砍伐森林的现值，我们可以对这个问题作出更正式的表述。这个现值可以表示为

$$PV=\frac{F(T)}{(1+r)^T}$$

我们要找到使得现值最大化的 T——也就是使森林的价值尽可能大的 T。如果我们选择的 T 值太小，森林的增长率就会超过利率，这意味着现值 PV 还将上升，因此再等一段时期砍伐森林是有利可图的。另一方面，如果 T 值太大，从而森林的增长率低于利率，现值 PV 就会下降。可见，实现现值最大化的 T 值，出现在森林增长率恰好等于利率的时候。

图 11.1 显示了这个论点。在图 11.1A 中，我们绘制出了森林的增长率和投资于银行的 1 美元的增长率。如果我们想要在将来的某个不确定的时点上，得到最大数量的货币，我们就应该在这段时期的每个时点上都把货币投资于报酬最高的资产。当森林刚开始生长时，它是报酬最高的资产。但随着时间的推移，它的增长率逐渐下降，最终，银行提供的报酬变得较高。

图 11.1B 显示的是总财富效应。在时点 T 以前，当投资于森林时，财富增长得最快。而在时点 T 以后，当投资于银行时，财富增长得最迅速。因此，最优的策略是在时点 T 以前投资于森林，在时点 T 以后砍伐森林，然后将出售木材的所得收入投资于银行。

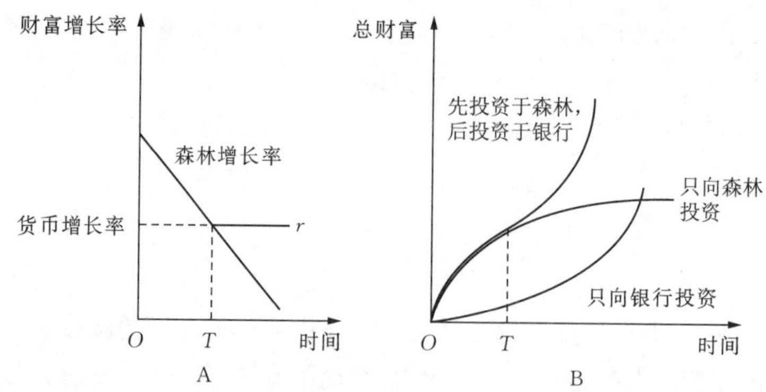

砍伐森林的最佳时机是森林的增长率等于利率的时候。

图 11.1　砍伐森林

例子:海湾战争中的石油定价

1990 年夏天,伊拉克入侵科威特。联合国对此的一个反应是禁止从伊拉克进口石油。在宣布石油禁运后不久,国际石油市场上的石油价格就大幅上涨。与此同时,美国国内的汽油价格也在大幅飙升。这反过来又引起了对发“战争财”的抱怨,并且,在晚间新闻中也多了几则有关石油行业的报道。

那些认为油价上涨缺乏公平的人指出,至少要花费 6 周的时间,才能将新开采的、价格较高的石油运过大西洋,并将它们提炼成汽油。由此,他们认为,通过提高那些以前使用较便宜的石油所提炼的汽油的价格,石油公司在攫取“额外的”利润。

我们从一个经济学家的角度来考察这个问题。假定你拥有一项资产——如储藏罐中的汽油,现在它的价格是 1 美元/加仑。你知道,6 周以后它的价格将变为 1.5 美元/加仑。现在,你愿意按怎样的价格将它出售?可以肯定的一点是,如果你按低于 1.5 美元/加仑的价格出售该资产,你就是傻子。这是因为,对于任何低于 1.5 美元/加仑的价格,你只要将汽油在储藏罐里放 6 周,你的境况就会得到改善。有关从地下开采石油的跨时期套利的推理过程,同样也适用于储藏罐中的汽油的情况。如果你希望厂商现在提供汽油,明天汽油价格的适当折现就必须等于今天的汽油价格。

从福利的角度看,这样做也非常有意义:如果在不久的将来,汽油将变得更加昂贵,那么减少今天的消费就是合理的。上涨的汽油价格不仅促进了直接的节约措施的出现,还反映了汽油的真实稀缺价格。

颇具讽刺意味的是,相同的现象出现在两年之后的俄罗斯。在向市场经济过渡的转型时期,俄罗斯国内的原油价格大约为 3 美元/蒲式耳,而同一时期的国际原油价格为 19 美元/蒲式耳。原油生产商预期,不久以后,政府就会允许原油价格上浮——所以,他们尽可能地控制现阶段的产量。如同一位生产商所指出的:“你曾看到有人在纽约将 1 美元只售 10 美分吗?”最终的结果是,在俄罗斯,为消费者提供汽油的油泵前排起了长队。①

---

① 参看路易斯·尤奇特勒(Louis Uchitelle)《俄罗斯人排队购买汽油,而完美厂可以获得便宜的原油》,《纽约时报》,1992 年 7 月 12 日,第 4 页。

11.8 金融机构

资产市场能够改变人们在一段时期内的消费模式。例如，考虑 A 和 B 两个人，他们拥有不同的财富禀赋。A 可能今天有 100 美元，但明天却一无所有；B 可能今天一无所有，但明天有 100 美元。很可能他们每个人都宁可今天和明天都有 50 美元。通过下面这样一个简单的交易，他们就可以实现这种消费模式：今天 A 给 B 50 美元，明天 B 给 A 50 美元。

在这个特殊的例子中，利率等于零：A 今天借给 B 50 美元，明天只得到 50 美元作为报酬。如果人们对于今天消费和明天消费的偏好是凸的，他们就可能希望他们的消费在各个时期能比较平均，而不愿在一个时期就把一切都消费掉，即使利率是零。

对于其他类型的资产禀赋，我们也可以重复相同的分析。某人可能拥有提供稳定收入流的资产，而他却偏好提供一次性总收入的资产，同时，另一个人可能拥有提供一次性总收入的资产，但他却偏好提供稳定收入流的资产。例如，一个 20 岁的人可能想现在就有一整笔货币以购买房子，而一个 60 岁的人却可能为了退休后能有经济来源，而想要有一个稳定的货币收入流。显然，这两个人只要彼此交换他们的禀赋，就可以相互获利。

在现代经济中，金融机构的存在就是为了促进这种交易。在上述例子中，60 岁的那个人可以将他的整笔钱一次性存入银行，然后，银行可以将这笔钱贷给那个 20 岁的人。那个 20 岁的人以后会向银行偿付抵押贷款，反过来这种偿付可以作为银行向那个 60 岁的人支付的利息。当然，银行在安排这种交易时是要从中收取费用的，但只要银行业存在着充分的竞争，这种费用最终就会非常接近直接交易的实际费用。

银行并不是唯一使人们重新分配不同时期消费的金融机构。股票市场是另一个重要例子。假设一个企业家开办一个公司并获得成功。为了开办公司，这个企业家很可能需要一些金融上的支持者，这些支持者提供货币帮他开业——即帮他付账，直至收入开始滚滚而来。一旦公司建立，公司的所有者对公司未来的利润就有要求权：他们有对于收入流的要求权。

公司所有者很可能希望现在就一次性支付对他们贡献的全部报酬。在这种情况下，这些所有者就可以决定通过股票市场把企业卖给其他人。他们发行公司股票，赋予股票持有者分享企业未来利润的权利，以交换他们现在对股票的一次性总支付。那些想要购买企业利润流的人为得到这些股票将向原先的所有者支付货币，通过这种途径，市场交易双方都能重新配置他们不同时期的财富。

还有许多其他各种机构和市场在帮助促进跨时期的交易。但是，如果购买者和出售者最终不相对称的话，会发生什么情况呢？如果更多的人要出售明天的消费而不想买进明天的消费，又怎么办呢？就像任何其他市场一样，如果某种东西的供给超过了需求，价格就会下降。在这里，明天消费的价格就会下降。前面我们已经知道，明天消费的价格可表示为

$$p=\frac{1}{1+r}$$

所以,这意味着利率必定上升。利率提高将诱导人们增加储蓄,减少现在的消费,从而使需求和供给趋于相等。

小　结

1. 在均衡处,一切提供报酬的资产的报酬率一定相等。否则,就会出现无风险的套利机会。
2. “一切资产的所得报酬一定相等”这一事实隐含着,所有的资产都将按现值出售。
3. 如果按不同的方法对资产征税,或者,资产具有不同的风险性质,那么,我们就必须比较它们的税后报酬率,或它们的经过风险调整的报酬率。

复习题

1. 假定资产 A 在下个时期能卖 11 美元。如果与 A 相似的资产的报酬率是 10%,请问资产 A 的现值是多少?

2. 一所住房,你可以先按 1 万美元的价格出租 1 年,然后再按 11 万美元的价格将它出售,现在这所房子可以按 10 万美元购置。请问这幢房子的报酬率是多少?

3. 某种类型债券(如市政公债)的利息收入是不纳税的。如果类似的应税债券支付 10%的利率,人们面临的边际税率是 40%,那么不纳税债券的报酬率应该是多少?

4. 假设一种稀缺资源面临的需求保持不变,它将在 10 年内耗尽。如果替代资源要按 40 美元的价格才可得到,利率是 10%,这种稀缺资源在今天的价格应是多少?

附录

假设你在一种资产上投资 1 美元,这种资产的利率是 r,利息一年支付一次。于是,T 年后你就拥有 $(1+r)^T$ 美元。现在假定,利息是按月支付的。这意味着每月的利率将是 $r/12$,并且在 T 年内将会支付 $12T$ 次利息,因此,T 年后你将拥有 $(1+r/12)^{12T}$ 美元。如果利率是按日计算的,T 年后你就会有 $(1+r/365)^{365T}$ 美元,依此类推。

一般地,如果利率一年支付 n 次,你在 T 年末就会有 $(1+r/n)^{nT}$ 美元。很自然,接下来我们会问,如果利率是连续支付的,你将拥有多少货币。换句话说,这就是求这个表达式在 n 趋于无穷时的极限。可以证明,这个极限可以由下面这个式子给出:

$$e^{rT}=\lim_{n\to\infty}(1+r/n)^{nT}$$

其中,$e=2.718\,3\cdots$,它是自然对数的底。

这个式子对于在连续复利下计算终值是非常方便的。例如,我们可以用它来证明正文中的那个命题：砍伐森林的最佳时机出现在森林增长率等于利率时。因为森林在 T 时的价值是 $F(T)$，那么在 T 时砍伐的森林的现值就是

$$V(T)=\frac{F(T)}{e^{rT}}=e^{-rT}F(T)$$

为了使现值最大化，我们对这个式子关于 T 求微分，并令一阶条件等于零，我们有

$$V'(T)=e^{-rT}F'(T)-re^{-rT}F(T)=0$$

即

$$F'(T)-rF(T)=0$$

经过整理，我们可以得到以下的结果：

$$r=\frac{F'(T)}{F(T)}$$

这个式子表明，最优的 T 值满足利率等于森林价值增长率的条件。

▶12

不确定性

不确定性是生活中的一个事实。每当人们淋浴、横穿大街或进行投资时，他们总会面临风险。但诸如保险市场和股票市场一类的金融机构，却至少能在某种程度上减轻这些风险。我们将在下一章研究这些市场的功能，但首先我们必须研究不确定性条件下的个人选择行为。

12.1 或有消费

迄今为止，我们已经了解了所有与消费者选择有关的标准理论，因此，我们要尽可能地运用它们来理解不确定性条件下的选择行为。首先要考虑的问题是，要选择的基本"对象"是什么？

消费者可能关注的是获得不同消费束的*概率分布*。概率分布是由可能发生的一系列结果——这里表现为消费束——以及每种结果发生的概率构成的。当消费者在决定购买多少汽车保险，或在股票市场上进行多少投资时，他实际上就是在对具有不同概率分布的不同消费量作出决策。

举例来说，假设你现在拥有 100 美元，正在考虑购买 13 号彩票。如果 13 号彩票中奖，你就能得到 200 美元的奖金。这张彩票的价格是 5 美元。接下来我们要考察彩票中奖和彩票没有中奖时的情况。

无论 13 号彩票是否中奖，你的财富的初始禀赋——你不购买彩票时所拥有的财富——都是 100 美元。而一旦你花费 5 美元购买了彩票，你就将面临以下的财富分布：如果彩票中奖，你就会拥有 295 美元；如果彩票没有中奖，你就只剩下 95 美元。由于购买彩票，不同环境下的财富分布的初始禀赋发生了变化。我们将更具体地研究这个问题。

为了便于表述，这里的讨论只限于货币赌博。当然，这不仅仅是一个货币问题；用货币购买的消费才是最终要选择的"商品"。同样的原理也适用于商品赌博，但把研究范围局限于货币结果，只是为了使问题简化一些。其次，我们这里研究的是只包含少数几种可能结果的非常简单的情况。同样，这样做也仅仅是出于简化的目的。

上面，我们描述了彩票赌博；现在，我们要考虑一个保险的例子。假设某人一开始拥有价值35 000美元的资产，但他有可能损失其中的10 000美元。这种可能性来自他的汽车可能会失窃，或者他的住宅可能会被风暴摧毁，等等。假定这些事件发生的概率为 $p = 0.01$，那么他面临的财富的概率分布将是：财富为25 000美元的概率为 1%，财富为35 000美元的概率为 99%。

保险为改变这种概率分布提供了一条途径。假设保险合同规定，事先缴纳 1 美元的保险费，如果遭受损失，投保者就可以得到 100 美元的补偿。当然，不论损失是否发生，保险费都要缴纳。由此，如果某人决定购买的保险金额为10 000美元，那么他就要缴纳 100 美元的保险费。在这种情况下，财富为34 900美元（初始资产35 000美元－损失10 000美元＋保险偿付10 000美元－保险费 100 美元）的概率为 1%，并且财富为34 900美元（资产35 000美元－保险费 100 美元）的概率为 99%。很明显，这样做的结果是：不论损失是否发生，消费者最终都会拥有相同数量的财富。这样，对于可能的损失，他采取了完全保险。

通常，如果这个人购买的保险金额为 K 美元，并且必须支付 γK 美元的保险费，那么，他面临的财富的概率分布就可以表示为以下的形式：

财富为 $25\,000 + K - \gamma K$ 美元的概率是 0.01

财富为 $35\,000 - \gamma K$ 美元的概率是 0.99

具体地，这个人将选择哪一种保险呢？很显然，这取决于他的偏好。他可能非常保守，因此会选择购买大量的保险，或者他可能喜欢冒风险，因此不会选择购买任何保险。如同对一般商品的消费具有不同的偏好，人们对概率分布也具有不同的偏好。

事实上，研究不确定性条件下决策的一个非常有效的办法，就是将不同条件下可以获得的货币视作不同的商品。巨额损失发生后的1 000美元，与没有损失发生时的1 000美元，是截然不同的。当然，这种思想并不只适用于货币：如果明天阳光充足，天气炎热，那么，这种天气下的冰淇淋就会与明天寒冷多雨条件下的冰淇淋完全不同。通常，同一种消费品对一个人具有不同的价值，这取决于得到这些消费品时的环境条件。

我们把某个随机事件的不同结果看作不同的*自然状态*。在上述保险的例子中，存在两种自然状态：发生损失或不发生损失。但在一般情况下，会存在许多不同的自然状态。因此，*或有消费计划*确定的是在每个不同的自然状态——随机过程中的每个不同的结果——下将要消费什么。“或有”意味着要取决于某种尚不确定的东西，所以，或有消费计划指的是依赖于某个事件结果的计划。在购买保险的例子中，或有消费是通过保险合同来描述的：如果发生损失，你将会拥有多少货币，如果不发生损失，你又会拥有多少货币。在雨天和晴天的例子中，或有消费计划对应于各种天气结果下的消费。

人们对不同的消费计划具有偏好，这一点类似于他们对实际消费的偏好。相比之下，知道自己已经获得充分保险一定会使你感觉更好。人们作出的选择，反映了他们对不同环境条件下的消费的偏好，因此，我们可以利用前文论述的选择理论来分析这些选择。

如果把或有消费计划看作一般的消费束，那么，我们就又回到了前面几章的分析框架。我们可以认为偏好是定义在不同的消费计划上的，而“交换条件”则可以由预算约束给出。接下来我们就可以为消费者选择他（或她）能够支付的最佳消费计划的行为建立模型，就像我们一直做的那样。

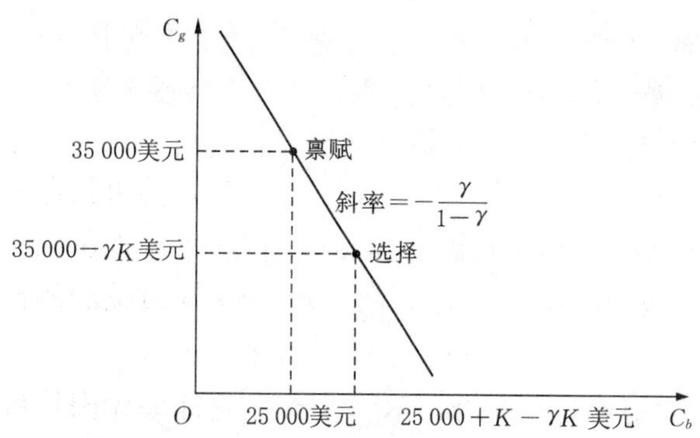

购买保险时的预算线。保险费 γ 使我们放弃了"好"状态(C_g)下的一些消费,以换取"坏"状态(C_b)下更多的消费。

图 12.1 保险

我们运用前面一直使用的无差异曲线分析方法来描述购买保险的行为。这里的两种自然状态是发生损失或不发生损失。或有消费就是在这每种环境下,你可能会拥有的货币价值。我们可以把这些价值标绘在图 12.1 中。

或有消费的禀赋包括:"坏"状态——发生损失——下的 25 000 美元,和"好"状态——不发生损失——下的35 000美元。保险提供了一条离开这个禀赋点的途径。如果你购买的保险金额为 K 美元,这就意味着你放弃了"好"状态下的 γK 美元的消费可能,以换取"坏"状态下的 $K-\gamma K$ 美元的消费可能。所以,用"好"状态下损失的消费,除以"坏"状态下得到的额外消费,我们就可以得到

$$\frac{\Delta C_g}{\Delta C_b}=-\frac{\gamma K}{K-\gamma K}=-\frac{\gamma}{1-\gamma}$$

它就是穿过禀赋点的预算线的斜率。这类似于,"好"状态下消费的价格是$1-\gamma$,"坏"状态下消费的价格是 γ。

我们可以绘制出消费者可能具有的对应于或有消费的无差异曲线。很自然,这种无差异曲线的形状也是凸的:这表示他宁可在每种状态下保持相同数量的消费,也不愿在一种状态下消费很多而在另一种状态下消费很少。

给定了显示每种自然状态下的消费的无差异曲线,我们就可以讨论需要购买多少保险的选择问题。与往常一样,这种选择可以用切线条件来表示:各个自然状态下消费之间的边际替代率,一定等于我们用以交换这些不同状态下的消费的价格比率。

很显然,一旦拥有了最优选择模型,我们就可以把前文阐述的技巧都应用于这里的分析。我们可以考察,当保险价格变动时,以及当消费者的财富变动时,对保险的需求会出现什么变化,等等。可见,与确定性条件下的情况相同,消费者行为理论也完全适用于为不确定性条件下的行为建立模型。

例子:巨灾债券

我们已经看到,保险是一种将财富从好的自然状态向坏的自然状态转移的方式。当然,这种交易涉及两类交易者:购买保险的一方和出售保险的一方。这里,我们将只关注保险的卖方。

保险的卖方又可以划分为零售商和批发商,前者直接与最终的购买者交易,而在后者的情况下,保险人将风险卖给其他的参与者。保险批发市场又称作再保险市场。

典型地,再保险市场一直依赖大型投资者如养老基金为保险提供资金支持。但是,有些再保险人也依靠大的个人投资者。英国伦敦劳合社(Lloyds of London)是为巨灾提供再保险的最著名的保险人之一,它通常依赖的就是个人投资者。

最近,再保险市场一直在试验发行巨灾债券(catastrophe bonds),从某些角度看,这是一类更加灵活的再保险方式。这种债券一般出售给大型机构,它通常与自然灾难有关,如地震和飓风等。

一家金融中介机构,如再保险公司或投资银行,可以发行一种与某个特定的可投保事件相联系的债券,譬如为至少涉及5亿美元保险理赔额的地震发行债券。如果地震没有发生,投资者可以获得丰厚的利息收入;但如果地震发生了,并且理赔金额超过债券的面值,投资者就要损失本金和利息。

巨灾债券具有某些吸引人的特征。它能够广泛地分散风险,并且,它能够无限地细分,从而使每个投资者只承担很小一部分风险。支持这种保险的资金是事先支付的,所以,被保险人不会面临违约风险。

从经济学家的视角来看,巨灾债券是一类*状态依赖型证券*,也就是说,这类债券只有在某个特定事件发生时才会进行支付。这个概念最初是由诺贝尔经济学奖获得者阿罗(Kenneth J. Arrow)在1952年发表的一篇论文中提出的,长期以来,它被认为只具有理论上的价值。但最终,所有类型的期权和其他衍生工具都能通过"状态依赖型证券"获得最佳的解释。现在,华尔街的"火箭科学家"(rocket scientists)们在创建新的衍生工具如巨灾债券时,都沿用这个有50年历史的构思。

12.2 效用函数和概率

如果消费者对于不同环境下的消费具有合理的偏好,那么与确定性条件下的情况相同,我们可以运用效用函数来描述这些偏好。但是,考虑到我们研究的是不确定性条件下的选择,有必要对这里的选择问题添加一个特殊的结构。一般地,消费者如何比较和评价不同状态下的消费,取决于不同状态实际发生的概率。换句话说,消费者愿意用雨天的消费替代晴天的消费的比率,在相当程度上与他认为下雨的可能性有关。对不同自然状态下的消费的偏好,将取决于个人对于这些状态的可能性的看法。

因此,不确定性条件下的效用函数不仅取决于消费水平,还取决于它们的概率。假设我们考察的是两种相互排斥的状态,例如雨天和晴天,损失和不损失,等等。令c_1和c_2分别表示状态1和状态2下的消费,令π_1和π_2分别表示状态1和状态2实际发生的概率。

如果两种状态相互排斥,从而只有其中的一种状态会实际发生,那么我们就有$\pi_2=1-\pi_1$。但是,为了使分析看起来比较对称,我们一般将两种概率都写出来。

有了这些符号,我们就可以把状态1和状态2下的消费的效用函数记为$u(c_1, c_2, \pi_1, \pi_2)$。这个效用函数表示了个人对每种状态下的消费的偏好。

例子:效用函数的几个例子

在不确定性条件下的选择问题中,我们差不多可以使用到现在为止已知的任何一个效用函数的例子。例如,完全替代就是很好的一个例子。在这种情况下,我们可以用每种消费可能发生的概率作为权数。这样,我们就得到以下形式的效用函数:

$$u(c_1, c_2, \pi_1, \pi_2)=\pi_1 c_1+\pi_2 c_2$$

在不确定性条件下,这种表达式称作期望值。它恰好就是消费者能够获得的平均消费水平。

可以用来研究不确定性条件下的选择的另一个效用函数的例子是柯布-道格拉斯效用函数

$$u(c_1, c_2, \pi, 1-\pi)=c_1^{\pi}c_2^{1-\pi}$$

这里,不同消费束组合的效用取决于非线性的消费模式。

与往常一样,我们可以对效用函数进行单调变换,并且变化后的效用函数仍表示相同的偏好。可以证明,对柯布-道格拉斯效用函数取对数在以后的论述中是非常方便的。这样,我们就得到以下形式的效用函数:

$$\ln u(c_1 c_2, \pi_1 \pi_2)=\pi_1 \ln c_1+\pi_2 \ln c_2$$

12.3 期望效用

效用函数可能采取的一个特别方便的形式为

$$u(c_1, c_2, \pi_1, \pi_2)=\pi_1 v(c_1)+\pi_2 v(c_2)$$

它表示效用可以记为某个消费函数在每种状态下的取值 $v(c_1)$ 和 $v(c_2)$ 的加权平均数,这里的权数由概率 π_1 和 π_2 给出。

上面已给出了这种函数的两个例子。完全替代或期望值效用函数就是这种形式,其中,$v(c)=c$。起初,柯布-道格拉斯函数一般不具有这种形式,但当我们对它取对数时,它就有了 $v(c)=\ln c$ 的线性形式。

如果一种状态是确定的,从而有 $\pi_1=1$,那么,$v(c_1)$ 就是状态 1 下的确定消费的效用。同样,如果 $\pi_2=1$,$v(c_2)$ 就是状态 2 下确定消费的效用。所以,表达式

$$\pi_1 v(c_1)+\pi_2 v(c_2)$$

表达的就是消费模式 (c_1, c_2) 的平均效用或期望效用。

基于这个原因,我们把具有这种特殊形式的效用函数称作*期望效用函数*,或者,有时也叫*冯·诺依曼-摩根斯坦效用函数*①。

当我们说消费者偏好可以用期望效用函数来表示,或者说消费者偏好具有期望效用的性质时,我们的意思是,可以选择一个具有上述相加形式的效用函数。当然,我们也可以选择一个不同的形式;毕竟,期望效用函数的任何单调变换都可以描述相同的偏好。但可以证明,相加形式是非常便利的。如果消费者偏好可以用 $\pi_1 \ln c_1+\pi_2 \ln c_2$ 来描述,那么它也可以用 $c_1^{\pi_1}c_2^{\pi_2}$ 来描述。但后面这种表达式并不具有期望效用的性质,而前面那种表达式却具有这种性质。

---

① 冯·诺依曼(John von Neuman)是 20 世纪杰出的数学家之一。他对物理学、计算机科学和经济理论也有许多真知灼见。奥斯卡·摩根斯坦(Oscar Morgenstern)是普林斯顿的一位经济学家,他同冯·诺依曼一道,发展了数学中的博弈论。

另一方面，期望效用函数可以经过某些种类的单调变换而仍然具有期望效用的性质。若对效用函数 u 进行这样的变换：$v(u)=au+b$，其中 $a>0$，则我们称$v(u)$是一个正仿射变换。一个正仿射变换就是在原函数上乘上一个正数，然后再加上一个常数。可以证明，如果对一个期望效用函数进行正仿射变换，那么，正仿射变换后得到的函数不仅表示相同的偏好(这是很明显的，因为仿射变换只是一种特殊的单调变换)，而且它仍然具有期望效用的性质。

经济学家认为，期望效用函数"唯一只适于仿射变换"。这正意味着，对期望效用函数进行仿射变换，就能得到另一个表示相同偏好的期望效用函数，而任何其他形式的变换都会破坏期望效用的性质。

12.4 期望效用为什么是合理的

期望效用是一种方便的表达式，但是，它是否合理呢？为什么对于不确定性条件下的选择的偏好，我们会认为它具有期望效用函数所隐含的特殊结构呢？实际上，我们拥有令人信服的理由可以说明，为什么期望效用是不确定性条件下选择问题的一个合理目标。

随机选择的结果是不同环境下所消费的消费品这一事实，意味着在这些结果中最终只有一种会实际发生。你的住宅或者会发生火灾，或者不会发生；某天可能会下雨，也可能出太阳。我们处理选择问题的方式意味着在许多可能的结果中只有一种会发生，因此，实际上只有一种或有消费计划会实现。

这一结论具有非常重要的意义。假定你正考虑为住宅购买明年的火灾保险。在进行这种选择时，你会关注以下三种情形下的财富：现在的财富(c_0)，房屋遭受火灾时的财富(c_1)，房屋不发生火灾时的财富(c_2)。(当然，你真正关心的是在每种结果中拥有的消费可能性，但是在这里，我们简单地用财富近似地代表消费。)令 π_1 表示房屋发生火灾的概率，π_2 表示房屋不发生火灾的概率，那么对于这三种不同消费的偏好，通常就可以用效用函数 $u(\pi_1, \pi_2, c_0, c_1, c_2)$来表示。

假设我们正在考虑现期财富和一种可能结果之间的权衡——比如说，为了在房屋发生火灾时可以得到稍多一些的货币，现在我们愿意放弃多少货币。这种决策与你在其他自然状态下将有多少消费——房屋没有遭破坏时你将拥有多少财富——无关。因为房子或者发生火灾，或者不发生火灾，二者只能取其一。如果房子发生火灾，那么额外财富的价值就不应该取决于房子不发生火灾时所拥有的财富。过去的事就让它过去吧——因此，没有发生的事情不应该影响实际发生结果中的消费价值。

注意，这仅仅是对个人偏好的一种假设，它是可以被推翻的。当人们考虑在两件东西之间进行选择时，他们所拥有的第三件东西的数量确实会影响到这里的选择。例如，咖啡和茶之间的选择，在相当程度上就取决于你拥有多少冰淇淋。这是因为，你是同时消费冰淇淋和咖啡的。而如果你面临的是这样一种选择：通过掷骰子来决定获得咖啡、茶或者冰淇淋，那么，你可能得到的冰淇淋的数量就不应该影响你对咖啡和茶的偏好。为什么呢？因为你只能得到其中的一样东西：如果你最终得到了冰淇淋，你得到咖啡或得到茶的这些事实就变得无关紧要了。

因此,对于不确定性条件下的选择,各种结果之间很自然地存在着一种"独立性",这是因为对它们的消费必定是分开的——在不同的自然状态下消费。人们计划在一种自然状态下作出的选择,将独立于他们在另一种自然状态下所作出的选择。这个假定就称作独立性假定。可以证明,这个假定隐含着或有消费的效用函数将采取非常特殊的结构:不同的或有消费束必定是可加的。

这就是说,如果 c_1、c_2 和 c_3 代表不同自然状态下的消费,π_1、π_2 和 π_3 表示这三个自然状态实现的概率,那么当上面提到的独立性假定得到满足时,效用函数就一定会表示为以下的形式:

$$U(c_1, c_2, c_3)=\pi_1 u(c_1)+\pi_2 u(c_2)+\pi_3 u(c_3)$$

这就是所谓的期望效用函数。注意,期望效用函数的确满足这样一个性质:两种商品之间的边际替代率与第三种商品的数量无关。比如说,商品 1 和商品 2 之间的边际替代率将采取以下形式:

$$\begin{aligned}\text{MRS}_{12} &= \frac{\Delta U(c_1, c_2, c_3)/\Delta c_1}{\Delta U(c_1, c_2, c_3)/\Delta c_2} \\ &= -\frac{\pi_1 \Delta u(c_1)/\Delta c_1}{\pi_2 \Delta u(c_2)/\Delta c_2}\end{aligned}$$

这里的边际替代率(MRS)只取决于你拥有多少商品 1 和商品 2,而与商品 3 的数量无关。

12.5 厌恶风险

上面我们说过,对于分析不确定性条件下的选择问题,期望效用函数具有许多非常便利的性质。在这一节我们将给出一个这样的例证。

我们把期望效用的分析框架应用于一个简单的选择问题。假设一个消费者现在拥有 10 美元的财富,他正在考虑是否要进行一次赌博,在这次赌博中,他赚 5 美元的概率是 50%,输 5 美元的概率也是 50%。他的财富因此将是随机的:他有 50%的概率以拥有 5 美元告终,也有 50%的概率以拥有 15 美元告终。所以,财富的预期值是 10 美元,期望效用是

$$\frac{1}{2}u(15\text{ 美元})+\frac{1}{2}u(5\text{ 美元})$$

图 12.2 显示了这个例子。财富的期望效用是两个数值 $u(15)$和 $u(5)$的平均值,在图中标记为 $0.5u(5)+0.5u(15)$。我们也刻画了财富的期望值的效用,它标记为 $u(10)$。注意,在这张图中,财富的期望效用小于财富的期望值的效用,也就是说:

$$u\left(\frac{1}{2}\times 15+\frac{1}{2}\times 5\right)=u(10)>\frac{1}{2}u(15)+\frac{1}{2}u(5)$$

在这种情况下,我们称这个消费者是风险厌恶的,这是因为他更偏好的是财富的期望

值而不是赌博本身。当然，也有可能出现相反的情况，消费者更偏好的是财富的随机分布而不是财富的期望值。在后面这种情况下，我们就称这个消费者是风险偏好的，图 12.3 给出了这样的一个例子。

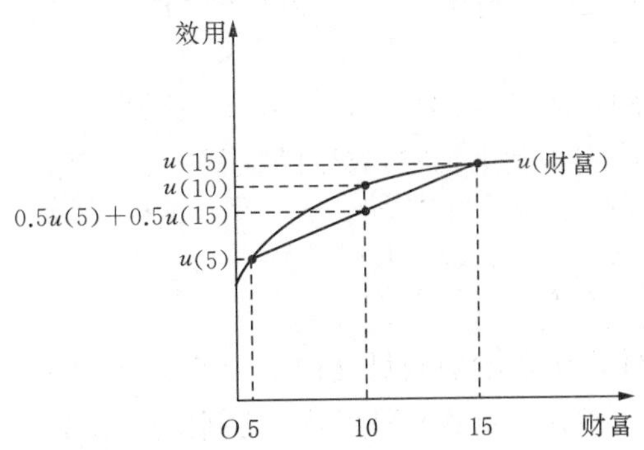

对于一个厌恶风险的消费者而言，财富的期望值的效用 $u(10)$ 大于财富的期望效用 $0.5u(5)+0.5u(15)$。

图 12.2 厌恶风险

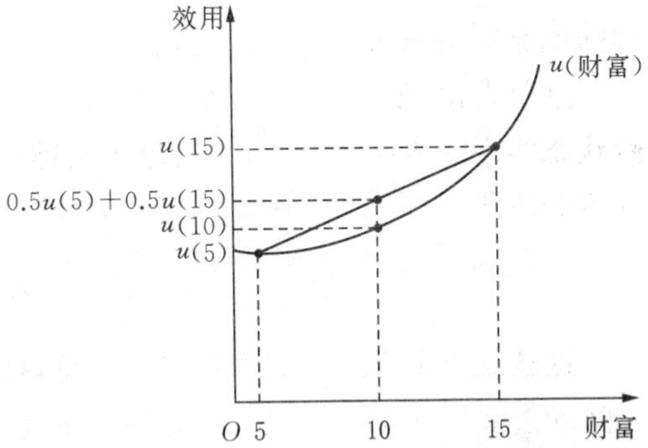

对于一个偏好风险的消费者而言，财富的期望效用 $0.5u(5)+0.5u(15)$ 大于财富的期望值的效用 $u(10)$。

图 12.3 偏好风险

要注意图 12.2 和图 12.3 之间的差别。厌恶风险的消费者的效用函数是凹的——它的斜率随着财富的增加而变得越来越平坦。而偏好风险的消费者的效用函数是凸的——它的斜率随着财富的增加而变得越来越陡峭。因此，效用函数的曲率度量的是消费者对待风险的态度。一般地，效用函数越是凹，消费者就越是厌恶风险，效用函数越是凸，消费者就越是偏好风险。

中间状态对应的是线性效用函数。这时，消费者是风险中性的：财富的期望效用恰好等于财富的期望值的效用。在这种情况下，消费者完全不会关心财富的风险——而只会关心它的期望值。

例子：对保险的需求

我们把期望效用的分析框架应用到前面考察的对保险的需求的例子中来。回顾一下，在那个例子中，消费者起初拥有35 000美元的财富，他有可能遭受10 000美元的损失，损失的概率为 1%。购买金额为 K 美元的保险需要支付 γK 美元的保险费。用无差异曲线来分析这个问题，我们发现，最优的保险选择取决于这个条件：两种结果——损失或不损失——中的消费之间的边际替代率必定等于 $1-\gamma/(1-\gamma)$。令 π 表示发生损失的概率，$1-\pi$ 为不发生损失的概率。

令状态 1 是不发生损失的情形，他在这种状态下的财富为

$$c_1 = 35\,000 - \gamma K$$

令状态 2 是发生损失的情形，这时，他的财富为

$$c_2 = 35\,000 - 10\,000 + K - \gamma K$$

于是，消费者的最优保险选择，由它在两种结果中的消费之间的边际替代率等于价格比率这个条件决定：

$$\mathrm{MRS}=-\frac{\pi\Delta u(c_2)/\Delta c_2}{(1-\pi)\Delta u(c_1)/\Delta c_1}=-\frac{\gamma}{1-\gamma} \tag{12.1}$$

现在,我们从保险公司的角度来考虑保险合同。保险公司必须偿付 K 美元的概率是 π,它什么也不需要支付的概率是 $1-\pi$。不论出现什么情况,它都可以得到 γK 美元的保险费。因此,保险公司的期望利润 P 可以表示为

$$P=\gamma K-\pi K-(1-\pi)0=\gamma K-\pi K$$

我们假设,平均而言,通过出售保险合同,保险公司正好做到盈亏平衡。这就是说,它按照一个"公平"的费率提供保险,这里的"公平"指的是保险的期望值恰好等于它的成本。因此,我们有

$$P=\gamma K-\pi K=0$$

这隐含着 $\gamma=\pi$。

把这代入方程(12.1),我们就有

$$\frac{\pi\Delta u(c_2)/\Delta c_2}{(1-\pi)\Delta u(c_1)/\Delta c_1}=\frac{\pi}{1-\pi}$$

消去诸 π,我们就可以得到最优的保险数量所必需满足的条件

$$\frac{\Delta u(c_1)}{\Delta c_1}=\frac{\Delta u(c_2)}{\Delta c_2} \tag{12.2}$$

这个方程表明,发生损失时的 1 美元额外收入的边际效用,必须等于不发生损失时的 1 美元额外收入的边际效用。

我们假设消费者是风险厌恶的,所以,当他所拥有的货币数量增加时,货币的边际效用就会下降。因此,如果 $c_1>c_2$,在 c_1 处的边际效用就会低于在 c_2 处的边际效用,反之亦然。而且,如果在 c_1 和 c_2 处的收入的边际效用相等,如同方程(12.2)所显示的那样,那么我们就一定有 $c_1=c_2$。应用代表 c_1 和 c_2 的公式,我们得到

$$35\,000-\gamma K=25\,000+K-\gamma K$$

该式隐含着 $K=10\,000$ 美元。这意味着,如果存在按"公平"的保险费购买保险的机会,厌恶风险的消费者就总会选择完全保险。

之所以会发生这种情况,是因为每种状态下的财富的效用只取决于消费者在这种状态下所拥有的财富的数量——而与他在其他状态下可能拥有的财富数量无关——因此,如果消费者在每种状态下都拥有相同的财富总量,财富的边际效用就一定也会相等。

总之,如果消费者是一个厌恶风险的追求期望效用最大化的人,并且,如果他可以为潜在的损失购买公平保险,那么,他的最优选择就是完全保险。

12.6 资产多样化

现在,我们转向涉及不确定性的另一个问题——多样化的优势。假设我们正在考虑对两家不同的公司投资 100 美元,其中,一家公司是制造太阳镜的,另一家公司是生产雨

衣的。长期趋势的天气预报显示,明年夏季的雨天和晴天的数量可能参半。在这种情况下,你应该如何投资这笔钱呢?

对每家公司都投资一部分货币,可能是比较明智的做法。通过分散投资,投资报酬就会变得更具确定性,从而对于厌恶风险的投资者来说,它就显得更为合意。

举例来说,假设雨衣公司和太阳镜公司的股价现在都是每股 10 美元。如果明年夏天多雨,雨衣公司的股票就会值 20 美元,而太阳镜公司的股票只值 5 美元;而如果明年夏天非常晴朗,两家公司的股价就会颠倒过来:太阳镜公司的股票将会值 20 美元,雨衣公司的股票只值 5 美元。如果你将 100 美元全部投资于太阳镜公司,那么,你就是在进行一场这样的赌博:你有 50%的机会得到 200 美元,也有 50%的机会只得到 50 美元。如果你将 100 美元全部投资于雨衣公司,你将得到相同的结果:无论在哪种情况下,你的期望收入都是 125 美元。

但是,如果把全部货币平均分作两份,分别投资于这两家公司,我们发现情况将会发生变化。这样做的结果是:如果明年夏天天气晴朗,从对太阳镜公司的投资中你就能得到 100 美元,同时,从对雨衣公司的投资中得到 25 美元。或者,如果明年夏天多雨,你就可以从对雨衣公司的投资中得到 100 美元,同时从对太阳镜公司的投资中得到 25 美元。可见,不论明年夏天的天气如何,你最终都能确定地得到 125 美元。由于你将投资分散于这两家公司,所以,你在使期望收入保持不变的同时,已经成功地降低了投资的整体风险。

在这个例子中,投资多样化是十分容易做到的:这两项资产是完全负相关的——当一种资产的价值增加时,另一种资产的价值就会减少。类似于这样的资产组合非常具有价值,因为它们可以大大降低风险。但实际上,要找到这样的资产组合是非常困难的。大多数资产的价值是同向变动的:当通用汽车(GM)公司的股票价格上升时,福特(Ford)公司和古德里奇(Goodrich)公司的股票价格也在上升。但只要资产价格的变动不是完全正相关的,那我们就可以从多样化投资中得到某些好处。

12.7 风险分散

现在,我们再回到上面讨论的保险问题。在那里,我们考察的是这样一种情况:某人起初拥有35 000美元,他有可能损失 10 000 美元,发生损失的概率为0.01。假定现在存在 1 000个这样的人,那么,平均而言,就会有 10 个人发生损失,从而每年的损失额是 10 万美元。每年,每一个人面临的预期损失都是 0.01×10 000美元=100美元。我们假定任何人发生损失的概率都不会影响其他人发生损失的概率。换句话说,假定风险是独立的。

这里,每个人的预期财富是 0.99×35 000 美元+0.01×25 000美元=34 900美元。但是,每个人也要承担大量的风险:每个人都有 1%的概率损失10 000美元。

假设每个消费者都决定分散他(或她)所面临的风险,他们如何能做到这一点呢? 通过将部分风险转嫁给其他人就可以实现分散风险的目的。假设这 1 000 个人决定互相提供保险,从而不论他们中任何人遭受损失,每个人都将向他捐款 10 美元。采用这种办法,房屋被烧毁的可怜人的损失就会得到补偿,而其他人的心理也能保持平衡,因为如果灾难降临到自己的身上,他们也一样能获得补偿。这就是风险分散的一个例子:每个人都把风险分散给其他所有的人,从而降低了他所承受的风险的规模。

现在每年平均有10幢房屋被烧毁,所以平均来说,每人每年就要付出100美元。但这只是平均的规模。某些年份可能有12个人遭受损失,而另一些年份可能只有8个人遭受损失。在任一年份里,个人实际必须支付200美元以上的概率是非常小的,然而即使如此风险却依然存在。

但即使这样,也有办法分散这种风险。假定住宅所有者同意不论是否发生损失,每年都确定地支付100美元,那么他们就可以建立一个现金储备基金,以应付那些火灾较多的年份。他们只需要每年确定地支付100美元,但平均而言,这些货币已足够补偿那些遭受火灾的住宅所有者们。

不难发现,我们现在讨论的内容非常类似于合作保险公司的情况。也许,我们需要再补充一些特征:保险公司可以将现金储备基金进行投资并从中获利,等等,但在这里保险公司的本质已经显露无遗。

12.8 股票市场的作用

在分散风险方面,股票市场所发挥的作用与保险市场十分相似。回顾一下,在第11章我们论证过,股票市场使得企业的原所有者可以把跨时期的报酬流量转换成一次性的总收入。同样,股票市场也可以使他们从将全部财富集中在一家企业时的高风险处境,转换到拥有一笔一次性的总收入,并且能够将它投资于各种不同资产的情形中。企业的原所有者有激励发行自家公司的股票,因为这样,他们就可以将原本由单个公司承担的风险分散到大量的股票持有者身上。

同样,后来的这些公司股票持有者也可以通过股票市场,重新分配他们的风险。如果你所持有股票的那家公司采取的政策不符合你的嗜好——风险太高或者太保守——你就可以抛售这些股票并转而购买其他公司的股票。

在保险的例子中,个人可以通过购买保险使他的风险降低至零。缴纳100美元的统一保险费,他就可以为10 000美元的潜在损失购买完全的保险。这是毋庸置疑的,因为从总体上看基本上不存在任何风险:如果发生损失的概率是1%,那么,平均而言,1 000个人中只有10个人会遭受损失——只是我们不清楚究竟是哪些人。

总体上看,股票市场也存在着风险。在某一年,股票市场可能运转得很好,但在另一年,它却可能表现得一团糟。某些人必须承担这种风险。股票市场为把风险投资从厌恶风险的人转移至偏好风险的人提供了一条途径。

当然,除了在拉斯维加斯,几乎没有人偏好风险:绝大多数人都是风险厌恶的。因此,股票市场可以使得人们将风险从那些厌恶风险的人,转移至那些只要能够获得足够的补偿就愿意承担风险的人身上。我们将在下一章进一步探讨这一思想。

小　结

1. 不同自然状态下的消费可以看作消费品,前面几章的分析都可应用于不确定性条件下的选择问题。

2. 然而,代表不确定性条件下的选择行为的效用函数具有特殊的结构。特别是,如果效用函数是概率的线性函数,那么,分配给一次赌博的效用恰好就是各种结果的期望效用。
3. 期望效用函数的曲率描述的是消费者对于风险的态度。若它是凹的,消费者就是风险厌恶的,若它是凸的,消费者就是风险偏好的。
4. 金融机构,如保险市场和股票市场,为消费者分散风险提供了途径。

复习题

1. 在图 12.1 中,如何才能到达禀赋点左边的消费点?
2. 下面哪一个效用函数具有期望效用函数的性质?
   (a) $u(c_1, c_2, \pi_1, \pi_2)=a(\pi_1 c_1+\pi_2 c_2)$;
   (b) $u(c_1, c_2, \pi_1, \pi_2)=\pi_1 c_1+\pi_2 c_2^2$;
   (c) $u(c_1, c_2, \pi_1, \pi_2)=\pi_1 \ln c_1+\pi_2 \ln c_2+17$。
3. 一个厌恶风险的人要在以下两种情形之间进行选择:他有 25%的概率得到1 000美元,有 75%的概率得到 100 美元;或者,他可以确定地得到 325 美元。他将如何选择?
4. 在上题中,如果他可以确定地得到 320 美元,他又会如何选择?
5. 请绘制出这样一个效用函数,对于小额赌博,它显示的是偏好风险的行为,而对于大额赌博,它显示的则是厌恶风险的行为。
6. 为什么相对于火灾来说,在洪灾的情况下,相邻而居的人们更难以相互提供保险?

附录

我们将通过一个简单的问题来说明期望效用最大化原理。假设消费者拥有 w 美元的财富,他正考虑对一种风险资产投资 x 美元。这种资产在"好"的结果下可实现报酬 r_g,在"坏"的结果下可实现报酬 r_b。你可以把 r_g 看作正报酬——资产价值增加,而把 r_b 看作负报酬——资产价值减少。

因此,消费者的财富在"好"的结果和"坏"的结果下分别为

$$W_g=(w-x)+x(1+r_g)=w+xr_g$$
$$W_b=(w-x)+x(1+r_b)=w+xr_b$$

假设"好"的结果发生的概率是 π,坏的结果发生的概率是$(1-\pi)$。如果消费者决定投资 x 美元,他的期望效用就是

$$EU(x)=\pi u(w+xr_g)+(1-\pi)u(w+xr_b)$$

消费者想要选择使这个表达式最大化的 x 值。

对上式求关于 x 的微分,我们就可以求得效用随 x 变动而变动的方式:

$$EU'(x)=\pi u'(w+xr_g)r_g+(1-\pi)u'(w+xr_b)r_b \tag{12.3}$$

期望效用关于 x 的二阶导数是

$$EU''(x)=\pi u''(w+xr_g)r_g^2+(1-\pi)u''(w+xr_b)r_b^2 \tag{12.4}$$

如果消费者是风险厌恶的,他的效用函数就是凹的,这隐含着对应于所有的财富水平有 $u''(w)<0$。因此期望效用的二阶导数一定为负值。期望效用将是 x 的凹函数。

考察在风险资产上投资第一个美元时,期望效用的变化情况。这恰好就是方程(12.3)在 $x=0$ 时的导数值:

$$\begin{aligned}EU'(0)&=\pi u'(w)r_g+(1-\pi)u'(w)r_b\\&=u'(w)[\pi r_g+(1-\pi)r_b]\end{aligned}$$

方括号内的表达式代表资产的期望报酬。如果资产的期望报酬为负值,那么,期望效用就一定会在第一个美元投资于该资产上时减小。但由于期望效用函数是凹的,它的二阶导数一定为负值,所以,随着更多的美元投向这项资产,期望效用就一定会继续减小。

这样,我们发现,如果一次赌博的期望值取负值,厌恶风险的人就会在 $x^*=0$ 处得到最大的期望效用:他决不愿做一点点蚀本生意。

另一方面,如果资产的期望报酬取正值,从零开始增加 x 就会增加期望效用。因此,不管他如何厌恶风险,他总会愿意在风险资产上多投资一些。

图 12.4 显示的是作为 x 的函数的期望效用。在图 12.4A 中,期望报酬是负的,因此最优选择是 $x^*=0$,在图 12.4B 中,期望报酬在某个区间内是正的,因此,消费者愿意在风险资产上投资某个数量为正的 x^*。

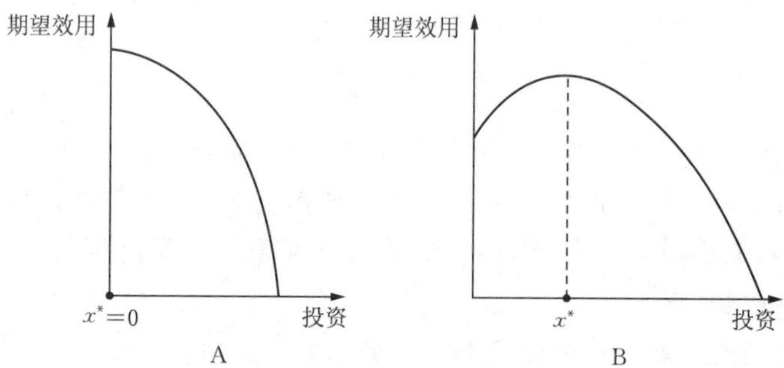

在图 A 中,最优投资水平是零,而在图 B 中,消费者愿意投资的水平是一个正值。

图 12.4 在风险资产上投资多少

消费者的最优投资量可以由期望效用对于 x 的导数等于零这个条件来决定。由于效用函数是凹的,效用的二阶导数一定取负值,那么这就是一个整体极大值。

使式(12.3)等于零,我们有

$$EU'(x)=\pi u'(w+xr_g)r_g+(1-\pi)u'(w+xr_b)r_b=0 \tag{12.5}$$

这个方程决定了上述消费者对 x 的最优选择。

例子:对风险资产投资征税的效应

当需要为投资报酬纳税时,你对风险资产的投资水平会有什么变动呢?如果个人是按税率 t 纳税的,他的税后报酬就为 $(1-t)r_g$ 和 $(1-t)r_b$。因此决定最佳投资 x 的一阶条件变为

$$EU'(x)=\pi u'(w+x(1-t)r_g)(1-t)r_g+(1-\pi)u'(w+x(1-t)r_b)(1-t)r_b$$
$$=0$$

消去 $(1-t)$ 项,我们有

$$EU'(x)=\pi u'(w+x(1-t)r_g)r_g+(1-\pi)u'(w+x(1-t)r_b)r_b=0 \quad (12.6)$$

令 x^* 表示不征税——$t=0$——时的最大化问题的解;令 $\hat{x}$ 表示征税时的最大化问题的解。x^* 和 $\hat{x}$ 之间的关系怎样呢?

直觉上,你可能会认为 $x^*>\hat{x}$——对风险资产征税会抑制对它的投资。但可以证明,这种想法实际上是错误的!按我们所描述的方式对风险资产征税,实际上会鼓励对它的投资。

实际上,x^* 和 $\hat{x}$ 之间存在着精确的关系,即

$$\hat{x}=\frac{x^*}{1-t}$$

考虑到在征税的情况下,$\hat{x}$ 满足最优选择问题的一阶条件,证明就会变得很简单。将这个最优选择代入方程(12.6),我们有

$$EU'(\hat{x})=\pi u'\left(w+\frac{x^*}{1-t}(1-t)r_g\right)r_g+(1-\pi)u'\left(w+\frac{x^*}{1-t}(1-t)r_b\right)r_b$$
$$=\pi u'(w+x^*r_g)r_g+(1-\pi)u'(w+x^*r_b)r_b=0$$

上式中的最后一个等式来自这样一个事实:x^* 是不征税时的最优解。

这里究竟发生了什么?征税怎么会增加对风险资产的投资水平呢?情况是这样的。征税以后,个人在"好"的结果下得到的收入将减少,但他在"坏"的结果下的损失也会减少。按 $1/(1-t)$ 的比率增加对风险资产的投资规模,他就可以获得与征税前的报酬相同的税后报酬。征税的确降低了预期报酬,但它也降低了投资者的风险:通过增加投资,投资者实际上可以获得与以往相同的收入模式,从而完全抵消掉了税收效应。当报酬为正值时,对风险投资征税就意味着对收益征税,而当报酬为负值时,它就意味着对亏损进行补贴。

▶13

风险资产

上一章,我们考察了不确定性条件下的个人行为模型,并研究了两类经济制度——保险市场和股票市场——在处理不确定性问题时所发挥的作用。在这一章,我们将进一步探讨股票市场是如何配置风险的。为此,比较简便的方法是考察一个简化的不确定性条件下的行为模型。

13.1 均值-方差效用

在上一章,我们考察了不确定性条件下选择的预期效用模型。研究不确定性条件下的选择的另一种方法,是通过少量参数来描述选择对象的概率分布,并把效用函数看作定义在这些参数之上。这里,最通俗的例子就是*均值-方差模型*。我们假设,只要考察几个有关财富的概率分布的统计量就可以很好地描述消费者偏好,而不需要再考虑财富在每个可能结果上的整体概率分布。

假设随机变量 w 取值 $w_s(s=1,\ \cdots,\ S)$的概率为 π_s,那么这个概率分布的*均值*就是它的平均值:

$$\mu_w=\sum_{s=1}^{S}\pi_s w_s$$

这就是求平均值的公式:每一个结果 w_s 都以它发生的概率作为权数,然后再把所有的结果加总在一起。

这个概率分布的*方差*是$(w-\mu_w)^2$ 的平均值:

$$\sigma_w^2=\sum_{s=1}^{S}\pi_s(w_s-\mu_w)^2$$

方差是对概率分布的"离散程度"的测度,因此,它可以合理地度量所涉及的风险。与此密切相关的另一个测度是*标准差*,用符号 σ_w 表示,它实际上就是方差的平方根:$\sigma_w=\sqrt{\sigma_w^2}$。

均值测度的是概率分布的平均值——概率分布以它为聚集的中心。方差测度的是概率分布的“离散程度”——概率分布是按照它偏离均值的。图13.1显示了具有不同均值和方差的概率分布。

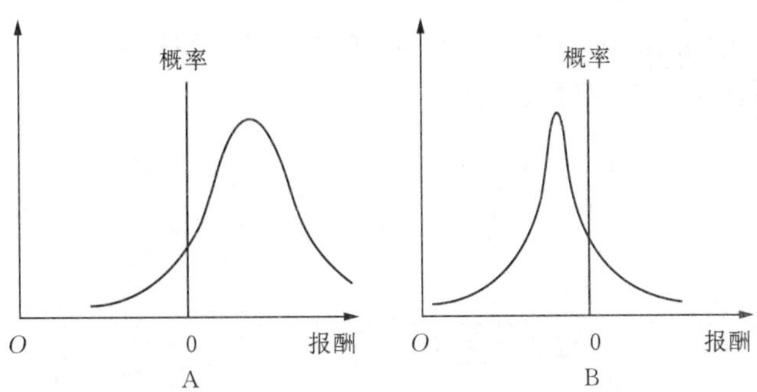

图A所示的概率分布具有正的均值，而图B所示的概率分布具有负的均值。与图B的情况相比，图A的分布显得更“分散”，这意味着它具有较大的方差。

图13.1 均值和方差

均值-方差模型假定，如果投资者获得财富 w_s 时的概率为 π_s，那么，这个概率分布的效用就可以表示为该分布的均值和方差的函数 $u(\mu_w, \sigma_w^2)$。或者，如果更方便，效用也可以表示为均值和标准差的函数 $u(\mu_w, \sigma_w)$。由于方差和标准差都是对财富分布的风险的测度，所以这两种效用函数都是合理的。

这种模型可以看作上一章所描述的期望效用模型的简化形式。如果均值和方差能够完全刻画不确定性条件下的选择，那么，以均值和方差为变量的效用函数对这些选择的排列方式，就与期望效用函数完全相同。而且，即使均值和方差不能够完全刻画概率分布，均值-方差模型也是对期望效用模型的合理近似。

我们自然会这样假设，如果其他情况保持不变，较高的期望报酬是好的，而较大的方差则是坏的。实际上，这只是对人们通常总是厌恶风险的假设的另一种表述方式。

我们运用均值-方差模型来分析一个简单的资产组合问题。假设你可以投资于两种不同的资产。其中一种是无风险资产，它始终支付固定的报酬率 r_f。这种资产类似于国库券，因为不论发生什么情况，国库券总是支付固定的利率。

另一种是风险资产。投资股票的共同基金就可以视作这类资产。如果股票市场的行情不错，那么投资回报就会很好。相反地，如果股票市场表现不佳，那么投资回报就会很差。令 m_s 表示这种资产在状态 s 下的报酬，π_s 表示状态 s 发生的概率。令 r_m 表示风险资产的期望报酬，σ_m 表示报酬的标准差。

当然，你没有必要只选择这种或那种资产，一般地，你总是能够把财富分散投资于这两种资产。如果你把财富的 x 部分投资于风险资产，而将剩余的 $(1-x)$ 部分投资于无风险资产，该资产组合的平均报酬就可以表示为

$$\begin{aligned} r_x &= \sum_{s=1}^{S}(xm_s + (1-x)r_f)\pi_s \\ &= x\sum_{s=1}^{S}m_s\pi_s + (1-x)r_f\sum_{s=1}^{S}\pi_s \end{aligned}$$

由于 $\sum \pi_s = 1$, 我们有

$$r_x = x r_m + (1 - x) r_f$$

因此,资产组合的期望报酬等于这两种资产的期望报酬的加权平均值。

资产组合的报酬的方差可以表示为

$$\sigma_x^2 = \sum_{s=1}^{S} (x m_s + (1 - x) r_f - r_x)^2 \pi_s$$

代入 r_x,上式变为

$$\begin{aligned}\sigma_x^2 &= \sum_{s=1}^{S} (x m_s - x r_m)^2 \pi_s \\ &= \sum_{s=1}^{S} x^2 (m_s - r_m)^2 \pi_s \\ &= x^2 \sigma_m^2\end{aligned}$$

因此,资产组合的报酬的标准差可以表示为

$$\sigma_x = \sqrt{x^2 \sigma_m^2} = x \sigma_m$$

如果风险资产的期望报酬小于无风险资产的期望报酬,厌恶风险的投资者就根本不会持有风险资产,所以,假定 $r_m > r_f$ 就显得很自然。可以证明,如果将大部分财富投资于风险资产,你就会得到较高的期望报酬,但同时你也要承担较大的风险。图 13.2 显示的就是这种情况。

如果 $x = 1$,这意味着所有的货币都投资于风险资产,投资的期望报酬和标准差为 (r_m, σ_m)。如果 $x = 0$,所有的货币都投资于无风险资产,投资的期望报酬和标准差为 $(r_f, 0)$。如果 x 处于 0 和 1 之间,投资组合就处在连接 (r_m, σ_m) 和 $(r_f, 0)$ 的线段的中间部分。这样,我们就拥有了一条描述风险和报酬之间的市场替代关系的预算线。

由于我们假定,投资者的偏好仅仅取决于其财富的均值和方差,所以,我们能够绘制出显示他对风险和报酬的偏好的无差异曲线。如果投资者是风险厌恶的,那么较高的期望报酬会使他的境况变得更好,而较大的标准差会使他的境况变得更差。这意味着标准差是一种"厌恶品"。因此,这类无差异曲线具有正的斜率,如图 13.2 所示。

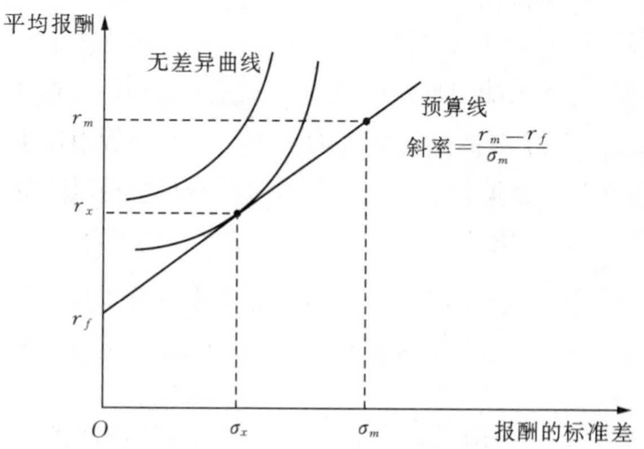

图中的预算线测度的是获得某个较高期望报酬的成本,这个成本用报酬的标准差的增加来表示。在最优选择点,无差异曲线必定与这条预算线相切。

图 13.2 风险和报酬

在图 13.2 中的风险和报酬的最优选择点上,无差异曲线的斜率必定等于预算线的斜率。我们称这个斜率为风险价格,这是因为在作出资产组合选择时,它衡量了风险和报酬是如何替代的。依据图 13.2,风险价格等于

$$p=\frac{r_m-r_f}{\sigma_m} \tag{13.1}$$

所以,包含无风险资产和风险资产的最优资产组合,可以由风险和报酬之间的边际替代率必须等于风险价格这个条件来表示:

$$\text{MRS}=-\frac{\Delta U/\Delta\sigma}{\Delta U/\Delta\mu}=\frac{r_m-r_f}{\sigma_m} \tag{13.2}$$

现在,假定存在许多投资者在选择这两种资产的组合。每一个投资者都必须使其边际替代率等于风险价格。因此在均衡状态,所有投资者的边际替代率都一定相等:当投资者拥有充分的机会交易风险时,所有人的均衡风险价格都相等。在这一方面,风险与任何其他商品相同。

我们可以运用前几章引入的概念,来研究选择随着所研究问题的参数的变动而变动的情况。包括正常商品、低档商品、显示偏好等在内的分析框架都会影响这个模型。举例来说,假设投资者现在可以投资一项新的风险资产 y,它的报酬的均值为 r_y,标准差为 σ_y,如图 13.3 所示。

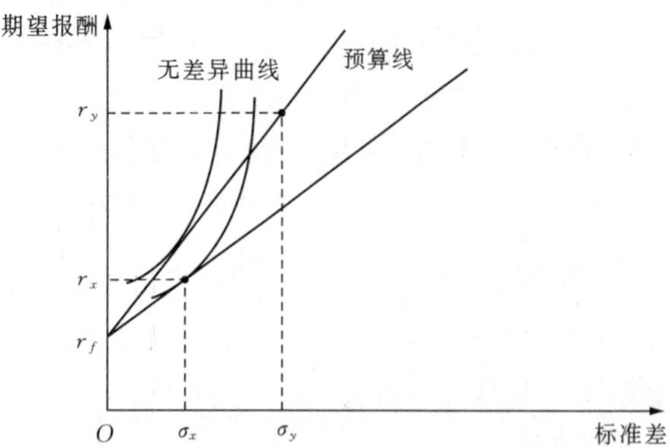

对于具有风险-报酬组合的资产 y 的偏好超过对于具有风险-报酬组合的资产 x 的偏好。

图 13.3 风险和报酬之间的偏好

如果投资者可以在资产 x 和资产 y 之间进行选择,他会选择哪一种投资呢?图 13.3 同时显示了原预算集和新预算集。注意,由于新预算集包含原预算集,所以,原预算集中风险和报酬的任何一种组合,在新预算集中仍将是可能的选择。投资于资产 y 和无风险资产的组合肯定要好于投资于资产 x 和无风险资产的组合,因为在前者中投资者最终能选择更好一些的资产组合。

对于这个结论,投资者能够选择持有多少数量的风险资产是至关重要的。如果这是一个"要么全部,要么全无"的选择,也就是说,投资者只能将他的全部货币或者投资于 x,或者投资于 y,我们就会得到不同的结论。在图 13.3 所示的例子中,投资者偏好于将全部货币投资于 x 而不是 y,因为相对于 y,x 处于更高的无差异曲线上。但是,如果他能够选择投资风险资产和无风险资产的组合,那么,他就会始终偏好无风险资产与 y 的组合而不是与 x 的组合。

13.2 风险的测度

上面,我们介绍了一个描述风险价格的模型……但是,我们又如何度量一种资产的风险值呢?首先,我们可能会想到的是资产报酬的标准差。毕竟,我们假设效用取决于财富的均值和方差。

在上面这个只包含一种风险资产的例子中,这样处理确实是正确的:风险资产的风险值就是它的标准差。可是,如果存在许多种风险资产,标准差就不再是对资产风险值的合适测度了。

这是因为,消费者的效用取决于全部财富的均值和方差,而不是取决于他可能持有的任何单一资产的均值和方差。关键是,消费者所持有的各种资产的报酬如何相互影响,以决定他的财富的均值和方差。如同经济学的其他范畴一样,决定给定资产价值的是该资产对于总效用的边际影响,而不是单独持有该资产的价值。正如额外增加的一杯咖啡的价值可能取决于现有奶油的数量,某人愿意为最后增加的那一份风险资产所支付的数量,将取决于这份资产与资产组合内的其他资产的相互影响。

举例来说,假设你正在考虑购买两项资产,而且你知道这里只存在两种可能的结果。资产 A 的价值或者是 10 美元,或者是 −5 美元,资产 B 的价值或者是 −5 美元,或者是 10 美元。当资产 A 价值 10 美元时,资产 B 价值 −5 美元,相反地,当资产 A 价值 −5 美元时,资产 B 价值 10 美元。换句话说,这两种资产的价值是负相关的:当一种资产具有较大的价值时,另一种资产就具有较小的价值。

假设这两种结果发生的可能性相同,则两种资产的平均价值都是 2.50 美元。如果你根本不在乎风险,并且你必须持有这种或那种资产,你愿意为其中任何一种资产支付的最大数量就是 2.50 美元——每种资产的期望价值。如果你是风险厌恶的,那么,你愿意支付的数量甚至会低于 2.50 美元。

然而,如果你能同时持有这两种资产,情况又会如何呢?如果你对于每一种资产都持有一单位,那么不论结果如何,你都能得到 5 美元。因为当一种资产价值 10 美元时,另一种资产就价值 −5 美元。因此,如果你能同时持有两种资产,你愿意为购买这两种资产所支付的数量就是 5 美元。

这个例子清晰地说明,资产价值一般取决于它与其他资产的相互关系。价值呈现相反方向变动的资产——相互之间是负相关——是非常有价值的,因为它们能够降低总体的风险。一般来说,资产的价值往往更多地取决于它的报酬与其他资产而不是与自身的方差的关系。因此,资产的风险值取决于它与其他资产的关系。

以相对于整个股票市场的风险来测度一种资产的风险,是一种方便的办法。我们用希腊字母 β 表示相对于整个股票市场风险的一种股票的风险,并把它称作这种股票的 β 值。因此,如果 i 表示某种特定的资产,我们把它的相对于整个市场的风险记作 β_i,大致说来就是

$$\beta_i=\frac{\text{资产 } i \text{ 的风险程度}}{\text{股票市场的风险程度}}$$

如果一种股票的 $\beta=1$,那么这种股票的风险程度就与整个市场的风险程度相同;平均而言,如果市场风险上升 10%,这种股票的风险也会上升 10%。如果一种股票的 $\beta<1$,那么在市场风险上升 10%时,这种股票的风险上升幅度将低于 10%。一种股票的 β 值可以由旨在确定一种变量的变动相对于另一种变量变动的灵敏度的统计方法来估计,许多投资咨询机构都可以向你提供股票 β 值的估测值。①

① 熟悉统计知识的读者都知道,股票的 β 值定义为:$\beta_i=\text{cov}(\tilde{r}_i,\tilde{r}_m)/\text{var}(\tilde{r}_m)$。也就是说,$\beta_i$ 等于股票 i 的报酬与市场报酬的协方差除以市场报酬的方差。

13.3 交易对象风险

金融机构不仅借钱给个人，也相互间发放货币贷款。始终存在发放贷款的一方无法收回贷款的可能性。这种可能性称为*交易对象风险*。

为说明交易对象风险，想象存在三家银行A、B、C。银行B贷款10亿美元给银行A，银行C又贷款10亿美元给银行B，而银行A则贷款10亿美元给银行C。现在，设想银行A无钱归还贷款。银行B也就缺少10亿美元，无法归还银行C的贷款。银行C也自然无法归还银行A的贷款，将银行A推向更困难的境遇。这种效应称为*金融传染*(financial contagion)或*系统风险*。这是2008年秋发生在美国金融机构之间的事情的简化版。

如何解决这个问题？处理这种问题的一个方法是存在"最后的贷款者"，这个最后的贷款者主要是类似美国联邦储备体系的中央银行。银行A可向联邦储备要求10亿美元的紧急贷款，并用这10亿美元的紧急贷款归还银行B的贷款。银行B用收到的这10亿美元还款偿还银行C的贷款，银行C再将收到的10亿美元还款偿还银行A的贷款。现在，银行A有足够的资产偿还中央银行的贷款。

当然，这是非常简单的事例。三家银行之间最初未必是没有净债务。如果三家银行一起比较资产和负债，它们必然发现相互之间存在净债务的事实。然而，当资产与负债分布在数以千计家金融机构之间时，或许难以确定某一家金融机构是债权人还是债务人，这也是为何需要最终贷款者的原因所在。

13.4 风险资产的市场均衡

现在，我们就可以描述风险资产市场的均衡条件了。回顾一下，在只存在确定报酬的市场中，我们发现所有资产都具有相同的报酬率。这里，我们拥有一个相似的原理：所有的资产，在对风险进行调整以后，一定具有相同的报酬率。

问题的关键是要对风险进行调整。如何做到这一点呢？答案来自前文中对最优选择的分析。在我们分析包括无风险资产和风险资产的最优组合的选择时，风险资产被看作一种共同基金——一种包含许多风险资产的多样化资产组合。在这一节，我们假设这种资产组合包括所有的风险资产。

这样，我们就能认为风险资产的这种市场组合的期望报酬，就是市场期望报酬 r_m。这种市场报酬的标准差就是市场风险 σ_m。安全资产的无风险报酬是 r_f。

依据方程(13.1)，风险价格 p 可以表示为

$$p=\frac{r_m-r_f}{\sigma_m}$$

上文讨论过，相对于市场整体风险的资产 i 的风险值可以由 β_i 表示。这意味着为了测度资产 i 的全部风险值，还必须再乘上市场风险 σ_m。因此，资产 i 的总风险由 $\beta_i\sigma_m$ 给出。这种风险的成本是多少？只要将总风险值 $\beta_i\sigma_m$ 乘上风险价格，我们就可以得到风险调整的量

$$风险调整=\beta_i\sigma_m p=\beta_i\sigma_m\frac{r_m-r_f}{\sigma_m}=\beta_i(r_m-r_f)$$

现在,我们就能够描述风险资产市场的均衡条件了:在均衡时,所有的资产都具有相同的经过风险调整的报酬率。这里的逻辑恰好与第12章所用的逻辑相同:如果一种资产与另一种资产相比具有更高的经过风险调整的报酬率,那就人人都会想要持有这种具有较高的经过风险调整的报酬率的资产。因此在均衡时,经过风险调整的报酬率一定是相等的。

如果有两种资产 i 和 j,它们分别具有期望报酬 r_i 和 r_j,以及 β 值 β_i 和 β_j,那么在均衡时,以下的方程就一定成立:

$$r_i-\beta_i(r_m-r_f)=r_j-\beta_j(r_m-r_f)$$

这个方程说明,在均衡时,两种资产的经过风险调整的报酬一定相等——风险调整等于资产的总风险乘以风险价格。

另一种表述这个均衡条件的方法如下。根据定义,对于无风险资产,一定有 $\beta_f=0$。这是因为这种资产没有风险,而 β 测度的就是资产的风险值。因此对于任意的资产 i,我们一定有

$$r_i-\beta_i(r_m-r_f)=r_f-\beta_f(r_m-r_f)=r_f$$

重新整理,我们得到以下的方程

$$r_i=r_f+\beta_i(r_m-r_f)$$

即任何资产的期望报酬一定等于无风险报酬加上风险调整。后面这项反映的是,为承担该资产包含的风险,人们要求得到的额外报酬。这个方程是资本资产定价模型(Capital Asset Pricing Model, CAPM)的主要结果,在研究金融市场时,它具有非常广泛的用途。

13.5 报酬如何调整

在研究确定性条件下的资产市场时,我们展示了资产价格是如何调整从而使报酬相等的。这里,我们要考察相同的调整过程。

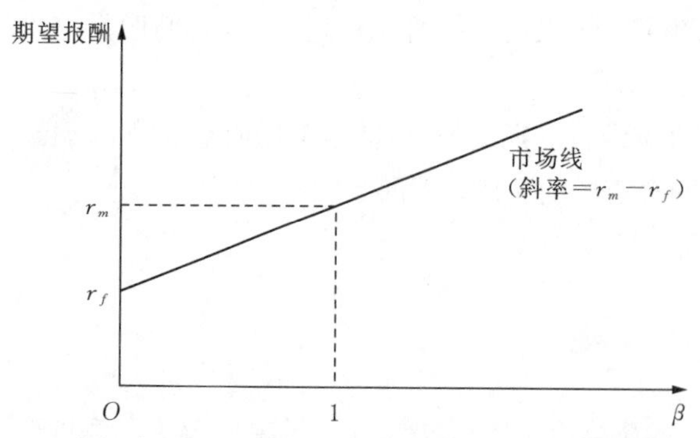

市场线刻画了均衡状态下所持有资产的期望报酬和 β 值的各种组合。

图 13.4 市场线

按照上面勾勒的模型,任何资产的期望报酬应该等于无风险报酬加上风险溢价:

$$r_i=r_f+\beta_i(r_m-r_f)$$

图13.4显示的就是这条直线,横轴表示的是不同的 β 值,而纵轴则表示不同的期望报酬。按照我们的模型,在均衡状态,所有持有的资产都一定位

于这条直线上。我们称这条直线为市场线。

如果某种资产的期望报酬和 β 值的组合没有落在市场线上，情况又会如何呢？会发生什么事情？

资产的期望报酬等于资产价格的预期变化除以它的现期价格：

$$r_i = \frac{p_1 - p_0}{p_0} \text{ 的期望值}$$

这与我们前面所下的定义非常相像，只是这里加入了"期望"一词。由于将来的资产价格是不确定的，因而我们现在必须把"期望"考虑在内。

假设你发现了这样一种资产，它的经过风险调整后的期望报酬大于无风险的报酬率：

$$r_i - \beta_i(r_m - r_f) > r_f$$

那么，它就是一种非常好的资产。它提供的经过风险调整的报酬大于无风险的报酬率。

当人们发现这类资产时，他们就会购买它。他们可能会自己持有，也可能再将它出售给其他人，但既然与现有的资产相比，它提供了一种更好的风险和报酬之间的替代关系，所以一定会存在这种资产的市场。

但是当人们争相购买这种资产时，该资产的现期价格就会被抬高：p_0 将上升。这表明，期望报酬 $r_i = (p_1 - p_0)/p_0$ 将下降。r_i 会下降多少呢？它的下降幅度将恰好使得期望报酬回到市场线上。

因此，购买位于市场线以上的资产是有利可图的。因为当人们发现在既定的风险下，这种资产提供的报酬大于现有资产的报酬时，他们的竞价行为将抬高这种资产的价格。

以上的论述完全依赖于这样一个假设：人们对不同资产的风险值拥有一致的看法。如果他们对不同资产的期望报酬或 β 值的看法不一致，那么这个模型就会变得非常复杂。

例子：风险价值

有时，值得确定某种资产的风险。例如，设想银行持有股票资产的特别投资组合。银行希望估计这个投资组合在指定日期的损失高于 100 万美元的概率。如果这个概率为 5%，我们就说这个资产投资组合具有"100 万美元的一天 5%的风险价值"。计算一天或二周的风险价值时，基本都使用 1%或 5%的损失概率。

尽管风险价值(value at risk, VaR)的理论想法很吸引人，但所有挑战都来自如何确定估计风险价值的方法。金融分析师 Philippe Jorion 就意识到了这个问题，他认为："风险价值的最大益处在于采用了批判性地考虑风险的结构化方法。遵循确定自身风险价值的计算方法的金融机构被迫面对自己暴露在金融风险之下的事实，并确立适当的风险管理措施。因此，明确风险价值的过程可能与计算风险价值的过程同等重要。"

风险价值完全取决于投资组合价值的概率分布，而投资组合价值的概率分布依赖于属于投资组合的各种资产之间的相关性。特别是当资产之间存在正相关性时，资产价格同时上涨或下跌。即使在更不理想的场合，资产价格的分布容易具有"厚尾性"(fat tails)，还是可能出现极端价格波动的相对高的概率。理想地，人们可以利用价格变化的长期历史数据估计风险价值。在实践中，非常难以利用历史数据估计风险价值，特别是对于新出现的奇异资产(exotic asset)而言。

2008 年秋,由于资产价格的下跌远远超过预期,许多金融机构发现自己的风险价值的估计值严重受到损害。出现这种情况的部分原因在于,统计估计值是基于经济活动稳定期收集的规模很小的样本。估计的风险价值过低描述了对象资产的真实风险。

例子:评定共同基金的等级

从风险和报酬的角度看,前面论述的资本资产定价模型可以用来对不同的投资进行比较。共同基金是一种大众喜爱的投资。它们是这样的一些大型组织,从私人投资者那里吸纳资金,并利用这些资金买卖股票,然后将这些投资赚得的利润支付给投资者。

共同基金的优势在于,投资者的资金可以获得专业化的投资管理;缺点是它们要对这种管理收取费用。不过,这种费用通常并不是很高,绝大多数的小投资者都有可能投资共同基金。

但是,如何选择共同基金呢? 当然,你也许会选择具有高期望报酬的共同基金,但你也可能会选择具有最低风险的共同基金。问题在于,为得到高期望报酬你愿意承受多少风险?

也许你要做的一件事情,就是查看各种共同基金的历史业绩,并计算出你正考虑的每种共同基金的年平均报酬和风险值 β。由于我们还未讨论 β 的精确定义,所以,你会发现它是很难计算的,但你可以在某些书中查到各种共同基金的历史 β 值。

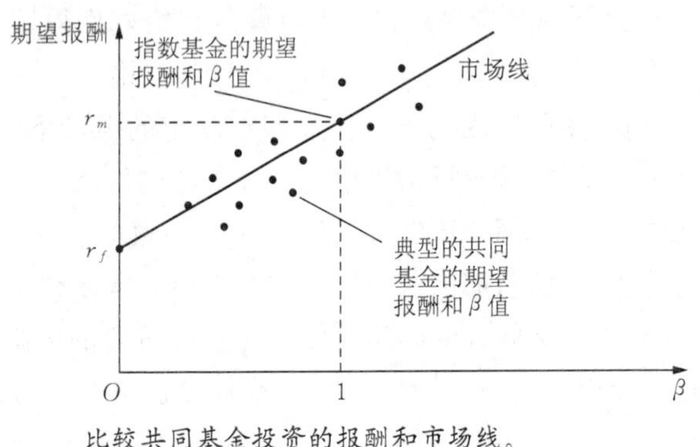

比较共同基金投资的报酬和市场线。

图 13.5 共同基金

如果把期望报酬和相应的 β 值标记出来,你就能得到与图 13.5 相似的图形。[①]值得注意的是,具有较高期望报酬的共同基金通常也具有较高的风险。这里,高期望报酬是对人们承受高风险的一种补偿。

利用共同基金图形你能做的一件有意义的事情,就是对投资共同基金从而享受专业化的投资管理,和你把部分货币投资于指数基金这样一种非常简单的策略进行比较。股票市场上存在许多种指数,如道琼斯指数、标准普尔指数,等等。一般来说,这些指数都是一个特定股票组合在某个交易日的平均报酬。例如,标准普尔指数就是以纽约股票交易所 500 种股票的平均业绩为基础编制的。

指数基金也是一种共同基金,它持有构成这种指数的那些股票。根据定义,这实际上意味着,你一定能获得构成该指数的那些股票的平均业绩。由于获得平均业绩并不是很困难——至少同试图超过平均业绩相比是如此——所以,指数基金通常只收取很低的管理费用。由于指数基金持有非常广泛的风险资产,所以它的 β 值非常接近于 1——它的风险如同市场的整体风险,因为指数基金差不多持有了市场上的所有股票。

① 对于如何运用本章所概述的工具来考察共同基金业绩的更详尽的讨论,可参见迈克尔·詹森(Michael Jensen):《1945—1964 年间共同基金的情况》,《金融杂志》23(1968 年 5 月),第 389—416 页。马克·格林布拉特(Mark Grinblatt)和谢里登·蒂特曼(Sheridan Titman)研究了更近一些的数据,参见其《共同基金的业绩:对季度资产组合的一个分析》,《商业期刊》62(1989 年 6 月),第 393—416 页。

与典型的共同基金相比，指数基金的情况又如何呢？记住，比较必须从投资的报酬和风险的角度进行。一种方法是标记出标准普尔指数基金的期望报酬和相应的β值，然后绘制出连接该点与无风险报酬率的直线，如图13.5所示。在选择包括无风险资产和指数基金的投资组合时，只要你愿意，你可以选择这条直线上的任意一个风险-报酬组合。

现在，我们来计算标记在这条线下方的共同基金的个数。这些共同基金提供的风险-报酬组合，劣于指数基金和无风险资产的投资组合所提供的风险-报酬组合。这样计算的结果表明，共同基金提供的绝大多数风险-报酬组合都处在这条线的下方。位于这条线上方的基金寥寥无几，仅仅是偶然的现象。

但从另一个角度看，这个发现就不再令人惊奇了。股票市场上存在着令人难以置信的竞争。人们总是在试图寻找并购买价值被低估的股票。这就意味着，平均而言，股票通常是按它们的实际价值交易的。如果情况确是如此，投资指数基金获得平均业绩就是相当明智的策略——因为超过平均业绩总是不太可能的。

小　结

1. 我们可以运用前面介绍的预算集和无差异曲线等分析工具，来研究包含风险资产和无风险资产的投资组合的选择问题。
2. 风险和报酬之间的边际替代率一定等于预算线的斜率。这个斜率称作风险价格。
3. 一种资产的风险值在很大程度上取决于这种资产与其他资产的关系。一种与其他资产的变动方向相反的资产，有助于降低投资组合的整体风险。
4. 相对于市场整体风险的一种资产的风险值，称作这种资产的β值。
5. 资产市场基本的均衡条件是经过风险调整的报酬一定相等。
6. 交易对象无法履约的风险称为交易对象风险。交易对象风险可能也是一种重要的风险因素。

复习题

1. 如果无风险报酬率是6%，某种风险资产的报酬率为9%，报酬的标准差为3%，那么，如果你愿意接受的标准差水平是2%，你能够获得的最大报酬率是多少？你必须将多大比例的财富投资于风险资产？

2. 上题中的风险价格是多少？

3. 如果股票的β值是1.5，市场报酬率是10%，无风险报酬率是5%，那么，按照资本资产定价模型，这种股票的期望报酬率是多少？如果股票的期望价值是100美元，那么在今天该股票应该按怎样的价格出售？

▶14

消费者剩余

前面几章中，我们说明了如何从内在偏好或效用函数推导出消费者的需求函数。但在实际中，我们通常关注的却是相反的问题——如何根据观察到的需求行为估计偏好或效用。

我们已在前面的两章中考察过这个问题。在第 5 章，我们分析了如何根据观察到的需求行为估计效用函数的参数。在该章列举的柯布-道格拉斯函数一例中，只需要计算出每种商品的平均支出份额，我们就能估计出描述观察到的选择行为的效用函数。这样得到的效用函数，接着就可以用来评价消费的变动。

在第 7 章，我们阐述了如何运用显示偏好分析，来估计可能产生某些观察到的选择的基础偏好。这些估计的无差异曲线也可以用来评价消费的变动。

在本章，对于从观察到的需求行为估计效用的问题，我们将考虑另外一些方法。虽然在这些方法中，有一些不如我们前面考察过的那两种方法用得普遍，但可以证明，在本书后面将要讨论的若干应用中，它们都是非常有用的。

首先，我们要回顾一种特殊的需求行为，对它来说，要估计出效用是非常容易的。然后，我们再考虑偏好和需求行为的更一般的情况。

14.1 对离散商品的需求

首先，我们回顾第 6 章的描述，考虑对具有拟线性效用的离散商品的需求。假设效用函数采取 $v(x)+y$ 的形式，商品 x 的数量只能取整数。我们把商品 y 看作花费在其他商品上的货币，它的价格为 1。令 p 表示商品 x 的价格。

我们在第 6 章讨论过，在这种情况下，可以用保留价格 $r_1=v(1)-v(0)$，$r_2=v(2)-v(1)$，…，来描述消费者的行为。保留价格和需求之间的关系非常简单：如果离散商品的需求数量是 n 单位，那么就有 $r_n \geqslant p \geqslant r_{n+1}$。

为了证明这一点，我们考虑一个例子。假设当商品 x 的价格等于 p 时，消费者选择消费 6 个单位的 x。那么消费$(6, m-6p)$的效用就一定至少与消费其他消费束$(x, m-px)$的效用一样大：

$$v(6)+m-6p \geqslant v(x)+m-px \tag{14.1}$$

特别地，这个不等式对于 $x=5$ 一定成立，因此，我们有

$$v(6)+m-6p \geqslant x(5)+m-5p$$

经过整理，我们得到 $v(6)-v(5)=r_6 \geqslant p$。

同样，方程式(14.1)对于 $x=7$ 也成立。因此，我们有

$$v(6)+m-6p \geqslant v(7)+m-7p$$

重新整理后，我们得到

$$p \geqslant v(7)-v(6)=r_7$$

这个论证表明，如果需求 6 单位商品 x，那么商品 x 的价格就一定位于 r_6 和 r_7 之间。一般地，如果当价格为 p 时需求 n 单位 x 商品，那么一定有 $r_n \geqslant p \geqslant r_{n+1}$，这正是我们想要证明的结论。一系列的保留价格包含了描述需求行为所必需的一切信息。如图 14.1 所示，保留价格的图像呈"阶梯"状。很明显，这个阶梯状图形就是离散商品的需求曲线。

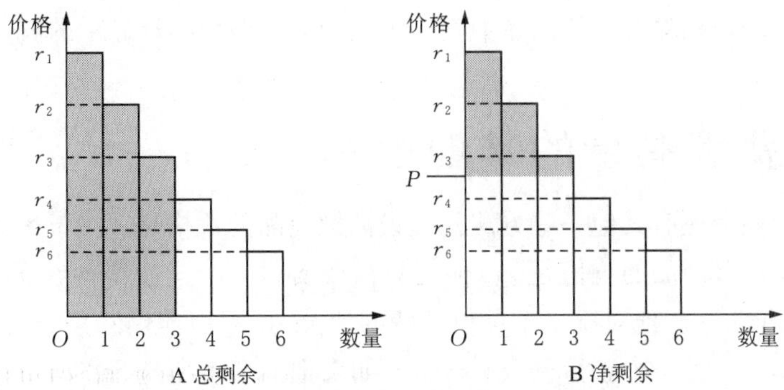

图 A 中的总效益是需求曲线以下的面积。这个面积测度的是消费商品 x 的效用。图 B 显示的是消费者剩余。它测度的是在第一种商品必须按不变价格 p 购买时消费两种商品的效用。

图 14.1 保留价格和消费者剩余

14.2 根据需求曲线构造效用函数

上一节，我们说明了如何在保留价格或效用函数给定的情况下，构造需求曲线。相反地，如果给定了需求曲线，我们也能构造效用函数——至少在拟线性效用这种特殊的情况下。

在某种水平上，这只是一种繁琐的算术运算。保留价格被定义为效用的差额，即

$$r_1=v(1)-v(0)$$
$$r_2=v(2)-v(1)$$
$$r_3=v(3)-v(2)$$
$$\vdots$$

举例来说，如果我们想要计算 $v(3)$，只要把上述的一系列方程加总在一起，就可以得到

$$r_1 + r_2 + r_3 = v(3) - v(0)$$

这里,将消费零单位商品的效用设定为零是非常方便的,即 $v(0) = 0$,所以,$v(n)$恰好就是前 n 个保留价格的和。

如图 14.1A 所示,这种构造具有一个很好的几何解释。消费 n 单位离散商品的效用,恰好就是组成需求函数的前 n 个长条的面积。由于每个长条的高度表示的是与它的需求水平相对应的保留价格,而每个长条的宽度都等于 1,所以这种说法是准确的。有时,这块面积称作与商品消费相关联的*总效益*或*总消费者剩余*。

注意,这仅仅是与商品 1 的消费相关联的效用,消费的最终效用要取决于消费者对商品 1 和商品 2 的消费数量。如果消费者选择了 n 单位离散商品,那么,他就会剩余 $m - pn$ 美元用于购买其他东西。这样,他的总效用为

$$v(n) + m - pn$$

总效用也可以用面积来解释:用图 14.1A 所示的面积,减去在离散商品上的花费,再加上 m。

$v(n) - pn$ 项被称作*消费者剩余*或*净消费者剩余*。它测度的是消费 n 单位离散商品的净效益:效用 $v(n)$扣除对其他商品消费支出的减少。图 14.1B 显示的就是消费者剩余。

14.3 消费者剩余的其他解释

考察消费者剩余还有其他一些方法。假设离散商品的价格是 p。于是,虽然消费者认为消费第一个单位该商品的价值是 r_1,他却只需要支付 p。这使得他在第一个单位的消费中获得"剩余"$r_1 - p$。他对第二个单位消费的评价为 r_2,但他仍然只需要支付 p。这使得他在第二个单位的消费中获得剩余 $r_2 - p$。如果把消费者所选择的 n 单位商品的剩余加总到一起,我们就能得到总的消费者剩余:

$$CS = r_1 - p + r_2 - p + \cdots + r_n - p = r_1 + \cdots + r_n - np$$

由于上式中保留价格的和表示的是消费商品 1 的效用,所以我们也可以将上式记为

$$CS = v(n) - pn$$

此外,我们还可以从另一个角度来解释消费者剩余。假设消费者消费 n 单位离散商品并为此支付了 pn 美元。这里,需要补偿他多少货币才能使他完全放弃消费这种商品?令 R 代表所需要的货币数量,则 R 必须满足以下的方程

$$v(0) + m + R = v(n) + m - pn$$

由于根据定义 $v(0) = 0$,所以这个方程可以简化为

$$R = v(n) - pn$$

这恰好就是消费者剩余。因此,消费者剩余测度的是要使消费者放弃对某种商品的全部消费,而必须补偿给他的货币量。

14.4 从单个消费者剩余到全部消费者剩余

迄今为止，我们考察的都是单一消费者的情况。如果涉及诸多的消费者，我们可以把所有消费者的剩余都加总到一起，从而得到全部消费者剩余的整体测度。要特别注意这两个概念之间的区别：消费者剩余指的是单个消费者的剩余；而全部消费者剩余则是指诸多消费者剩余的总和。

如同消费者剩余是对个人交易利得的测度一样，全部消费者剩余是对总体交易利得的一种方便的测度。

14.5 近似于连续需求

我们已经知道，离散商品需求曲线以下的面积测度的是消费这种商品的效用。通过用阶梯状需求曲线近似连续需求曲线的方法，我们可以把这个结论扩展到连续商品的情况。于是，连续需求曲线下的面积就近似地等于阶梯状需求曲线下的面积。

图 14.2 显示的就是这样一个例子。在本章的附录中，我们将说明如何运用微积分准确计算需求曲线下的面积。

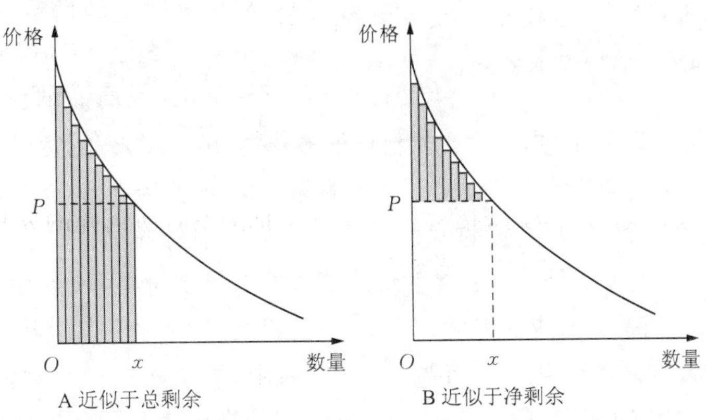

与连续需求曲线相关联的消费者剩余，可以用与近似于它的离散需求曲线相关联的消费者剩余来近似地表示。

图 14.2 近似于连续需求

14.6 拟线性效用

拟线性效用在这个分析中起什么作用，是一个值得思考的问题。一般地，消费者为购买一定数量的商品 1 而愿意支付的价格，取决于他拥有多少货币消费其他商品。这意味着，商品 1 的保留价格通常要取决于正在消费的商品 2 的数量。

但是，在拟线性效用这个特殊的情况下，保留价格独立于消费者必须花费在其他商品上的货币。经济学家们认为，在拟线性效用情况下，由于收入变化不影响商品需求，所以“不存在收入效应”。这样，我们才得以用上述简单的方法来计算效用。只有在拟线性效用情况下,用需求曲线下的面积测度效用才是准确的。

但是,它通常可以取一个合理的近似。如果在收入变化时商品的需求变化不大,那么,收入效应就不会太重要,消费者剩余的变化就可以看作是对消费者效用变化的一种合理近似。①

14.7 对消费者剩余变化的说明

通常,我们对消费者剩余的绝对水平并不感兴趣。一般地,我们感兴趣的是由某种政策变化引起的消费者剩余的变化。例如,如果商品的价格从 p' 上升至 p'',消费者剩余会如何变化?

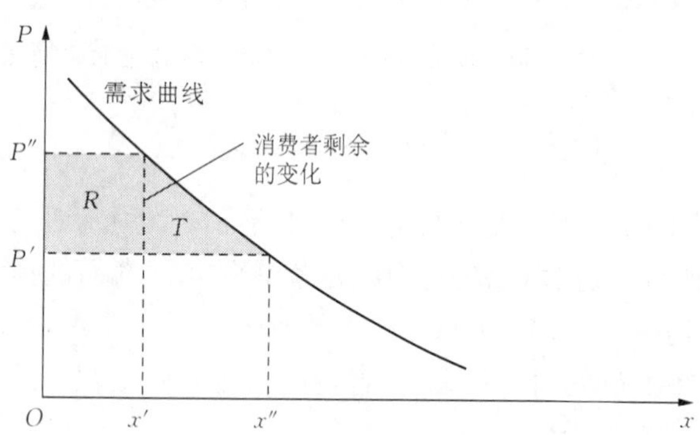

消费者剩余的变化是两个近似的三角形区域的差,因此呈现为近似的梯形。

图 14.3 消费者剩余的变化

在图 14.3 中,我们演示了由价格变化引起的消费者剩余的变化。消费者剩余的变化表现为两个近似的三角形区域的差,因此呈现为近似的梯形。这个梯形又可划分为两个子区域,即标记为 R 的矩形区域和标记为 T 的近似的三角形区域。

矩形区域测度的是消费者剩余的损失,这种损失源自消费者现在要对他继续消费的数量支付更多的货币。价格上升以后,消费者继续消费 x''单位,但商品的价格上涨了 $p''-p'$。这表明,仅仅消费 x''单位,他就必须比以前多花费$(p''-p')x''$的货币。

但是,这并不代表全部的福利损失。由于商品 x 的价格上升,消费者会决定减少对商品 x 的消费。三角形区域 T 测度的就是商品 x 损失的消费的价值。消费者的总损失是这两个效应的和:R 测度的是消费者要对继续消费的数量支付更多的货币而造成的损失;T 测度的是因减少消费而造成的损失。

例子:消费者剩余的变化

问题:考察线性需求曲线 $D(p)=20-2p$。当价格从 2 上升至 3 时,相应地,消费者剩余的变化是多少?

答案:当 $p=2$ 时,$D(2)=16$;当 $p=3$ 时,$D(3)=14$,因此,我们要计算高是 1,上、下底分别是 14 和 16 的梯形的面积。这等价于宽为 1 长为 14 的矩形面积(14)与高为 1 底为 2 的三角形面积(1)的和,因此,整个面积是 15。

14.8 补偿变化和等价变化

在拟线性效用的情况下,消费者剩余理论是非常令人满意的。在许多应用中,即使效

① 当然,消费者剩余的变化只是表示效用变化的一种方法——消费者剩余平方根的变化可能是同样好的方法。但是,一般都采用消费者剩余作为对效用的一种标准测度。

用不是拟线性的，消费者剩余也仍然是对消费者福利的一种合理测度。通常，测度需求曲线的误差总是要超过使用消费者剩余而产生的近似误差。

但是，对于某些方面的应用，近似处理就不再那么合理了。在这一节，我们将引入一种有别于消费者剩余的对“效用变化”的测度方法。实际上，这里包含两个不同的问题。第一个问题是，当我们能够观察到大量的消费者选择时，如何来估计效用。第二个问题是，我们如何用货币单位来测度效用。

我们已经研究过估计问题。在第 6 章，我们就曾经给出过如何估计柯布-道格拉斯效用函数的例子。在那个例子中，我们注意到支出份额是相对不变的，因此，我们可以将平均支出份额看作柯布-道格拉斯参数的估计值。如果需求行为没有显示这种特殊的性质，我们就必须选择更为复杂的效用函数。但是，原理总是相同的：如果我们拥有足够多的关于需求行为的观察资料，并且这种行为与实现某种东西最大化相一致，那么一般地，我们就能够估计出消费者正在实现最大化的效用函数。

一旦我们估计出了描述某些观察到的选择行为的效用函数，我们就能够应用它来评估价格和消费水平变化所带来的影响。在最基本的分析层次上，这就是我们所能期望的最好的结果。消费者偏好是唯一重要的问题，描述消费者偏好的任何一种效用函数都无优劣之分。

但是，在一些应用中，使用效用的某种货币测度是非常方便的。举例来说，我们可能会这样考虑，对于消费结构的某种变动，我们必须给消费者多少货币才能使他得到补偿。这种类型的测度本质上度量的是效用的变化，但它在测度效用时使用的却是货币单位。用货币测度效用的便利方法有哪些呢？

假设我们考虑的是图 14.4 所示的情况。这里，消费者最初面临的价格是$(p^*, 1)$，消费束是(x_1^*, x_2^*)。然后，商品 1 的价格从 p_1^* 上升至$\hat{p}_1$，相应地，消费者的消费束变为$(\hat{x}_1, \hat{x}_2)$。这种价格变化使消费者遭受了多少损失呢？

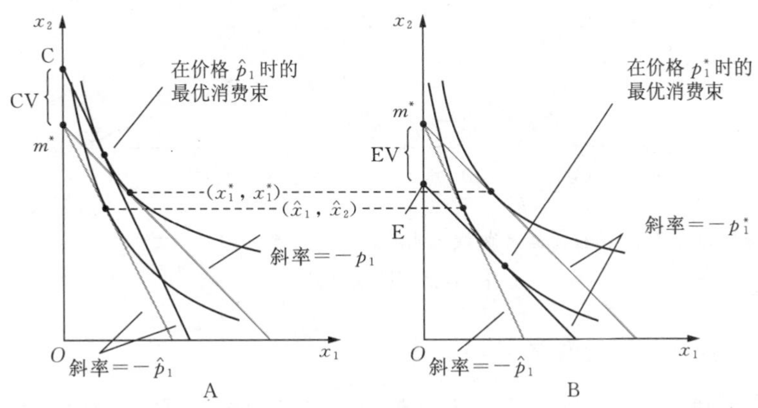

图 A 显示的是补偿变化(CV)，图 B 显示的是等价变化(EV)。

图 14.4 补偿变化和等价变化

回答这个问题的一种方法是，考虑在价格变化以后，要使消费者的境况与价格变化以前的境况一样好，我们必须补偿他多少货币。体现在图形上就是，新的预算线必须上移多少才能与穿过初始消费点(x_1^*, x_2^*)的无差异曲线相切。使消费者回到初始无差异曲线上所必需的收入变化称作收入的补偿变化,这是因为这种收入变化恰好补偿了价格变化给消费者带来的影响。补偿变化测度的是,为准确地补偿价格变动给消费者带来的影响,政府必须给予消费者的额外货币。

用货币测度价格变动影响的另一种方法是,考虑在价格变化以前,必须从消费者那里取走多少货币,才能使他的境况与价格变化以后的境况一样好。这种变化称作收入的等价变化,因为从效用变化的角度看,这种收入变化与价格变化是等价的。用图 14.4 表示就是,初始预算线必须下移多少才能与穿过新消费束的无差异曲线相切。等价变化测度的是消费者为了避免价格变动而愿意付出的最大收入量。

一般地,消费者为避免价格变化而愿意付出的货币量,不同于为补偿价格变化给消费者带来的影响而必须支付给他的货币量。总之,对消费者来说,按不同的价格组合,1 美元的价值是不同的,因为它能购买的消费品的数量不同。

用几何术语表示,补偿变化和等价变化只是测度两条无差异曲线"相距多远"的两种不同的方法。在每一种情况下,我们都是通过度量两条无差异曲线的切线相隔多远,来测度它们之间的距离的。一般来说,这种距离测度取决于切线的斜率——取决于我们选择的用以决定预算线的价格。

但是,在拟线性效用这样一种重要情况下,补偿变化和等价变化是相同的。在这种情况下,无差异曲线是相互平行的,因此,不论从哪个角度测度,两条无差异曲线之间的距离都相等,如图 14.5 所示。在拟线性效用情况下,补偿变化、等价变化以及消费者剩余的变化,给出的是对价格变化的货币值的同一测度。

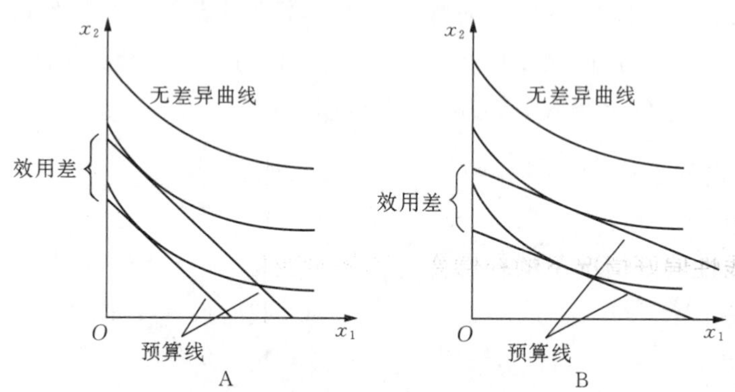

在拟线性偏好的情况下,两条无差异曲线之间的距离与预算线的斜率无关。

图 14.5 拟线性偏好

例子:补偿变化和等价变化

假设一个消费者的效用函数是 $u(x_1, x_2)=x_1^{\frac{1}{2}}x_2^{\frac{1}{2}}$,他最初面临的价格是(1, 1),收入是 100。然后,商品 1 的价格上升至 2,此时,补偿变化和等价变化各是多少?

我们知道,对于柯布-道格拉斯效用函数,相应的需求函数可以由下式给出:

$$x_1=\frac{m}{2p_1}$$

$$x_2=\frac{m}{2p_2}$$

运用上述公式，我们求得消费者的需求从$(x_1^*,\ x_2^*)=(50,\ 50)$变动到$(\hat{x}_1,\ \hat{x}_2)=(25,\ 50)$。

为了计算补偿变化，我们考虑，在价格(2，1)下，消费者必须拥有多少货币才能使他的境况与消费消费束(50，50)时的境况一样好？令m表示这个货币量，将m和价格(2，1)代入需求函数后，我们就可以求出消费者最优选择的消费束为$(m/4,\ m/2)$。令这个消费束的效用等于消费束(50，50)的效用，我们就有

$$\left(\frac{m}{4}\right)^{\frac{1}{2}}\left(\frac{m}{2}\right)^{\frac{1}{2}}=50^{\frac{1}{2}}50^{\frac{1}{2}}$$

求解m，我们得到

$$m=100\sqrt{2}\approx 141$$

因此，在价格变动以后，要使消费者的境况与价格变化前的境况一样好，就大约需要补偿他$141-100=41$美元。

为了计算等价变化，我们考虑，在价格(1，1)下，消费者必须拥有多少货币才能使他的境况与消费消费束(25，50)时的境况一样好。令m表示这个货币量，沿用上述的推导过程，我们有

$$\left(\frac{m}{2}\right)^{\frac{1}{2}}\left(\frac{m}{2}\right)^{\frac{1}{2}}=25^{\frac{1}{2}}50^{\frac{1}{2}}$$

求解m，我们得到

$$m=50\sqrt{2}\approx 70$$

所以，在初始价格下，如果消费者拥有70美元，那么他的境况就与新价格下他拥有100美元时的境况一样好。因此，收入的等价变化大约是$100-70=30$美元。

例子：拟线性偏好情况下的补偿变化和等价变化

假设消费者具有拟线性效用函数$v(x_1)+x_2$。我们知道，在这种情况下，商品1的需求只取决于商品1的价格，因此我们把它记作$x_1(p_1)$。假设价格从p_1^*变为$\hat{p}_1$，补偿变化和等价变化各是多少？

按价格p_1^*，消费者选择$x_1^*=x_1(p_1^*)$，因此，总效用为$v(x_1^*)+m-p_1^*x_1^*$。按价格$\hat{p}_1$，消费者选择$\hat{x}_1=x_1(\hat{p}_1)$，总效用为$v(\hat{x}_1)+m-\hat{p}_1\hat{x}_1$。

令C表示补偿变化。这是在价格变动后为使消费者的境况与价格变动前的境况一样好所必需的额外货币量。因而C一定满足方程

$$v(\hat{x}_1)+m+C-\hat{p}_1\hat{x}_1=v(x_1^*)+m-p_1^*x_1^*$$

求解C，我们得到

$$C=v(x_1^*)-v(\hat{x}_1)+\hat{p}_1\hat{x}_1-p_1^*x_1^*$$

令E表示等价变化。这是价格变动前,你可以从消费者那里取走而使他的境况与价格变动后的境况一样好的货币量。因此,它满足方程

$$v(x_1^*)+m-E-p_1^*x_1^*=v(\hat{x}_1)+m-\hat{p}_1\hat{x}_1$$

求解E,我们得到

$$E=v(x_1^*)-v(\hat{x}_1)+\hat{p}_1\hat{x}_1-p_1^*x_1^*$$

注意,在拟线性效用情况下,补偿变化和等价变化是相同的。而且,它们都等于(净)消费者剩余的变化:

$$\Delta CS=[v(x_1^*)-p_1^*x_1^*]-[v(\hat{x}_1)-\hat{p}_1\hat{x}_1]$$

14.9 生产者剩余

需求曲线度量的是在每个价格水平上需求的商品数量;供给曲线度量的是在每个价格水平上供给的商品数量。如同需求曲线下方的面积测度的是商品需求者享有的剩余,供给曲线上方的面积测度的是商品供给者享有的剩余。

我们把需求曲线下方的面积称作消费者剩余。类似地,供给曲线上方的面积称作生产者剩余。消费者剩余和生产者剩余的概念容易使人产生误解,因为谁在消费谁在生产实际上无关紧要。虽然"需求者剩余"和"供给者剩余"这两个概念比较准确,但尊重传统,我们还是使用标准术语。

假如我们有一条商品供给曲线,它测度的是在每个可能的价格上愿意供给的商品数量。这种商品可以由拥有这种商品的个人来供给,也可以由生产这种商品的厂商来供给。依照传统,我们还是采纳后面这种解释,并在图14.6中绘出了这种生产者供给曲线。如果生产者能够在市场上按价格p^*出售x^*单位的产品,那么,他能享有多少生产者剩余?

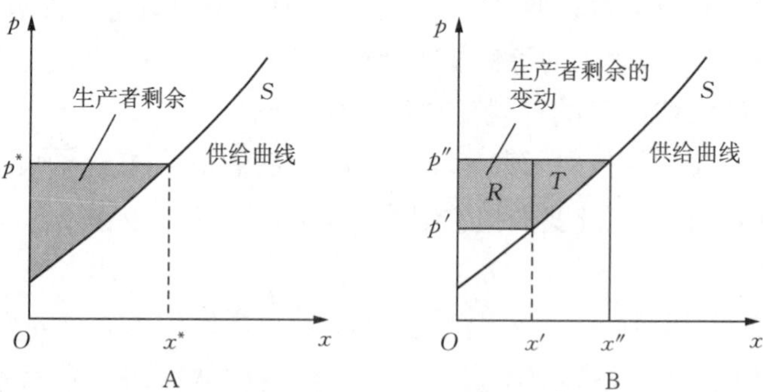

在图A中,净生产者剩余是供给曲线左边的三角形面积,在图B中,生产者剩余的变动是梯形的面积。

图14.6 生产者剩余

这里,用生产者的反供给曲线$p_s(x)$来进行分析是最方便的。这个函数测度的是使生产者供给x单位商品所必需的价格。

考虑离散商品的反供给函数。在这种情况下,生产者愿意按价格$p_s(1)$出售第1个单

位的商品,但他实际得到的是市场价格 p^*。同样,他愿意按 $p_s(2)$出售第 2 个单位的商品,仍然得到价格 p^*。依此类推,直到他恰好愿意按 $p_s(x^*)=p^*$ 出售的最后一个单位。

他出售 x^* 单位实际得到的货币量和他愿意换取的最小货币量之间的差额,称作**净生产者剩余**。它表示为图 14.6A 中的三角形面积。

如同消费者剩余的情况,我们也可以考虑当价格从 p'上升至p''时,生产者剩余是如何变化的。一般地,生产者剩余的变化总是表现为两个三角形区域的差额,所以,它通常呈现为图 14.6B 所示的近似的梯形。与消费者剩余的情况一样,这个近似的梯形区域也可以划分为矩形区域 R 和近似的三角形区域 T 两部分。矩形区域测度的是按较高的价格 p'' 出售以前按价格 p'出售的那些商品而获取的利得。近似的三角形区域测度的是按价格 p'' 出售额外商品获取的利得。这与前面考察的消费者剩余变化完全类似。

尽管一般把这种变化看作生产者剩余的增加,但从更深层的意义上看,它实际上表示的却是消费者剩余的增加,那些拥有产生该供给曲线的厂商的消费者获取这部分利得。生产者剩余与利润概念关系密切,不过,我们必须等到详细地研究厂商行为以后才能揭示这种关系。

14.10 收益-成本分析

我们可以利用已经建立的消费者剩余这个分析工具来计算各种经济政策的收益和成本。

例如,我们考察某种限制价格的影响。考虑图 14.7 所示的情形。如果不施加干预,价格将是 p_0,销售数量将是 q_0。

管理当局认为当前的价格水平偏高,从而将价格限制在 p_c 的水平。这使得供给者愿意提供的数量降至 q_c,相应地,他们的生产者剩余缩减为图中的阴影面积。

现在,消费者可以获得的数量仅仅是 q_c,问题是谁将得到这部分数量呢?

一种假定认为,具有最高支付意愿的消费者将获得这部分商品。令 p_e 表示有效价格,按此价格消费者愿意需求的数量为 q_e。如果愿意支付比 p_e 更高价格的每个人都能获得商品,那么消费者剩余将变化为图中的阴影面积。

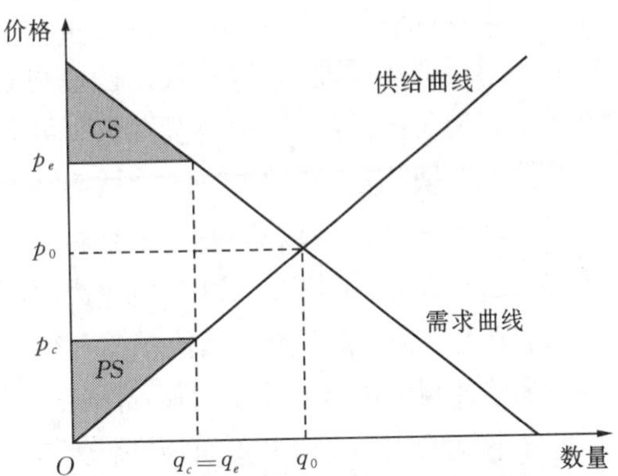

把价格限制在 p_c 的水平将使供给数量降至 q_c。它使消费者剩余缩减为 CS,生产者剩余缩减为 PS。商品的有效价格 p_e 是使得市场出清的价格。该图形还显示了在配给制下会出现什么情形,在这种情况下,一张配给券的价格等于 p_e-p_c。

图 14.7 一种限制价格

注意,损失的消费者剩余和生产者剩余是图形中央的不规则四边形面积。这部分面积就是消费者剩余和生产者剩余各自在竞争市场与限制价格情形下的差额。

具有最高支付意愿的消费者将获得商品在大多数情况下是一个过于乐观的假定。因此,我们通常认为,上述的不规则四边形面积是在限制价格情形下损失的消费者剩余和生产者剩余的下界。

配给制

我们上面考察的图形也可以用来描述配给制下的社会福利损失。假定管理当局不再执行限制价格 p_c,而转向通过发放配给券,使得消费者只能购买 q_c 单位的商品。为了购买 1 个单位的商品,消费者需要向卖方支付 p_c,并由此形成了 1 张配给券。

如果配给券可以流通,那么,它们的交易价格将会是 $p_e - p_c$。这样,购买商品的总价格就等于 p_e,也就是使这种商品市场出清的价格。

14.11 计算利得和损失

一旦估计出商品的市场需求曲线和供给曲线,原则上我们就不难计算因政府政策的变化而导致的消费者剩余的损失。举例来说,假设政府决定改变对某种商品的征税办法。这会导致消费者面临的价格发生变化,从而他们选择消费的商品数量也发生变化。我们可以计算出与不同税收方案相对应的消费者剩余,从而确定哪些税制改革方案造成的损失最小。

虽然对于判断各种征税办法而言,这种计算结果通常是有用的信息,但它却存在两个缺陷。第一个缺陷是,如同我们在前面曾经指出的,消费者剩余的计算只对特殊形式的偏好——拟线性效用函数表示的偏好——有效。我们曾经论证过,对于那些收入变动只导致需求很小变动的商品,这种效用函数可以是一种合理的近似,但是,对于那些消费量同收入密切相关的商品,使用消费者剩余可能就不再合适了。

第二个缺陷是,这种损失的计算实际上把所有的消费者和生产者有效地混合在一起,然后估计出某种社会政策仅仅对于某个虚拟的"代表性消费者"的"费用"。在许多情况下,令人合意的是不仅要知道人均的费用,而且要知道由谁负担了这些费用。政策在政治上的成功与失败,通常更多地依赖于利得和损失的分配,而不是平均的利得和损失。

消费者剩余很容易计算,而与价格变动相关联的真实的补偿变化或等价变化,据我们所知也并不很难计算。如果我们拥有针对每个家庭估计的需求函数——或者,至少是抽样的代表性家庭的需求函数——我们就能够根据补偿变化或等价变化计算出政策变动对每个家庭的影响。因此,我们能够测度由拟定的政策变动带给每个家庭的"利益"或"代价"。

伦敦经济学院的经济学家默文·金(Mervyn King),在他发表在《公共经济学杂志》(1983 年第 21 期,第 183—214 页)上的题为《基于家庭数据的对税制改革的福利分析》的论文中,描述了用这种方法分析英国住房税改革影响的一个很好的例子。

默文·金首先考察了 5 895 户居民的住房支出,估计出最能描述他们购买住房服务行为的需求函数。接着,他运用这个需求函数来确定每户居民的效用函数。最后,他利用估计的效用函数计算出每户居民在住房税发生某种变化时的利得和损失。他所采用的测度与本章前面所述的等价变化相似。他所研究的税收改革的基本特征是要取消自住房屋的税收减让和提高公共住房的租金。由这种变化产生的收益将按与家庭收入成比例的转移支付的形式返还到每户居民手中。

默文·金发现,在这 5 895 户居民中有 4 888 户从这项改革中获益。更重要的是,他能够明确地指出哪些家庭在税收改革中遭受了重大损失。例如，默文·金发现，在最高收入的居民中，有94%的家庭从这种改革中获益，与此同时，在最低收入的居民中，却只有58%的家庭得到好处。这种信息促使人们采取特殊的措施，以帮助设计满足分配目标的税制改革。

小　结

1. 在离散商品和拟线性效用情况下，与消费n单位离散商品相对应的效用恰好就是前面n个保留价格的和。
2. 这个和是消费商品的总效益。如果再扣减购买商品的花费，我们就得到消费者剩余。
3. 与价格变化相关联的消费者剩余的变化呈现一个不精确的梯形。可以把它视作与价格变化相关联的效用的变化。
4. 一般地，我们可以利用收入的补偿变化和等价变化来测度价格变化的货币影响。
5. 如果是拟线性效用，补偿变化、等价变化和消费者剩余的变化就完全相等。即使不是拟线性效用，消费者剩余的变化也可以当作价格变化对消费者效用的影响的有效近似。
6. 对于供给行为而言，我们可以把生产者剩余定义为对生产者得自生产既定数量产品的净效益的测度。

复习题

1. 假设存在一种由某个竞争性行业生产的商品，它的单位成本是10美元，再假定存在100名消费者，每名消费者只愿意按12美元的价格消费1单位的这种商品(额外的消费对他们没有任何价值)。这里，均衡价格和均衡销售量各是多少？如果政府对这种商品征收1美元的数量税，这种税收的额外净损失是多少？

2. 假设需求曲线由$D(p)=10-p$给出。消费6单位商品的总效益是多少？

3. 在上面的例子中，如果价格从4变动到6，那么，消费者剩余的变化是多少？

4. 假设消费者消费10单位离散商品。价格从每单位5美元提高到6美元。然而，在价格变化以后，消费者继续消费10单位离散商品。由于这次价格变化，消费者剩余的损失是多少？

附录

我们使用微积分来精确地表述消费者剩余。首先考虑拟线性效用的最大化问题：

$$\max_{x,\, y} v(x)+y$$

$$\text{s.t. } px+y=m$$

代入预算约束,我们有

$$\max_x v(x)+m-px$$

这个最大化问题的一阶条件是

$$v'(x)=p$$

这意味着,反需求函数 $p(x)$ 可以由下式给出:

$$p(x)=v'(x) \tag{14.2}$$

注意这与正文中所述离散商品框架的相似之处:使消费者恰好愿意消费 x 单位的价格等于边际效用。

由于反需求曲线测度的是效用的导数,所以,我们只要对反需求函数求积分,就可以得到效用函数。

进行积分,我们有

$$v(x)=v(x)-v(0)=\int_0^x v'(t)\mathrm{d}t=\int_0^x p(t)\mathrm{d}t$$

因此,与消费 x 单位商品相关联的效用恰好就是需求曲线下方的面积。

例子:一些需求函数

假设需求函数是线性的,从而 $x(p)=a-bp$。因此,当价格从 p 变动到 q 时,消费者剩余的变化可以由下式给出

$$\int_p^q (a-bt)\mathrm{d}t=at-b\frac{t^2}{2}\bigg|_p^q=a(q-p)-b\,\frac{q^2-p^2}{2}$$

另一种普遍使用的需求函数具有"$x(p)=Ap^{\varepsilon}$,$\varepsilon<0$,A 是某个正的常数"的形式,我们将在下一章作详细考察。当价格从 p 变化到 q 时,消费者剩余的相应变化是

$$\int_p^q At^{\varepsilon}\mathrm{d}t=A\frac{t^{\varepsilon+1}}{\varepsilon+1}\bigg|_p^q=A\,\frac{q^{\varepsilon+1}-p^{\varepsilon+1}}{\varepsilon+1}$$

其中,$\varepsilon\neq-1$。

当 $\varepsilon=-1$ 时,这个需求函数就变成 $x(p)=A/p$,这与我们早已熟悉的柯布-道格拉斯需求函数 $x(p)=am/p$ 十分相近。柯布-道格拉斯需求的消费者剩余的变化是

$$\int_p^q \frac{am}{t}\mathrm{d}t=am\ln t\bigg|_p^q=am(\ln q-\ln p)$$

例子:补偿变化、等价变化和消费者剩余

在正文中,我们计算过柯布-道格拉斯效用函数的补偿变化和等价变化,在上面的例子中,我们又计算了柯布-道格拉斯效用函数情况下的消费者剩余的变化,现在,我们来比较刻画价格变动对效用的影响的这三种货币测度。

假设商品 1 的价格从 1 变动到 2, 3, …,而商品 2 的价格固定在 1 不变,收入保持 100

不变。表 14.1 显示了柯布-道格拉斯效用函数为 $u(x_1, x_2)=x_1^{\frac{1}{10}}x_2^{\frac{9}{10}}$ 情况下的等价变化、补偿变化和消费者剩余的变化。

表 14.1　补偿变化、消费者剩余的变化和等价变化的比较

p_1	补偿变化	消费者剩余的变化	等价变化
1	0.00	0.00	0.00
2	7.18	6.93	6.70
3	11.61	10.99	10.40
4	14.87	13.86	12.94
5	17.46	16.09	14.87

注意，消费者剩余的变化总是位于补偿变化和等价变化之间，并且，这三个数字之间的差距相对很小。在合乎情理的一般情况下，要证明这两个事实是有可能的。参见罗伯特·威林(Robert Willig)：《无须道歉的消费者剩余》，《美国经济评论》，1976 年第 66 期，第 589—597 页。

▶15

市场需求

在前面几章，我们分析了如何为单个消费者的选择建立模型。在这一章，我们将研究如何把单个消费者的选择加总在一起，以得到总的*市场需求*。一旦推导出了市场需求曲线，我们就可以考察它的某些性质，例如需求和收益之间的关系。

15.1 从个人需求到市场需求

我们用 $x_i^1(p_1, p_2, m_i)$ 表示消费者 i 对商品 1 的需求函数，用 $x_i^2(p_1, p_2, m_i)$ 表示消费者 i 对商品 2 的需求函数。假设有 n 个消费者，则商品 1 的*市场需求*，又称商品 1 的*总需求*，就是这些消费者的个人需求的总和：

$$X^1(p_1, p_2, m_1, \cdots, m_n) = \sum_{i=1}^{n} x_i^1(p_1, p_2, m_i)$$

类似的方程对商品 2 也成立。

由于每个人对每种商品的需求取决于价格和他（或她）的货币收入，所以一般地，总需求将取决于价格和收入分配。但有时，把总需求看作某个收入恰好等于所有个人收入总和的“代表性消费者”的需求，是非常方便的。使这一点成立的条件非常严格，而对这个问题的讨论则超出了本书的范围。

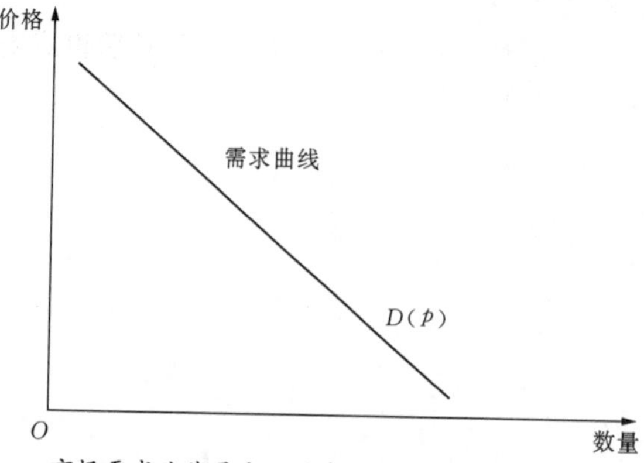

市场需求曲线是个人需求曲线的和。

图 15.1 市场需求曲线

如果我们作出代表性消费者的假设，总需求函数就一定具有 $X^1(p_1, p_2, M)$ 的形式，其中，M 是所有消费者收入的总和。根据这个假设，整个市场的总需求就如同某个人在价格 (p_1, p_2) 和收入 M 下的需求。

如果使所有的货币收入和商品 2 的价格保持不变，我们就能说明商品 1 的总需求和它的价格之间的关系，如图 15.1 所示。注意，这条曲线是在所有其他价格和收入保持不变时画出的。如果其他价格和收入发生变化，总需求曲线就会发生移动。

举例来说，如果商品 1 和商品 2 是替代品，那么我们知道，当商品 2 的价格上升时，商品 1 的需求会增加，而不论商品 1 的价格如何。这意味着商品 2 的价格上升，会导致商品 1 的总需求曲线向外移动。同样，如果商品 1 和商品 2 是互补品，提高商品 2 的价格就会使商品 1 的总需求曲线向内移动。

如果商品 1 对于某个人是正常商品，那么，在其他条件保持不变的情况下，货币收入的增加就会使他对商品 1 的需求增加，从而使总需求曲线向外移动。如果我们采用代表性消费者模型，并假设商品 1 对于代表性消费者是正常商品，那么，使总收入增加的任何经济变动就都会增加对商品 1 的需求。

15.2 反需求函数

我们可以从不同的角度来考察总需求曲线，它可以表现为数量是价格的函数，也可以表现为价格是数量的函数。当强调后者时，我们有时将它称作*反需求函数* $P(X)$。这个函数度量的是当人们需求 X 单位的商品 1 时，对该商品必须支付的市场价格。

我们在前面已经看到，一种商品的价格度量的是该商品与所有其他商品之间的边际替代率(MRS)，这就是说，一种商品的价格表示的是，任何需要这种商品的人对于新增加 1 单位该商品的边际支付意愿。如果所有的消费者都面临相同的商品价格，那么，所有的消费者在最优选择点上就会具有相同的边际替代率。因此，反需求函数 $P(X)$ 度量的是每个购买这种商品的消费者的边际替代率或边际支付意愿。

这种加法运算的几何解释是十分明显的。注意，我们是在水平方向上加总需求曲线和供给曲线的：对于任意给定的价格，我们对个人的需求数量进行加总，当然，这个数量是在水平轴上度量的。

例子："线性"需求曲线的加总

假设某个人的需求曲线是 $D_1(p)=20-p$，另一个人的需求曲线是 $D_2(p)=10-2p$。此时，市场需求函数会是什么呢？这里，我们必须对"线性"需求函数的含义稍加注意。由于负的商品数量通常是没有意义的，所以实际上，个人需求函数的形式为

$$D_1(p)=\max\{20-p,\ 0\}$$
$$D_2(p)=\max\{10-2p,\ 0\}$$

经济学家所谓的"线性"需求曲线，实际上并不是线性函数！两条需求曲线加总后得到如图 15.2 所示的曲线。注意，市场需求曲线在 $p=5$ 处扭折。

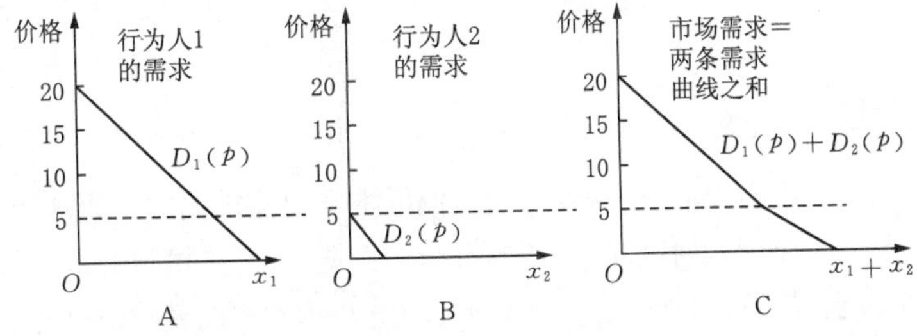

因为需求曲线只对正数量来说才是线性的，所以市场需求曲线上通常都有扭折。

图 15.2 两条"线性"需求曲线之和

15.3 离散商品

如果一种商品只能取离散数量,那么我们已经知道,对于单个消费者,可以用他的保留价格来描述对这种商品的需求。现在,我们来考察这种商品的市场需求。为简化起见,我们把分析限制在商品只能以零单位或1单位获得的情况。

在这种情况下,一个消费者的需求可以完全用他的保留价格——按这个价格,他恰好愿意购买一个单位——来描述。在图15.3中,我们画出了消费者A和B的需求曲线,以及由这两条需求曲线加总得到的市场需求曲线。注意,在这种情况下,市场需求曲线一定是"向下倾斜"的,这是因为市场价格下降一定会使至少愿意按下降后的价格支付的消费者增加。

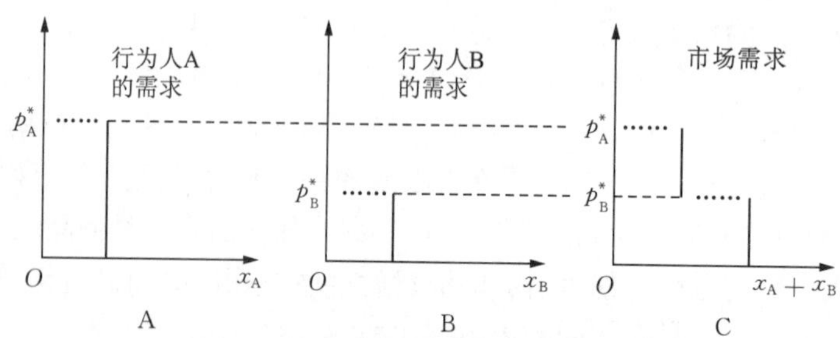

市场需求曲线是市场上所有消费者——这里由消费者A和B代表——的需求曲线的和。

图15.3 离散商品的市场需求

15.4 广延边际和集约边际

在前面几章,我们集中研究了消费者对每种商品的消费数量为正值时的选择问题。虽然在价格发生变动时,消费者会选择对这种商品消费得更多一些,对那种商品消费得更少一些,但最终他仍会对每种商品都进行消费。有时,经济学家认为,这是一种集约边际上的调整。

在保留价格模型中,消费者决定是否进入某种商品的市场。有时,这称作广延边际上的调整。总需求曲线的斜率受到这两种决策的影响。

前面我们看到,对正常商品来说,集约边际上的调整是在"正常"的方向上进行的:当价格上升时,需求数量就下降。广延边际上的调整也在"正常"的方向上进行。因此,一般可以预期,总需求曲线是向下倾斜的。

15.5 弹性

在第6章,我们考察了如何从消费者的内在偏好推导出需求曲线。通常,度量需求对价格或收入的某种变动的敏感度,是我们感兴趣的事情。直觉上,首先想到的是用需求曲线的斜率作为对敏感度的测度。毕竟,需求曲线的斜率就定义为需求数量的变动除以价格的变动:

$$需求曲线的斜率=\frac{\Delta q}{\Delta p}$$

很显然,这是对敏感度的一种测度。

但尽管它是对敏感度的测度,它仍然存在一些问题。最重要的问题是,需求曲线的斜率依赖于需求和价格的计量单位。如果你用加仑代替夸脱作为计量单位,斜率就会变得平缓四倍。为简便起见,与其时刻都要指定单位,不如寻求一种与计量单位无关的测度敏感度的办法。经济学家最终选择了弹性作为对敏感度的测度。

需求价格弹性 ε 定义为销售数量的百分比变动除以价格的百分比变动。不论价格是用美元还是用英镑计量,价格上升 10%表示的是相同幅度的增加。因此,用百分比度量增加幅度就使得弹性与计量单位无关。

用符号表示,弹性定义为

$$\varepsilon=\frac{\Delta q/q}{\Delta p/p}$$

重新整理,我们可以得到更一般的表达式

$$\varepsilon=\frac{p}{q}\frac{\Delta q}{\Delta p}$$

因此,弹性可以表示为价格对数量的比率与需求曲线斜率的乘积。在本章附录中,我们将用需求函数的导数来刻画弹性。如果你熟悉微积分,导数公式就是考察弹性的最简便的方法。

由于需求曲线的斜率恒为负值,所以,需求弹性的符号一般也是负的。但是,反复地提到一个负的弹性太令人厌烦,所以在文字论述中,一般都称弹性是 2 或 3,而不是−2 或−3。我们在正文中指的都是弹性的绝对值,但你应该认识到在文字叙述中通常总是省略负号的。

另一个和负值有关的问题出现在比较弹性大小的时候。弹性−3 比−2 大还是小?从代数的角度看,−3 比−2 小,但经济学家都倾向于认为,弹性值为−3 的需求比弹性值为−2 的需求更具弹性。在本书中,为了避免这种含糊不清,我们都用绝对值来进行比较。

例子:线性需求曲线的弹性

考虑图 15.4 所示的线性需求曲线 $q=a-bp$。这条需求曲线的斜率是一个常数$-\frac{1}{b}$。把它代入弹性公式,我们有

$$\varepsilon=\frac{-bp}{q}=\frac{-bp}{a-bp}$$

当 $p=0$ 时,需求弹性等于零。当 $q=0$ 时,需求弹性是负无穷大。在哪个价格上,需求弹性等于−1?

为了求得这个价格,我们列出方程

$$\frac{-bp}{a-bp}=-1$$

求解 p,我们得到

$$p=\frac{a}{2b}$$

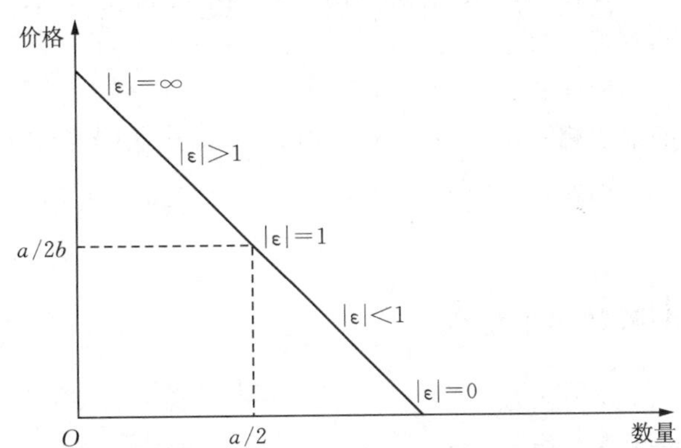

弹性在纵截距处为无穷大,在需求曲线的中点处为1,在横截距处为零。

图 15.4 线性需求曲线的弹性

如我们在图 15.4 中所见到的那样,这个价格恰好位于需求曲线的中点上。

15.6 弹性与需求

如果一种商品的需求弹性的绝对值大于 1,我们就称这种商品具有*弹性需求*。如果一种商品的需求弹性的绝对值小于 1,我们就称这种商品*无弹性需求*。如果一种商品的需求弹性恰好等于 -1,我们就称这种商品具有*单位弹性需求*。

对于弹性需求曲线,需求数量对价格的反应是非常敏感的:如果价格上升 1%,需求的下降幅度就会超过 1%。因此,把弹性看作需求数量对价格的敏感度,就可以很容易地记住弹性和无弹性的含义。

一般地,商品的需求弹性在很大程度上取决于它有多少相近的替代品。我们可以回顾红、蓝铅笔这个极端的例子。假设每个人都把这些商品看作完全替代品。那么,如果消费者对每一种商品都购买一定的数量,它们一定是按相同的价格出售的。现在考虑,当红铅笔的价格上升,而蓝铅笔的价格保持不变时,红铅笔的需求会发生什么变化。很显然,它会降至零——由于红铅笔有完全的替代品,所以红铅笔的需求弹性非常大。

如果一种商品有许多相近的替代品,我们就可以预期,它的需求曲线对它的价格变动会非常敏感。另一方面,如果一种商品几乎没有相近的替代品,那么它的需求就会显得非常缺乏弹性。

15.7 弹性与收益

*收益*就是一种商品的价格与它的销售量的乘积。如果一种商品的价格上升,那么,这种商品的销售量就会下降,结果,收益有可能增加,也有可能减少。究竟是增加还是减少,显然要取决于需求对价格变动的敏感程度。如果价格上升时需求下降很多,那么收益就会减少;如果价格上升时需求下降很少,那么收益就会增加。这说明收益变动的方向与需求弹性有关。

的确,在价格弹性和收益变动之间存在着一种很有用的关系。收益的定义是

$$R = pq$$

如果价格变动至 $p+\Delta p$,相应地,需求数量变动至 $q+\Delta q$,那么,新的收益为

$$\begin{aligned} R' &= (p+\Delta p)(q+\Delta q) \\ &= pq + q\Delta p + p\Delta q + \Delta p\Delta q \end{aligned}$$

R'减R,我们得到

$$\Delta R = q\Delta p + p\Delta q + \Delta p\Delta q$$

对于 Δp 和 Δq 的微小变化,上式中的最后一项可以忽略不计,所以,我们可以得到以下形式的收益变动表达式

$$\Delta R = q\Delta p + p\Delta q$$

这就是说，收益变动大约等于初始需求数量与价格变动的乘积再加上初始价格与需求数量变动的乘积。如果我们想要得到相对于价格变动的收益变化率的表达式，只要将上式除以 Δp，我们就可以得到

$$\frac{\Delta R}{\Delta p}=q+p\frac{\Delta q}{\Delta p}$$

图 15.5 是对上述论证的几何解释。收益恰好是方框的面积：价格乘以数量。当价格上升时，我们在方框的上方添加一个面积约为 $q\Delta p$ 的矩形，同时在方框的右边减去一个面积近似于 $p\Delta q$ 的矩形。对于价格和数量的微小变化，这恰好就是上面所给出的那个表达式。（略去的部分 $\Delta p\Delta q$，就是方框右上角的小矩形，相对于其他数量，它是非常微小的。）

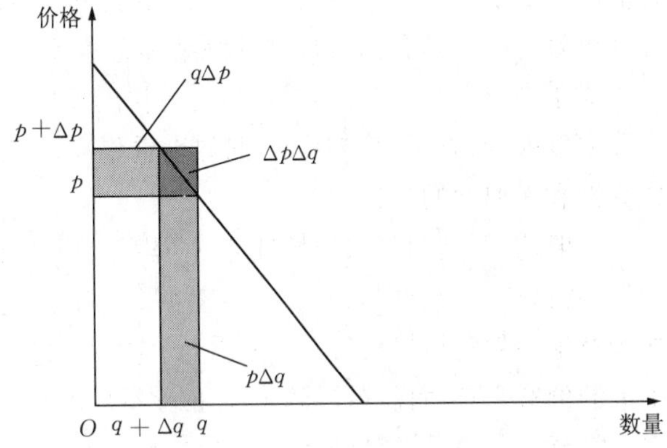

收益变动就是初始收益方框上方的矩形面积，减去初始收益方框右边的矩形面积。

图 15.5　价格变动时收益是如何变动的

这两个效应的净结果，在什么时候取正值呢？也就是说，在什么情况下，我们能满足下面这个不等式：

$$\frac{\Delta R}{\Delta p}=p\frac{\Delta q}{\Delta p}+q(p)>0$$

重新整理，我们得到

$$\frac{p}{q}\frac{\Delta q}{\Delta p}>-1$$

这个表达式的左边是 $\varepsilon(p)$，它是一个负数。两边乘以 -1 改变不等号的方向，我们得到

$$|\varepsilon(p)|<1$$

因此，如果需求弹性的绝对值小于 1，当价格上升时收益就会增加。同样，如果需求弹性的绝对值大于 1，当价格上升时收益就会下降。

证明这一点的另一个办法是像上面那样把收益变动写成：

$$\Delta R=p\Delta q+q\Delta p>0$$

整理后可得

$$-\frac{p}{q}\frac{\Delta q}{\Delta p}=|\varepsilon(p)|<1$$

第三种办法是对公式 $\Delta R/\Delta p$ 作如下的整理：

$$\frac{\Delta R}{\Delta p}=q+p\frac{\Delta q}{\Delta p}$$

$$=q\left[1+\frac{p}{q}\frac{\Delta q}{\Delta p}\right]$$

$$=q[1+\varepsilon(p)]$$

由于需求弹性是负值,所以,我们可以将此表达式记为

$$\frac{\Delta R}{\Delta p}=q[1-|\varepsilon(p)|]$$

从这个式子,我们不难发现收益是如何对价格变动作出反应的:如果弹性的绝对值大于1,那么,$\Delta R/\Delta p$ 就一定是负值,反之亦然。

这些数学论证体现的直观思想并不难记忆。如果需求对价格非常敏感——非常有弹性——那么,价格上升就会使需求下降很多,从而导致收益减少。如果需求对价格的反应很迟钝——非常缺乏弹性——那么,价格上升就不会使需求变动很多,从而导致收益增加。这里的临界点恰好在弹性值为-1处,在这一点,如果价格上升1%,需求数量也会下降1%,因此,总收益根本不会发生变化。

例子:罢工和利润

1979年,美国加利福尼亚莴苣农场的工人发动了一场旨在抗议农场主的罢工。罢工的结果非常有效:莴苣的产量缩减了一半。但是,莴苣供应量的减少不可避免地抬高了莴苣的价格。事实上,在罢工期间,莴苣的价格上涨了将近4倍。由于产量降低了一半,价格增长了4倍,因此最终的结果是生产商的利润实现了翻番!①

人们不禁要问,为什么种植商们最终平息了这场罢工。答案既有短期的供给反应也包括长期的供给反应。美国冬天消费的大部分莴苣产自帝国谷地(Imperial Valley)。当该地某个季节的莴苣产量急剧缩减时,其他地区的莴苣不能及时弥补,因此导致莴苣价格飙升。如果罢工持续几个季节,其他地区就会增加莴苣的种植。这样,其他地区莴苣产量的增加会使得莴苣的价格回归到正常水平,从而降低帝国谷地种植商的利润。

15.8 弹性不变的需求

哪种需求曲线具有不变的需求弹性呢?在线性需求曲线上,需求弹性可以取零到无穷大之间的任何值,这种弹性肯定不是不变弹性,所以线性需求曲线肯定不是正确答案。

应用上一节中计算收益的过程,我们可以得到这样一个例子。我们知道,如果弹性在价格 p 上是1,那么,收益在价格作微小变动时就不会发生变化。因此,如果收益对于所有的价格变动都保持不变,我们就必定有一条弹性处处为-1的需求曲线。

这一点很容易做到,我们只需要用下面这个公式把价格和数量联系起来:

$$pq=\bar{R}$$

这意味着

① 参见科林·卡特等(Colin Carter, et. al.):《农业工人罢工和农场主的收入》,《经济调查》25期,1987年,第121—133页。

$$q = \frac{\bar{R}}{p}$$

就是具有不变弹性 -1 的需求函数，图 15.6 给出了函数 $q=\bar{R}/p$ 的几何表示。注意，沿着这条需求曲线，价格与数量的乘积是一个常数。

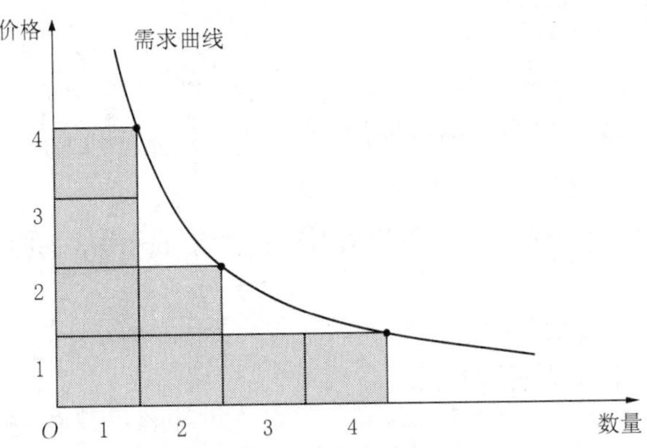

在这条需求曲线上的每一点，价格与数量的乘积是一个常数。因此，这条需求曲线具有不变的弹性-1。

图 15.6　单位弹性需求

可以证明，具有不变弹性 ε 的需求的一般公式是

$$q = Ap^{\varepsilon}$$

其中，A 为任意的正常数，弹性 ε 通常取负值。这个公式在后面的一些例子中非常有用。

表示不变弹性的需求曲线的一个简便方法是对上式取对数，从而得到

$$\ln q = \ln A + \varepsilon \ln p$$

在这个表达式中，q 的对数线性地取决于 p 的对数。

15.9　弹性与边际收益

在本章第 7 节中，我们考察了在商品价格发生变动时收益如何变动的问题，但我们通常感兴趣的，却是在商品数量发生变动时收益如何变动的问题。当我们研究厂商的生产决策时，后面这个问题特别有用。

前面我们看到，对于价格和数量的微小变化，收益的变动可以表示为

$$\Delta R = p\Delta q + q\Delta p$$

如果将这个表达式的两边都除以 Δq，我们就得到边际收益的表达式

$$MR = \frac{\Delta R}{\Delta q} = p + q\,\frac{\Delta p}{\Delta q}$$

上式可以整理为一种有用的形式。注意，我们可以把这个公式变形为

$$\frac{\Delta R}{\Delta q} = p\left[1 + \frac{q\Delta p}{p\Delta q}\right]$$

括号内的第 2 项是什么？它不是弹性，而是弹性的倒数：

$$\frac{1}{\varepsilon} = \frac{1}{\frac{p\Delta q}{q\Delta p}} = \frac{q\Delta p}{p\Delta q}$$

由此，边际收益的表达式变为

$$\frac{\Delta R}{\Delta q}=p(q)\left[1+\frac{1}{\varepsilon(q)}\right]$$

(这里,我们把价格和弹性标记为 $p(q)$和 $\varepsilon(q)$,是为了提醒自己,价格和弹性通常都取决于产量水平。)

当因弹性是负值而有可能产生混淆时,我们有时也把这个表达式记为

$$\frac{\Delta R}{\Delta q}=p(q)\left[1-\frac{1}{|\varepsilon(q)|}\right]$$

这意味着,如果需求弹性等于-1,那么,边际收益就是零——产量增加不会使收益发生变化。如果需求是无弹性的,$|\varepsilon|$就小于 1,也就是说,$1/|\varepsilon|$大于 1,从而$1-1/|\varepsilon|$是负的,这样,产量增加就使得收益减少。

这个结论非常直观。如果需求对价格并不敏感,那么为增加产量,你就必须大幅度地削减价格:所以收益将减少。这和前面我们讨论收益在价格变动时如何变动所得到的结论完全一致,因为数量增加就意味着价格下降,反之亦然。

例子:定价

假设你要为自己生产的某种产品定价,并且,你已经对这种产品的需求曲线作出了正确的估计。假设定价的目标是要实现利润——收益扣减成本——最大化。那么,你就决不会把价格定在需求弹性小于1的水平上,也就是说,你决不会把价格定在需求缺乏弹性的水平上。

为什么呢?考虑一下,如果你提价将会出现什么情况。由于需求缺乏弹性,所以收益会增加,但销售数量会减少。如果销售数量下降,生产成本一定也会下降,或至少不会增加。因此,你的全部利润一定会增加,这表明,在需求曲线缺乏弹性的点上经营不可能实现利润最大化。

15.10 边际收益曲线

在上一节,我们看到,边际收益可以表示为

$$\frac{\Delta R}{\Delta q}=p(q)+\frac{\Delta p(q)}{\Delta q}q$$

或者,

$$\frac{\Delta R}{\Delta q}=p(q)\left[1-\frac{1}{|\varepsilon(q)|}\right]$$

我们将会发现,绘制出这些边际收益曲线是非常有用的。首先要注意,当数量为零时,边际收益恰好等于价格。对于出售的第一个单位的商品,你得到的额外收益就是价格。但在这以后,由于 $\Delta p/\Delta q$ 是负值,边际收益总是要小于价格。

考虑这样的情况。如果你决定多销售一个单位的商品,你就必须降低商品的价格。但价格的下降会使你得自全部已售出商品的收益减少。因此,你因多销售一个单位的商品而得到的额外收益就小于这个单位商品的价格。

我们考察线性(反)需求曲线的这样一种特例:

$$p(q)=a-bq$$

容易看出,这条反需求曲线的斜率是个常数:

$$\frac{\Delta p}{\Delta q}=-b$$

因此,这里的边际收益公式为

$$\begin{aligned}\frac{\Delta R}{\Delta q}&=p(q)+\frac{\Delta p(q)}{\Delta q}q\\&=p(q)-bq\\&=a-bq-bq\\&=a-2bq\end{aligned}$$

这就是图 15.7A 所示的边际收益曲线。这条边际收益曲线与需求曲线具有相同的纵截距,但斜率却是后者的两倍。当 $q>a/2b$ 时,边际收益取负值。当 $q=a/2b$ 时,弹性等于 -1。超出这个数量水平,需求都是缺乏弹性的,这意味着边际收益是负值。

不变弹性需求为边际收益曲线提供了另一个特例(参看图 15.7B)。如果需求弹性恒为 $\varepsilon(q)=\varepsilon$,那么,边际收益曲线的方程为

$$MR=p(q)\left[1-\frac{1}{|\varepsilon|}\right]$$

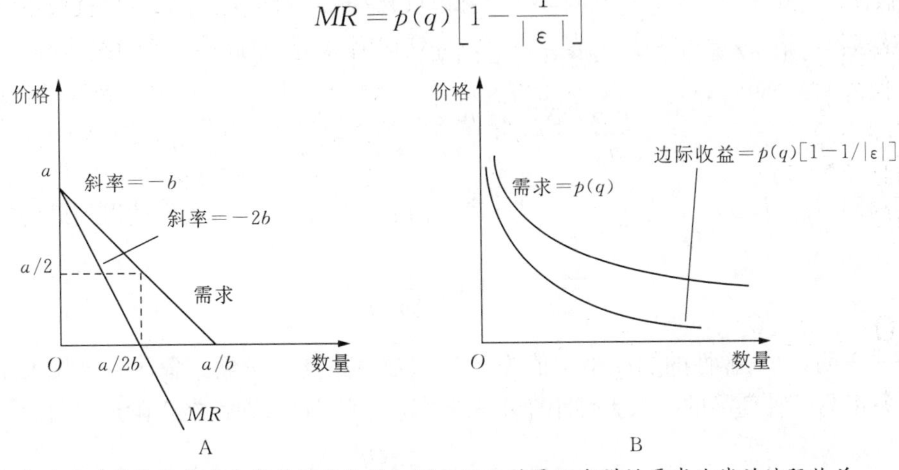

图 A 显示的是线性需求曲线的边际收益。图 B 显示的是不变弹性需求曲线的边际收益。

图 15.7　边际收益

由于方括号中的项是常数,所以,边际收益曲线与反需求曲线之间呈现固定不变的分数比例关系。当 $|\varepsilon|=1$ 时,边际收益等于零。当 $|\varepsilon|>1$ 时,边际收益曲线位于反需求曲线的下方,如图所示。当 $|\varepsilon|<1$ 时,边际收益就是负值。

15.11　收入弹性

回顾前文,需求的价格弹性定义为

$$\text{需求的价格弹性}=\frac{\text{需求数量变动的百分比}}{\text{价格变动的百分比}}$$

这就赋予我们一个衡量需求数量如何对价格变动作出反应的无量纲测度。

需求的收入弹性描述的是需求数量如何对收入变动作出反应,它定义为

$$需求的收入弹性=\frac{需求数量变动的百分比}{收入变动的百分比}$$

回顾前文,在正常商品的情况下,收入上升会导致需求数量增加;因此,对于正常商品,需求的收入弹性为正值。在低档商品的情况下,收入上升会导致需求数量减少,对于低档商品,需求的收入弹性为负值。有时,经济学家会使用奢侈品这个概念。对奢侈品而言,需求的收入弹性大于1:收入上升1%使得对奢侈品的需求数量增加超过1%的水平。

依据一般的经验,收入弹性一般在1附近变动。我们通过考察预算约束就可以看清楚这一点。写出分别对应于两种不同收入水平的预算约束:

$$p_1x_1' + p_2x_2' = m'$$
$$p_1x_1^0 + p_2x_2^0 = m^0$$

用第一个等式减第二个等式,与往常一样,令 Δ 表示差,我们有

$$p_1\Delta x_1 + p_2\Delta x_2 = \Delta m$$

在等式的左边,将 p_i 乘以 x_i/x_i,并在等式的两边同时除以 m,

$$\frac{p_1x_1}{m}\frac{\Delta x_1}{x_1} + \frac{p_2x_2}{m}\frac{\Delta x_2}{x_2} = \frac{\Delta m}{m}$$

等式两边同时除以 $\Delta m/m$,令 $s_i = p_ix_i/m$ 表示商品 i 的支出份额,我们就得到最终的等式

$$s_1\frac{\Delta x_1/x_1}{\Delta m/m} + s_2\frac{\Delta x_2/x_2}{\Delta m/m} = 1$$

这个等式表明,收入弹性的加权平均值等于1,权数就是支出份额。奢侈品的收入弹性大于1必须由另一种商品的收入弹性小于1来平衡,"平均"收入弹性在1附近取值。

小　结

1. 市场需求曲线是个人需求曲线的总和。
2. 保留价格度量的是这样一种价格。按此价格,消费者刚好对购买或不购买一种商品感到无差异。
3. 需求函数度量的是作为价格的一个函数的需求数量。反需求函数度量的是作为数量的一个函数的价格。不论用其中哪一种函数都可以对一条已知的需求曲线作出描述。
4. 需求弹性度量的是需求数量对价格的敏感度,它在形式上被定义为数量的百分比变化除以价格的百分比变化。
5. 如果需求弹性的绝对值在某点上小于1,我们就说需求在该点上缺乏弹性。如果需求弹

性的绝对值在某点上大于 1,我们就说需求在该点上有弹性。如果需求弹性的绝对值在某点上恰好等于 1,我们就说需求在该点上具有单位弹性。

6. 在某个点上需求如果缺乏弹性,增加数量就会减少收益。如果需求有弹性,增加数量就会增加收益。
7. 边际收益是我们得自增加的销售量的额外收益。把边际收益和弹性联系在一起的公式是 $MR=p[1+1/\varepsilon]=p[1-1/|\varepsilon|]$。
8. 如果反需求曲线是线性函数 $p(q)=a-bq$,那么,边际收益就可由 $MR=a-2bq$ 给出。
9. 收入弹性度量的是需求数量对于收入的敏感度,它通常定义为需求数量变动的百分比除以收入变动的百分比。

复习题

1. 假设市场需求曲线是 $D(p)=100-0.5p$,反需求曲线是什么?

2. 一个吸毒者的毒品需求函数也许是非常缺乏弹性的,但毒品的市场需求函数却可能很有弹性,怎么会出现这种情况呢?

3. 假设 $D(p)=12-2p$,能使收益最大化的价格是什么?

4. 假设一种商品的需求曲线是 $D(p)=100/p$,能使收益最大化的价格是多少?

5. 在一个包含两种商品的模型中,如果其中的一种是低档商品,那么,另外一种就一定是奢侈品,这个结论是否正确?

附录

用导数表示,需求的价格弹性定义为

$$\varepsilon=\frac{p}{q}\frac{\mathrm{d}q}{\mathrm{d}p}$$

在正文中,我们称不变弹性的需求曲线的公式为 $q=Ap^{\varepsilon}$。为了证明这一点,我们对这个等式关于价格求导数:

$$\frac{\mathrm{d}q}{\mathrm{d}p}=\varepsilon Ap^{\varepsilon-1}$$

两边都乘以 p/q:

$$\frac{p}{q}\frac{\mathrm{d}q}{\mathrm{d}p}=\frac{p}{Ap^{\varepsilon}}\varepsilon Ap^{\varepsilon-1}=\varepsilon$$

最终,化简后得到的弹性是个常数 ε,证毕。

假设线性需求曲线的公式为 $q(p)=a-bp$。在点 p 的需求弹性可以由下式给出

$$\varepsilon=\frac{p}{q}\frac{\mathrm{d}q}{\mathrm{d}p}=\frac{-bp}{a-bp}$$

当 p 等于零时，弹性为零。当 q 等于零时，弹性无穷大。

收益由 $R(p)=pq(p)$ 给出。为了考察收益在 p 变动时如何变动，我们对收益关于 p 求微分，得到

$$R'(p)=pq'(p)+q(p)$$

假设 p 增加时，收益也增加。那么，我们有

$$R'(p)=p\frac{\mathrm{d}q}{\mathrm{d}p}+q(p)>0$$

重新整理，我们得到

$$\varepsilon=\frac{p}{q}\frac{\mathrm{d}q}{\mathrm{d}p}>-1$$

由于 $\mathrm{d}q/\mathrm{d}p$ 为负值，两边都乘以-1，我们得到

$$|\varepsilon|<1$$

因此，如果收益随着价格的上升而增加，这一定是处于需求曲线上的无弹性部分。

例子：拉弗曲线

在这一节，我们将考察一些简单的弹性计算，这些计算可以用来研究一个富有政策意义的问题，即当税率变动时，税收收入会如何变动。

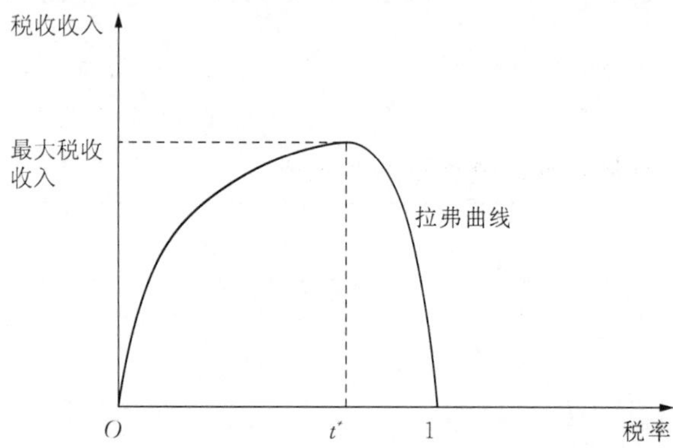

把税率和税收收入联系在一起的拉弗曲线的一种可能的形状。

图 15.8　拉弗曲线

假设我们绘制出了对应于税率的税收收入图。如果税率等于零，税收收入为零；如果税率为 1，就没有人愿意需求或供给商品，税收收入也为零。因此，作为税率的函数，税收收入一定是先增加，然后再减少。（当然，它还有可能在 0 和 1 之间上下振荡，为简便起见，我们忽略掉这种可能性。）这条把税收收入和税率联系在一起的曲线称作拉弗曲线，如图 15.8 所示。

拉弗曲线的一个有趣的特征是，它表明在税率充分高时，增加税率反而会导致税收收入减少。税率增加使商品供给减少，但后者下降的幅度超出了前者上升的幅度，最终，税收收入实际上减少了。这种效应称作拉弗效应，它是以在 20 世纪 80 年代早期推广这个图形的经济学家拉弗的名字命名的。据说，拉弗曲线的优点在于，你可以花半个小时向一名议员解释这个问题，但他却可以谈上半年。在对 1980 年减税影响的辩论中，拉弗曲线确实起了重要的作用。上述论证中的关键问题在于“充分高”这个词。税率必须达到多高拉弗效应才会起作用呢？

为了回答这个问题，我们考虑下面这个简单的劳动市场模型。假设如果工资大于$\bar{w}$，

厂商的劳动需求为零；如果工资等于$\overline{w}$，厂商的劳动需求取任意值。这意味着劳动需求曲线是一条位于工资水平$\overline{w}$上的水平直线。假设劳动的供给曲线$S(p)$像通常那样向上倾斜。图15.9显示了劳动市场的均衡。

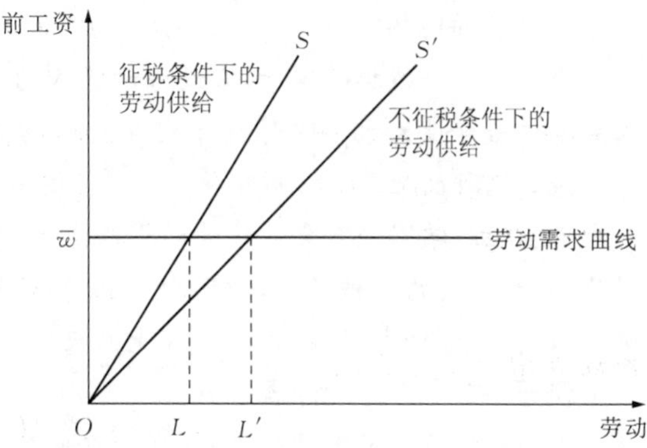

具有水平劳动需求曲线的劳动市场均衡。当对劳动收入征税时，每个工资率上的劳动供给都会减少。

图 15.9 劳动市场

如果我们按税率t对劳动收入征税，那么，假如厂商支付$\overline{w}$，工人就只能得到$w=(1-t)\overline{w}$。因此，劳动供给曲线将向左转动，工人提供的劳动量将下降，如图15.9所示。可见，税后工资下降会抑制劳动的供给。

因此，税收收入T可以由下式给出

$$T=t\overline{w}S(w)$$

其中，$w=(1-t)\overline{w}$，$S(w)$是劳动供给量。

为了了解在税率变化时，税收收入是如何变动的，我们对上式关于t求微分，得到

$$\frac{\mathrm{d}T}{\mathrm{d}t}=\left[-t\frac{\mathrm{d}S(w)}{\mathrm{d}w}\overline{w}+S(w)\right]\overline{w} \tag{15.1}$$

（注意使用链式法则，以及$\mathrm{d}w/\mathrm{d}t=-\overline{w}$）。

拉弗效应发生在t增加了但税收收入反而减少的时候，即发生在这个表达式为负值的时候。很明显，这意味着劳动供给必须非常有弹性——它必须在税率提高时下降很多。因此，我们有必要搞清楚，究竟弹性取怎样的值才可以使这个表达式为负。

为使方程(15.1)为负，我们必须满足

$$-t\frac{\mathrm{d}S(w)}{\mathrm{d}w}\overline{w}+S(w)<0$$

移项得

$$t\frac{\mathrm{d}S(w)}{\mathrm{d}w}\overline{w}>S(w)$$

两边都除以$tS(w)$，得

$$\frac{\mathrm{d}S(w)}{\mathrm{d}w}\frac{\overline{w}}{S(w)}>\frac{1}{t}$$

两边都乘以$(1-t)$，并运用已知条件$w=(1-t)\overline{w}$，我们得到

$$\frac{\mathrm{d}S}{\mathrm{d}w}\frac{w}{S}>\frac{1-t}{t}$$

上式的左边是劳动的供给弹性。至此，我们就证明了拉弗效应只发生在劳动供给弹性大

于$(1-t)/t$ 的时候。

我们举一个极端的例子,假设劳动收入的税率是50%。在这种情况下,拉弗效应只有在劳动供给弹性大于1的时候才发生。这意味着如果工资下降1%,劳动供给就会下降1%以上,这种反应是非常敏感的。

计量经济学家经常会估计劳动供给弹性,迄今为止,他们发现的最大值都在0.2左右。因此,对于美国的各种税率,拉弗效应似乎不太可能发生。但是,在其他国家,例如瑞典,税率很高,有证据表明,拉弗效应可能已经发生。①

例子:弹性的另一种表达式

下面是弹性的另一种表达式,有时它也是非常有用的。可以证明,弹性也可以表示为

$$\frac{\mathrm{d}\ln Q}{\mathrm{d}\ln P}$$

证明过程要重复应用链式法则。首先,我们注意到

$$\frac{\mathrm{d}\ln Q}{\mathrm{d}\ln P}=\frac{\mathrm{d}\ln Q}{\mathrm{d}Q}\frac{\mathrm{d}Q}{\mathrm{d}\ln P}=\frac{1}{Q}\frac{\mathrm{d}Q}{\mathrm{d}\ln P} \tag{15.2}$$

此外,我们也注意到

$$\frac{\mathrm{d}Q}{\mathrm{d}P}=\frac{\mathrm{d}Q}{\mathrm{d}\ln P}\frac{\mathrm{d}\ln P}{\mathrm{d}P}=\frac{\mathrm{d}Q}{\mathrm{d}\ln P}\frac{1}{P}$$

这隐含着

$$\frac{\mathrm{d}Q}{\mathrm{d}\ln P}=P\frac{\mathrm{d}Q}{\mathrm{d}P}$$

把它代入方程(15.2),我们得到

$$\frac{\mathrm{d}\ln Q}{\mathrm{d}\ln P}=\frac{1}{Q}\frac{\mathrm{d}Q}{\mathrm{d}P}P=\varepsilon$$

这就是我们想要建立的弹性表达式。

因此在这里,弹性是对绘制在"对数-对数图"上的需求曲线的斜率的测度:在价格的对数发生变动时,数量的对数是如何变动的。

① 参见查尔斯·E.斯图尔特(Charles E.Stuart):《瑞典的税率、劳动供给和税收收入》,《政治经济学杂志》(1981年10月),第1020—1038页。

▶16

均　衡

在前面几章，我们已经考察了如何利用有关偏好和价格的信息构造个人的需求曲线。在第 15 章，我们把这些个人需求曲线加总，从而得到了市场需求曲线。在这一章，我们将阐述如何利用市场需求曲线来决定市场的均衡价格。

在第 1 章，我们曾经提到，微观经济分析中存在两个基本原理，即最优化原理和均衡原理。迄今为止，我们已分析了最优化原理的一些例子：它们建立在消费者根据预算集最优化其消费选择的假设基础上。在以下几章，我们将继续利用最优化原理来研究厂商的利润最大化行为。最后，结合消费者和厂商的行为，我们来研究它们在市场上相互作用所实现的均衡结果。

但在深入分析之前，这里似乎有必要列举一些与均衡分析——价格如何调整以使得经济主体的需求和供给决策相一致——有关的例子。为此，我们必须简要地考察市场的另一个方面——供给。

16.1　供给

我们已列举了一些供给曲线的例子。在第 1 章，我们考察了住房的垂直供给曲线。在第 9 章，我们分析了消费者在什么情况下会选择充当他们所拥有的商品的净供给者或净需求者。此外，我们还考察了劳动供给决策。

在所有上述例子中，供给曲线只是衡量了对于每个可能的价格，消费者愿意供给的商品数量。实质上，这就是供给曲线的定义：在每个价格 p 上，人们决定了将要供给的商品数量 $S(p)$。在以下的几章，我们将讨论厂商的供给行为。但是，基于众多的原因，了解最优化行为如何产生供给曲线或需求曲线实际上是没有必要的。在价格和消费者按此价格愿意需求或供给的数量之间存在着一种函数关系，对于许多问题，这个事实已足够揭示重要的洞察。

16.2　市场均衡

假定某个商品存在众多的消费者。给定他们的个人需求曲线，我们可以把它们加总在一起得到市场需求曲线。同样，如果这个商品也存在众多独立的供给者，把所有供给者的供给曲线加总,我们就可以得到**市场供给曲线**。

假定每个需求者和供给者都把价格看作既定的——不受他们的控制,他们只是对于这些既定的价格作出最佳的反应。如果每个经济主体都接受不受它们控制的价格,这样的市场就称作**竞争市场**。

通常,提出这种竞争市场假设的理由是,每个消费者或生产者只占整个市场的消费者或生产者的很小比例,因此,他们几乎不会对市场价格产生任何影响。例如,在决定生产和供给多少小麦时,每个小麦供给者都或多或少地把市场价格看作与他们的行动无关。

在竞争市场上,尽管市场价格独立于任一经济主体的行为,但它却是由所有经济主体的整体行为决定的。一种商品的**均衡价格**是该商品的供给等于需求时的价格。从几何图形上看,它就是需求曲线和供给曲线相交时的价格。

如果令 $D(p)$代表市场需求曲线,$S(p)$代表市场供给曲线,那么,均衡价格 p^* 可以通过求解以下方程得到:

$$D(p^*)=S(p^*)$$

方程的解 p^* 就是市场需求和市场供给相等时的价格。

为什么这就是均衡价格?所谓经济均衡指的是这样一种状态,即所有有关的经济主体都选择了对它来说最佳可能的行为,并且各经济主体的行为之间具有一致性。如果按其他价格而不是均衡价格,某些经济主体的行为就不再是可行的,从而它们有理由改变自己的行为。因此,不同于均衡价格的价格不可能维持下去,因为至少某些经济主体有激励改变它们的行为。

需求曲线和供给曲线代表了有关经济主体的最优选择,如果需求和供给在某个价格 p^* 上相等,这就意味着需求者和供给者的行为是兼容的。而在供给和需求不相等的任何其他价格上,这两个条件不可能同时得到满足。

例如,假定我们考虑某个价格 $p'<p^*$,在这个价格上,需求大于供给。于是,某些供给者意识到,他们可以按比 p'更高的价格向没有得到商品的需求者出售商品。随着越来越多的供给者这样做,市场价格就会被提高至需求和供给相等时的价格。

同样,如果 $p'>p^*$,此时,需求小于供给,那么某些供给者就不能实现他们期望销售的数量。这里,要想出售更多的商品,唯一的办法就是降低价格。但是,如果所有的供给者都在销售同一种商品,并且某些供给者在按较低的价格出售商品,那么其他的供给者也会竞相仿效。这样,过多的供给就会对市场价格产生一种向下的压力。只有当人们在某个价格上想要购买的数量等于愿意出售的数量时,市场才会实现均衡。

16.3 两个特例

这里,有必要介绍市场均衡的两个特例,因为它们通常是非常有用的。第一个特例是供给数量固定的情况,在这个例子中,供给数量取与价格无关的固定值,也就是说,供给曲线是垂直的。在这种情况下,均衡数量完全由供给曲线决定,而均衡价格完全由需求曲线决定。

另一个特例恰好相反，供给曲线是一条完全水平的直线。如果某个行业具有一条完全水平的供给曲线，这意味着在某个固定的价格上，该行业将提供任意数量的商品。在这种情况下，均衡价格由供给曲线决定，而均衡数量由需求曲线决定。

图 16.1 显示了这两个特例。在这两个特例中，价格和数量是分开决定的，但在一般的情况下，均衡价格和均衡数量是由需求曲线和供给曲线共同决定的。

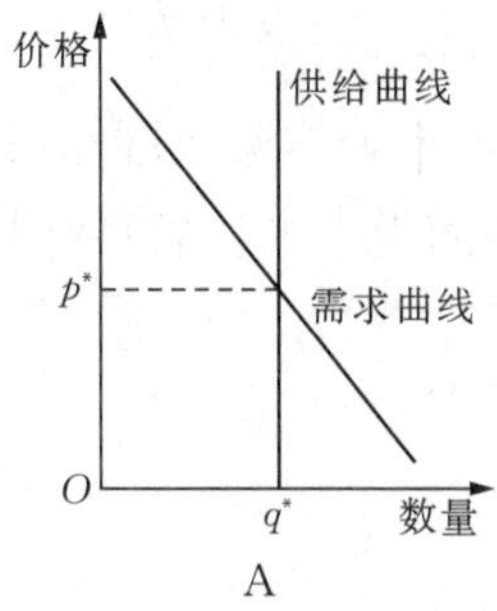

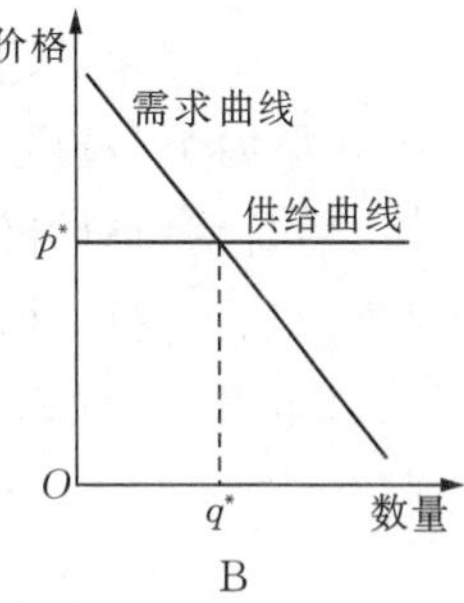

图 A 显示的是垂直的供给曲线，均衡价格单独地由需求曲线决定。图 B 显示的是水平的供给曲线，均衡价格单独地由供给曲线决定。

图 16.1　均衡的特例

16.4　反需求曲线和反供给曲线

此外，我们也可以用一种与上文略有不同但却非常有用的方式来考察市场均衡。如前文所述，个人需求曲线通常将最优需求量视作所支付价格的函数。但是，我们也能把这种曲线看作反需求函数，这样，它衡量的就是某人为得到一定数量的商品所愿意支付的价格。这对于供给曲线也成立。一般地，供给曲线表示供给数量是价格的函数。但是，我们也可以认为，供给曲线衡量的是为提供某个给定的数量供给者所必须得到的价格。

同样，这些构造方法也能应用于市场需求曲线和市场供给曲线，它们的含义与上述完全相同。在这个背景下，均衡价格是这样决定的：找到某个数量，使得需求者为消费这个数量而愿意支付的价格，恰好等于供给者为提供相同的数量而必须得到的价格。

因此，如果我们令 $p_S(q)$ 代表反供给曲线，$p_D(q)$ 代表反需求曲线，那么均衡由下式给出

$$p_S(q^*)=p_D(q^*)$$

例子：线性曲线的均衡

假定需求曲线和供给曲线都是线性的，即

$$D(p)=a-bp$$
$$S(p)=c+dp$$

其中，系数 (a, b, c, d) 是决定这些线性曲线的截距和斜率的参数。均衡价格可以通过求解以下的方程得到：

$$D(p)=a-bp=c+dp=S(p)$$

答案是

$$p^* = \frac{a-c}{d+b}$$

由此,均衡需求量(也就是均衡供给量)等于

$$D(p^*) = a - bp^* = a - b\frac{a-c}{b+d} = \frac{ad+bc}{b+d}$$

此外,我们也能运用反需求曲线和反供给曲线来求解均衡。首先,我们需要找到反需求曲线。也就是说,要找到当需求数量为 q 时,价格为多少? 只要简单地用 q 替代 $D(p)$,就能求解出 p。我们有

$$q = a - bp$$

因此

$$p_D(q) = \frac{a-q}{b}$$

同理,可以得到

$$p_S(q) = \frac{q-c}{d}$$

令需求价格等于供给价格,并求解均衡数量,我们可以得到

$$p_D(q) = \frac{a-q}{b} = \frac{q-c}{d} = p_S(q)$$

$$q^* = \frac{ad+bc}{b+d}$$

注意到,这里求得的均衡价格和均衡数量与上述解法中的答案相同。

16.5 比较静态分析

在运用需求等于供给的条件(或者,需求价格等于供给价格的条件)建立均衡以后,我们就可以考察均衡将如何随着需求曲线和供给曲线的变化而变化。例如,不难发现,如果需求曲线向右平行移动——需求在每个价格上都增加某个固定的数量——均衡价格和均衡数量必定同时增加。另一方面,如果供给曲线向右移动,均衡数量将增加但均衡价格必定下跌。

如果需求曲线和供给曲线同时向右移动,情况又会如何呢? 这时,数量必定增加,但价格的变化却比较模糊——它或者增加或者下降。

例子:需求曲线和供给曲线同时移动

问题:考察第 1 章讨论的住房市场的例子。假设住房市场上的均衡价格为 p^*,均衡数量为 q^*。现在,房地产开发商把 m 套住房改建成可出售的公寓,并且,这 m 套公寓被目前租住在这些公寓中的人购去。此时,均衡价格会发生什么变化?

答案:图 16.2 显示了这种情况。需求曲线和供给曲线都向左移动相同数量的单位,因此,均衡价格保持不变但均衡数量减少了 m 单位。

运用代数方法,新的均衡价格可以通过求解下式得到:

$$D(p)-m=S(p)-m$$

很显然,新的均衡价格与最初的均衡价格相同。

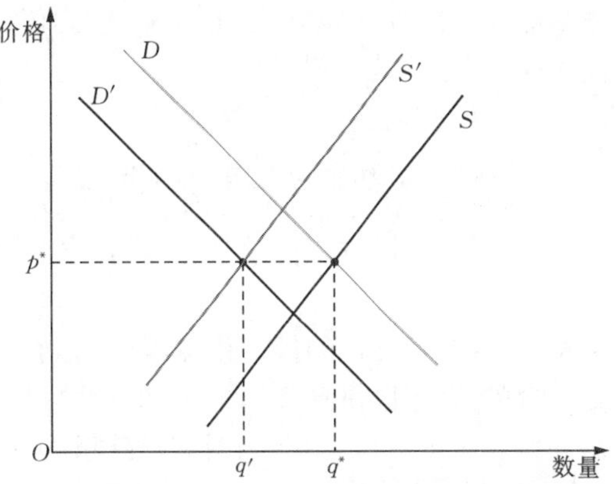

需求曲线和供给曲线都向左移动相同数量的单位,这意味着均衡价格将保持不变。

图 16.2　需求曲线和供给曲线同时移动

16.6　税收

描述征税前后的市场为比较静态分析提供了一个非常好的练习,同时,它在指导经济政策方面也具有非常重要的意义。让我们看看这是如何运行的。

要理解税收问题,最根本的一点是要清楚在向市场征税时,存在两个相关的价格:需求者支付的价格和供给者得到的价格。这两个价格——需求价格和供给价格——之间的差额就是税收收入。

对商品征税的方式有很多种。这里我们只考虑从量税和从价税。

从量税是对所购买或所出售商品的每单位数量征收的税。汽油税就是一个典型例子。假定汽油税为每加仑 12 美分。如果需求者要为每加仑汽油支付 $p_D=1.50$ 美元,那么,供给者出售每加仑汽油就能得到 $p_S=1.50-0.12=1.38$ 美元。通常,如果 t 表示对出售的每单位商品所征收的从量税,那么

$$p_D=p_S+t$$

从价税是对所购买或所出售商品的每单位价值征收的税。各州的销售税是从价税的最为常见的例子。如果某州的销售税为 5%,那么在购买某商品时,对于每价值 1 美元的商品,消费者就要支付 1.05 美元(包含税收),而供给者得到 1 美元。通常,如果税率表示为 τ,那么

$$p_D=(1+\tau)p_S$$

我们考察市场在征收从量税时所发生的情况。首先,我们假定供给者支付税收,如同汽油税的例子。这样,供给量将取决于供给价格——供给者在支付税收后实际得到的数额;而需求量将取决于需求价格——需求者支付的数额。供给者得到的数额就是需求者支付的数额与税收的差额。由此,我们得到以下两个等式:

$$D(p_D)=S(p_S)$$
$$p_S=p_D-t$$

将上述第二个式子代入第一个式子,我们得到以下的均衡条件:

$$D(p_D)=S(p_D-t)$$

此外,我们还可以对上述第二个式子进行重新整理,从而得到 $p_D = p_S + t$,再把此式代入第一个式子,得到

$$D(p_S + t) = S(p_S)$$

这两种处理方式都非常有用,但采用哪一种要视具体情况而定。

现在,转而假定需求者支付税收,相应地,我们有

$$p_D - t = p_S$$

这表明,需求者支付的价格扣除税收后就是供给者得到的价格。将此式代入需求与供给相等的条件,可以得到

$$D(p_D) = S(p_D - t)$$

注意到,这个结果与供给者支付税收情况下的结果相同。在考察需求者和供给者面临的均衡价格时,究竟由谁支付税收并不重要,重要的是必须有人来支付税收。

实际上,这一点也不奇怪。考虑汽油税的例子,这里,税收包含在公布的价格中。但如果采用的是税前价格,汽油税将作为附加的费用由需求者支付,此时,对汽油的需求量是否会发生改变呢?结果证明,不论采用哪种征税方法,消费者最终支付的价格是一样的。这样消费者会意识到,他们购买商品所花费的净费用和用哪种方法征税是无关的。

应用反需求函数和反供给函数表示这个问题是一种更简化的方式。交易的均衡数量表示为 q^*,这里,在 q^* 上的需求价格减去支付的税收等于在 q^* 上的供给价格。用符号表示,即

$$p_D(q^*) - t = p_S(q^*)$$

如果对供给者征税,那么均衡条件就是供给价格加上税收等于需求价格:

$$p_D(q^*) = p_S(q^*) + t$$

当然,这两个式子完全相同,所以必然得到相同的均衡价格和均衡数量。

最后,我们考虑这种情况的几何解释。应用前面讨论的反需求曲线和反供给曲线是最为简便的。我们希望得到曲线 $p_D(q) - t$ 和曲线 $p_S(q)$ 相交时的数量。为了确定交点的位置,只要把需求曲线向下移动 t 单位,我们就能得到移动后的需求曲线与原先的供给曲线相交的位置。此外,我们也可以找到 $p_D(q)$ 与 $p_S(q) + t$ 相交时的数量。为此,我们只要把供给曲线向上移动与税额相同数量的单位即可。无论采用哪种方法都能求得正确的均衡数量。图 16.3 显示了这种情况。

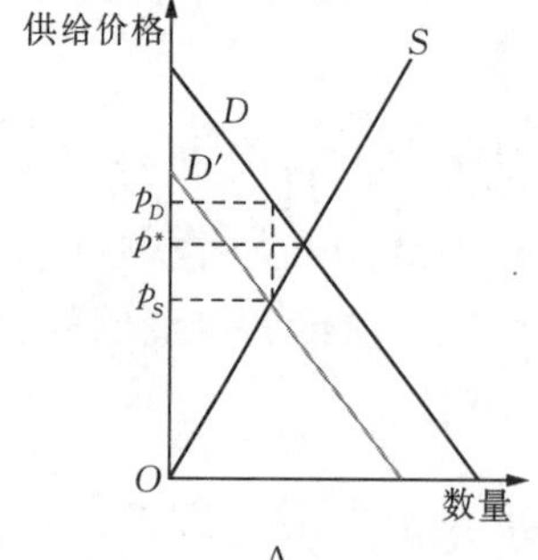

A

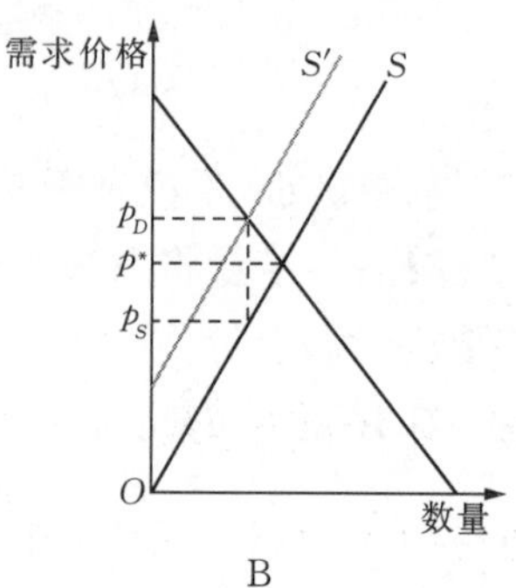

B

为了研究税收的影响,我们可以向下移动需求曲线,如图 A 所示;也可以向上移动供给曲线,如图 B 所示。在这两种方法中,需求者支付的价格或者供给者得到的价格都是相等的。

图 16.3 征税

从上图中，我们可以很容易发现税收的定性影响，也就是说，销售数量必然下降，需求者支付的价格必然上升，供给者得到的价格必然下跌。

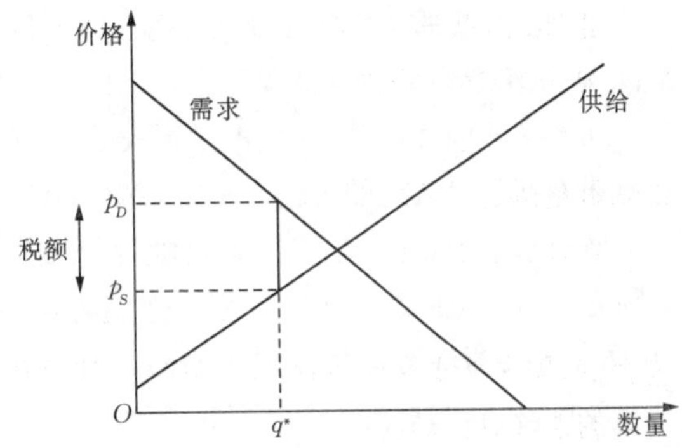

沿着供给曲线滑动线段，直到其与需求曲线相交为止。

图 16.4 确定税收影响的另一种方法

图 16.4 描述了确定税收影响的另一种方法。考虑市场中均衡的定义，我们试图寻求这样的一个数量 q^*，即当供给者面临的价格为 p_S、需求者面临的价格为 $p_D=p_S+t$ 时，它恰好就是需求者所需要的数量和供给者所供给的数量。我们用一条垂直的线段表示税额 t，将它沿着供给曲线滑动，直到它恰好与需求曲线相交。交点所决定的数量就是均衡数量。

例子：线性需求曲线和供给曲线条件下的征税

假定需求曲线和供给曲线均为线性。当向市场征税时，市场均衡由下列方程决定：

$$a-bp_D=c+dp_S$$

并且

$$p_D=p_S+t$$

将上述第二式代入第一式，我们得到

$$a-b(p_S+t)=c+dp_S$$

求解此方程，可以得到均衡时的供给价格为

$$p_S^*=\frac{a-c-bt}{d+b}$$

因此，均衡时的需求价格 p_D^* 可以由 p_S^*+t 得到：

$$\begin{aligned}p_D^*&=\frac{a-c-bt}{d+b}+t\\&=\frac{a-c+dt}{d+b}\end{aligned}$$

可以发现，需求者支付的价格上升，而供给者得到的价格下降。价格变化的大小取决于需求曲线和供给曲线的斜率大小。

16.7 税收的转嫁

通常，人们会听到这样的说法，对生产者征税并不影响利润，这是因为生产者可以将税收转嫁给消费者。如上文所述，不应把征税看作是针对厂商或消费者的，实际上，税收是对厂商和消费者之间的交易课征的。一般地，征税既会提高消费者支付的价格，又会降低厂商得到的价格，税收的转嫁程度取决于需求和供给的性质。

这一点在极端的情况下体现得最清楚:即在供给曲线完全水平或者完全垂直时,也就是说,在供给具有完全弹性或者完全无弹性时。

在本章的前面部分,我们提过这样的两个特例。如果一个行业具有水平的供给曲线,这意味着在某个既定的价格水平上,该行业将供给任何合意数量的商品,而在任意低于这个价格的水平上,该行业供给的数量为零。在这种情况下,价格完全由供给曲线决定,数量则完全由需求曲线决定。如果一个行业具有垂直的供给曲线,那就意味着商品数量固定,商品的均衡价格完全取决于需求。

现在,我们考察在一个具有完全弹性的供给曲线的市场上征税的情况。如上所述,征税就如同使供给曲线向上移动和税额一样大小的距离,如图 16.5A 所示。

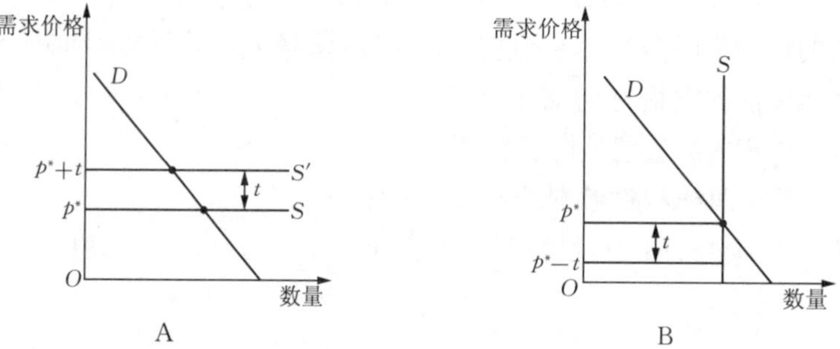

在图 A 的例子中,供给曲线具有完全弹性,税收完全转嫁给消费者。在图 B 的例子中,供给曲线完全无弹性,不存在税收转嫁现象。

图 16.5 征税特例

在这个具有完全弹性的供给曲线的例子中,不难看出,消费者所支付价格的上涨幅度与税额相等,而供给者所得到的价格仍与征税前一样,最终,税收完全由需求者承担。如果考虑水平供给曲线的含义,我们就不难理解上述的结果。水平的供给曲线意味着在某个特定的价格 p^* 上,该行业愿意供给任意数量的商品,而一旦低于这个价格,供给量就变为零。因此,如果最终在均衡状态任意数量的商品都能出清,供给者必须得到 p^* 才愿意出售。这一点实际上决定了均衡时的供给价格和需求价格必然是 p^*+t。

图 16.5B 显示了相反的情况。如果供给曲线是垂直的,就会使"供给曲线向上移动",其他仍保持不变。供给曲线沿着自身向上滑动,不管是征税前还是征税后供给量始终不变。在这种情况下,需求者决定了商品的均衡价格,不管是否征税,他们只愿按某一价格如 p^* 来购买市场供给的一定数量的商品。这样需求者最终支付的价格为 p^*,而供给者最终得到的价格为 p^*-t。所有的税额由供给者支付。

这个特例通常被人们认为是自相矛盾的,但事实上并非如此。如果供给者在征税后能提高他们产品的价格,并仍然能全部出售他们固定的供给量,他们在征税前就会提价并赚取更多的钱了。如果需求曲线不移动,那么提高价格的唯一途径就是减少供给。如果一项政策既不能改变供给也不能改变需求,它当然就不能影响价格了。

既然我们了解了这些特例,下面我们就能考察介于这两个特例之间供给曲线向右上方倾斜而不是完全垂直的例子。在这样的情况下,税收的转嫁程度取决于供给曲线与需求曲线的相对倾斜程度。如果供给曲线接近水平,几乎所有的税收将转嫁给消费者;反之当供给曲线接近垂直时，几乎没有什么税收转嫁。图 16.6 显示了这两个例子。

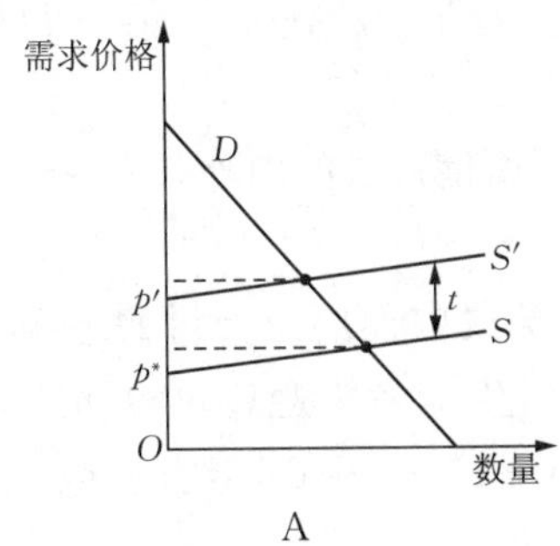

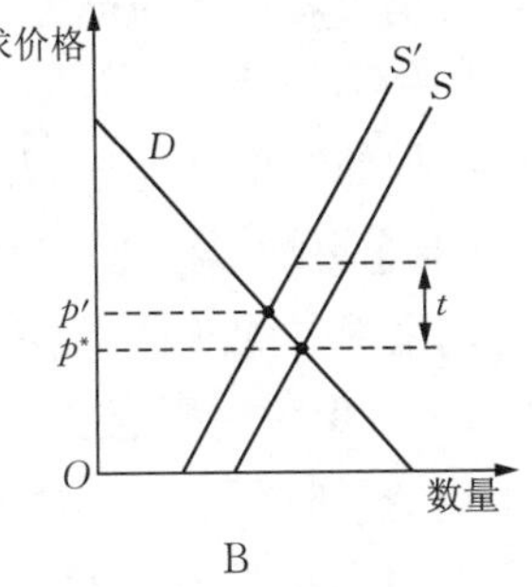

在图 A 中，供给曲线接近水平，大部分税收能够转嫁出去。在图 B 中，供给曲线接近垂直，几乎没什么税收能被转嫁。

图 16.6 税收转嫁

16.8 税收的额外损失

我们已看到，对一种商品征税一般来说，将提高需求者支付的价格，并降低供给者得到的价格。无疑税收就是需求者和供给者付出的代价，不过以经济学家的观点来看，税收的实际代价是降低了产量。

损失的这部分产量就是税收的社会成本。现在我们利用在第 14 章中已学过的消费者剩余和生产者剩余作为工具来阐述税收的社会成本。我们从图 16.7 中的图形开始。这个图形给出了征收税额 t 之后的均衡需求价格和供给价格。

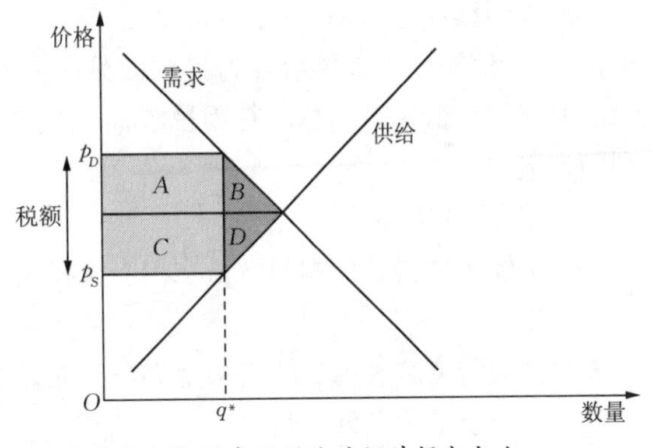

区域 $B+D$ 测度了税收的额外损失大小。

图 16.7 税收的额外损失

由于产量在征税后下降，我们可以用消费者剩余和生产者剩余概念来估价社会成本的大小。区域 $A+B$ 代表了消费者剩余的损失，区域 $C+D$ 表示生产者剩余的损失。这和我们在第 14 章中考察的损失是相同的。

既然我们说明了征税的社会成本，那么似乎只要把区域 $A+B$ 和区域 $C+D$ 相加就能很容易地得到我们所要了解的消费者和生产者在某种商品上的总损失。不过我们在讨论中忽略了一个部门，即政府。

政府在征税中获得了收入。当然，那些从利用税收所提供的政府服务中获益的消费者也得到了好处。但是在我们知道税收收入将花在何种政府服务上之前，我们事实上无法说出这些好处的大小。

我们假定所有税收收入都被用于消费者和生产者，即用政府收入提供的服务在价值上正好等于花在消费者和生产者身上的收入。

这样，政府的净收益就是区域 $A+C$，即政府从税收中得到的收入总额。由于生产者和消费者剩余的损失是净成本,政府的税收收入是净收益,因此税收的总成本就是这些区域的代数和,即:消费者剩余的损失 $-(A+B)$,生产者剩余的损失 $-(C+D)$,和政府税收的收益 $+(A+C)$ 之和。

这些区域相加的结果就是 $-(B+D)$。这就是所谓税收的额外损失或税收的额外负担,其中后一种概念更加形象化。

对消费者剩余损失的解释,能说明消费者为避免税收而愿意支付的金额。根据上图所示,消费者为了避免付税愿意支付 $A+B$。同样,生产者为避免付税而愿意支付 $C+D$。他们为了避免税收而愿意支付的所有金额为 $A+B+C+D$,这使得收入增加 $A+C$ 美元。税收的额外负担是 $B+D$。

这一额外负担是怎么形成的呢?从根本上说,这是因为商品的销售数量减少而给消费者和生产者造成的价值损失。你不能向不存在的商品征税。①所以政府并不能从所减少的这部分销售数量上得到任何收益。从社会的角度看,这是一个完全的损失——额外损失。

我们还可以通过测量所减少的产量的社会价值,根据定义直接得到额外损失的数量。假定我们从一个原有的均衡状态出发并向左移动。第一单位的损失由这样一点决定,在该点上某人愿意为某商品支付的价格正好和某人愿意出售该商品的价格相等。在这种情况下几乎没有社会损失,因为这一单位正好是边际销售单位。

如果继续向左移动一点点,这时需求价格代表着需求者为得到商品所愿意支付的价值量,供给价格代表着供给者为提供商品所要求得到的价值量。两者之差就是这一单位商品的损失价值量。加总所有因税收而未生产和消费的商品单位上的这一价值差,就得到额外损失。

例子:贷款市场

一个经济中借贷资本的数量在相当大程度上受到利率大小的影响。利率就是贷款的市场价格。

我们假定借款者的贷款需求为 $D(r)$,贷款者的贷款供给为 $S(r)$,那么,均衡利率 r^* 由需求等于供给的条件决定:

$$D(r^*)=S(r^*) \tag{16.1}$$

如果考虑在这个模型中加入税收,均衡利率会发生什么变化?

在美国,个人必须为他们从贷款中所得的利息支付所得税。假定每个人处于同一纳税等级 t,贷款者面对的税后利率就将是 $(1-t)r$。因此取决于税后利率的贷款供给额为 $S((1-t)r)$。

另一方面,美国国内税法允许许多借款者的利息支付可以税前扣除,所以如果借款者和贷款者处在相同的纳税等级,则他们所支付的税后利率为 $(1-t)r$。因此贷款的需求额是 $D((1-t)r)$。这样,在征税的情况下,利率的决定方程就为

$$D((1-t)r')=S((1-t)r') \tag{16.2}$$

① 无论如何政府还没有指出如何做这件事,但政府正在考虑这个问题。

如果 r^* 是方程(16.1)的解，那么，$r^* = (1-t)r'$ 就必然是方程(16.2)的解，因而

$$r^* = (1-t)r'$$

即

$$r' = \frac{r^*}{(1-t)}$$

因此，在征税情况下，利率将提高 $1/(1-t)$ 倍。税后利率 $(1-t)r'$ 将等于 r^*，正好和税前利率一样。

图 16.8 也许能使问题说得更清楚一些。对利息收入征税将使贷款的供给曲线的斜率上升 $1/(1-t)$ 倍；而如果利息支付可以税前扣除，那么贷款的需求曲线的斜率绝对值也会增大 $1/(1-t)$ 倍。最终的结果恰好使市场的均衡利率上升 $1/(1-t)$ 倍。

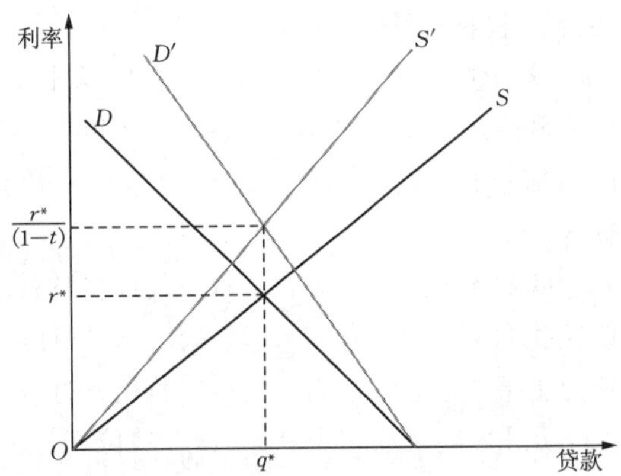

如果借款者和贷款者处于同一纳税等级，税后利率和贷款总额将不变。

图 16.8　借贷市场的均衡

反需求函数和反供给函数提供了另一种考察上述问题的方法。假定 $r_b(q)$ 为借款者的反需求函数，这意味着税后利率必然会诱使人们借入 q 数额的款项。同样，令 $r_l(q)$ 为贷款者的反供给函数，均衡时的借贷量由下面这个条件决定：

$$r_b(q^*) = r_l(q^*) \tag{16.3}$$

现在引入税收因素。为使分析更有意义，我们假定借款者和贷款者处于不同的纳税等级，分别用 t_b 和 t_l 表示。如果市场利率为 r，借款者所面临的税后利率将是 $(1-t_b)r$，他们决定借入的数额将由下式决定：

$$(1-t_b)r = r_b(q)$$

即

$$r = \frac{r_b(q)}{1-t_b} \tag{16.4}$$

同样，贷款者面临的税后利率为 $(1-t_l)r$，他们决定贷放的数量由下式决定

$$(1-t_l)r = r_l(q)$$

即

$$r = \frac{r_l(q)}{1-t_l} \tag{16.5}$$

把方程(16.4)和方程(16.5)结合起来得到均衡条件

$$r=\frac{r_b(\hat{q})}{1-t_b}=\frac{r_l(\hat{q})}{1-t_l} \tag{16.6}$$

从这一方程很容易看到,如果借款者和贷款者处于同一纳税等级,以至 $t_b=t_l$,那么$\hat{q}=q^*$。如果他们处于不同的纳税等级呢?不难看出,税法是在补贴借款者而向贷款者征税,但它的净结果是什么呢?如果借款者面临的借款利率高于贷款者的贷款利率,那么,税收制度的结果就是向借款者净课税;如果借款者面临的借款利率低于贷款者的贷款利率,那么税收制度的结果就是向借款者净补贴。改写均衡条件方程(16.6),可得

$$r_b(\hat{q})=\frac{1-t_b}{1-t_l}r_l(\hat{q})$$

因此,如果

$$\frac{1-t_b}{1-t_l}>1$$

这意味着 $t_l>t_b$,那么,借款者面临的借款利率就高于贷款者的贷款利率。所以,如果贷款者的纳税等级大于借款者的纳税等级,税收制度就是向借款者净课税,但如果 $t_l<t_b$,那税收制度就是向借款者净补贴。

例子:食品补贴

在 19 世纪的英格兰,遇到收成坏的年份,富人买下所有的收成,自己消费一定数量的谷物之后,把剩下的谷物以他们购买时一半的价格卖给穷人,以这种方式向穷人提供慈善性的帮助。初看起来,这么做是为穷人提供好处,但进一步分析,就会产生疑问。

对穷人来说,他们唯一能改善境况的途径是最终能消费更多的粮食。但是在收获后粮食的数量是给定的。因此穷人如何能通过上述办法来改善境况呢?

事实上,他们不能因此而改善境况,无论有没有上述政策,穷人最后所支付的粮食价格完全一样。我们将通过有无这一政策的模型来阐述。令 $D(P)$为穷人的需求曲线,K为富人的需求量,S 为坏收成时一年固定的收获量。假定粮食的供给和富人对粮食的需求是固定的。在富人不提供资助时,均衡价格由总需求等于总供给决定:

$$D(p^*)+K=S$$

当富人提供资助时,均衡价格由下式决定:

$$D(\hat{p}/2)+K=S$$

而现在来看:如果 p^* 是第一个方程的解,那么,$\hat{p}=2p^*$ 就是第二个方程的解。所以当富人买完所有的粮食而又分配给穷人时,市场的价格正好是原先价格的两倍——而穷人所付的价格和他们以前所付的一样。

如果你认识到了这一点就不会感到奇怪了。如果富人对谷物的需求和供给是固定的,那么穷人所能消费的数量也是固定的。因此穷人所面临的均衡价格完全由他们自己的需求曲线决定;均衡价格将是相同的,而不管粮食以何种方式提供给穷人。

例子:伊拉克的政府补助

具有非常正当理由的补助是很难取消的。理由何在?因为这些补助创造了依赖于其

的政治连贯性。每个国家都是如此，只是在伊拉克表现出过于令人惊讶的现象。以 2005 年为例，伊拉克政府对燃油与食品的补助支出几乎占到政府预算的三分之一。①

伊拉克的政府预算几乎全部来自石油出口。伊拉克国内几乎没有石油完美设备，伊拉克必须以每升 30—35 美分的价格从国外进口汽油，但政府面向公众销售汽油的价格是每升 1.5 美分。这类汽油在黑市市场上被大量销售，非法流入土耳其，因为土耳其国内的汽油价格是每升大约 1 美元。

尽管食品与燃油的补助金额非常大，但由于政治环境不稳定，政治家都不愿意取消这些食品与燃油的补助。也门取消相似的食品与燃油的补助时，出现导致许多人死亡的街头暴乱。世界银行研究报告的结论是，伊拉克一半以上的 GDP 被用于食品与燃油的补助。根据伊拉克的财政部长阿里·阿拉维的说法，"食品与燃油的补助已经达到了令人愚蠢发昏的地步，补助金以奇异的方法危害经济，创造出你能想出的最坏的激励机制"。

16.9 帕累托效率

*帕累托效率*是这样一种经济状况，即没有一种方法能在不使其他任何人的境况变坏的同时使任何人的境况变得更好。帕累托效率是一种理想的情况——如果真有能使某一部分人的境况好起来的方法，为什么不去做呢？——但是效率并非经济政策的唯一目标。例如，效率几乎没有说到收入分配和经济公正。

然而，效率是一个重要的目标，因此研究一个竞争市场如何达到帕累托效率是值得的。一个竞争市场或者任一经济机制必须决定两件事。首先是生产多少，其次是谁得到产品。竞争市场生产多少的决定取决于人们为购买产品愿意支付的价格与人们供给产品必须得到的价格之比较。

以图 16.9 来说明，在任何一个小于竞争数量 q^* 的产量上，某人愿意多供给 1 单位产品的价格低于某人为多购买 1 单位产品愿意支付的价格。

如果这两个人之间的产品生产和交换以任一介于需求价格和供给价格之间的价格进行，这两个人都将因此而获益。所以任一小于均衡数量的数量均非帕累托有效率的，因为至少存在着两个人能改善境况。

类似地，在任一大于 q^* 的产量上，某人为多购买 1 单位产品愿意支付的价格小于某人为多供给这 1 单位产品所必

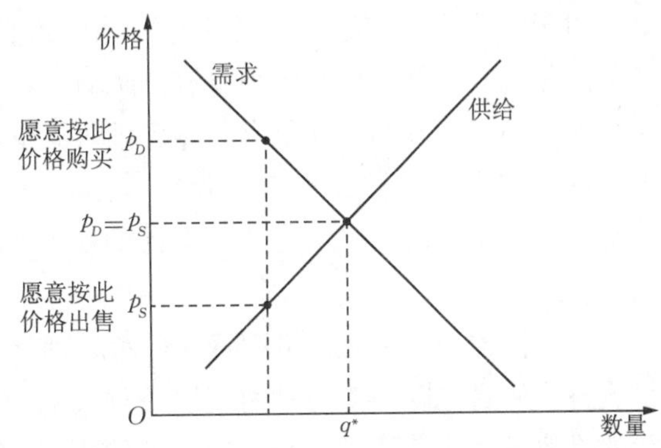

竞争市场决定了一个具有帕累托效率的产量，因为在数量 q^* 处，某人为多购买 1 单位产品而愿意支付的价格和某人为多销售 1 单位产品必须得到的价格相等。

图 16.9 帕累托效率

① James Glanz, "Despite Crushing Costs, Iraqi Cabinet Lets Big Subsidies Stand", *New York Times*, August 11, 2005.

须得到的价格。惟有在市场均衡数量 q^* 上才具有帕累托有效率的供给量——一个使人们为多购买 1 单位产品而愿意支付的价格和人们为多供给 1 单位产品必须得到的价格相等的产量。

因此竞争市场产生一种帕累托有效率的产量。产品在消费者之间分配的方式又怎样呢?在竞争市场中每个人对一种产品支付相同的价格——这一产品和“其他所有产品”之间的边际替代率都等于该产品的价格。每个愿意支付此价格的人都能购买到该产品,而每个不愿支付此价格的人则不能购买到该产品。

如果该产品的一种配置使得该产品与“其他所有产品”之间的边际替代率不相等,那么将会发生什么情况呢?在这种情况下,至少有两个人对产品的边际单位的估价是不同的,比如一个人对一个边际单位的估价是 5 美元,而另一个人的估价是 4 美元。这样,如果对边际单位的估价较低的人向对边际单位的估价较高的人销售一定数量的商品,并把价格定在 4 美元和 5 美元之间,则双方的境况都能得到改善。因此,任何具有不同边际替代率的产品配置都不是帕累托有效率的。

例子:排队等候

配置资源通常采用的一种方式是让人们排队等候。我们可以运用我们已经创建的用以分析市场机制的某些工具,来分析这种资源配置机制。我们考察一个具体的例子:假定你所在的大学将发放一些篮球冠军赛的球票。排队等候的每一个人都能够免费获得一张球票。

于是,一张球票的成本仅仅是排队等候的成本。那些非常想观看比赛的人会在票务办公室的外面宿营,以确保能够得到球票。而不太关心比赛的人则会在送票窗口开放前几分钟才到,抱着碰碰运气的态度看有无剩余的票。对一张票的支付意愿应该不再以美元数而是以等待的时间来度量,这是因为球票是按等待的意愿来配置的。

对于配置球票,排队等候会产生一个帕累托有效率的结果吗?问一下你自己:排队拿票的人是否有可能将票转售给没有排队的人。通常,这是有可能的,因为等待的意愿和支付意愿是因人而异的。如果有人愿意排队买票,然后再将票卖给其他人,那么依据等待的意愿配置球票就不会耗尽交易的所有收益——配置球票以后,通常还会有人愿意进行球票交易。由于排队等候不会耗尽交易的所有收益,它往往不会导致一个帕累托有效率的结果。

如果你按一组美元价格配置一种商品,那么,需求者支付的美元会为商品的供给者提供收益。如果你以等待的时间配置一种商品,排队所花费的时间不会使任何人受益。等待的时间只是给商品的买方强加了一种成本,而卖方却一无所获。排队等候是额外损失的一种形式——排队等候的人支付一个“价格”,但其他任何人不会从这个价格中获得任何收益。

小　结

1. 供给曲线度量在每一价格上人们愿意供给某种商品的数量。
2. 均衡价格指的是人们愿意供给的数量和人们需求的数量相等时的价格。

3. 根据需求曲线和供给曲线的变化来研究均衡价格和数量怎样变化是比较静态分析的又一个例子。
4. 当一种商品被征税时总有两种价格:需求者支付的价格和供给者得到的价格,两者之差就是税收的数额。
5. 税收向消费者转嫁的程度取决于需求曲线和供给曲线的相对倾斜度。如果供给曲线是水平的,所有的税收转嫁到消费者身上;如果供给曲线是垂直的,所有的税收均不转嫁。
6. 税收的额外损失是因征税而引起的消费者剩余与生产者剩余的净损失之和。它测度的是因征税而未被销售的那部分产品的价值。
7. 如果在某种情况下不可能使一些人的境况改善,而又不使其他人的境况变坏,则这种情况就是帕累托有效率的。
8. 在某一单一商品市场上的帕累托有效率的产品供给量是由需求曲线和供给曲线的交点所决定的那个数量,因为只有在这一点上,消费者为多购买 1 单位产量愿意支付的价格才等于供给者为多供给 1 单位产量必须得到的价格。

复习题

1. 在一个具有水平供给曲线的市场上补贴的作用如何? 在一个具有垂直供给曲线的市场上呢?

2. 假设在一个具有垂直的需求曲线和向上倾斜的供给曲线的市场上征税,谁是最后的纳税者?

3. 假设所有的消费者都认为红蓝铅笔是完全替代品。假设红铅笔的供给曲线向上倾斜,令红蓝铅笔的价格分别为 p_r 和 p_b。如果政府只对红铅笔征税,会出现什么结果?

4. 美国近一半的汽油是进口的。假设其余的石油生产者愿意按 25 美元一桶的不变价格供应美国所需的石油。如果对外国石油每桶征税 5 美元,国内石油的价格会发生什么变化?

5. 假设供给曲线是垂直的。在这种市场上税收的额外损失是多少?

6. 如果借款者和贷款者处在同一纳税等级,按照正文中所描述的那种对借款和贷款征税的办法,可以征得多少税额?

7. 当 $t_l < t_b$ 时,按正文中所述的那种税收体制所征得的税额为正还是为负?

▶17

测　度

至今为止，我们使用了简单的代数表达式来描述效用函数、生产函数、需求曲线、供给曲线等函数关系。在实际应用中，我们必须使用统计方法来估计这些函数关系。研究如何有效地估计效用函数等函数关系的方法就是众所周知的计量经济学。

在我们分析数据时，我们一般关心以下问题。

概括：我们如何简洁地描述数据？例如，人均每天消费几杯咖啡？

估计：我们如何估计未知参数？例如，咖啡的需求弹性是多少？

检验：我们如何确定某个未知参数是否满足约束条件？例如，男性和女性每天平均消费相同数量的咖啡吗？

预测：我们如何预测明年的咖啡价格是多少？

预计：如果情况发生变化，我们如何预计所关注的变量会发生什么变化？例如，如果政府对咖啡征收10%的税收，咖啡的消费会发生什么变化？

存在可以用来回答上述问题的各种不同的统计方法，本章将予以探讨。尽管我们关注的主要问题是估计和预计，但我们也适当涉及其他问题。

17.1　概括数据

概括数据的最简单方法是使用表格。例如，表17.1描述了在线调查1 000名消费者“平均每天喝几杯咖啡”的回答结果。表17.1说明了约45%的被调查对象表示每天不喝任何咖啡。更细致的分析显示，16%的被调查对象平均每天喝1杯咖啡，平均每天喝2杯咖啡的被调查对象的比例也接近16%。

表17.1　在线调查的咖啡消费量

0杯	1杯	2杯	3杯	4杯以上
0.448	0.163	0.161	0.110	0.119

可使用条形图(barplot)或直条图(barchart)将咖啡消费量的在线调查数据以更形象

生动的方式展示出来,如图 17.1 所示。从图 17.1 可以清楚地知道,表示每天消费 1 杯或 2 杯咖啡的消费者占被调查对象的比例大致相同,表示每天消费 3 杯或 4 杯以上咖啡的消费者即被调查对象的人数基本相同。

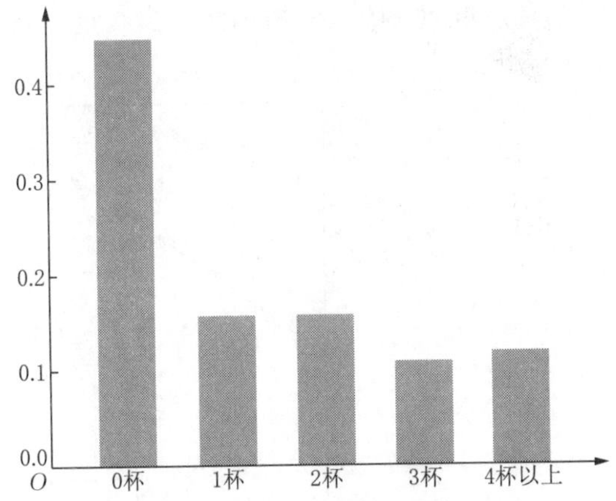

纵轴表示每天消费 0 杯咖啡到 4 杯以上咖啡的消费者占被调查对象的比例。

图 17.1 在线调查的咖啡消费量

我们还可以对咖啡消费量的在线调查数据进行分类处理。按照被调查对象的性别来分类报告相同的在线调查数据,我们就可以分析咖啡消费量如何随性别变化,如表 17.2 或图 17.2 所示。与前面一样,条形图按照更便于理解的方式概括了调查数据。例如,条形图说明,在表示每天不喝咖啡的被调查对象中,男性的比例要高于女性的比例,女性消费者的每天咖啡消费量总体上高于男性消费者的每天咖啡消费量。

表 17.2 按照性别分类计算的平均咖啡消费量

杯数	女性	男性
0 杯	0.176	0.219
1 杯	0.093	0.057
2 杯	0.079	0.070
3 杯	0.050	0.046
4 杯以上	0.057	0.052

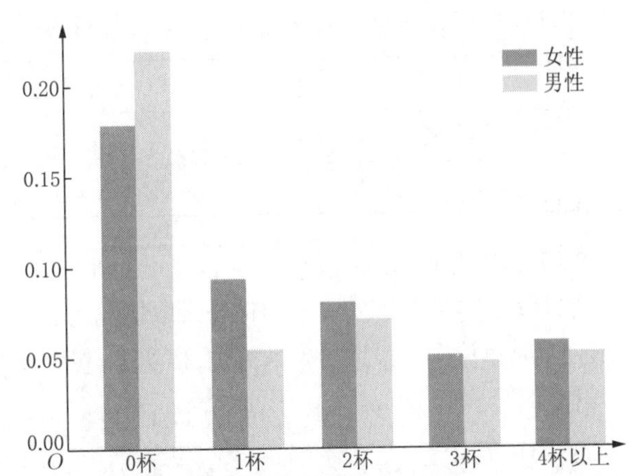

纵轴表示每天消费相应杯数的咖啡的消费者按照性别分类占被调查对象的比例。

图 17.2 按照性别分类计算的平均咖啡消费量

根据数据计算各种不同的概括性统计量通常是有用的。通过计算可以知道每天消费的咖啡杯数的均值是 1.28 杯。我们也可以计算条件均值,如喝咖啡的消费者平均喝几杯咖啡或者男性消费者平均喝几杯咖啡之类的数值。计算条件均值就是计算满足相应条件(如,每天喝咖啡,男性,等等)的消费者群体的平均咖啡消费量。在我们的在线调查数据中,男性消费者平均每天喝 1.24 杯咖啡,女性消费者平均每天喝 1.39 杯咖啡。

例子:辛普森悖论

条件均值时常显示出令人惊讶的结果。假设我们将咖啡消费量表示成男性消费者和女性消费者的收入的函数,设想的函数关系可能呈现出图 17.3 那样的形状。注意,尽管对于男性消费者和女性消费者而言,咖啡消费量都随收入的增加而增加,但男性与女性的咖啡消费总量随总收入的增加而减少。这个现象是辛普森悖论(Simpson's paradox)的一个示例。

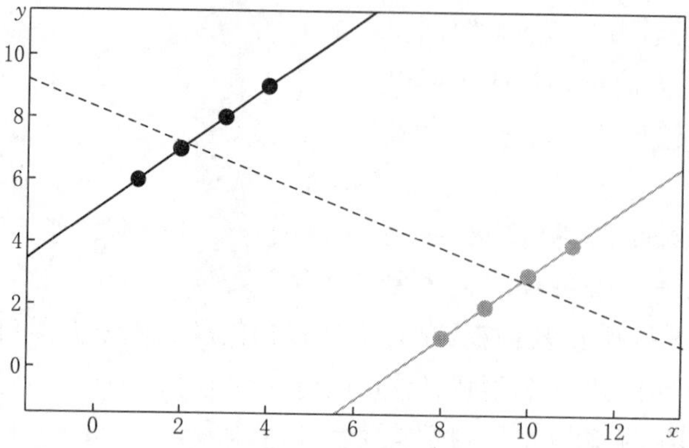

在这个假想的例子中,男性和女性的咖啡消费量都随其收入增加而增加(如两条右上倾斜的实线所示),但咖啡消费总量随总收入增加而减少。

图 17.3 辛普森悖论

辛普森悖论在现实生活中并非难得一见。表 17.3 显示了 1973 年秋季加州伯克利大学研究生院的男女入学申请与最终录取的统计数据。

表 17.3 加州伯克利大学研究生院 1973 年秋季的申请人数与录取率

性　别	申请人数	录取率
男　性	8 442	44%
女　性	4 321	35%

表 17.3 的数据显示出男性比女性更可能被录取。这是一个性别偏差的示例吗?表 17.4 进一步给出了分专业系别的入学申请与录取情况的数据。根据表 17.4 容易知道,没有哪个专业系别出现了明显偏向于录取男生的倾向;事实上,多数专业系别都小幅度地偏向于录取女生。

表 17.4 各系的录取情况

系别	男性申请人数	男性录取率	女性申请人数	女性录取率
A	825	62%	108	82%
B	560	63%	25	68%
C	325	37%	593	34%
D	417	33%	375	35%
E	191	28%	393	24%
F	272	6%	341	7%

根据一份相应报告的结论,对加州伯克利大学的研究生申请与录取的统计数据中出现辛普森悖论的解释是,女生更愿意申请录取率低的系别,而男生更愿意申请录取率高的系别。尽管在各专业系别层面没有明显的录取偏差,但整体的统计数据给出了存在偏差的印象。①

① P.J.Bickel, E.A.Hammel and J.W.O'Connell(1975), "Sex Bias in Graduate Admission: Data from Berkeley", *Science* 187(4175):398—404.

17.2 检验

在 17.1 节的分析中，我们知道了男性消费者平均每天喝 1.24 杯咖啡，女性消费者平均每天喝 1.39 杯咖啡。然而，17.1 节的在线调查结果仅是 1 000 名消费者构成的一个特殊样本的结果。如果我们采用不同的样本，我们可能得到不同的结果。我们可以在多大程度上相信对于整体消费者而言，确实是女性的平均咖啡消费量高于男性的平均咖啡消费量？

回答上述问题的一种方法是按照下述方法提出问题。假设男性和女性实际上每天都喝相同数量的咖啡。在 1 000 名消费者构成的特殊样本中，观察到不同性别群体出现 0.15 杯（=1.39−1.24）咖啡消费量差异的可能性会有多大呢？

在我们的在线调查示例中，可以证明只要增加几个假设条件，我们观察到在不同性别群体中出现至少 0.15 杯咖啡消费量差异的概率大约是 9.6%。换言之，如果在整体消费者中男性和女性的平均咖啡消费量相同，我们大约能够在 10 个样本中观察到有一个样本至少呈现出 0.15 杯的估计的咖啡消费量差异。即使我们的样本显示了男性与女性之间的咖啡消费量略有不同，我们仍然无法确信对于整体消费者而言，男性和女性之间的咖啡消费量仍存在这种差异。

17.3 使用实验数据估计需求

设想你利用网络为一家销售咖啡豆的公司工作。现在，你的咖啡豆的销售价格是每磅 15 美元，你正在考虑将咖啡豆的销售价格降到每磅 14 美元。你希望以更低的价格销售更多的咖啡豆，但能够增加多少销售量呢？值得降低咖啡豆的销售价格以获得更大的销售量吗？

此时，自然是做一个实验来说明当咖啡豆的销售价格变化时咖啡豆的需求会如何变化的问题。例如，你可以在数周内降价销售咖啡豆，同时观察一下你能增加多少咖啡豆销售量。如果你的利润增加了，说明永久地维持咖啡豆降价之后的销售价格是明智的。

还有一种可能性是只在少数几个州或城市销售咖啡豆，同时观察一下在销售咖啡豆的地方出现了哪些变化。如果你尝试做这样的实验，认识到除了销售价格之外还有影响咖啡豆的需求的其他因素这一点很重要。例如，在给定时期内你在选定地区销售的咖啡豆的数量可能随年度季节因素或气候因素而变化。

理想情况是你可以使用类似投掷硬币的某种随机方法来选择你准备降价销售咖啡豆的城市。这种*随机化处理*（randomized treatment）有助于消除系统性偏差的来源。

考虑能够控制这些系统性效应的方法也是一个好主意。例如，你可以比较降价销售地区与售价维持不变地区的咖啡豆销售量。或者你可以收集在你观察的咖啡豆销售地区的气候数据，并使用统计方法来控制观察到的气候的变化。

按照统计学的术语，降价销售咖啡豆的地区是你的*处理组*（treatment group），咖啡豆售价维持不变的地区是你的*控制组*（control group）。做这个实验只是小范围推广你正在考虑实施的对所有消费者降低咖啡豆售价的政策。如果你尽可能地按照政策所提议的那样进行实验,那么这个实验或许能让你准确地获知如果你将实验规模扩大到全国范围会得到什么结果。

17.4 处理效应

估计降价如何影响咖啡豆的需求的另一种方法是向随机选择的一组人派送优惠券,并观察有多少人会使用这些优惠券来购买咖啡豆。

派送优惠券的问题在于使用优惠券的消费者可能不同于整体消费者。可能的情形是,与不愿费心使用优惠券的人相比,不嫌麻烦使用优惠券的人一般来说也许对价格更敏感。

在派送优惠券时,部分消费者(优惠券的使用者)选择以更低的价格购买咖啡豆而不是简单地面对更低的咖啡豆售价。一般而言,选择成为处理对象的消费者是对处理效应更感兴趣的人,可能比整体消费者更倾向于对处理效应作出不同反应。对于选择使用优惠券(接受处理)的消费者而言,优惠券的处理效应可能相当不同于对于每个人都降价销售的处理效应。

另一方面,相对于消费者整体的处理效应,你可能感兴趣于"接受处理的消费者的处理效应"。例如,假如你心中设想的政策是向所有消费者派送优惠券,那么只涉及向全部消费者中的部分消费者派送优惠券的实验会是一个适当的实验。

关键问题在于消费者是否在作接受处理(即得到更低的价格)与否的选择。理想情况是,这个实验会尽可能真实地模仿政策所提议的做法。

17.5 使用观察数据估计需求

现在让我们来考虑不同的情景。设想你现在的兴趣是估计当咖啡价格变化时美国的全国咖啡需求量如何变化。此时,没有可以做相应实验的明显方法。由于没有**实验数据**(experimental data),你必须使用**观察数据**(observational data)。

经济学家研究价格变化对需求的影响这类问题的最常用统计方法被称为**回归**(regression)。回归无非是表示条件期望的方法。例如,回归可以表示根据消费者为女性的条件,随机挑选的消费者的咖啡消费量的期望值。在我们估计回归方程时,我们试着描述所研究的变量(此处的咖啡消费量)与其他的特征变量(如性别、收入、年龄、价格等)之间的关系。尽管存在许多不同的回归形式,但我们主要介绍被称为**普通最小二乘法**(ordinary least squares)或 OLS 的最简单的回归形式。

假定我们知道了不同时间区间的咖啡销售量与咖啡销售价格的数据。我们如何使用这些数据来估计咖啡的需求方程呢?

重要的工作是考虑**数据生成过程**(data generation process),即数据是如何生成的?我们可以应用前面有关消费者选择的章节中提出的一些理论来进行考虑。

可以把消费者想象成只购买两样东西:咖啡(x_1)与"所有其他商品"(x_2)。按照第 7 章的描述,有时将商品 2 解释成**复合商品**或**数量指数**。

咖啡的价格表示成 p_1,"所有其他商品"的价格表示成 p_2,总支出表示成 m,单个消费者的效用最大化问题为

$$\max_{x_1, x_2} u(x_1, x_2)$$
$$\text{s.t. } p_1x_1 + p_2x_2 = m$$

我们可以将咖啡的需求函数表示为

$$x_1 = D(p_1, p_2, m)$$

像 2.4 节提到的那样,在我们将价格与收入同时乘以任意正的常数时,需求保持不变。因此,我们将价格与收入同时乘以 $1/p_2$,我们可以得到

$$x_1 = D(p_1/p_2, 1, m/p_2)$$

上式说明了咖啡的需求是使用所有其他商品的价格度量的咖啡价格与使用所有其他商品的价格度量的收入的函数。在实践中,我们可以使用类似消费者价格指数(Consumer Price Index, CPI)或个人消费支出价格指数(Personal Consumption Expenditure Price Index, PCEPI)之类的价格指数来计算这些相对值。(参见第 7 章关于指数的讨论,就能知道这些指数是被如何构造的。)

现在,我们可以加总全部消费者的需求以得到市场的总需求。为避免使用额外的其他符号,我们将使用与上面一样的表示方法,得到 $x = D(p, m)$, 其中,x 表示咖啡的总需求,p 表示咖啡价格与消费者价格指数的比值,m 表示消费者总支出与消费者价格指数的比值,$D(p, m)$表示总需求函数。

函数形式

现在,我们需要选择需求函数的代数表达式。在实践中通常使用的需求函数的形式有三种。

线性需求函数: $x = c + bp + dm$

对数线性需求函数: $\ln(x) = \ln(c) + b\ln(p) + d\ln(m)$

半对数需求函数: $\ln(x) = c + bp + dm$

最常用的需求函数的形式是对数线性需求函数,因为容易解释其中系数的含义,正如我们在 15.8 节所知道的那样,其中的系数 b 和 d 分别测度了需求的价格弹性和收入弹性。(在需求函数的各种代数表达式中,所有对数都取自然对数的形式。)

统计模型

当然,我们不能期望我们的模型完全拟合观察数据,因此我们需要增加一个用 e_t 表示的误差项。误差项 e_t 测度了我们理想设定的需求与实际观察到的需求之间的差异。误差项可以解释成其他影响需求的遗漏变量、无法观察变量的累积性影响。

这样,我们最终设定的数据生成过程为

$$\ln(x_t) = \ln(c) + b\ln(p_t) + d\ln(m_t) + e_t$$

其中,误差项 e_t 解释成与咖啡消费相关的全部其他变量的总和影响。

在一定条件下,使用普通最小二乘法可以得到参数(b, c, d)的优良估计值。其中最重要的条件是咖啡的价格和总支出均与误差项没有相关性。

不难直观地说明回归方程的解释变量与误差项之间没有相关性的必要性。在设定的回归方程中,系数 b 测度了在其他条件不变时,咖啡的需求随咖啡价格变化而变化的程度。但如果 p_t 和 e_t 的数据显示出两者之间存在正相关性,那么在我们的样本中 p_t 的提高就易于引起 e_t 的增大。因此,观察到的 x_t 的变化同时依赖于 p_t 的变化和 e_t 的变化。此时,我们认为存在*混杂效应*(confounding effect)。若其他变量随着咖啡价格的变化而出现系统性变化,则我们得到的是价格变化如何影响咖啡消费的糟糕估计值。

保证咖啡价格与误差项不相关的理想方法是做实验。在这里,做实验就是指选择不同的咖啡价格,同时观察咖啡的需求如何相应变化。然而,正如前面所述,对于总的咖啡消费很难收集到这种*实验数据*。我们经常不得不处理*观察数据*。

给定我们所了解的有关咖啡市场的情况,咖啡价格的变化与影响咖啡需求的因素可能相关吗?正如我们所知,有数十个国家种植咖啡豆,并将其种植的咖啡豆在世界市场上进行出售。伴随着气候、政治事件、运输成本变化等重要的影响因素,咖啡豆的供给明显地年年发生变化。

基于特定国家的视角,咖啡价格的变化是外生的,因为咖啡价格依赖于主要影响咖啡供给而非咖啡需求的各种因素。

估计

剩余的全部工作就是实际地进行估计。我们可以使用 R 或 Stata 等统计程序包来估计上面给出的咖啡需求的回归方程。咖啡需求的价格弹性的估计值是−0.77,咖啡需求的收入弹性的估计值是 0.34。估计结果说明,在咖啡价格上涨 1%时咖啡消费下降0.77%,咖啡需求相当缺乏弹性。这说明这种估计相当不准确,但这是我们利用可获得的数据能够获得的最好估计结果。

17.6 识别

在估计咖啡需求时,我们从特定国家的视角主张咖啡的世界价格是外生变化的。按照供给与需求的术语,我们的主张是说单个国家面临的咖啡的供给曲线是在均衡价格处大致平坦的曲线。咖啡价格可能每年根据气候和其他因素而发生变化,由此得出的咖啡的供给与需求的均衡点就勾画出了咖啡的需求曲线,如图 17.4 所示。

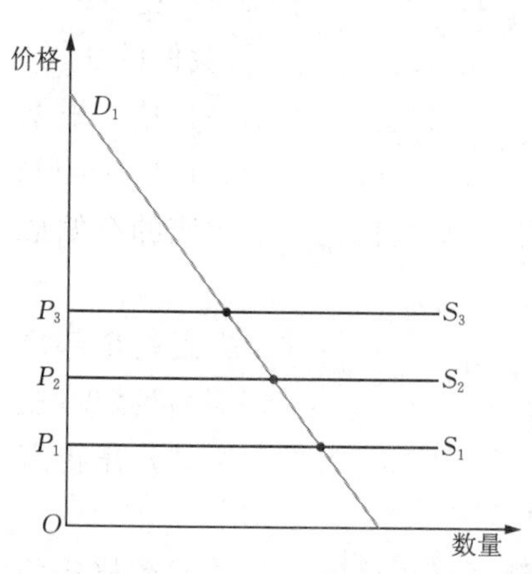

此处的咖啡供给曲线的移动勾画出了咖啡的需求曲线。

图 17.4 供给变化

设想我们对咖啡的世界需求感兴趣。此时,假设咖啡价格是外生决定的就不合情理了,事实上咖啡价格取决于需求和供给的相互作用。

例如,我们可以设想一个确定年份的咖啡供给大致固定不变,但咖啡供给每年随气候条件而发生变化。此时,供给曲线出现位移,而需求曲线的位置保持不变,观察到的价格和数量依然沿着需求函数对应的需求曲线。因此,将需求估计为价格的函数还是有意义的。

如图 17.5 所示，在供给曲线和需求曲线同时出现位移时，就出现了问题。此时，无法估计需求曲线或供给曲线。若存在移动供给曲线而不影响需求曲线的因素，一般可以估计得到需求函数；若存在移动需求曲线而不影响供给曲线的因素时，一般可以估计得到供给函数。但如果供给曲线和需求曲线都按照未知的方式进行位移，我们就无法识别是什么因素导致了价格变化和数量变化。这被称为识别问题（identification problem）。

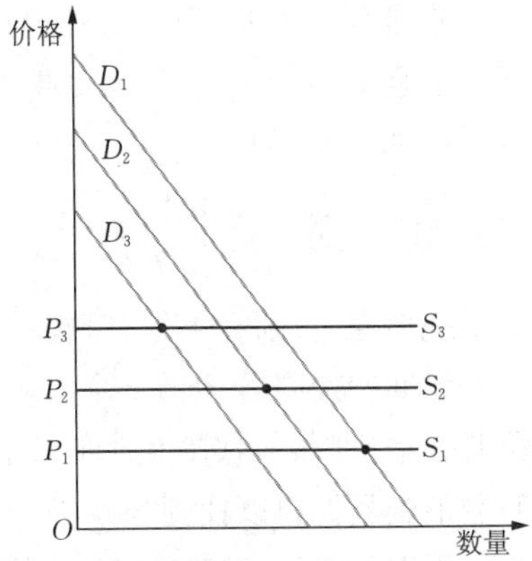

此处需求曲线和供给曲线都随时间出现位移，因此我们若没有更多的信息就无法估计需求曲线或供给曲线。

图 17.5 估计需求

17.7 可能错在何处

让我们回到前面所述的简单的需求估计问题，但现在考虑的情形是，产品价格由销售者设定，而非在世界市场上外生决定。具体地，想象一家名为客啡时代（Koffee Time）的公司生产了一种叫 Koffeetino 的冷饮。客啡时代公司多年来一直根据市场条件设定 Koffeetino 的价格。在经济活动因萧条而减缓时，客啡时代公司发现 Koffeetino 的销售量下降，就很快作出降低价格的反应。在经济处于繁荣期时，客啡时代公司发现 Koffeetino 的销售量很高，就提高其价格。

客啡时代公司的做法意味着我们从历史数据中会观察到高价格对应着高销量，低价格对应着低销量。观察到的“需求曲线”呈现出向上倾斜的形状。

究竟发生了什么？我们通常认为高价格导致消费者购买更少的商品。而这里消费下降正是导致价格出现下降的原因。但导致消费下降的原因何在呢？此处的答案是经济萧条导致收入减少。由于收入同时影响到回归方程的左右两端——需求变量和价格变量，因而收入是混杂变量（confounding variable）。

对于固定的收入水平，我们可以预期到，更高的价格导致了对 Koffeetino 更少的需求，更低的价格导致了对 Koffeetino 更多的需求。如果我们（按照理论告诉我们的那样）将收入变量增加到回归方程中，那么我们有可能得到价格弹性的有意义的估计值。根据计量经济学的语言，这是一个遗漏变量偏误（missing variable bias 或 omitted variable bias）的示例：我们没能将重要变量包含在回归方程之内，因而我们得到了效应的有偏估计值。

但事实上始终存在遗漏变量——我们永远无法列出可能影响需求的因素的全部清单。例如，气候可能影响 Koffeetino。在气候特别寒冷的年度，Koffeetino 的销量减少；在气候温暖的年度，Koffeetino 的销量增加。根据销量的变化，客啡时代公司可能作出提高价格或降低价格的反应，这又导致了我们前面遇到的识别问题。

像前面提到的那样，与价格无关的遗漏变量不会导致过多的问题。然而，与价格相关的遗漏变量（混杂变量）可能导致有偏估计值。这是在选择价格成为回归变量时经常会遇到的事情，因为变量的选择可能依赖于计量经济学家无法序贯地观察到的许多事情。

需要说明的是,对于处理遗漏变量的各种方法的讨论需要在更高级的课程中予以展开。实验是黄金标准,但有时即使没有明确的实验,观察数据也能用于估计因果效应。

17.8 政策评估

估计某一政策的效果规模的普遍原因是我们正在考虑作一些政策变化。理想的方法是我们可以小规模地做一个实验来估计所提议的政策变化的效应。但正如我们已经知道的那样,有时很难实施相应的实验或者需要花费很大的成本才能实施相应的实验。

有时我们可以找到与我们希望实施的理想实验相似的自然实验(natural experiment)。例如,俄勒冈州在 2008 年向低收入阶层发行了决定是否允许其申请医疗照顾保险(Medicare)的彩票。在发行该彩票一年之后,与不允许申请 Medicare 的控制组成员相比,允许申请 Medicare 的处理组成员明显更可能获得健康保险的保障。①

研究人员可以知道处理组成员与控制组成员之间的具体差异。在进行这项研究的第一年内,结果显示,与控制组成员相比,处理组成员的卫生保健利用率更高,个人支付的医疗支出及医疗债务更低,自我报告的身心健康状况更好。人们可以合理地预期,会有更多的人获得申请 Medicare 的机会而得到上述好处。

当然,向人们提供申请 Medicare 的机会并不同于将其扩展到全体国民。在向人们提供申请 Medicare 的机会时,人们仍然会考虑是否选择申请,而且选择申请的人可能在某些相关方面会不同于全体国民。

例子:犯罪与警察

区分相关性分析和因果性分析是非常重要的。经典示例是如果我们观察到在犯罪率高的地区有更多的警察,我们能否得出警察导致犯罪的结论?当然不能。更合理的解释是相反方向的因果性解释:更多的警察被配备到高犯罪率地区,是因为高犯罪率地区有更多的犯罪事件。

如果我们使用统计方法来估计警察数量与犯罪率之间的关系,我们可能发现两者之间的正相关性——更多的警察与更高的犯罪率相联系。然而,对于如果我们有意地将更多的警察配备到特定地区会出现什么情况,警察数量与犯罪率之间的正相关性给不出任何解释。

为了理解警察对犯罪率的因果性效应,我们需要理解:(1)在历史数据中警察是被如何配备到各地区的?(2)向特定地区配备更多的警察是如何改变犯罪率的?

理想情况是,我们可以利用可控实验来确定警察数量是如何影响犯罪率的。不过,有时也会有模拟随机配备警察的“自然实验”。例如,在安全警示显示恐怖活动威胁级别提高的期间,华盛顿特区的警察部门增加了街面警察的数量。两名经济学家研究了增加街警数量期间的犯罪报告的数据,发现犯罪大幅度减少了,尤其是汽车偷盗案件。②

---

① Amy Finkelstein et. al., “The Oregon Health Insurance Experiment: Evidence from the First Year”, http://economics.mit.edu/files/6796.

② Jonathan Klick and Alexander Tabarrok, “Using Terror Alert Levels to Estimate the Effect of Police on Crime”, *Journal of Law and Economics* 48:1(April 2005), 267—279.

小　结

1. 统计学可用于概括、估计、检验、预测和预计。
2. 当分析者没有将与其他变量相关的重要变量包括在回归方程中时，就出现了遗漏变量偏误。此时，称该遗漏变量为混杂变量。
3. 观察数据只能告诉我们相关性，而我们通常需要利用实验来确定因果性。
4. 然而，有些时候会有对回答我们感兴趣的问题有用的自然实验。
5. 区别适用于整体的政策效应与仅适用于选择参与政策实验的个人群体的政策效应是非常重要的。
6. 一般来说，在评估政策提议时，使用的实验应该尽可能地接近被考虑实施的政策。

复习题

1. 当 1912 年泰坦尼克号沉没时，男性船员和女性船员的幸存率都高于三等客舱乘客的幸存率。然而，三等客舱乘客的整体幸存率高于船员的幸存率。我们将这个现象称为什么？

2. 假设你想检验在你投掷硬币时出现硬币正面的概率等于 1/2 的假说。你投掷了 5 次硬币，每次都出现硬币正面。如果出现硬币正面的真正概率是 1/2，你能看到连续 5 次投掷硬币都出现硬币正面的可能性有多大？

3. 假设我们估计的需求函数的形式为 $x=e^{c+bp}$，其中，p 表示价格，x 表示消费量，b 是参数。这种函数形式被称为什么？

▶18

拍　卖

拍卖是最古老的市场形式之一，它的出现至少可以追溯到公元前500年。今天，所有种类的商品，从二手电脑到鲜花，都可以通过拍卖来销售。

在20世纪70年代早期，当石油卡特尔OPEC提高原油价格时，经济学家就开始对拍卖产生了兴趣。当时，美国内政部决定以拍卖的形式出售对沿海地区的开采权，据预测这些地区蕴藏了大量的石油。政府请教经济学家如何设计这种拍卖，同时，私营企业主也雇用经济学家作为顾问，以帮助他们设计一种竞价策略。这些努力极大地促进了对拍卖形式和策略的研究。

最近，联邦通讯委员会(Federal Communications Commission, FCC)决定拍卖一部分由蜂窝电话、个人数字化助手以及其他通讯工具所使用的无线频谱。在设计拍卖和投标人使用的策略时，经济学家再次发挥了主要作用。这些拍卖被誉为非常成功的公众政策，迄今为止它给美国带来了230亿美元的收入。

其他国家也在采用拍卖来实现项目的私有化。例如，澳大利亚出售了几家国有电力公司；新西兰拍卖了部分国有电话系统。

此外，各种消费者导向的拍卖通过国际互联网也获得了新生。在国际互联网上，有几百种各种各样的拍卖在销售收藏品、计算机设备、旅游服务，以及其他商品。据称，On Sale是世界上最大的拍卖商，仅在1997年，它就销售了价值在4 100万美元以上的商品。

18.1　拍卖的分类

对拍卖进行经济学上的分类需要考虑两个方面的因素：首先，拍卖商品的性质是什么？其次，竞价的规则是什么？关于商品的性质，经济学家区分了个人价值拍卖和共同价值拍卖。

在个人价值拍卖中，拍卖商品对每一个参与人都具有不同的潜在价值。一件特殊的艺术品对一个收藏家可能价值500美元，对另一个收藏家可能价值200美元，对其他某个收藏家可能价值50美元，这取决于他们的嗜好。在共同价值拍卖中，拍卖商品基本上对每一个投标人都具有相同的价值，尽管不同的投标人对这个共同价值可能具有不同的预测。上文提到的对近海地区开采权的拍卖就具有这种特征:某个广袤的地区或者蕴含大量的石油,或者一无所有。不同的石油公司对这个地区的石油含量具有不同的估计,这取决于它们地质勘探的结果,但是,不论最终谁将在拍卖中胜出,石油都具有相同的市场价值。

在本章,我们将主要讨论个人价值拍卖,因为它们是最熟悉的情况。在本章的结尾,我们会对共同价值拍卖的某些特征作出描述。

竞价规则

拍卖的最为流行的竞价结构形式是*英国式拍卖*。拍卖人先以一个保留价格起拍,这是商品的出售者所愿意卖出商品的最低价格。①接下来,投标人要相继给出一个较高的价格;通常,每一个出价都要按某个最小的竞价增量超出前一个出价。当没有投标人愿意再提高出价时,出价最高的人就获得了这件商品。

另一种形式的拍卖称作*荷兰式拍卖*,它的名字起源于荷兰人用它来销售干酪和鲜花。在这种情况下,拍卖人先以一个较高的价格起拍,然后,逐步降低价格,直到某个投标人愿意接受这个价格为止。实际上,"拍卖人"通常是这样的一个机械装置,它类似于一个具有指针的表盘,并且这个指针随着拍卖的进行会旋转至越来越低的价格。荷兰式拍卖的进程非常迅速,这是它的一个主要优点。

第三种拍卖形式是*密封拍卖*。在这种形式的拍卖中,每一个投标人都将出价记录在一张纸上,并密封在一个信封中。最终,所有的信封集中在一起,出价最高的人将获得商品,他要向拍卖人支付他出的价格。如果这里存在保留价格,并且所有的出价都低于这个保留价格,那么商品将不属于任何出价人。

密封拍卖通常应用于建筑工程的招标。建筑工程的经营者向几家建筑承包商寻求招标,条件是出价最低的承包商将获得这项工程。

最后,我们考虑密封拍卖的一种变形,即集邮者拍卖或维克里(Vickrey)拍卖。第一个名称源自这种拍卖形式最早是由集邮者采用的事实;第二个名称是为了纪念1996年度诺贝尔经济学奖获得者威廉·维克里(William Vickrey),以表彰他对拍卖分析所进行的前沿性工作。维克里拍卖类似于密封拍卖,但它却具有一个关键性的差异:商品由出价最高的投标者获得,但他却只需按第二高的出价支付。换句话说,出价最高的人获得商品,但是,他只需要支付出价第二高的投标人的出价。尽管乍一看,这是一种非常奇怪的拍卖形式,但下文我们将会看到,它具有非常好的性质。

18.2　拍卖设计

假定我们准备拍卖一件单一的商品,并且,存在 n 个投标人,这件商品对于他们的个人价值分别是 v_1, …, v_n。为简便起见,我们假定,所有这些价值都为正值,而这件商品对卖方的价值为零。我们的目标是要选择一种拍卖形式以卖掉这件商品。

这是一个非常特殊的经济机制设计问题。在拍卖的过程中,有两个自然的目标我们

① 参看第6章中有关"保留价格"的注释。

要铭记在心:

- *帕累托效率*。设计一种拍卖,以实现一个帕累托有效率的结果。
- *利润最大化*。设计一种拍卖,使得卖方可以获得最大的期望利润。

利润最大化看起来非常直接,但是,帕累托效率在此背景下又意味着什么呢?我们不难发现,帕累托效率要求商品应该被转让给对它评价最高的人。为了看清楚这一点,假定对于拍卖商品,投标人 1 具有最高的评价,而投标人 2 具有较低的评价。如果投标人 2 获得该商品,那么就存在一种使投标人 1 和投标人 2 的境况都变得更好的简易方式:投标人 1 支付投标人 2 某个位于 v_1 和 v_2 之间的价格 p,将商品从投标人 2 转移给投标人 1。由此可以证明,将拍卖商品转让给对其不具有最高评价的投标人不可能是帕累托有效率的。

如果卖方知道个人价值 v_1, …, v_n,拍卖设计就显得不那么重要了。在利润最大化的情况下,卖方应该将商品转让给出价最高的人,并向他索要这个价格。如果合意的目标是帕累托效率,那么出价最高的人还是应该获得这件商品,但支付的价格却可以是位于其出价与零之间的任何值,因为剩余的分配不会影响到帕累托效率。

更为有趣的事情出现在卖方不清楚商品对买方的个人价值的时候。在这种情况下,我们如何实现帕累托效率或利润最大化呢?

首先考虑帕累托效率。不难发现,英国式拍卖可以获得合意的结果:出价最高的人获得商品。但接下来我们就需要深思熟虑,以确定该投标人将支付的价格:支付的价格等于第二高的出价,也许加上最小的竞价增量。

考虑这样一种特殊情况,此时,最高的评价为 100 美元,第二高的评价为 80 美元,竞价增量为 5 美元。于是,评价为 100 美元的人愿意出价 85 美元,而评价为 80 美元的人则不会愿意出价 85 美元。恰如我们的观点,评价最高的人获得商品,并支付第二高的出价(也许加上竞价增量)。(我们一直强调"也许",是因为当两个投标人的出价都为 80 美元时,他们就会不分胜负,而最终的结果将取决于打破这种平局的规则。)

利润最大化又如何呢?对这种情况的分析更困难,因为这要取决于卖方对于买方评价的信念。为了看清楚这里的作用机制,假定只存在两个投标人,任何一个投标人对拍卖商品的评价都或者是 10 美元,或者是 100 美元。假定这两种情况是同等可能的,那么,对于投标人 1 和投标人 2,就存在 4 种同等可能的安排:(10, 10)、(10, 100)、(100, 10)和(100, 100)。最后,假定最小的竞价增量为 1 美元,并且当出现平分秋色的情况时,通过投掷硬币来解决。

在这个例子中,上述四种安排中获胜的出价依次为(10, 11, 11, 100),评价最高的投标人总是会赢得商品。卖方的期望收益为 33 美元 $=\frac{1}{4}(10+11+11+100)$。

卖方能够做得更好吗?答案是肯定的,前提是他设置一个适当的保留价格。在这种情况下,使利润最大化的保留价格等于 100 美元。卖方按这个价格将商品卖掉的可能性为 3/4,而不存在获胜的出价的可能性为 1/4。这样,卖方获得的期望收益就是 75 美元,远远大于不具有保留价格的英国式拍卖所产生的期望收益。

注意,这项政策不是帕累托有效率的,因为在 1/4 的时间里,没有人能获得这件商品。这类似于垄断的额外净损失,并且两者的起因完全相同。

如果你对利润最大化感兴趣，那么，引入保留价格就是非常重要的。1990 年，新西兰政府采用维克里拍卖，将由无线电、电视以及蜂窝电话使用的一部分频谱进行拍卖。在其中的一项拍卖中，获胜的出价为 100 000 新西兰元，而第二高的出价却只有 6 新西兰元！这个拍卖也许会实现一个帕累托有效率的结果，但它绝对不是利润最大化的结果。

我们已经看到，不具有保留价格的英国式拍卖能够保证帕累托效率的实现，而荷兰式拍卖又如何呢？这里的答案是“不一定”。为了看清楚这一点，考虑只存在两个投标人，其评价分别为 100 美元和 80 美元的情况。如果具有较高评价的人（错误地）认为第二高的评价为 70 美元，那他就会计划等到拍卖人喊价 75 美元的时候，才出价。但是，到那时，就已经太晚了——评价第二高的人已经按 80 美元的价格拍走了这件商品。荷兰式拍卖通常并没有保证评价最高的人一定会赢得商品。

对于密封拍卖，上述论点也成立。每一个经济行为人的最优出价取决于他对其他人评价的信念。如果这些信念是不准确的，商品就很容易落入评价不是最高的人手中。①

最后，我们考察维克里拍卖——它是密封拍卖的一种变形，这里，出价最高的人将获得商品，但只需要支付第二高的出价。

首先，我们观察到，如果每个投标人的出价都等于其对拍卖商品的真实评价，那么，评价最高的人将最终获得商品，他要支付与第二高的评价相等的价格。基本上，这与英国式拍卖的结果完全相同（直到竞价增量都是如此，而竞价增量可以取任意小的值）。

但在维克里拍卖中显示你的真实评价是否就是最优的呢？我们看到，对于标准的密封拍卖，情况通常并非如此。但维克里拍卖有所不同：令人惊奇的是，显示真实评价总是符合每一个参与人的利益。

为了搞清楚这里的原因，我们考虑只包括两个投标人的特殊情形，他们的评价分别为 v_1 和 v_2，出价分别为 b_1 和 b_2。投标人 1 的期望收益是

$$\text{Prob}(b_1 \geqslant b_2)[v_1 - b_2]$$

其中，“Prob”代表“概率”。

上式中，第 1 项是投标人 1 的出价最高的概率；第 2 项是在投标人 1 胜出时，他所享有的消费者剩余。（如果 $b_1 < b_2$，那么，投标人 1 获得的消费者剩余为零，从而也就没有必要考虑包含 $\text{Prob}(b_1 \leqslant b_2)$ 的项。）

假定 $v_1 > b_2$，那么，投标人 1 就会使他胜出的概率尽可能大，他可以通过设定 $b_1 = v_1$ 实现这一点。另一方面，假定 $v_1 < b_2$，那么，投标人 1 就会使他胜出的概率尽可能小，他可以通过设定 $b_1 = v_1$ 实现这一点。在任何一种情况下，投标人 1 的最优策略就是使他的出价等于他的真实评价，即 $b_1 = v_1$。诚实是最优的策略……至少在维克里拍卖中是如此。

维克里拍卖的一个非常有趣的特征是，基本上，它可以实现与英国式拍卖相同的结

① 另一方面，一般地，如果所有参与人的信念是准确的，并且，所有的投标人都采取最优化的行为，那么，可以证明，上文提到的各种拍卖形式会实现相同的配置，以及相同的均衡期望价格。对于更详细的分析，请参看 P.米尔格罗姆（P. Milgrom）：《拍卖和竞价：一个初级读本》；《经济展望》（*Journal of Economic Perspectives*），3(3)，1989 年，第 3—22 页；以及 P.克伦佩雷尔（P. Klemperer）：《拍卖理论：文献导读》，《经济概览》（*Economic Surveys*），13(3)，1999 年，第 227—286 页。

果,这里无须再赘述。很明显,这是它被集邮者采用的原因。在集会时,他们通过英国式拍卖出售邮票;而密封拍卖则是通过邮件进行的。有人注意到,如果他们采用第二高出价这一竞价规则,那么,密封拍卖就能够模仿英国式拍卖的结果。但是,直到维克里才对集邮者拍卖进行了完全正式的分析,他证明"讲真话"是最优策略,并且,集邮者拍卖与英国式拍卖是等价的。

例子:歌德式拍卖

在1797年,德国诗人约翰·沃尔夫冈·冯·歌德(Johann Wolfgang von Goethe)写完了他希望提供给出版商的诗歌。歌德给可能出版其作品的一个出版商写了一封信,信的内容如下:

> 我想从柏林给菲韦格(Vieweg)先生提供一首叙事诗《赫尔曼和多罗泰》(*Hermann and Dorothea*),这会是一首大致有2 000行的六步格诗。……以下是我们希望获得的版税条件:我会将写有我的版税要求的密封便条交给律师保蒂格(Böttiger)先生,并等待菲韦格先生对我这部作品给出的版税建议。如果菲韦格先生的报价低于我的版税要求,我将取回我未被拆开的便条,协商破裂。而如果菲韦格先生的报价高于我要求的版税,我不会要求高于写在保蒂格先生开启的密封便条上的版税。

本质上,这是一个维克里拍卖。出版商的占优策略是给出自己的真实估价,该策略只有在歌德的保留价格低于出版商的真实估价时,才能使出版商得到作品的出版权。

这是一个伟大的计划,但歌德的律师保蒂格泄露了密封便条中的价格——1 000泰勒(thaler)[①]银币。于是,出版商给出了最低的竞标报价,估计最终可以赚得2 600泰勒银币的利润。

歌德明显怀疑在哪里出了差错。因此,歌德在下一次希望出售其作品时,设计了有36家出版商参加的竞争性拍卖,最后的拍卖结果比上次好多了。[②]

18.3 拍卖的其他形式

直到在线拍卖变得非常流行时,维克里拍卖才引起了人们有限的兴趣。世界上最大的在线拍卖商电子港湾(eBay)宣称,它已经拥有大约3 000万的注册用户,并且,在2000年,它交易了价值约50亿美元的商品。

由电子港湾主持的拍卖一般要持续几天,或者,甚至几个星期,从而用户很难持续地监督整个的拍卖进程。为了避免不断出现的监督问题,电子港湾公司引入了一个被称为代理竞价者的自动竞价代理人。用户要告知竞价代理人,对于某件商品他愿意支付的最高价格以及一个初始的出价。随着竞价的进行,代理人会在必要的时候按最小的竞价增量自动地提高参与人的出价,只要这不会使出价超过参与人的最高限价。

本质上,这是一种维克里拍卖:每个用户都要向他的竞价代理人表明其愿意支付的最

① 这是当时德国使用的货币名称,"元"(dollars)的前身。

② 完整故事参见 Benny Moldovanu and Manfred Tietzel, "Goethe's Second-Price Auction", *The Journal of Political Economy*, Vol.106, No.4(Aug.1998), pp.854—859。

高价格。理论上，出价最高的参与者将赢得商品，但只需支付第二高的出价(必要时，加上最低的竞价增量以打破平局)。依据本章的分析，每个投标人都有激励显示他对拍卖商品的真实评价。

实际上，投标人的行为与维克里模型预测的行为稍有差异。通常，投标人会一直等到临近拍卖结束才出价。这种行为源自以下两种不同的原因：一是不愿意在博弈中过早地显示自己的兴趣；二是希望在拍卖中只剩下少数的参与人时，攫取更有利的交易。但是，竞价代理人模型似乎非常好地满足了用户的需要。维克里拍卖曾经被认为只具有理论上的研究价值，但是现在，它却是世界上最大拍卖行所偏爱的拍卖形式！

在实际的应用中，甚至可能存在更为奇特的拍卖设计形式。一个这样的例子是自动升价(escalation)拍卖。在这种类型的拍卖中，出价最高的投标人赢得商品，但出价最高的投标人和出价第二高的投标人都必须支付他们的竞价。

举例来说，假定拍卖人按照自动升价拍卖规则，向许多投标人拍卖一枚1美元的镍币。典型地，某些投标人会出价10美分或15美分，但是最终，大部分投标人将出局。当最高的出价接近1美元时，剩余的投标人就开始关注他们面临的问题。如果某人出价90美分，另一个人出价85美分，那么，出价较低的投标人就会意识到，如果他保持出价不变，他最终要支付85美分并一无所得，但如果他将出价提升至95美分，他就会赢得这枚镍币。

但一旦他这样做了，出价90美分的投标人也会进行相同的推理。事实上，出价超过1美元才符合他的利益。例如，如果他出价1.05美元(并胜出)，他会损失5美分而不是90美分！所以，最终胜出的投标人的出价为5美元或6美元就并不罕见了。

在某种程度上，与此有关的拍卖是“慈善”拍卖，即所有竞拍人都要支付自己递交的价格，而只有最高出价者中标的拍卖。考察这样一种情况，一位不诚实的政治家宣称，他将在以下条件下投出他的选票：所有的院外活动集团成员都在捐助他的竞选活动，但他只会为受最高捐助者欢迎的拨款投票。实质上，这就是一个所有人都要进行支付，但只有出价最高的人才能获得他想得到的东西的拍卖！

例子：电子港湾上的最后出价

根据标准拍卖理论，电子港湾的竞价代理人应该诱导人们对交易物品报出其真实价值，就像维克里拍卖那样，最高出价者(基本上)以次高价获得拍卖的物品，但实际的拍卖方式却并不像维克里拍卖那样。在许多拍卖中，拍卖参与者事实上都等到最后几分钟才出价。研究表明，37%的拍卖是在最后一分钟才决定最终成交价的，12%的拍卖是最后十秒才决定成交价的。为什么我们会见到这样多的“最后出价”现象？

至少有两种理论可以解释这一现象。两名拍卖专家帕特里克·伯革利(Patrick Bajari)和阿里·霍达斯库(Ali Hortacsu)认为，对于某些拍卖，人们为避免抬高拍卖物品的卖价而不愿意过早出价。电子港湾的特色在于显示出价者与所出售物品的各种实际出价(不是最高出价)的信息。如果你是拥有著名的电子港湾会员名称的珍稀邮票方面的专家，你可能希望隐瞒自己的出价，从而不显示出自己对某种特殊邮票感兴趣的信息。

这种解释对于邮票、钱币等收藏品具有很大意义，但最后出价方法也出现在计算机零部件等一般物品的拍卖中。阿尔·罗思(Al Roth)和阿克塞尔·奥肯费尔斯(Axel Ockenfels)认为最后出价方法属于一种避免竞价战的方法。

设想你和另一个人在竞买卖者保留价格为 2 美元的比萨分送器(Pez dispenser)。恰巧你们各自对分送器的估价都是 10 美元。如果你们两人都快速竞价,表示出自己的最高估价 10 美元,那么即使拍卖结果符合你的愿望,你获得了分送器,你最终支付的也是另一个竞买者的最高估价 10 美元。你或许赢得了拍卖但却不能得到任何消费者剩余。

还有一种方法就是你们两个人都一直等到拍卖快要结束,在拍卖的最后数秒钟才报价 10 美元。(电子港湾将此称为"狙击"。)此时,存在这样一种幸运的机会,某个竞买者的报价不能实现,拍卖的赢者最终只支付 2 美元的卖者保留价格就获得拍卖物。

在最后一分钟报高价的方法使得拍卖结果具有随机性。一个竞买者可能大量获利而另一个竞买者一无所获。但结果未必一定如此糟糕:如果两个竞买者都很早报价,一个竞买者最终支付其最高估价而另一个竞买者一无所获。

这个分析例子中的最后出价属于某种形式的"隐形合谋"。一般而言,通过等待报价时机而获得竞价获胜的机会,竞买者最终能获得远比他们及早报价更好的结局。

18.4 位置拍卖

*位置拍卖*是一种拍卖位置的方法,如排队位置或网页位置。位置拍卖的确定性特征是全部参与者都依据相同的方法对位置进行排序,但参与者可能对相同位置的评价不同。尽管每个参与者都同意排在队伍的前端要比排在队伍的末端要好,但他们可能对队伍的最前端位置愿意支付不同的价格。

位置拍卖的一个明显例子是谷歌(Google)、微软(Microsoft)、雅虎(Yahoo)等搜索引擎提供商销售广告的拍卖方法。在这种情况下,所有广告主都认为网页顶部的位置最佳,紧挨顶部的次高位置次佳,其余的依次类推。然而,广告主经常销售不同的商品,因此他们从自己网页的每个访问者中获取的期望利润也不同。

下面我们给出一个在线广告拍卖的简单模型。尽管各种搜索引擎的拍卖细节有所不同,但下述的模型说明了位置拍卖的一般行为。

我们假设存在 $s=1, \cdots, S$ 个广告显示位置。x_s 表示每个广告在位置 s 的预期点击数。我们假设各广告位置依据其可能获得的点击数排序,从而 $x_1 > x_2 > \cdots > x_S$。

每个广告主对每次点击都有估价,该估价与广告主能够从其网页的每个访问者处获得的期望利润相关。v_s 表示广告显示在位置 s 的广告主的每次点击价值。

每个广告主表明自己的出价 b_s,该出价可以解释成广告主愿意对广告位置 s 支付的价格。最佳位置(广告位置 1)给予出价最高的广告主,次佳位置(广告位置 2)给予出价次高的广告主,其余依此类推。

广告主为拍卖支付的价格取决于比自己出价低的其他广告主的出价。这是已经说明的维克里拍卖的变形,也称为*一般化第二高价拍卖*。

在一般化第二高价拍卖中,广告主 1 对每次点击的支付是 b_2,广告主 2 对每次点击的支付是 b_3,依此类推。这种做法的合理性在于,如果广告主支付自己的出价,那他就有动力压低自己的出价直到自己的出价恰好可以击败比自己出价低的人。设定广告主对位置 s 的支付是广告主对位置 $s+1$ 的出价,则每个广告主最终都为保留自己的位置而支付必要的最低出价。

综上所述，我们知道在广告位置 s 的广告主的利润是 $(v_s - b_{s+1})x_s$。这个利润恰好等于广告主获得的点击价值与点击成本的差额。

这个拍卖的均衡是什么？根据对维克里拍卖的研究结果，人们可能推测每个广告主都应该报出自己的真实价值。如果只拍卖一个广告位置，广告主的出价确实是真实的，但一般情况下，广告主不应该给出真实出价。

两个投标人

我们来考虑 2 个广告位置和 2 个投标人的情况。我们假设出价高的投标人获得点击数 x_1 并支付出价次高者的出价 b_2。出价次高者得到广告位置 2 并支付保留价格 r。

假设你的估价和出价分别是 v 和 b。若 $b > b_2$，你得到的收益是 $(v - b_2)x_1$，而在 $b \leqslant b_2$ 时，你得到的收益是 $(v - r)x_2$。你的期望收益为

$$\text{Prob}(b > b_2)(v - b_2)x_1 + [1 - \text{Prob}(b > b_2)](v - r)x_2$$

整理你的期望收益，我们得到

$$(v - r)x_2 + \text{Prob}(b > b_2)[v(x_1 - x_2) + rx_2 - b_2 x_1] \tag{18.1}$$

注意到方括号部分为正(即你获利)时，你希望 $b > b_2$ 的概率尽可能得大；方括号部分为负(即你亏损)时，你希望 $b > b_2$ 的概率尽可能得小。

然而，很容易整理方括号部分中的内容。简单地依据公式

$$bx_1 = v(x_1 - x_2) + rx_2$$

选择出价。现在，很容易确认，在 $b > b_2$ 时，式(18.1)的方括号部分为正；而在 $b \leqslant b_2$ 时，式(18.1)的方括号部分为负或零。因此，这个出价恰好使得你在希望竞标成功时获胜，在希望竞标失利时落败。

注意到这个出价规则是占优策略：不管其他参与者如何竞标，每个投标人都希望根据这个公式竞标。当然，这意味着这个拍卖最终会将出价最高者放在第 1 个位置。

也可容易地解释这个投标。如果存在两个投标人和两个广告位置，出价次高的投标人总是得到第 2 个位置并最终支付 rx_2。竞标涉及出价最高者得到的额外点击。具有最高估价的投标人将赢得这些额外点击，但只需要支付击败出价次高的投标人的必要的最低成本。

我们知道在这个拍卖中，你并不希望对每次点击报出自己的真实估价，但你确实希望报出一个反映你获得的*增量点击*的真实价值的出价。

三个以上投标人

投标人多于两个人时，将出现什么情况？此时，尽管不存在代表性的占优策略均衡，但存在价格均衡。现在，我们讨论 3 个广告位置和 3 个投标人的情况。

在广告位置 3 的投标人支付保留价格 r。在均衡状态，处于广告位置 3 的投标人并不希望移动到广告位置 2，从而得到

$$(v_3 - r)x_3 \geqslant (v_3 - p_2)x_2$$

或

$$v_3(x_2 - x_3) \leqslant p_2 x_2 - r x_3$$

这个不等式表示若投标人认为广告位置 3 优于广告位置 2,投标人在广告位置 2 得到的额外点击的价值必然小于这些额外点击的成本。

这个不等式告诉我们广告位置 2 的点击成本的下界:

$$p_2 x_2 \leqslant r x_3 + v_3(x_2 - x_3) \tag{18.2}$$

对在广告位置 2 的投标人应用相同的推理,可以得到

$$p_1 x_1 \leqslant p_2 x_2 + v_2(x_1 - x_2) \tag{18.3}$$

将不等式(18.2)代入不等式(18.3),我们得到

$$p_1 x_1 \leqslant r x_3 + v_3(x_2 - x_3) + v_2(x_1 - x_2) \tag{18.4}$$

拍卖的总收益是 $p_1 x_1 + p_2 x_2 + p_3 x_3$。将不等式(18.2)、不等式(18.3)和广告位置 3 的拍卖收益相加,我们得到拍卖的总收益的下界为

$$R_L \leqslant v_2(x_1 - x_2) + 2v_3(x_2 - x_3) + 3r x_3$$

至此,我们已经讨论了 3 个投标人竞标 3 个广告位置的问题。如果 4 个投标人竞标 3 个广告位置,又将出现什么情况呢?此时,保留价格被第四个投标人的估价所取代。就像标准的维克里拍卖那样,其逻辑推理是:第四个投标人愿意购买任何高于其估价的点击。这就为我们提供了收益的表达式:

$$R_L \leqslant v_2(x_1 - x_2) + 2v_3(x_2 - x_3) + 3v_4 x_3$$

我们注意到这个收益表达式的几个要点。首先,搜索引擎拍卖的竞争是对增量点击的竞争:若竞价更好的位置,你能获得多少点击。其次,各种点击之间的差异越大,收益也就越多。最后,在 $v_4 > r$ 时,收益将更多。这简单地说明竞争将趋向于提高收益。

质量得分

实践中,质量得分与出价的乘积是拍卖排序的得分。出价与质量得分的乘积最高的广告获得第 1 个位置,次高排序的广告得到第 2 个位置,依此类推。为保留自己的位置,每个广告必须支付每次点击的最低价格。q_s 表示在广告位置 s 的广告的质量时,广告依据 $b_1 q_1 > b_2 q_2 > b_3 q_3 \cdots$ 进行排序。

在广告位置 1 的广告支付的价格恰好足以维持自己的位置,从而 $p_1 q_1 = b_2 q_2$ 或 $p_1 = b_2 q_2 / q_1$。(也许会因四舍五入而使等式不成立。)

广告质量具有几个组成部分。其中最重要的部分是广告所获得的历史点击率(click-through rate)。这意味着广告排序基本取决于

$$\frac{\text{成本}}{\text{点击数}} \times \frac{\text{点击数}}{\text{印象数}} = \frac{\text{成本}}{\text{印象数}}$$

因此,得到第 1 个位置的广告将是愿意为每次印象(即广告点选人数)而不是每次点击支

付最高价格的广告。

考虑印象问题时，质量得分将大有意义。假设一个广告主愿意为每次点击支付 10 美元，但每天只可能获得 1 次点击。另一个只愿意为每次点击支付 1 美元的广告主或许每天能获得 100 次点击。最显著的位置应该显示哪个广告呢？

用这种方式给广告排序也有助于搜索引擎的用户。如果两个广告的出价相同，用户倾向于点击更多的广告将获得更有利的位置。用户可以对他们认为最有用的广告"通过他们的点击进行投票"。

18.5 你该为自己的品牌做广告吗

时常出现于在线广告拍卖中的一个问题是广告商是否应该为它们自己的品牌做广告。对于拥有强有力知名品牌的广告商而言，这个问题显得特别重要，因为它们往往出现在自然搜索结果的相对有利位置处。为什么知名品牌在可能得到自然点击时还应该支付费用获得广告点击呢？

我们使用一点代数方法来讨论这个问题。和前面一样，我们令 v 表示一次点击（访问一次网页）的价值，并假设一次自然点击的价值 v 与一次广告点击的价值 v 完全相同。令 x_a 表示广告点击的次数，x_{oa} 表示有广告发布时自然点击的次数，x_{on} 表示没有广告发布时自然点击的次数。最后，令 $c(x_a)$ 表示 x_a 次广告点击的成本。

如果网页所有者作为广告商选择做广告，它可以获得的利润为 $vx_a+vx_{oa}-c(x_a)$。注意，尽管广告商同时得到了广告点击和来自搜索结果的自然点击，但只需要支付广告点击的费用。如果网页所有者选择不做广告，它得到的利润为 vx_{on}。将这两个利润的表达式放在一起，我们知道网页所有者发现自己做广告的获益条件是

$$vx_a+vx_{oa}-c(x_a)>vx_{on}$$

整理上式，我们知道网页所有者希望做广告的条件是

$$v>\frac{c(x_a)}{x_a-(x_{on}-x_{oa})}$$

其中，我们假设分子部分为正。上式的重要部分是衡量广告如何"吞食"来自搜索结果的自然点击的部分 $x_{on}-x_{oa}$。如果广告没有吞食自然点击，则 $x_{on}=x_{oa}$，那么上式就意味着"价值高于平均成本"。另一方面，如果广告吞食自然点击的规模很大，访问者的价值就必须高到足以弥补自然点击的减少。

18.6 拍卖收益与投标人数量

观察拍卖收益如何随着投标人数量的增加而变化很有趣。假设存在买者的个人价值分布，我们从个人价值为 $(v_1, \cdots, v_n)$ 的参加拍卖的 n 个投标人中随机抽取一个投标人。为简单起见，假设拍卖的保留价格为 0。如果只有一个投标人，其个人价值是 v_1，那么该投标人可以免费得到拍卖商品。如果我们从 n 个投标人中再抽取另一个投标人，新出现的

第二个投标人的出价高于 v_1 的概率是1/2,拍卖的期望收益是 $\min(v_1, v_2)$。如果我们从 n 个投标人中再抽取第三个投标人,第三个投标人成为最高报价者并获得拍卖商品的概率是1/3。

一般原则是拍卖的期望收益会随着投标人数量的增加而不断增加,但随投标人数量增加而增加的幅度减少。拍卖的期望收益是样本规模为 n 的样本的次高估价的期望值,这个期望值被称为*次高秩统计量*(second order statistic)。如果我们确定了投标人个人价值的特定分布函数,我们就可以知道在增加参加拍卖的投标人时该分布函数如何变化。

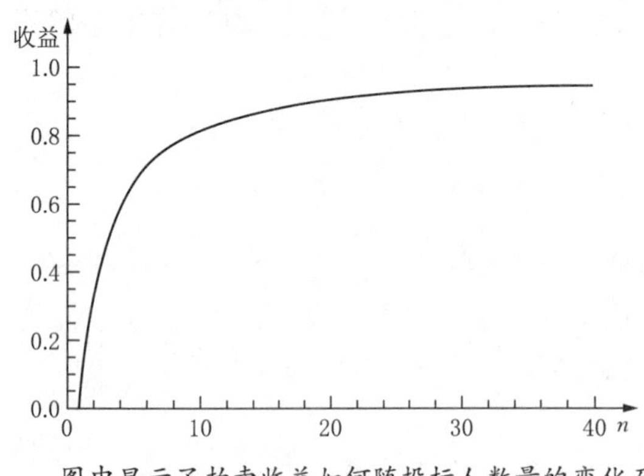

图中显示了拍卖收益如何随投标人数量的变化而变化。

图 18.1 拍卖收益

图18.1给出了若投标人的个人价值在区间[0, 1]上均匀分布时,拍卖收益随投标人数量而变化的形状。从图18.1中可以知道,当存在10人左右的投标人时,拍卖的期望收益非常接近于1,显示了拍卖是一种获得收益的极好方法。

18.7 拍卖存在的问题

我们已经看到,英国式拍卖(或者维克里拍卖)具有能够实现帕累托有效率结果的合意性质。这使得它成为富有吸引力的可供选择的资源配置机制。事实上,大多数由FCC采用的频谱拍卖都是英国式拍卖的变形。

但是,英国式拍卖并不是完美的,它们很容易招致串谋。第24章描述的拍卖市场混同均衡的例子向我们展示了,佛罗里达的古董交易商是如何在拍卖的竞价策略上串谋的。

同样,还存在各种各样的操纵拍卖结果的方式。在前文的描述中,我们假定一个出价就是投标人所承诺的支付价格。但是,在某些拍卖设计形式中,一旦获胜的出价披露以后,投标人就可以退出。这样一种选择权为操纵提供了空间。例如,1993年,澳大利亚政府采用一种标准的密封拍卖来出售卫星-电视服务的经营许可证。该许可证的获胜的出价是2.12亿美元,是由一家被称作Ucom的公司给出的。而当政府宣布Ucom胜出时,该公司却放弃了投标,政府只好将经营许可证授予出价第二高的投标人——还是Ucom公司!但它再次放弃了这个投标;四个月以后,在经历几次违约后,该公司最终为这个许可证支付了1.17亿美元,这要比最初获胜的出价低9 500万美元!最终,经营许可证按第二高的出价授予了出价最高的投标人——但这个设计糟糕的拍卖至少拖延了一年才将付费电视引入澳大利亚。①

---

① 参看约翰·麦克米伦(John McMillan):《出售频谱经营权》,《经济展望》(*Journal of Economic Perspective*),8(3),第145—152页,其中详细介绍了这个案例,以及案例中的教训是如何纳入美国的频谱拍卖设计中的。这篇文章也描述了前文提到的新西兰的例子。

例子:乱出价

操纵拍卖的一种常见方法是卖者虚假,出价这种做法被称为“乱出价”(taking bids off the wall)。这样的操纵也适用于在线拍卖,即使在线拍卖并不存在有关约束。

根据最近的新闻报道,①纽约的珠宝商在线销售大量的钻石、黄金和铂金的珠宝。虽然通过电子港湾销售的珠宝没有保留价格,但珠宝商可以向自己的雇员发出具体指示,要求自己的雇员为提高最终销售价格而参与拍卖出价。根据诉讼的指控,这些珠宝商的雇员在1年的时间内总共出价232 000次,将销售价格平均提高了20%。

在这些证据面前,珠宝商同意支付40万美元的罚金来解决民事欺诈诉讼。

18.8 胜者的诅咒

现在,我们转向对共同价值拍卖的分析,这里,拍卖商品对于所有的投标人都具有相同的价值。但是,每一个投标人对这个价值的估计不同。为了强调这一点,我们将投标人i对这个价值的估计值记为$v+\varepsilon_i$,其中,v代表真实的共同价值,ε_i代表与投标人i的估计有关的误差项。

我们在这个框架下考察一个密封拍卖。投标人i的出价应该是多少?为了展现某些直觉思想,我们考虑当每一个投标人的出价等于其估计值时可能会出现的情况。在这种情况下,误差项ε_i最大的人,即具有ε_{max}的投标人将赢得商品。但是,只要$\varepsilon_{max}>0$,这个投标人支付的价格就会超过拍卖商品的真实价值v。这就是人们熟知的*胜者的诅咒*。如果你在拍卖中胜出,这是因为你高估了拍卖商品的价值。换句话说,你胜出仅仅是因为你太乐观了!

对类似于上述拍卖的共同价值拍卖来说,其最优策略是使得出价低于你的估计值——投标人越多,你就应该使出价越低。考虑一下:如果在5个投标人中,你是出价最高的人,那么,你是过于乐观了;但如果在20个投标人中,你是出价最高的人,那么,你一定是“超级”乐观了。投标人越多,对于拍卖商品的“真实价值”的估计,你就应该越谦逊。

1996年5月,在FCC拍卖个人通讯服务所使用的频谱时,胜者的诅咒得到了体现。在这次拍卖中,最大的投标人Next Wave个人通讯公司为63个经营许可证出价42亿美元,并最终在拍卖中胜出。但是,在1998年1月,当该公司发现不能支付账单时,它申请了破产法第11章条款的保护。

18.9 稳定婚姻问题

消费者相互配对的*双边配对模型*(two-sided matching models)有不少实例,如:基于约会服务或配对机器实现的男女之间的配对、学生和学校之间的配对、要求参加联谊会的学生与联谊会之间的配对、实习医生和实习医院之间的配对等。

实现这些配对的好算法是什么?是否始终存在稳定的配对结果?现在,我们在相当

① Barnaby J.Feder, “Jeweler to Pay $400 000 in Online Auction Fraud Settlement”, *New York Times*, June 9, 2007.

明确的稳定含义的基础上讨论简单配对机制。

我们假设存在 n 个男性和相同数量的女性,我们需要将他们组合成相应的舞伴。每个女性可以依据自己的偏好对男性进行排序,男性也可以根据自己的偏好对女性进行排序。为简化起见,我们假设在排序中没有平局的现象,而且每个人都认为跳舞要优于坐在舞场边。

什么是安排舞伴的好方法呢?一个富有吸引力的准则是寻找生成"稳定"配对的方法。此处,稳定的定义是没有一对舞伴相互认为自己与其他人的组合会比现在的组合要好。换言之,如果一个男性认为某个其他女性要比自己现在的舞伴好,这个现在舞伴以外的其他女性却不会选择这个男性,因为这个其他女性更偏好她现在的男性舞伴。

是否总是存在稳定的配对?如果存在,如何寻找到稳定的配对?答案是:与人们从肥皂剧和浪漫小说中得到的印象相反,总是存在稳定的配对,且可相对容易地形成稳定的配对。

最有名的算法是*延迟接受算法*(deferred acceptance algorithm),具体包括以下几个步骤:①

第一步:每个男性向他最喜爱的女性发出邀请。

第二步:每个女性在自己的舞卡上记录下她收到的全部邀请。

第三步:在所有男性向自己最理想的选择发出邀请后,每个女性除接受自己最喜爱的男性的邀请外,(悄悄地)拒绝其他全部男性的邀请。

第四步:被拒绝的男性依据自己的偏好再向次优选择的女性发出邀请。

第五步:继续第二步直至每个女性都已经接受了一个男性的邀请为止。

这个算法总是能够形成稳定的配对。利用反证法来证明。设想存在一个认为其他女性比自己现在的女性舞伴要好的男性。那么,这个男性在接受现在的舞伴之前邀请过自己更喜爱的其他女性。如果那个其他女性认为这个男性优于自己现在的舞伴,那她在配对过程中早就会拒绝现在的舞伴了。

可以证明,在每个男性都认为现在的配对结果优于其他配对结果的意义上,对男性而言,这个延迟接受算法获得了最好的稳定配对结果。

以上例子或许并不重要,但像延迟接受算法这样的配对方法可用于解决波士顿和纽约的学生与学校的配对、居民与全国医院的配对以及器官捐赠者和接受者之间的配对等问题。

18.10 机制设计

我们在本章讨论的拍卖和双边配对模型都是*经济机制*(economic mechanisms)的例子。经济机制的想法是定义获得某一理想结果的"博弈"或"市场"。

例如,人们或许希望设计一个销售油画的机制。自然的机制是拍卖。即使对于拍卖

① Gale, David and Lloyd Shapley[1962], "College Admissions and the Stability of Marriage", *American Mathematical Monthly*, 69, 9—15.

方式，还有许多拍卖设计的细节选择问题。是否应该设计实现最大效率（即保证对油画评价最高的人获得油画）的拍卖机制？是否在即使存在油画卖不出去的风险时，还应该设计使得销售者的期望收益最大化的拍卖机制？

我们早就知道存在几种不同形式的拍卖，每种拍卖方式都有各自的优点和缺点。在具体的拍卖问题中，哪种拍卖方式是最好的呢？

本质上，机制设计是博弈论（game theory）的逆向运用。博弈论为我们提供了博弈规则的描述，我们希望根据博弈规则来确定博弈的结果。机制设计为我们提供了我们希望实现的结果的描述，我们希望设计一个会实现期望结果的博弈。①

机制设计并不局限于拍卖或配对问题，还包括在第 36 章讨论的*投票机制*（voting mechanisms）和*公共物品机制*（public goods mechanisms）、第 34 章讨论的外部效应机制（externality mechanisms）等。

在一般的机制中，我们考虑各自拥有私人信息的大量行为人（即消费者或企业）。在拍卖问题中，私人信息或许是投标人对拍卖物品的估价。在涉及企业的问题中，私人信息或许是企业的成本函数。

各行为人向可以理解成拍卖组织者的“中心”报告反映自身私人信息的讯息。中心分析获得的讯息，并报告有关结果：谁获得了拍卖的物品、企业应该生产什么、各方应该支付多少费用或获得多少收益，等等。

主要的设计决策是：(1)应该向中心传递什么样的讯息；(2)中心应该使用什么原则决定结果。机制设计问题的约束条件是（只出售一件物品的）常规的资源约束和反映个人依据自身利益行事的约束。后一种约束也称为“*激励相容约束*”（incentive compatibility constraint）。

还存在其他约束条件。例如，我们希望各行为人自愿参与该机制，这就要求行为人至少能从参与行为中获得与不参与同样高的收益。为简化起见，我们将忽视这种约束。

为获得希望设计的机制，我们考虑将一个不可分物品给予两个不同行为人中的一个行为人的简单问题。$(x_1, x_2)=(1, 0)$ 表示行为人 1 获得物品，而 $(x_1, x_2)=(0, 1)$ 表示行为人 2 获得物品。为该物品支付的价格为 p。

我们假设每个行为人向中心传递的讯息恰好是自己报告的对物品的估价。这被称为*直接显示机制*（direct revelation mechanism）。中心将物品给予报告的估价最高的行为人，并要求获得物品的行为人支付价格 p。

对 p 应施加什么约束条件呢？假设行为人 1 报告的估价最高。那么，行为人 1 向中心传递的讯息应该满足以下条件：自己依据所传递的讯息而获得的收益至少要和自己传递与（获得零收益的）行为人 2 相同的讯息所可能获得的收益一样大。这相当于

$$v_1 - p \geqslant 0$$

同样地，行为人 2 必须要求自己依据所传递的讯息而获得的收益至少要和自己传递与行

① 2007 年度的诺贝尔经济学奖授予了为经济机制设计作出贡献的利奥·赫维茨（Leo Hurwicz）、埃里克·马斯金（Eric Maskin）和罗杰·迈尔森（Roger Myerson）。

为人 1 相同的讯息(这导致行为人 1 获得物品)所可能获得的收益一样大。这意味着

$$0 \geqslant v_2 - p$$

汇总这两个条件,我们得到 $v_1 \geqslant p \geqslant v_2$,这意味着中心确定的价格必须介于最高估价和次高估价之间。

为确定中心必须要求哪个价格,我们需要考虑拍卖的物品及其信息。如果中心相信 v_1 可以非常接近 v_2,并且总是希望将物品给予出价最高者,那么中心就必须将价格设成 v_2。

这恰好是以前讨论过的维克里拍卖(Vickrey auction)。在维克里拍卖中,每个投标人都出价,出价最高者以次高价得到物品。对此处的拍卖问题而言,这显然是一个吸引人的机制。

小　结

1. 拍卖被用来销售商品的历史已经持续了几千年。
2. 如果各个投标人的评价相互独立,那么,这个拍卖就可以称作个人价值拍卖。如果拍卖商品的价值对于所有人基本上都是相等的,那么,这个拍卖就是共同价值拍卖。
3. 普通的拍卖形式包括英国式拍卖、荷兰式拍卖、密封拍卖和维克里拍卖。
4. 英国式拍卖和维克里拍卖都具有实现帕累托有效率结果的合意的性质。
5. 典型地,价值最大化拍卖需要一种对保留价格的策略性选择。
6. 尽管拍卖作为一种市场机制具有某些优势,但它却容易招致串谋和其他形式的策略性行为。

复习题

1. 考虑一个向收藏者拍卖年代久远的棉被的例子。它是个人价值拍卖还是共同价值拍卖?

2. 假定在某个拍卖中只有两个投标人,他们对拍卖商品的评价分别是 8 美元和 10 美元,竞价增量是 1 美元。那么,在这个利润最大化的英国式拍卖中,保留价格应该是多少?

3. 假定我们要向 3 个(热情的)学生拍卖 2 本《微观经济学:现代观点》(第九版)。为了使出价最高的 2 个学生最终获得这两本书,我们应该如何使用密封拍卖?

4. 考虑正文中给出的 Ucom 公司的例子,这种拍卖设计是有效率的吗?它使利润实现了最大化吗?

5. 一个博弈理论家将一个瓶子塞满了硬币,并且在第一堂课上,他将这个瓶子按英国式拍卖的方式拍卖掉。这是一个个人价值拍卖还是一个共同价值拍卖?你认为获胜的投标人通常能够实现盈利吗?

19

技　术

从本章开始，我们研究厂商的行为。首先考察厂商行为的约束条件。一家厂商在作选择时，往往面临着许多约束条件，这些约束条件是它的客户、竞争对手和自然条件等施加的。在本章，我们将研究这些约束条件中的自然条件。受制于自然条件，只有某些可行的方式才能将投入转化为产品，即只有某些种类的技术才可用来进行生产。这里，我们将研究经济学家是如何描述这些技术约束的。

如果你了解消费者理论，生产理论就会非常容易理解，因为它们采用相同的研究工具。事实上，由于生产过程的产出通常可以直接观察到，而消费的“产出”（效用）不能直接观察到，所以，生产理论比消费理论更简单。

19.1　投入和产出

生产的投入称作*生产要素*。生产要素一般划分为以下几大类：土地、劳动、资本和原材料。土地、劳动、原材料的含义十分明显，但资本却是一个全新的概念。*资本物品*指的是那些本身就是制成品的生产投入。基本上，资本物品就是各种各样的机器设备：卡车、建筑物、计算机或其他东西。

有时，资本也用来表示开办企业或维持经营所需要的货币，我们总是用*金融资本*来表示这种概念，而用*资本物品*或*物质资本*来表示本身就是制成品的生产要素。

通常，我们设想投入与产出是用流量单位计量的，例如：每周一定量的劳动和一定量的机器工作时数生产出一定量的产品。

我们发现，频繁地使用上述分类方法是没有必要的。我们将要讨论的有关技术的大部分内容可以不必考虑投入和产出的类别，这里，仅仅考虑投入和产出的数量就足够了。

19.2　描述技术约束

自然条件对厂商施加的是*技术约束*：只有某些投入组合才有可能生产出既定的产量，因此，厂商的生产计划必然要受到技术可行性的限制。

描述可行性生产计划的最简单的方法就是把它们列示出来,也就是说,我们把技术上可行的所有投入和产出的组合列示出来。构成技术上可行的生产方法的所有投入和产出组合的集合称作*生产集*。

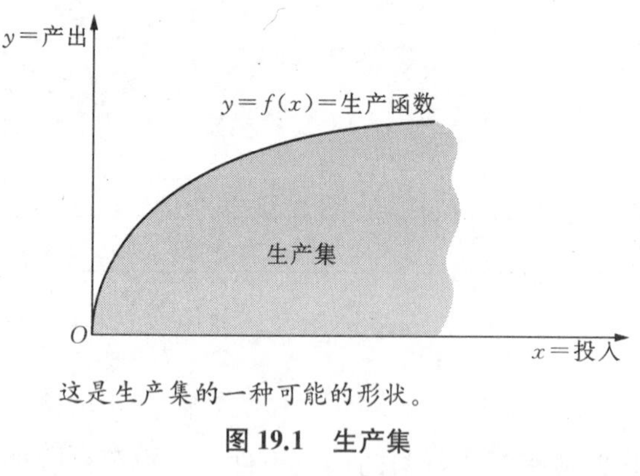

这是生产集的一种可能的形状。

图 19.1 生产集

例如,假定我们只使用一种投入,用 x 度量,并且,只生产一种产品,用 y 度量。那么,生产集就有可能具有图 19.1 所示的形状。如果某点 (x, y) 处在生产集内,那么,这就意味着如果你所拥有的投入的数量为 x,生产出数量为 y 的产出在技术上就是可能的。生产集表示厂商所面临的可能的技术选择。

只要厂商的投入品具有成本,那么,我们只考察在既定投入水平下的最大可能的产出就是有意义的。这就是图 19.1 所示的生产集的边界。描述这个生产集边界的函数称作*生产函数*。它衡量的是由一定量的投入可能得到的最大可能的产出。

当然,即使存在几种投入,生产函数的概念也同样适用。例如,如果我们考察两种投入的情况,那么,生产函数 $f(x_1, x_2)$ 衡量的是当我们投入 x_1 单位的要素 1 和 x_2 单位的要素 2 时,我们可能获得的最大产量 y。

在两种投入的情况下,一种可以用来表示生产关系的简便工具称作*等产量线*。等产量线表示的是恰好足够生产某一既定数量产出的投入 1 和投入 2 的所有可能的组合。

等产量线类似于无差异曲线。如前文所述,一条无差异曲线表示恰好能够提供既定效用水平的不同的消费组合。但是,无差异曲线与等产量线之间存在一个重要的差异:等产量线旁标记的是可能生产出的产量,而不是效用水平。因此,等产量线的标记由技术决定,而效用的标记却具有任意性。

19.3 技术的例子

由于我们已经对无差异曲线非常熟悉,因此,要理解如何运用等产量线并不困难。接下来,我们考察几个有关技术和等产量线的例子。

固定比例

假定我们要挖几个洞,并且挖成一个洞的唯一方法是一个人使用一把铁锨。多余的铁锨无济于事,多余的人也毫无价值。因此,能够挖成的洞的数量就是人数和铁锨数中较小的那个值。我们可以把生产函数记为 $f(x_1, x_2) = \min\{x_1, x_2\}$。这种等产量线具有图 19.2 所

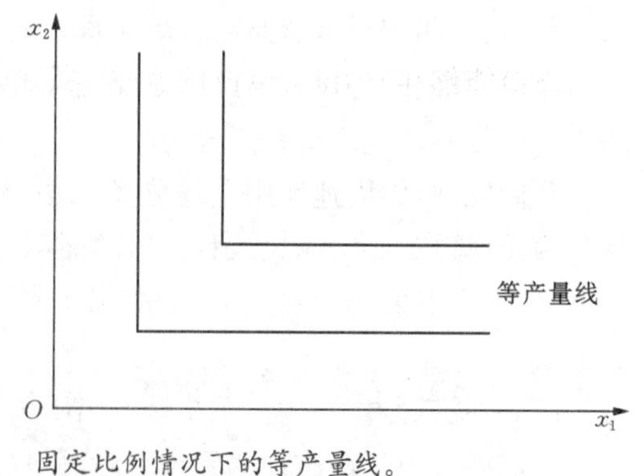

固定比例情况下的等产量线。

图 19.2 固定比例

示的形状，注意，它与消费者理论中的完全互补品的无差异曲线非常相似。

完全替代

现在，假定我们正在做家庭作业，投入品是红铅笔和蓝铅笔。这里，所完成的家庭作业量仅仅取决于铅笔的总数。这样，生产函数就可以记为 $f(x_1, x_2) = x_1 + x_2$，相应的等产量线如图 19.3 所示 。它与消费者理论中的完全替代品的无差异曲线非常相似。

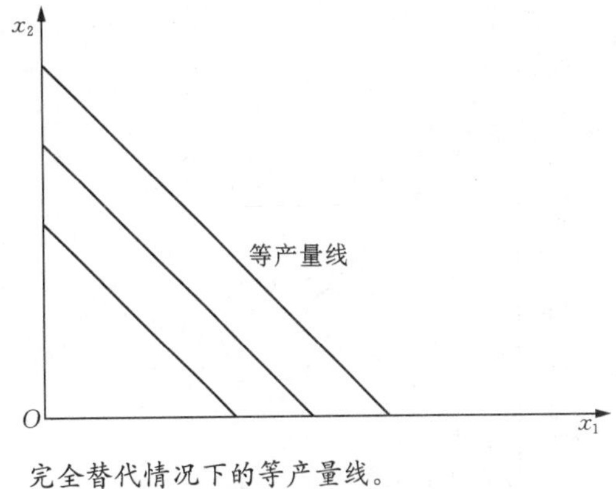

完全替代情况下的等产量线。

图 19.3　完全替代

柯布-道格拉斯生产函数

如果生产函数的形式为 $f(x_1, x_2) = Ax_1^a x_2^b$，我们就称这种生产函数为柯布-道格拉斯生产函数。它与我们前面讨论的柯布-道格拉斯偏好的函数形式相似。效用函数的取值大小并不重要，因此，我们通常取 $A=1$，$a+b=1$。但生产函数的取值的大小却至关重要，所以我们只能让这些参数取任意值。大体上，参数 A 代表生产规模，即表示当每种投入都使用一单位时产量将是多少。参数 a 和 b 衡量的是产量是如何随着投入品的变动而变动的。在下文，我们将深入地考察这种影响。在某些例子中，我们选择 $A=1$ 以简化计算。

柯布-道格拉斯等产量线具有与柯布-道格拉斯无差异曲线相同的性状良好的形状，如同效用函数的情况，柯布-道格拉斯生产函数是性状良好的等产量线的最为简单的例子。

19.4　技术的特征

如同研究消费者时的情况，通常，我们也假定技术具有某些特性。首先，我们一般假定技术具有单调性：如果增加至少一种投入的数量，那么，你就能生产出至少与原先数量相同的产量。如果厂商能够不费成本地处置任何投入，那么多余的投入就不会产生损失，所以有时又把这种单调性称作自由处置的特征。

第二，我们通常假定技术是凸的。这意味着如果存在两种投入组合(x_1, x_2)和(z_1, z_2)能够生产出 y 单位的产量，那么，它们的加权平均值能生产出至少 y 单位的产量。

下面是一个有关凸技术的论点。假定采用一种生产方法投入 a_1 单位的要素 1 和 a_2 单位的要素 2 生产出 1 单位的产量，同时，采用另一种生产方法投入 b_1 单位的要素 1 和 b_2 单位的要素 2 也能生产出 1 单位的产量，我们把这两种生产方法称作生产技术。

此外，我们假定可以按任意比例增加产量，使得$(100a_1, 100a_2)$和$(100b_1, 100b_2)$可以生产 100 个单位的产量。但注意，如果你投入 $25a_1 + 75b_1$ 单位的要素 1 和 $25a_2 + 75b_2$ 单位的要素 2，你仍然可以生产出 100 个单位的产量：使用“a”技术生产 25 单位产量，使用

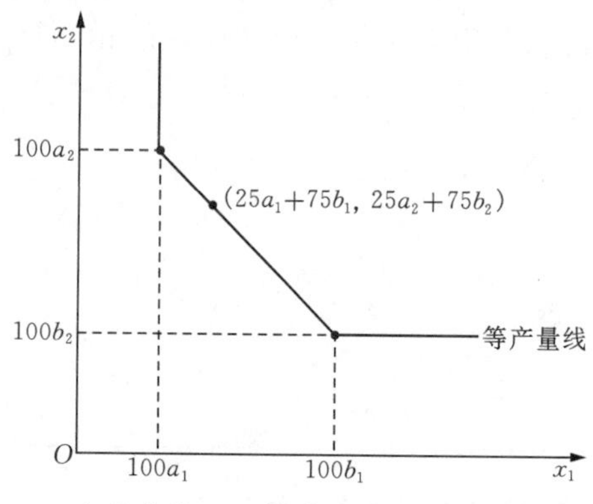

如果你能独立操作生产活动,那么生产计划的加权平均值也将是可行的。因此等产量线呈现凸性。

图 19.4 凸性

"b"技术生产 75 单位产量。

图 19.4 显示的就是这种情况。通过选定每一种投入的使用量,你能用各种不同的方法生产出既定数量的产出。具体来说,在连接($100a_1$, $100a_2$)和($100b_1$, $100b_2$)的线段上,任意一种投入组合都是生产 100 单位产量的一种可行方法。

在这种技术条件下,可以很容易地按比例扩大或缩小生产规模,并且,各个分离的生产过程之间互不干扰,因此,凸性是一个非常合乎逻辑的假定。

19.5 边际产品

假定我们在等产量线上的某一点(x_1, x_2)进行生产,现在,考虑稍微增加要素 1 的使用量,同时保持要素 2 的使用量不变。增加 1 单位要素 1 将会增加多少产量?我们必须考察每单位要素 1 的变动所引起的产量变动

$$\frac{\Delta y}{\Delta x_1}=\frac{f(x_1+\Delta x_1, x_2)-f(x_1, x_2)}{\Delta x_1}$$

我们把该比率称作*要素 1 的边际产品*。要素 2 的边际产品可以用同样的方式来定义。令 $MP_1(x_1, x_2)$和 $MP_2(x_1, x_2)$分别表示这两种要素的边际产品。

有时,我们可能会曲解边际产品的定义,把它看作增加 1 单位要素 1 的投入而获得的额外产量。只要增加的这"1"单位要素 1 与我们正使用的要素 1 的总量相比显得很小,那么,这种表述仍然是令人满意的。但是,我们应该记住,边际产品是一种比率:相对于每一单位额外投入的额外产量。

除了效用的序数性质之外,边际产品的概念与我们在消费者理论中讨论的边际效用概念完全相似。这里我们考察的是实物产量:一种要素的边际产品是一个具体的数字,原则上,它是能够观察到的。

19.6 技术替代率

假定我们在某一点(x_1, x_2)处进行生产,并考虑减少一点要素 1 的使用量,同时增加足够多的要素 2 以生产与原先数量相同的产出 y。如果我们放弃一点要素 1,即 Δx_1,我们需要增加多少要素 2,即 Δx_2 为多少?这恰好是等产量线的斜率,我们称它为技术替代率(technical rate of substitution, TRS),表示为 TRS(x_1, x_2)。

技术替代率度量生产中两种投入之间的替代关系。它度量厂商为保持产量不变必须以一种投入替代另一种投入的比率。

为了推导出技术替代率公式,我们可以运用我们用来确定无差异曲线斜率的相同想法。考虑改变要素 1 和要素 2 的使用量并使产量水平保持不变,那么,我们有

$$\Delta y = MP_1(x_1, x_2)\Delta x_1 + MP_2(x_1, x_2)\Delta x_2 = 0$$

求解这个方程,可以得到

$$\mathrm{TRS}(x_1, x_2) = \frac{\Delta x_2}{\Delta x_1} = -\frac{MP_1(x_1, x_2)}{MP_2(x_1, x_2)}$$

注意技术替代率与边际替代率定义的相似性。

19.7 边际产品递减

在生产过程中,假定我们投入一定数量的要素 1 和要素 2,现在,考虑保持要素 2 的投入量不变,并增加要素 1 的投入量,那么,要素 1 的边际产品会如何变化?

只要技术具有单调性,那么当要素 1 的投入量增加时,总产量也会增加。但很自然地,可以预期总产量将按某个递减的比率增加。让我们来考察一个农业上的具体例子。

一个人在一英亩耕地上可能会生产出 100 蒲式耳的谷物,如果增加一个人,耕地还是一英亩,此时,可能会收获 200 蒲式耳谷物。在这种情况下,增加一个劳动力的边际产品就是 100 蒲式耳谷物。现在,在这一英亩耕地上继续追加劳动投入。每增加一个人可能会生产出更多的产量。但最终,每增加一个劳动力而增加的谷物产量会少于 100 蒲式耳。在增加了 4 到 5 个劳动力以后,增加的每个劳动力所导致的产量的增加将下降到 90、80、70……或者甚至更少的蒲式耳。如果在这块土地上集中了数百个劳动力,那么,劳动力的增加甚至可能会引起产量下降。这和烹制肉汤一样,厨师多了反而可能使烹制出来的肉汤走味。

一般地,我们可以认为一种要素的边际产品会随着该要素使用数量的增加而递减,我们把这种现象称作*边际产品递减规律*。实际上,这并不是一个“规律”,而是大多数生产过程所具有的共同特征。

边际产品递减规律仅适用于所有其他投入都保持不变的情况,强调这一点很重要,在上述农业的例子中,我们只考虑劳动投入变化的情况,而假定土地和原材料的投入都保持不变。

19.8 技术替代率递减

与技术密切相关的另一个假定是*技术替代率递减*。这个假定指的是,当增加要素 1 的投入量并相应调整要素 2 的投入量以保持产量不变时,技术替代率会变小。大体上,技术替代率递减意味着当我们沿等产量线增加 x_1 的投入量时,等产量线的斜率的绝对值肯定会变小,相反地,沿等产量线增加 x_2 的投入量时,等产量线的斜率的绝对值肯定会增大。这就是说,等产量线与性状良好的无差异曲线一样呈现凸性。

技术替代率递减与边际产品递减这两个假定具有密切的联系,但两者并不完全相同。边际产品递减涉及的是当我们增加一种投入的数量并保持其他投入不变时,边际产品会

怎样变化;技术替代率递减则是指当增加一种投入的数量并减少另一种投入的数量以使产量保持不变时,边际产品的比率或等产量线的斜率会怎样变化。

19.9 长期和短期

现在让我们回到把技术作为一组可行的生产计划这个最初的思路上来。我们需要对立即可行和以后可行的生产计划作出区别。

在短期内有某些生产要素固定在预定的水平上。在上述的例子中,如果土地是农场主所能获得的全部投入,那么他可能仅考虑包括固定数量土地的生产计划。当然,如果他有更多的土地,他会生产出更多的谷物。但在短期中他所能获得的谷物数量受到他拥有的土地数量的限制。

另一方面,在长期中,农场主可以任意购买更多土地或出售他现在所拥有的土地。他可以调整土地投入的数量以达到利润最大化。

经济学家对长期和短期所作的区分如下:在短期内某些生产要素是固定的,譬如固定的土地数量,固定的工厂规模,固定的机器设备等等;在长期内所有生产要素都是可以变动的。

这种区分并不意味着具体的时间长短。长期和短期要视我们所考察的是哪种选择而定。在短期内至少有某些生产要素被固定在既定的水平上,但在长期内这些生产要素的使用量都是可以变动的。

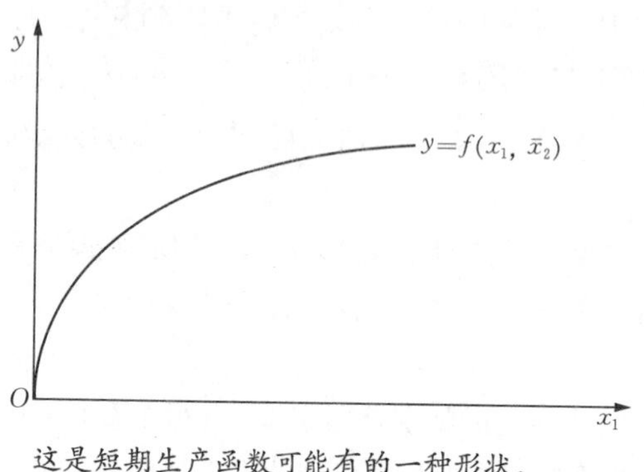

这是短期生产函数可能有的一种形状。

图 19.5 生产函数

假定短期内生产要素 2 的投入量固定在 $\bar{x}_2$ 上,那么相应的短期生产函数就是 $f(x_1, \bar{x}_2)$。我们可以把产出与投入 x_1 之间的函数关系以图 19.5 表示。

注意,随着要素 1 的投入量增加,我们所画出的短期生产函数显得越来越平坦。这再一次证明边际产品递减规律在起作用。当然边际收益最初有一个递增的区域这种情况也极易发生。在这一区域内增加要素 1 的投入量,其边际产品会出现递增。以农业劳动力的投入增加为例,最初增加几个劳动力可能会使产量递增,因为他们可以进行有效的分工。但在土地投入量既定的条件下,劳动投入的边际产品最终会下降。

19.10 规模报酬

现在考察另一类实验。增加生产函数中所有投入的数量而不是只增加一种投入并使其他投入保持不变。换言之,使所有投入都按某个固定比例增加,譬如令要素 1 和要素 2 都增加一倍。

如果把每种要素都增加一倍,产量会增加多少?最有可能出现的结果是产量也增加一倍。这种情形叫做不变的规模报酬，用生产函数来表达就是每种投入增加一倍使产出也增加一倍。若有两种投入，这种关系用数学可表述为

$$2f(x_1, x_2)=f(2x_1, 2x_2)$$

一般来说，如果我们把所有投入都变成原来的 t 倍，那么不变的规模报酬就意味着我们将得到 t 倍的产量：

$$tf(x_1, x_2)=f(tx_1, tx_2)$$

我们说有可能出现这种结果是基于下述理由：典型的情况是厂商可能会复制正在进行的生产方式，如果厂商的每种投入增加为原来的两倍，那它就能同时建造两座工厂，使产量也增加为原来的两倍。若每种投入变成原来的三倍，那它就能建造三座工厂，如此等等。

注意，一种生产技术既显示出规模报酬不变又显示出每种生产要素的边际产品递减是完全可能的。因为规模报酬阐述的是增加所有投入时产量将怎样变动，而边际产品递减指的是增加一种投入，而使其他投入固定不变时产量将怎样变化。

根据复制的论点，规模报酬不变是最"自然"的现象。但这并不等于说其他情况不可能发生。例如，当我们把所有投入都按比例增加为原来的 t 倍时，得到的产量大于原先产量的 t 倍的情形也可能发生。我们把这叫做规模报酬递增。规模报酬递增用数学可表述为

$$f(tx_1, tx_2)>tf(x_1, x_2),\text{对所有的 } t>1$$

规模报酬递增的生产技术有哪些例子呢？输油管是一个极好的例子。如果把一根输油管的直径增加一倍，所需的材料也增加一倍，但是输油管的截面却扩大成原先的四倍，这样油管的输油量就可能大于原先的两倍。

（当然我们不能把这个例子引申得太远，因为我们继续扩大油管的直径最终会使得油管被自身的重量压塌，规模报酬递增通常在一定的产量范围内适用。）

另一种需要考察的情形是规模报酬递减，即

$$f(tx_1, tx_2)<tf(x_1, x_2),\text{对所有的 } t>1$$

这种情形比较罕见。因为如果每种投入增加为原来的两倍只得到少于两倍的产量，那么这样扩大生产规模肯定存在着问题。至少我们可以按复制方式扩大生产规模来使得规模报酬不变。

发生规模报酬递减的情况通常是由于我们忘记了把某些投入考虑在内。如果我们把除了一种投入以外的所有投入都增加一倍，我们就无法复制原先的生产方式进行生产，因而没有理由非要得到两倍于原先的产量。规模报酬递减只有在某些投入固定不变时才可能发生，因此它实际上是一种短期现象。

当然，一种生产技术在不同的生产水平上会显示出不同的规模报酬。在产量较低时，它很可能会显示出规模报酬递增，即所有投入增加为原来的 t 倍时，产量增加成大于原先的 t 倍。然后，在产量较高时，投入增加为原来的 t 倍时，产量很可能恰好也增加为原先的

t 倍。

例子:数据中心

数据中心是容纳处理类似网页访问任务的上千台计算机的大型建筑物。像谷歌、雅虎、微软、亚马逊等互联网公司都在世界各地建立了数千个数据中心。

典型的数据中心是由安置像台式计算机主板那样的计算机主板的数百个机柜构成的。这些系统一般被设计成很容易改变规模,从而通过增加或减少计算机的机柜数量就能扩大或缩小数据中心的计算能力。

这一复制方法意味着计算服务的生产函数实际上具有规模报酬不变的性质:为使得产量翻倍,只要简单地增加一倍的投入就可以了。

例子:精确复制

英特尔运营着几十家成型加工、组装、分拣、测试高级计算机芯片的"晶圆厂"。芯片的成型加工是一个非常复杂的过程,以至于英特尔发现在不同的生产环境中难以控制芯片的质量。像清洁规程或冷却管道长度等工厂设计的微小变化都能对晶圆生产过程中的产品质量产生极大的影响。

为处理这些极为复杂的影响芯片生产质量的因素,英特尔采用了精确复制工厂的做法。依据英特尔的精确复制的正式指令,"除非没有物理可能性或存在进行改变的巨大竞争利益,对可能影响生产过程或工厂运营的每个部分都从微小细节开始复制"。

这就意味着英特尔的各个工厂之间非常相似,而且英特尔也是故意这样做的。这一精确复制主张表明,英特尔扩大生产规模的最简单方法是尽可能地完全复制现行的生产运营程序。

小　结

1. 厂商的技术约束可通过生产集来描述。生产集表示所有技术上可行的投入和产出的组合,通过生产函数,它给出和既定量投入相对应的最大产量。
2. 描述厂商面临的技术约束的另一个方法是利用等产量线。这条曲线给出了所有能够生产出既定产量水平的投入组合。
3. 通常我们假定等产量线是凸的和单调的,就像性状良好的偏好一样。
4. 边际产品度量的是在所有其他投入保持不变的情况下,一种投入每增加1单位所取得的产出增量。我们一般假定,随着我们对某种投入使用量的增加,这种投入的边际产品递减。
5. 技术替代率(TRS)度量的是等产量线的斜率。我们通常假定,当我们沿等产量线向外移动的时候,技术替代率递减——等产量线呈凸性的另一种说法。
6. 在短期内某些投入是固定的,而在长期内,所有的投入都是可变的。
7. 规模报酬指的是当我们改变生产规模时产量变动的方式。如果我们使所有的投入都按某个数量为 t 的比例上升,而产量也上升相同的倍数,那么我们就有规模报酬不变。如果产量按高于 t 的比例上升,我们就有规模报酬递增。如果产量按低于 t 的比例上升,我们就有规模报酬递减。

复习题

1. 假定生产函数为 $f(x_1, x_2)=x_1^2x_2^2$，则该生产函数所显示的是规模报酬不变、递增还是递减？

2. 假定一生产函数为 $f(x_1, x_2)=4x_1^{\frac{1}{2}}x_2^{\frac{1}{3}}$，则该生产函数所显示的是规模报酬不变、递增还是递减？

3. 柯布-道格拉斯生产函数为 $f(x_1, x_2)=Ax_1^a x_2^b$。其规模报酬的情况取决于 $a+b$ 的大小。问与不同规模报酬相对应的 $a+b$ 值分别是多少？

4. 要素 x_2 和 x_1 之间的技术替代率为 -4。如果你希望所生产的产量保持不变，但 x_1 的使用量又要减少 3 个单位，请问你需要增加多少个单位的 x_2？

5. 如果边际产品递减规律不成立的话，世界食品的供给就可通过盆栽方式进行？这句话对还是错？

6. 生产过程中是否会发生一种投入的边际产品递减而同时规模报酬递增的情况？

▶20

利润最大化

在上一章，我们讨论了用以描述厂商所面临的技术选择的方法。在本章，我们将研究一个有关厂商如何选择产量和生产方法的模型，即厂商选择生产计划以达到利润最大化的模型。

在这一章，我们假定厂商所面对的投入品和产出品的价格不变。如前文所述，经济学家把价格不受单个生产者控制的市场称作**竞争性市场**。因此，我们在本章要研究的是一家面对竞争性生产要素市场和竞争性产品市场的厂商的利润最大化问题。

20.1 利润

利润定义为收益和成本的差额。假定一家厂商生产 n 种产出品$(y_1, \cdots, y_n)$，使用 m 种投入品$(x_1, \cdots, x_m)$，产出品的价格分别为$(p_1, \cdots, p_n)$，投入品的价格分别为$(w_1, \cdots, w_m)$。

厂商获得的利润 π 可以表示为

$$\pi = \sum_{i=1}^{n} p_i y_i - \sum_{i=1}^{m} w_i x_i$$

其中，第一项为收益，第二项为成本。

在计算成本时，我们应该考虑厂商所使用的按市场价格计价的所有生产要素。通常，这是很明显的，但如果企业的所有者和经营者是同一个人，这里就容易遗漏某些重要因素。

例如，如果某个人在自己的企业工作，此时，他的劳动就是一种投入，应该包括在成本内。他的工资率就是他的劳动的市场价格——他在公开市场上出售自己的劳动时应该得到的价格。同样，如果一个农场主拥有土地，并自己组织生产，那么，为了计算经济成本，他的土地应该按市场价格估价。

我们知道，这类经济成本通常称作机会成本。机会成本的概念源自这样的思想：如果你把自己的劳动用于某一用途，你就丧失了把它应用于其他用途的机会。因此，这种放弃的工资就是生产的一部分成本。同样,把土地作为例子也是如此。农场主原本有机会出租土地,但他决定放弃地租收入而"出租"给自己。这里,损失的租金就是他自己生产的机会成本。

利润的经济定义需要我们估计所有投入品和产出品的机会成本。会计师确定的利润并不完全等同于经济利润,这是因为会计师通常只计算历史成本——最初购买生产要素时的价格,而不计算经济成本——现在购买生产要素时的价格。"利润"一词具有许多不同的含义,但我们始终使用经济上的定义。

另一个有时会引起混淆的问题是时间标度的混同。我们通常设定用流量来测度要素的投入量。诸如每周若干小时的劳动和每周若干的机器工作时数生产出若干单位的产品,等等。因此,生产要素的价格就是用适合于购买这些流量的单位来测度的。工资自然表示为每小时的美元数。机器的价格就是机器的*租金率*——在一定时期内租用一台机器的费用率。

在许多情况下,并不存在非常完善的机器租赁市场,原因是企业通常会购买资本设备。在这种情况下,我们必须通过在期初购进机器并在期末将它出售的成本来计算机器的隐含的租金率。

20.2 企业组织

在资本主义经济中,企业归个人所有。企业是唯一的法人;最终,企业的所有者要为企业的行为负责,这样,企业的所有者是企业行为的收益的获得者和代价的付出者。

一般地,企业可以划分为业主独资制企业、合伙制企业和公司制企业三种形式。*业主独资制企业*由某个人所有。*合伙制企业*为两个或更多的人所有。*公司制企业*通常也为许多人所有,但它遵循的法律和所有者遵循的法律完全不同。因此,在合伙制下,企业的存续期取决于所有合伙者都活着并且同意维持该企业。而公司制企业可以比它的任何一个所有者存在得更久。因此,大多数大型企业都组织成公司制的形式。

这些不同类型的企业的所有者在企业经营方面可能会具有不同的目标。在业主独资制企业或合伙制企业中,所有者直接参与企业的日常经营管理,所以,他们能执行他们所确立的目标。一般地,企业所有者对企业的利润最大化感兴趣,但是,如果所有者追求的是某个非盈利目标,那他们当然也会沉湎于这个目标。

在公司制企业,公司的所有者通常不是企业的管理者。因此企业的所有权和经营控制权是分离的。公司的所有者必须制定一个让管理者在企业经营过程中遵循的目标,然后,所有者还要竭力监督管理者实际完成这个目标。再次地,利润最大化成为共同的目标。下文,我们将会看到,按照适当的解释,这一目标将引导企业的管理者采取符合企业所有者利益的行动。

20.3 利润和股票市场价值

通常,企业的生产过程要维持很长时间。在 t 时间投入的要素在以后的时间里才能得到全部服务流量的偿付。例如,一家企业建造的厂房可以使用50或100年。在这种情况下,某个时刻的投入有助于将来某个时刻的生产。

在这种情况下,我们必须估计跨时期的成本流和收益流的价值。如第10章所述,一种恰当的方法是利用现值的概念。当人们可以通过金融市场借贷时,就可以利用利率来确定不同时刻上的消费价格。企业可以进入相同种类的金融市场,因此,可以按同样的方法用利率来估价投资决策。

在一个具有完全确定性的环境下,企业将来的利润流是公开的。于是,利润流的现值就是*企业的现值*,这也是某人购买该企业所愿意支付的金额。

如前文所述,大多数大型企业都组织成公司制的形式,这意味着它们是由许多人共同所有的。公司制企业发行的股票代表公司所有权的份额。在某个时刻,公司要按股票来支付股息,股息就是公司利润分配的一种形式。代表公司所有权的股份可以在*股票市场*上交易。股票的价格代表人们期望从公司获得的股息流的现值。一家企业的所有股票的市场价值代表了人们预期企业所能创造的利润流的现值。因此,企业的目标——使企业的利润流的现值实现最大化——也等同于使企业的股票市场价值实现最大化的目标。在确定性的环境中,这两个目标是等价的。

通常,企业的所有者会选择使企业的股票市场价值最大化的生产计划,因为这将使他们所拥有的股票的价值尽可能得大。我们在第10章已经看到,不论一个人在不同时刻的消费嗜好如何,他总是希望拥有具有较高现值而不是较低现值的禀赋。通过使企业股票的市场价值实现最大化,一家企业就可以使它的股东的预算集尽可能得大,从而可以使它的所有股东获得最大的利益。

如果企业的利润流存在不确定性,那么,指示企业经营者实现利润最大化就毫无意义。此时,他们是应该使预期利润最大化,还是应该使利润的预期效用最大化呢?经营者应该怎样对待风险投资呢?如果存在不确定性,要想明确利润最大化的意义就很困难。但在不确定的情况下,使股票的市场价值最大化仍然具有意义。如果企业经营者在竭力使企业股票的价值尽可能得大,那么,他们就是在使企业的所有者——股东——的境况尽可能得好。因此,在几乎所有的经济环境中,股票的市场价值最大化都是企业的明确的目标函数。

尽管存在这些有关时间和不确定性问题的讨论,但我们通常仍把考察限制在非常简化的利润最大化问题上,即那些具有单一的、确定的产量和单个时期的问题上。这种简化的考察仍然能够得到有意义的洞察并体现合理的直觉思想,从而有助于我们分析更为一般的企业行为模型。我们将要考察的大部分思想,可以很自然地推广到这些更为一般的模型。

20.4 企业的边界

企业经营者始终遇到的一个问题是,“自制还是购买”所必需的东西。换言之,企业应该自己生产还是从外部供应商处购买所必需的东西?因为这个问题不仅涉及实物产品,还与企业需要的一种或多种服务相关,“自制还是购买”的问题要比其字面含义复杂得多。

事实上,最广义的"自制还是购买"的问题几乎涉及企业的每个决策问题。

公司是否应该拥有自己的自助餐厅?公司是否自己提供门卫服务或复印服务?公司是否自建旅行代理店?显然,有许多因素影响上述问题的决策。拥有12个雇员的小规模夫妻录像带租赁店或许没有必要拥有自助餐厅,但可以根据成本、营业面积和人员配置等情况而决定是否外包门卫服务。

即使对于有能力简单提供自助餐厅的大型组织,是否建设自己的自助餐厅也取决于其他可行选项。位于大城市的组织的员工可以选择许多地方用餐,但如果组织位于偏远的郊外,员工可以选择用餐的地方就相对有限。

核心问题在于我们需要的商品和服务是通过外部垄断市场还是通过完全竞争市场提供的。一般而言,只要有可能,经营者最愿意在完全竞争市场购买商品和服务。次优选择是与内部垄断者发生交易关系。在由价格和质量表示的全部选择中,最坏选择是与外部垄断者发生交易关系。

以复印服务为例。理想的状态是有大量完全竞争的复印服务商竞相提供复印服务,从而可以最低价获得最高质量的复印服务。如果你们的学校很大或位于城区,就可能有许多复印服务商提供满足顾客要求的复印服务。反之,位于郊外的小规模学校或许只能接受高价复印服务而没有太多其他选择。

相关的经营活动也是如此。高度竞争的市场环境给予用户许多选择。相比较而言,组织内部的复印服务部门相对缺乏吸引力。尽管内部复印服务的价格很低,但复印服务的效率可能不高。最没有吸引力的事情是只能要求外部的唯一复印服务商提供复印服务。虽然内部复印服务提供者的服务质量可能不好,但至少复印服务的收入还属于自己企业的收入。

伴随着技术的变化,企业内部自制的商品和服务的内容也发生变化。40年前,企业为自己提供许多服务。现在,企业更倾向于尽可能地外包各种服务。通常,专业化的外部组织提供食品服务、复印服务和门卫服务等。专业化经常使得从事专业服务的公司能够为需要自己专业服务的其他公司提供费用更低、质量更高的专业服务。

20.5 不变要素和可变要素

在一段给定的时期内,要对某些投入品进行调整可能是非常困难的。一般地,企业依据契约也许有义务使用一定水平的投入品。房屋租赁就是这样的一个例子,按照法定的契约,企业有义务在规定的时间内购买一定量的空间。我们把对企业数量固定的生产要素称作*不变要素*。如果一种生产要素可以按不同的数量使用,那么,我们称这种生产要素为*可变要素*。

我们在第19章已经看到,短期就是指在某一段时间里存在着某些不变要素——这些要素只能按某种固定的数量使用。反之,长期指的是企业可以自由地改变所有生产要素的使用数量:所有的要素都是*可变要素*。

短期和长期之间并不存在严格的界限。确切的时期要取决于所考察的问题本身。这里,重要的是,有些生产要素的使用量在短期内是不变的,但在长期内却是可变的。由于所有要素在长期内都是可变的,所以,一家企业总是可以自由地选择停止投入不再生产——即退出经营。因此,在长期内,一家企业所能获得的最低利润是零。

在短期内,企业即使决定不生产任何产量,它也必须使用某些生产要素。因此企业在短期内完全有可能得到*负利润*。

根据定义,不变要素是这样一些生产要素,即使企业的产量为零,企业仍然要为此要素支付成本。如果一家企业长期租赁一幢建筑物,那么,不论它是否在此期间进行生产,它都必须按期支付租金。此外,还存在另一类只有在企业生产一定量的产品时才需要支付成本的生产要素。照明用电就是这样的一个例子。如果企业的产量为零,它不需要提供任何照明;但是,如果要生产任意数量的产品,它就必须购买一定量的电力用于照明。

这一类要素称作*准不变要素*。不论企业的产量为多少,它们必须按固定数量使用,有时,不变要素和准不变要素之间的区别对于分析企业的经济行为很有用处。

20.6 短期利润最大化

这里,我们要考察短期内的利润最大化问题,假定要素 2 的投入水平 $\bar{x}_2$ 保持不变。令厂商的生产函数为 $f(x_1, x_2)$,产出的价格为 p,两种投入品的价格为 w_1 和 w_2。这样,厂商的利润最大化问题就可以表示为

$$\max_{x_1} pf(x_1, \bar{x}_2) - w_1x_1 - w_2\bar{x}_2$$

可见,要确定有关要素 1 的最优选择的条件是非常容易的。

如果 x_1^* 是要素 1 的实现利润最大化的数量,那么,产出品的价格乘以要素 1 的边际产品就应该等于要素 1 的价格。用符号表示就是

$$pMP_1(x_1^*, \bar{x}_2) = w_1$$

换句话说,*生产要素的边际产品价值应该等于它的价格*。

为了理解这个规则,我们考察稍多使用要素 1 时的情况。假定对于要素 1 的微量增加 Δx_1,产出的增量为 $\Delta y = MP_1\Delta x_1$,价值为 $pMP_1\Delta x_1$。但这一边际产品的生产成本为 $w_1\Delta x_1$。如果边际产品价值超过它的成本,那么,增加要素 1 就可以增加利润。如果边际产品价值小于它的成本,那么减少要素 1 就可以增加利润。

如果厂商的利润已经尽可能得大了,那么,不论我们增加还是减少要素的使用量,都不能增加利润。这意味着在投入品和产出品的利润最大化选择处,边际产品的价值 $pMP_1(x_1^*, \bar{x}_2)$ 必定等于要素价格 w_1。

我们也可用几何方法得到相同的结论。如图 20.1 所示,曲线代表生产要素 2 的投入水平 $\bar{x}_2$ 保持不变时的生产函数。

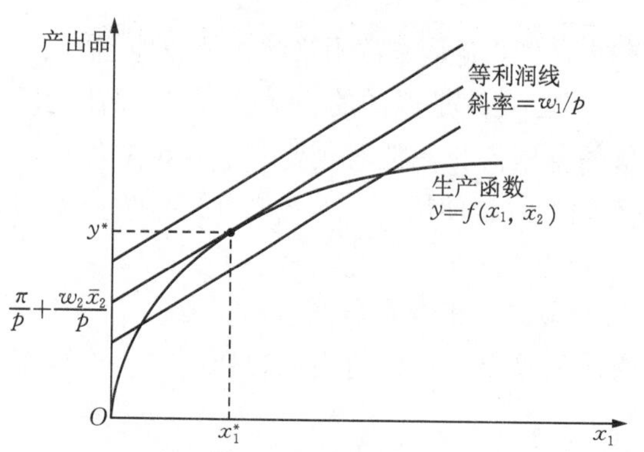

企业选择位于最高等利润线上的投入品和产出品组合。在这个例子中,利润最大化点是(x_1^*, y^*)。

图 20.1 利润最大化

令 y 表示厂商的产出量,则利润由下式给出

$$\pi = py - w_1x_1 - w_2\bar{x}_2$$

上式可以整理为 y 是 x_1 的函数的形式:

$$y = \frac{\pi}{p} + \frac{w_2}{p}\bar{x}_2 + \frac{w_1}{p}x_1 \tag{20.1}$$

这个方程就是等利润线的表达式。这些等利润线就是产生固定利润水平的投入品和产出品的所有组合。当 π 变化时,我们可以得到一簇平行的直线,每条直线的斜率为 w_1/p,纵截距为 $\pi/p + w_2\bar{x}_2/p$,它度量的是企业的利润和固定成本之和。

由于固定成本保持不变,所以,当我们从一条等利润线移向另一条等利润线时,唯一变动的就是利润水平。因此,等利润线代表的利润水平越高,它的纵截距就越大。

因此,通过在生产函数曲线上寻找一个位于最高的等利润线上的点,就可以解决利润最大化问题。图 20.1 显示了这样的点。通常,这样的点也是用相切条件来表示的:生产函数曲线的斜率等于等利润线的斜率。由于生产函数的斜率是边际产品,等利润线的斜率是 w_1/p,则上述条件可以记为

$$MP_1 = \frac{w_1}{p}$$

这恰好就是我们前面推导出的条件。

20.7 比较静态分析

我们可以利用图 20.1 显示的几何图形,来分析在投入品和产出品的价格变化时,厂商是如何决定投入量和产出量的。这为我们提供了一种分析厂商行为的比较静态方法。

例如,当要素 1 的价格 w_1 变动时,我们应该如何选择要素 1 的最优投入量呢?根据方程(20.1)所表示的等利润线,我们看到,提高 w_1 将使等利润线变得更陡峭,如图 20.2A 所示。当等利润线变得更陡峭后,切点必然向左移动。这样,要素 1 的最优投入量就会下降。这意味着,当要素 1 的价格上升时,对要素 1 的需求必定减少:要素的需求曲线必然向下倾斜。

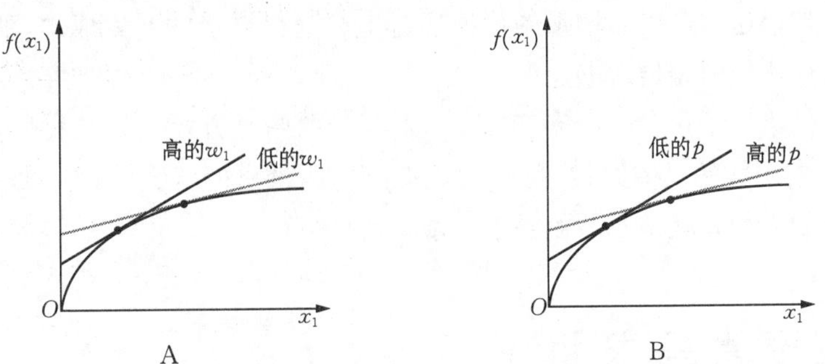

图 A 显示,提高 w_1 将会减少对要素 1 的需求。图 B 显示,产出品价格下降将会减少对要素 1 的需求,从而减少了产出品的供给。

图 20.2 比较静态分析

同样，如果产出品的价格下降，等利润线必然变得更陡峭，如图 20.2B 所示。与上述论证相仿，要素 1 的利润最大化选择量将减少。假设在短期内，要素 1 的数量减少，而要素 2 的数量保持不变，那么，产出品的供给必然会下降。由此，我们就得到了另一个比较静态分析的结果：产出品价格的下降必然减少产出品的供给。换句话说，供给函数曲线必然向上倾斜。

最后，我们可以考察，当要素 2 的价格发生变化时，情况又会如何？由于这是短期分析，所以，要素 2 的价格变化不会改变要素 2 的投入量——在短期内，要素 2 的投入水平 $\bar{x}_2$ 保持不变。变动要素 2 的价格不会影响等利润线的斜率。因此，要素 1 的最优选择量不会改变，产出品的供给量也不会改变。所改变的只是厂商的利润。

20.8 长期利润最大化

在长期内，厂商可以任意选择所有要素的使用量。因此，厂商的长期利润最大化问题可以表示为

$$\max_{x_1,\, x_2} pf(x_1,\, x_2) - w_1 x_1 - w_2 x_2$$

基本上，这与短期内的利润最大化问题相同，但不同的是，所有要素的使用量现在都可以自由变动。

描述最优化选择的条件基本上也与短期情况相同，但是，我们现在必须把这一条件应用于每一种要素，在前面我们看到，不论要素 2 的使用数量是多少，要素 1 的边际产品价值都必须等于它的价格。同样的条件必须对于每一种要素都成立：

$$pMP_1(x_1^*,\, x_2^*) = w_1$$
$$pMP_2(x_1^*,\, x_2^*) = w_2$$

如果厂商已经对要素 1 和要素 2 作出最优选择，那么，每一种要素的边际产品价值必定等于它的价格。在作出最优选择后，厂商就不能通过改变任一要素的数量来提高利润。

这一观点与短期内利润最大化决策的观点相同。例如，如果要素 1 的边际产品价值大于要素 1 的价格，那么，稍微增加要素 1 的使用量，产出品将增加 MP_1，它出售可以获得 pMP_1 美元。如果这个产出品增量的价值超过生产这个增量的要素成本，那么显然，厂商增加要素 1 的使用量就是值得的。

这两个条件给出了包含两个未知数 x_1^* 和 x_2^* 的两个方程。如果我们清楚边际产品作为 x_1 和 x_2 的函数的具体形式，我们就能求出作为价格的函数的每一要素的最优选择量。由此得出的方程式就是所谓的*要素需求曲线*。

20.9 反要素需求曲线

企业的*要素需求曲线*衡量的是要素的价格与该要素的利润最大化选择量之间的关系。在前面，我们已经分析了如何找到利润最大化的选择：对于任意一组价格 $(p,\, w_1,$

w_2),我们只需要找到这样的要素需求量(x_1^*, x_2^*),此时,每一种要素的边际产品价值等于它的价格。

反要素需求曲线从不同的角度表达了与上述相同的关系。它度量的是对于某个既定的要素需求量所必须支付的要素价格。给定要素 2 的最优选择量,我们可以利用几何图形来表示要素 1 的最优选择量和它的价格之间的关系,如图 20.3 所示。这条曲线的表达式是

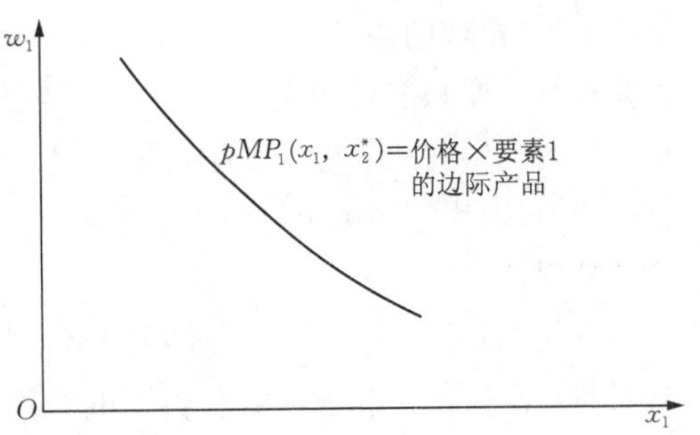

这条曲线表示,在另一种要素的投入水平保持在 x_2^* 不变时,要使要素 1 的需求量达到 x_1,要素 1 的价格必须是多少。

图 20.3 反要素需求曲线

$$pMP_1(x_1, x_2^*) = w_1$$

根据边际产量递减假设,这条曲线向下倾斜。对于任意的数量 x_1,这条曲线表示在要素 2 的投入水平 x_2^* 保持不变的情况下,要使厂商对要素 1 的需求水平达到 x_1,要素 1 的价格必须是多少。

20.10 利润最大化和规模报酬

在竞争性利润最大化和规模报酬之间存在一个重要关系。假定一家厂商已经确定长期利润最大化时的产量 $y^* = f(x_1^*, x_2^*)$,并且,此时的要素投入量为(x_1^*, x_2^*)。

这样,厂商的利润就可以由下式给出:

$$\pi^* = py^* - w_1 x_1^* - w_2 x_2^*$$

假定这家厂商的生产函数显示规模报酬不变,并且它的均衡利润为正值。那么我们考察,如果要素的投入量增加一倍,情况将会如何。根据规模报酬不变的假设,产量将增加一倍。那么,利润又会如何呢?

不难看出,利润也将翻番,但这个结果与企业最初使利润最大化的选择相矛盾!之所以会产生矛盾是因为我们假定最初的利润水平是正值;如果最初的利润是零,就不会有问题了:零的两倍仍然是零。

这一论证表明,对于在所有产量水平上都具有规模报酬不变的一家竞争企业而言,唯一可能的长期利润水平是零(当然,在长期内,如果一家企业的利润为负,它就应该退出该行业)。

许多人发现,这是一个令人吃惊的表述。企业不是要竭力实现最大利润吗?怎么会在长期内只能得到零利润呢?

考虑在企业试图无限制地扩大规模时可能发生的情况。有以下 3 种情况可能出现。首先,企业的规模可能非常之大,从而它难以有效地进行经营。这恰好说明企业并非在任何产量水平上都具有规模报酬不变。最终,由于协调问题,企业可能会进入规模报酬递减的区域。

第二,企业的规模可能如此之大,以至于它的产品完全控制了市场。在这种情况下,它就没有必要采取竞争性的行为——接受给定的产品价格。相反地,不难理解这样的企业会试图利用它的规模来影响市场价格。竞争性利润最大化模型不再适合于分析这种企业的行为,因为它实际上已没有竞争者。当讨论垄断情形时,我们将考察更为合适的企业行为模型。

第三,如果一家企业在规模报酬不变的技术条件下能获得正的利润,那么,拥有相同技术的其他任何企业也可能获得正的利润。如果当一家企业计划增加产量时,其他企业也会这么做。而一旦所有的企业都扩大产量,这就必然会降低产品的价格,从而使行业中的所有企业的利润都下降。

20.11 显示的盈利能力

当一家追求利润最大化的厂商作出投入和产出的选择时,这个选择揭示了两件事情:第一,所选择的投入品和产出品组合代表一个可行的生产计划;第二,这个选择比厂商可能作出的其他所有的可行选择都更有利可图。下文,我们将对此进行详细的说明。

假定我们观察到企业在两组不同的价格上所作出的两个选择。在 t 期,厂商面临的价格为 (p^t, w_1^t, w_2^t),所作出的选择为 (y^t, x_1^t, x_2^t)。在 s 期,厂商面临的价格为 (p^s, w_1^s, w_2^s),所作出的选择为 (y^s, x_1^s, x_2^s)。假定从 t 期到 s 期之间,厂商的生产函数保持不变,并且企业的目标是实现利润最大化,那么,我们有

$$p^t y^t - w_1^t x_1^t - w_2^t x_2^t \geqslant p^t y^s - w_1^t x_1^s - w_2^t x_2^s \tag{20.2}$$

和

$$p^s y^s - w_1^s x_1^s - w_2^s x_2^s \geqslant p^s y^t - w_1^s x_1^t - w_2^s x_2^t \tag{20.3}$$

这就是说,按照 t 期的价格,厂商获得的利润必定大于采用 s 期的生产计划所获得的利润,反之亦然。如果上述不等式不成立,那么,厂商就可能不是在追求利润最大化(技术条件保持不变)。

因此,如果我们能观察到违背上述不等式的两个时期,我们就知道,至少在一个时期内,厂商并不是在追求利润最大化。实际上,满足这两个不等式是利润最大化行为的一个公理,它可以称作*利润最大化的弱公理*(Weak Axiom of Profit Maximization, WAPM)。

如果企业的选择满足利润最大化的弱公理,那么,我们就可以推导出一个在价格变化时有关要素需求和产品供给行为的非常有用的比较静态陈述。对方程(20.3)两边移项,我们得到

$$-p^s y^t + w_1^s x_1^t + w_2^s x_2^t \geqslant -p^s y^s + w_1^s x_1^s + w_2^s x_2^s \tag{20.4}$$

把方程(20.4)与方程(20.2)加总,

$$(p^t - p^s)y^t - (w_1^t - w_1^s)x_1^t - (w_2^t - w_2^s)x_2^t \geqslant (p^t - p^s)y^s - (w_1^t - w_1^s)x_1^s - (w_2^t - w_2^s)x_2^s \tag{20.5}$$

重新整理此式得到

$$(p^t - p^s)(y^t - y^s) - (w_1^t - w_1^s)(x_1^t - x_1^s) - (w_2^t - w_2^s)(x_2^t - x_2^s) \geqslant 0 \quad (20.6)$$

最后，定义价格的变化为 $\Delta p = (p^t - p^s)$、产量的变化为 $\Delta y = (y^t - y^s)$，依此类推，我们可以得到

$$\Delta p \Delta y - \Delta w_1 \Delta x_1 - \Delta w_2 \Delta x_2 \geqslant 0 \quad (20.7)$$

这就是最后的结果。它表明产品价格的变动量与产量的变动量的乘积，再扣除每一种要素价格的变动量与该要素的变动量的乘积，结果一定是非负的。这个方程完全源自利润最大化的定义。但是，它包括了所有关于利润最大化选择的比较静态结果！

例如，我们考察产品价格发生变化但每一种要素的价格保持不变时的情况。如果 $\Delta w_1 = \Delta w_2 = 0$，那么，方程(20.7)简化为

$$\Delta p \Delta y \geqslant 0$$

因此，如果产品价格上升，使得 $\Delta p > 0$，那么，产量的变动量就一定是非负的，即$\Delta y \geqslant 0$。这说明，一家竞争性企业的利润最大化的供给曲线必定具有正的(或至少是零)斜率。

同样，如果产品的价格和要素 2 的价格保持不变，方程(20.7)就变为

$$-\Delta w_1 \Delta x_1 \geqslant 0$$

也就是说，

$$\Delta w_1 \Delta x_1 \leqslant 0$$

这样，如果要素 1 的价格上升，使得 $\Delta w_1 > 0$，方程(20.7)就意味着对要素 1 的需求量将下降(或者在最坏的情况下，它保持不变)，从而有 $\Delta x_1 \leqslant 0$。这意味着，要素需求量必定是该要素价格的减函数：要素需求曲线的斜率为负值。

从利润最大化的弱公理中的简单不等式以及它在方程(20.7)中的含义，我们观察到企业的行为受到很强的限制。自然地，人们想了解这些是不是利润最大化模型施加在企业行为上的所有限制。换句话说，如果我们观察到一家企业的选择，并且这些选择满足利润最大化的弱公理，那么，我们是否能构造一种技术，基于此技术所观察到的选择就是利润最大化选择。答案是肯定的。图 20.4 就显示了如何构造这样一种技术。

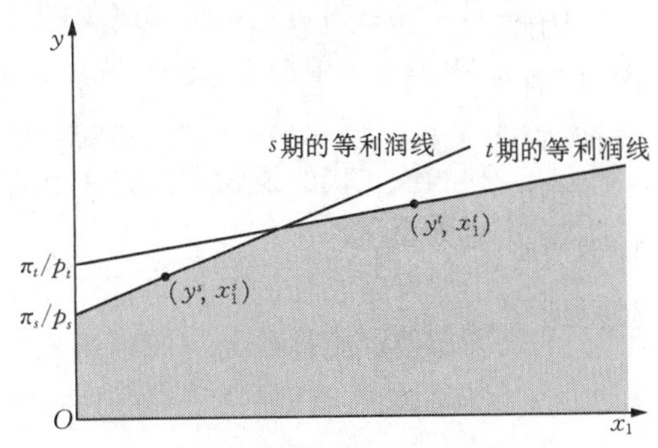

如果所观察到的选择在每一价格集上均为利润最大化的选择，那么，我们就可以利用等利润线来估计产生这些选择的技术的形状。

图 20.4 构造一种可行的技术

为了从图形上证明这个论点，我们假定存在一种投入品和一种产出品。假定我们观察到企业在 t 期和 s 期的选择，它们分别表示为(p^t, w_1^t, y^t, x_1^t)和(p^s, w_1^s, y^s, x_1^s)，我们可以计算出每一期的利润 π_s 和 π_t，并绘制出实现这些利润的 y 和 x_1 的所有组合。

这样，我们就得到两条等利润线

$$\pi_t = p^t y - w_1^t x_1$$

和

$$\pi_s = p^s y - w_1^s x_1$$

按照 t 期的价格,位于 t 期等利润线以上的点具有比 π_t 更高的利润,同样,按照 s 期的价格,位于 s 期等利润线以上的点具有比 π_s 更高的利润。利润最大化的弱公理要求,t 期的选择必须位于 s 期等利润线的下方,s 期的选择必须位于 t 期等利润线的下方。

如果这个条件得到满足,那么,就不难构造一种使(y^t, x_1^t)和(y^s, x_1^s)都是利润最大化选择的技术。这里,只要取两条等利润线以下的阴影部分即可。按照这两组价格,这就是具有比观察到的选择更低的利润的所有选择。

从几何图形上看,这种技术将使观察到的选择成为利润最大化的选择。按价格(p^t, w_1^t),选择点(y^t, x_1^t)位于最高可能的等利润线上,类似的情况对 s 期的选择也成立。

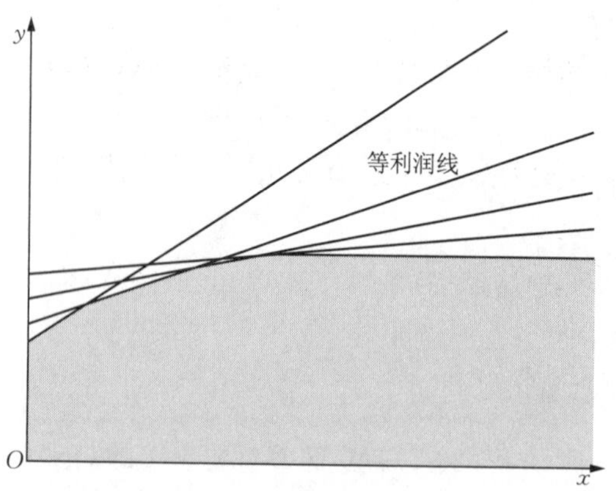

当我们观察到更多的选择时,我们可以得出更为严格的对生产函数的估计。

图 20.5 估计的技术

因此,当被观察的选择符合利润最大化的弱公理时,我们就能"再构造"一个可以生成观察结果的技术的估计。从这个意义上说,任何与利润最大化的弱公理相一致的观察到的选择就是利润最大化选择。如图 20.5 所示,如果我们观察到的企业所作的选择越多,我们就能对生产函数作出越严格的估计。

生产函数的这种估计可以用于预测其他环境下的厂商行为,或者用于进行其他的经济分析。

例子:农场主对价格支持如何反应

当前,美国政府每年拨出 400 亿至 600 亿美元来资助农场主。其中大部分资金用来补贴包括牛奶、小麦、玉米、大豆和棉花在内的各种农产品的生产。偶尔,政府也试图减少或取消这些补贴。取消补贴的结果将会降低农场主获得的产品的价格。

有时,农场主认为对诸如牛奶之类的产品取消补贴不会引起牛奶总供给量的减少,原因在于乳牛场场主会增加牛群来提高牛奶的供应,以维持他们原有的生活水平。

如果农场主的行为是追求最大利润,那么,这种结果就不可能实现。如我们在前面已分析过的,利润最大化的逻辑要求产品价格下降导致产品供给的减少,即如果 Δp 为负,Δy 就必定也为负值。

当然,小型家庭农场的目标可能不只是简单的利润最大化,但是,较大型的"农业企业"式的农场却很可能是最大利润的追求者。因此,如果有可能,对于取消补贴所作出的上述反常反应只能在有限的经营范围中发生。

20.12 成本最小化

如果一个企业追求利润最大化并选择供给某一产量 y,那么它必须使生产 y 产量的成本最小化，否则就会存在某一更便宜的生产 y 的方法，这意味着在前一种方法中企业并没有使它的利润最大化。

这一简单的研究结果对于考察厂商行为是非常有用的。它很方便地把对利润最大化问题的分析分为两个阶段：首先我们指出如何使生产任何既定产量 y 的生产成本最小化，然后指出哪一种产量水平确实是利润最大化的产量水平。我们将在下一章开始阐述这个问题。

小　结

1. 利润是收益和成本之差。这一定义中，重要的一点是所有的成本都是按相应的市场价格计算的。
2. 不变要素指的是其数量不受产量水平影响的要素，可变要素则是指其数量随产量水平的变化而变化的要素。
3. 短期内，某些生产要素必须按预先确定的数量使用。而在长期内，所有要素的数量都可以自由变动。
4. 如果企业追求利润最大化，那么，所有可以自由变动数量的要素的边际产品价值，都一定等于该要素的价格。
5. 利润最大化的逻辑意味着，一家竞争性厂商的供给函数必定是产品价格的增函数，而每种要素的需求函数必然是要素价格的减函数。
6. 如果企业显示出规模报酬不变，那么，它的长期最大化利润一定等于零。

复习题

1. 短期内，如果不变生产要素的价格上涨，利润会发生什么变化？

2. 如果一家厂商处处都显示规模报酬递增，那么，在价格保持不变，并且经营规模扩大一倍的情况下，它的利润会发生什么变化？

3. 如果一家厂商在各种产出水平上都显示规模报酬递减，那么，把它分拆为两家规模相等的较小厂商，它的总利润会发生什么变化？

4. 一个园丁惊呼："只投入 1 美元的种子，我就收获了价值 20 美元的产出！"除了大部分产品是西葫芦外，一个玩世不恭的经济学家会对这种情况作出怎样的评论？

5. 使一家厂商实现利润最大化，是否始终与使该厂商的股票市场价值最大化相一致？

6. 如果 $pMP_1 > w_1$，那么，为了增加利润，一家厂商是应该增加生产要素 1 的投入，还是减少生产要素 1 的投入？

7. 在短期内，假设一家厂商正在实现利润最大化，它的可变要素为 x_1，不变要素为 x_2。如果 x_2 的价格下降，那么，x_1 的使用量会发生什么变化？厂商的利润水平会发生什么变化？

8. 对于一家追求利润最大化的竞争性厂商,如果它在长期均衡下获得正的利润,那么,它是否可能拥有一种规模报酬不变的技术?

附录

企业的利润最大化问题可以写作

$$\max_{x_1, x_2} pf(x_1, x_2) - w_1x_1 - w_2x_2$$

它的一阶条件是

$$p\frac{\partial f(x_1^*, x_2^*)}{\partial x_1} - w_1 = 0$$

$$p\frac{\partial f(x_1^*, x_2^*)}{\partial x_2} - w_2 = 0$$

这些条件恰好与正文中的边际产品条件相同。我们利用柯布-道格拉斯生产函数,来考察利润最大化行为。

假定柯布-道格拉斯生产函数为 $f(x_1, x_2) = x_1^a x_2^b$,那么,上述两个一阶条件就变为

$$pax_1^{a-1}x_2^b - w_1 = 0$$

$$pbx_1^a x_2^{b-1} - w_2 = 0$$

把第一个方程乘以 x_1,第二个方程乘以 x_2,我们就得到

$$pax_1^a x_2^b - w_1x_1 = 0$$

$$pbx_1^a x_2^b - w_2x_2 = 0$$

利用 $y = x_1^a x_2^b$ 表示这个企业的产量水平,我们可把上式重新记为

$$pay = w_1x_1$$

$$pby = w_2x_2$$

求解 x_1 和 x_2,我们得到

$$x_1^* = \frac{apy}{w_1}$$

$$x_2^* = \frac{bpy}{w_2}$$

这就给出了作为最优产量选择的函数的两种要素的需求。但是,我们终究需要求解出最优的产量选择。把最优要素需求代入柯布-道格拉斯生产函数,我们得到

$$\left(\frac{pay}{w_1}\right)^a \left(\frac{pby}{w_2}\right)^b = y$$

提出因子 y，得到

$$\left(\frac{pa}{w_1}\right)^a \left(\frac{pb}{w_2}\right)^b y^{a+b} = y$$

或者

$$y = \left(\frac{pa}{w_1}\right)^{\frac{a}{1-a-b}} \left(\frac{pb}{w_2}\right)^{\frac{b}{1-a-b}}$$

这就是柯布-道格拉斯厂商的供给函数。它同上面导出的要素需求函数一道，为我们提供了一个利润最大化问题的完整解。

注意，当厂商显示规模报酬不变时——当 $a+b=1$ 时——这一供给函数是不确定的。只要投入和产出的价格与零利润相一致，具有柯布-道格拉斯技术的厂商对其供给水平是不在意的。

▶21

成本最小化

我们的目标是要研究在竞争和非竞争市场环境中，追求利润最大化的厂商的行为。在上一章，从直接分析利润最大化问题开始，我们着手考察了竞争环境下的利润最大化行为。

但是，如果采用一种更为间接的方法，我们可以得到某些重要的洞察。我们的策略是把利润最大化问题分割为两个部分。首先，我们考虑对于既定的产量实现成本最小化的问题；然后，再研究如何选择最有利可图的产量水平。本章，我们先考察第一步——对于既定的产量实现成本最小化。

21.1 成本最小化

假设存在两种生产要素 x_1 和 x_2，价格分别为 w_1 和 w_2。现在，我们要设法找到生产既定产量 y 的最经济的途径。如果 $f(x_1, x_2)$表示厂商的生产函数，那么，这个问题可以表述为

$$\min_{x_1, x_2} w_1x_1 + w_2x_2$$

$$\text{s.t. } f(x_1, x_2) = y$$

与上一章相仿，在分析这类问题时，应该注意：在计算成本时，应当考虑所有的生产成本，并且，确保所有的一切都是在相容的时间标度上度量的。

这类成本最小化问题的解——为实现合宜的产量水平而必需的最小成本——取决于 w_1、w_2 和 y 的值，所以，我们把它记作 $c(w_1, w_2, y)$，这个函数称作*成本函数*，我们将对它给予特别的关注。成本函数 $c(w_1, w_2, y)$度量的是当要素价格为(w_1, w_2)时，生产 y 单位产量的最小成本。

为了理解这个最小化问题的解，我们把厂商所面临的成本约束和技术约束标在同一幅图上。等产量线显示了技术约束——能够生产产量 y 的 x_1 和 x_2 的所有组合。

如果我们想要在图上标记出对应于既定成本 C 的各种投入的所有组合，我们可以把

它记为

$$w_1x_1+w_2x_2=C$$

重新整理，我们得到

$$x_2=\frac{C}{w_2}-\frac{w_1}{w_2}x_1$$

很显然，这是一条直线，它的斜率为$-w_1/w_2$，纵截距为C/w_2，随着C的变动，我们可以得到一簇等成本线。同一条等成本线上的每一个点都具有相同的成本C，并且，较高的等成本线具有较高的成本。

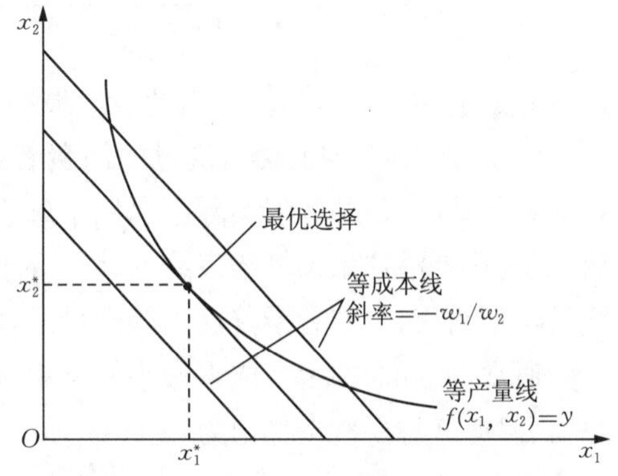

使生产成本最小化的要素的选择可以通过在等产量线上找出与最低等成本线相切的那个点来决定。

图 21.1 成本最小化

因此，我们可以把成本最小化问题重新表述为：在等产量线上找到某个位于最低的等成本线上的点。图 21.1 就显示了这样的一个点。

注意，如果对每一种要素都要求使用一定的数量，并且，等产量线是一条非常光滑的曲线，那么，成本最小化的点就可以用相切条件来表征：等产量线的斜率必定等于等成本线的斜率。或者，按照第 19 章的术语，技术替代率必定等于要素的价格比率：

$$-\frac{MP_1(x_1^*, x_2^*)}{MP_2(x_1^*, x_2^*)}=\mathrm{TRS}(x_1^*, x_2^*)=-\frac{w_1}{w_2} \tag{21.1}$$

（如果出现的是角点解，也就是说，此点只要求使用一定数量的一种要素，那么，相切条件就不需要得到满足。同样，如果生产函数呈现折拗形状，相切条件也就没有什么意义。这与消费者理论中的情况类似，所以，我们在本章中不会再强调这些特殊的情况。）

方程式(21.1)体现的代数思想并不复杂。考虑当产量保持不变时，生产方式的任意改变$(\Delta x_1, \Delta x_2)$。这种变化必定满足

$$MP_1(x_1^*, x_2^*)\Delta x_1+MP_2(x_1^*, x_2^*)\Delta x_2=0 \tag{21.2}$$

注意到，Δx_1和Δx_2一定具有相反的符号；如果增加要素 1 的使用量，为了保持产量不变，就必须减少要素 2 的使用量。

如果我们最初处在成本最小化的点上，那么，这种变动就不可能降低成本，所以，我们有

$$w_1\Delta x_1+w_2\Delta x_2\geqslant 0 \tag{21.3}$$

现在，考虑这样一种变动$(-\Delta x_1, -\Delta x_2)$。这种变动也能维持相同的产量水平，并且，它也不可能降低成本。这意味着

$$-w_1\Delta x_1-w_2\Delta x_2\geqslant 0 \tag{21.4}$$

联立方程(21.3)和方程(21.4),我们得到

$$w_1\Delta x_1+w_2\Delta x_2=0 \tag{21.5}$$

从方程(21.2)和(21.5)求解出 $\Delta x_2/\Delta x_1$,得到

$$\frac{\Delta x_2}{\Delta x_1}=-\frac{w_1}{w_2}=-\frac{MP_1(x_1^*,\ x_2^*)}{MP_2(x_1^*,\ x_2^*)}$$

这恰好是上述几何方法推导出的成本最小化条件。

注意,图 21.1 与前面讨论过的消费者选择问题的处理方式具有某种相似性。虽然两者的结果看起来相同,但实际上它们不属于同一类问题。在消费者问题中,直线表示预算约束,消费者沿这条预算约束线移动以寻求其最偏好的位置。而在生产者问题中,等产量线是技术约束,生产者沿着这条等产量线移动以寻求最优的位置。

通常,使厂商的生产成本最小的要素选择取决于要素的价格和厂商计划的产出量,因此,我们把这种要素选择记为 $x_1(w_1,\ w_2,\ y)$和 $x_2(w_1,\ w_2,\ y)$,这就是所谓的*有条件的要素需求函数*或*派生的要素需求*。它度量的是,在厂商生产某个既定产量 y 的条件下,价格、产量以及厂商的最优要素选择之间的关系。

特别需要注意的是,有条件的要素需求与上一章所讨论的实现利润最大化的要素需求之间的区别。有条件的要素需求给出的是既定产量水平下的成本最小化选择;实现利润最大化的要素需求则给出了既定产出品价格下的利润最大化选择。

通常,有条件的要素需求是观察不到的,它们是一个假设的定义。它回答的是这样一个问题:如果厂商想以最经济的方式生产某个既定的产量,它们将如何选择每种要素的使用量。但是,有条件的要素需求是一种非常有用的方法,它可以使得最优产量水平的确定问题与最经济有效的生产方式的确定问题分离开。

例子:特定技术下的成本最小化

假定我们考虑要素为完全互补品情况下的技术,即 $f(x_1,\ x_2)=\min\{x_1,\ x_2\}$,显然,当厂商要生产的产量为 y 时,它就需要 y 单位的 x_1 和 y 单位的 x_2。因此,最小生产成本为

$$c(w_1,\ w_2,\ y)=w_1y+w_2y=(w_1+w_2)y$$

在完全替代的技术下,即 $f(x_1,\ x_2)=x_1+x_2$,情况又会如何?在生产过程中,由于要素 1 和要素 2 是完全替代品,厂商显然会使用价格较低的要素。因此,当产量为 y 时,最小成本是 w_1y 和 w_2y 中较小的那个,也就是说

$$c(w_1,\ w_2,\ y)=\min\{w_1y,\ w_2y\}=\min(w_1,\ w_2)y$$

最后,我们考察柯布-道格拉斯技术,它的表达式为 $f(x_1,\ x_2)=x_1^a x_2^b$,这里,我们可以运用微积分把成本函数整理为

$$c(w_1,\ w_2,\ y)=Kw_1^{\frac{a}{a+b}}\ w_2^{\frac{b}{a+b}}\ y^{\frac{1}{a+b}}$$

式中,K 是常数,它取决于 a、b 的取值。计算的详细过程可参见附录。

21.2 显示的成本最小化

厂商选择生产要素的使用量，以实现生产成本的最小化。这个假定蕴涵着观察到的选择是如何随着要素价格的变化而变化的。

假定我们观察到两组要素价格(w_1^t, w_2^t)和(w_1^s, w_2^s)，与此相应的厂商的选择分别为(x_1^t, x_2^t)和(x_1^s, x_2^s)。假定这两个选择都生产相同的产量 y。如果每一种选择按相应的价格都是成本最小化的选择，那么，我们一定有

$$w_1^t x_1^t + w_2^t x_2^t \leqslant w_1^t x_1^s + w_2^t x_2^s$$

和

$$w_1^s x_1^s + w_2^s x_2^s \leqslant w_1^s x_1^t + w_2^s x_2^t$$

如果厂商总是选择成本最小化的方法生产 y 单位的产量，那么，它在 t 期和 s 期的选择必定满足上述不等式。我们把这些不等式称作成本最小化的弱公理(Weak Axiom of Cost Minimization，WACM)。

把第二个不等式变形为

$$-w_1^s x_1^t - w_2^s x_2^t \leqslant -w_1^s x_1^s - w_2^s x_2^s$$

再将它与第一个不等式相加，得到

$$(w_1^t - w_1^s)x_1^t + (w_2^t - w_2^s)x_2^t \leqslant (w_1^t - w_1^s)x_1^s + (w_2^t - w_2^s)x_2^s$$

然后，重新整理，得

$$(w_1^t - w_1^s)(x_1^t - x_1^s) + (w_2^t - w_2^s)(x_2^t - x_2^s) \leqslant 0$$

用符号“Δ”表示两种要素需求的变动，我们可以得到

$$\Delta w_1 \Delta x_1 + \Delta w_2 \Delta x_2 \leqslant 0$$

这个不等式是从成本最小化行为的假设推导出的。在要素价格变动而产量保持不变时，此不等式隐含着对厂商行为变化的限制。

例如，如果第一种要素的价格上涨，而第二种要素的价格保持不变，即 $\Delta w_2=0$，那么，上述不等式就变为

$$\Delta w_1 \Delta x_1 \leqslant 0$$

如果要素 1 的价格上涨，那么，该不等式就表明对要素 1 的需求必定减少，因此，有条件的要素需求曲线必定是向下倾斜的。

当我们变动参数时，最小的生产成本会如何变化呢？不难发现，如果任意一种要素的价格上涨，成本肯定会增加；如果一种要素变得更昂贵而另一种要素的价格不变，那么，最小成本就不可能下降而只会上升。同样，如果厂商选择生产更多的产量，而要素价格保持不变，那么，成本肯定会上升。

21.3 规模报酬和成本函数

在第 19 章,我们讨论过生产函数的规模报酬问题。回顾前面的分析,当对于所有的 $t>1$, $f(tx_1, tx_2)$ 大于、小于或等于 $tf(x_1, x_2)$ 时,相应地,我们分别称这种技术是规模报酬递增、递减或不变的。可见,由生产函数显示的规模报酬类型与成本函数的变化之间存在着密切的联系。

首先,我们考察一种合乎常规的情形,即规模报酬不变。假定我们已经解决了生产 1 单位产量的成本最小化问题,从而也就得到了*单位成本函数* $c(w_1, w_2, 1)$。那么,用什么方法可以使生产 y 单位产量的成本最小呢?很简单,只需把生产 1 单位产量所使用的每一种要素乘以 y 即可,这就是说,生产 y 单位产量的最小成本恰好是 $c(w_1, w_2, 1)y$。在规模报酬不变的情况下,成本是产量的线性函数。

在规模报酬递增的条件下,情况又会如何呢?这里,可以证明,成本的增长幅度小于产量的增长幅度。如果厂商决定使产量翻番,只要要素的价格保持不变,那么,厂商的成本增长小于 1 倍就可以得到这些产量。从规模报酬递增的定义可以很自然地推出这个结论:要素的使用量增长 1 倍,产量的增长就会超过 1 倍。因此,厂商要想使产量翻番,只要使每一种要素的增长幅度小于 1 倍,就可以实现目标。

由于每种要素的使用量增加 1 倍就会使成本恰好也增加 1 倍,所以,每种要素增加小于 1 倍就会使成本增加也小于 1 倍。这就是说,成本函数的增长幅度小于产量的增长幅度。

同样,如果技术显示规模报酬递减,那么,成本函数的增长幅度大于产量的增长幅度。如果产量增加 1 倍,成本增加就大于 1 倍。

这些结论可以用*平均成本函数*的变化来说明。平均成本函数是生产 y 单位产量的单位成本:

$$AC(y)=\frac{c(w_1, w_2, y)}{y}$$

如果技术显示出规模报酬不变,那么,由上述分析可知成本函数的形式为 $c(w_1, w_2, y)=c(w_1, w_2, 1)y$。这意味着,平均成本函数为

$$AC(w_1, w_2, y)=\frac{c(w_1, w_2, 1)y}{y}=c(w_1, w_2, 1)$$

即不论厂商生产多少,产品的单位成本保持不变。

如果技术显示出规模报酬递增,那么,成本的增长幅度就会小于产量的增长幅度,所以,平均成本相对产量将下降:随着产量的增加,平均成本将趋于下降。

同样,如果技术显示规模报酬递减,那么平均成本将随产量增加而上升。

如前文所述,一种技术可能同时包括了规模报酬递增、不变和递减的区域——在不同的产量水平上,产量的增长可能会快于、等于或慢于厂商经营规模的增长。相应的,在不同的产量水平上,成本函数的增长可能慢于、等于或快于产量的增长。这意味着,平均成

本函数在不同的产量水平上可能会递减、不变或递增。在下一章，我们将更深入地探讨这些可能性。

从现在起，我们将特别关注成本函数随产量变化而发生的变化。在大多数情况下，我们把要素价格看作维持在某个事先确定的水平上，从而成本只取决于厂商的产量选择。因此，在下文，我们把成本函数表述为仅仅是产量的函数，即 $c(y)$。

21.4 长期成本和短期成本

成本函数定义为生产既定产量时的最小成本。通常，把厂商能够调整所有生产要素时实现的最小成本，与厂商仅仅能调整部分生产要素时实现的最小成本区分开，是非常重要的。

我们曾经把短期定义为这样一个时期，在这个时期内，某些生产要素的使用量必须是固定不变的。而在长期内，所有的生产要素都可以自由变动。短期成本函数定义为在只有可变生产要素可以调整的情况下，生产既定产量时的最小成本，长期成本函数则表示在一切生产要素都可以自由调整的情况下，生产既定产量时的最小成本。

假定在短期内，要素 2 固定在某个事先确定的水平 $\bar{x}_2$ 上，虽然在长期内它是可以自由变动的。那么，短期成本函数就定义为

$$c_s(y, \bar{x}_2) = \min_{x1} w_1x_1 + w_2\bar{x}_2$$

$$\text{s.t. } f(x_1, \bar{x}_2) = y$$

注意，在短期内，生产 y 单位产量的最小成本取决于不变要素的使用数量和成本。

在只存在两种要素的情况下，这种最小化问题很容易解决：我们只需要求出使得 $f(x_1, \bar{x}_2) = y$ 的 x_1 的最小值即可。但是，如果有许多种要素短期内可以变动，成本最小化问题的计算就会变得非常复杂。

要素 1 的短期要素需求函数指的是实现成本最小化的要素 1 的需求量。它一般取决于该要素的价格和不变要素的数量，所以，我们可以把短期的要素需求记为

$$x_1 = x_1^s(w_1, w_2, \bar{x}_2, y)$$

$$x_2 = \bar{x}_2$$

上述方程仅仅表明，如果工厂规模在短期内是固定的，那么，在任何既定的价格和产量选择下，厂商想要雇用的工人数量通常取决于工厂规模。

注意，根据短期成本函数的定义，我们有

$$c_s(y, \bar{x}_2) = w_1x_1^s(w_1, w_2, \bar{x}_2, y) + w_2\bar{x}_2$$

这表明，生产 y 单位产量的最小成本就是与成本最小化的要素选择有关的成本。依据定义，这是正确的，也是非常有用的。

这里，长期成本函数定义为

$$c(y) = \min_{x1,\, x2} w_1x_1 + w_2x_2$$

$$\text{s.t. } f(x_1, x_2)=y$$

式中,两种要素都可以自由变动,长期成本仅与厂商在既定要素价格下的产量有关。我们用$c(y)$表示长期成本函数,并把长期的要素需求记为

$$x_1=x_1(w_1, w_2, y)$$
$$x_2=x_2(w_1, w_2, y)$$

我们也可以把长期成本函数记为

$$c(y)=w_1x_1(w_1, w_2, y)+w_2x_2(w_1, w_2, y)$$

如前文所述,该方程表明,最小成本就是厂商利用成本最小化的要素选择所产生的成本。

短期成本函数和长期成本函数之间存在着一种有趣的关系,我们在下一章将运用这种关系。为简化起见,假定要素价格固定在某个事先确定的水平上,则长期的要素需求可以记为

$$x_1=x_1(y)$$
$$x_2=x_2(y)$$

那么,长期成本函数也可以记为

$$c(y)=c_s(y, x_2(y))$$

要理解为什么这是正确的,只需思考一下该方程的含义。该方程表示,在所有要素都可自由变动时的最小成本,恰好就是要素 2 固定在使长期成本最小化的水平上时的最小成本。由此,可变要素的长期需求——成本最小化选择——就可以表示为

$$x_1(w_1, w_2, y)=x_1^s(w_1, w_2, x_2(y), y)$$

这个式子表明,在长期内,使成本最小化的可变要素的使用量就是厂商在短期内所选择的使用量——如果厂商的固定要素使用量恰好是实现长期成本最小化的数量。

21.5 不变成本和准不变成本

在第 20 章,我们曾经区分过不变要素和准不变要素。不变要素是指不论生产与否都必须支付成本的要素。准不变要素是指只有在厂商决定生产一定单位的产量时才需要支付成本的要素。

很自然,我们可以用同样的方法来定义不变成本和准不变成本。不变成本是与不变要素相关的成本,这种成本与产出水平无关。特别值得注意的是,厂商不论是否生产都必须支付这种成本。准不变成本也是与产量水平无关的成本,但只要厂商生产一定单位的产量,它就必须支付这种成本。

根据长期的定义,在长期内不存在不变成本。但在长期内很容易产生准不变成本。如果厂商在生产前必须支付一定数量的货币,准不变成本就产生了。

21.6 沉没成本

沉没成本是另外一类不变成本。通过一个例子，这个概念可以获得最好的解释。假定你已经决定租赁一间办公室，期限是一年。你承诺每个月支付的租金就是一种不变成本，因为你有义务进行这笔支付，而不论你的产出如何。现在，假定你决定将办公室粉刷一新，并添置新家具。油漆的成本是一种不变成本，并且它也是一种沉没成本，这是因为这种成本一旦支出就不能再收回。另一方面，购买家具的成本不完全是沉没的，因为你在添置新家具后可以再将它卖掉。只有新家具和旧家具之间的成本差异才是沉没的。

为了更详细地说明上述情况，假定你在年初按10%的利率借入 20 000 美元。你签订一份租赁办公室的合同，并事先支付一年的租金 12 000 美元。你又支出6 000美元购买家具，花费 2 000 美元粉刷办公室。在年末，你偿还 20 000 美元的借款以及 2 000 美元的利息，并按 5 000 美元的价格将旧家具出售。

你的全部沉没成本包括 12 000 美元的租金、2 000 美元的利息、2 000 美元的粉刷费用，以及仅仅 1 000 美元的家具费用，这是因为在家具的最初支出中有 5 000 美元已收回。

沉没成本和可收回成本之间可能有很大的差异。为购买 5 辆轻型卡车而支付的100 000美元看起来是一大笔钱，但是，如果它们以后能够在旧卡车市场上按80 000美元的价格被出售，实际的沉没成本就只有 20 000 美元。为定制用来压制机械的机器设备而支出 100 000 美元的情况有所不同：这种机器设备的转售价值为零；在这种情况下，全部支出都是沉没成本。

使这些问题变得显而易见的最佳方式是确保所有的支出都是一种流量：例如，业务维持 1 年需要支出多少？这样，你就不太可能忘记资本设备的转售价值，并更有可能记住沉没成本与可收回成本之间的差异。

小　结

1. 成本函数 $c(w_1, w_2, y)$度量的是按既定要素价格生产既定产量的最小成本。
2. 成本最小化行为给厂商的选择施加了某些可观察到的限制。特别是，有条件的要素需求函数具有负的斜率。
3. 在由技术显示的规模报酬和成本函数的变化之间存在着密切的关系，规模报酬递增意味着平均成本递减，规模报酬递减意味着平均成本递增，规模报酬不变意味着平均成本不变。
4. 沉没成本指的是不可收回的成本。

复习题

1. 证明一家利润最大化的厂商总是成本最小化的。
2. 一家在 $MP_1/w_1 > MP_2/w_2$ 情况下生产的企业如何降低成本而又维持相同产量？

3. 假定一个成本最小化的厂商使用两种完全替代的投入。如果这两种投入的价格相同,它们的有条件要素需求会是什么样子?

4. 一家成本最小化的厂商所使用纸的价格上涨。企业对此的反应是改变对某些要素的需求量,但维持产量不变。在这种情况下,企业的用纸量会发生怎样的变化?

5. 设一家厂商使用 n 种投入($n>2$),对于一个既定的产出水平,关于要素价格变化(Δw_i)和要素需求变化(Δx_i),显示的成本最小化理论会导出什么不等式?

附录

我们运用第 5 章介绍的最优化技术来研究正文中提出的成本最小化问题。这个问题是一个形式如下的受约束的最小化问题

$$\min_{x1,\ x2} w_1 x_1 + w_2 x_2$$

$$\text{s.t. } f(x_1,\ x_2) = y$$

回想一下,我们有几种技术可以求解这类问题。一种方法是把约束条件代入目标函数。当我们拥有 $f(x_1,\ x_2)$的具体函数形式时,我们仍然可以运用这种方法,但这种方法在一般场合却很少被使用。

第二种方法是拉格朗日乘数法,这种方法很起作用,为了应用这种方法,我们建立拉格朗日函数

$$L = w_1 x_1 + w_2 x_2 - \lambda(f(x_1,\ x_2) - y)$$

将其对 x_1、x_2 和 λ 微分,从而得到一阶条件

$$w_1 - \lambda \frac{\partial f(x_1,\ x_2)}{\partial x_1} = 0$$

$$w_2 - \lambda \frac{\partial f(x_1,\ x_2)}{\partial x_2} = 0$$

$$f(x_1,\ x_2) - y = 0$$

最后一个条件就是约束条件。我们可重新整理前两个方程,并用第二个方程除第一个方程以得到

$$\frac{w_1}{w_2} = \frac{\partial f(x_1,\ x_2)/\partial x_1}{\partial f(x_1,\ x_2)/\partial x_2}$$

注意,这同我们在正文中导出的一阶条件是一样的:技术替代率必须等于要素价格比率。

我们将这个方法应用于柯布-道格拉斯生产函数:

$$f(x_1,\ x_2) = x_1^a x_2^b$$

成本最小化问题于是成为

$$\min_{x_1, x_2} w_1x_1 + w_2x_2$$
$$\text{s.t. } x_1^a x_2^b = y$$

这里,我们有一个具体的函数形式,所以,我们可以用代入法,也可以用拉格朗日法来求解。代入法包括首先解出作为 x_1 的函数的 x_2 的约束条件。

$$x_2 = (yx_1^{-a})^{1/b}$$

然后,把这个解代入目标函数得到不受约束的最小化问题

$$\min_{x_1} w_1x_1 + w_2(yx_1^{-a})^{1/b}$$

现在,我们对 x_1 求微分并令所得的导数像通常一样等于零。从导出的方程中可以解出作为 w_1、w_2 和 y 的函数的 x_1,从而得到 x_1 的有条件的要素需求。这并不难理解,只是代数表示比较繁杂,所以这里不再详尽写出。

但是,我们可以解拉格朗日问题。它的三个一阶条件分别是

$$w_1 = \lambda a x_1^{a-1} x_2^b$$
$$w_2 = \lambda b x_1^a x_2^{b-1}$$
$$y = x_1^a x_2^b$$

第一个方程乘上 x_1,第二个方程乘上 x_2,可以得到

$$w_1x_1 = \lambda a x_1^a x_2^b = \lambda a y$$
$$w_2x_2 = \lambda b x_1^a x_2^b = \lambda b y$$

从而导出

$$x_1 = \lambda \frac{ay}{w_1} \tag{21.6}$$

$$x_2 = \lambda \frac{by}{w_2} \tag{21.7}$$

现在,用第三个方程求解 λ。把 x_1 和 x_2 的解代入第三个一阶条件,我们得到

$$\left(\frac{\lambda a y}{w_1}\right)^a \left(\frac{\lambda b y}{w_2}\right)^b = y$$

我们可以从这个方程求解 λ,并得到一个相当复杂的表达式

$$\lambda = (a^{-a} b^{-b} w_1^a w_2^b y^{1-a-b})^{\frac{1}{a+b}}$$

联立式(21.6)和式(21.7),我们得到 x_1 和 x_2 的最终解。这些要素需求函数将取得如下形式

$$x_1(w_1, w_2, y) = \left(\frac{a}{b}\right)^{\frac{b}{a+b}} w_1^{\frac{-b}{a+b}} w_2^{\frac{b}{a+b}} y^{\frac{1}{a+b}}$$

$$x_2(w_1, w_2, y) = \left(\frac{a}{b}\right)^{-\frac{a}{a+b}} w_1^{\frac{a}{a+b}} w_2^{\frac{-a}{a+b}} y^{\frac{1}{a+b}}$$

写下厂商作出成本最小化选择时的成本,就可得到成本函数:

$$c(w_1, w_2, y)=w_1x_1(w_1, w_2, y)+w_2x_2(w_1, w_2, y)$$

经过冗长乏味的代数演算可以证明

$$c(w_1, w_2, y)=\left[\left(\frac{a}{b}\right)^{\frac{b}{a+b}}+\left(\frac{a}{b}\right)^{\frac{-a}{a+b}}\right]w_1^{\frac{a}{a+b}}w_2^{\frac{b}{a+b}}y^{\frac{1}{a+b}}$$

(不用担心,这个公式不会出现在期末考试中,这里无非在演示如何利用拉格朗日乘数法来获得成本最小化问题的明确答案。)

注意,当 $a+b$ 小于、等于或大于1时,成本的增加会线性地大于、等于或小于产量的增加。这是讲得通的,因为柯布-道格拉斯技术显示,规模报酬的递减、不变或递增取决于 $a+b$ 的值。

▶22

成本曲线

在上一章，我们阐述了厂商的成本最小化行为。在本章，我们将利用一种重要的几何图形即成本曲线来继续研究这个问题。成本曲线是对厂商成本函数的几何表述，它在确定最优产量选择时具有非常重要的作用。

22.1 平均成本

回顾上一章所讨论的成本函数。要素的价格为(w_1, w_2)时，生产 y 单位产量的最小成本由函数$c(w_1, w_2, y)$给出。在本章以后的部分，要素的价格保持不变，从而成本就仅仅是产量 y 的函数$c(y)$。

厂商的某些成本与产量水平无关。如同第 21 章所述，这些成本称作不变成本。不论厂商的产量如何，不变成本是厂商必须支付的成本。例如，不论产量如何，厂商都要支付应归还的抵押借款。

另一类成本随着产量的变动而变动：这些成本是可变成本。厂商的总成本总是可以表示为可变成本 $c_v(y)$与不变成本 F 的和，即

$$c(y)=c_v(y)+F$$

平均成本函数度量的是每单位产量的成本，平均可变成本函数度量的是每单位产量的可变成本，平均不变成本函数度量的是每单位产量的不变成本。根据上述的等式，我们可以得到

$$AC(y)=\frac{c(y)}{y}=\frac{c_v(y)}{y}+\frac{F}{y}=AVC(y)+AFC(y)$$

其中，$AVC(y)$表示平均可变成本，$AFC(y)$表示平均不变成本。这些成本函数的几何形状是怎样的呢？最简单的成本函数当然是平均不变成本函数：当 $y=0$ 时，平均不变成本无穷大；随着产量 y 的逐渐增大，平均不变成本趋向于零。见图22.1A所示。

考察可变成本函数。从产量为零开始，考察生产一个单位产量时的情况。当 $y=1$ 时，平均可变成本恰好是生产这个单位产量所花费的可变成本。现在，产量增加到 2 个单

位。我们预期,在最坏的情况下,可变成本会增加1倍,从而平均可变成本保持不变。在产出规模扩大时,如果我们采取一种更有效率的方式组织生产,那么平均可变成本最初甚至可能会下降,但最终,平均可变成本还是会上升。为什么呢?因为只要存在不变要素,它们最终就会制约生产过程。

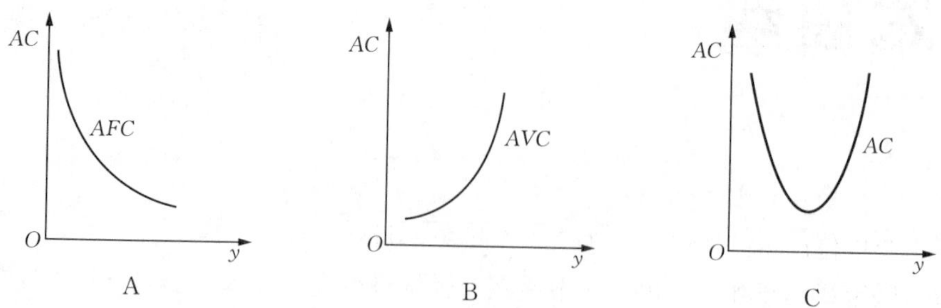

在图A中,当产量增加时,平均不变成本减少;在图B中,平均可变成本最终随着产量的增加而增加;图C综合了这两种效应,就得到U形的平均成本曲线。

图22.1　平均成本曲线图

例如,假设不变成本指的是与一间规模固定的厂房有关的租金或抵押借款。当产量增加时,平均可变成本——单位生产成本——可能暂时不变。但是一旦对厂房的使用达到饱和时,这些成本就会迅速上升,从而使平均可变成本具有图22.1B所示的形状。

平均成本曲线是平均可变成本曲线与平均不变成本曲线的加总,因此,它呈现图22.1C所示的U形。起初平均成本曲线的下降源自平均不变成本的下降;而最终平均成本曲线的上升则是由于平均可变成本的上升所引致的,综合这两种效应,平均成本曲线就呈现图形所示的U形。

22.2　边际成本

还有一条有趣的成本曲线是*边际成本曲线*,它度量的是因产量的变动而引起的成本的变动。这就是说,在任何给定的产量水平 y 上,如果产量变动某个数量 Δy,我们就要考察成本会如何变动:

$$MC/y=\frac{\Delta c(y)}{\Delta y}=\frac{c(y+\Delta y)-c(y)}{\Delta y}$$

我们也可以利用可变成本函数来表示边际成本的定义:

$$MC/y=\frac{\Delta c_v(y)}{\Delta y}=\frac{c_v(y+\Delta y)-c_v(y)}{\Delta y}$$

由于 $c(y)=c_v(y)+F$,当产量 y 变动时不变成本 F 保持不变,所以,上述两种有关边际成本的定义是等价的。

通常,我们取 Δy 为1单位产量,这样,边际成本就等于多生产1单位产量时的成本的变动量。如果我们考虑的是一种离散商品的生产,那么,生产 y 单位产量时的边际成本就等于 $c(y)-c(y-1)$。通常,这是考察边际成本的一种简便的方式,但它有时也会产生歧义。请记住，边际成本度量的是一种变化率，即成本变动量与产出变动量之比。如果产量变动 1 单位，那么，边际成本就可以看似成本的简单变化，但当我们增加 1 单位的产量时，它实际上是一种变化率。

如何把边际成本曲线添加到上文描述的平均成本曲线图中呢？首先，应该注意这样的问题，由定义可知，当产量为零时，可变成本也等于零，于是生产第 1 个单位产量的边际成本为

$$MC(1)=\frac{c_v(1)+F-c_v(0)-F}{1}=\frac{c_v(1)}{1}=AVC(1)$$

因此，第 1 个单位产量的边际成本等于这个单位产量的平均可变成本。

现在，假定我们正在平均可变成本递减的区域进行生产，那么，可以肯定的是，在此区域内边际成本小于平均可变成本。这是因为，要使平均值下降，就必须使增加的数量小于平均值。

考虑表示不同产量水平上的平均可变成本的一系列数值。如果平均可变成本是递减的，那么，每增加 1 单位产量所产生的成本就必定小于该点的平均可变成本。毕竟，要使平均值下降，就必须使新增加的单位小于平均值。

类似地，如果我们处在平均可变成本上升的区域，那么，边际成本必定大于平均可变成本——较高的边际成本在拉动平均成本上升。

由此可见，在平均可变成本曲线最低点的左边，边际成本曲线必定位于平均可变成本曲线之下；在平均可变成本曲线最低点的右边，边际成本曲线必定位于平均可变成本曲线之上。这就意味着，边际成本曲线必定穿过平均可变成本曲线的最低点。

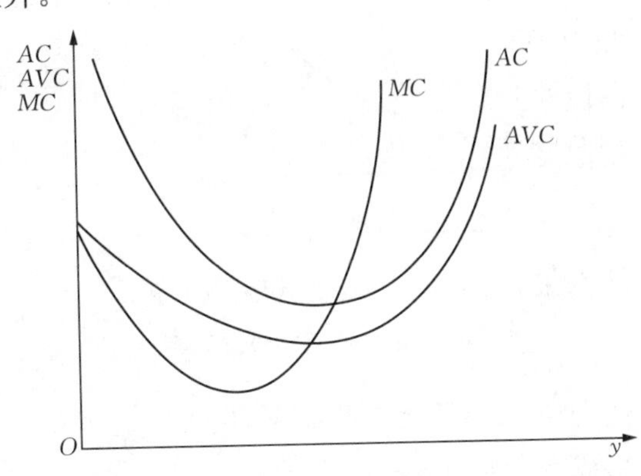

图中，AC 是平均成本曲线，AVC 是平均可变成本曲线，MC 是边际成本曲线。

图 22.2 成本曲线

同样的论证也完全适用于平均成本曲线。如果平均成本曲线是下降的，那么，边际成本必定小于平均成本；反之如果平均成本曲线正在上升，那么，一定是较高的边际成本在拉动平均成本上升。依据这些结论，边际成本曲线具有图 22.2 所示的形状。

复习以下要点：

- 最初，平均可变成本曲线可能下降，但并非一定如此。然而，只要存在不变的生产要素，平均可变成本曲线最终一定会上升。
- 最初，平均成本曲线会因不变成本的下降而下降，但随着平均可变成本的上升，它最终也会随着上升。
- 在第 1 个单位的产量水平上，边际成本等于平均可变成本。
- 边际成本曲线穿过平均可变成本曲线和平均成本曲线的最低点。

22.3 边际成本和可变成本

此外,在各种成本曲线之间还存在另外一些联系。下面举一个不太明显的例子:可以证明,生产 y 单位产量的可变成本,可以表示为边际成本曲线以下一直到产量 y 轴为止的面积。为什么呢?

回顾前文,边际成本曲线度量的是每增加 1 单位产量所产生的成本。如果把每增加 1 单位产量所产生的成本加总起来,我们就可以得到总的生产成本——不包括不变成本。

在产出品为离散商品的情况下,这个结论严格成立。首先,我们注意到

$$c_v(y)=[c_v(y)-c_v(y-1)]+[c_v(y-1)-c_v(y-2)]+\cdots+[c_v(1)-c_v(0)]$$

由于 $c_v(0)=0$,并且,上式中的所有中间项可以相互抵消,即第 2 项可以与第 3 项抵消,第 4 项可以与第 5 项抵消,等等,所以上述结论是正确的。但是,上式的每一项都是不同产量水平下的边际成本,即

$$c_v(y)=MC(y-1)+MC(y-2)+\cdots+MC(0)$$

因此,上式的每一项都表示以 $MC(y)$ 为高,以 1 为底的矩形的面积。把所有这些矩形加总起来得到了边际成本曲线以下的面积,如图 22.3 所示。

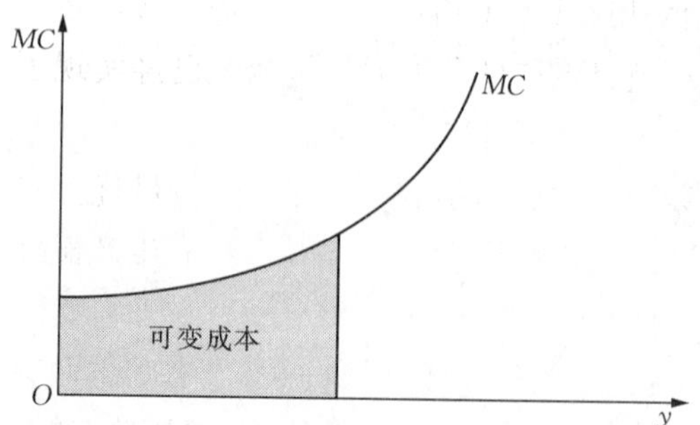

边际成本曲线以下的面积表示可变成本。

图 22.3 边际成本和可变成本

例子:具体的成本曲线

考察成本函数 $c(y)=y^2+1$,从中,我们可以推导出以下的成本曲线:

- 可变成本:$c_v(y)=y^2$
- 不变成本:$c_f(y)=1$
- 平均可变成本:$AVC(y)=\frac{y^2}{y}=y$
- 平均不变成本:$AFC(y)=\frac{1}{y}$
- 平均成本:$AC(y)=\frac{y^2+1}{y}=y+\frac{1}{y}$
- 边际成本:$MC(y)=2y$

除边际成本曲线以外,这些成本曲线都很明显,但如果熟悉微积分,边际成本曲线也很容易理解。如果成本函数为 $c(y)=y^2+F$,那么,边际成本函数就是 $MC(y)=2y$。如果你还不理解这一点,那就记住它,因为在练习题中你会用到它。

这些成本曲线的形状如何呢?绘制上述成本曲线的最简单方法是先画出平均可变成本曲线,它是一条斜率为 1 的直线。然后,再画一条斜率为 2 的直线,即边际成本曲线。

平均成本曲线在最低点处与边际成本曲线相交,即

$$2y=\frac{1}{y}+y$$

求解上式，得到 $y_{\min}=1$。当 $y=1$ 时，平均成本等于 2，这也就是边际成本。图 22.4 显示了绘制好的成本曲线图。

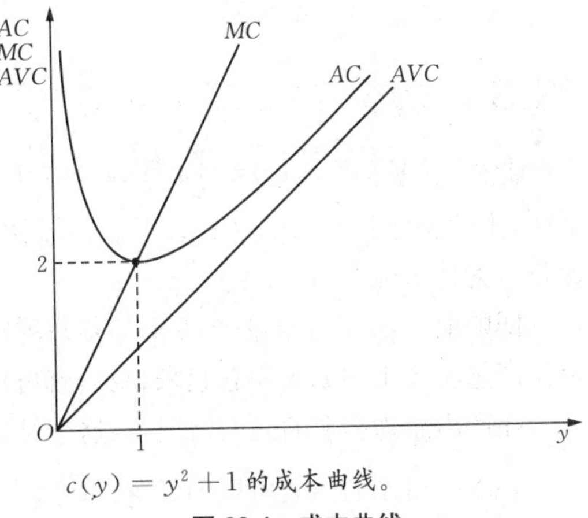

$c(y)=y^2+1$ 的成本曲线。

图 22.4 成本曲线

例子：两家工厂的边际成本曲线

假定存在两家工厂，它们具有不同的成本函数，分别表示为 $c_1(y_1)$ 和 $c_2(y_2)$。现在，要用最经济的方式生产 y 单位的产量。通常，你会让每家工厂分别生产一定数量的产出。问题是，每家工厂应该分别生产多少？

构造最小化问题：

$$\min_{y_1,\, y_2} c_1(y_1)+c_2(y_2)$$
$$\text{s.t. } y_1+y_2=y$$

现在，如何求解这个问题？在产量的最优分配点上，工厂 1 的边际成本必须等于工厂 2 的边际成本。为了证明这一点，假定两家工厂的边际成本不相等，那么，把边际成本较高的厂家的一部分产量转移到边际成本较低的工厂就是值得的。如果产量分配已经实现了最优，那么，把产量从一家工厂转移到另一家工厂生产就不可能降低成本。

令 $c(y)$ 表示以最经济的方式生产 y 单位产量时的成本函数——即已经按最优方式在两家工厂分配产量时，生产 y 单位产量时的成本。因此，不论选择哪一家工厂生产额外的 1 单位产量，所产生的边际成本都相同。

在图 22.5 中，我们绘制出了两家工厂的边际成本曲线 $MC_1(y_1)$ 和 $MC_2(y_2)$。把两家工厂看作一个整体时的边际成本曲线等于这两条边际成本曲线在水平轴上的加总，如图 22.5C 所示。

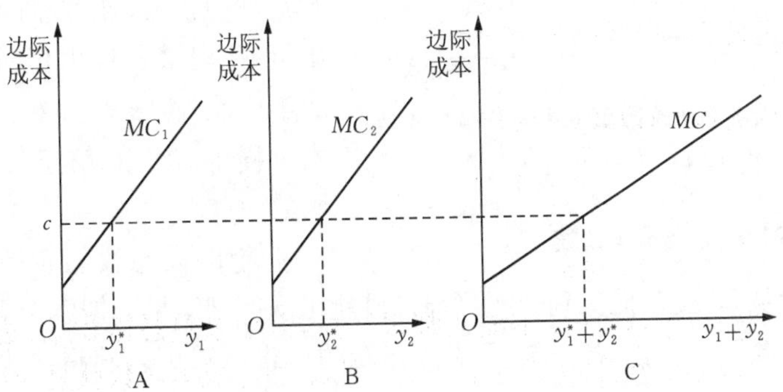

右侧的总边际成本曲线是左侧所示的两家工厂的边际成本曲线在水平方向上的加总。

图 22.5 拥有两家工厂的厂商的边际成本

对于边际成本的任意水平 c，两家工厂将分别生产 y_1^* 和 y_2^*，使得 $MC_1(y_1^*)=MC_2(y_2^*)=c$，从而最终得到 $y_1^*+y_2^*$ 单位的总产出。因此，在边际成本的任意水平 c 上的产出量，就是工厂 1 的边际成本等于 c 时的产量与工厂 2 的边际成本等于 c 时的产量之和:边际成本曲线的水平加总。

22.4 在线拍卖的成本曲线

我们在第 18 章讨论了搜索引擎广告的拍卖模型。回想一下模型设定。在用户向搜索引擎输入查询项时,该查询项会被与广告商选择的关键词相互进行配对。关键词与查询项相互配对成功的那些广告商将进入拍卖过程。出价最高者获得最显著的位置,出价次高者获得次佳的显著位置,其他依此类推。在广告质量等其他因素相同时,位置越显著,广告越容易吸引用户的点击。

在已经讨论的拍卖模型中,假设每个广告商都能对每个关键词分别出价。在实践中,广告商在他们参与的所有拍卖中都选择单一的报价。对广告商而言,拍卖决定价格的事实并非那么重要。问题的关键在于,广告商获得的点击数 x 与获得这些点击数的成本 $c(x)$之间的关系。

这只不过是我们的总成本函数的原有形式而已。一旦广告商知道了这个成本函数,它就知道自己希望购买多少点击数了。令 v 表示一次点击的价值,利润最大化问题就是

$$\max_{x} vx - c(x)$$

我们已经知道,最优解保证每次点击的价值等于边际成本。只要广告商知道利润最大化的点击数,广告商就能选择实现利润最大化的点击数的拍卖出价。

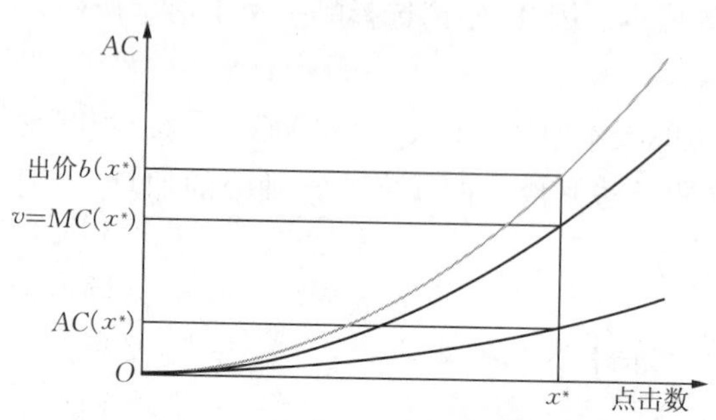

利润最大化的点击数要求每次点击的价值等于边际成本,这也决定了适当的拍卖出价和每次点击的平均成本。

图 22.6 点击成本曲线

图 22.6 说明了平均成本和边际成本的标准形式,也显示了利润最大化的过程。在图 22.6 中,新增加的曲线显示了广告商的出价。

广告商如何发现自己的成本曲线呢? 一种答案是广告商可以试行不同的出价,并记录各种出价对应的点击数和成本。此外,搜索引擎也可以利用从拍卖过程中收集的信息提供估算的成本函数。

例如,设想我们希望估算广告商将每次点击的出价从 50 美分提高到 80 美分时,可能出现何种结果。搜索引擎可以关注涉及广告商参与如何改变广告位置、广告商期待在新的广告位置可以获得多少新的点击数的每次拍卖。

22.5 长期成本

在前面的分析中,我们把不变成本看作厂商对短期内不能调整的要素所支付的成本。在长期内,厂商可以选择“不变”要素的水平,这些要素不再保持不变。

当然，长期内仍然会存在准不变要素。也就是说，技术可能显示这样的特征：要生产一定数量的产出，厂商必须支付某种成本。但长期内不存在不变成本，这是因为厂商总是有可能生产零单位产出，从而不产生任何成本，也就是说，厂商要停止生产总是可能的。如果长期内存在准不变成本，那么，与短期内的情形相同，平均成本曲线也呈现U形。但是，由长期的定义可知，在长期内以零成本生产零产量总是可能的。

当然，长期的时间跨度取决于我们所分析的具体问题。如果考虑的不变要素是工厂规模，那么，长期的时间跨度就要视厂商需要多久才能改变工厂规模而定。如果考虑的不变要素是薪资合同，那么，长期的时间跨度就要取决于厂商需要多久才能改变雇佣规模。

进一步具体化，我们把工厂规模看作不变要素，并用 k 表示。假定厂商拥有一家 k 平方英尺的工厂，短期成本函数表示为 $c_s(y, k)$，这里，下标 s 表示短期(k 相当于第21章中的 $\bar{x}_2$)。

对于任意给定的产量水平，都存在一种最优的工厂规模，用 $k(y)$表示。这就是厂商对作为产量函数的工厂规模的有条件的要素需求(当然，这还要取决于工厂规模和其他生产要素的价格，但在这里，我们不考虑这些因素)。因此，如同第21章的分析，厂商的长期成本函数由 $c_s(y, k(y))$给出。这是在厂商能把工厂规模调整到最优的条件下，生产 y 单位产量的总成本。厂商的长期成本函数就是在不变要素最优选择上的短期成本函数：

$$c(y)=c_s(y, k(y))$$

我们转向它的几何解释。选择某个产量 y^*，令 $k^*=k(y^*)$表示厂商生产产量 y^* 时的最优规模。如上文所述，一家规模为 k^* 的工厂，其短期成本函数可以由 $c_s(y, k^*)$给出，长期成本函数可以由 $c(y)=c_s(y, k(y))$ 给出，恰好同上述一样。

现在，注意这样一个重要事实：生产 y 单位产量的短期成本总是至少等于生产相同产量的长期成本。为什么呢？在短期内，厂商的工厂规模是固定的，而在长期内，厂商可以任意调整工厂规模。由于厂商的长期选择之一是选择工厂规模 k^*，所以，生产 y 单位产量的最优选择所产生的成本至多等于$c(y, k^*)$。这就是说，通过调整生产规模，厂商至少能够做到和规模固定时一样好。因此，对于所有的产量 y，我们有

$$c(y)\leqslant c_s(y, k^*)$$

事实上，在某个特定的产量水平 y^* 上，

$$c(y^*)=c_s(y^*, k^*)$$

为什么呢？因为在产量 y^* 上，工厂规模的最优选择是 k^*。因此，在产量 y^* 上，长期成本等于短期成本。

如果短期成本总是大于长期成本，并且在某个产量水平上两者相等，那么，这就意味着短期与长期平均成本具有相同的特征：$AC(y)\leqslant AC_s(y, k^*)$，$AC(y^*)=AC_s(y^*, k^*)$。这两个式子意味着，短期平均成本曲线总是位于长期平均成本曲线之上，并且两者仅仅在 y^* 点接触，也就是说，长期平均成本曲线(LAC)与短期平均成本曲线(SAC)必定

在该点相切,如图 22.7 所示。

对于除 y^* 之外的其他产量,我们也可以进行相同的分析。假定我们选择一组产量 $y_1, y_2, \cdots, y_n$,相应地,工厂规模分别为 $k_1=k(y_1), k_2=k(y_2), \cdots, k_n=k(y_n)$,那么,我们就可以得到图 22.8 所示的曲线。考察图 22.8,我们发现,长期平均成本曲线是短期平均成本曲线的下包络线。

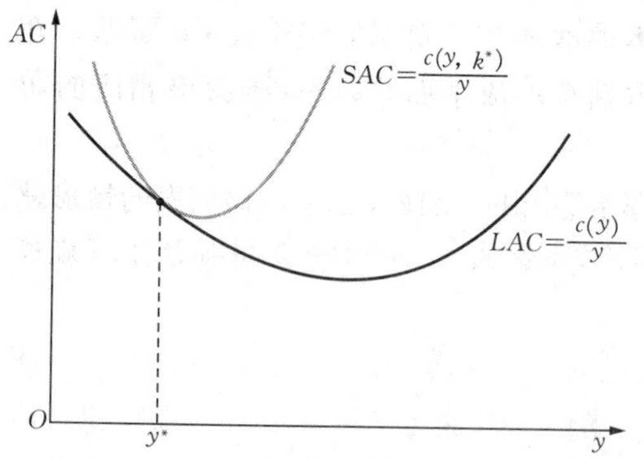

短期平均成本曲线必定与长期平均成本曲线相切。

图 22.7 短期平均成本和长期平均成本

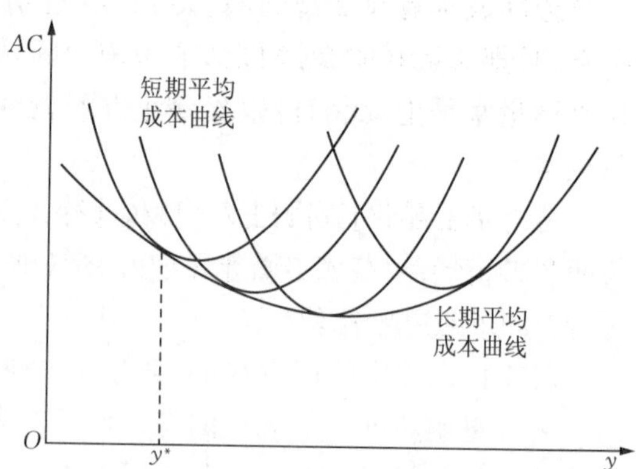

长期平均成本曲线是短期平均成本曲线的包络线。

图 22.8 短期平均成本和长期平均成本

22.6 离散的工厂规模水平

在上面的讨论中,我们隐含地假定,可以连续地选择一系列不同的工厂规模。因此,每一个不同的产量都有唯一一个与之相适应的最佳工厂规模。但是,如果只能选择少数几个不同的工厂规模,情况又会如何呢?

例如,假定我们只能选择 4 种不同的工厂规模 k_1、k_2、k_3 和 k_4。我们可以绘制出与这些工厂规模相对应的 4 条不同的平均成本曲线,如图 22.9 所示。

我们怎样描绘长期平均成本曲线呢?回顾一下,长期平均成本曲线是通过调整 k 实现最优化而得到的成本曲线。在这种情况下,要做到这点并不难,由于只有 4 种不同的工厂规模,我们只需要找出成本最低的工厂规模即可。这就是说,对于任意的产量,我们只需要选择那种使生产该产量的成本最小的工厂规模即可。

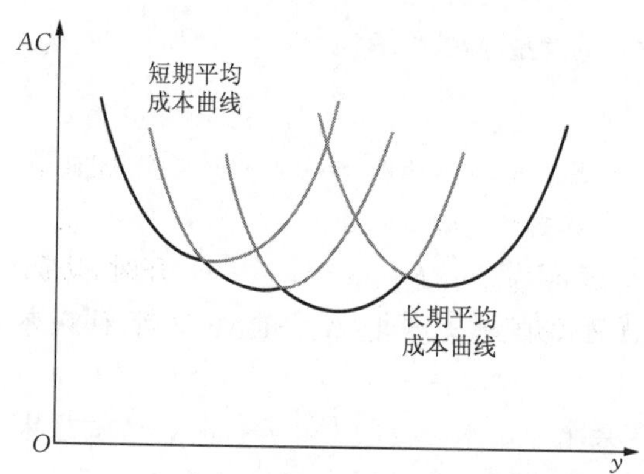

与前面一样,长期成本曲线是短期成本曲线的下包络线。

图 22.9 离散的工厂规模水平

因此,长期平均成本曲线将是短期平均成本曲线的下包络线,如图 22.9 所示。注意,图 22.9 和图 22.8 在性质上完全相同。短期平均成本总是至少等于长期平均成本,并且在两者相等的产量上,厂商对不变要素的长期需求恰好等于不变要素的使用量。

22.7 长期边际成本

在上一节，我们已经阐明，长期平均成本曲线是短期平均成本曲线的下包络线。这对边际成本有什么意义呢？我们首先考虑离散的工厂规模水平的情形。在这种情况下，长期边际成本曲线包含了短期边际成本曲线的相应部分，如图 22.10 所示。在任意产量水平上，我们可以找到正在经营的短期平均成本曲线，然后再找出相应的边际成本。

不论存在多少不同的工厂规模，这种方法都是适用的。因此，连续工厂规模的情形就如图 22.11 所示。任意产量水平 y 上的长期边际成本必须与生产该产量的最优工厂规模所对应的短期边际成本相等。

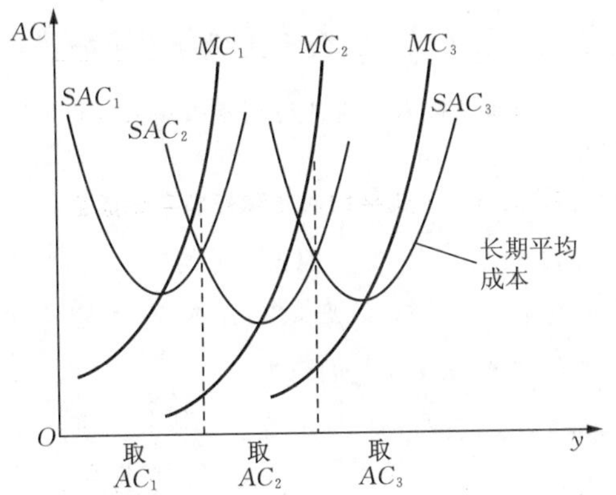

当不变要素的水平离散时，厂商就会选择使平均成本最小的不变要素的数量，因此，长期边际成本曲线由各条与每种不同的不变要素水平相联系的短期边际成本曲线的线段组成。

图 22.10 长期边际成本

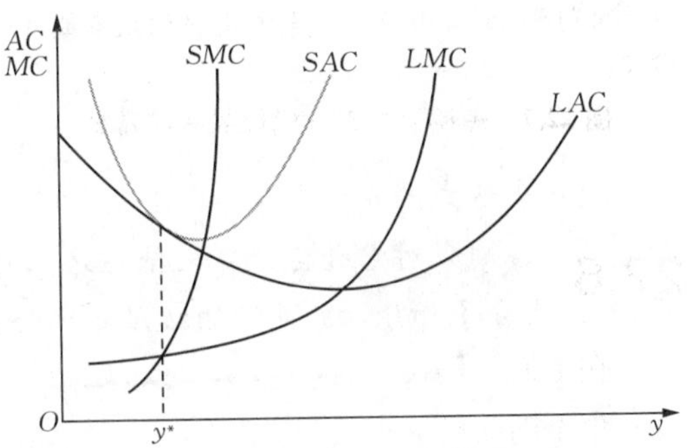

具有连续的不变要素水平的长期边际成本和短期边际成本之间的关系。

图 22.11 长期边际成本

小 结

1. 平均成本由平均可变成本加平均不变成本组成。平均不变成本总是随产量增加而下降，而平均可变成本却趋于上升。净结果是 U 形的平均成本曲线。
2. 当平均成本下降时，边际成本曲线位于平均成本曲线下方；当平均成本上升时，边际成本曲线位于平均成本曲线上方。在最小平均成本点上，边际成本一定等于平均成本。
3. 边际成本曲线下的面积是对可变成本的度量。
4. 长期平均成本曲线是短期平均成本曲线的下包络线。

复习题

1. 下面哪些话正确?(1)平均不变成本决不会随产量增加而提高;(2)平均总成本始终大于或等于平均可变成本;(3)边际成本下降时,平均成本不可能上升。

2. 一厂商在两家工厂生产相同的产品。如果第一家工厂的边际成本大于第二家工厂的边际成本,这厂商该如何减少成本并维持相同的产出水平?

3. 对或错?在长期内,厂商总是在最优工厂规模的最小平均成本水平上经营,以生产既定数量的产品。

附录

在正文中,我们分析过,对于第1个单位的产出,平均可变成本等于边际成本。用微积分表示,这就是

$$\lim_{y \to 0} \frac{c_v(y)}{y} = \lim_{y \to 0} c'(y)$$

这个表达式的左边在 $y=0$ 处没有定义,但它的极限有定义。因此,我们可以利用洛必达第一法则来对它进行计算。依据洛必达第一法则,分子和分母都趋于零的分数的极限,可以由分子和分母的导数的极限之比给出。运用这个法则,我们有

$$\lim_{y \to 0} \frac{c_v(y)}{y} = \frac{\lim_{y \to 0} \mathrm{d}c_v(y)/\mathrm{d}y}{\lim_{y \to 0} \mathrm{d}y/\mathrm{d}y} = \frac{c'(0)}{1}$$

这就证明了上面的判断。

我们也讨论过,边际成本曲线下方的面积给出了可变成本。应用微积分的基本定理,可以很容易地证明这个结论。由于

$$MC(y) = \frac{\mathrm{d}c_v(y)}{\mathrm{d}y}$$

所以,我们发现,边际成本曲线下方的面积等于

$$c_v(y) = \int_0^y \frac{\mathrm{d}c_v(x)}{\mathrm{d}x}\mathrm{d}x = c_v(y) - c_v(0) = c_v(y)$$

有关长期边际成本和短期边际成本的讨论,从几何图形上非常容易理解,但是,它的经济意义是什么呢?可以证明,微积分的论证给予人们最佳的直觉。论证是简洁的,生产的边际成本就是由产量变化引起的成本变化。在短期内,我们必须使工厂规模(或诸如此类的东西)保持不变,而在长期内,我们却可以对它作随意的调整。因此,长期边际成本由两部分构成:工厂规模固定时的边际成本变动,加上工厂规模自由调整时的边际成本变动。但是,在工厂规模的最优选择上,这最后一项一定等于零!因此,长期边际成本和短期边际成本一定相等。

这里的数学证明要用到连锁法则，依据正文中的定义

$$c(y) \equiv c_s(y, k(y))$$

对上式求关于 y 的微分，我们得到

$$\frac{\mathrm{d}c(y)}{\mathrm{d}y}=\frac{\partial c_s(y, k)}{\partial y}+\frac{\partial c_s(y, k)}{\partial k}\frac{\partial k(y)}{\partial y}$$

如果我们取某个特定的产量水平 y^* 以及相应的最优工厂规模 $k^*=k(y^*)$，来对上式估值，我们就有

$$\frac{\partial c_s(y^*, k^*)}{\partial k}=0$$

这是因为，它是使 k^* 成为在产量 y^* 上的成本最小化的工厂规模的一阶必要条件。因此，略去表达式中的第 2 项后，我们剩下的就只有短期边际成本：

$$\frac{\mathrm{d}c(y^*)}{\mathrm{d}y}=\frac{\partial c_s(y^*, k^*)}{\partial y}$$

▶23

厂商供给

在本章，我们将运用利润最大化模型，从一家竞争性厂商的成本函数推导出它的供给曲线。首先，我们要阐述厂商经营所处的市场环境。

23.1 市场环境

每一家厂商都要面对两种重要的决策：选择产量和制定价格。如果一家追求利润最大化的厂商不存在任何的约束条件，那么，它就可能制定任意的价格，生产任意的产量。但是，厂商在毫无约束的环境中经营的情况是不可能存在的。一般地，厂商的生产经营活动总要面临两类约束条件。

第一，它面临着生产函数所概括的技术约束。只有某些投入—产出组合才是可行的，即使是那些急于盈利的厂商也不得不尊重物质世界的客观现实。我们曾经探讨过如何概括技术约束，也已分析过技术约束如何导致由成本函数概括的经济约束。

但是现在，我们将引入一类新的约束——或者从另一种角度看至少是一种旧的约束。这种约束就是*市场约束*。只要物质条件允许，厂商可以生产任何东西；它也可以制定任意的价格……，但是，它只能销售人们愿意购买的那些数量。

如果厂商制定的价格为 p，它将出售产出的数量为 x 单位。我们把厂商制定的价格与销售量之间的关系称作*厂商面临的需求曲线*。

如果市场上只有一家厂商，那么，要阐明厂商面临的需求曲线就非常简单，它恰好是前面几章中的消费者行为理论所论及的市场需求曲线。由于市场需求曲线度量的是在每一价格水平上人们想要购买的商品数量，因此，在只包括一家厂商的市场上，市场需求曲线概括了这家占有全部市场的厂商所面临的市场约束。

但是，如果市场上还存在其他厂商，那么，该厂商面临的约束条件就会有所不同。在这种情形下，这家厂商必须预测，如果自己选择了某种产量水平和价格水平，市场上的其他厂商将会采取什么行动。

无论是厂商还是经济学家，要解决这个问题都并非易事。这里可能会出现许多不同的结果，我们将尝试着系统地考察这个问题。我们将运用*市场环境*来描述在作出价格和产量决策时厂商之间互相反应的方式。

本章将考察一种最简单的市场环境，即完全竞争。这是与其他许多市场环境进行比较的有效基准点，并且，它本身也具有相当重要的意义。首先，我们给出经济学家对于完全竞争的定义，然后，再对它进行评论。

23.2 完全竞争

在外行人看来，"竞争"就意味着激烈的对抗。这就是学生往往对经济学家关于竞争的定义中，厂商行为看似被动感到惊讶的原因：我们认为，如果市场上的价格与每一家厂商的产量都无关，那么，这个市场就是*完全竞争市场*。因此，在一个竞争市场中，每家厂商只需要关注产量。不论厂商生产多少，它们都只能按一种价格——现行的市场价格——销售产品。

在哪一种环境下，对厂商作这种假设才是合理的呢？假设一个行业由许多家厂商组成，它们生产同质的产品，并且每家厂商的产量只占很小的市场份额。小麦市场就是这样的一个例子。在美国，生产小麦的农场主成千上万，即使是最大的农场主，他的产量占总产量的份额也微不足道。在这种情况下，该行业中的任意一家厂商都把市场价格看作事先确定的就是合理的。小麦农场主不必担心如何确定价格——如果他要出售小麦，只需要按市场价格销售。这里，他是一个*价格接受者*：与他有关的价格已经确定，他只需关注产量。

这种情况——许多小厂商且生产同质的产品——是价格接受行为比较明显的一个典型例子。但这并不是价格接受行为唯一可能的例子。即使市场上只有少数几家厂商，市场价格仍然有可能不受它们的控制。

考虑这样一种情况，某种易腐烂商品的供给保持不变，如鲜鱼或鲜花。即使市场上只有3家或4家厂商，每一家厂商也不得不把其他厂商的价格当作既定的价格。如果消费者只愿意支付最低价格，那么，该商品的最低价格就是市场价格。如果另一家厂商想要出售它的产品，它就必须按这种市场价格出售。因此，在这种条件下，竞争行为——市场价格不受某家厂商的控制——看似也非常合理。

我们也可以用几何图形来阐明价格与竞争厂商能够出售的产品数量之间的关系，如图23.1所示。你会看到，这种需求曲线非常简单。竞争厂商相信，如果售价高于市场价格，他能够出售的商品数量为零；如果按市场价格出售，他可以出售任意数量的产品；如果售价低于市场价格，他能够赢得整个市场需求。

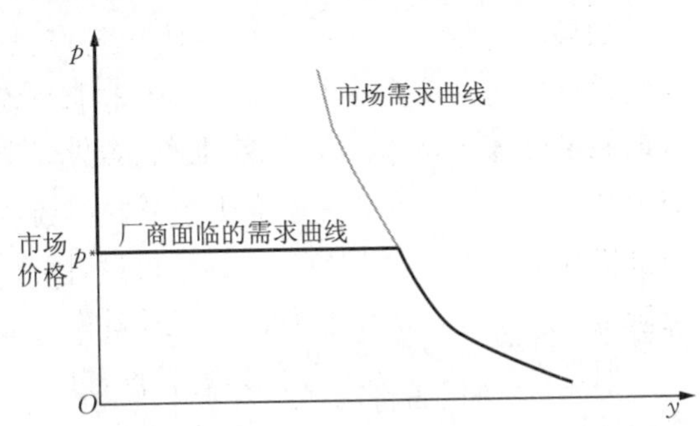

厂商面临的需求曲线在市场价格处是水平的；高于市场价格，厂商的销售量为零；低于市场价格，厂商面临的就是整个市场需求曲线。

图 23.1 竞争厂商面临的需求曲线

与以往相同，我们可以从两个角度考察这种需求曲线。如果把数量看作价格的函数，这条需求曲线就告诉我们，在售价等于或低于市场价格时,厂商可以出售任意数量的产品;如果把价格看作数量的函数,这条需求曲线就表示不论出售多少产品,厂商出售的商品数量不会影响到市场价格。

(当然,对于实际的任意数量,上述结论未必真实。对于厂商可能计划出售的任意数量,价格一定独立于产量。在鲜花的例子中,在不超过现有存货的范围内——卖方可能出售的最大数量,价格一定与它的销售量无关。)

了解"厂商面临的需求曲线"与"市场需求曲线"之间的差别非常重要。市场需求曲线度量的是商品的市场价格与销售总量之间的关系;而厂商面临的需求曲线则是指市场价格与某家特定厂商的产量之间的关系。

市场需求曲线取决于消费者的行为。厂商面临的需求曲线不仅取决于消费者的行为,还取决于其他厂商的行为。一般地,当市场上存在许多小厂商,每家厂商面临一条基本上水平的需求曲线时,完全竞争模型一般是适用的。有时,即使市场上只有两家厂商,但如果其中一家厂商不论在什么情况下都坚持按不变价格出售产品,那么,另一家厂商就会面临一条竞争性的需求曲线,如图 23.1 所示。因此,竞争模型的适用范围显然比乍看时要广一些。

23.3 竞争厂商的供给决策

接下来,我们要运用与成本曲线有关的结论来推导出竞争厂商的供给曲线。由定义可知,竞争厂商对市场价格的影响可以忽略不计。因此,它所面临的最大化问题就是

$$\max_{y} py - c(y)$$

上式表示,竞争厂商要实现利润最大化,就必须使收入 py 与成本 $c(y)$ 之间的差额达到最大。

竞争厂商将选择怎样的产量水平呢?答案是,它将在边际收益等于边际成本处——增加 1 单位产量所获得的额外收益等于生产该单位产量所产生的额外成本处——生产经营。如果这个条件没有得到满足,厂商总是可以通过调整产量来增加利润的。

对于竞争厂商,边际收益等于价格。要理解这一点,就需要求出当一家竞争厂商增加产量 Δy 时它所增加的收益,即

$$\Delta R = p\Delta y$$

依据假定,p 是个常数,所以,单位产量的收益增量由下式给出:

$$\frac{\Delta R}{\Delta y} = p$$

这就是边际收益的表达式。

因此,竞争厂商将选择产量水平 y,在该产量水平上,厂商的边际成本恰好等于市场价格,用符号表示:

$$p = MC(y)$$

对于给定的市场价格 p,我们要寻求使利润最大化的产量水平。如果在某个产量水平 y

上，价格大于边际成本，那么，厂商可以通过提高产量来增加利润。这是因为，价格大于边际成本意味着

$$p-\frac{\Delta c}{\Delta y}>0$$

所以，增加产量 Δy，我们就有

$$p\Delta y-\frac{\Delta c}{\Delta y}\Delta y>0$$

化简，我们得到

$$p\Delta y-\Delta c>0$$

这个式子表明，增加产量所带来的额外收益超过所产生的额外成本，因此，利润肯定会增加。

当价格低于边际成本时，我们可以得到类似的结论：减少产量将增加利润，因为成本的降低足以弥补收益的损失。

因此，在最优产量水平上，厂商一定是在价格等于边际成本处生产。不论市场价格 p 如何，厂商选择的产量 y 都要满足条件 $p=MC(y)$。因此，竞争厂商的边际成本曲线恰好就是它的供给曲线。或者，换句话说，只要每一家厂商都是在利润最大化水平上生产，市场价格就恰好等于边际成本。

23.4 一个例外

或许，上述结论不一定准确。存在着两类比较麻烦的情形，第一类是，价格等于边际成本的产量有好几个，如图 23.2 所示。图中有两个产量的边际成本等于价格，厂商应该选择哪一个产量呢？

要找到答案并不困难。考虑第一个交点，在该点处，边际成本曲线向下倾斜。此时，如果我们提高产量，每单位增量的成本会递减。这就是边际成本曲线递减的含义。但市场价格保持不变，所以利润必定会增加。

因此，我们可以排除边际成本曲线向下倾斜时的产量。在这样的点上，增加产量总是能够增加利润。竞争厂商的供给曲线肯定是边际成本曲线向上倾斜的部分。这就是说，供给曲线本身必须始终是向上倾斜的。“吉芬商品”现象不可能出现在供给曲线上。

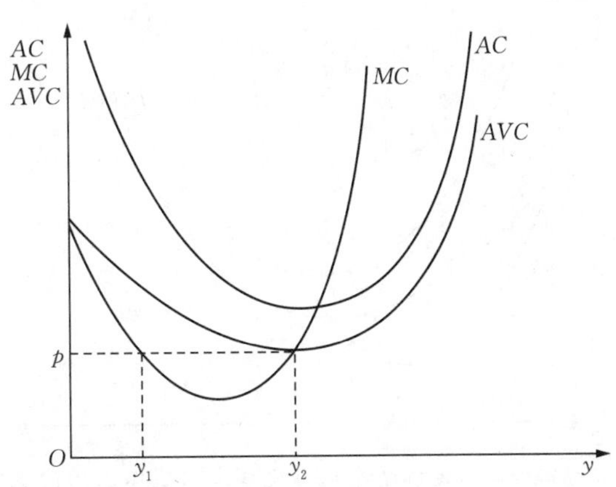

虽然在两个产量水平上价格都等于边际成本，但是使利润最大化的供给数量只可能处在边际成本曲线向上倾斜的部分上。

图 23.2 边际成本和供给

价格等于边际成本是利润最大化的一个必要条件,但总体上,它不是一个充分条件。仅仅找到一个边际成本等于价格的点,并不意味着我们已经找到了利润最大化点。但如果我们发现了利润最大化点,那么,在该点处,价格必定等于边际成本。

23.5 另一个例外

上述讨论建立在生产某些东西总是有利可图的假设基础上。毕竟,有时候厂商的最佳选择可能是零产量。由于零产量总是可能的,所以,我们不得不对利润最大化选择与零产量选择加以比较。

如果一家厂商的产量为零,但它仍要支付固定成本 F,所以,此时的利润为 $-F$。产量为 y 时的利润为 $py-c_v(y)-F$。当下式成立时,

$$-F > py-c_v(y)-F$$

厂商停止生产就比较有利。也就是说,在产量为零时所获得的利润,即支付的固定成本,超过在边际成本等于价格处生产所获得的利润时,厂商就应该停产。重新整理上面的不等式,我们可以得到停产条件:

$$AVC(y)=\frac{c_v(y)}{y}>p$$

如果平均可变成本大于 p,厂商停产是比较有利的。这是因为,销售 y 单位产量所获得的收益甚至不能够弥补生产的可变成本 $c_v(y)$。在这种情况下,厂商应该停产。虽然它会因此损失固定成本,但继续生产时的损失更大。

这些论证表明,边际成本曲线位于平均可变成本曲线以上的部分才是供给曲线的可能点。如果边际成本等于价格的点位于平均可变成本曲线的下方,那么,厂商的最优产量就应该是零。

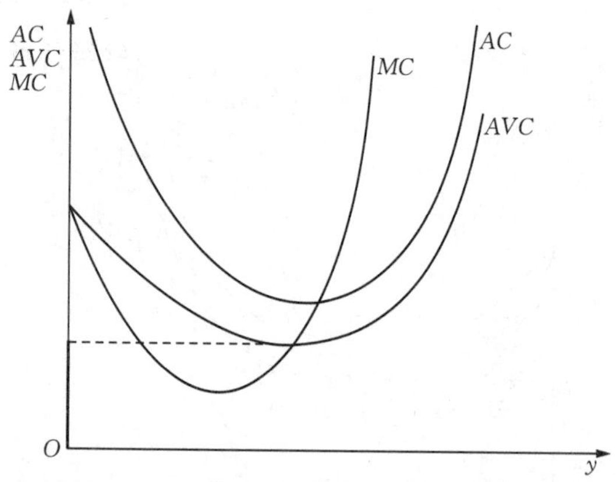

供给曲线是位于平均可变成本曲线以上的向上倾斜的那部分边际成本曲线。厂商不会在边际成本曲线位于平均可变成本曲线以下的那些点上进行生产,因为这时停产可以得到更多的利润(减少损失)。

图 23.3 平均可变成本和供给

现在,我们可以得到一条如图 23.3 所示的供给曲线。竞争厂商应该在边际成本曲线向上倾斜并且位于平均可变成本曲线以上的部分组织生产。

例子:为操作系统定价

一台计算机需要安装一个操作系统才能运行,而且,大多数硬件制造商都在销售已安装了操作系统的计算机。20 世纪 80 年代早期,为争夺 IBM 的 PC 兼容机市场的霸主地位,几家操作系统制造商展开了激烈的竞争。在当时通常的做法是,计算机制造商每销售一台计算机,都要为安装在这台计算机上的操作系统向操作系统制造商支付费用。

微软公司制定了一项与众不同的计划，按照这个计划，它向计算机制造商收取的费用以制造商生产的微机数量为基础。微软公司将专利使用费设定得足够低，从而使这项计划对计算机制造商颇具吸引力。

注意微软定价策略中的精明之处：一旦它与一家计算机制造商签订了一份合同，在已造好的计算机上安装 MS－DOS 系统的边际成本就等于零。另一方面，安装一款竞争对手的操作系统的成本却大约是 50 到 100 美元。硬件制造商（最终是用户）要向微软支付购买操作系统的费用，但是，这种定价合同使得 MS－DOS 系统相对于竞争对手的产品非常具有吸引力。最终，微软的操作系统成为各种计算机默认的操作系统，微软赢得了大约 90％的市场份额。

23.6 反供给函数

我们已经知道，竞争厂商的供给曲线是由边际成本等于价格这个条件来确定的。如前文所述，我们可以从两个角度来表述价格和产量之间的关系：既可以把产量看作价格的函数，这也是我们习惯采用的方式；也可以把价格看作产量的函数，即“反供给函数”。采用后一种方式考察这种关系可以对其加深了解。由于在供给曲线的每一点上，边际成本等于价格，因此，市场价格必定能够反映行业中每一家厂商的边际成本。如果分别具有较大产量和较小产量的两家厂商都在利润最大化水平上生产，那么，这两家厂商必定具有相同的边际成本。尽管每一家厂商的生产总成本可能不尽相同，但生产的边际成本肯定相同。

方程 $p=MC(y)$ 给出了反供给函数：价格作为产量的函数。供给曲线的这种表述方式是非常有用的。

23.7 利润和生产者剩余

给定市场价格，我们就可以根据 $p=MC(y)$ 计算出厂商的最优经营点。最优经营点一旦确定，我们就能计算出厂商的利润。在图 23.4 中，方框面积 $p^* y^*$ 就是总收益；面积 $y^* AC(y^*)$ 就是总成本，这是因为

$$yAC(y)=y\frac{c(y)}{y}=c(y)$$

利润就是这两块面积的差额。

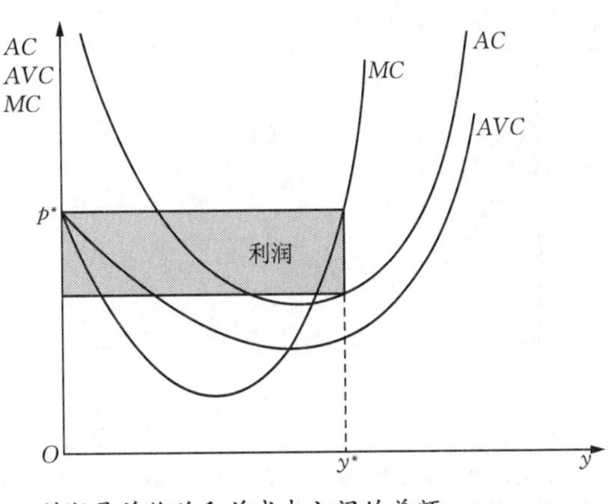

利润是总收益和总成本之间的差额。

图 23.4 利润

回顾第 14 章讨论的生产者剩余。我们把生产者剩余定义为供给曲线左边的面积，这与消费者剩余是需求曲线左边的面积的定义相似。可以证明，生产者剩余

与厂商的利润密切相关。更确切地,生产者剩余等于收益扣除可变成本,或者等价地,等于利润加不变成本:

$$利润=py-c_v(y)-F$$
$$生产者剩余=py-c_v(y)$$

度量生产者剩余的最直接的方式,是考察收益方框和方框 $y^*AVC(y^*)$之间的差异,如图 23.5A 所示。但是,我们也可以通过边际成本曲线本身来测度生产者剩余。

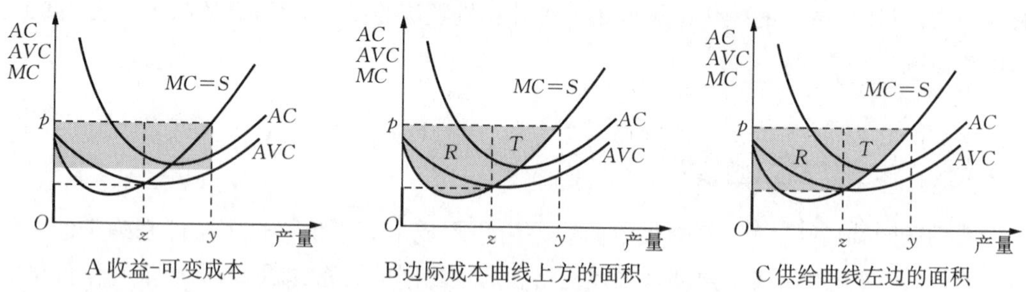

这里显示了测度生产者剩余的三种等价的方法。图 A 给出的是收益减去可变成本后的矩形面积。图 B 所示的是边际成本曲线上方的面积。在图 C 中,生产者剩余在产量 z 之前表示为矩形面积 R,在产量 z 之后用边际成本曲线上方的面积 T 表示。

图 23.5　生产者剩余

从第 22 章我们已经知道,边际成本曲线以下的面积表示总可变成本。这是因为,边际成本曲线以下的面积等于生产第 1 个单位产量的成本,加上生产第 2 个单位产量的成本,……,依此类推。因此,从收益面积中减去边际成本曲线以下的面积,我们就可以求得生产者剩余,如图 23.5B 所示。

最后,我们可以综合运用这两种方法。在边际成本等于平均可变成本以前的部分,使用"矩形方框"的定义,然后,再采用边际成本曲线上方的面积,如图 23.5C 所示。对于大多数应用,最后一种方法最为简便,因为它恰好就是供给曲线左边的面积。注意,这与第 14 章给出的生产者剩余的定义是一致的。

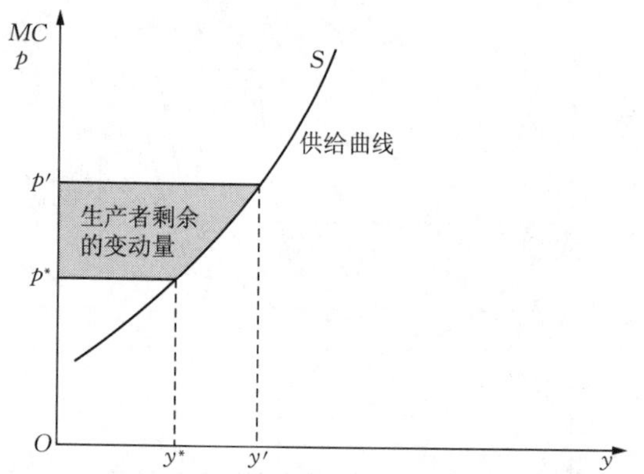

由于供给曲线和边际成本曲线的向上倾斜的部分重叠,所以,生产者剩余的变动量通常近似于梯形。

图 23.6　生产者剩余的变动

我们很少关心生产者剩余的总量,通常,生产者剩余的变动更值得关注。当厂商的产量由 y^* 增加到 y'时,生产者剩余的变动量一般表示为图 23.6 所示的梯形面积。

注意,根据定义不变成本保持不变,所以,当产量由 y^* 增加到 y'时,生产者剩余的变动量恰好等于利润的变动量。这样,不必考虑平均成本曲线,我们就可以根据边际成本曲线所包含的信息,来估计产量变动对利润的影响。

例子:特定成本函数的供给曲线

在上一章中的成本函数为 $c(y)=y^2$

$+1$ 的例子中，供给曲线是怎样的呢？在这个例子中，边际成本曲线总是位于平均可变成本曲线的上方，并且，它总是向上倾斜的。因此，根据边际成本等于价格的条件，我们可以直接推导出供给曲线。将边际成本 $2y$ 代入这个条件，我们得到

$$p=2y$$

这就是反供给曲线，它把价格看作产量的函数。将上式整理为"产量是价格的函数"的形式，

$$S(p)=y=\frac{p}{2}$$

这就是供给曲线的表达式，如图 23.7 所示。

如果把这个供给函数代入利润的定义，我们就能够计算出对应于每个价格 p 的最大利润。通过计算，我们可以得到

$$\begin{aligned}\pi(p)&=py-c(y)\\&=p\,\frac{p}{2}-\left(\frac{p}{2}\right)^2-1\\&=\frac{p^2}{4}-1\end{aligned}$$

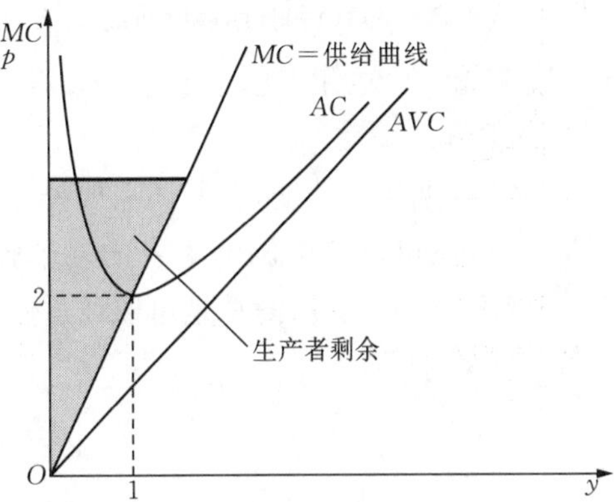

成本函数 $c(y)=y^2+1$ 情况下的供给曲线和生产者剩余。

图 23.7 供给曲线的特例

最大化利润与生产者剩余之间的关系是怎样的呢？在图 23.7 中，我们看到，生产者剩余即供给曲线左边的面积是一个底为 $y=p/2$、高为 p 的三角形，它的面积等于

$$A=\left(\frac{1}{2}\right)\left(\frac{p}{2}\right)p=\frac{p^2}{4}$$

将这个结果与利润的表达式进行比较，我们发现生产者剩余等于利润加不变成本，这与前面的结论一致。

23.8 厂商的长期供给曲线

厂商的长期供给函数度量的是，当厂商可以调整工厂规模（或任何短期内数量不变的要素）时的最优的生产数量。这就是说，长期供给曲线由下式给出：

$$p=MC_l(y)=MC(y,\ k(y))$$

短期供给曲线是在 k 保持不变的情况下，由边际成本等于价格的条件决定的，即

$$p=MC(y,\ k)$$

注意这两个表达式之间的差别。短期供给曲线度量的是在 k 保持不变时的产量的边际成本，而长期供给曲线度量的是将 k 调整到最优水平时的产量的边际成本。

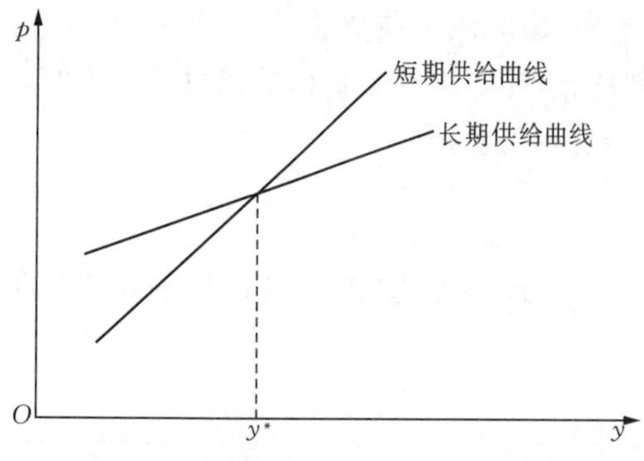

长期供给曲线通常比短期供给曲线更有弹性。

图 23.8 短期和长期供给曲线

现在,我们对短期和长期边际成本之间的联系已有了一些了解:短期和长期边际成本在产量 y^* 上相等,在产量 y^* 处,与短期边际成本有关的不变要素就是最优选择 k^*。因此,厂商的短期供给曲线在 y^* 处与长期供给曲线相交,如图 23.8 所示。

在短期内,厂商的某些生产要素的供给量是固定的;但在长期内,这些要素是可变的。因此,在产出价格变化时,厂商在长期内比在短期内拥有更多的选择进行调整。这就意味着,与短期供给曲线相比,长期供给曲线对价格的变化更为敏感,即更有弹性,如图 23.8 所示。

对于长期供给曲线,我们还需要补充什么内容呢? 长期定义为这样一段时期,在这段时期内,厂商可以自由调整所有的生产投入。此外,厂商的选择还包括是否继续生产经营。由于在长期内,厂商总是可以通过停产获得零利润,所以,在长期均衡中,厂商获得的利润至少等于零:

$$py - c(y) \geqslant 0$$

即

$$p \geqslant \frac{c(y)}{y}$$

这就是说,在长期内,价格必须至少等于平均成本。因此,边际成本曲线上向上倾斜并位于长期平均成本曲线上方的部分就是相应的长期供给曲线,如图 23.9 所示。

这与短期的情形完全一致。由于长期内的所有成本都是变动成本,所以,厂商必须在价格高于平均可变成本处经营的短期条件,就与厂商必须在价格高于平均成本处生产的长期条件具有相同的含义。

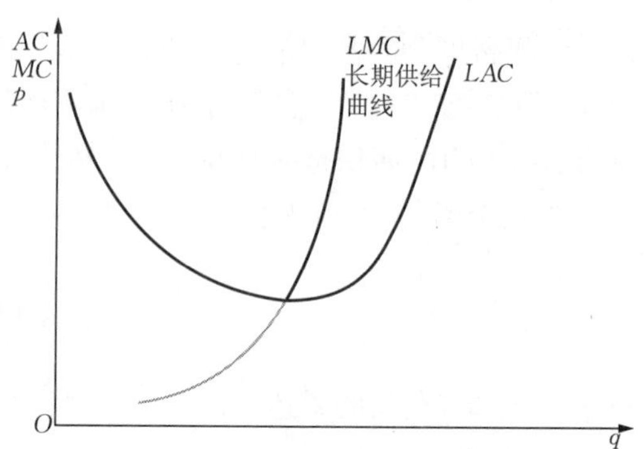

长期供给曲线是长期边际成本曲线上向上倾斜并位于平均成本曲线上方的那部分。

图 23.9 长期供给曲线

23.9 长期不变的平均成本

当厂商的长期技术显示规模报酬不变时有一个特别有趣的现象。在这种情况下,长期供给曲线就是长期边际成本曲线,而在平均成本不变时,长期边际成本曲线与长期平均成本曲线相同。因此,这就是图 23.10 所示的情况,在这种情况下,长期供给曲线是一条从不变的平均成本 $c_{\min}$ 出发的水平直线。

这种形状的供给曲线意味着,当 $p = c_{\min}$ 时,厂商愿意供给任意数量的产出;当 $p > c_{\min}$ 时,厂商愿意供给任意大的产量;当 $p < c_{\min}$ 时,供给量为零。此时,回顾规模报酬不

变的复制论点非常有意义。规模报酬不变指的是，如果支付 c_{min} 可以生产 1 单位产出，那么，支付 nc_{min} 就可以生产 n 单位的产出。因此，当价格等于 c_{min} 时，厂商愿意供给任意数量的产出，而当价格大于 c_{min} 时，厂商愿意供给任意大的产量。

另一方面，如果 $p < c_{min}$ 从而使供给 1 单位产量也不能保持盈亏平衡，那么，供给 n 单位产量肯定也不可能保持盈亏平衡。因此，对于任意小于 c_{min} 的价格，供给量为零。

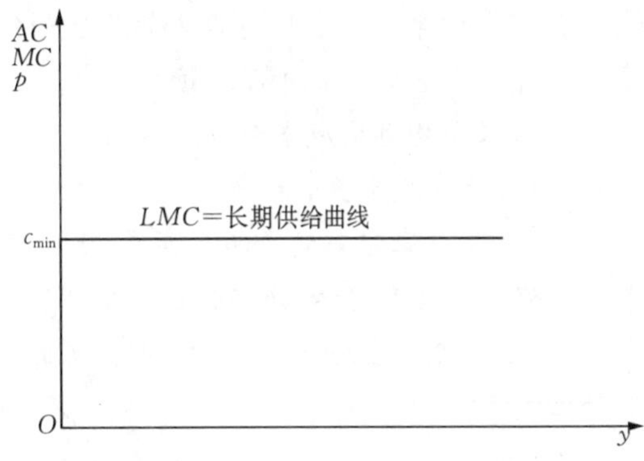

在平均成本不变的情况下，长期供给曲线将是一条水平直线。

图 23.10　不变的平均成本

小　结

1. 厂商索要的价格和销售量之间的关系称作厂商面临的需求曲线。根据定义，竞争厂商面临的是水平的需求曲线，它的高度由市场价格——市场上其他厂商索要的价格——决定。
2. 竞争厂商的(短期)供给曲线是它的(短期)边际成本曲线上向上倾斜并位于平均可变成本曲线上方的部分。
3. 当市场价格从 p_1 变动到 p_2 时，生产者剩余的变动等于边际成本曲线左边 p_1 和 p_2 之间的那块面积。它也度量了厂商的利润变化。
4. 厂商的长期供给曲线是它的长期边际成本曲线上向上倾斜并位于长期平均成本曲线上方的那部分。

复习题

1. 一家厂商的成本函数为 $c(y)=10y^2+1\,000$，求它的供给曲线。

2. 某家厂商的成本函数为 $c(y)=10y^2+1\,000$，它在哪个产量水平上的平均成本最小？

3. 设供给曲线为 $S(p)=100+20p$，求它的反供给曲线的表达式。

4. 一家厂商的供给函数为 $S(p)=4p$，不变成本为 100。如果价格从 10 变化到 20，它的利润会有什么变动？

5. 如果长期成本函数为 $c(y)=y^2+1$，那么，该厂商的长期供给曲线是什么？

6. 以下哪些是技术约束，哪些是市场约束：投入品的价格，市场中其他厂商的数目，生产的产品数量，按现在的投入水平生产更多产品的能力。

7. 反映完全竞争市场基本特征的是哪一个主要假设？

8. 完全竞争市场中厂商的边际收益始终等于什么?在这样的市场中,利润最大化厂商将在什么产量水平上进行经营?

9. 如果平均可变成本超过市场价格,厂商的生产水平应为多少?如果不存在不变成本,厂商的产量应为多少?

10. 对于一家完全竞争的厂商来说,会不会有这种情况:即使有亏损,进行生产也要比不生产好?如果有的话,是在什么情况下?

11. 在一个完全竞争市场中,对于行业中的所有厂商来说,市场价格和生产成本之间有什么关系?

附录

如果你运用微积分,本章的讨论就会变得非常简单。利润最大化问题是

$$\max_{y} py - c(y)$$
$$\text{s.t. } y \geqslant 0$$

最优供给 y^* 的必要条件是以下的一阶条件

$$p - c'(y^*) = 0$$

和二阶条件

$$-c''(y^*) \leqslant 0$$

一阶条件表明价格等于边际成本,二阶条件表明边际成本必定递增。显然,这里假定 $y^* > 0$。如果在 y^* 处,价格低于平均可变成本,厂商停止生产就会获利。为了确定竞争性厂商的供给曲线,我们必须找出满足一阶和二阶条件的所有点,将它们互相比较,以及将它们和 $y = 0$ 时的情况比较,并从中选出利润最大的点。这就是实现利润最大化的供给。

▶24

行业供给

我们已经知道如何从厂商的边际成本曲线推导出它的供给曲线。但是，在一个竞争市场上，一般存在许多家厂商，所以，该市场上的行业供给曲线就是所有厂商供给曲线的加总。在本章，我们将考察行业供给曲线。

24.1 短期行业供给

首先，我们考察一个包括 n 家厂商的行业。令 $S_i(p)$ 代表厂商 i 的供给曲线，那么，行业供给曲线或市场供给曲线就是

$$S(p)=\sum_{i=1}^{n}S_i(p)$$

它是所有厂商供给曲线的总和。在几何图形上，我们可以把每一价格水平上的每家厂商供给的数量相加，从而得到一条水平加总的供给曲线，如图 24.1 所示。

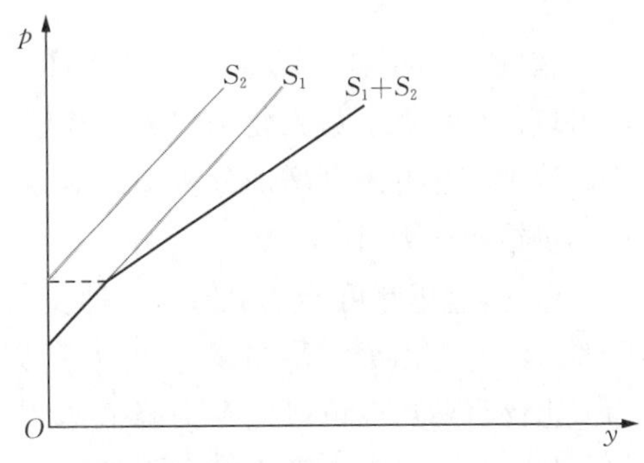

行业供给曲线(S_1+S_2)是单个厂商供给曲线(S_1 和 S_2)的和。

图 24.1 行业供给曲线

24.2 短期行业均衡

为了求出行业均衡，我们考虑该市场的供给曲线，以确定它与市场需求曲线的交点。这样，我们就可以得到均衡价格 p^*。

均衡价格确定后，我们转向单个厂商，考察它们的产量和利润。图 24.2 显示了一个由 A、B、C 等 3 家厂商组成的典型结构。在这个例子中，厂商 A 在位于平均成本曲线上的价格和产量的结合点处运营。这意味着

$$p=\frac{c(y)}{y}$$

交叉相乘,并重新整理,我们得到

$$py - c(y) = 0$$

所以,厂商 A 的利润为零。

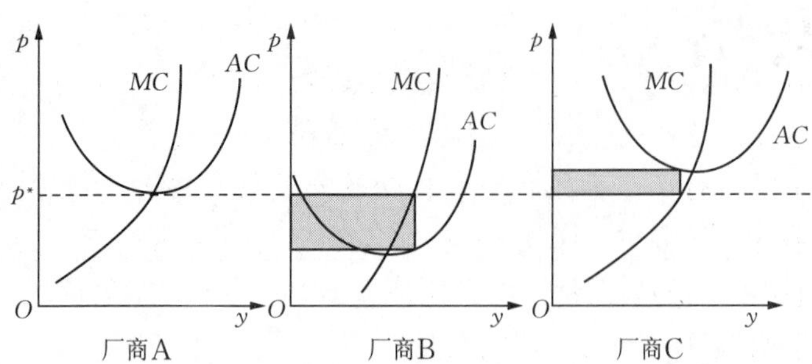

这是一个包括 3 家厂商短期均衡的例子。厂商 A 的利润为零,厂商 B 的利润是正值,厂商 C 的利润是负值,即亏损。

图 24.2 短期均衡

厂商 B 在价格大于平均成本的点上经营,即 $p > c(y)/y$,也就是说,在短期均衡中,厂商 B 是盈利的。厂商 C 则是在价格小于平均成本的点上经营,它获得的是负利润,也就是说,厂商 C 是亏损的。

一般地,价格和产量的组合点高于平均成本曲线意味着利润为正值;若低于平均成本曲线则表示利润为负值。在短期内,只要价格和产量的组合点高于平均可变成本曲线,那么,即使厂商是亏损的,维持经营也要好于停产。这是因为,在这种情况下维持经营与停产相比可以使厂商的亏损减少。

24.3 长期行业均衡

在长期内,厂商可以调整不变生产要素。它们可以选择工厂规模、资本设备或其他任何可以使长期利润最大化的要素。这就是说,厂商将从短期成本曲线过渡到长期成本曲线。这种变化并不会增加分析上的难度,我们只需要采用由长期边际成本曲线所确定的长期供给曲线即可。

但是,这里有可能产生另外一种长期效应。如果一家厂商在长期内是亏损的,那么该厂商就没有理由继续待在该行业中,所以,我们可以预期这类厂商将退出该行业,这是因为退出该行业厂商可以把亏损降低至零。换句话说,厂商的长期供给曲线上唯一合理的部分就是等于和高于平均成本曲线的部分——因为这部分符合利润大于零的条件。

同样,如果一家厂商是盈利的,可以预期其他厂商也将进入该行业。毕竟,成本曲线假定包括了生产过程中所有必要的、按市场价格计量的要素成本(即机会成本)。如果一家厂商在长期内可以盈利,这就意味着,任何厂商都可以进入市场,获取这些生产要素,按相同的成本生产出相同数量的产品。

在大多数竞争行业中,对新厂商进入行业没有什么限制;在这种情况下,我们称这种行业为*自由进入*行业。但是,某些行业却存在着一些*进入壁垒*,诸如限制行业中的厂商数目的许可证和法律规定,等等。例如,在许多州对酒精销售实行的管制,就阻止了厂商自由进入烈酒零售行业。

这两种长期效应——占用不同的不变要素以及进出行业的现象——具有密切的联系。行业中的现有厂商可以决定新建工厂或仓库以提高产量，也可以是新厂商进入该行业新建工厂进行生产。两者的唯一不同点在于新的生产设备的归属。

当然，随着较多的厂商进入该行业以及亏损的厂商退出该行业，生产总量将发生变动，从而导致市场价格也发生变化。这转而又会影响到利润以及刺激厂商进入或退出行业。在一个自由进入的行业中，最终的均衡会是怎样的呢？

考察当行业中的所有厂商都具有完全相同的长期成本曲线，譬如说 $c(y)$ 时的情形。给定成本函数，我们就可以计算出平均成本最低时的产量，表示为 y^*。令 $p^* = c(y^*)/y^*$ 表示平均成本的最低额。由于这是市场能够索要的最低价格，并且此时厂商仍然可以保持盈亏平衡，所以这个成本很重要。

现在，我们可以绘制出对应于市场上各种不同厂商数目的行业供给曲线。图 24.3 显示的是当市场上存在 1，2，3，4 家厂商时的行业供给曲线（作为一个例子，我们这里仅采用 4 家厂商；事实上，可以预期一个竞争性行业会存在许多家厂商）。注意，由于所有厂商都具有相同的供给曲线，所以，如果市场上只有 2 家厂商，那么，总供给量就是市场上只有 1 家厂商时的 2 倍；如果市场上有 3 家厂商，那么，总供给量就是市场上只有 1 家厂商时的 3 倍，依此类推。

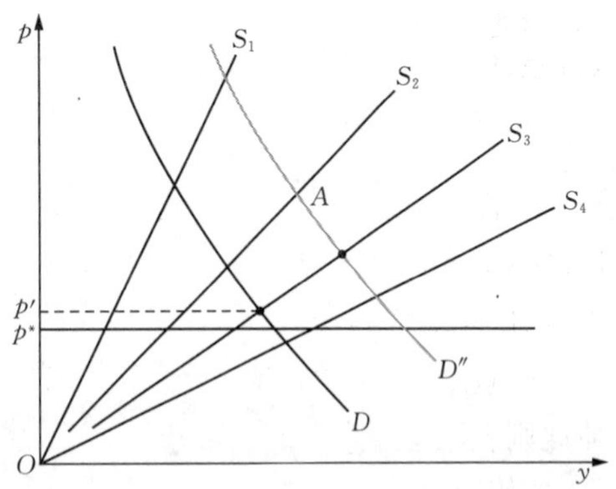

分别存在 1，2，3，4 家厂商时的行业供给曲线。均衡价格 p' 出现在供给曲线和需求曲线的最低可能的交点上，且 $p' \geqslant p^*$。

图 24.3 自由进入情况下的行业供给曲线

现在，在上图中再增加两条线：一条是经过与非负利润相对应的最低价格 p^* 的水平直线；另一条是市场需求曲线。考虑需求曲线与厂商数目分别为 $n=1, 2, \cdots$ 时的供给曲线的交点。如果厂商进入该行业后还可以盈利，那么，值得关注的交点就是与非负利润相对应的最低价格。图 24.3 中的 p' 表示的就是这种价格，这里市场上只有 3 家厂商。此时，如果再有 1 家厂商进入该市场，利润就会降为负值。在这种情况下，该行业所能容纳的竞争厂商的最大数目是 3 家。

24.4 长期供给曲线

上一节的论证——绘制出对应于市场上不同厂商数目的行业供给曲线，然后寻求与非负利润相应的厂商的最大数目——是非常严密并且易于应用。但是，还有一种非常有用的近似法，根据这种方法一般也能得到与正确结论非常接近的结果。

接下来，我们要考虑是否存在某种方法，可以从上面得到的 n 条供给曲线中构造出一条行业的供给曲线。首先要注意的是，我们可以对供给曲线上所有低于 p^* 的点不予考虑，这是因为这些点都不可能是长期经营点。但是，我们还可以把供给曲线上高于 p^* 的某些点也排除在外。

一般地,我们假定市场需求曲线是向下倾斜的,从而最陡峭的需求曲线可能就是一条垂直线。这意味着,不可能观察到如同图 24.3 中 A 这样的点——任何通过 A 点并向下倾斜的需求曲线,肯定要与一条包括更多厂商的供给曲线相交,如图 24.3 中通过 A 点的假定的需求曲线 D'' 就是如此。

这样,我们就可以把每一条供给曲线上的某一部分从可能的长期均衡中排除。对于市场上两家厂商的供给曲线与由 p^* 所确定的水平直线之间的交点,位于该点右方的 1 家厂商的供给曲线上的每一点都不可能符合长期均衡条件。同样,位于 3 家厂商的供给曲线与 p^* 线交点右方的 2 家厂商的供给曲线上的每一点也不符合长期均衡条件……。位于 $n+1$ 家厂商的供给曲线与 p^* 线交点右方的 n 家厂商的供给曲线上的每一点都与长期均衡不符。

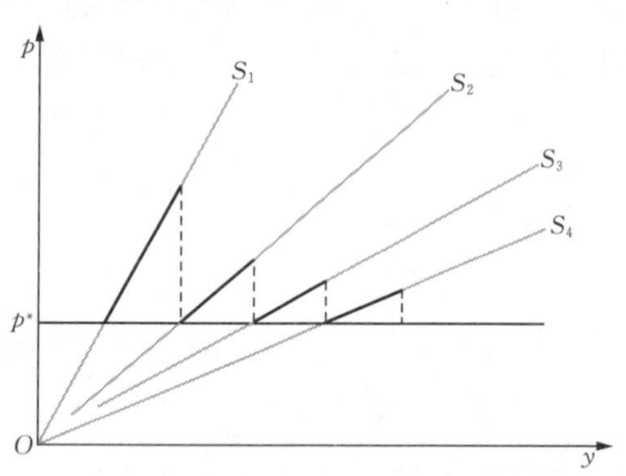

我们可以把供给曲线上永远不会在长期内与向下倾斜的市场需求曲线相交的部分,如每条供给曲线位于虚线右边的点排除。

图 24.4 长期供给曲线

供给曲线上长期均衡可能实际形成的部分由图 24.4 中的黑色线段表示。第 n 条黑色线段表示的是,n 家厂商符合长期均衡时的价格和行业产量的所有组合。注意,当我们所考虑的行业中的厂商数目越来越多,行业产量越来越大时,这些线段就会趋向于越来越平坦。

考虑一下为什么这些线段会变得越来越平坦。如果市场上只有 1 家厂商,当价格上涨 Δp 时,该厂商将多生产 Δy 单位的产量。如果市场上有 n 家厂商,当价格上涨 Δp 时,每家厂商都将多生产 Δy 单位的产量,所以增加的生产总量为 $n\times\Delta y$。这就意味着,当市场上的厂商越来越多时,供给曲线将变得越来越平坦,因为供给量对价格变得越来越敏感。

当市场上的厂商数目达到一个合理的数值时,供给曲线实际上会变得非常平坦,以至于我们有理由把它的斜率看作零——将行业的长期供给曲线视作价格等于最小平均成本时的一条水平直线。如果一个行业在长期内只有几家厂商,这种近似方法就不太恰当。同时,少数几家厂商采取竞争行为的假定也不尽合理!如果长期内存在合理的厂商数目,那么,均衡价格就不可能远离最小平均成本,如图 24.5 所示。

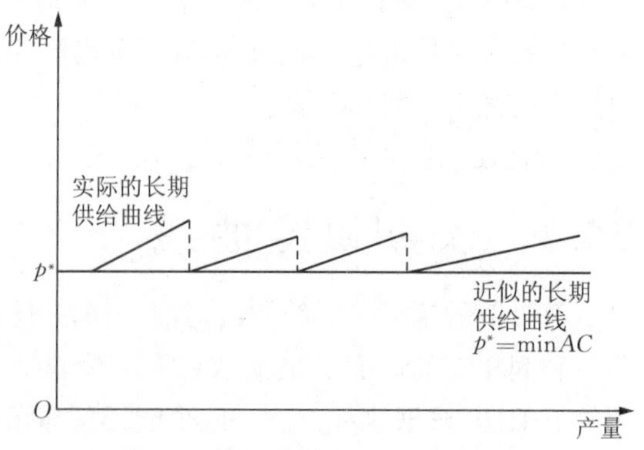

长期供给曲线在等于最小平均成本的价格处近似于一条水平直线。

图 24.5 近似的长期供给曲线

在一个可以自由进入的竞争行业中,这个结论具有重要的含义,即不可能获得高于零利润太多的利润。如果在一个可以自由进入的行业中，利润水平非常高，这就会吸引其他厂商进入该行业，从而导致利润趋向于零。

回顾前文，正确计算经济成本需要按市场价格计量所有的生产要素。只要正确计量所有的生产要素，并对它们进行合理的定价，那么，一家盈利的厂商就会招致其他厂商的纷纷仿效。其他任何厂商都能进入这种开放市场，购买必需的生产要素，并按与该厂商相同的方法生产相同的产量。

在一个可自由进入和退出的行业中，长期平均成本曲线在价格等于最小平均成本处应该基本上是水平的。它恰好是规模报酬不变的厂商所具有的长期供给曲线。这并非偶然。由于厂商总是可以复制原先的规模来扩大生产，因此，我们认为，规模报酬不变是一种合理的假定。当然，其他厂商也可以如法炮制！建造一座相同的工厂以扩大产量与拥有相同生产设备的一家新厂商进入该市场是一样的。因此，可自由进入的竞争行业的长期供给曲线看起来类似于一家规模报酬不变的厂商的长期供给曲线：当价格等于最小平均成本时，它是一条水平直线。

例子：长期和短期的税收

考虑一个可自由进出的行业。假定该行业最初处于长期均衡，厂商数目确定，利润为零，如图 24.6 所示。在短期内，具有固定厂商数目的行业供给曲线是向上倾斜的。而在长期内，厂商的数目可以变动，行业供给曲线在价格等于最小平均成本处是一条水平直线。

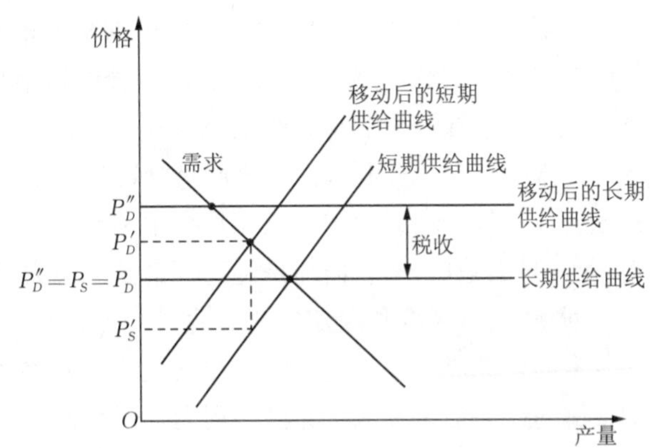

在短期内，由于厂商数目固定，行业供给曲线向上倾斜，因此，税负部分落在消费者身上，部分由生产者承担。在长期内，行业供给曲线是水平的，所以全部税负都落在消费者身上。

图 24.6　短期和长期的税收

当我们对该行业课税时会发生什么情况呢？我们采用第 16 章讨论的几何分析法：为了找出需求者所支付的新的价格，我们将供给曲线向上移动与税额相等的幅度。

一般地，征税以后，消费者将面临较高的价格，而生产者将得到较低的价格。但由于在征税之前，生产者正好盈亏平衡；因此，在任意较低的价格，它们必定会亏损。这种经济亏损会促使某些厂商离开该行业，结果使供给量减少，消费者面临的价格甚至会上涨至更高的水平。

在长期内，行业的供给将沿水平的长期供给曲线进行。为了不偏离这条供给曲线，厂商不得不接受等于最小平均成本的价格——恰好是征税之前所接受的价格。因此，消费者所面临的价格不得不上涨等于全部税额的幅度。

在图 24.6 中，均衡的最初位置在 $P_D=P_S$ 处。课税后，短期供给曲线按税额上移，消费者支付的均衡价格上涨到 P'_D，供给者得到的价格下降为 $P'_S=P'_D-t$。但这仅仅是短期的情形——此时行业中的厂商数目固定不变。由于厂商可以自由进入和退出行业，所以，行业的长期供给曲线在 $P_D=P_S=$最小平均成本处是水平的。因此在长期内，供给曲线的上移意味着税负全部转嫁给了消费者。

总之,在一个自由进入行业中,征税起初会提高消费者面临的价格,其上涨的幅度低于税额,这是因为一部分税负将由生产者承担。但是在长期内,征税将导致厂商退出该行业,从而减少供给量,最终全部税收由消费者支付。

24.5 零利润的含义

在一个可自由进入的行业中,厂商的不断进入会使利润逐渐趋向于零。只要利润是正值,新厂商就有激励进入该行业,获取一部分利润。利润为零并不意味着该行业已消失;而是指该行业中的厂商数目不再增加,因为它不再具有诱导新厂商进入该行业的吸引力。

在利润为零的长期均衡中,一切生产要素均按市场价格支付——这些要素在其他地方也可以得到相同的市场价格。例如,企业主会因他所消耗的劳动时间、对企业的投资以及与企业生产经营有关的任何贡献而得到相应的报酬。同样,其他任何生产要素也得到相应的报酬。厂商仍然在赚钱——它所赚的钱恰好全部用于支付生产所需的各种要素。每种生产要素在该行业得到的报酬与在其他行业所能获得的报酬相同,所以,这里不存在额外的报酬——无纯利润——来吸引新的生产要素进入该行业。但也没有理由使它们离开该行业。处于利润为零的长期均衡中的行业是成熟的行业;虽然它们不可能充当《商业周刊》的封面题材,但它们却是经济社会的中坚力量。

回想一下,经济利润是按所有生产要素的市场价格来定义的。市场价格衡量的是这些要素的机会成本——这些要素在其他地方能够获得的报酬。厂商所赚得的超过生产要素报酬的任何货币量就是纯经济利润。但无论何时,只要有人得到纯经济利润,其他人就也会试图进入该行业,以赚取一部分纯经济利润。在一个可以自由进入的竞争行业中,正是这种谋取经济利润的动机使得经济利润最终趋于零。

有时候,利润动机遭到了某种程度的鄙视。但是,完全从经济的角度看,利润确实为我们提供了有关资源配置的正确信号。如果某家厂商是盈利的,这表示人们对该厂商产量的估价要高于对其生产要素的估价。在这种情况下,让更多的厂商来生产这种产品难道没有意义吗?

24.6 不变要素和经济租金

如果某个行业可以自由进入,那么,在长期内利润会趋向于零。但问题是,并非每一种行业都可以自由进入。在某些行业中,厂商的数目是不变的。

一个通常的原因是,某些生产要素的供给量是固定的。我们说过,在长期内,单个厂商可以购买或出售不变要素。但是,即使在长期内,某些生产要素的供给量从经济全局的角度看也是固定的。

最明显的例子是资源开采行业:地下石油是石油开采行业必需的一种投入,但是可供开采的石油只有那么多。煤、天然气、稀有金属和其他类似的资源也具有同样的特点。农业提供了另一个例子,只有一定数量的土地适合农业耕作。

此外,一个更特殊的不变要素的例子是天才。只有少数人具备成为体育运动员或表演艺术家所必需的天赋。这种领域或许是可以"自由进入"的,但只有那些足够优秀的人才适宜从事这类职业!

另有一些不变要素,其固定的供给量并不是由自然条件而是由法律因素造成的。在许多行业,从事生产经营必须拥有执照或许可证,而法律限制了这类许可证或执照的数量。许多城市的出租车行业就是利用这种方法来进行管制的。酒类许可证也属于这种情况。

如果某个行业中的厂商数目受到上述几种因素的限制,以至于厂商不能自由进入该行业,那么,该行业在长期内获得正的利润似乎是有可能的,因为没有经济力量使利润趋向于零。

这种观点是错误的。有一种经济力量会促使利润趋向于零。如果厂商的生产经营点在长期内是可以盈利的,这可能是由于我们没有恰当地度量任何妨碍厂商进入的因素的市场价值。

这里,回顾成本的经济学定义是非常重要的:我们应该按市场价格即机会成本来确定每一种生产要素的价格。如果一个农场主在扣除生产成本以后还能盈利,那么,这很有可能是他忘记了扣除自有土地的成本。

假定我们设法对除土地之外的所有农业投入都进行了估价,并最终得到一笔 π 美元的年利润。这块土地在自由市场上的价格是多少呢?租赁者愿意为这块土地每年支付多少租金呢?

答案是:为租用这块土地,他们愿意每年支付 π 美元,这恰好等于土地所产生的盈利。甚至不用知道如何耕种,我们就可以租用这块土地并盈利 π 美元,毕竟,我们也是按市场价格来度量农业劳动力的价值的,这就意味着,通过雇用农业劳动力来生产,我们仍然可以盈利 π 美元。因此,这块土地的市场价值——它的竞争性租金——恰好是 π。基于此,从事耕作的经济利润等于零。

注意,根据这种方法确定的租金率与农场的历史成本没有任何内在的联系。问题不在于按什么价格购买,而在于按什么价格出售——机会成本正是由此决定的。

无论何时,只要存在某种不变要素在妨碍进入某种行业,这种要素就应该有一个均衡的租金率。即使对于不变要素,人们也总是可以通过购买行业中的现有厂商的产权,来进入该行业。行业中的每一家厂商都有权出售产权,不出售产权的机会成本就是生产成本,这是厂商必须考虑的。

因此,从某种意义上说,使利润趋于零的始终是进入行业的可能性。毕竟,要进入某个行业存在两条途径:组建一家新的企业;或者购买行业中现有企业的产权。如果一家新厂商可以买到生产所必需的一切要素,并且能够盈利,那么,它就会这样做。但是,如果某些生产要素的供给量是固定的,那么,准备进入行业的厂商之间的竞争就会抬高这些要素的价格,直至利润消失。

例子:纽约的出租车执照

前文我们提过,纽约的出租车执照的售价为每张 100 000 美元。但在 1986 年,出租车司机每周工作 50 小时只能赚到大约 400 美元;这折合不足每小时 8 美元的工资。纽约出租车和大型轿车委员会认为,这个工资水平太低,不能吸引到技术熟练的司机,从而建议,为吸引较好的司机,应该提高出租车的车费。

经济学家会提出,提高出租车的车费对出租车司机的最终收入不会产生任何实质性的影响;而只会导致出租车执照价值的上涨。通过分析该委员会有关出租车运营成本的数据,我们可以看清楚这一点。在 1986 年,租赁费率为早班 55 美元,夜班 65 美元。租赁出租车的司机在扣除汽油费用后的净收入为每天 80 美元。

但是,注意拥有出租车执照的司机所能赚得的金额。假定出租车早、晚两班 1 年可以租赁 320 天,租赁收入为 38 400 美元。保险费、折旧、维修费等各种费用 1 年累计为21 100 美元;这样,每年的净利润就是 17 300 美元。由于执照的成本大约是 100 000 美元,这意味着总的收益率大约是 17%。

出租车车费的上涨将直接反映到出租车执照的价值上。因车费增加而产生的每年 10 000美元的额外收入,将导致出租车执照的价值增加 60 000 美元。出租车司机的工资率——由劳动市场确定——不会受到这种变化的影响。①

24.7 经济租金

上一节所列举的就是经济租金的例子。经济租金定义为,支付给生产要素的报酬超出为获得该要素而必须支付的最低报酬的部分。

例如,考虑前面曾经讨论的石油的例子。开采石油需要一些劳动力,一些机器设备,最重要的是地下蕴藏的石油!假定从现有的一口油井中,用泵把石油从地下抽出来的成本为每桶 1 美元。那么,只要每桶石油的价格超过 1 美元,就会吸引厂商开采油井,供应石油。但是,石油的实际价格要远远高于每桶 1 美元。人们基于众多的原因需要石油,所以,他们愿意支付比生产成本高出很多的价格以得到石油。石油价格超出生产成本的部分就是经济租金。

厂商为什么不进入石油行业呢?它们确实想进入,但是,可供开采的石油数量是有限的。石油价格之所以要比生产成本高许多,原因就在于供给数量有限。

现在来考察出租车执照。执照或许可证看似一张纸,其生产成本几乎为零。但在纽约市,一张出租车执照可以卖到 10 万美元!那么,为什么人们不进入该行业并印发更多的出租车执照呢?理由是进入该行业属于非法——出租车执照的供给受到市政当局的控制。

经济租金的另一个例子是耕地。总体上,土地的总量是固定的。每英亩土地的供给价格不论是零还是 1 000 美元,耕地的总量都不会发生改变。因此,总的来看,支付给土地的报酬就构成了经济租金。

从经济整体的角度看,耕地的价值是由农产品的价格决定的。但是在单个农场主看来,他的土地价值是一种生产成本,是产品价格的一个组成部分。

① 数字取自《纽约时报》1986 年 8 月 17 日一篇未署名的社论。

图 24.7 显示的就是这种情况。图中的 AVC 是除土地之外的所有生产要素的平均成本曲线(假定土地是唯一的不变要素)。如果这块土地所种植谷物的价格为 p^*,那么,土地贡献的"利润"就表示为图中的方框面积:这块面积就是经济租金。它也是这块土地在竞争市场上出租时的租金,正是它才使得利润趋于零。

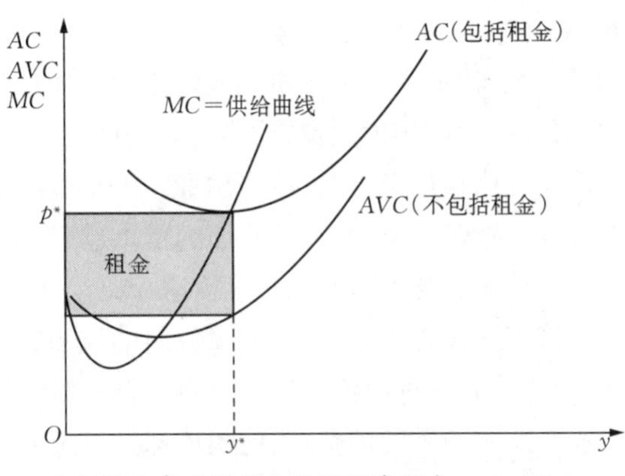

方框面积表示的是土地的经济租金。

图 24.7　土地的经济租金

令 AC 表示包括土地价值在内的平均成本曲线。如果我们能够准确地计量土地的价值,那么,从事农业生产的经济利润将恰好等于零。由于土地的均衡租金是使得利润趋于零的数额,所以我们有

$$p^* y^* - c_v(y^*) - 租金 = 0$$

或者

$$租金 = p^* y^* - c_v(y^*) \tag{24.1}$$

这就是我们前面所指的生产者剩余。实际上,租金和生产者剩余是同一个概念,只不过它们看问题的角度不同。因此,与前文类似,我们也可以用边际成本曲线左边的面积来表示租金。

根据方程(24.1)给出的租金定义,我们现在可以容易地理解前文所提到的下面这句话的准确性:均衡价格决定租金,而不是租金决定均衡价格。厂商沿着边际成本曲线提供产品——边际成本与不变要素的支出无关。租金将调整到使得利润等于零为止。

24.8　租金率和价格

由于我们是按流量单位——单位时间的产量——计量产出的,所以,当计量利润和租金时,我们也应该慎重地采用单位时间的美元金额。因此,在上述讨论中,我们使用的是每年的土地租金,对于出租车执照的租金也是如此。

如果土地或执照不是出租而是直接出售的,那么,均衡价格就是租金流的现值。这只是下述论点的一个简单推论:产生收益流的资产在竞争市场上将按这些收益流的现值出售。

例子:酒业执照

在美国,每个州对于酒类的销售都制定了相应的政策;一些州只存在一家酒类垄断商;其他州则向那些愿意销售酒类的人发放执照。有时,发放执照要收取一定的费用;而在其他情况下,执照的数量是固定的。例如,在密歇根州,销售啤酒和葡萄酒的执照数量就限制在每 1 500 个居民 1 张。

每经过一次联邦人口普查,酒业监督委员会就会向人口增长的社区分配酒业执照(但

是,人口减少的社区的执照不会被没收)。这种人为制造的执照的稀缺性在许多快速增长的社区内,形成了一个生机勃勃的酒业执照市场。例如,在1983年,密歇根州拥有66张执照。但在1980年的人口普查后,就新增加了6张营业执照,并且有33位候选者在积极地争取这6张执照。当时,一张酒业执照的市场价格是80 000美元。当地报纸还特地刊载了一篇文章,宣称对于酒业执照的需求已经超过了供给。毫无价值的东西需要支付80 000美元竟然还会导致对它的过度需求,对此,当地的经济学家并不感到意外。

许多建议提出,通过允许发放新的执照,就可以放松密歇根州的酒业法律的管制。但是,由于受到各种政治团体的反对,这些提议从未形成法律。某些团体因公众健康和宗教问题而反对酒类的消费,其他团体却具有不同的动机。例如,对放松酒业管制提出最强烈反对意见的是密歇根饮料执照协会,它代表的是密歇根州酒精饮料的销售者。尽管乍一看,该协会反对放松酒业管制显得不合常理,但稍加思索,我们就可以发现一个可能的理由:发放更多的酒业执照无疑会降低现有执照的流通价值——从而使得这些执照的持有人遭受巨额的资本损失。

24.9 租金政治学

通常,经济租金是对行业进入实施法律限制的结果。前文,我们曾经提到两个例子:出租车执照和酒业执照。在这两个例子中,每一种执照的数量都受到法律的限定,从而限制了进入这些行业的厂商数目,经济租金由此产生。

假定纽约市政府计划增加出租车的数量,那么,现有出租车执照的市场价值会如何变化呢?很显然,执照的价值将下降。执照价值下跌损害了该行业的经济利益,而这必定会引起该行业策动院外集团势力抵制这样的政策。

联邦政府有时也会人为地限制产量,从而产生某种租金。例如,联邦政府宣布只能在某些土地上种植烟草。由此,这些土地的价值就取决于对烟草的需求。取消这种许可证制度的任何企图都不得不与难以对付的院外集团势力进行斗争。一旦政府人为制造了某种稀缺,这种状况就很难再消除。人为稀缺的受益人——已经获准在该行业经营的人——将竭力反对任何扩大该行业的企图。

在一个受法律管制的行业中任职的人可能会不惜财力、物力以维持令人羡慕的地位。院外活动经费、律师费和公共关系费等费用可能非常庞大。从社会角度看,这种费用完全是对社会资源的浪费。它们并不是真正的生产成本,因为这种开支并不会使产量有丝毫增加。院外活动和公关努力只是决定了谁将得到这笔与现有产量有关的货币。

有时,占有或获取对具有固定供给量的生产要素的要求权的努力称作寻租。寻租并不能创造更多的产出,它只是改变了现有生产要素的市场价格,因此,从社会角度看,这样做完全是一种额外的净损失。

例子:耕种政府

美国的农业政策只引起一件有意义的事情,那就是它为经济学教科书提供了无穷无尽的素材。农业计划的每一项改革都会产生新的问题。特里·巴尔(Terry Bar)是美国农业合作理事会的副会长,他曾经指出:"如果你想要找到一项计划的漏洞,把它交给农场主就可以解决问题，他们在找到有效的方式使用该计划方面的创新性无人能及。"①

截至 1996 年，美国农业补贴的基本结构是采用价格支持：联邦政府承诺对农产品提供一个支持价格，如果价格下降到支持价格以下，政府就会补偿这部分差价。为了有资格参加这项计划，农场主必须同意不再耕种自己的一部分土地。

本质上，在这项计划中，大多数的收益都流向大农场主。根据一项计算，年销量在 50 万美元的只占总数 1%的农场主，获得了 13%的联邦政府直接补贴。1985 年的食品安全法大幅度限制对大农场主的支付。结果，他们就将土地租赁给当地的投资者以减少自己持有的土地数量。投资者要求租赁的土地规模足够大以获得补贴的好处，但却不能达到要面对旨在限制大农场主的措施的水平。一旦取得土地，投资者就会登记政府的这样一项计划，这项计划将为投资者不耕种土地而进行支付。这种做法称为"耕种政府"。

根据一项研究，1985 年农业法限制向大农场主支付补贴后，出现了 31 000 份农业补贴新的申请。这些补贴的成本大约是 23 亿美元。

注意，该计划的表面目标——限制政府向大农场主支付补贴的数量——并没有实现。当大农场主将土地租赁给小农场主时，租赁的市场价格就取决于联邦政府补贴的慷慨程度。补贴的金额越高，大农场主获得的均衡租金就越大。补贴计划的收益仍由那些最初拥有土地的人获得，这是因为，基本上是由土地可以得到的价值——或者来自耕种庄稼，或者来自耕种政府——来决定土地的市场价值的。

1996 年的农业法承诺在 2002 年以前逐步取消大的农业补贴。但是，1998 年的联邦预算又为联邦农业补贴拨出了 60 多亿美元。这再一次阐明要平衡政治和经济是一件多么困难的事情。

24.10 能源政策

下面，我们将用一个例子来结束本章的讨论，这个扩展例子应用了上述若干概念。

1974 年，石油输出国组织（OPEC，欧佩克）强行大幅度提高了石油价格，非石油生产国对能源政策没有任何的选择余地，石油和石油制品的价格不得不上涨。

当时，美国生产的石油大约只占国内石油消费量的一半，国会认为国内石油生产商从失控的油价上涨中获取"暴利"是不公平的。（"暴利"指的是因外部事件而导致的利润增加，它与由于生产决策而增加的利润相对。）因此，国会通过了一个异乎寻常的计划，企图降低石油制品的价格。这些产品中最突出的是汽油，所以，我们将分析这项计划对汽油市场的影响。

双重石油定价

国会采取的政策称作"双重"石油定价，它是这样运行的。进口石油将按市场价格销售，不论其市场价格是多少，而国产石油——从 1974 年以前就已存在的油井中采出的石油——只能按原来的价格销售，即按 1974 年欧佩克提价以前的价格销售。大体上，在进

① 引自威廉·罗宾斯（William Robbins）：《取消对大农场主补贴的限制，推动成本上升》，《纽约时报》1987 年 6 月 15 日，A1。

口石油已卖到 15 美元一桶的时候,国产石油却以 5 美元左右一桶的价格销售。这就是说当时的平均油价约 10 美元一桶,这有利于压低汽油价格。

这样一个计划能实施吗?让我们从汽油生产者的角度来考虑这个问题。汽油的供给曲线会是什么样子?为回答这个问题,我们必须了解汽油的边际成本曲线是什么样子。

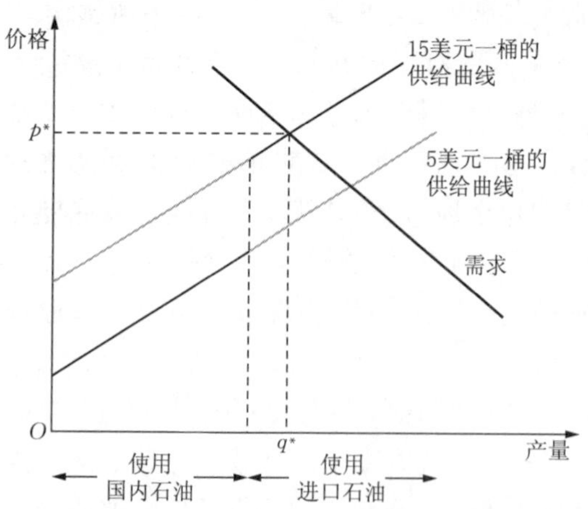

在双重石油定价政策下,汽油的供给曲线是不连续的。当廉价的石油被耗尽时,汽油的供给曲线会中断,从较低的供给曲线跳到较高的供给曲线。

图 24.8 汽油的供给曲线

如果你是一个炼油厂商,你会怎么做呢?显然,首先你会设法使用便宜的国产石油。只有当你用完了国产石油的供给量以后,你才会转向使用更昂贵的进口石油。因此,汽油的加总边际成本曲线——行业供给曲线——看起来就必然像图24.8所示的那样。即在美国国产石油用完而开始使用进口石油那个点上,供给曲线有一个跳跃。在那点以前,国产石油价格是生产汽油的重要要素价格的测度;在那点以后,国外石油价格成了重要要素价格。图 24.8 描述了这种情况下的汽油供给曲线:所有石油都以 15 美元一桶的世界市场价格出售,或者都以 5 美元一桶的国内价格出售。如果国产石油实际上以 5 美元一桶的价格出售,而进口石油以 15 美元一桶的价格出售,则汽油的供给曲线先与 5 美元一桶的供给曲线相重合,直到廉价的国产石油耗尽为止,然后再与 15 美元一桶的供给曲线相重合。

现在我们在图 24.8 上寻找这一供给曲线与市场需求曲线的交点,以确定均衡价格。该图揭示了一个有趣的事实:在双重价格体系下,汽油价格几乎完全一样,就好像所有的石油都是以进口石油价格出售的一样!汽油价格是由生产的边际成本决定的,而边际成本则是由进口石油的成本决定的。

如果你稍微思索一下,这完全可以理解。汽油公司总是以市场可以接受的价格出售产品。即使你运气够好,得到一些廉价的石油,这也并不意味着你将不按其他企业的现行销售价格出售汽油。

暂时假定所有的石油按一种价格出售,并在价格 p^* 点达到均衡,然后政府介入进来,降低每家炼油厂商使用的最初一百桶石油的价格,这会影响汽油厂商的供给决策吗?决不会——为了影响供给,你必须改变边际的刺激。降低汽油价格的唯一办法是增加供给,而这意味着必须使石油的边际成本更低。

双重石油定价政策本质上是从国内石油生产者到国内炼油厂商的一种转让。国内石油生产者得到 10 美元一桶的油价是偏低的,本应当由他们得到的利润转到了炼油厂商手中。这对汽油的供给没有影响,因而对汽油价格也没什么影响。

价格管制

在这种争论中,内在的经济力量决不会长期使自己置之度外。能源部不久就意识到它不可听任市场力量在双重价格体制下决定汽油价格。因为仅有市场力量起作用就意味着只有一种汽油价格，该价格与在没有双重价格体制下盛行的价格相同。

因此，他们对汽油实施了价格管制，要求每家炼油厂商以汽油的生产成本为基础定价，而汽油的生产成本又主要由炼油厂商购买石油的费用决定。

廉价的国产石油的可供量随地区不同而不同。得克萨斯州靠近石油的主要产地，因此炼油厂商可以购买到大量廉价石油。由于实行价格管制，得克萨斯州的汽油价格相对便宜。在新英格兰地区，所有的石油基本上都必须进口，因此该地区的汽油价格非常高。

当同一种商品有不同的价格时，企业试图卖高价是很自然的。能源部不得不再次插手阻止汽油无控制地从低价地区流向高价地区。这样干预的结果，造成了20世纪70年代中期众所周知的汽油短缺。在国内的某个地区，汽油供给定期地中止，无论以什么价格都不可能买到。供给石油制品的自由市场制度，决不会显示出这种运行状况。短缺完全是由与价格管制相结合的双重石油价格制度造成的。

当时，经济学家指出了这一点，可是它对政策没有产生多大影响。被汽油厂商游说疏通的一个结果是：大部分国产石油按长期合同销售，当其他人只能买到昂贵的国外石油时，某些炼油厂商却能买到大量的廉价国产石油。自然，有人提出了反对，说这不公平。因此，国会制定出另一个计划，以便更公平地分配廉价的国产石油。

权利计划

该计划被称为“权利计划”，它是这样实施的：炼油厂商每次购买一桶高价的进口石油，就得到一张配给票，允许它购买一定量的廉价国产石油，其数量多少取决于供给条件。这里，我们假设它是一搭一：即购买15美元一桶的进口石油就允许再购买5美元一桶的国产石油。

这样做对石油的边际价格有什么影响呢？现在石油的边际价格正好是国产石油价格和进口石油价格的加权平均数；在上述“一搭一”的情况下，石油的价格将是10美元一桶。对汽油供给曲线的影响如图24.9所示。

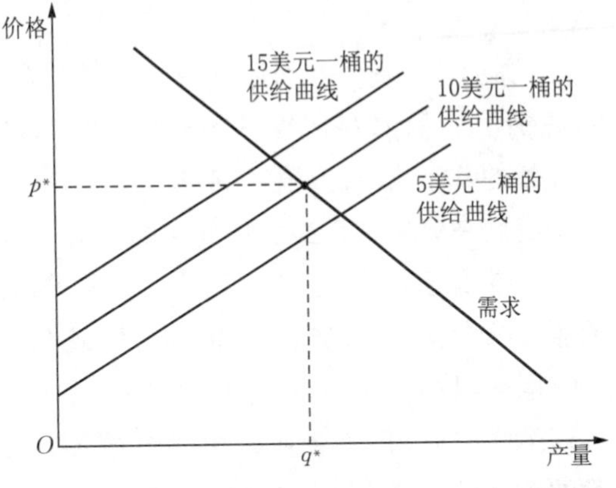

在“权利计划”下，汽油的供给曲线位于所有石油均按进口价格提供时的供给曲线和所有石油均按国内价格提供时的供给曲线之间。

图24.9 权利计划

石油的边际成本确实下降了，这意味着汽油价格也下降了。可是是谁支付了这一代价呢？是国内石油生产者！美国以15美元一桶的成本购进国外石油，而假装成本仅为10美元一桶。国内石油生产者被要求按低于世界石油市场价格的售价出售石油。美国是在补贴国外进口的石油，而迫使国内石油生产者支付这项补贴。

这一计划最终也被放弃了。美国允许所有的石油按同样价格出售，可是要向国内石油生产者征收暴利税，使他们不会由于石油输出国组织的行动而获取暴利。当然，这类税收会抑制国内的石油生产，从而提高汽油价格，然而在当时，这是国会明显可接受的方案。

24.11 碳税与限额交易

受全球变暖议题的影响,部分气候学家已经迫切要求政府实施减少碳排放的政策。特别受到经济学关注的两类减少碳排放的政策是*碳税*(carbon taxes)和*限额交易*(cap and trade)。

碳税制度是对碳排放征税,而限额交易制度是发放可在有组织的市场上进行交易的碳排放许可证。为比较这两种方法的不同之处,我们来分析一个简单模型。

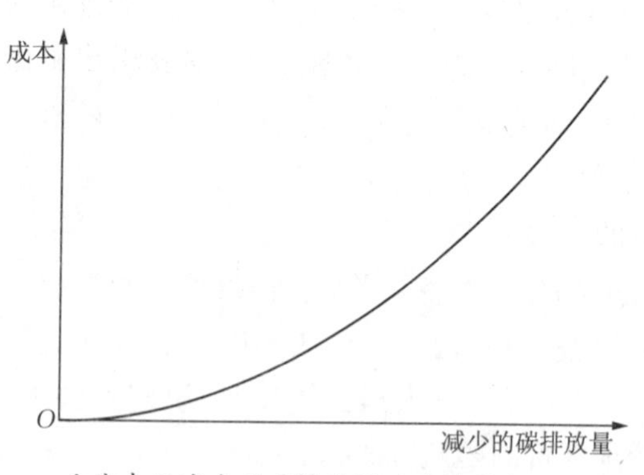

曲线表示减少的碳排放量对应的成本。

图 24.10 减排的成本函数

最优碳排放量的产生

我们从研究以最低成本产生目标排放量的问题开始讨论。假设存在碳排放量的现行水平为$(\overline{x}_1, \overline{x}_2)$的两个企业。企业 i 减少的碳排放量为 x_i 的成本是 $c_i(x_i)$。图 24.10 显示了这一成本函数的可能形状。

目的是以最低成本减少目标数量 T 的排放量。相应的最小化问题可以写成

$$\min_{x_1, x_2} c_1(x_1) + c_2(x_2)$$
$$\text{s.t. } x_1 + x_2 = T$$

在成本函数已知时,原则上政府可以求解这个最优化问题,并向每个企业分派碳排放的减少量。然而,存在数千个碳排放者时,这个方法是没有实践性的。挑战在于寻找实现最优解的基于市场的分权性解决方法。

我们来分析这个最优化问题的结构。显然,实现最优解时,每个企业减少碳排放量的边际成本是相同的。不然,可以付钱要求边际成本低的企业增加排放量以及边际成本高的企业减少排放量。这不仅能够降低成本,还能将总排放量维持在目标水平。

因此,我们得到一个简单的法则:实现最优解时,每个企业减少碳排放量的边际成本都相同。在我们正在讨论的两个企业的情形中,我们可以利用简单图形寻找最优解。假设目标排放量得以实现时,$MC_1(x_1)$表示企业 1 减少排放量 x_1 的边际成本,企业 2 减少排放量的边际成本可表示成企业 1 减少的排放量的函数 $MC_2(T - x_1)$。我们在图 24.11 中画出这两条曲线。两条曲线的交点决定了减少既

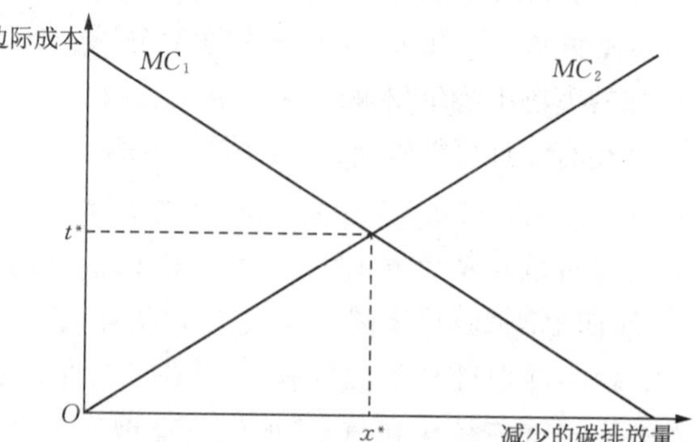

点 t^* 表示最优碳税率和碳排放许可证价格。

图 24.11 限额交易的均衡

定的总排放量 T 时,两个企业最优分担的减少排放量的任务。

碳税

现在,不直接求解成本最小化问题的最优解,考虑利用碳税的分权决策解。在该分析框架中,政府设定的对碳排放征税的税率为 t。

若企业 1 的起始排放量为 $\overline{x}_1$ 并将其排放量减少 x_1,则企业 1 的最终排放量是$\overline{x}_1 - x_1$。若对单位排放量支付碳税 t,则企业 1 的碳税总额等于 $t(\overline{x}_1 - x_1)$。

面对这样的税收制度,企业 1 希望选择最小化总运营成本的碳排放减少量。企业 1 的总运营成本是减少碳排放量的成本加上为最终碳排放量支付碳税的成本,这就引出了成本最小化问题:

$$\min_{x_1} c_1(x_1) + t(\overline{x}_1 - x_1)$$

显然,企业希望将碳排放量减少到这样的水平:进一步减少碳排放量的边际成本恰好等于碳税率,即 $t = MC_1(x_1)$。

如图 24.11 显示的那样,碳税率设定成 t^*,则碳排放总量将等于目标排放量 T。因此,碳税给出了一个实现最优排放量的分权决策解。

限额交易

假设不存在碳税,政府实施可交易的排放许可证(emissions licenses)制度。每张许可证允许持有它的企业进行一定数量的碳排放。政府选择实现目标减排量的排放许可证数量。

我们设想在市场上每个企业可以购买一张以单位价格 p 排放 x 单位碳的排放许可证。企业 1 减少排放量 x_1 的成本是 $c_1(x_1) + p(\overline{x}_1 - x_1)$。显然,企业希望排放许可证的价格等于减少碳排放量的边际成本,即 $p = MC_1(x_1)$。换言之,企业选择的排放量可以满足减少单位碳排放量的成本恰好等于不再需要购买排放许可证而节约的成本的要求。

因此,边际成本曲线告诉我们碳排放量的供给是价格的函数。均衡价格是排放量的总供给等于目标排放量 T 的价格。此时的均衡价格等于图 24.11 显示的最优碳税率 t^*。

依然存在的问题是如何分配许可证。一种方法是要求政府向企业出售许可证。这种方法的本质是与碳税制度相同的。政府选择一个价格后出售许可证,无论在这个价格上有多少对许可证的需求。另一种方法是政府选择目标排放量后再拍卖许可证,让企业自己决定许可证的价格。这是"限额交易"制度的一种方法。上述两种方法实际上应该导致相同的市场出清价格。

还有一种可能性是政府依据一定的规则向企业颁发许可证。这种规则可能依赖于大量的标准,但颁发这些有价值的许可证的一个重要原因可能是获取对此行为的政治支持。许可证或许是基于哪个企业雇用了最多的员工的客观标准而分发的,也可能是依据哪个企业的政治捐款最多的标准而发放的。

从经济学的视角而言,不管是政府拥有许可证并向企业出售,还是由政府向企业发放许可证后允许企业之间相互转售,各种方法之间没有本质差异。政府向企业出售许可证的方式基本属于碳税制度,而企业之间相互转售政府发放的许可证的方式基本属于限额交易制度。

如果创立了限额交易制度,企业将发现自己更愿意在获取排放许可证的方式上进行投资。例如,企业希望为排放许可证而游说国会。正如我们先前对寻租(rent seeking)的讨论,这些游说费用应该算作制度成本的一部分。当然,碳税制度也有相似的游说活动。尽管企业毫无疑问会想出各种理由寻求特殊的碳税豁免,但应该指出的是,与限额交易制度相比,碳税制度更不易受到政治操纵的影响。

小　结

1. 行业的短期供给曲线就是该行业单个厂商供给曲线的水平加总。
2. 行业的长期供给曲线必须考虑厂商进入或退出行业的因素。
3. 如果有自由进出,那么,长期均衡就将涉及与非负利润相一致的最大厂商个数。这意味着长期供给曲线在等于最小平均成本的价格水平上基本上是一条水平直线。
4. 如果有阻止厂商进入有利可图的行业的力量存在,那么这些阻止进入的因素就能赚取经济租金。所得的租金由该行业产出的价格决定。

复习题

1. 如果 $S_1(p)=p-10$, $S_2(p)=p-15$, 市场供给曲线出现拐点时的价格为多少?

2. 短期内的香烟需求完全缺乏弹性,假定长期内的需求具有完全的弹性。如果对香烟征税,在短期和长期内会分别对消费者支付的价格产生什么影响?

3. 下列表述正确与否:离校园近的便利店之所以可以开高价是因为它们必须付高地租?

4. 下列表述正确与否:在长期行业均衡下,没有一家企业亏损?

5. 根据本章描述的模型,进入或退出某一行业经营的企业数量是由什么决定的?

6. 本章所述的进入模型表明一个给定行业的企业越多,长期的行业供给曲线就越倾斜还是越平坦?

7. 一个纽约市的出租汽车司机在经过仔细核算经营和劳动成本账目以后发现可获得一个正的利润。这是否与竞争模型抵触?为什么?

垄 断

在前面几章,我们对竞争行业的行为进行了分析,这是一种当存在大量小企业时最有可能出现的市场结构。在本章,我们将转向另一个极端,考察一个行业在只有一家厂商时的产业结构——垄断。

当市场上只有一家厂商时,该厂商不太可能接受既定的市场价格。相反,垄断厂商会意识到它对市场价格的影响,并选择能够实现总利润最大化的价格和产量水平。

当然,它不可能独立地选择价格和产量;对于任何给定的价格,垄断厂商只能出售市场所能够承受的数量。如果它选择较高的价格,那么,它就只能销售较少的数量。消费者的需求行为限制了垄断厂商对价格和产量的选择。

我们可以认为,垄断厂商在选择价格,而消费者在按此价格选择他们愿意购买的数量;或者,我们也可以认为,垄断厂商在选择产量,而消费者在选择他们愿意支付给这个数量的价格。第一种方法是习惯的做法,但事实证明,第二种方法更便于分析。当然,只要运用恰当,这两种方法是等价的。

25.1 利润最大化

首先,我们研究垄断厂商的利润最大化问题。令 $p(y)$表示市场反需求曲线,$c(y)$表示成本函数,$r(y)=p(y)y$ 表示垄断厂商的收益函数。于是,垄断厂商的利润最大化问题就可以表示为

$$\max_{y} r(y)-c(y)$$

这个问题的最优化条件非常直接:在产量的最优水平上,边际收益一定等于边际成本。如果边际收益小于边际成本,那么减产就能使利润增加,这是因为节约的成本足以补偿收益的损失。如果边际收益大于边际成本,那么,增加产量就能增加利润。因此,厂商没有激励改变产量水平的唯一的点,就是边际收益等于边际成本的点。用代数式表示,我们可以把最优化条件记作

$$MR=MC$$

即

$$\frac{\Delta r}{\Delta y}=\frac{\Delta c}{\Delta y}$$

相同的 $MR=MC$ 条件在竞争厂商的情况下也一定成立;在竞争厂商的情况下,边际收益等于价格,所以这个条件简化为价格等于边际成本。

但在垄断厂商的情况下,边际收益变得稍微复杂一些。如果垄断厂商决定增加产量 Δy,那么,这会对利润产生两方面的影响:首先,出售更多的产量,它可以得到收益 $p\Delta y$;其次,增产使价格下降 Δp,它起初销售的产量现在要按这个较低的价格出售。

因此,产量增加 Δy,对收益的总体影响为

$$\Delta r=p\Delta y+y\Delta p$$

这样,收益变动量与产量变动量之比,即边际收益,就等于

$$\frac{\Delta r}{\Delta y}=p+\frac{\Delta p}{\Delta y}y$$

(这恰好是我们在第 15 章讨论边际收益时所推得的表达式。在继续学习以前,你需要复习一下第 15 章的内容。)

考虑这个问题的另一种方法,是设想垄断厂商同时选择产量和价格——当然,必须意识到需求曲线的限制。如果垄断厂商想要出售更多的产品,它就必须降低产品价格。这种降价意味着它销售的所有产量,而不仅仅是新增的产量,都要按较低的价格出售。因此,上式中会出现 $y\Delta p$ 这一项。

在竞争的情况下,能够把价格降至低于其他厂商要价的厂商,可以立即从竞争者手中夺取整个市场。但在垄断的情况下,垄断厂商已经占有了整个市场,在它降低产品价格时,它就必须考虑降价对它出售的全部产量的影响。

按照第 15 章的论述,我们也可以利用弹性公式将边际收益表示为以下的形式:

$$MR(y)=p(y)\left[1+\frac{1}{\varepsilon(y)}\right]$$

并将"边际收益等于边际成本"的最优化条件记作

$$p(y)\left[1+\frac{1}{\varepsilon(y)}\right]=MC(y) \tag{25.1}$$

由于弹性是负的,所以,我们也可以把这个表达式记作

$$p(y)\left[1-\frac{1}{|\varepsilon(y)|}\right]=MC(y)$$

从这些方程,我们可以很容易地发现它与竞争情况的联系:在竞争情形下,厂商面临的是一条水平的需求曲线——一条弹性无穷大的需求曲线,这意味着 $1/|\varepsilon|=1/\infty=0$,所以,对于一家竞争厂商,这个方程的表现形式就是价格等于边际成本。

注意,垄断厂商决不会选择在需求曲线无弹性的点经营。这是因为,如果 $|\varepsilon|<1$,那么 $1/|\varepsilon|>1$,边际收益就只可能取负值,从而它也就不可能等于边际成本。当我们考

察无弹性需求曲线的深层含义时，这个结论就会变得非常清晰：如果 $|\varepsilon|<1$，那么，减产就会增加收益，而减产一定会减少总成本，所以，利润必定增加。因此，任何 $|\varepsilon|<1$ 的点都不可能是垄断厂商的利润实现最大化的点，毕竟，垄断厂商可以通过减产来增加利润。最终，我们可以得到这样的结论：实现利润最大化的点，只可能出现在 $|\varepsilon|\geqslant 1$ 的地方。

25.2 线性需求曲线和垄断

假定垄断厂商面临这样一条线性需求曲线

$$p(y)=a-by$$

那么，收益函数就是

$$r(y)=p(y)y=ay-by^2$$

边际收益函数就是

$$MR(y)=a-2by$$

（这源自第 15 章结尾所给出的公式。运用简单的微积分知识，可以很容易地推导出这个表达式。如果你不懂微积分，就请记住这个公式，因为我们将经常用到它。）

注意，边际收益曲线虽然与需求曲线具有相同的纵截距 a，但它的倾斜程度却是需求曲线的 2 倍。这为我们提供了一种绘制边际收益曲线的简单方法。我们已经知道边际收益曲线的纵截距是 a，只要取需求曲线横截距的一半，就可以得到边际收益曲线的横截距。这样，连接这两个点的直线就是边际收益曲线。图 25.1 显示的就是需求曲线和边际收益曲线。

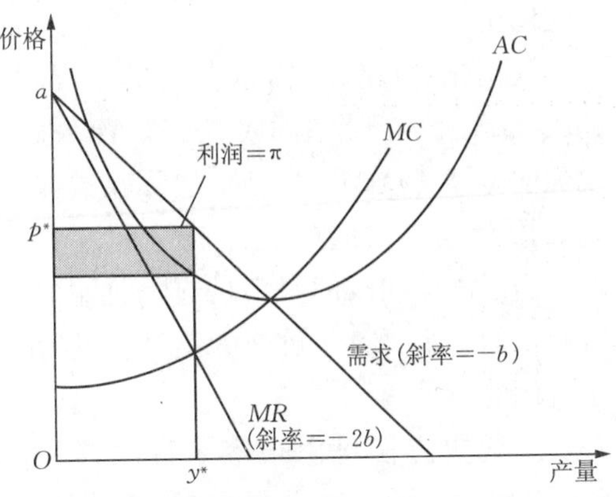

垄断厂商的利润最大化产量出现在边际收益等于边际成本的地方。

图 25.1　具有线性需求曲线的垄断厂商

最优产量 y^*，出现在边际收益曲线与边际成本曲线相交的地方。在这个产量水平上，垄断厂商将索取它可能获得的最高价格 $p(y^*)$。这样，它可以得到收益 $p(y^*)y^*$，从中扣除总成本 $c(y^*)=AC(y^*)y^*$ 后，剩下的那块面积就是利润，如图 25.1 所示。

25.3 成本加成定价

利用垄断厂商的弹性公式，我们可以用另外一种方法来表述它的最优定价政策。重新整理方程(25.1)，我们有

$$p(y)=\frac{MC(y^*)}{1-1/|\varepsilon(y)|} \tag{25.2}$$

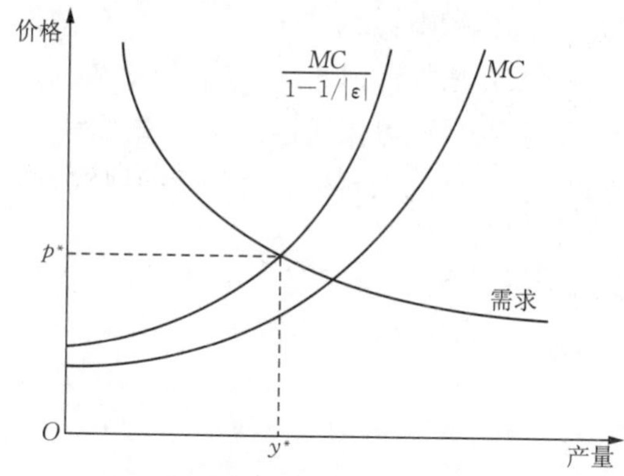

使利润最大化的产量水平位于曲线 $MC/(1-1/|\varepsilon|)$ 与需求曲线的交点处。

图 25.2 具有不变弹性需求的垄断厂商

这个公式表明,市场价格等于边际成本加成,式中加成数取决于需求弹性,由 $\frac{1}{1-1/|\varepsilon(y)|}$ 给出。由于垄断厂商总是在需求曲线有弹性的点经营,所以,我们可以确信 $|\varepsilon|>1$,从而加成数一定大于 1。

在不变弹性的需求曲线的情况下,由于 $\varepsilon(y)$ 是常数,这个公式变得特别简单。如果面临的是不变弹性的需求曲线,垄断厂商将按边际成本的固定加成定价,如图 25.2 所示。曲线 $MC/(1-1/|\varepsilon|)$ 按照固定比例高于边际成本曲线;这里,最优的产量水平位于 $p=MC/(1-1/|\varepsilon|)$ 处。

例子:税收对垄断厂商的影响

我们考虑这样一个问题,对一家边际成本不变($MC=c$)的厂商征收从量税,会对这家厂商的定价产生什么影响?很明显,边际成本会按税额上升,但是市场价格会发生什么变化呢?

我们先考虑线性需求曲线的情况,如图 25.3 所示。当边际成本曲线 MC 按税额向上移动至 $MC+t$ 时,边际收益曲线和边际成本曲线的交点就会向左移动。由于需求曲线的斜率是边际收益曲线斜率的一半,所以,价格的上升幅度等于税额的一半。

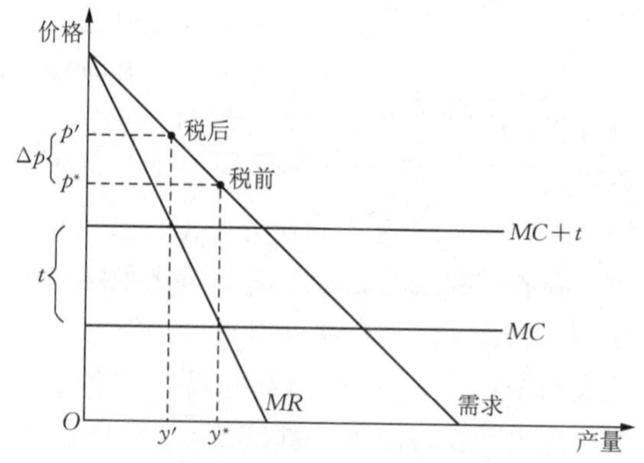

对一家面临线性需求的垄断厂商征税。注意,价格上升的幅度是税额的一半。

图 25.3 线性需求和税收

用代数方法可以很容易说明这一点。边际收益等于边际成本加税额,即

$$a-2by=c+t$$

求解 y

$$y=\frac{a-c-t}{2b}$$

所以,产量的变化可以表示为

$$\frac{\Delta y}{\Delta t}=-\frac{1}{2b}$$

需求曲线是

$$p(y)=a-by$$

所以，价格的变动量就是产量变动量的$-b$倍，

$$\frac{\Delta p}{\Delta t}=-b\times\left(-\frac{1}{2b}\right)=\frac{1}{2}$$

这里，因子1/2的出现只是源于线性需求曲线和不变边际成本的假定。综合这些假定，价格的上升幅度低于税收的增长幅度。但这种情况普遍存在吗?

答案是否定的。一般地，征税会使价格按大于或小于税额的幅度上升。举一个简单的例子，考察面临不变弹性的需求曲线的垄断厂商的情况，我们有

$$p=\frac{c+t}{1-1/|\varepsilon|}$$

从而

$$\frac{\Delta p}{\Delta t}=\frac{1}{1-1/|\varepsilon|}$$

很明显，上式一定大于1。在这种情况下，价格上升的幅度要大于税额。

此外，我们还可以考察利润税的情况。在这种情况下，垄断厂商要按税率τ将利润的一部分上缴政府。于是，它面临的利润最大化问题就可以表示为

$$\max_{y}\ (1-\tau)[p(y)y-c(y)]$$

但是，使利润最大化的产量y同样也使得$(1-\tau)$与利润的乘积最大化。因此，完全的利润税不会对垄断厂商的产量选择产生影响。

25.4 垄断的低效率

竞争行业在价格等于边际成本的点经营；而垄断行业在价格大于边际成本的点经营。于是，一般地，与竞争厂商相比，垄断厂商的价格较高，产量较低。因此，处于垄断行业中的消费者的境况，一般要差于竞争行业中的消费者的境况。

但是，基于相同的原因，垄断厂商的境况却相对较好。如果同时考虑厂商和消费者，那么，竞争和垄断究竟哪一种是"较好"的安排就不再十分清楚。看起来必须对消费者和厂商的相对福利作出价值判断。但是，我们将看到，仅仅从效率的角度，我们就能够提出反垄断的理由。

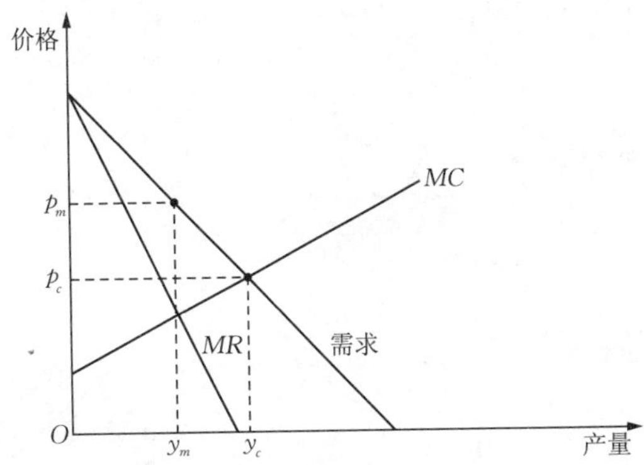

垄断厂商的产量低于竞争情况下的产量，因此是帕累托低效率。

图25.4 垄断的低效率

考察图25.4所示的垄断情况。假设我们能够不费成本地迫使这家厂商像一个竞争者那样经营，并接受外生的市场价格，此时的价格和产量表示为(p_c, y_c)。另一方面，如果厂商意识到它对市场价格的影响，并选择实现利润最大化的产量水平，那么，此时的垄断价格和产量就表示为(p_m, y_m)。

对于一种经济安排,如果不存在一种方式能够在其他人的境况没有变坏的情况下使任何人的境况得到改善,那么,它就是帕累托有效率的。垄断的产量水平是帕累托有效率的吗?

根据反需求曲线的定义,在每个产量水平上,$p(y)$度量的是消费者为购买额外1单位商品所愿意支付的价格。由于对 y_m 和 y_c 之间的所有产量水平,$p(y)$大于 $MC(y)$,所以就存在这样一个产量区域,在这个区域内,人们愿意对1单位产量支付比其生产成本更高的价格。很明显,这里存在帕累托改进的可能。

例如,考虑处于垄断产量水平 y_m 的情况。由于 $p(y_m) > MC(y_m)$,所以,一定有人愿意对1单位的额外产量支付比其生产成本更高的价格。假定厂商生产这个单位的额外产量,并按价格 p 出售给这个人,这里,$p(y_m) > p > MC(y_m)$。这个消费者的境况得到了改善,因为他愿意为这个额外产量支付 $p(y_m)$,但这个单位额外产量仅按 $p < p(y_m)$ 出售。同样,为生产这个单位的额外产量,垄断厂商增加的成本是 $MC(y_m)$,但他得到的却是价格 $p > MC(y_m)$。另一方面,所有其他单位的产量仍按以前的价格出售,所以,这里没有发生什么变化。但是,出售这个单位的额外产量后,交易双方都获得了一些额外剩余——交易双方的境况都得到了改善,并且,没有其他人的境况变得比过去更糟。这样,我们就找到了一种"帕累托改进"。

这种低效率的原因是值得研究的。有效率的产量水平出现在对额外单位产量的支付意愿恰好等于这个额外单位产量的生产成本的地方。竞争厂商会进行这种比较。但垄断厂商却还要考虑增加产量对于来自边际内诸单位的收益的影响,而这些边际内单位是与效率无关的。垄断厂商总是愿意按比现行价格更低的价格出售额外单位的产量,只要这样做不至于降低边际内诸单位产量的价格。

25.5 垄断的额外损失

既然垄断是低效率的,那么,我们就想了解它是怎样的低效率。有什么方法能够测度垄断引起的效率总损失呢?我们知道如何度量消费者因必须支付价格 p_m 而不是 p_c 所造成的损失——我们考察消费者剩余的变化。同样,我们也知道如何度量厂商因要价 p_m 而不是 p_c 而带来的利润增加——我们考察生产者剩余的变化。

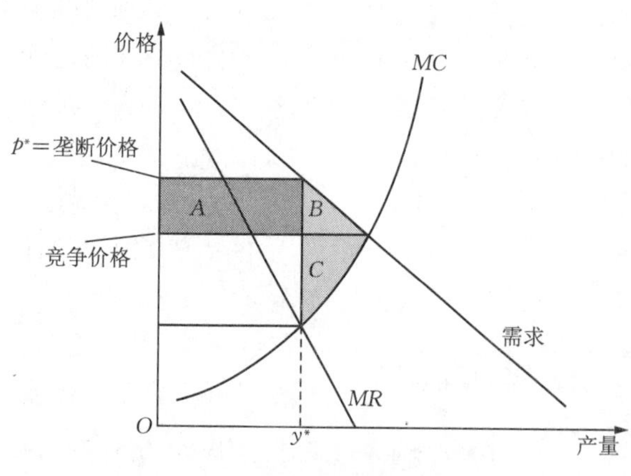

面积 $B+C$ 表示由垄断造成的额外损失。

图 25.5 垄断的额外损失

把上述这两个数字结合起来的最自然的方法,就是平衡地对待厂商——更确切地,工厂的所有者——和消费者,并将厂商利润和消费者剩余加总。厂商利润的变化,即生产者剩余的变化,度量的是工厂所有者在垄断条件下为获得较高的价格所愿意付出的代价;而消费者剩余的变化度量的是,因支付这个较高的价格而必须给予消费者的补偿。因此,这两个数字的差额就是对垄断的净收益或净成本的合理测度。

图 25.5 显示的是，从垄断产量变动至竞争产量所引起的生产者剩余和消费者剩余的变化。由于最初销售的数量现在要按较低的价格出售，垄断厂商的剩余减少了面积 A；因现在出售额外单位的产量所产生的额外利润，垄断厂商的剩余增加了面积 C。

现在，消费者按较低的价格得到他们起初购买的数量，所以，消费者剩余增加了面积 A；此外，消费者又从额外出售的产量中得到一些剩余，所以，消费者剩余还增加了面积 B。面积 A 只是从垄断厂商到消费者的转移，所以，尽管一方的境况变得更好，另一方的境况变得更糟，但总剩余却没有变化。面积 $B+C$ 代表真正增加的剩余，这块面积度量的是消费者和生产者赋予已生产出的额外产量的价值。

面积 $B+C$ 称作垄断的**额外损失**。它为人们由支付竞争价格到支付垄断价格时境况的恶化程度提供了一个测度。垄断引起的额外损失，如同税收引起的额外损失，度量的是对损失的每单位产量都按人们对该单位产量愿意支付的价格进行估价，而得到的损失产量的价值。

为了理解额外损失测度的是损失产量的价值，我们需要考虑从垄断产量点开始增加 1 单位产量的情况。这个边际单位产量的价值就是市场价格。生产这个单位额外产量的成本就是边际成本。因此，生产 1 个单位额外产量的“社会价值”就是价格与边际成本的差额。接下来，考虑下一个单位产量的价值，它的社会价值仍然是该产量水平上的价格和边际成本之间的差额，以此类推。当我们从垄断产量水平移向竞争产量水平时，只需要把需求曲线与边际成本曲线之间的距离“加总”，我们就可以得到因垄断行为而损失的产量的价值。这两条曲线之间从垄断产量到竞争产量的面积就是额外损失。

例子：专利的最佳期限

专利是提供给发明者在一个限定的时期内从他们的发明中受益的专有的权利。因此，专利提供一种有限的垄断。提供这种专利保护的理由是鼓励创新。在缺乏专利制度的情况下，个人和厂商几乎都不愿意进行大量的研究和开发投资，因为他们的任何新发明都可能被竞争者仿制。

在美国，专利的期限是 17 年。在此期限内，专利持有者对发明拥有垄断权；在专利终止后，任何人都可以自由使用专利中所述的技术。专利期限越长，发明者从中得到的收益就越大，因此，就越是能激励他们进行研究和开发投资。但是，允许这种垄断存在的时间越长，造成的额外损失就将越多。长专利期限的收益是鼓励创新；成本是鼓励垄断。最佳的专利期限是使这两个互相冲突的结果达到平衡的期限。

耶鲁大学的威廉·诺德豪斯(William Nordhaus)研究过确定最佳专利期限的问题。[①] 正如诺德豪斯所指出的，这个问题非常复杂，涉及许多未知的关系。然而，一些简单的计算就可以使我们洞悉，现有的专利期限是否与上述估计的收益和成本很不相符。

诺德豪斯发现，对于普通的发明，17 年的专利期限大约有 90%的效率——就是说，它能取得最大可能的消费者剩余的 90%。根据这些数字，似乎没有迫切的理由对专利制度作根本性的改造。

---

① 威廉·诺德豪斯(William Nordhaus)：《发明、增长和福利》，麻省理工学院出版社，1969 年版。

例子:专利丛林

基于专利制度的知识产权保护提供创新的激励,但也存在乱用专利权的可能性。部分观察者认为,知识产权保护向商业过程、软件和其他领域的延伸导致了更低质量的专利。

一般认为专利有长度、宽度和高度等三个维度。长度表示专利保护的时间,宽度表示在多大范围内解释专利内容主张,而高度是用于确定专利是否表示新想法的新颖性标准。不幸之处是只有长度可以简单量化。专利的质量、深度和新颖性等其他方面的内容可能相当主观。

因为近年来企业能非常容易地申请获得专利,所以许多企业努力投资以获得与自己经营业务相关的各方面的专利组合。希望通过开展新业务,与拥有大量专利的现有企业进行竞争的任何公司都会发现自己陷于专利丛林(patent thicket)的烦扰中。

已经进入正常经营的企业知道用于获得专利组合的投资的重要性。在 2004 年,微软(Microsoft)不仅向联聚信科(InterTrust Technology)公司支付 4.4 亿美元以获取与计算机安全相关的专利组合的使用权,还与太阳微系统公司(Sun Microsystems)签订价值 9 亿美元的 10 年期的专利合同以解决相互之间的专利纠纷。2003 年至 2004 年间,微软获得的专利数超过了 1 000 项。

为什么注重专利组合?对于微软这样的大公司而言,专利组合的主要价值在于可用作交叉许可协议的谈判筹码。

每个公司设置的专利丛林起着类似冷战时期美苏两国拥有的核导弹的作用,各方都有瞄准对方的足够核导弹以备自己遭受攻击时能拥有相互确保毁灭的能力。因此,没有一方能冒险进行攻击。

专利丛林的原理也是如此。如果国际商用机器(IBM)起诉惠普(HP)专利侵权,惠普也会依据自己的专利清单反诉国际商用机器在其他技术上侵犯了自己的专利权。为获得对抗其他企业诉讼的专利诉讼,即使那些不是特别希望运用专利保护自己经营活动的企业也不得不设立属于自己的专利丛林。

专利丛林选择的“核弹”是法院的预发禁止令(preliminary injunction)。在某些场合,法官强制公司停止销售可能侵犯他人专利的产品。预发禁止令的做法可能成本很高。在 1986 年,因为法院下达的预发禁止令,柯达(Kodak)完全退出了一次性成像的经营业务。最终,柯达还支付了数十亿美元的专利侵权审判费。

停止生产的禁止令可能具有很大的威胁性,但对什么也没有生产的企业没有任何作用。例如,联聚信科公司没有销售任何产品,其收入都来源于专利许可。因此,联聚信科公司可以威胁对其他公司进行专利侵权的诉讼,而不必过多担心其他公司反诉自己专利侵权。

例子:管理马铃薯的供给

大家都熟悉通过设定生产配额的方法影响石油价格的国际石油卡特尔——石油输出国组织(OPEC)。在美国,推动价格上涨的生产协调行为通常是非法的,但也存在免受反垄断法条款约束的行业。

最明显的事例是农业生产者。1922 年的卡帕-沃尔斯坦德法(Capper-Volstead Act)特别赦免农户不受联邦反垄断法条款的约束。其结果是涌现了大量的试图自愿管制农产品供给的“农产品推销委员会”。

例如,2005 年 3 月成立的美国马铃薯种植者联合会已经和占美国 60%以上的马铃薯种植面积的马铃薯生产农户达成协议,在 2005 年减少 680 万袋马铃薯的生产量,而每袋马铃薯的重量约为 100 磅。根据《华尔街日报》的报道,这相当于麦当劳约 13 亿份炸薯条的订单。①

25.6 自然垄断

我们在前面获知,一个行业的帕累托有效率产量出现在价格等于边际成本的地方。垄断厂商在边际收益等于边际成本的地方进行生产,所以生产的产量太少。看起来,对垄断实行管制以消除低效率,似乎是一件相当容易的事情,管制者只要使价格等于边际成本,剩下的一切就都会在利润最大化的驱动下完成。但不幸的是,这个分析忽略了问题的一个重要方面:按这样的价格,垄断厂商可能会亏损。

图 25.6 显示的是这样一个例子。图中,平均成本曲线的最低点,处于需求曲线的右边,需求曲线和边际成本曲线的交点位于平均成本曲线的下方。即使产量水平 y_{MC} 有效率,它也无利可图。如果管制者确定这样的产量水平,那么,垄断厂商就会退出经营。

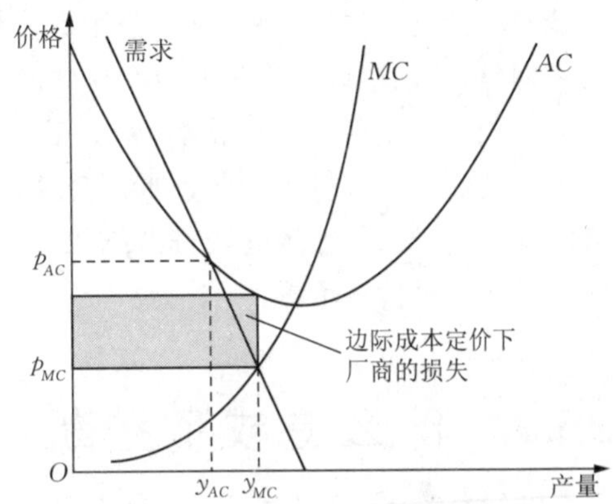

如果一个自然垄断厂商在价格等于边际成本处经营,那么,它将生产有效率的产量水平 y_{MC},但这却不够补偿它的成本。如果要求在价格等于平均成本处生产产量 y_{AC},那么,它能够补偿成本,但这个产量相对于有效率的产量来说又太少了。

图 25.6　自然垄断

公用事业部门经常会出现这种情况。例如,考虑一家煤气公司。这里的技术涉及大量的固定成本——铺设和维护煤气输送管道,但提供额外单位煤气的边际成本很小。管道一经铺设,向管道压入更多煤气的费用就很小了。同样,一家地方电话公司为提供电话线和交换网络,必须投入大量的固定成本,而增加一次电话服务的边际成本却非常低。当大量的固定成本和少量的边际成本并存的时候,你很容易遇到图 25.6 所示的那种情况,这种情况称作*自然垄断*。

如果允许自然垄断厂商确定垄断价格会因帕累托低效率而不理想,而迫使自然垄断厂商按竞争价格生产,又因亏损而不可行,那么我们还能怎么做呢? 在大多数情况下,自然垄断或者由政府管制,或者由政府经营。不同的国家采用的方法不同。在有些国家,电话服务由政府提供;而在另一些国家,它却由受政府管制的私营厂商提供。这些方法各有自己的长处和短处。

例如,我们考察受政府管制的自然垄断的情况。如果被管制的厂商不需要补贴,那它就必须不亏损,这意味着它必须在平均成本曲线或其上方经营。如果它为所有愿意付费的人提供服务,那么,它也就必须在需求曲线上经营。因此,一家受管制厂商的自然经营位置就类似图 25.6 中的点(p_{AC}, y_{AC})。在这样的点上,厂商按平均成本出售产品,所以它

① Timothy W.Martin, "This Spud's Not for You", *Wall Street Journal*, September 26, 2006.

能够补偿成本,但是相对于有效率的产量水平,它的产量太少。

对于自然垄断厂商,这种解决办法通常被视作一种合理的定价政策。政府的管制机构制定公用事业部门可以索取的价格。在理想状态下,这些价格应该恰好使厂商盈亏平衡,即价格等于厂商的平均成本。

管制机构面临的问题是确定厂商的真实成本。通常,由一个公用事业委员会负责调查垄断厂商的成本,以确定实际的平均成本,然后,再据以确定一个能够补偿成本的价格。(当然,部分成本是厂商必须对它的股票持有人和其他债权人所进行的支付。)

在美国,这些管制委员会在州和地方一级实施管理。一般地,电力、煤气和电话服务以这种方式经营。其他自然垄断厂商,如有线电视等,通常受到地方一级的管制。

解决自然垄断问题的另一种办法是政府经营。在这种情况下,理想的解决方法是在价格等于边际成本处提供服务,同时,提供一次性总付的补贴以维持厂商经营。这是诸如公共汽车和地铁之类的地方公共运输系统经常采用的做法。一次性总付的补贴本身不反映低效率经营,它只反映与这类公用事业相关的大量的不变成本。

但是,补贴也许就代表低效率!政府经营的问题是,政府确定自己的成本和确定受管制的公用事业垄断厂商的成本,差不多一样困难。监督公用事业垄断厂商经营的政府管制委员会要疲于应付各种调查听证会,以解释所得到的成本数据的可靠性。但同时,政府官僚却要逃避这种细致的调查。结果,经营垄断工厂的政府官僚比受管制的自然垄断厂商更不愿意对公众负责。

25.7 什么造成了垄断

已知有关成本和需求的信息,在什么情况下,我们可以断定一个行业是竞争行业,又在什么情况下,我们可以断定一个行业是垄断行业?一般地,答案取决于平均成本曲线和需求曲线的关系。决定性的因素是最低效率规模(minimum efficient scale, MES)的大小,即相对于需求的规模,使平均成本实现最小化的产量水平。

考察图 25.7,图中我们绘制出了两种商品的平均成本曲线和市场需求曲线。在第一种情况下,市场可以容纳许多厂商,每家厂商的要价都接近 p^*,每家厂商的经营规模都相对较小。在第二种情况下,仅有一家厂商可以获得正的利润。我们可以预期,第一个市场是竞争市场;第二个市场则是一个垄断市场。

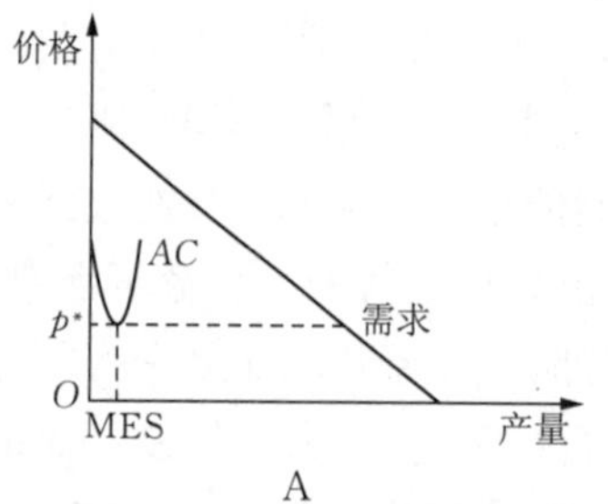

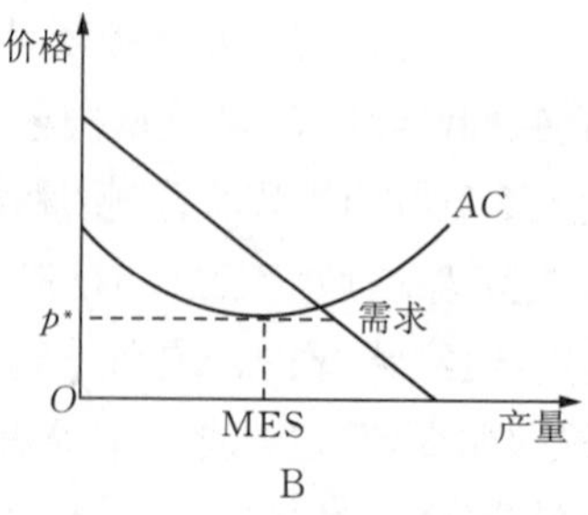

在图 A 中,如果需求相对于最低效率规模很大,那么,结果就可能是一个竞争市场;在图 B 中,如果需求很小,那么,它就可能是一个垄断的市场结构。

图 25.7 相对于最低效率规模的需求

因此，基本上由技术决定的平均成本曲线的形状，是确定一个市场究竟是竞争性结构还是垄断性结构的重要方面。如果生产的最低效率规模——使平均成本实现最小化的产量水平——相对于市场规模比较小，那么，我们就可以预期，这里适用的是竞争性条件。

注意这是一个相对的陈述：关键是要比较最低效率规模相对于市场规模的大小。对于由技术决定的最低效率规模，我们不可能做太大的变动。但是，经济政策却可以影响市场规模。如果一国选择自由的对外贸易政策，使得国内厂商面临外国厂商的竞争，那么，国内厂商影响价格的能力就会弱化。相反，如果一国采取限制性的贸易政策，市场规模仅限于本国范围，那么垄断就更有可能出现。

如果垄断源自相对于市场规模的较大的最低效率规模，并且扩大市场规模不可行，那么，这个行业就应该是政府管制或者其他政府干预的对象。当然，管制和干预也会产生成本。政府管制委员会要花钱，企业配合管制委员会工作的成本也非常高。从社会的角度看，问题在于垄断的额外净损失是否会超过管制的成本。

产生垄断的第二个原因，是行业中的几家厂商可能会串谋限制产量，以图提高价格，从而增加利润。当厂商以这种方式串谋，并企图减少产量和提高价格时，我们就说这个行业已组织为一个卡特尔。

卡特尔是非法的。司法部反托拉斯局和联邦贸易委员会公平竞争局负责搜集厂商非竞争性行为的证据。如果政府可以证实一些厂商企图限制产量，或者从事其他违背竞争的活动，政府就会强迫这些厂商缴纳大量的罚金。

另一方面，完全是出于历史的偶然，一个行业可能只有一家主导厂商。如果一家厂商最先进入某个市场，那么，它就可能拥有足够的成本优势，从而限制其他厂商进入这个行业。例如，假定进入一个行业需要支付大量的设备安装成本。那么，在某种条件下，这个行业中的现有厂商就能够使潜在的进入者相信，如果他们企图进入这个行业，它就将大幅度地降价。通过这种方式限制进入，一家厂商最终就可以控制一个市场。在第 29 章，我们将研究遏制进入的定价的例子。

例子：钻石恒久远

1930 年，南非的一位钻石矿经营商，厄恩斯特·奥本海默(Ernest Oppenheimer)先生，创建了钻石卡特尔戴比尔斯(De Beers)。现在，它已经跻身为世界上最成功的卡特尔组织之一。戴比尔斯控制着全球钻石年产量的 80%，并且几十年来它成功地维系着它的近乎垄断的地位。迄今为止，戴比尔斯已经创建了几种有效的机制，以维护它对钻石市场的控制权。

首先，它囤积了大量的各类钻石存货。如果其他生产商试图在卡特尔以外销售钻石，戴比尔斯就能立即在这个市场上大量抛售同种类型的钻石，从而惩罚“入侵者”。其次，卡特尔内各个大型生产商的生产配额都与它们的销售总额成比例。当市场不景气时，每一家生产商的生产配额都将按比例下降，从而自动增加钻石的稀缺性，并推动价格上涨。

第三，戴比尔斯既经营钻石矿开采，也从事钻石批发业务。在钻石批发市场上，各色各样的钻石装在同一个盒子里，一起出售给钻石切割商：购买者要么接受整盒的钻石，要么什么也买不到——他们不能挑选单颗的钻石。如果市场对某种尺寸的钻石需求冷淡，戴比尔斯就会减少盒子中这款钻石的数量，从而使它们变得更稀缺。

最后,通过每年1.1亿美元的广告投入,戴比尔斯最终能够引导钻石的需求。此外,这种广告也可以用来刺激对供给相对稀缺的某种类型和尺寸的钻石的需求。①

例子:拍卖市场上的合伙行为

亚当·斯密曾经说过:"除了密谋如何对付公众或者策划哄抬物价,生意场上的同行很少坐在一起,即使在喜庆或娱乐场合也不例外。"拍卖中的合伙竞价为斯密的观察提供了一个佐证。1988年,美国司法部起诉费城的12位古董交易商,指控他们涉嫌参与这类特殊的"密谋对付公众的活动",而违反了反托拉斯法。②

交易商被指控在古董家具的拍卖过程中非法组建"竞价环"或"竞价联盟"。竞价联盟会指派其中的一个成员为某件商品竞价。如果这个竞价者最终得到了这件商品,联盟将随即举行一个称作"联合拍卖"的私人拍卖,联盟的各个成员就这件已拍得的商品再进行竞价。这种操作手法使联盟成员只支付比单独竞价时低得多的价格,就可以获得拍卖品。在许多情况下,联合拍卖中的价格要比最初支付给商品卖方的价格高出50%到100%。

交易商对司法部的诉讼感到非常吃惊;他们只是想在交易中组建一个普通的商业联盟,并没有意识到这是违法的行为。他们将联盟看作一种他们之间合作的传统方式,被邀请参加一个联盟是"声望"的象征。一位交易商说:"我被邀请加入联盟的那天是一个值得庆祝的日子,如果不在联盟之内,你就不是一个真正的交易商。"交易商是如此的天真,以至于他们曾经小心保管的联合拍卖的交易记录,日后竟成为司法部指控他们的证据。

司法部指出:"如果他们联合在一起压低(卖方获得的)价格,他们的行为就构成违法。"司法部的解释驳倒了交易商的抗辩:在12位交易商中有11位承认有罪,并以1 000到50 000美元不等的罚款和缓刑了结了此事。而另一位坚持陪审团审判的交易商,最终被指控有罪,并被处以30天的监禁和30 000美元的罚款。

例子:计算机存储器市场的价格垄断

DRAM(dynamic random access memory)模块是计算机使用的动态随机存储器。多数DRAM模块属于相互之间没有差异的商品,所以DRAM市场通常是高度竞争的。然而,存在对几个DRAM生产商谋划价格垄断,以比完全竞争市场高的价格向计算机生产商销售DRAM的指控。苹果计算机(Apple Computer)、康柏(Compaq)、戴尔(Dell)、捷威(Gateway)、惠普(HP)、国际商用机器显然都受到了这种价格垄断的影响。

司法部在2002年开始调查这种指控。在2004年9月,德国的DRAM生产商英飞凌(Infineon)承认价格垄断的指控,并支付了1.6亿美元的罚金。这张高额罚单是司法部反垄断部门开出的第三大金额的罚单。

根据法院记录,对英飞凌的指控包括:"参与和其他竞争厂商讨论向特定客户销售DRAM的价格的会议、交谈和通信等;同意向特定客户销售DRAM的定价;为控制和实施已达成的垄断价格而向特定客户夸大DRAM市场的规模。"

---

① 对钻石市场的一个简短描述可以参看:《卡特尔将面临另一种威胁》,《经济学家》1987年1月10日,第58—60页。更为详细的描述可以参看爱德华·J.爱泼斯坦(Edward J.Epstein)所著:《卡特尔》(纽约:普特南,1978年)。

② 参看梅格·考克斯(Meg Cox):《在许多拍卖中,非法竞价非常猖獗,成为交易商长期使用的一种交易方式》,《华尔街日报》1988年2月19日。这里的例子就来自这篇文章。

因此，英飞凌公司的四位高级管理人员被判刑，并必须支付高额罚金。调查还在继续，预计还会有其他生产商面临处罚。反垄断机构严厉处罚价格垄断行为，从事价格垄断活动的公司和个人要承担严重后果。

小 结

1. 当一个行业中只有一家厂商时，我们就称之为垄断。
2. 垄断厂商是在边际收益等于边际成本的点经营。因此，一家垄断厂商索要的价格等于边际成本加成，加成的数量取决于需求弹性。
3. 由于一家垄断厂商索要的价格超过边际成本，所以，它会导致一个低效率的产量。低效率的程度可以用额外损失——消费者剩余和生产者剩余的净损失——来度量。
4. 当一家厂商不可能在不亏损的情况下在一个有效率的产量水平上经营时，自然垄断就会出现。许多公用事业单位就属于这类自然垄断厂商，因此，它们要由政府来管制。
5. 一个行业是竞争行业还是垄断行业，部分地取决于技术的性质。如果最低效率规模相对于需求是大的，那么市场就有可能是垄断的。如果最低效率规模相对于需求是小的，行业中还存在供许多厂商活动的余地，那么，该行业就可能具有竞争性的市场结构。

复习题

1. 据称，海洛因的市场需求曲线高度缺乏弹性，而海洛因的供给是被黑手党垄断的，我们假定黑手党在追求利润最大化。这两个陈述是否相容？

2. 垄断厂商的需求曲线为 $D(p)=100-2p$，成本函数为 $c(y)=2y$。它的最优产量和价格分别是什么？

3. 垄断厂商的需求曲线为 $D(p)=10p^{-3}$，成本函数为 $c(y)=2y$。它的最优产量和价格分别是多少？

4. 如果 $D(p)=100/p$，$c(y)=y^2$，垄断厂商的最优产量水平是多少？（仔细些！）

5. 一家垄断厂商在 $|\epsilon|=3$ 的产量水平上经营。政府对每单位产量征收 6 美元的从量税。如果垄断厂商面临的需求曲线是线性的，价格将上升多少？

6. 如果上一个问题中的垄断厂商面临的需求曲线具有不变的弹性，答案将是什么？

7. 如果垄断厂商面临的需求曲线具有不变的弹性 2，那么，垄断厂商在边际成本上的加成是多少？

8. 政府正考虑对上述问题中的垄断厂商的边际成本进行补贴。如果政府想要使垄断厂商生产出社会最优的产量，那么，政府应该选择怎样的补贴水平？

9. 用数学方法证明，垄断厂商总是把价格确定在边际成本之上。

10. 对一家垄断厂商征收从量税总是会使市场价格上涨与税额相等的幅度。对还是错？

11. 一家监管机构在试图强迫一家垄断厂商索要完全竞争的价格时,会面临怎样的问题?

12. 哪种类型的经济和技术条件有助于垄断的形成?

附录

我们将收益函数定义为 $r(y)=p(y)y$,那么,垄断厂商的利润最大化问题就可以表示为

$$\max r(y)-c(y)$$

它的一阶条件是

$$r'(y)-c'(y)=0$$

这意味着,在最优产量选择处,边际收益应该等于边际成本。

对收益函数的定义式微分,我们得到 $r'(y)=p(y)+p'(y)y$,把该式代入垄断厂商的一阶条件,我们就可以得到以下的另一种形式:

$$p(y)+p'(y)y=c'(y)$$

垄断厂商利润最大化问题的二阶条件是

$$r''(y)-c''(y)\leqslant 0$$

这意味着

$$c''(y)\geqslant r''(y)$$

即边际成本曲线的斜率大于边际收益曲线的斜率。

▶26

垄断行为

在竞争市场上，一般几家厂商所销售的产品是同质的。如果任何一家厂商试图按高于市场的价格出售产品，就会使得消费者纷纷转向它的竞争者。在垄断市场上，只有一家厂商在销售一种既定的产品。当厂商提高价格时，它会失去某些消费者，但并不是全部的消费者。

现实中，大多数行业都处在这两种极端情况的中间。举例来说，如果小镇上的一家加油站在提高汽油的售价后，将失去大部分顾客，那么，我们有理由相信，这家加油站应该采取竞争厂商的行为。相反，如果小镇上的一家餐馆在提价后只失去一部分顾客，那么，我们就有理由相信，这家餐馆拥有某种程度的垄断势力。

如果一家厂商拥有某种程度的垄断势力，那么，与处于完全竞争行业中的厂商相比，它就拥有更多的选择权。例如，它可以采取比竞争厂商更复杂的定价和营销战略。或者，它可以尝试使它的产品差异化，以区别于竞争对手的产品，从而进一步提升它的市场力量。在本章，我们将考察厂商是如何提升和利用它的市场力量的。

26.1 价格歧视

前面，我们已经论证，一家垄断厂商是在低效率的产量水平上从事经营活动的，这是因为它把产量限制在这样的一点，在这点上，人们愿意对额外产量支付的价格高于生产这个产量的成本。但垄断厂商不愿意生产这个额外产量，因为这样做会降低它全部产量所能得到的价格。

但是，如果垄断厂商能够按不同的价格出售不同的产量，那么，我们就会看到另一种情况。按不同的价格出售不同单位的产量称作价格歧视。经济学家一般认为存在以下三种类型的价格歧视：

第一级价格歧视是指，垄断厂商按不同的价格出售不同数量的产品，并且这些价格是因人而异的。这种情况有时也称为完全价格歧视。

第二级价格歧视指的是，垄断厂商按不同的价格出售不同数量的产品，但是购买相同数量产品的每个人都支付相同的价格。因此，不是不同的人之间，而是不同数量之间存在价格歧视。这方面最常见的例子,就是批量购买可以打折扣。

第三级价格歧视发生在垄断厂商对不同的人按不同的价格出售产品,但卖给特定个人的每单位产量却都按相同的价格出售。这是最常见的价格歧视形式,这样的例子有对老年公民的折让优惠,对学生的折扣优惠,等等。

我们将逐个考察这些类型,以了解经济学是如何描述价格歧视的作用的。

26.2 第一级价格歧视

在第一级价格歧视即完全价格歧视的情况下,每个单位的产品都出售给对其评价最高,并愿意按最高价格支付的人。

考察图 26.1,图中显示了两个消费者对某种产品的需求曲线。考虑这样一个有关需求的保留价格模型,在这个模型中,个人选择整数单位的商品,并且需求曲线的每一个阶梯表示对额外单位产品的支付意愿的变化。图中,我们还绘制出了产品的(不变的)边际成本曲线。

图中显示的是两个消费者对某种产品的需求曲线,该产品具有水平的边际成本曲线。生产者按他可能索取的最高价格出售每一单位的商品,从而为他赢得最大可能的利润。

图 26.1 第一级价格歧视

能够采用完全价格歧视的生产者,将按他可能索取的最高价格,也就是消费者的保留价格,出售每个单位的产品。由于每个单位的产品都是按保留价格出售给消费者的,所以,在这个市场中,不存在任何的消费者剩余。所有的剩余都收入生产者的囊中。在图 26.1 中,区域 A 和 B 显示的是垄断厂商获得的生产者剩余。在一般的竞争市场上,这个区域度量的是消费者剩余,但在完全价格歧视下,垄断厂商能够掠夺这部分剩余。

由于生产者得到市场上的全部剩余,他就会尽可能地扩大这部分剩余。换句话说,生产者的目标是要在消费者愿意购买产品的限制内最大化自己的利润(生产者剩余)。这意味着这个结果是帕累托有效率的,因为没有一种方法能够使消费者和生产者的境况变得更好:生产者的利润不可能再增加,因为它已经是一个最大可能的利润;同样,消费者的剩余也不可能在不减少生产者利润的情况下增加。

如果转向近似光滑的需求曲线,如图 26.2 所示,我们就会发现,采用完全价格歧视的垄断厂商必须在价格等于边际成本的产量处组织生产;如果价格大于边际成本,这就意味着,对于 1 个额外单位的产量,某人愿意支付的价格高于这个产量的成本。因此,为什么不生产这个额外单位的产量,并按这个人的保留价格出售给他,从而增加利润呢?

如同竞争市场的情况,生产者剩余和消费者剩余的总和实现了最大化。但是,在完全价格歧视下,生产者最终得到了市场上的全部剩余!

前面,我们将第一级价格歧视定义为,将每个单位的产品按可能索要的最高价格出售。但是,我们也可以将它看作,把某个固定数量的产品按“要么接受,要么拒绝”的价格出售。在图 26.2 所显示的例子中,垄断厂商将按与第 1 个人需求曲线下方的面积相等的价格,向他出售 x_1^0 单位的产品;按与第 2 个人需求曲线下方的面积相等的价格,向他出售 x_2^0 单位的产品。与以往相同,最终,每个人都得不到丝毫的消费者剩余,全部剩余 $A+B$ 都会落入垄断厂商的手中。

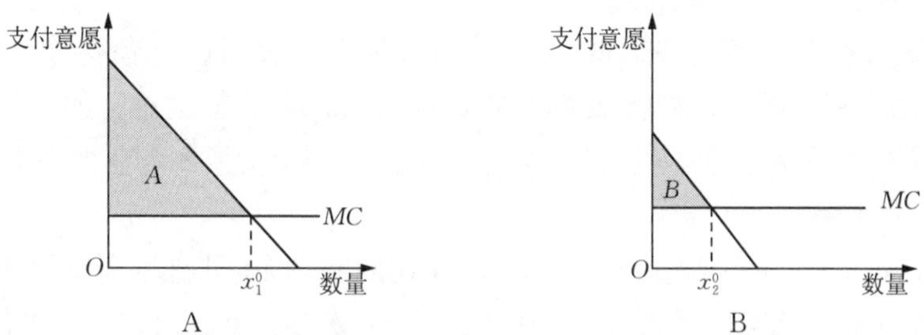

图中显示的是两个消费者对某种产品的光滑的需求曲线,该产品具有水平的边际成本曲线。这里,与竞争市场的情况相同,生产者是通过在价格等于边际成本处组织生产,来实现最大化利润的。

图 26.2 光滑需求曲线下的第一级价格歧视

如“完全”这个词所表明的,完全价格歧视是一个理想化的概念。但是,它在理论上是重要的,因为它向我们提供了一个不同于实现帕累托有效率的竞争市场的资源配置机制的例子。现实生活中几乎没有完全价格歧视的例子。小镇上的医生,根据病人的支付能力,向他们索要不同的价格,可能是某种最近似的实例。

例子:第一级价格歧视的实践

以前提到过,第一级价格歧视主要是理论概念,很难在现实世界中找到每个人被要求以不同的价格购买相同东西的例子。第一级价格歧视的可能例子是汽车销售中或古董市场上通过相互议价确定价格的情形。然而,这些都不是理想的第一级价格歧视例子。西南航空公司最近导入了“叮”(Ding)系统,试图实现相当接近第一级价格歧视的定价。①这个系统聪明地利用了因特网。用户先在自己的计算机上安装一个程序,航空公司定期向用户发送优惠机票的报价。机票价格是随着“叮”的一声宣布的,该系统也因此得名。根据分析,“叮”系统提供的机票价格大约比其他同类机票价格低 30%左右。

但这种低价格机票能持续吗?也许有人会利用“叮”系统提供高价机票。然而,只要航空运输业存在高度竞争,几乎就没有这种可能性。如果“叮”系统的机票价格开始缓慢上涨,用户可以很容易地回到以往的常规购票方式。

26.3 第二级价格歧视

第二级价格歧视也称作非线性定价,因为它意味着,每单位产品的价格不是不变,而

① 参见 Christopher Elliott, “Your Very Own Personal Air Fare”, *New York Times*, August 9, 2005。

是取决于购买的数量。公用事业部门普遍地采用这种形式的价格歧视;例如,电的单价通常取决于购买的电量。在其他行业中,大的买主有时也能获得优厚的折扣。

我们考虑前文图 26.2 所显示的例子。我们看到,垄断厂商将按"$A+$成本"的价格向第 1 个人出售 x_1^0 单位的产品;按"$B+$成本"的价格向第 2 个人出售 x_2^0 单位的产品。为了制定恰当的价格,垄断厂商必须知道消费者的需求曲线;也就是说,垄断厂商必须清楚每个人的确切支付意愿。即使垄断厂商对支付意愿的统计分布了解一些——例如,与雅皮士相比,大学生愿意按较低的价格购买电影票——但当雅皮士和大学生同时在售票亭排队购票时,要将他们区分开是非常困难的。

同样,飞机票务代理商也许知道,商务旅行者愿意比普通旅行者支付更高的价格,但通常,要确定某个特定的人是商务旅行者还是普通旅行者非常困难。如果从一身灰色法兰绒套装换为一条及膝短裤将节省 500 美元的旅行费用,那么企业的着装标准会立即改变!

图 26.2 显示的第一级价格歧视的例子所存在的问题是,具有较高支付意愿的第 1 个人可以伪装成具有较低支付意愿的第 2 个人。对此,卖方没有有效的方式将他们区分开。

避免这个问题的一种方式,是向市场提供两个不同的价格-数量组合。一种组合针对具有较高需求的人,另一种组合针对具有较低需求的人。通常,垄断厂商能够创建这样的价格-数量组合,使得它们能诱导消费者选择原本就针对他们的组合;按照经济学的术语,垄断厂商创建的价格-数量组合使得消费者有激励进行自选择。

为了搞清楚这是如何运行的,图 26.3 显示了与图 26.2 相同的需求曲线,但现在两条需求曲线放在了一起。这里,为简化起见,我们假定边际成本等于零。

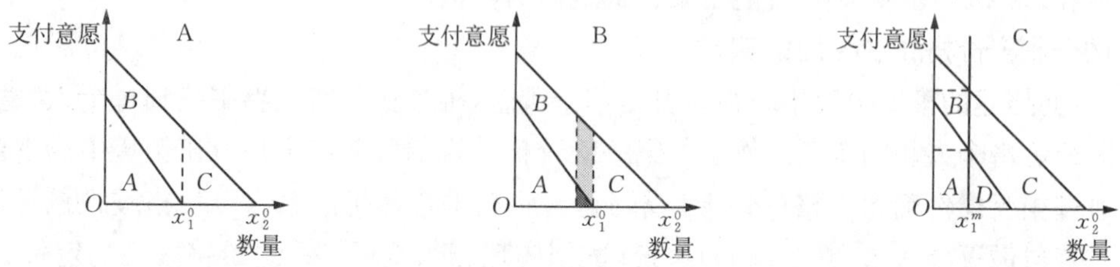

这是两个消费者的需求曲线;假定生产者的边际成本是零。图 A 显示的是自选择问题;图 B 指的是,如果垄断厂商降低提供给第 1 个消费者的产量,会发生什么情况;图 C 则是指利润最大化问题的解决方案。

图 26.3 第二级价格歧视

与以往相同,垄断厂商将按价格 A 提供 x_1^0,按价格 $A+B+C$ 提供 x_2^0。这样,它就能够攫取所有的剩余,并实现最大可能的利润。不幸的是,对于垄断厂商,这些价格-数量组合与自选择是不相容的。具有较高需求的消费者发现,选择数量 x_1^0 并支付价格 A 是最优的;这样做,他就能得到等于面积 B 的剩余,而当他选择 x_2^0 时他的剩余为零,显然,前者的情况要更好一些。

垄断厂商能够做的一件事情,是按价格 $A+C$ 提供 x_2^0。在这种情况下,具有较高需求的消费者发现,选择 x_2^0 并获得总剩余 $A+B+C$ 是最优的。此时,他需要向垄断厂商支付 $A+C$,并使得自己最终得到净剩余 B——这与他选择 x_1^0 时获得的剩余相同。这一般会使垄断厂商获得比只提供一种价格-数量组合时更多的利润。

但事情并没有结束，垄断厂商仍然可以增加利润。假定不是按价格 A 提供 x_1^0，垄断厂商此时按比 A 稍低一些的价格提供比 x_1^0 少一点的数量。这降低了它从第 1 个人那里实现的利润，减少的部分表示为图 26.3B 中深色的小三角形。但注意，由于第 1 个人的价格-数量组合对于第 2 个人的吸引力下降了，垄断厂商现在对于 x_2^0 单位的数量可以向第 2 个人索取更高的价格！通过降低 x_1^0，垄断厂商使 A 的面积稍微减小（减小的幅度等于深色三角形的面积）；同时使 C 的面积增加（增加的幅度等于三角形的面积加上浅色不规则四边形的面积）。最终的结果是垄断厂商的利润增加了。

一直持续下去，垄断厂商将降低提供给第 1 个人的数量，直到因产量减少从第 1 个人那里损失的利润恰好等于从第 2 个人那里增加的利润时为止。在这一点上，如图 26.3C 所示，减少产量的边际收益和边际成本是平衡的，第 1 个人选择 x_1^m，并支付 A，第 2 个人选择 x_2^0，并支付 $A+C+D$。第 1 个人最终获得的剩余为零，第 2 个人最终获得的剩余为 B——恰好是他选择消费 x_1^m 时所得到的剩余。

实际上，垄断厂商通常不是像这个例子所显示的那样通过调整产品的数量，而是通过调整产品的质量来鼓励这种自选择的。上述模型中的数量可以看作是质量，所得的结果是一样的。一般地，垄断厂商将减少向低端市场提供的数量，以便不损害高端市场的销售量。没有高端消费者，低端消费者将获得较高的质量，但最终还是得不到任何的剩余；没有低端消费者，高端消费者获得的剩余为零，因此，留住低端消费者对他们是有益的。这是因为，垄断厂商必须降低向高端消费者索要的价格，以阻止他们选择原本提供给低端消费者的产品。

例子：飞机票的价格歧视

航空业在价格歧视方面做得非常成功（尽管行业代表更喜欢使用“收益管理”这个术语）。上面描述的模型可以很好地应用于航空业面临的问题：基本上存在两类消费者，即商务旅行者和个人旅行者，通常他们具有完全不同的支付意愿。尽管在美国市场上同时有几家航空公司在竞争，但只有一家或两家公司提供特定城市之间的双向飞行服务确实是非常普遍的事情。这就赋予航空公司在制定价格方面很大的自由度。

我们已经看到，面临两类消费者的垄断厂商的最优定价策略，是在具有较高支付意愿的市场上索取高价，并在具有较低支付意愿的市场上销售低质量的产品。提供低质量产品的关键，是要劝阻那些具有较高支付意愿的人购买低价格的产品。

航空公司贯彻这种策略的方法是对商务旅行索取“无限制的票价”，对非商务旅行索要“有限制的票价”，通常，有限制的票价附有预订、周末过夜以及其他一些此类的限制性条件。当然，这些限制性条件的目的，是能够区分具有较高需求的商务旅行者和对价格更敏感的个人旅行者。通过提供“低质量”的产品——有限制的票价——航空公司能够向那些需要灵活旅行安排的消费者索要高得多的票价。

这类安排在社会上是非常有用的；如果不具备实施价格歧视的能力，那么，一家厂商只向具有较高需求的市场销售产品就是最优的。

航空公司实行价格歧视的另外一种方法是区分头等舱和经济舱。头等舱的旅行者要支付高得多的票价，但他们能享受高水平的服务：更多的空间、更美味的食物和更好的关注程度。

另一方面,对经济舱的旅行者来说,相同项目的服务水平要低很多。几百年来,这种质量差别一直是交通服务行业的一个特色。例如,见证过这种现象的19世纪法国经济学家埃米尔·迪皮(Emile Dupuit)这样描述铁路运输公司定价:

> 并不是由于为三级车厢加一个顶棚,或者装饰三级车厢的座位需要几百法郎,几家铁路运输公司才推出木制座位的敞篷车厢。……它们的目的是要阻止能够支付二级车厢票价的乘客乘坐三级车厢;这会刺激到穷人,但铁路运输公司并不想蓄意伤害他们,它们只是想恐吓富人。……再次地,基于相同的原因,已被证明对三级车厢乘客非常残酷,对二级车厢乘客也相当残忍的铁路运输公司,对一级车厢的乘客却非常慷慨。在拒绝穷人的基本需求的同时,它们却给予了富人过多的满足。①

在了解了19世纪法国火车旅行更多的不便之处之后,下一次乘坐经济舱时,你就会获得稍许的安慰。

例子:处方药的价格

在不同国家,每月使用抗抑郁药左洛复(Zoloft)的药品费用不同,在奥地利是29.47美元,在卢森堡是32.91美元,在墨西哥是40.97美元,而在美国是64.67美元。为什么各国的药品价格不同?像其他企业一样,制药商也制定市场愿意承受的价格水平。穷国没能力支付像富国一样高的药价,因此穷国的药价水平要比富国低些。

然而,事情并非完全如此。各国的交涉谈判能力彼此完全不同。拥有国家健康计划的加拿大的药品价格经常要低于没有卫生医疗集中提供制度的美国。

存在制药商必须在世界各国制定单一药品价格的主张。抛开实施单一价格的棘手问题,我们可能要问单一价格政策的结果是什么。世界各地的药品价格最终是上涨还是下降?

答案取决于市场的相对规模。对疟疾药物的需求最大的国家都是穷国。如果必须采用单一价格政策,制药商愿意低价销售疟疾药物。然而,制药商对治疗与富国密切相关的疾病的药物制定高价销售的政策,使得穷国的患者要为这类疾病支付高昂药价。

从价格歧视变成单一价格的典型做法是提高部分商品的价格并降低其他商品的价格,从而在提高部分消费者的福利水平的同时,降低其他消费者的福利水平。如果强迫销售者采用单一价格政策,产品可能根本不在一些市场上销售。

26.4 第三级价格歧视

回顾前面的定义,这类价格歧视意味着,垄断厂商对不同的人按不同的价格出售产品,但是,对于既定的团体,每单位商品都按相同的价格出售。第三级价格歧视是最普遍的价格歧视形式。这方面的例子有,电影院对学生打折,或者,药房给老年人折让。垄断厂商是如何决定每个市场上的最优价格的呢?

① 其英译文见R.B.埃克伦德(R.B.Ekelund):《经济理论中的价格歧视和产品差异化:一个早期分析》,《经济学季刊》,84,1970年,第268—278页。

我们假设，垄断厂商能够区分两组人，并且能够按不同的价格向他们出售某种产品。我们假设每个市场的消费者都不能转手倒卖这种产品，令 $p_1(y_1)$ 和 $p_2(y_2)$ 分别表示第 1 组和第 2 组的反需求曲线，令 $c(y_1+y_2)$ 表示生产成本。于是，垄断厂商的利润最大化问题就可以表示为

$$\max_{y_1, y_2} p_1(y_1)y_1 + p_2(y_2)y_2 - c(y_1+y_2)$$

最优解必定满足

$$MR_1(y_1) = MC(y_1+y_2)$$
$$MR_2(y_2) = MC(y_1+y_2)$$

也就是说，生产 1 单位额外产品的边际成本，必须等于每个市场上的边际收益。如果市场 1 的边际收益大于边际成本，那么，在市场 1 增加产量就是值得的，市场 2 也是如此。由于在每个市场上产品的边际成本相同，这显然意味着，每个市场上的边际收益也必定相等。因此，一件产品不论在市场 1 还是在市场 2 出售，它带来的收益增量一定相同。

我们可以使用边际收益的标准弹性公式，把利润最大化条件记为

$$p_1(y_1)\left[1-\frac{1}{|\varepsilon_1(y_1)|}\right] = MC(y_1+y_2)$$
$$p_2(y_2)\left[1-\frac{1}{|\varepsilon_2(y_2)|}\right] = MC(y_1+y_2)$$

其中，$\varepsilon_1(y_1)$ 和 $\varepsilon_2(y_2)$ 分别表示两个市场的需求弹性，它们是按利润最大化的产量来计算的。

现在，注意下面的情况。如果 $p_1 > p_2$，那么，我们就一定有

$$1-\frac{1}{|\varepsilon_1(y_1)|} < 1-\frac{1}{|\varepsilon_2(y_2)|}$$

这隐含着

$$\frac{1}{|\varepsilon_1(y_1)|} > \frac{1}{|\varepsilon_2(y_2)|}$$

这意味着

$$|\varepsilon_2(y_2)| > |\varepsilon_1(y_1)|$$

因此，具有较高价格的市场一定有较低的需求弹性。经过考虑，这个结论非常明显。弹性需求是对价格很敏感的需求。因此，一家实行价格差别的厂商，将对对于价格敏感的一组制定较低的价格，而对对于价格相对不敏感的另一组制定较高的价格。用这种方法，它使自己的总利润实现了最大化。

我们提到对老年人的折让和对学生的折扣是第三级价格歧视的典型例子。现在，我们就可以明白这样做的原因了。这很可能是因为，与一般消费者相比，学生和老年人对价格更为敏感，所以，在价格的有关区域具有较大的需求弹性。因此，一家利润最大化的厂商会实行受老年人和学生欢迎的价格歧视。

例子:线性需求曲线

我们考虑这样一个问题,一家厂商面对两个具有线性需求曲线的市场,这两条曲线分别为 $x_1=a-bp_1$ 和 $x_2=c-dp_2$。为简化起见,假定边际成本为0。如果允许厂商实行价格歧视,那么,在每个市场上,厂商都会在边际收益等于0的地方生产,也就是说,厂商所选择的价格-产量组合位于每一条需求曲线的中点,即产量为 $x_1^*=\frac{a}{2}$ 和 $x_2^*=\frac{c}{2}$;价格为 $p_1^*=\frac{a}{2b}$ 和 $p_2^*=\frac{c}{2d}$。

假定厂商被迫在这两个市场上按相同的价格出售产品。于是,垄断厂商面临的需求曲线就是 $x=(a+c)-(b+d)p$,并且,它在这条需求曲线的中点处生产,最终的产量为 $x^*=(a+c)/2$,价格为 $p^*=(a+c)/2(b+d)$。注意到,不论是否允许实行价格歧视,总产量都是一样的。(这只是线性需求曲线的特征,并不普遍适用。)

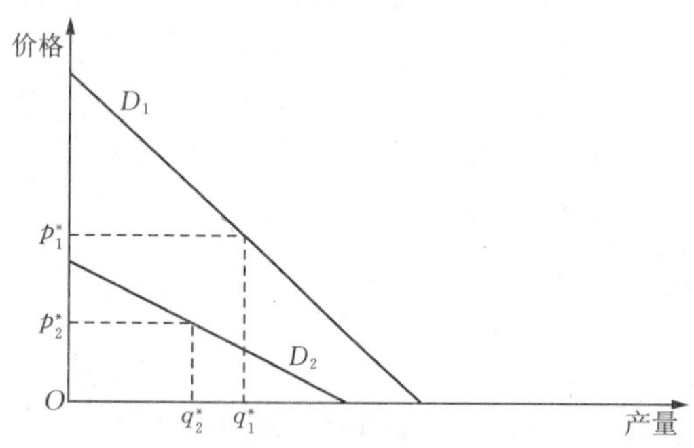

如果垄断厂商只能索要一种价格,那么,它就会开价 p_1^*,并且只向市场1销售。但是,如果允许实行价格歧视,那它也会按价格 p_2^* 向市场2销售商品。

图 26.4 具有线性需求的价格歧视

但是,这个论断有一个重要的例外。我们已经假定,在垄断厂商选择最优的单一价格时,它将在每个市场上都出售产品。但也可能会出现这样的偶然情况,在使利润最大化的价格水平上,垄断厂商只在其中的一个市场上出售产品,如图26.4所示。

这里,我们有两条线性需求曲线,由于边际成本假定为零,所以,垄断厂商将在需求弹性等于−1的点经营,该点恰好是市场需求曲线的中点。因此,价格 p_1^* 就是一个使利润最大化的价格,进一步降价只会使得自市场1的收益减少。如果市场2的需求很小,以至于垄断厂商不想再为了在这个市场上销售产品而降低价格,那么,它最终只会向具有较高需求的市场1出售产品。

在这种情况下,允许实行价格歧视,肯定会增加总产量,因为垄断厂商将发现,如果可以在不同的市场上索要不同的价格,那么,同时向两个市场销售产品对它是有利的。

例子:计算最优价格歧视

假定一家垄断厂商面对的两个市场的需求曲线分别为

$$D_1(p_1)=100-p_1$$
$$D_2(p_2)=100-2p_2$$

假定该垄断厂商的单位边际成本为20美元,并且保持不变。如果它能够实行价格歧视,那么,为了使利润实现最大化,它应该在每个市场上索要什么价格?如果它不能实行价格歧视,情况又会怎样?这时,它又该索要什么价格?

为了解决这个价格歧视问题,我们首先计算反需求函数:

$$p_1(y_1)=100-y_1$$
$$p_2(y_2)=50-y_2/2$$

由于在每一个市场上，边际收益都等于边际成本，所以，我们得到以下两个方程：

$$100-2y_1=20$$
$$50-y_2=20$$

求解这两个方程，得到 $y_1^*=40$，$y_2^*=30$。将它们代入反需求函数，可以得到价格 $p_1^*=60$，$p_2^*=35$。

如果垄断厂商必须对每个市场都索要相同的价格，那么，我们可以先计算总需求

$$D(p)=D_1(p_1)+D_2(p_2)=200-3p$$

反需求函数就是

$$p(y)=\frac{200}{3}-\frac{y}{3}$$

由于边际收益等于边际成本，所以，我们有

$$\frac{200}{3}-\frac{2}{3}y=20$$

解此方程，可以求得 $y^*=70$，$p^*=43\frac{1}{3}$

为了与上述章节的分析保持一致，检验这个价格是否在每个市场上都能够产生非负的需求是非常重要的。这里，很容易发现这个条件是满足的。

例子：学术性杂志的价格歧视

大多数书面学术交流是通过学术性杂志进行的，这些杂志往往通过预订的形式销售给图书馆和学者个人。对图书馆和个人索要不同的预订价格是非常普遍的事情。一般地，我们预期图书馆的需求远比个人的需求缺乏弹性，因此，正如经济分析所表明的，图书馆的订购价格一般要比私人的订购价格高很多。通常，前者要比后者贵 2 至 3 倍。

最近，一些出版商开始实行地区之间的价格歧视。在 1984 年，当美元对英镑的比价达到最高纪录的时候，许多英国出版商开始对美国订户与欧洲订户索要不同的价格。人们预期美国的需求更缺乏弹性。由于按照当时的汇率，英国杂志的美元价格相当低，所以在美国，价格提高 10%所引起的需求下降的百分比，低于相同提价在英国所引起的需求下降的百分比。因此，根据利润最大化原则，英国出版商对需求弹性较低的美国订户提高价格，是有意义的。1984 年的一项研究表明，北美图书馆订购杂志的价格平均要比英国图书馆高 67%，比其他国家高34%。①

通过考察提高价格的模式，我们就可以发现实行价格歧视的进一步证据。根据密歇根

① C.哈梅克和 D.阿瑟尔(C.Hamaker and D.Astle)：《英国出版商的最新定价模式》，载于《图书馆概览：实践和理论》，1984 年春，第 8 卷，第 4 号，第 225—232 页。

大学图书馆的一项研究:"……出版商已经仔细考虑了它们新的定价策略。在图书馆的使用规模和定价差额之间似乎存在一种直接的相关关系。使用量越大,价格差额也就越大。"①

到1986年,汇率变得有利于英镑,英国杂志的美元价格于是大幅度提高。随着价格的提高,一些对于较高价格的强烈抵制也接踵而来。密歇根大学的报告结束语这样说:"人们可以预期,对一种产品拥有垄断势力的卖主将根据需求制定价格。作为消费者的大学所必须决定的是,是否继续为同类产品支付比其英国同行高114%的价格。"

26.5 搭售

通常,厂商会选择搭售产品:将各种相关的产品打包一起销售。一个典型的例子是软件包,有时也称作"软件套装"。这样的一个"套装"可能包括几款不同的软件工具——文字处理软件、电子制表软件和演示工具——它们被组合在一起销售。另一个例子是杂志:它刊载了一系列的文章,而通常这些文章可以单独出售。类似地,杂志往往是以预订的方式销售的——这恰好是将单独的各期杂志一起销售的一种方式。

搭售可能是因为节省成本:将几篇文章组合在一起销售,通常要比将它们单独出售便宜。或者,搭售也可能源自几种产品之间的互补性:搭售的软件程序一起工作具有比"随选即用"的软件程序更高的效率。

但是,消费者的行为也可能是部分的原因。我们考虑一个简单的例子。假定有两类不同的消费者,以及两款不同的程序。A类型的消费者愿意为文字处理软件支付120美元,为电子制表软件支付100美元;B类型的消费者具有相反的偏好:他们愿意为电子制表软件支付120美元,为文字处理软件支付100美元。表26.1概括了这些信息。

表 26.1　对软件元件的支付意愿

消费者的类型	文字处理软件	电子制表软件
A类消费者	120	100
B类消费者	100	120

假定你正在销售这些产品。为简化起见,我们假定边际成本可以忽略不计,从而你只需关注收益的最大化。进一步,我们谨慎地假定,对搭售文字处理软件和电子制表软件的支付意愿,恰好等于对每一种软件元件的支付意愿的加总。

现在,考虑以下两种不同营销策略的利润。首先,假定你分别出售每一种产品。收益最大化的政策是对每一款软件都索要100美元的价格。如果你这样做,你将卖掉两套文字处理软件和两套电子制表软件,即总共获得400美元的收入。

但是,如果你将这两种产品搭售,情况又会如何呢?在这种情况下,搭售的每一组软件的价格是220美元,最终你得到440美元的净收入。很显然,搭售策略更富有吸引力!

在这个例子中,究竟发生了什么事情?回顾一下,当你向几个不同的人销售一件产品

① 这项研究是罗伯特·霍伯克(Robert Houbeck)为密歇根大学图书馆做的报告,发表在1986年4月的《大学图书馆现代化》第2卷,第1号上。

时，价格是由具有最低支付意愿的购买者确定的。个人之间的定价越分散，你就不得不索要越低的价格，以卖掉既定数量的产品。在这个例子中，文字处理软件和电子制表软件的搭售降低了支付意愿的分散程度，即允许垄断厂商为搭售的产品制定一个较高的价格。

例子：软件套装

微软、莲花以及其他软件制造商都已经在搭售它们的大部分软件。例如，1993 年，微软推出了一套包括电子制表软件、文字处理软件、演示工具和数据库在内的"微软办公软件包"，建议的零售价为 750 美元(打折后的零售价为 450 美元)。而如果单独购买这些软件，总共要支付 1 565 美元。莲花按基本相同的价格推出了一款"智慧套装"，如果这个套装的组成软件单独出售，它们的总价为 1 730 美元。

根据 1993 年 10 月 15 日发表在《纽约时报》上的一篇文章，微软有 50%的应用软件是搭售的，这项业务的年收入超过了 10 亿美元。

这些软件套装与搭售模型吻合得非常好。通常，消费者对软件的嗜好是因人而异的。有些人需要每天使用文字处理软件，但偶尔才使用电子制表软件；其他人则具有相反的软件使用风格。如果你希望销售大量的电子制表软件，那么，你就必须制定一个对偶尔使用这个软件的人有吸引力的价格。同样，对于文字处理软件，它的市场价格也取决于用户的边际支付意愿。通过搭售这两件产品，支付意愿的分散程度就会降低，总利润将增加。

但这并不意味着，搭售就是软件套装的全部内容，其他因素也在起作用。套装的组成软件必须保证组合在一起后运行良好；这里，它们是互补性的商品。进一步，一款软件的成功倾向于强烈地依赖于用户的数量，而软件搭售则有利于开拓市场份额。在下一章，我们将考察这种*网络外部性*的现象。

26.6 两部收费制

考虑娱乐园的业主们所面临的定价问题。他们可以为进入乐园的门票制定一个价格，为参与娱乐项目制定另一个价格。如果他们在追求利润最大化，那么，他们应该如何制定这两个价格呢？注意，对进入乐园的需求和对参与娱乐项目的需求是相互关联的：人们愿意为进入乐园支付的价格，将取决于他们必须为参与娱乐项目所支付的价格。这种两部分定价的机制称作*两部收费制*。①

两部收费制的应用非常广泛：宝丽来按某个价格销售相机，而按另一个价格销售胶卷。正在考虑是否购买相机的人大概会考虑胶卷的价格。剃须刀的生产商按某个价格销售剃刀，而按另一个价格销售刀片——与上述相似，他们为刀片制定的价格一定会影响对剃刀的需求，反之也成立。

我们在最初例子的框架下——即所谓的迪斯尼乐园的两难选择，来考虑如何解决这个定价问题。与往常一样，我们要作几个可以简化问题的假定。我们假定在迪斯尼乐园内只有一种娱乐项目。其次，我们假定人们只希望去迪斯尼乐园参与该娱乐项目。最后，

① 参看沃尔特·奥伊(Walter Oi)的经典文章：《一家迪斯尼乐园的两难选择：对米老鼠垄断的两部收费》，《经济学季刊》，85 期(1971 年)，第 77—96 页。

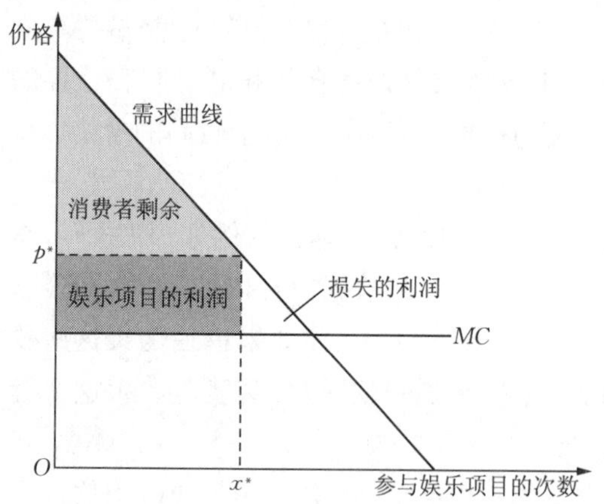

如果迪斯尼乐园的业主们制定的价格为 p^*,那么对娱乐项目的需求量就是 x^*。消费者剩余度量的是他们能够对进入乐园索要的价格。当迪斯尼乐园的业主们制定的价格等于边际成本时,迪斯尼乐园的总利润就实现了最大化。

图 26.5 迪斯尼乐园的两难选择

我们假定所有人对该娱乐项目具有相同的嗜好。

在图 26.5 中,我们已经绘制出了对该娱乐项目的需求曲线和(不变的)边际成本曲线。与往常一样,需求曲线是向下方倾斜的——如果迪斯尼乐园的业主们为参与娱乐项目制定了一个较高的价格,则游客参与娱乐项目的次数就会减少。假定他们将价格确定为 p^*,由此产生的对娱乐项目的需求量为 x^*,如图 26.5 所示。给定参与娱乐项目的成本为 p^*,他们能够对进入乐园索要的价格是多少?

对娱乐项目参与次数 x^* 的总的支付意愿,是用消费者剩余来度量的。因此,迪斯尼乐园的业主们对进入乐园能够索要的最高价格就是图 26.5 中标记为“消费者剩余”的部分。垄断的迪斯尼乐园的总利润就是这个区域,加上它在该娱乐项目上所获得的利润 $(p^*-MC)x^*$。

不难看出,当价格等于边际成本时,总利润实现了最大化:前面我们已经看到,这个价格给出了最大可能的消费者剩余和生产者剩余的和。由于垄断厂商能够向人们索取他们的消费者剩余,因而使价格等于边际成本,以及使入场费等于最终的消费者剩余就是一项利润最大化的政策。

事实上,迪斯尼乐园以及其他大多数娱乐园都采用了这项政策。进入乐园需要支付一个价格,但乐园内的风景却是免费的。看起来,娱乐项目的边际成本低于对其单独收费所产生的交易成本。

26.7 垄断竞争

我们已经描述了存在唯一生产商的垄断行业。但是,我们对于行业究竟由什么组成仍有点模糊。有一个行业的定义指出:行业是由所有生产既定产品的厂商组成的。但产品又意味着什么呢?毕竟只有一家厂商生产可口可乐,那是否就意味着它就是一家垄断厂商呢?

很清楚,答案是否定的。可口可乐公司必须与其他软饮料生产商进行竞争。事实上,我们应该把一个行业看作生产的产品在消费者看来是相近替代品的所有厂商的集合。行业中的每一家厂商都能生产独一无二的产品——如独一无二的品牌,但从消费者的角度看,每一品牌的产品都是程度不同的替代品。

即使一家厂商对它的商标、品牌拥有法定的垄断权,以至于其他厂商不能生产完全相同的产品,其他厂商通常也能够生产相类似的产品。从一家既定厂商的角度来看,在确定自己的产量和价格时,竞争对手的生产决策是一项非常重要的考虑因素。

因此，一家厂商面临的需求曲线通常取决于，生产同类产品的其他厂商的产量决策和索要的价格。一家厂商面临的需求曲线的斜率，将取决于其他厂商的产品与自己产品的相似程度。如果一个行业中有大量厂商生产完全相同的产品，那么，任何一家厂商面对的需求曲线基本上都是平坦的。每家厂商都必须按其他厂商索要的价格出售产品，任何厂商如果企图使其价格高于其他出售同质产品的厂商的价格，那么，它很快就会失去所有的顾客。

另一方面，如果一家厂商有出售一种特殊商品的专有权，那么，它也许就能提高价格而不失去所有的顾客。一些顾客，但并不是全部，可能会转向购买竞争厂商的产品。究竟有多少顾客会这样做，要取决于消费者认为竞争厂商产品的相似程度有多大，也就是说，要取决于厂商所面临的需求曲线的弹性。

假定行业中的一家厂商正在销售一种能赚取利润的产品，并且不允许其他厂商完全复制这种产品。但其他厂商还是发现，进入这个行业并生产一种与之相似但又有所区别的产品，仍然是有利可图的。经济学家将这种现象称作*产品差异化*——即每家厂商都企图使它的产品与行业中其他厂商的产品区分开。一家厂商越是能成功地将它的产品与其他厂商正在出售的产品区分开，它所具有的垄断力就越大，也就是说，它的产品需求曲线的弹性越小。例如，考虑软饮料行业。在这个行业中，有许多厂商在生产相似但又不同质的产品。每一种产品都拥有自己的客户群，从而具有某种程度的市场力量。

上述这种行业结构，既包括竞争因素，又含有垄断因素；因此，它被称作*垄断竞争*。这种行业结构是垄断的，因为每一家厂商都面临着向下倾斜的产品需求曲线。因此，它能自主确定价格，而不是像一家竞争厂商那样被动地接受市场价格，从这层意义上，它拥有某种市场力量。另一方面，各家厂商又必须在价格和产品的种类方面争夺消费者。而且，新厂商进入垄断竞争行业没有任何限制。在这些方面，这个行业又像是一个竞争行业。

垄断竞争也许是行业结构中最盛行的形式。但不幸的是，它也是最难分析的形式。完全垄断和完全竞争这两种极端情况比较简单，它们经常可以用作更复杂的垄断竞争模型的第一近似。在一个垄断竞争行业的详尽模型中，许多情况既取决于产品和技术的具体细节，又取决于厂商可选择策略的性质。要像我们在较简单的完全竞争和完全垄断情况下所做的那样，建立抽象的垄断竞争行业模型是不合情理的。相反，我们必须对所述的特定行业的制度细节加以考虑。在以下两章，我们将描述经济学家用来分析策略选择的一些方法，但对垄断竞争的详细研究有待更高级的课程。

但是，我们可以描绘垄断竞争在自由进入方面的一个重要特征。当越来越多的厂商进入某一类特定产品的行业时，我们如何预期在位厂商的需求曲线将发生的变化？首先，我们预期需求曲线将向内移动，因为当更多的厂商进入这个行业时，在每一个价格水平上，它将出售较少单位的产品。其次，我们可以预期，当更多的厂商生产越来越多的类似产品时，一家既定厂商面临的需求曲线将变得更有弹性。这样，生产类似产品的新厂商进入一个行业，将会使在位厂商面临的需求曲线向左变动，并变得更为平坦。

如果只要厂商预期能获得利润，它们就继续进入该行业，那么，最终的均衡就必须满足下面的三个条件或符合下面的三个事实：

1. 每家厂商都在按它的需求曲线上的价格和产量组合出售产品。

2. 给定它所面临的需求曲线,每家厂商都在追求利润的最大化。

3. 新厂商的进入使每家厂商的利润降至零。

这些事实隐含着需求曲线和平均成本曲线之间的一个非常特殊的几何关系:需求曲线和平均成本曲线必定相切。

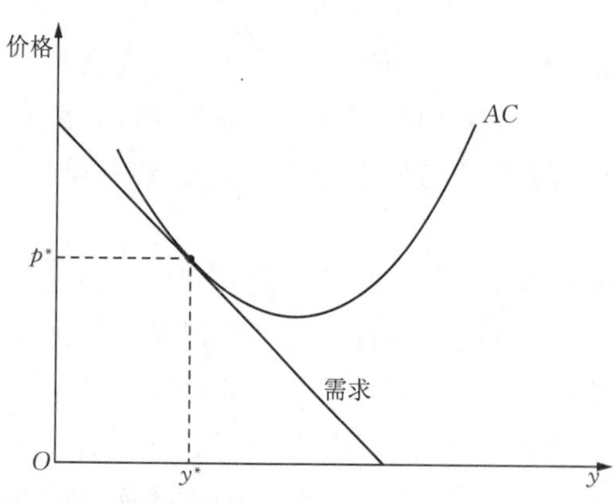

在垄断竞争的零利润均衡下,需求曲线必定与平均成本曲线相切。

图 26.6 垄断竞争

图 26.6 对此作了说明。事实 1 指出,产量和价格的组合必定位于需求曲线上的某个地方,事实 3 则说明,产量和价格的组合一定在平均成本曲线上。因此,厂商的经营点必定是同时位于这两条曲线上的某一点。需求曲线与平均成本曲线是否可能相交呢?不可能,因为如果这样,需求曲线上就会有某个点处于平均成本曲线的上方——但这样会产生正利润。①而由事实 2 我们知道,只有零利润点才是利润最大化点。

了解这一点的另一个方法,是考察如图 26.6 所表示的厂商制定的价格不同于盈亏平衡价格,将会发生什么情况。如果价格高于或低于盈亏平衡价格,那么,厂商就会亏损,而当价格处在盈亏平衡的水平上,厂商的利润就一定为零。因此,盈亏平衡价格就是利润最大化的价格。

至于垄断竞争均衡,有两个情况是值得注意的。首先,尽管利润为零,但这情况却是帕累托低效率的。利润和效率问题完全无关:当价格大于边际成本时,增加产量就有效率理由。

其次,很清楚,厂商通常是在最低平均成本左边的产量处经营。这种情况有时被解释为垄断竞争存在"过剩的生产能力"。如果只有更少数几家厂商,那么,每一家厂商就都可以在更有效率的规模上经营,消费者的境况也会因此变得更好。但是,在这种情况下,产品的种类也就会减少,从而势必使消费者的境况变坏。这两种效应究竟哪一种占支配地位,是一个难以回答的问题。

26.8 产品差异化的区位模型

在大西洋城,有一条沿海滩修建的海滨大道。一些冰淇淋小贩推着手推车,想在海滨大道上出售冰淇淋。现在,如果允许一个小贩在这条大道上销售冰淇淋,那么,他应该处在什么位置?②

---

① 如果 $p > c(y)/y$,那么,由简单的代数运算,我们就可得到 $py - c(y) > 0$。

② 这里的讨论是基于哈罗德·霍特林(Harold Hotelling)的经典模型:《竞争的稳定性》,《经济学期刊》1929 年 3 月。

假定消费者是沿海滩均匀分布的。从社会的角度看，冰淇淋小贩应该待在所有消费者购买冰淇淋时行走的总路程最短的地方。不难发现，这个最优位置就是海滨大道的中间。

现在，假设允许两个小贩在海滨大道上出售冰淇淋，并假定我们已经确定了小贩能够索要的冰淇淋价格，而只是考虑为了使人们行走的总路程最短，他们应该在哪儿叫卖。如果每个消费者总是选择最靠近他的小贩，我们就应该让一个小贩待在大道的 1/4 处，另一个小贩待在大道的 3/4 处。处在大道中间的消费者在这两个冰淇淋小贩之间无差异。每一个小贩都只占有一半的市场份额（如图 26.7A 所示）。

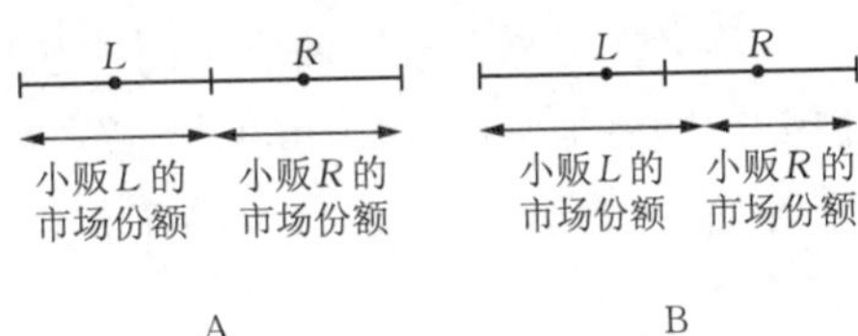

图 A 显示的是社会最优的区位模式；L 位于直线的 1/4 处，R 位于 3/4 处。但是，每个小贩都发现，移向中间符合他们的私利。唯一的均衡是两个小贩都在大道的中间叫卖，如图 B 所示。

图 26.7 定位的竞争

但是，冰淇淋小贩有待在这些位置上不动的激励吗？假定你处在小贩 L 的位置上。如果你向右移动一点：你就将夺走另一个小贩的一些顾客，而不会失去原先的任何顾客。向右移动，对于你左边的所有顾客来说，你仍然是距离他们最近的小贩，但你此时却更接近你右边的顾客。因此，你的市场份额和利润都将增加。

但小贩 R 也可以进行相同的推理——向左移动，他也可以在不减少原有顾客的前提下，夺走另一个小贩的一些顾客。这表明，这种社会最优的区位模式不是一个均衡。唯一的均衡是两个小贩都在大道的中间叫卖。这种情况下，对顾客的争夺导致了低效率的区位模式。

这个海滨大道模型可以作为其他类型产品差异化问题的一种比喻。不再是海滨大道，我们考虑对两个无线电台播放的不同音乐节目进行选择的问题。在一个极端，我们可以选择古典音乐；在另一个极端，我们可以选择重金属摇滚乐。每个听众都选择他最喜爱的电台。如果播放古典音乐的电台稍微移向嗜好范围的中间，它不会失去古典音乐听众，但会赢得一些中间听众。同样，如果重金属摇滚乐电台向中间移一点，它不会失去任何摇滚乐爱好者，但会争取到一些中间听众。在均衡处，两个电台都播放同一种音乐，具有较极端嗜好的人会对这两个电台都感到不满意。

26.9 产品差异化

海滨大道模型显示，垄断竞争会导致极细微的产品差异化：每一家厂商都使自己的产品尽量趋同于其他厂商的产品，以抢夺它们的顾客，事实上，与最优的情况相比，这类市场具有过度的模仿。

但是，情况并非总是如此。假定海滨大道非常长，那么，每个冰淇淋小贩就都乐意待在大道的两端。如果他们的市场范围不重叠，移向海滨大道的中间就无利可图。这种情况下，没有一家垄断厂商有激励模仿其他人，产品的差异化发挥到了极致。

我们有可能创建存在产品过度差异化的垄断竞争模型。在这种模型中，每一家厂商都试图使消费者认为自己的产品与竞争对手的产品有差异,以培育某种程度的市场力量。如果厂商成功地使消费者相信它的产品没有近似的替代品,它就能够比其他情况下索取更高的价格。

这会使得每一家厂商投资创建独特的品牌。例如,洗衣皂是一种比较标准化的物品。但制造商还是会加大广告投入,宣称“如果选择它的产品,消费者就能获得更洁净、更清香、更满意的享受”。这种产品定位类似于冰淇淋小贩之间保持距离以避免直接竞争的情形。

26.10 更多小贩

我们已经看到,如果只有两个小贩,他们的市场范围重叠,并按相同的价格出售产品,那么,最终他们会选择海滨大道的中间位置。如果不只两个小贩在竞争位置,情况又会如何?

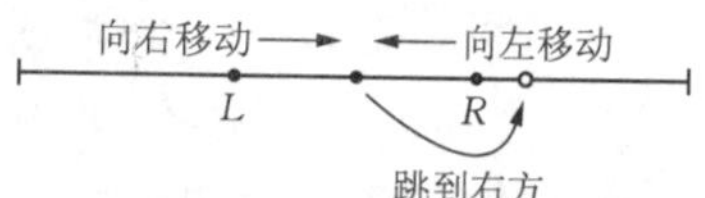

在拥有 3 个小贩的模型中,不存在纯策略均衡,这是因为,对于任意的定位安排,至少有一家厂商想改变自己的位置。

图 26.8 不存在均衡

接下来最简单的情形涉及 3 个小贩。这种情况会产生一个奇怪的结果:不存在均衡位置!为了看清楚这一点,我们参看图 26.8。如果海滨大道上有 3 个小贩,那么,必定有其中一个位于另两个的中间。如前文所述,外围的两个小贩移向中间的小贩是有利可图的,因为这样做,他们可以在不损失原有顾客的情况下,夺走一部分顾客。但如果这两个小贩太靠近中间的小贩,那么,中间的小贩迅速跳到右边小贩的右方或左边小贩的左方去抢占市场就是值得的。无论采用哪种区位模式,保持移动总是有利可图的。

幸运的是,这种“反常”的结果只会在 3 个小贩的情况下出现。如果市场上有 4 个或更多个竞争者,定位模式均衡通常会实现。

小　结

1. 一般地,垄断厂商具有实行某种价格歧视的激励。
2. 完全价格歧视下,厂商对每一个消费者索要一个不同的“要么接受,要么拒绝”的价格。这将产生一个有效率的产量水平。
3. 如果一家厂商能够在两个市场上索要不同的价格,那么,它倾向于在需求更有弹性的市场上索要较低的价格。
4. 如果一家厂商能够确定一个两部收费制,并且,消费者是同质的,那么,它通常会使价格等于边际成本,并依赖门票费来赚取它的全部利润。
5. 所谓垄断竞争的行业结构,指的是这样一种情况,在这种情况下,产品存在差异,因此,每一家厂商都拥有某种程度的垄断力量,但是,由于还存在自由进入,最终的利润为零。
6. 通常,垄断竞争会导致过度或极细微的产品差异化。

复习题

1. 垄断厂商将会独自提供帕累托有效率的产量水平吗?

2. 假定一家垄断厂商向两组具有不变弹性需求的消费者销售产品,他们的不变需求弹性分别是ϵ_1和ϵ_2。假定生产的边际成本在c的水平上保持不变。厂商对每一组消费者索要的价格是多少?

3. 假定娱乐园的业主能够对不同的娱乐项目索要不同的价格,从而实施第一级价格歧视。假定所有娱乐项目的边际成本为零,并且,所有消费者拥有相同的嗜好。业主可以为参与娱乐项目收费而对进入乐园免费,或者对进入乐园收费而对参与娱乐项目免费,在哪一种情况下,业主的境况较好?

4. 迪斯尼乐园也对南加利福尼亚的居民提供入场费的折扣。(在乐园门口向门卫出示你的邮区号。)请问,这是一种怎样的价格歧视?有关南加利福尼亚居民对迪斯尼乐园中娱乐项目的需求弹性,这种做法能告诉我们什么呢?

▶27

要素市场

在第 20 章，我们对要素需求作过考察，但当时我们研究的只是厂商面对竞争性产品市场和竞争性要素市场的情况。既然我们已经研究了垄断行为，我们就能够考察要素需求行为的其他一些特点。举例来说，如果一家厂商在它的产品市场上表现为一家垄断厂商，那么要素需求会出现什么情况？或者，如果一家厂商是某些要素的唯一的需求者，要素需求又会出现什么情况？在本章，我们将研究这些问题，以及某些与此有关的问题。

27.1 产品市场上的垄断

当一家厂商在确定能够实现利润最大化的要素需求时，它总是会选择这样的一个数量，在这个数量水平上，再稍多使用这种要素所产生的边际收益，恰好等于这样做的边际成本。这符合标准的逻辑：如果某种行动的边际收益不等于这种行动的边际成本，那么，改变这种行动就会使厂商受益。

这是一个一般规则，它的具体形式要取决于我们对厂商运营环境所作出的假设。举例来说，假设一家厂商是某种产品的垄断者。简化起见，这里假设只存在一种生产要素，并把生产函数记为 $y=f(x)$。厂商所得到的收益取决于它的产量，所以，我们记 $R(y)=p(y)y$，式中，$p(y)$是反需求函数。我们接下来要考察，要素使用量的边际增加是如何影响厂商的收益的。

假设我们令 Δx 代表要素的微小增量，由此导致的产量的微小增量表示为 Δy。产量增量对要素增量的比率就是要素的边际产品(MP)：

$$MP_x=\frac{\Delta y}{\Delta x}=\frac{f(x+\Delta x)-f(x)}{\Delta x} \tag{27.1}$$

产量增加将引起收益变化，这种变化称作边际收益(MR)：

$$MR_y=\frac{\Delta R}{\Delta y}=\frac{R(y+\Delta y)-R(y)}{\Delta y} \tag{27.2}$$

要素的边际增加对于收益的影响称作边际产品收益(MRP)。查看式(27.1)和式(27.2)，我们发现，边际产品收益可以由下式给出：

$$MRP_x=\frac{\Delta R}{\Delta x}=\frac{\Delta R}{\Delta y}\frac{\Delta y}{\Delta x}=MR_yMP_x$$

利用边际收益的标准表达式，我们可以将上式重新表述为

$$\begin{aligned}MRP_x&=\left[p(y)+\frac{\Delta p}{\Delta y}y\right]MP_x\\&=p(y)\left[1+\frac{1}{\varepsilon}\right]MP_x\\&=p(y)\left[1-\frac{1}{|\varepsilon|}\right]MP_x\end{aligned}$$

第一个表达式是边际收益的一般形式。第二个和第三个表达式则采用了第 15 章所讨论的边际收益的弹性形式。

现在，我们可以很容易地看清楚，它是如何将第 20 章所考察的竞争情况一般化的。在竞争市场上，单个厂商所面临的需求曲线的弹性无穷大；所以，竞争厂商的边际收益恰好等于价格。因此，在竞争市场上，要素的"边际产品收益"恰好等于该要素的边际产品价值 pMP_x。

在垄断的情况下，我们又应该如何比较边际产品收益与边际产品价值呢？由于需求曲线的斜率是负的，所以，我们发现，边际产品收益总是小于边际产品价值：

$$MRP_x=p\left[1-\frac{1}{|\varepsilon|}\right]MP_x\leqslant pMP_x$$

也就是说，只要需求曲线不具有完全弹性，MRP_x 就会严格小于 pMP_x。这意味着，在要素的任何使用水平上，垄断厂商追加 1 单位要素的边际价值小于竞争厂商追加 1 单位要素的边际价值。在本节的剩余部分，假定我们分析的是这样一种情况，在这种情况下，垄断厂商实际拥有某种垄断力量。

乍一看，这个陈述似乎自相矛盾：毕竟，垄断厂商能够比竞争厂商获得更高的利润。从这层意义上说，垄断厂商的总要素投入比竞争厂商的总要素投入"更有价值"。

要解决这个"逻辑矛盾"，我们需要注意总价值和边际价值之间的区别。垄断厂商使用的要素总量确实要比竞争厂商使用的要素总量更有价值，这是因为与竞争厂商相比，垄断厂商可以从这些要素中获得更高的利润。但是，在既定的产量水平上，要素使用量的增加会提高产量，并降低垄断厂商能够索要的价格；而竞争厂商增加产量却不会改变它能够索要的价格。因此，在边际上，对于要素使用量的微小增加，垄断厂商由此所获得的价值，要低于竞争厂商所得到的价值。

由于在短期，与竞争厂商相比，垄断厂商所使用要素的边际增量具有较低的价值，所以，"垄断厂商通常会使用较少的要素"就是合理的。实际上，这个结论具有普遍性：垄断厂商能够通过减产来提高利润，所以，它的要素使用量通常都会小于竞争厂商的要素使用量。

为了确定厂商的要素使用量，我们必须比较追加 1 单位要素的边际收益和使用这单

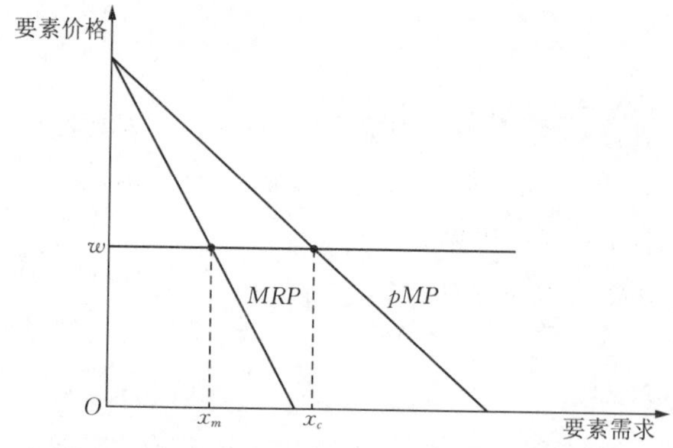

由于边际产品收益曲线(MRP)位于测度边际产品价值的曲线(pMP)的下方,所以,垄断厂商的要素需求一定小于它按竞争方式采取行动时的要素需求。

图 27.1　垄断厂商的要素需求

位要素的边际成本。我们假设厂商在竞争性要素市场上经营,因此,它可以按某个不变价格 w 使用任意数量的要素。在这种情况下,竞争厂商的要素使用量 x_c 满足

$$pMP(x_c)=w$$

另一方面,垄断厂商的要素使用量 x_m 满足

$$MRP(x_m)=w$$

图 27.1 阐明了这种情况,由于 $MRP(x) < pMP(x)$,所以,满足 $MRP(x_m)=w$ 的点总是位于满足 $pMP(x_c)=w$ 的点的左边。因此,垄断厂商比竞争厂商使用较少量的要素。

27.2　买方垄断

在垄断情况下,一种商品只有一个卖主;而在*买方垄断*情况下,一种商品只有一个买主。对于买方垄断厂商的分析,类似于对垄断厂商所作的分析。为简化起见,我们假设买主生产的产品将在竞争性市场上出售。

如上所述,我们假设厂商使用单一要素,并按生产函数 $y=f(x)$ 进行生产。但是,与上述讨论不同,我们假设厂商能够支配它所面临的要素市场,并且,它意识到,它的要素需求将影响它对这种要素必须支付的价格。

我们用(反)供给曲线 $w(x)$ 来概括这种关系。这个函数的解释是这样的:如果厂商想要使用 x 单位的要素,它就必须支付价格 $w(x)$。我们假定 $w(x)$ 是一个增函数:厂商想要使用的 x-要素越多,它所支付的要素价格就一定越高。

根据定义,竞争性要素市场上的厂商面临的是平坦的要素供给曲线,这意味着,它可以按现行的价格,使用任意数量的要素。买方垄断厂商面临的是向上倾斜的要素供给曲线,即它想要使用的要素越多,它支付的要素价格就越高。竞争性要素市场上的厂商是价格接受者,买方垄断厂商则是价格制定者。

买方垄断厂商的利润最大化问题是

$$\max_{x} pf(x)-w(x)x$$

利润最大化的条件是:使用额外 1 单位要素产生的边际收益等于该单位要素的边际成本。我们已经假定竞争性产品的边际收益是 pMP_x,那么,边际成本又是什么呢?

增加使用 Δx 单位要素所引起的成本总变动是

$$\Delta c=w\Delta x+x\Delta w$$

所以,每单位 Δx 变动引起的成本变动就是

$$\frac{\Delta c}{\Delta x}=MC_x=w+\frac{\Delta w}{\Delta x}x$$

这个表达式和边际收益的表达式具有相似的解释:在厂商增加要素使用量时,它对要素的支付必须增加 $w\Delta x$。同时,由于要素需求的增加会推动要素价格上涨 Δw,所以,厂商还必须对它以前使用的所有单位的要素都按这个较高的价格进行支付。

我们也可以将使用额外单位要素的边际成本记作

$$MC_x=w\left[1+\frac{x}{w}\frac{\Delta w}{\Delta x}\right]=w\left[1+\frac{1}{\eta}\right]$$

其中,η 代表要素的供给弹性。由于供给曲线通常是向上倾斜的,所以 η 取正值。如果供给曲线具有完全弹性,从而 η 无穷大,那么,这就导致厂商面临竞争性要素市场的情况。注意这些情况与垄断厂商的相似之处。

我们接下来分析买方垄断厂商面临线性要素供给曲线的情况。这种情况下,反供给曲线具有以下的形式:

$$w(x)=a+bx$$

所以,总成本可以表示为

$$C(x)=w(x)x=ax+bx^2$$

从而,增加1单位投入的边际成本是

$$MC_x(x)=a+2bx$$

图 27.2 演示了对买方垄断厂商的情况求利润最大化解的过程。我们首先要找到边际产品价值与边际成本相等的位置以确定 x^*,然后,再查看该点的要素价格是多少。

由于使用额外1单位要素的边际成本超过要素价格,所以,此处的要素价格低于厂商面临竞争性要素市场时的水平。相对于竞争性要素市场的情况,买方垄断厂商的要素使用量太少。如同垄断厂商的情况,买方垄断厂商也在帕累托低效率点上经营。但是,现在的低效率不是出现在产品市场,而是出现在要素市场。

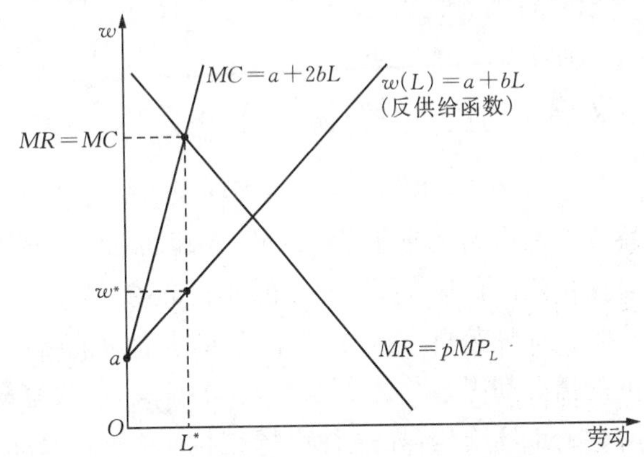

厂商在追加1单位要素的边际收益等于该单位要素的边际成本处经营。

图 27.2 买方垄断

例子:最低工资

假设劳动市场是竞争性市场,并且,政府规定的最低工资高于现行的均衡工资。由于在均衡工资处供求相等,所以,在较高的最低工资水平上,劳动供给会超过劳动需求。图 27.3A 显示了这种情况。

如果劳动市场由买方垄断厂商支配,情况就会有所不同。在这种情况下,规定最低工资实际上很可能会增加就业量,如图27.3B所示。如果政府规定的最低工资等于竞争性市场上的均衡工资,那么,“买方垄断厂商”就可以按不变工资 w_c 雇用工人。由于它支付的工资率现在独立于它雇用的工人数量,所以,它要到边际产品价值等于 w_c 时才不会再增雇工人。这就是说,它雇用的工人数量,与它面临竞争性劳动市场时雇用的工人数量相同。

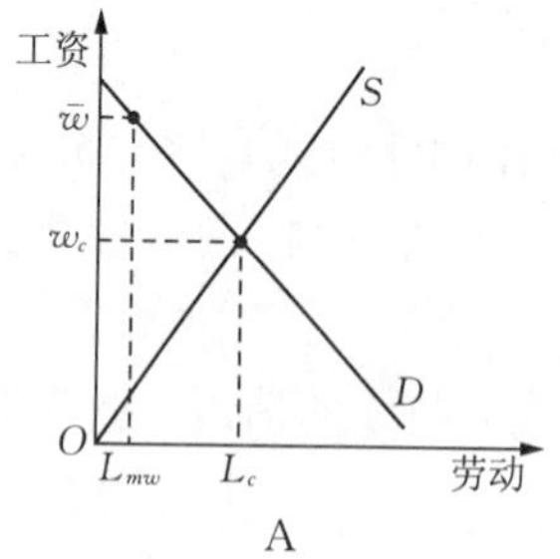

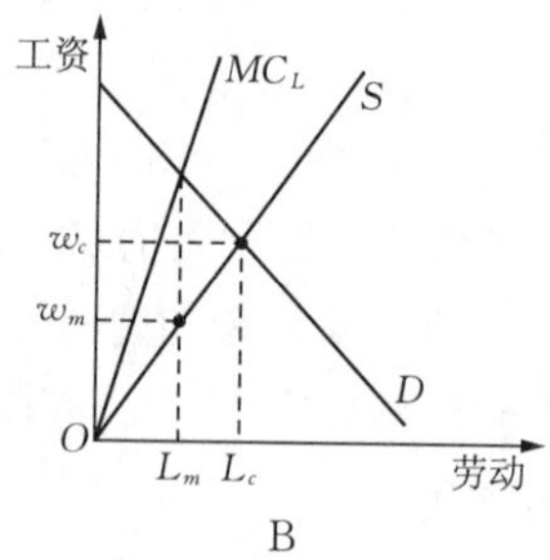

图A表明最低工资在竞争性劳动市场上的影响,按竞争性工资 w_c,就业量为 L_c;按最低工资 $\overline{w}$,就业量只有 L_{mw}。图B表明最低工资在买方垄断的劳动市场上的影响。在买方垄断情况下,工资是 w_m,就业量是 L_m,小于竞争性劳动市场上的就业量。如果最低工资定在 w_c,就业量就会增加到 L_c。

图27.3　最低工资

对买方垄断厂商规定工资下限,就如同对垄断厂商规定价格上限;这两项政策都使得厂商的行为如面临竞争性市场时的行为一样。

27.3　上游垄断和下游垄断

迄今为止,我们已经考察了涉及不完全竞争和要素市场的两种情况:一种情况是,厂商在产品市场上拥有垄断力量,但却面临竞争性要素市场;另一种情况是,厂商面临的是竞争性产品市场和买方垄断的要素市场。还可能存在其他的情况,例如,厂商可能在要素市场上面临垄断的卖主,或者,厂商也有可能在产品市场上面临垄断的买主。对每一种可能的情况都用心考察并没有太大的意义,这很容易导致重复。但是,我们要考察这样一种有趣的市场结构,在这种市场结构下,一家垄断厂商的产品是另一家垄断厂商的生产要素。

假定一家垄断厂商按不变的边际成本 c 生产产品 x。我们把这家垄断厂商称作上游垄断厂商。它按价格 k,把 x-要素出售给另一家垄断厂商,即下游垄断厂商。下游垄断厂商使用 x-要素,并按生产函数 $y=f(x)$ 生产产品 y。这种产品然后在反需求函数为 $p(y)$ 的垄断市场上出售。在这个例子中,我们考虑的是线性反需求函数 $p(y)=a-by$ 的情况。

为简化起见,我们假设生产函数为 $y=x$,这样,每投入1单位的 x-要素,下游垄断厂商就能生产1单位的 y-产品。我们进一步假设,除了必须支付给上游垄断厂商的单位价格 k,下游垄断厂商不再有其他的生产成本。

为了看清楚这个市场是如何运行的，我们从下游垄断厂商开始分析，这个厂商的利润最大化问题是

$$\max_{y} p(y)y - ky = [a - by]y - ky$$

令边际收益等于边际成本，我们有

$$a - 2by = k$$

它隐含着

$$y = \frac{a-k}{2b}$$

由于对于每单位的 y -产品，下游垄断厂商需要投入 1 单位的 x -要素，所以，这个表达式也确定了要素的需求函数：

$$x = \frac{a-k}{2b} \tag{27.3}$$

这个需求函数表明了要素价格 k 和下游垄断厂商的要素需求量之间的关系。

现在转向上游垄断厂商的问题。假定它知道上述过程，并且能够在不同的价格 k 下，确定它所能出售的 x -要素的数量；这就是由方程(27.3)给出的要素需求函数。上游垄断厂商想要选择实现利润最大化的 x -要素的使用水平。

我们可以很容易地确定这个水平。由方程(27.3)，我们可以求解出 k 是 x 的函数：

$$k = a - 2bx$$

与这个要素需求函数相应的边际收益是

$$MR = a - 4bx$$

令边际收益等于边际成本，我们有

$$a - 4bx = c$$

或者，

$$x = \frac{a-c}{4b}$$

由于生产函数是 $y = x$，所以，这也是厂商的最终产量：

$$y = \frac{a-c}{4b} \tag{27.4}$$

我们感兴趣的是，将这个产量与单个一体化垄断厂商的生产量作比较。假设上游厂商和下游厂商合并，组成这样一家垄断厂商：它面临的产品反需求函数为 $p = a - by$，并且，单位产出的边际成本 c 保持不变。令边际收益等于边际成本，我们有

$$a - 2by = c$$

它隐含的使利润最大化的产量是

$$y=\frac{a-c}{2b} \tag{27.5}$$

比较方程(27.4)和方程(27.5),我们发现,一体化垄断厂商的产量是非一体化垄断厂商产量的两倍。

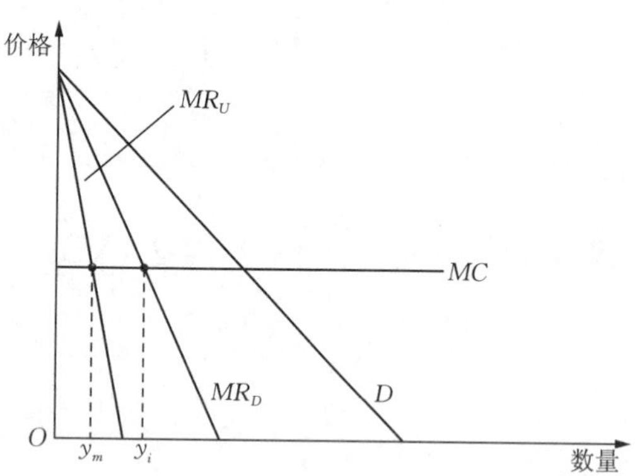

下游垄断厂商面临(反)需求曲线 $p(y)$。与这条需求曲线相对应的边际收益曲线是 $MR_D(y)$。它本身又是上游垄断厂商面临的需求曲线,与此相对应的边际收益曲线是 $MR_U(y)$。一体化垄断厂商在 y_i^* 处经营,非一体化垄断厂商在 y_m^* 处生产。

图 27.4 上游垄断和下游垄断

图 27.4 阐明了这种情况。下游垄断厂商面临最终需求曲线 $p(y)$,与此需求函数相对应的边际收益曲线本身又是上游垄断厂商面临的需求函数。因此,与后面一个需求函数相对应的边际收益曲线的斜率是最终需求曲线斜率的四倍——这就解释了为什么这种市场上的产量是一体化市场上的产量的一半。

当然,最终边际收益曲线恰好陡峭四倍只是线性需求情况下的特例。但是,不难看出,一体化垄断厂商总会比上游-下游这样一对垄断厂商生产得更多。在后面这种情况下,上游垄断厂商先把它的价格提高到它的边际成本以上,然后,下游垄断厂商再把它的价格提高到这个已经加价的成本之上。这里存在*双重加成定价*。不仅从社会的角度看这个价格太高,而且从使总垄断利润最大化的角度看这个价格也太高。如果两家垄断厂商合并,价格就会下降,利润就会上升。

小 结

1. 追求利润最大化的厂商总会使它所采取的每个行动的边际收益等于该行动的边际成本。
2. 在垄断厂商的情况下,与增加要素使用量有关的边际收益称作边际产品收益。
3. 对一家垄断厂商来说,由于增产的边际收益总是小于价格,所以边际产品收益总是小于边际产品价值。
4. 如同垄断是单一销售者的市场,买方垄断是单一购买者的市场。
5. 对买方垄断厂商来说,一种要素的边际成本曲线,要比它的供给曲线更陡峭一些。
6. 因此,买方垄断厂商选择的是一个较小的、低效率的要素使用量。
7. 如果上游垄断厂商将要素出售给下游垄断厂商,那么由于双重的加成定价,最终产品的价格就会变得太高。

复习题

1. 我们知道垄断厂商决不会在产品需求无弹性的地方生产。买方垄断厂商会在要素供给无弹性的地方经营吗?

2. 在最低工资的例子中,如果劳动市场由买方垄断厂商支配,并且政府规定的工资高于竞争性工资,那么情况会发生什么变化?

3. 在对上游垄断厂商和下游垄断厂商的考察中,我们推导出了总产量的表达式。均衡价格 p 和 k 的合宜表达式又是什么呢?

附录

我们可以使用连锁法则来计算边际产品收益。令 $y=f(x)$ 代表生产函数,$p(y)$ 表示反需求函数,收益就可以表示为要素使用量的函数:

$$R(x)=p(f(x))f(x)$$

对这个函数关于 x 求微分,我们有

$$\begin{aligned}\frac{\mathrm{d}R(x)}{\mathrm{d}x}&=p(y)f'(x)+f(x)p'(y)f'(x)\\&=[p(y)+p'(y)y]f'(x)\\&=MR\times Mp\end{aligned}$$

我们考察这样一个厂商的行为,这个厂商在它的产品市场上是竞争者,在它的要素市场上是买方垄断者。令 $w(x)$ 代表反要素供给函数,它的利润最大化问题就是

$$\max_{x} pf(x)-w(x)x$$

对上式关于 x 求微分,我们有

$$pf'(x)=w(x)+w'(x)x=w(x)\left[1+\frac{x}{w}\frac{\mathrm{d}w}{\mathrm{d}x}\right]=w(x)\left[1+\frac{1}{\eta}\right]$$

由于要素供给曲线向上倾斜,所以,这个表达式的右边大于 w。因此,买方垄断厂商的要素使用量小于竞争性要素市场上的厂商的要素使用量。

▶28

寡头垄断

迄今为止，我们已经研究过两种重要的市场结构：一种是完全竞争，典型的情况是市场上存在众多的小竞争者；另一种是完全垄断，即市场上只有一家大厂商。但是，现实世界中的大多数情况都处在这两个极端之间。通常，市场上存在许多竞争者，但它们的数量还没有多到足以将每个竞争者对价格的影响忽略不计。这种情况称作*寡头垄断*。

第 26 章阐述的垄断竞争模型，是寡头垄断的一种特殊形式，它强调的是产品差异和市场进入问题。但是，我们在本章要研究的寡头垄断模型却更关注只有几家厂商的行业中的策略相互影响问题。

由于处在寡头垄断环境中的厂商有几种不同的行为方式，所以，相应地，这里也存在几种相关的模型。在现实世界中，我们可以观察到许多种不同的行为方式，所以，期望只有一种重要的模型是不合理的。我们要做的事情是指出若干可能的行为方式，并在确定各种模型的适用时机时，指出哪些因素是重要的。

为简化起见，我们通常把分析限于两家厂商的情况；这种情况称作*卖方双头垄断*。通过分析卖方双头垄断，我们可以获知经营策略相互影响的厂商的许多重要特征，而不必顾及包含众多厂商的模型所涉及的繁琐符号。此外，我们只关注所有厂商生产同一种产品的情况。这样，我们就可以不考虑产品差异的问题，而把注意力完全集中在策略的相互影响上。

28.1 选择策略

如果市场上有两家厂商生产同质的产品，那么，我们感兴趣的是这样四个变量：每一家厂商索要的价格，以及每一家厂商生产的数量。

当一家厂商对它选择什么价格和产量作出决策的时候，它可能已经知道了另一家厂商所作出的选择。如果一家厂商比另一家厂商先决定它的价格，我们就把前面这家厂商称为*价格领导者*，而把后面这家厂商称为*价格追随者*。同样，一家厂商也可以先行选择它的产量，在这种情况下，它就是*产量领导者*，而另一家厂商就是*产量追随者*。在这些情况下,策略的相互影响形成序贯博弈。①

另一方面,在一家厂商作出它的选择的时候,它可能并不知道另一家厂商所作的选择。在这种情况下,为了使自己能作出合理的决策,它必须猜测另一家厂商的选择。这是一种同时博弈。这又有两种可能性存在:每家厂商同时选择价格,或者每家厂商同时选择产量。

这个分类方案向我们提供了四种可能性:产量领导,价格领导,联合定产,和联合定价。这些相互影响形式中的每一种都引起一组不同的策略问题。

还有一种可能的相互影响形式,我们也要加以考察。厂商相互之间可能是进行串谋,而不是以这种或那种形式进行竞争。在这种情况下,两家厂商可以共同商定使它们利润的和实现最大化的价格和产量。这种串谋叫做合作博弈。

例子:定价匹配

经常可以见到供应商提供最低价格保证(meet or beat any price)的广告。一般认为这些广告是市场竞争相当激烈的信号。然而,提供最低价格保证也成为一种阻碍竞争的方法。

假设存在两家轮胎商店:东部轮胎和西部轮胎。两家轮胎商店为同一品牌的轮胎打出的广告价格均为 50 美元。

如果东部轮胎将轮胎的广告价格降为 45 美元,而西部轮胎的广告价格仍保持 50 美元,我们可以预期住在城镇西部的部分顾客更愿意为节约 5 美元而多花几分钟的交通时间。东部轮胎将以较低价格销售更多的轮胎。如果销售量的增加大到足以抵消价格的下降,东部轮胎的利润将增加。

简言之,这就是竞争的基本逻辑。消费者对价格足够敏感时,降价的销售者可以享受到销量激增和利润增加的好处。

设想西部轮胎并不真的降低轮胎价格,而是继续维持 50 美元的价格,但附加追随任何更低价格的承诺。现在,如果东部轮胎降低了轮胎的广告价格,将出现什么情况?

此时,发现西部轮胎对自己更便利的顾客会拿着东部轮胎的广告到西部轮胎要求降价。于是,东部轮胎无法通过自己的降价行为吸引新顾客。实际上,东部轮胎的收入下降了,因为它事实上在以更低的价格销售相同数量的轮胎。

问题的核心是:提供低价保证的供应商剥夺了大多数竞争对手的降价动机。

28.2 产量领导

在产量领导的情况下,一家厂商在另一家厂商之前作出选择。有时把这种情况称作斯塔克尔伯格模型,以纪念第一位系统研究领导者和追随者相互影响的经济学家。②

斯塔克尔伯格模型经常用于描述有一家厂商处于支配地位或充当自然领导者的行

① 我们将在下一章更详细地研究博弈理论,不过,在这里就引入这些具体例子看起来还是合适的。

② 海因里希·冯·斯塔克尔伯格(Heinrich von Stackelberg)是德国经济学家,1934 年他出版了论述市场组织的有影响的著作《市场形式与均衡》。

业。例如,国际商用机器(IBM)公司经常被看成是计算机行业中处于支配地位的厂商。在计算机行业中,通常观察到的小厂商的行为模式是等待 IBM 公司宣布新产量,然后再相应地调整它们自己的产量决策。在这种情况下,我们要给计算机行业建立的模型是这样的:IBM 充当斯塔克尔伯格领导者的角色,行业中的其他厂商则都作为斯塔克尔伯格追随者。

现在我们转向这个理论模型的细节方面。假设厂商 1 是领导者,它选择的产量是 y_1。作为反应,厂商 2 选择产量 y_2。每家厂商都明白均衡市场价格取决于总产量。我们用反需求函数 $p(Y)$表示作为行业产量 $Y=y_1+y_2$ 的函数的均衡价格。

领导者应该选择什么产量才能实现利润最大化呢?答案取决于它认为追随者将对它的选择作出怎样的反应。假设领导者预期追随者试图在领导者的选择既定的情况下也实现利润最大化。领导者为了合理作出它自己的生产决策,就必须考虑追随者的利润最大化问题。

追随者的利润最大化问题

我们假设追随者想要使它的利润实现最大化

$$\max_{y2} p(y_1+y_2)y_2-c_2(y_2)$$

追随者的利润取决于领导者的产量选择,从追随者的角度看,领导者的产量是前定的——领导者的生产已经进行,追随者只是把它视为常量。

追随者要选择一个产量水平,使得边际收益等于边际成本:

$$MR_2=p(y_1+y_2)+\frac{\Delta p}{\Delta y_2}y_2=MC_2$$

边际收益像通常一样解释。当追随者增加产量时,它由于按市场价格出售更多的产品而使收益增加。但同时增产也使价格下降 Δp,从而使以前按较高价格销售的所有单位的利润跟着下降。

值得注意的是,追随者的利润最大化选择取决于领导者的选择。我们把这种关系记作

$$y_2=f_2(y_1)$$

函数 $f_2(y_1)$表明,追随者的利润最大化产量是领导者选择的函数。这个函数叫做*反应函数*,因为它告诉我们追随者对领导者的产量选择如何作出反应。

我们来推导简单线性需求情况下的反应函数。在这种情况下,(反)需求函数为 $p(y_1+y_2)=a-b(y_1+y_2)$。为方便起见,我们取成本为零。

于是,厂商 2 的利润函数为

$$\pi_2(y_1,\ y_2)=[a-b(y_1+y_2)]y_2$$

或者

$$\pi_2(y_1,\ y_2)=ay_2-by_1y_2-by_2^2$$

我们利用这个表达式来绘制一组等利润线,如图 28.1 所示。这些线表示的是厂商 2 获得的利润保持不变条件下的 y_1 和 y_2 的组合。换言之,等利润线由所有满足如下形式

方程的点(y_1, y_2)组成

$$ay_2 - by_1y_2 - by_2^2 = \bar{\pi}_2$$

注意,厂商 2 的利润随着我们移向靠左边的等利润线而增加。这是因为,如果我们将厂商 2 的产量固定在某个水平上,那么,厂商 2 的利润就会随厂商 1 的产量下降而增加。当厂商 2 是垄断厂商时,也就是说,当厂商 1 选择零产量时,厂商 2 将实现它可能获得的最大利润。

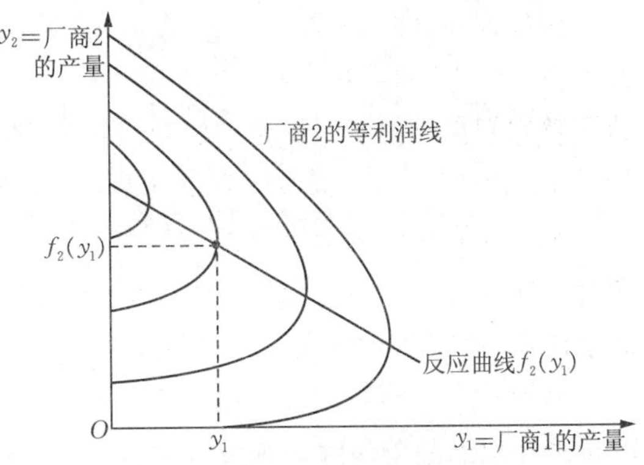

反应曲线给出的是,对应于作为领导者的厂商 1 的每一个产量选择,作为追随者的厂商 2 的诸利润最大化产量。对应于 y_1 的每一个选择,追随者选择同最靠左的等利润线相对应的产量水平 $f_2(y_1)$。

图 28.1 反应曲线的推导

对于厂商 1 的每一个可能的产量选择,厂商 2 都要选择使它的利润尽可能大的产量。这意味着,对于 y_1 的每一个选择,厂商 2 要选择的 y_2 使它处在尽可能靠左的等利润线上,如图 28.1 所示。这个点满足一般意义上的相切条件:等利润线的切线在最优选择点上一定垂直。这些切点的轨迹刻画了厂商 2 的反应曲线$f_2(y_1)$。

为了看清楚这个结果的代数形式,我们需要求出与厂商 2 的利润函数相对应的边际收益表达式。可以证明,厂商 2 的边际收益由下式给出

$$MR_2(y_1, y_2) = a - by_1 - 2by_2$$

(这个表达式很容易用微积分推得,如果你不懂微积分,你就只好不加考虑地相信这些话了。)令边际收益等于边际成本,由于在这个例子中,边际成本为零,所以我们有

$$a - by_1 - 2by_2 = 0$$

求解这个式子,我们就可以推出厂商 2 的反应曲线:

$$y_2 = \frac{a - by_1}{2b}$$

这条反应曲线就是图 28.1 所示的直线。

领导者的利润最大化问题

我们已经研究了追随者如何在领导者的选择既定的条件下选择产量的问题。现在我们转向领导者的利润最大化问题。

假定领导者也意识到它的行动将影响追随者的产量选择。这种关系由反应函数 $f_2(y_1)$描述。因而,在选择产量时,它应当考虑它对追随者的影响。

因此,领导者的利润最大化问题变为

$$\max_{y_1} p(y_1 + y_2)y_1 - c_1(y_1)$$
$$\text{s.t. } y_2 = f_2(y_1)$$

把第 2 个方程代入第一个式子,我们有

$$\max_{y_1} p[y_1 + f_2(y_1)]y_1 - c_1(y_1)$$

注意,领导者意识到,当它选择产量 y_1 时,总生产量将等于它的产量加上追随者的产量,即 $y_1 + f_2(y_1)$。

当领导者考虑改变产量时,它必须考虑它对追随者的影响。我们在上述线性需求曲线的情况下来考察这个问题。上面我们已知反应函数由下式给出

$$f_2(y_1) = y_2 = \frac{a - by_1}{2b} \tag{28.1}$$

由于我们假定边际成本等于零,所以,领导者的利润是

$$\pi_1(y_1, y_2) = p(y_1 + y_2)y_1 = ay_1 - by_1^2 - by_1y_2 \tag{28.2}$$

而追随者的产量 y_2 则经由反应函数 $y_2 = f_2(y_1)$ 取决于领导者的选择。

将方程(28.1)代入方程(28.2),我们有

$$\begin{aligned}\pi_1(y_1, y_2) &= ay_1 - by_1^2 - by_1f_2(y_1)\\ &= ay_1 - by_1^2 - by_1\frac{a - by_1}{2b}\end{aligned}$$

简化这个表达式,我们有

$$\pi_1(y_1, y_2) = \frac{a}{2}y_1 - \frac{b}{2}y_1^2$$

这个函数的边际收益是

$$MR = \frac{a}{2} - by_1$$

令边际收益等于边际成本,在这个例子中边际成本为零,求解 y_1,我们有

$$y_1^* = \frac{a}{2b}$$

为求追随者的产量,我们只要将 y_1^* 代入反应函数,

$$y_2^* = \frac{a - by_1^*}{2b} = \frac{a}{4b}$$

这两个方程给出了行业总产量 $y_1^* + y_2^* = 3a/4b$。

斯塔克尔伯格解也可以用图 28.2 所示的等利润线从图上加以说明。(该图也阐明了 28.5 节将要描述的古诺均衡。)在该图中,我们给出了两家厂商的反应曲线和厂商 1 的等利润线。厂商 1 的等利润线

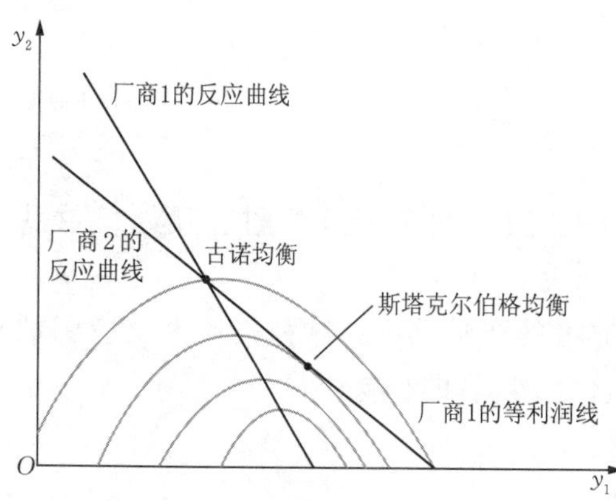

作为领导者的厂商 1,在厂商 2 的反应曲线上选择与厂商 1 可能最低的等利润线相切的那个点,因此,厂商 1 获得可能取得的最高利润。

图 28.2 斯塔克尔伯格均衡

与厂商 2 的等利润线的一般形状是相同的；它们只是旋转了 90 度。厂商 1 的较高的利润与反应曲线下降的部分相对应，因为厂商 1 的利润随着厂商 2 的产量下降而增加。

厂商 2 作为追随者的行为，意味着它将沿反应曲线 $f_2(y_1)$ 选择产量。因此，厂商 1 要在反应曲线上选择使它获得可能取得的最高利润的产量组合。但如图 28.2 所示，可能取得的最高利润意味着是在与最低等利润线相切的反应曲线上选择这样一个点。由通常的最大化问题的逻辑可以推知，反应曲线一定在这个点上与等利润线相切。

28.3 价格领导

领导者也可以不确定产量而确定价格。为了作出如何确定它的价格的合理决策，领导者必须对追随者将如何行动作出预测。因此，我们必须首先研究追随者面临的利润最大化问题。

值得我们注意的是，在均衡状态，追随者一定总是确定与领导者相同的价格，这是我们关于两家厂商销售同一产品的假设的必然结论。如果一家厂商的定价与另一家不同，那么所有的消费者就都会选择具有较低价格的生产者，我们也就不可能有两家厂商生产的均衡了。

假设领导者制定的价格是 p，假定追随者把 p 作为既定价格接受，然后选择它的利润最大化产量。从本质上说，这同我们以前研究的竞争行为是一样的。在竞争模型中，每家厂商都认为价格不受自己控制，因为它只占市场的很小一部分；在价格领导模型中，追随者也认为自己不能控制价格，因为价格已经由领导者制定。

追随者想要实现利润最大化：

$$\max_{y_2} py_2 - c_2(y_2)$$

这导致我们熟悉的条件：追随者要选择使价格与边际成本相等的产量水平。这一条件决定了图 28.3 所示的追随者供给曲线 $S(p)$。

现在，转向领导者面临的问题。领导者认识到如果它设定价格为 p，追随者就会供给 $S(p)$。这意味着领导者可以出售的产量将是 $R(p)=D(p)-S(p)$。这称作领导者面临的剩余需求曲线。

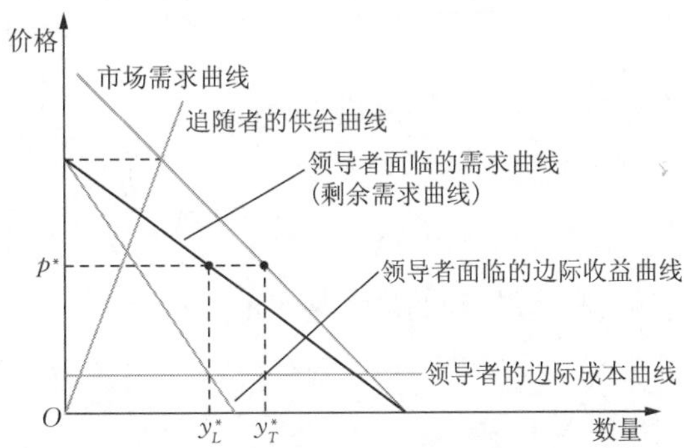

领导者面临的需求曲线等于市场需求曲线减去追随者的供给曲线，领导者使边际收益和边际成本相等以求出最优供给量 y_L^*。市场的总供给量是 y_T^*，均衡价格是 p^*。

图 28.3　价格领导

假定领导者有不变的边际生产成本 c，则对于任意的价格 p，它可以实现的利润就是

$$\pi_1(p)=(p-c)[D(p)-S(p)]=(p-c)R(p)$$

为使利润最大化，领导者要选择使边际收益和边际成本相等的价格和产量组合。然而，这个边际收益应该是对于剩余需求曲线——实际测度领导者在每个价格水平上能够出售多

少产量的曲线——来说的边际收益。在图 28.3 中,剩余需求曲线是线性的,所以与它相对应的边际收益曲线具有相同的纵截距和二倍的斜率。

我们来看一个简单的代数例子,假设反需求曲线是 $D(p)=a-bp$。追随者有成本函数 $c_2(y_2)=y_2^2/2$,领导者有成本函数 $c_1(y_1)=cy_1$。

对于任意价格 p,追随者都要在价格等于边际收益的地方经营。如果成本函数是 $c_2(y_2)=y_2^2/2$,那么,它的边际成本曲线就可以被证明是 $MC_2(y_2)=y_2$。令价格等于边际成本,我们就有

$$p=y_2$$

求解追随者的供给曲线,得 $y_2=S(p)=p$。

领导者面临的需求曲线——剩余需求曲线——是

$$\begin{aligned}R(p)&=D(p)-S(p)=a-bp-p\\&=a-(b+1)p\end{aligned}$$

从现在开始这里的问题就像普通的垄断问题一样了。求解作为领导者产量 y_1 的函数的 p,我们有

$$p=\frac{a}{b+1}-\frac{1}{b+1}y_1 \tag{28.3}$$

这是领导者面临的反需求曲线。相对应的边际收益曲线有相同的截距和二倍的斜率。这意味着它可以表示为

$$MR_1=\frac{a}{b+1}-\frac{2}{b+1}y_1$$

令边际收益等于边际成本,我们有

$$MR_1=\frac{a}{b+1}-\frac{2}{b+1}y_1=c=MC_1$$

求解领导者的利润最大化产量,我们有

$$y_1^*=\frac{a-c(b+1)}{2}$$

我们可以继续做下去,把这个式子代入方程(28.3)以求得均衡价格,不过这个方程不是特别有意义。

28.4 价格领导和产量领导的比较

我们已经知悉在产量领导和价格领导的情况下如何计算均衡价格和产量。每个模型决定的均衡价格和产量组合不同;每个模型适合于不同的环境条件。

考虑产量决定的一种方式是把厂商看作在进行生产能力的选择。当一家厂商决定产量的时候,它实际上是在决定它能够向市场供给多少产量。如果一家厂商能够率先进行

生产能力投资，那么自然就该为它建立产量领导者的模型。

另一方面，假设在我们考察的市场中，生产能力的选择并不重要，但其中一家厂商却在分发价目表，那么很自然就该把这家厂商视为价格制定者。它的竞争对手于是可以将价目表视为既定，然后相应作出它们自己的定价和供给决策。

价格领导和产量领导模型中究竟哪一种模型更为合适，是一个纯理论无法给予回答的问题。我们只有掌握了厂商如何作出决策的实际情况，才能对模型作出最合适的选择。

28.5 同时设定产量

领导者-追随者模型碰到的一个困难是它必须不对称：一家厂商要能够先于另一家厂商作出它的决策。在某些情况下，这是不合情理的。例如，假设两家厂商试图同时作出生产多少的决策。那么，每家厂商为使自己的决策合理，就都必须对另一家厂商的产量将是多少作出预测。

在这一节，我们将考察每家厂商必须预测另一家厂商的产量选择的单时期模型。每家厂商根据预测选择使它的利润达到最大的产量水平。然后我们寻求一个预测均衡——每家厂商都发现它对另一家厂商的信念得到证实的一种状态。这个模型称作*古诺模型*，是以最早研究它的含义的19世纪法国数学家古诺命名的。①

我们从假定厂商1预期厂商2将生产 y_2^e 单位产量开始（e 表示预期产量）。如果厂商1决定生产 y_1 单位产量，它就会预期总生产量将是 $Y=y_1+y_2^e$，由该产量引起的市场价格将是 $p(Y)=p(y_1+y_2^e)$。厂商1的利润最大化问题于是成为

$$\max_{y_1} p(y_1+y_2^e)y_1-c(y_1)$$

就关于厂商2的产量的任何既定预测 y_2^e 而言，厂商1都有某个最优的产量选择 y_1。让我们把厂商2的预期产量和厂商1的最优选择之间的函数关系写作

$$y_1=f_1(y_2^e)$$

这个函数就是本章前面研究过的反应函数。在我们最初的论述中，反应函数将追随者的产量作为领导者的选择的函数。现在的这个反应函数，将一家厂商的最优选择作为它对另一家厂商的选择的预测的函数。尽管在这两个场合对反应函数的解释有所不同，但它们的数学定义却完全一样。

同样，我们可以导出厂商2的反应曲线：

$$y_2=f_2(y_1^e)$$

它给出对于厂商1产量的既定预期 y_1^e 来说的厂商2的最优产量选择。

现在，回顾一下，每家厂商都在假定另一家厂商的产量是 y_1^e 或 y_2^e 的情况下选择它自

① 奥古斯丁·古诺(Augustin Cournot)生于1801年，他的具有深远影响的著作《财富理论的数学原理研究》出版于1838年。

己的产量水平。对于 y_1^e 和 y_2^e 的任意值,这种情况并不会发生——一般来说,厂商 1 的最优产量水平 y_1 和厂商 2 预期的产量水平 y_1^e 并不相同。

我们来求这样一个产量组合(y_1^*, y_2^*),使得假定厂商 2 的产量是 y_2^*,厂商 1 的最优产量水平就是 y_1^*,假定厂商 1 的产量是 y_1^*,厂商 2 的最优产量水平就是 y_2^*。换言之,产量选择(y_1^*, y_2^*)满足

$$y_1^* = f_1(y_2^*)$$
$$y_2^* = f_2(y_1^*)$$

这样一个产量水平的组合叫做*古诺均衡*。在古诺均衡中,每家厂商都在对另一家厂商的产量选择的预测既定的情况下实现利润最大化,而且,这些预测被证实处于均衡状态:每家厂商的最优产量选择正是另一家厂商预期它会生产的产量。在古诺均衡中,没有一家厂商会认为,一旦察知另一家厂商的实际选择,它还有可能通过改变产量来增加利润。

图 28.2 给出了古诺均衡的一个例子。古诺均衡就是两条反应曲线的交点上的那对产量。在这样一个点上,每家厂商都在另一家厂商的产量选择既定的情况下,按它的利润最大化的产量水平进行生产。

28.6 古诺均衡的一个例子

回顾我们前面研究过的线性需求函数和零边际成本的情况。在这种情况下,我们看到厂商 2 的反应函数采取如下形式

$$y_2 = \frac{a - by_1^e}{2b}$$

因为在这个例子中,厂商 1 和厂商 2 完全一样,所以厂商 1 的反应曲线具有相同的形式

$$y_1 = \frac{a - by_2^e}{2b}$$

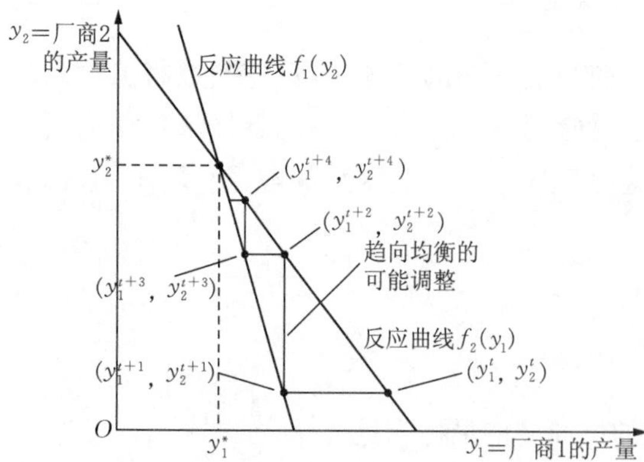

每家厂商都在它对另一家厂商的产量决策的预测既定的情况下使自己的利润实现最大化。古诺均衡出现在两条反应曲线的交点(y_1^*, y_2^*)上。

图 28.4 古诺均衡

图 28.4 描绘了这对反应曲线。这两条直线的交点给予我们古诺均衡。在这个点上,每家厂商的选择都是在它对另一家厂商行为的预测既定的情况下的利润最大化选择,而且,每家厂商对另一家厂商行为的预测也由后者的实际行为证实。

为了计算古诺均衡的代数值,我们来看一下点(y_1, y_2)的情况,在该点上,每家厂商的选择都是另一家厂商预期它的选择。令 $y_1 = y_1^e$, $y_2 = y_2^e$,我们就有了下面这个二元一次方程组:

$$y_1=\frac{a-by_2}{2b}$$

$$y_2=\frac{a-by_1}{2b}$$

在本例中，两家厂商是一样的，所以在均衡时，每家厂商生产的产量水平是相同的。因此，我们可以把 $y_1=y_2$ 代入上述的一个方程以得到

$$y_1=\frac{a-by_1}{2b}$$

求解 y_1^*，我们得到

$$y_1^*=\frac{a}{3b}$$

因为这两家厂商是一样的，所以这个解也隐含着

$$y_2^*=\frac{a}{3b}$$

整个行业的总产量因此是

$$y_1^*+y_2^*=\frac{2a}{3b}$$

28.7 趋向均衡的调整

我们可以利用图 28.4 来描述趋向均衡的调整过程。假设厂商在时间 t 的产量是 (y_1^t, y_2^t)，这些产量不一定是均衡产量。如果厂商 1 预期厂商 2 打算把它的产量继续保持在 y_2^t 水平上，那么下一个时期厂商 1 就要选择在这个既定预期条件下使其利润最大化的那个产量水平，即 $f_1(y_2^t)$。因此，厂商 1 在时期 $t+1$ 的选择就可以表示为

$$y_1^{t+1}=f_1(y_2^t)$$

厂商 2 可按相同的方法进行推导，因此，它在第二个时期的选择应是

$$y_2^{t+1}=f_2(y_1^t)$$

这些方程描述了每家厂商在面对另一家厂商的选择的情况下如何调整自己的产量的过程。图 28.4 说明了具有这种行为的厂商的产量的变动情况。该图可作如下解释，从某个经营点 (y_1^t, y_2^t) 开始。给定厂商 2 的生产水平，厂商 1 下个时期的最优生产选择就是 $y_1^{t+1}=f_1(y_2^t)$。在图中，向左平移直至厂商 1 的反应曲线，我们就求出了这个点。

如果厂商 2 预期厂商 1 继续生产 y_1^{t+1}，那么，生产 y_2^{t+1} 就是它的最优反应。垂直上移直至厂商 2 的反应曲线，我们就找到了这个点。我们继续沿“阶梯”移动，就可确定这两家厂商的一连串产量选择。在这个例子中，这种调整过程收敛于古诺均衡。我们称这种情况下的古诺均衡是稳定均衡。

尽管这个调整过程已直观地显现了出来,但是这里的确还存在着一些困难。每家厂商都假定另一家厂商的产量从一个时期到另一个时期是固定不变的,然而,结果却是,两家厂商都不断改变它们的产量,只有在均衡状态下,一家厂商对于另一家厂商产量选择的预期才在实际上得到满足。因此,我们一般忽略均衡如何实现的问题,而把注意力完全集中在均衡状态下厂商如何行动的问题上。

28.8 多家厂商的古诺均衡

假设现在处于古诺均衡中的厂商有数家,而不是两家。在这种情况下,我们试图在每家厂商对行业中其他厂商的产量选择都有预期的假设下描述均衡产量。

假设有 n 家厂商,令 $Y=y_1+\cdots+y_n$ 是行业的总产量。厂商 i 的"边际收益等于边际成本条件"就是

$$p(Y)+\frac{\Delta p}{\Delta Y}y_i=MC(y_i)$$

假如我们将第二项乘上 Y/Y 并将因子 $p(Y)$ 分解出来,我们就可以把这个方程写成

$$p(Y)\left[1+\frac{\Delta p}{\Delta Y}\frac{Y}{p(Y)}\frac{y_i}{Y}\right]=MC(y_i)$$

利用总需求曲线的弹性定义,并令 $s_i=y_i/Y$ 代表厂商 i 在市场总产量中所占有的份额,这个式子便可化简成

$$p(Y)\left[1-\frac{s_i}{|\varepsilon(Y)|}\right]=MC(y_i) \tag{28.4}$$

我们也可以将这个表达式写成

$$p(Y)\left[1-\frac{1}{|\varepsilon(Y)|/s_i}\right]=MC(y_i)$$

除了 s_i 项以外,上式看起来就像垄断厂商的表达式一样。我们可以把 $\varepsilon(Y)/s_i$ 看作厂商所面临的需求曲线的弹性;厂商所占的市场份额越小,厂商面临的需求曲线的弹性就越大。

如果一家厂商所占的市场份额是 1——这家厂商就是垄断厂商——这家厂商面临的需求曲线就是市场需求曲线,因此,这家厂商的均衡条件就简化为垄断厂商的均衡条件。如果厂商只是偌大市场中的一个非常小的部分,它所占的市场份额实际上就是零,它所面临的需求曲线实际上就具有无限的弹性。因此,这种厂商的均衡条件就简化成完全竞争厂商的均衡条件:价格等于边际成本。

这是对第 23 章所述的竞争模型的一种证明,假如厂商的数目很多,则每家厂商对市场价格的影响就可以忽略不计,古诺均衡和完全竞争均衡实际上就成了一回事。

28.9 同时设定价格

在以上所述的古诺模型中,我们假定厂商选择它们的产量,而让市场决定价格,另一

种方法是视厂商为它们价格的制定者，而让市场去决定销售的数量，这种模型称作伯特兰竞争模型。①

厂商在选择它的价格的时候，必须对行业中其他厂商制定的价格作出预测。恰如在古诺均衡的情况下一样，我们想要找到这样一对价格，使得每个价格都是另一家厂商的选择既定条件下的利润最大化选择。

伯特兰均衡是什么样的呢？在厂商销售的都是同一产品的情况下，伯特兰均衡的结构确实非常简单。可以证明，它是一种竞争均衡，其中价格等于边际成本。

首先，我们注意到价格决不会低于边际成本，因为，如果是这样的话，那么任何一家厂商的减产都能使它的利润增加。因此，我们来考虑价格大于边际成本的情况，假设两家厂商都按高于边际成本的某个价格$\hat{p}$出售产品。考虑厂商1的情况。如果它的价格稍微下降ε量，而另一家厂商的价格仍保持在$\hat{p}$不变，那么，所有的消费者就都会作出购买厂商1的产品的选择。通过对价格作任意小量的削减，厂商1就能把顾客从厂商2那里全部吸引过来。

如果厂商1真的认为厂商2会索要高于边际成本的价格$\hat{p}$，那它就总能因为把它的价格降至$\hat{p}-\varepsilon$而获益。但厂商2也可以作相同的推理！因此，任何高于边际成本的价格都不可能是均衡价格，唯一的均衡只能是竞争均衡。

这个结论初看起来似乎是自相矛盾的——如果市场上只有两家厂商，我们怎么能得到竞争价格呢？如果我们把伯特兰模型视为竞争的叫价模型，它就会更加讲得通。假设一家厂商在争夺消费者生意的“叫价”中报出的价格高于边际成本，那么另一家厂商就总能靠用较低的价格同这种价格抢生意而获利。由此必然可以得出这样一个结论：每家厂商理性预期的不可能再被削减的唯一价格是和边际成本相等的那个价格。

经常可见，不能够串谋的厂商间的竞争性叫价所导致的价格，可以远远低于用其他方式达到的价格。这种现象就是伯特兰竞争逻辑的一个例子。

28.10 串谋

到现在为止，在我们所考察的模型中，诸厂商都是独立经营的。因此，如果诸厂商为了联合决定它们的产量而串谋在一起的话，这些模型就不会再非常合理了。如果串谋是可能的话，诸厂商最好先选择使整个行业利润达到最大的那个产量，然后再在它们之间瓜分利润。当厂商串通在一起，试图确定使整个行业利润实现最大化的价格和产量的时候，这些厂商就被总称为卡特尔。如我们在第24章所见到的那样，一个卡特尔就是串谋在一起的一伙厂商，其行为就像单个的垄断厂商一样，追求它们利润总和的最大化。

因此，两家厂商面临的利润最大化问题就是选择它们的能使整个行业利润实现最大化的产量y_1和y_2：

$$\max_{y_1, y_2} p(y_1+y_2)[y_1+y_2]-c_1(y_1)-c_2(y_2)$$

① 约瑟夫·伯特兰(Joseph Bertrand)也是法国数学家，他在一篇评论古诺著作的文章中阐述了自己的这个模型。

这个问题的最优条件是

$$p(y_1^* + y_2^*) + \frac{\Delta p}{\Delta Y}[y_1^* + y_2^*] = MC_1(y_1^*)$$

$$p(y_1^* + y_2^*) + \frac{\Delta p}{\Delta Y}[y_1^* + y_2^*] = MC_2(y_2^*)$$

对于这些条件的解释是饶有兴趣的。当厂商 1 考虑增产 Δy_1 时,它将仔细比较通常的两个效应:销售更多产量产生的额外利润,价格被迫下降造成的利润损失。但在第二个效应中,它现在要同时考虑较低的价格对于它自己的产量和另一家厂商产量的影响。这是因为,它现在感兴趣的已不只是它自己的利润最大化,而是整个行业的利润最大化。

上述最优条件隐含着额外单位产量不论由哪一家厂商生产,其边际收益都必定相等。由此必然可以推出这样一个结论:$MC_1(y_1^*) = MC_2(y_2^*)$,两家厂商的边际成本在均衡时相等。如果有一家厂商具有成本优势,从而它的边际成本曲线总是位于其他厂商边际成本曲线的下方的话,那么在卡特尔均衡解中,它就一定会生产更多的产量。

在现实生活中,达成卡特尔协定的困难在于总有作弊的诱惑存在。举例来说,假设两家厂商都按使行业利润最大化的产量水平(y_1^*, y_2^*)进行生产,厂商 1 考虑稍稍增加产量 Δy_1,厂商 1 增加的边际利润就是

$$\frac{\Delta \pi_1}{\Delta y_1} = p(y_1^* + y_2^*) + \frac{\Delta p}{\Delta Y} y_1^* - MC_1(y_1^*) \tag{28.5}$$

在前面我们已知悉,卡特尔解的最优条件是

$$p(y_1^* + y_2^*) + \frac{\Delta p}{\Delta Y} y_1^* + \frac{\Delta p}{\Delta Y} y_2^* - MC_1(y_1^*) = 0$$

整理这个方程,我们得到

$$p(y_1^* + y_2^*) + \frac{\Delta p}{\Delta Y} y_1^* - MC_1(y_1^*) = -\frac{\Delta p}{\Delta Y} y_2^* > 0 \tag{28.6}$$

因为 $\Delta p / \Delta Y$ 取负值,即市场需求曲线的斜率为负值,所以有最后这个不等式。

检查方程(28.5)和(28.6),我们发现

$$\frac{\Delta \pi_1}{\Delta y_1} > 0$$

因此,如果厂商 1 认为厂商 2 的产量将保持不变,那么厂商 1 就可以相信它能通过增加自己的产量而获取更多的利润。卡特尔的解决办法是诸厂商共同采取限制产量的行动以避免市场“损毁”。它们认识到任何一家厂商增加产量都会对联合利润产生影响。但是,如果每家厂商都认为另一家厂商会遵守它的产量限额,那么每家厂商就都会受到这样的诱惑:采用单方面增产的办法,可以使它自己的利润增加。在使联合利润最大化的产量水平上,每家厂商单方面增加产量对它自己来说都是有利可图的——如果它相信另一家厂商的产量将会保持不变的话。

甚至还有比这更坏的情况。如果厂商 1 认为厂商 2 的产量会保持不变,厂商 1 就会发

现增加自己的产量对它来说是有利可图的事情。但是,如果厂商 1 认为厂商 2 将增加它的产量,厂商 1 就会想到要使自己抢先一步增加产量以便尽可能多地为自己赚取利润!

因此,为了维持卡特尔有效,厂商们就需要找到一种防止和惩罚作弊的办法。如果它们没有办法相互监察产量,作弊的诱惑就会使卡特尔遭到瓦解。不久我们将回到这个问题上来。

为了确保我们弄清卡特尔解,我们来计算一下零边际成本和线性需求曲线情况下的卡特尔解,这种线性需求曲线,我们在古诺均衡的例子中曾经使用过。

总利润函数是

$$\begin{aligned}\pi(y_1, y_2) &= [a - b(y_1 + y_2)](y_1 + y_2) \\ &= a(y_1 + y_2) - b(y_1 + y_2)^2\end{aligned}$$

因此,边际收益等于边际成本的条件是

$$a - 2b(y_1^* + y_2^*) = 0$$

这个式子隐含着

$$y_1^* + y_2^* = \frac{a}{2b}$$

由于边际成本等于零,所以产量在两家厂商间的划分不成问题。需要决定的倒是行业产量的总水平。

图 28.5 说明了这个解。我们在图中展示了每家厂商的等利润线,并把注意力集中在公切点的轨迹上。为什么这条线会令人感兴趣呢?因为卡特尔试图实现整个行业利润的最大化,所以,我们一定可以得出这样一个结论:任何一家厂商由增产而获取的边际利润必须相同——否则,较有利可图的厂商就会进一步增产从而获取更多的利润。这个结论又转过来隐含每家厂商等利润线的斜率必定相等;换言之,等利润线一定彼此相切。因此,使整个行业利润达到最大化的产量组合——卡特尔解——就是图 28.5 所示的这条线上的那些点。

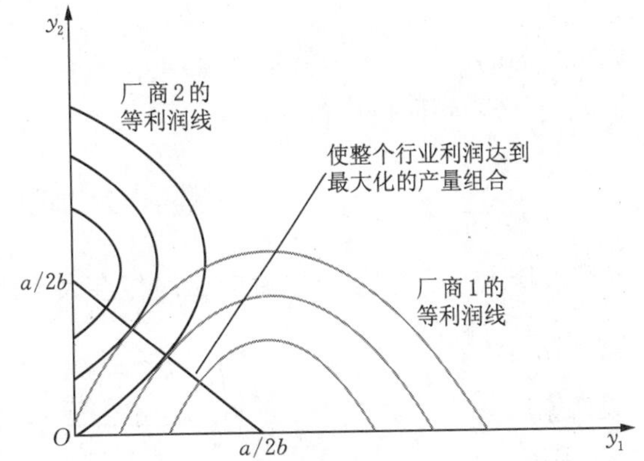

如果行业利润实现了最大化,那么,每家厂商增加产量的边际利润就必定相等。这意味着等利润线在利润最大化的产量水平上一定相切。

图 28.5 卡特尔

图 28.5 也说明了出现在卡特尔解中的作弊诱惑。例如,假设我们考虑的是两家厂商平分市场的那一点。试想一下,如果厂商 1 认为厂商 2 不会改变产量,事情将会发生什么变化。如果厂商 1 增加它的产量,而厂商 2 的产量却保持不变,那么厂商 1 就一定会移到更低一些的等利润线上——这意味着厂商 1 的利润增加。其实这就是上面代数式所说明的情况。如果一家厂商认为另一家厂商的产量会保持不变,那么该厂商就会被诱惑增加它自己的产量,并因此而

赚取更高的利润。

28.11 惩罚策略

我们已经看到,卡特尔基本上是不稳定的,这是因为,每一家成员厂商在使总体利润最大化的产量水平上,再提高自己的产量总是有利可图的。一个卡特尔要成功运转,就必须找到某些方法来"稳定"行为。一种途径是所有的厂商都发出威胁,要惩罚违背卡特尔协议的那一家厂商。在本节,我们将考察为稳定一个卡特尔所必需的惩罚规模。

考虑包括两家同质厂商的一个卖方双头垄断。如果每一家厂商都只生产一半的垄断产量,那么,总体利润就会实现最大化,每一家厂商将得到利润 π_m。为了尽量使这个结果保持稳定,一家厂商对另一家厂商宣称:"如果你在总体利润最大化的产量水平上保持不变,那么,你做得非常好。但如果我发现你的产出超过了这个产量,从而出现欺骗行为,我就会通过永久生产古诺产量来对你实施惩罚。"这种策略称作*惩罚策略*。

这种策略在什么时候足以使卡特尔保持稳定呢?我们必须将欺骗情况和合作情况下的成本和收益作一比较。假定欺骗行为出现,则相应实施惩罚。由于对古诺行为的最优反应也是古诺行为(依据定义),这使得每一家厂商在每期获得利润 π_c。当然,古诺利润 π_c 低于卡特尔利润 π_m。

我们假定一开始,两家厂商都在生产串谋的垄断产量。如果你是其中的一家厂商,并且,你在考虑是否继续按限额生产。如果你生产更多的产量,偏离了限额,你的利润就变为 π_d,其中,$\pi_d > \pi_m$。这就是上述的卡特尔成员厂商所面临的标准诱惑:如果每一家厂商都限制自己的产量,推高价格,那么,每一家厂商就都拥有一种提高产量来利用这种较高价格的激励。

但是,由于对欺骗要实施惩罚,分析还没有结束。通过生产卡特尔产量,每一家厂商都能获得一个稳定的收益流 π_m。从今天开始的这个收益流的现值由下式给出

$$\text{卡特尔行为的现值} = \pi_m + \frac{\pi_m}{r}$$

如果厂商的产量大于卡特尔产量,那么它首先获得一期收益 π_d,但在这以后,卡特尔就会解散,它必须转向古诺行为:

$$\text{欺骗行为的现值} = \pi_d + \frac{\pi_c}{r}$$

维持卡特尔产量时的现值,在什么时候会大于违反卡特尔协议时的现值?很明显,是当下式成立的时候:

$$\pi_m + \frac{\pi_m}{r} > \pi_d + \frac{\pi_c}{r}$$

它也可以记为

$$r < \frac{\pi_m - \pi_c}{\pi_d - \pi_m}$$

注意，这个分式的分子是正值，因为垄断利润大于古诺利润；由于偏离卡特尔比维持垄断限额更有利可图，分母也是正的。

这个不等式表明，只要利率足够小，从而将来惩罚的期望足够重要，那么，厂商一直按限额生产就是值得的。

这个模型的不足之处在于，永久转向古诺行为的威胁并不是非常可置信的。可以肯定的是，一家厂商可能相信其他厂商会对它的偏离行为实施惩罚，但“永远”却是一段很长的时间。一个更符合现实的模型将考虑更短时期内的惩罚，但此时的分析会变得非常复杂。在下一章，我们将讨论几个“重复博弈”的模型，这些模型阐明了一些可能的行为。

例子：价格匹配和竞争

我们已经看到，总有一种诱惑使卡特尔的各个成员厂商生产超过限额的产量。为了成功地维持一个卡特尔，一定要找到一些方法，通过对偏离总体利润最大化产量的行为进行惩罚，来控制各个成员厂商的行为。具体地，这意味着厂商能够追踪卡特尔其他成员厂商的价格和产量水平。

获得本行业中有关其他厂商价格的信息的一种简便方式，是利用你的顾客来侦察他们的行为。通常，我们可以看到，零售商宣布它们将“索要比任意可能出现的价格更低的价格”。在某些情况下，这样一种出价显示了零售市场的高度竞争性。但在其他情况下，相同的政策可以用来搜集有关其他厂商价格的信息，以维持一个卡特尔。

例如，假定两家厂商同意，不论是显性地还是隐性地，以 700 美元的价格出售某一款冰箱。在这种情况下，其中的一家厂商如何能够确信，另一家厂商不会违反它们的协议，而将冰箱的价格定为 675 美元呢？一种方法是索要比消费者所能发现的任意价格更低的价格。这样做，消费者就能告发任何违背串谋安排的企图。

例子：自愿出口限制

在 20 世纪 80 年代，日本的汽车公司达成一项“自愿出口限制”(voluntary export restraint, VER)协议。这意味着，它们将“自愿”降低对美国的汽车出口数量。一般的美国消费者认为，这是美国贸易谈判代表的重大胜利。

但是，如果你再仔细考虑一下这个问题，结果就会有所不同。在对寡头垄断的考察中，我们已经看到，一个行业中的厂商所面临的问题是如何限制产量，以支持较高的价格和阻碍竞争。如同我们已经看到的，现实中总是存在违反生产协议的诱惑；每一个卡特尔都必须找到一种方法来检测和预防欺骗。如果存在一个第三方如政府来发挥这个功能，这对厂商来说就是非常方便的。这恰好是美国政府为日本汽车生产商所扮演的角色！

依据一项预测，在 1984 年，日本进口车要比没有 VER 时贵 2 500 美元。并且，进口车的较高的价格使得美国汽车生产商可以对它们的汽车比通常情况多索要1 000美元。①

由于这些较高的价格，在 1985—1986 年间，美国的消费者为日本进口车大约多支付了 100 亿美元。这笔钱直接落入了日本汽车生产商的口袋。事实上，大部分额外的利润都被用于扩大产能的投资，这又使得日本汽车生产商在以后的年度内，能够降低新款汽车

① 罗伯特·克兰德尔(Robert Crandall)：《进口配额和汽车产业：经济保护主义的成本》，《布鲁金斯评论》，1984 年，夏季刊。

的制造成本。VER 确实成功地挽救了美国的就业;但是,事实上,所挽救的每个就业岗位的成本为每年 160 000 美元。

如果 VER 政策的目标仅仅是要使美国的汽车产业变得更强大,则实际上还存在更为简单的方法:对每一部进口的日本汽车都征收 2 500 美元的关税。这样,因限制贸易而实现的收益就归美国政府所有,而不是日本的汽车生产商。与 1985—1986 年间将 100 亿美元输往国外相反,美国政府原本可以将这笔钱投入旨在使国内汽车产业长期健康发展的项目。

28.12 诸种解的比较

迄今为止,我们已考察了好几种卖方双头垄断行为模型:产量领导(斯塔克尔伯格模型)、价格领导、联合定产(古诺模型)、联合定价(伯特兰模型)以及串谋解。如何对它们进行比较呢?

一般地,串谋的产量最小,价格最高。伯特兰均衡——竞争均衡——的产量最高,价格最低。其他模型的结果介于这两个极端之间。

还可能有许多别的模型。例如,我们可以研究具有差别产品的模型,在这种模型中,所生产的两种产品互相不能完全替代,或者,我们也可以研究厂商在跨期内作出一系列选择的模型。在这种框架下,一家厂商一时所作的选择可以影响另一家厂商随后所作的选择。

我们还假设每家厂商都知道行业中其他厂商的需求函数和成本函数。在现实中,这些函数是决不会被确切知道的。每一家厂商在作出自己的决定时,都需要估计竞争对手所面临的需求和成本条件。经济学家已为所有这些现象建立了模型,尽管它们都十分复杂。

小　结

1. 寡头垄断的特征是市场上只有几家意识到它们的策略是互相依赖的厂商。寡头垄断厂商的行为有若干种可能的方式,这取决于它们相互影响的确切性质。
2. 在产量领导(斯塔克尔伯格)模型中,一家厂商先确定它的产量而处于领导者地位,另一家厂商则处于追随者地位。领导者在选择产量时,会考虑追随者将如何作出反应。
3. 在价格领导模型中,一家厂商制定它的价格,另一家厂商对按这个价格它将供给多少产量作出选择。再次地,领导者在进行决策的时候,必须考虑追随者的行为。
4. 在古诺模型中,每家厂商在它对另一家厂商选择的预测既定的情况下,选择它的使自己的利润实现最大化的产量。在均衡条件下,每家厂商都能发现它对另一家厂商的选择所作的预期得到了证实。
5. 在古诺均衡中,每家厂商都只占有很小的市场份额,这意味着价格非常接近于边际成本——也就是说,几乎是一个竞争的行业。
6. 在伯特兰模型中,每家厂商都在它对另一家厂商选择的价格的预测既定的情况下作出它的价格选择。唯一的均衡价格是竞争均衡。

7. 一个卡特尔包括许多家厂商,它们串谋在一起,限制产量以实现行业的最大利润,假如每一家厂商都认为别的厂商不会作出反应的话,就都会受到比产量协定销售更多产量的诱惑,在这个意义上说,卡特尔一般是不稳定的。

复习题

1. 假定有两家厂商,它们面临的是线性需求曲线 $p(Y)=a-bY$,每家厂商的边际成本都不变为 c,试求古诺均衡中的产量。

2. 考虑这样一个卡特尔,其中每家厂商都具有相同的不变边际成本,如果这个卡特尔要使整个行业的利润最大化,那么关于厂商之间的产量分配,这个假定前提隐含了些什么?

3. 一个斯塔克尔伯格均衡中的领导者,会比它在古诺均衡中少得一些利润吗?

4. 假定有 n 家相同的厂商处于古诺均衡中,求证市场需求曲线的弹性一定大于 $1/n$。(提示:在垄断情况下,$n=1$,这就是说,垄断者在需求曲线有弹性的部分经营。将我们用来确定这个事实的推理过程应用于这个问题。)

5. 画一组导致不稳定均衡的反应曲线。

6. 寡头垄断厂商生产的是有效产量水平吗?

▶29

博弈论

上一章阐述的寡头垄断理论,展现的是有关厂商之间策略互动的经典经济理论。但是,这实际上只是“冰山一角”。经济主体能够以各种各样的方式进行策略性互动,而许多这样的互动是通过博弈论来研究的。博弈论关注的是对策略互动的一般性分析。它可以应用于研究营业博弈、政治谈判和经济行为。在本章,我们将对这个富有吸引力的课题作简要的探讨,从而读者能够对博弈论是如何起作用的以及如何运用博弈论来研究寡头垄断市场的经济行为有一个初步的了解。

29.1 博弈的收益矩阵

虽然策略互动可能涉及许多参与人和许多策略,但我们的分析却只限于策略数量有限的双人博弈。这样,我们就可以很容易地运用*收益矩阵*来表示博弈。通过具体的例子来考察这个问题是最简单的方法。

假设两人进行简单的博弈。参与人 A 在纸上记下“上”或“下”。同时,参与人 B 独立地在另一张纸上记下“左”或“右”。他们写完以后,经过检查,他们最终获得的收益如表 29.1 所示。如果 A 写的是“上”,B 写的是“左”,那么,我们就要查看矩阵左上角的方格。此时,A 的收益是这个矩阵左上角方格中的第一项 1,B 的收益是第二项 2。同样,如果 A 写的是“下”,B 写的是“右”,那么,A 的收益就是 1,B 的收益就是 0。

表 29.1 博弈的收益矩阵

		参与人	
		左	右
参与人	上	1,2	0,1
	下	2,1	1,0

参与人 A 有两个策略:他可以选择上,也可以选择下。这些选择可以代表经济选择如“提高价格”或“降低价格”,或者,它们也可以代表政治选择如“宣战”或“不宣战”。博弈

的收益矩阵只是表示，对于每个选定的策略组合，每个参与人所得到的收益。

这种博弈的结果是什么呢？表 29.1 所表示的博弈有一个非常简单的解。从参与人 A 的角度看，他选择“下”的结果总是更好一些，因为他从这种选择中得到的收益(2 或 1)总是大于他选择“上”时的相应项(1 或 0)。同样，对 B 来说，选择“左”的结果总是要更好一些，因为 2 和 1 分别大于 1 和 0。因此，我们可以预期，均衡策略是 A 选择“下”，B 选择“左”。

在这种情况下，我们有一个**占优策略**。不论其他参与人如何选择，每个参与人都有一个最优策略。不论 B 选择什么，参与人 A 选择“下”总能得到一个较高的收益，因此，A 肯定会选择策略“下”。同样，不论 A 选择什么，B 选择“左”总能得到较高的收益。因此，这些选择优于其他选择，我们就得到一个占优策略均衡。

如果在某个博弈中，每个参与人都有一个占优策略，那么，我们可以预期，这个占优策略组合就是该博弈的均衡结果，这是因为不论其他参与人如何选择，占优策略都是最优的策略。在这个例子中，我们可以预期这样的一个均衡：A 选择策略“下”，获得均衡收益 2；B 选择策略“左”，获得的均衡收益是 1。

29.2 纳什均衡

存在占优策略均衡是一件令人愉快的事情，但实际上并不总是如此。例如，表 29.2 所表示的博弈就不存在一个占优策略均衡。这里，当 B 选择策略“左”时，A 得到的收益是 2 或 0；当 B 选择策略“右”时，A 得到的收益是 0 或 1。这意味着，当 B 选择“左”时，A 将选择策略“上”，当 B 选择“右”时，A 想要选择策略“下”。因此，A 的最优选择取决于他对 B 所选择策略的预期。

表 29.2　一个纳什均衡

		参与人 B	
		左	右
参与人 A	上	2，1	0，0
	下	0，0	1，2

但是，也许占优策略均衡是一个非常苛刻的要求。我们与其要求 A 的选择对于 B 的所有选择都是最优的，不如只要求 A 的选择对于 B 的最优选择是最优的。这是因为，如果 B 是一个消息灵通的聪明人，他就只会选择最优策略。(尽管 B 的最优选择也要取决于 A 的选择。)

如果给定 B 的选择，A 的选择是最优的，并且给定 A 的选择，B 的选择也是最优的，那么，这样一组策略就是一个**纳什均衡**。①有一点要记住，任何一个人在必须选择自己的策略

① 约翰·纳什(John Nash)是一位美国数学家，他在 1951 年系统地阐述了博弈论的这个基本概念。1994 年，他和另外两位博弈论的先驱者海萨尼(John Harsanyi)、泽尔腾(Reinhard Selten)共同获得了当年度的诺贝尔经济学奖。2002 年推出的影片《美丽心灵》就是以纳什的生活为蓝本的，这部影片获得了奥斯卡最佳影片奖。

时,都不知道另一个人将会选择怎样的策略。但是,每个人都会对另一个人将要选择的策略作出预期。一个纳什均衡可以看作关于每个参与人的策略选择的这样一组预期,这些预期使得当任何一个人的选择被揭示后,没有人愿意改变自己的行为。

在表 29.2 所示的这个例子中,策略组合(上,左)是一个纳什均衡。为了证明这一点,请注意,如果 A 选择策略"上",那么,B 所能作的最优策略选择就是"左",这是因为 B 选择"左"得到的收益是 1,而选择"右"得到的收益是 0。同样,如果 B 选择"左",那么,A 所能作的最优策略选择是"上",因为这样做,A 得到的收益就是 2,而不是 0。

因此,如果 A 选择"上",B 的最优选择是"左",而如果 B 选择"左",A 的最优选择是"上"。于是,我们就有一个纳什均衡:给定其他人的选择,每个参与人都作出了最优的选择。

纳什均衡是上一章所描述的古诺均衡的一般化形式。古诺均衡中所选择的是产量水平,每一家厂商在选择产量时,都把另一家厂商的产量选择视作既定的。每家厂商都要在另一家厂商连续生产它所选择的产量水平——即坚持执行它所选择的策略——的假定基础上,最优化自己的选择。古诺均衡出现在当每家厂商都在另一家厂商的行为给定的情况下最大化自己的利润的时候;而这恰好就是纳什均衡的定义。

纳什均衡概念具有一定的逻辑性。但不幸的是,它也存在一些问题。首先,一个博弈可能会存在一个以上的纳什均衡。事实上,在表 29.2 中,策略组合(下,右)也是一个纳什均衡。你可以运用上述的论证来证明这一点,或者,注意到该博弈的结构是对称的:B 在一种结果中得到的收益,与 A 在另一种结果中得到的收益相等,因此,对于(上,左)是一个均衡的证明过程,同样也适用于对(下,右)是一个均衡的证明。

纳什均衡概念的第二个问题是,有一些博弈根本不存在我们上面所描述的纳什均衡。举例来说,考察表 29.3 所示的情况。这里,上述考察的纳什均衡并不存在。如果参与人 A 选择"上",那么,参与人 B 就会选择"左"。但是,如果参与人 B 选择"左",参与人 A 就会选择"下"。同样,如果参与人 A 选择"下",参与人 B 就会选择"右"。但是,如果参与人 B 选择"右",参与人 A 就又会选择"上"。

表 29.3　不存在(纯策略)纳什均衡的博弈

		参与人 B	
		左	右
参与人 A	上	0, 0	0, −1
	下	1, 0	−1, 3

29.3　混合策略

但是,如果扩展策略的定义,我们就能够为这种博弈找到一种新的纳什均衡。迄今为止,我们一直认为每个参与人都在断然地选择自己的策略。这就是说,每个参与人只选择一种策略并始终坚持这个选择。这种策略称作纯策略。

考虑参与人策略选择的另一种方法，是允许参与人使他们的策略选择随机化——对每项选择都指定一个概率，并按照这些概率选择策略。例如，A 可能以 50%的概率选择“上”，以 50%的概率选择“下”，同时，B 可能选择“左”的概率为 50%，选择“右”的概率为 50%，这种策略称作混合策略。

如果 A 和 B 都采取上述的混合策略，即各自都以相等的概率选择其中的一种策略，那么，对于他们来讲，混合策略组合在收益矩阵四个方格中的每一个方格出现的概率都为 1/4。因此，A 的平均收益是 0，而 B 的平均收益是 1/2。

混合策略纳什均衡指的是这样一种均衡，在这种均衡下，给定其他参与人的策略选择概率，每个参与人都为自己确定了选择每一种策略的最优概率。

可以证明，对于本章所分析的这种博弈，混合策略纳什均衡总是存在的。由于混合策略纳什均衡总是存在，以及这个概念具有某种程度的内在合理性，所以，在分析博弈行为时，它是一个非常通用的均衡概念。在表 29.3 所示的例子中，可以证明，如果参与人 A 以 3/4 的概率选择策略“上”，以 1/4 的概率选择策略“下”，参与人 B 以 1/2 的概率选择策略“左”，以 1/2 的概率选择策略“右”，那么，这个混合策略组合就构成一个纳什均衡。

例子：石头剪刀布

这类故事非常多。我们来看实际发生的“石头剪刀布”的著名娱乐游戏例子。在这个游戏中，每个参与者都必须同时选择出示拳头（石头）、手掌（布）或大拇指以外的前两个手指（剪刀）。游戏规则是：石头击败剪刀，剪刀割破布，而布包住石头。

历史上，有无数时间用于“石头剪刀布”的游戏，还出现了推动这项游戏的专业协会“石头剪刀布协会”。这个协会提供了一个网站和一部有关 2003 年多伦多“石头剪刀布”世界锦标赛的纪录片。

当然，博弈论专家认识到石头剪刀布游戏的均衡策略是随机地选择石头、剪刀或布。尽管如此，但人们并不擅长于完全随机地选择自己的出招。如果可以在某种程度上预测到对手的出招，你就在选择自己的出招方面具有优势。

根据珍妮弗·8. 李(Jennifer 8. Lee)的半开玩笑的描述，心理学是至高无上的。①她在文章中写道：“多数人在毫无防备时出示反映其性格的孤注一掷。被认为是有教养的甚至是被动的出招‘布’明显地受到文化人和记者的欢迎。”

我想知道，经济学家的孤注一掷是什么？既然我们希望追究影响人类行为的本质力量，经济学的孤注一掷或许是“剪刀”。那么你是否应该用“石头”来回应经济学家？或许是，但我不能依靠“石头”……

29.4 囚徒困境

有关博弈的纳什均衡的另一个问题是，它并不一定会导致帕累托有效率的结果。例如，

① Jennifer 8. Lee, “Rock, Paper, Scissors: High Drama in the Tournament Ring”, *New York Times*, September 5, 2004.

考虑表 29.4 所示的博弈,这种博弈称作囚徒困境。在最初讨论这种博弈时,人们考虑的是这样一种情形,合伙犯罪的两个囚徒被分别关在两个房间里,单独接受审讯。每个囚徒都既可以选择坦白,从而招供另一个囚徒;也可以选择抵赖。如果只有一个人坦白,那么,这个人就可以免于刑事处分,当局将对另一个人提出指控,并判他入狱 6 个月。如果两个囚徒都选择抵赖,那么,根据法规他们将被拘留 1 个月。如果这两个人都选择坦白,那么,他们将被拘留 3 个月。表 29.4 给出了这个博弈的收益矩阵。矩阵的每个方格中的数字,代表的是每个参与人被指派给不同刑期的效用,为了简便起见,我们这里取他们刑期的负值。

表 29.4　囚徒困境

		参与人 B	
		坦白	抵赖
参与人 A	坦白	−3, −3	0, −6
	抵赖	−6, 0	−1, −1

从参与人 A 的角度看,如果参与人 B 拒不承认犯罪,那么,A 选择坦白一定会使他的境况更好一些,因为这样做,他将获得释放。同样,如果参与人 B 坦白,那么,A 坦白也会使他的境况更好一些,因为这样做,他的刑期就是 3 个月而不是 6 个月。因此,不论参与人 B 做什么,坦白交代都是参与人 A 的较好的选择。

同样的情形也适用于参与人 B——坦白也会使得 B 的境况更好一些。因此,这个博弈的唯一的纳什均衡是两个参与人都坦白。实际上,两个参与人都坦白不仅是纳什均衡,而且也是占优策略均衡,因为每个参与人都拥有相同的独立于另一个参与人的最优选择。

但是,如果他们都选择抵赖,那么,他们的境况就要比在其他选择下更好一些!如果他们都能够确信另一方会抵赖,并且他们也愿意守口如瓶,那么,每个人最终能够得到收益−1,从而使他们的境况变得更好。这里,(抵赖,抵赖)是帕累托有效率的策略组合——没有其他策略选择能够使他们的境况变得更好——而(坦白,坦白)则是帕累托低效率的策略组合。

问题在于这两个囚徒无法协调他们的行动。如果每一个囚徒都能够信任另一个囚徒,那么,他们的境况就会得到改善。

囚徒困境在经济和政治生活中都有着广泛的应用。例如,考虑军备控制的问题。这里,我们把策略"坦白"解释为"部署新的导弹",把策略"抵赖"解释为"不部署新的导弹"。注意,上述的收益依然是适用的。如果我的对手部署了导弹,那么,我肯定也会部署导弹,即使我们的最优策略是约定不部署导弹。如果无法达成有约束力的协定,那么,我们每一方最终都会部署导弹,从而使得双方的境况变得更差。

另一个例子是卡特尔中的欺骗问题。现在,我们把"坦白"解释为"生产超过产量限额的产量",把"抵赖"解释为"坚持最初达成的产量限额"。如果你认为另一家厂商将按限额生产,那么,生产超过你自己的限额的产量就是有利可图的。如果你认为另一家厂商将超限额生产,那么,你也会超限额生产。

囚徒困境引起了关于什么是进行博弈的"正确"方法——或者,更确切地,什么是进行博弈的合理方法——的许多争论。答案似乎取决于你所进行的是一次性博弈还是无限次重复博弈。

如果某个博弈只进行一次,那么,背信的策略——在这个例子中就是"坦白"——似乎是合理的策略。毕竟,不论其他人选择什么策略,选择这样的策略会使你的境况更好一些,并且,你无法影响其他人的行为。

29.5 重复博弈

在上一节,参与人仅"相遇"一次,所以他们只进行一次囚徒困境的博弈。但是,如果相同的参与人重复地进行这个博弈,那么,情形就会有所不同。在这种情况下,每个参与人都将面对新的可选择策略。如果其他参与人在某局博弈中背信,那么,你就可以在下一局中也选择背信。因此,你的对手就会因他的"不良"行为而"受到惩罚"。在一个重复博弈中,每个参与人都有机会树立合作的声誉,从而鼓励其他参与人也这样做。

这种策略是否可行,要取决于这种博弈是有限次重复博弈还是无限次重复博弈。

首先,我们考虑第一种情况,在这种情况下,两个参与人事先都知道,博弈将进行某个固定的次数,如 10 次。结果将是怎样的呢?我们先考虑第 10 局。根据假设,这是最后一次的博弈。此时,看起来每个参与人都会选择占优策略均衡,即选择背信。毕竟,最后一次的博弈恰如一次性博弈,所以,我们可以预期到这样的结果。

现在考虑第 9 局会出现什么情况。我们刚刚得到这样一个结论:在第 10 局,每个参与人都会选择背信。既然如此,他们又为何要在第 9 局合作呢?如果你选择合作,另一个参与人也仍然可以采取背信的策略,从而利用你的善良本性获利。由于每个参与人都能够进行这种推理,所以,他们在这一局也都会选择背信。

现在考虑第 8 局的情况。假定一个人打算在第 9 局采取背信的策略,那么,他在第 8 局也会采取背信的策略……依此类推。如果每个参与人都知道博弈的次数是固定的,那么,他们就会在每一局都选择背信。如果无法在最后一局实行合作,那么,在倒数第 2 局也不可能有办法实行合作……依此类推。

参与人之所以要合作,是因为他们希望合作会引致将来的进一步合作。但这需要总是存在将来博弈的可能性。由于最后一局不再有将来博弈的可能性,所以,没有人愿意采取合作的战略。因此,为什么还要有人在倒数第 2 局采取合作的策略呢?或者,在倒数第 3 局采取合作的策略呢?其他各局情况也是这样。在一个局数固定且已知的囚徒困境博弈中,合作解要从最后一局来"阐明"。

但是,如果博弈重复无限次,你就会有办法影响对手的行为:如果这次他拒绝合作,那么下一次,你也可以拒绝合作。只要双方都充分关心将来的收益,那么,将来不合作的威胁就足以使他们采取帕累托有效率的策略。

罗伯特·阿克塞尔罗德曾经在一系列的实验中,用令人信服的方法证明了这个论点。[①]

---

① 罗伯特·阿克塞尔罗德(Robert Axelrod)是密歇根大学的政治科学家。进一步的讨论可参见他的著作《合作的进化》(纽约,基本图书公司,1984 年)。

他要求几十名博弈论专家为囚徒困境提出他们最中意的策略,然后,他在计算机上演示"巡回赛",使这些策略相互竞争。每个策略在计算机上都要和其他的所有策略进行比较,并且,计算机会记录下全部策略的收益。

胜出的策略——具有最高总收益的策略——结果证明是最简单的策略。这种策略称作"针锋相对",它的运行方式就如同它的名称。在第一局,你选择合作——即采取抵赖的策略。在随后的每一局,如果你的对手在上一局采取合作的策略,你也采取合作的策略。如果你的对手在上一局采取背信的策略,你也采取背信的策略。换句话说,在每一局,你都要采取对手在上一局所选择的策略。

针锋相对的策略的确非常令人满意,因为它能够立即对背信实施惩罚。它也是一种宽恕的策略:对于每次背信,参与人只受到一次惩罚。如果参与人开始采取合作的策略,针锋相对的策略就会给予这个参与人"合作"的奖赏。看起来,这是一个能够使无限重复的囚徒困境博弈实现有效率结果的极佳的机制。

29.6 实行卡特尔

在第 28 章,我们讨论过卖方双头垄断的定价博弈行为。我们认为,如果每个卖方双头垄断者都能够制定自己的价格,它们的均衡结果就是一种竞争均衡。如果每家厂商都认为另一家厂商会保持价格不变,它就会发现,降价竞争是有利可图的。这个论点只有在这样的情形下才不会成立:每家厂商都索要最低可能的价格。在我们所考察的情况下,由于边际成本等于零,可能索要的最低价格是零。按照本章的术语,每家厂商索要零价格是定价策略的一个纳什均衡——在第 28 章,我们将它称作伯特兰均衡。

卖方双头垄断的定价策略博弈与囚徒困境具有相同结构的收益矩阵。如果每家厂商都索要高价,这两家厂商就都能获得巨额利润。这是它们合作维持垄断结果的一种情形。如果只有一家厂商索要高价,另一家厂商只要稍微降价就能够夺取对方的市场,从而获得比合作更高的利润。如果两家厂商都选择降价,它们最终只能获得比合作更低的利润。不论对手索要什么价格,你总是可以凭稍微降价而获利。纳什均衡出现在每家厂商都索要最低可能的价格的时候。

但是,如果博弈重复无限次,就会出现其他可能的结果。假设你决定采取针锋相对的策略。如果对方本周降价,下一周,你也会降价。如果每个参与人都知道对方采取的是针锋相对的策略,每个参与人就会担心因自己的降价而触发价格战。针锋相对策略所隐含的威胁会使得厂商维持较高的价格。

有时,现实中的卡特尔也会试图采取这种针锋相对的策略。例如,在 19 世纪末期,美国的铁路货运价格是由一个称为联合执行委员会的著名卡特尔制定的。这个卡特尔成立于美国实行反托拉斯管制以前,所以在当时它是完全合法的。①

这个卡特尔负责决定每一家铁路公司占有的货运市场的份额。每家铁路公司都独立

① 详细的分析参见罗伯特·波特(Robert Porter):《卡特尔稳定性研究:1880—1886 年间的联合执行委员会》,《贝尔经济学杂志》,第 14 卷,第 2 期(1983 年秋),第 301—325 页。

地确定运价,联合执行委员会只记录每家公司所运送的货物数量。但是,在 1881 年、1884 年和 1885 年几年间,曾经出现过这样的现象:卡特尔的一些成员认为,未经它们的允许,另一些成员公司正在擅自降低运价以扩大它们的市场份额。在这段时期内,价格战时有发生。当一家公司舞弊时,所有其他公司都会降低运价以"惩罚"背信者。很明显,这种针锋相对的策略能够在一段时间内维持卡特尔。

例子:针锋相对的机票定价

机票定价为针锋相对行为提供了一个有趣的例子。航空公司常常提供一两种特别促销票价,航空运输业的许多观察家认为,这样的促销可以用来向竞争对手发送信号,阻止它们降低关键航空线路的票价。

一家大型美国航空公司的高级营销总监介绍了这样一个案例:为了增加飞机的上座率,西北航空公司降低了自己从明尼阿波利斯到西海岸各城市的夜间航班的票价。大陆航空公司将此举理解为抢夺它的市场份额的一种企图,它作出的反应是,将其从明尼阿波利斯起飞的所有航班的票价都降到西北航空公司新设定的夜间航班票价水平以下。不过,根据大陆航空公司的规定,这种机票降价活动将只持续一到两天。

西北航空公司认为,大陆航空公司的上述行为所传达出的信号是:它并不是真的想参与价格竞争,而只是希望西北航空公司取消夜间航班的降价,但是,西北航空公司决定向大陆航空公司发出一个信号,它为其从大陆航空公司总部的所在地休斯敦飞往西海岸各大城市的所有航班制定了一系列的便宜票价!西北航空公司此举想要传递出的信号是:它认为自己的降价行为是合理的,而大陆航空公司的反应是不适当的。

所有这些机票打折活动的持续期限都很短。这一点似乎表明,这样的活动更多地是为了发出竞争的信号,而不是想要争夺更大的市场份额。正如这位分析人士所指出的,航空公司自己不愿提供的机票价格"几乎都有一个到期日,其目的只是希望引起竞争对手的注意并维持势均力敌"。

在卖方双头垄断的航空运输市场上,似乎存在这样一条竞争的潜规则:如果另外一家航空公司提供高价机票,那么本航空公司也提供高价机票;如果另外一家航空公司对机票价格打折,那么,本航空公司也会针锋相对地实施机票打折。换句话说,两家航空公司都恪守着这样一条"黄金法则":己所不欲,勿施于人。正是这种报复的威胁使得所有航空公司的机票价格居高不下。①

29.7 序贯博弈

迄今为止,在我们所考察的博弈中,两个参与人都是同时采取行动的。但在许多情形下,一个参与人首先采取行动,然后,另一个参与人再作出反应。第 28 章所描述的斯塔克尔伯格模型就是这样的一个例子,在这个例子中,一个参与人是领导者,另一个参与人是追随者。

① 此例见 A.Nomani,"Fare Warning: How Airlines Trade Price Plans",*Wall Street Journal*, October 9, 1990, B1。

我们来描述类似于上述例子的一个博弈。在第一个阶段,参与人 A 选择“上”或者“下”。参与人 B 先观察 A 的选择,然后再选择“左”或者“右”。表 29.5 所示的是这个博弈的收益矩阵。

表 29.5 一个序贯博弈的收益矩阵

		参与人 B	
		左	右
参与人 A	上	1, 9	1, 9
	下	0, 0	2, 1

注意,当博弈以这种形式表述时,它具有两个纳什均衡:(上,左)和(下,右)。但是,我们将在下面说明,这两个均衡中的一个实际上是不合理的。收益矩阵掩盖了这样一个事实:其中的一个参与人在作出自己的选择以前,必须先要了解另一个参与人的选择。在这种情况下,考察一种能够显示这种博弈的非对称性质的图形是更有价值的。

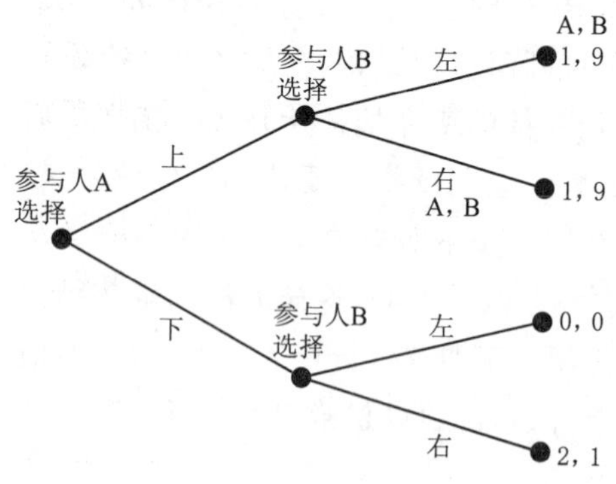

这种表述博弈的方式给出了参与人选择的次序。

图 29.1 博弈的扩展形式

图 29.1 给出的是这个博弈的扩展形式——一种显示选择次序的表述博弈的方式。首先,参与人 A 必须选择“上”或者“下”,然后,参与人 B 必须选择“左”或者“右”,但当 B 作选择时,他已经知道了 A 的选择。

分析这种博弈的方法,是从博弈的终结开始由后往前推算。假设参与人 A 已经作出了选择,我们处在博弈树的一个分枝上。如果参与人 A 的选择是“上”,那么,不论参与人 B 选择什么,最后的收益都是(1, 9)。如果参与人 A 选择“下”,那么,参与人 B 的明智选择就是“右”,最后的收益为(2, 1)。

现在,考虑参与人 A 的初始选择。如果他选择“上”,结果就是(1, 9),他由此得到收益 1。如果他选择“下”,那么,他就得到收益 2。因此,他的明智选择是“下”。于是,这个博弈的均衡选择就是(下,右),最终参与人 A 得到的收益是 2,参与人 B 得到的收益是 1。

在这个序贯博弈中,策略组合(上,左)并不是一个合理的均衡。这就是说,给定参与人实际作出选择的次序,它并不是一个均衡。确实,如果参与人 A 选择“上”,参与人 B 可以选择“左”,但参与人 A 选择“上”却是愚蠢的行为!

从参与人 B 的角度看,这是非常不幸的,因为他最终只能得到收益 1 而不是收益 9!对此他能做些什么呢?

当然,他可以威胁说,如果参与人 A 选择“下”他就选择“左”。如果参与人 A 认为参与人 B 确实会实施这种威胁,那么,他选择“上”就是明智的。因为选择“上”,他能够得到收益 1,而选择“下”——如果参与人 B 实施他的威胁——他就只能得到收益 0。

但这种威胁可置信吗?毕竟,一旦参与人 A 作出选择,大局就定了。参与人 B 能够得到收益 0 或 1,当然他还是选择收益 1 为好。除非参与人 B 能够在某种程度上使参与人 A 相信,他一定会实施威胁——即使这样做也会损害他的利益——否则,他就只能接受较低的收益。

参与人 B 的问题在于,一旦参与人 A 作出了选择,参与人 A 就会预期参与人 B 将采取理智的行为。如果参与人 B 能够承诺,一旦参与人 A 选择“下”他就选择“左”,那么,参与人 B 的境况就会变得更好一些。

参与人 B 作出这类承诺的一种方式,是让其他人来代替他作出选择。例如,B 可以雇一个律师,指示他如果 A 选择“下”,他就选择“左”。如果 A 知道这些指示,那么,情况就会与他的看法截然不同。如果 A 知道 B 对其律师的指示,那么,A 就清楚,如果他选择“下”,他最终只能得到收益 0。因此,选择“上”就是他的明智之举。在这种情况下,B 通过限制自己的选择从而使自己的境况变得更好。

29.8 遏制进入的博弈

在考察寡头垄断的时候,我们将行业中的厂商数目看作固定的。但在许多情形下,进入却是可能的。当然,竭力阻止这种进入符合行业中现有厂商的利益。由于它们是这个行业的在位者,它们可以先采取行动,从而在选择可行方式以阻止竞争对手进入行业方面具有某种优势。

举例来说,假设一个垄断者正面临着另一家厂商的进入威胁。进入者先决定是否进入市场,在位者再决定是否以降价作为反应。如果进入者决定不进入这个行业,它得到收益 1,而在位者得到收益 9。

如果进入者决定进入这个行业,它得到的收益就取决于在位者是与它斗争——进行激烈竞争——还是不斗争。如果在位者选择斗争,我们可以预期,这两个参与人最终的收益都是 0。如果在位者选择不斗争,我们可以预期,进入者得到收益 2,而在位者获得收益 1。

注意,这恰好就是我们前面所研究的序贯博弈的结构,所以,它具有与图 29.1 所示相同的结构。在位者是参与人 B,而潜在的进入者是参与人 A。策略“上”是不进入行业,策略“下”是进入行业。策略“左”是斗争,策略“右”是不斗争。正如我们所看到的,这个博弈的均衡结果是潜在的进入者进入行业,而在位者不斗争。

在位者的问题是,它不可能事先作出如果其他厂商进入它就斗争的承诺。如果其他厂商进入,损失就已经造成,在位者的理性选择就是容忍。只要潜在的进入者认识到这一点,它就会正确地把任何斗争的威胁视作一席空话。

现在,假设在位者可以购买某些额外的生产能力,从而能够使它按当前的边际成本生产更多的产品。当然,如果在位者保持垄断地位,它就不会想真的利用这些生产能力,这是因为它已经在使利润最大化的垄断产量水平上生产了。但是,如果其他厂商进入,在位者此刻就能够生产出足够多的产量,以至于它完全可以更有效地与新进入者竞争。通过对额外生产能力的投资,在其他厂商试图进入时,在位者就可以按较低的成本与之竞争。我们假定,如果在位者购买了额外的生产能力,并且如果它选择与新进入者

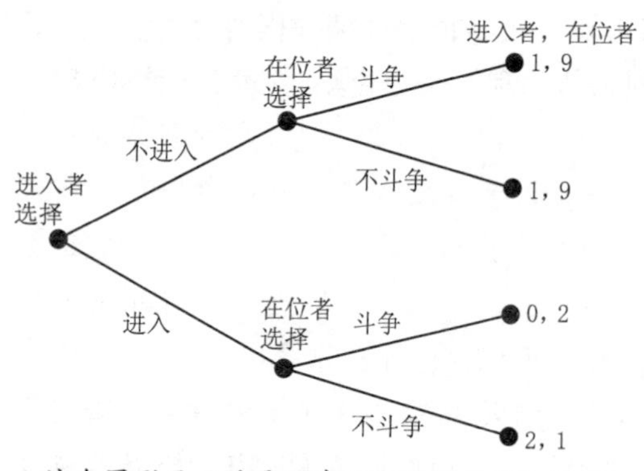

这个图形显示的是具有可变收益的进入博弈。

图 29.2　新进入博弈

斗争，它将赢得利润 2。这个假设使得博弈树具有图 29.2 所示的形式。

现在，由于生产能力增加了，所以斗争的威胁就是可置信的。在潜在的进入者进入市场时，对于在位者而言，如果它选择斗争，它能得到收益 2，如果它选择不斗争，它只能得到收益 1；因此，在位者的理性选择就是斗争。于是，从进入者的角度来看，如果它进入这个市场，它得到收益 0，如果它不进入这个市场，它得到收益 1。可见，它选择不进入是明智的。

但是，这却意味着，在位者将维持现有的垄断地位，并永远不会利用额外的生产能力！尽管如此，在位者投资额外的生产能力仍是一件值得做的事情，这是因为，它能够使得如果新的厂商试图进入市场它就斗争的威胁可置信。通过对“超额”生产能力的投资，垄断者向潜在的进入者发出了这样一个信号：它有能力保护它的市场。

小　结

1. 对于参与人的每个策略选择结构，通过显示每一个参与人的收益就可以描述这个博弈。
2. 占优策略均衡是这样一组选择，对于这组选择，不论其他参与人选择什么，每个参与人的选择都是最优的。
3. 纳什均衡指的是这样一组选择，对于这组选择，给定其他参与人的选择，每个参与人的选择都是最优的。
4. 囚徒困境是一种特殊的博弈，在这种博弈中，从策略的角度看，帕累托有效率的结果劣于帕累托低效率的结果。
5. 如果囚徒困境可以重复无限次，那么，理性的选择就有可能导致帕累托有效率的结果。
6. 在序贯博弈中，选择的次序是很重要的。在这些博弈中，找到一种能够事先承诺一条特定选择路径的方法通常是非常有利的。

复习题

1. 考虑重复囚徒博弈中的针锋相对策略。假设当一个参与人意在采取合作策略时却因疏忽而选择了背信策略，如果接下来两个参与人继续采取针锋相对的策略，结果会怎么样？

2. 占优策略均衡总是纳什均衡吗？纳什均衡总是占优策略均衡吗？

3. 假定你的对手没有采取纳什均衡策略,你还应该选择纳什均衡策略吗?

4. 我们知道,一次性的囚徒困境博弈所实现的占优纳什均衡策略是帕累托低效率的。假设我们允许两名囚徒在服刑期满后可以相互进行报复。正式地,这将影响到博弈的哪个方面?它会导致帕累托有效率的结果吗?

5. 在一个囚徒困境重复博弈中,如果两个参与人都知道,博弈将重复 100 万次,这个博弈的占优纳什均衡策略是什么?如果你计划采用真人按上述情节做实验,你预期他们会采取这个策略吗?

6. 假设在本章所述的序贯博弈中,由参与人 B 而不是参与人 A 先采取行动。绘制出这个新博弈的扩展形式。这个博弈的均衡是什么?参与人 B 偏好先采取行动还是后采取行动?

▶30

博弈论的应用

在上一章，我们描述了博弈论中的许多重要的概念，并通过一些例子对它们进行了说明。在本章，我们将考察博弈论中的4个非常重要的问题——合作问题、竞争问题、共存问题和承诺问题——以搞清楚在各种策略互动过程中，它们是如何发挥作用的。

为了做到这一点，我们首先要创建一个重要的分析工具，即最优反应曲线，它可以用来解决博弈论中的均衡问题。

30.1 最优反应曲线

考虑一个双人博弈，假定你是其中的一个参与人。对于另一个参与人的任何选择，你的最优反应是使你的收益实现最大化。如果最大化收益的选择不止一个，那么，你的最优反应就是所有这些选择的集合。

举例来说，考察表30.1所示的博弈，我们可以用它来阐明纳什均衡的概念。如果列参与人选择"左"，行参与人的最优反应是选择"上"；如果列参与人选择"右"，那么，行参与人的最优反应就是选择"下"。同样，列参与人对于行参与人选择"上"的最优反应是选择"左"，而对于行参与人选择"下"的最优反应是选择"右"。

表30.1　一个简单的博弈

		列参与人	
		左	右
行参与人	上	2，1	0，0
	下	0，0	1，2

我们可以将上述情形表述为下面的表格形式：

列参与人的选择	左	右
行参与人的最优反应	上	下
行参与人的选择	上	下
列参与人的最优反应	左	右

注意,如果列参与人认为行参与人将选择"上",那么,列参与人就会选择"左";而如果行参与人认为列参与人将选择"左",那么,行参与人就会选择"上"。因此,在这里,每一个参与人都在针对另一方的选择作出最优的反应,从这层意义上看,选择组合(上,左)是相互一致的。

考虑一个一般的双人博弈,其中,行参与人可能选择 $r_1, \cdots, r_R$,列参与人可能选择 $c_1, \cdots, c_C$。对于行参与人的每一个选择 r, $b_c(r)$表示列参与人的最优反应。相应地,对于列参与人的每一个选择 c, $b_r(c)$表示行参与人的最优反应。由此,纳什均衡是使得以下两个式子成立的一个策略组合(r^*, c^*):

$$c^* = b_c(r^*)$$
$$r^* = b_r(c^*)$$

纳什均衡的概念体现了"相互一致性"的思想。如果行参与人预期列参与人将选择"左",那么,他就会选择"上";而如果列参与人预期行参与人将选择"上",他就会选择"左"。因此,在纳什均衡中,相互一致的是参与人的信念和行动。

注意,在某些情况下,其中的一个参与人也许在几个最优反应之间无差异。这就是我们只要求"c^* 是列参与人的最优反应之一,r^* 是行参与人的最优反应之一"的原因。如果对于每一个选择,存在唯一的最优反应,那么,最优反应曲线就可以由最优反应函数表示。

这种考虑纳什均衡概念的方式使得我们很容易看到,纳什均衡只是第 28 章所描述的古诺均衡的一般形式。在古诺模型中,选择变量是产量,它是一个连续变量。古诺均衡具有这样的性质,给定其他厂商的选择,每一家厂商都会选择使利润最大化的产量。

第 28 章还介绍了伯特兰均衡,它是一个定价策略的纳什均衡。给定对其他厂商将要作出选择的预期,每一家厂商都会选择使利润最大化的价格。

这些例子展示了最优反应曲线是如何使前文提到的模型一般化的,并且,它还提供了一种相对简单的求解纳什均衡的方法。这些性质使得最优反应曲线成为求解博弈均衡的一种非常有用的工具。

30.2 混合策略

接下来,我们将利用最优反应曲线来分析表 30.2 所示的博弈。

表 30.2 求解纳什均衡

		列参与人	
		左	右
行参与人	上	2, 1	0, 0
	下	0, 0	1, 2

我们对于寻求混合策略均衡与纯策略均衡一样感兴趣,所以,我们令 r 表示行参与人选择"上"的概率,那么,$(1-r)$ 就表示他选择"下"的概率。同样,令 c 表示列参与人选择"左"的概率,那么,$(1-c)$ 就表示他选择"右"的概率。当 r 和 c 等于 0 或者 1 时,相应的

策略就是纯策略。

我们计算当行参与人按概率 r 选择“上”,而列参与人按概率 c 选择“左”时,行参与人的期望收益。请看以下的排列:

组　合	概　率	行参与人的收益
上,左	rc	2
下,左	$(1-r)c$	0
上,右	$r(1-c)$	0
下,右	$(1-r)(1-c)$	1

为了计算行参与人的期望收益,我们对第 3 列中行参与人的各项收益进行加权平均,权数就是第 2 列中各项收益出现的概率,答案是

$$\text{行参与人的期望收益} = 2rc + (1-r)(1-c)$$

经过重新整理,我们有

$$\text{行参与人的期望收益} = 2rc + 1 - r - c + rc$$

现在,假定 r 增加了 Δr,那么,行参与人的收益会如何变化呢?

$$\text{行参与人的收益变化} = 2c\Delta r - \Delta r + c\Delta r = (3c-1)\Delta r$$

当 $3c>1$时,上式取正值;当$3c<1$时,上式取负值。因此,当$c>1/3$时,行参与人会提高r值;而当 $c<1/3$ 时,行参与人会降低 r 值;当 $c=1/3$ 时,他对于任意的 $0\leqslant r\leqslant 1$ 无差异。

同样,列参与人的收益由下式给出:

$$\text{列参与人的期望收益} = cr + 2(1-c)(1-r)$$

当 c 增加 Δc 时,列参与人的收益变化如下:

$$\text{列参与人的收益变化} = r\Delta c + 2r\Delta c - 2\Delta c = (3r-2)\Delta c$$

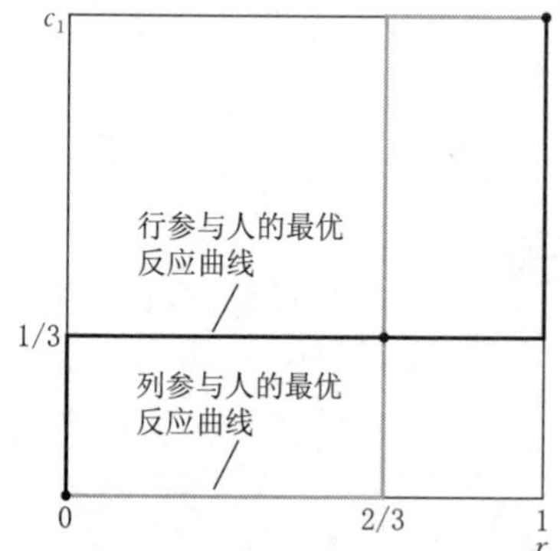

这两条曲线分别体现了行参与人和列参与人对应于对方选择时的最优反应。曲线的交点就是纳什均衡。在这种情况下,博弈存在 3 个均衡,其中,两个是纯策略均衡,一个是混合策略均衡。

图 30.1　最优反应曲线

因此,当 $r>2/3$ 时,列参与人会提高 c 值;当 $r<2/3$ 时,他会降低 c 值;而当 $r=2/3$ 时,他对于任意的 $0\leqslant c\leqslant 1$ 无差异。

这里,我们可以利用这个信息来绘制最优反应曲线。先从行参与人开始。如果列参与人选择 $c=0$,那么,行参与人就会使 r 值尽可能得小,所以,$r=0$ 就是 $c=0$ 时行参与人的最优反应。并且,$r=0$ 一直都是行参与人的最优反应,直到$c=1/3$时为止。当$c=1/3$时,位于 0 和 1 之间的任意 r 值都是最优反应。对于所有的 $c>1/3$,行参与人的最优反应是 $r=1$。

图 30.1 显示的是这些曲线。不难发现,它们相交于 3 个点:(0, 0)、(2/3, 1/3)和(1, 1),这 3 个点分别对应于该博弈的 3 个纳什均衡。在这些均衡中,两个是纯策略均衡,一个是混合策略均衡。

30.3 合作博弈

利用上一节介绍的工具，我们现在就可以考察第一类博弈，即协调博弈。在这类博弈中，当参与人能够协调他们之间的策略时，他们的收益就会实现最大化。实际中的问题是要创建一种能够实现这种协调的机制。

性别战

有关协调博弈的经典例子是性别战。在这个博弈中，一个男孩和一个女孩决定约会看电影，但他们事前并没有安排好看哪一部。更糟糕的是，他们都忘记了对方的电话号码，所以，他们没有办法协调他们的约会，而只能猜测对方喜欢看哪一部影片。

男孩想看最新推出的动作片，而女孩更愿意欣赏文艺片，但是，他们都宁愿看同一部电影也不愿意放弃约会。表 30.3 显示了与这些偏好一致的收益。请注意协调博弈的定义性特征：参与人在他们协调行动时获得的收益要大于不协调时的收益。

表 30.3 性别战

		女孩	
		动作片	文艺片
男孩	动作片	2，1	0，0
	文艺片	0，0	1，2

这个博弈的纳什均衡是怎样的呢？幸运的是，这恰好就是上一节中用来阐明最优反应曲线的博弈。我们已经知道，这个博弈存在 3 个均衡：双方都选择动作片，双方都选择文艺片，或者双方分别按 2/3 的概率选择各自偏好的影片。

由于这些都是可能的均衡，所以，仅仅依据上述的分析，我们并不能确定究竟哪种均衡会发生。一般地，我们要依靠有关该博弈的正式描述以外的因素，来解决这个问题。举例来说，假定放映文艺片的影院距离其中的一个参与人较近。于是，双方都有理由相信观看文艺片将是最终的均衡。

当参与人完全有理由相信，其中的一个均衡相对于其他均衡更为"自然"时，这个均衡就称作这个博弈的聚点。

囚徒困境

我们在上一章广泛讨论的囚徒困境也是一个协调博弈。回顾这个博弈：两个囚徒或者选择坦白，从而招供另一方；或者选择抵赖，拒绝承认犯罪。这个博弈的收益如表 30.4 所示。

表 30.4 囚徒困境

		参与人 B	
		坦白	抵赖
参与人 A	坦白	−3，−3	0，−6
	抵赖	−6，0	−1，−1

囚徒困境的显著特征是,坦白是一个占优策略,即使按总收益的标准,协调(双方都选择抵赖)是更优越的选择。协调能够使囚犯获得最大化的收益,但问题是,不存在一种使它能够在一次性博弈中实现的简易方式。

解决囚徒困境的一种方式是,通过增加新的选择以扩展原先的博弈。在上一章,我们看到,无限重复的囚徒困境博弈通过针锋相对的策略,是能够实现协调博弈的结果的,在这种博弈中,参与人通过将来的行动来奖励合作和惩罚不合作。这里的额外策略性因素是,今天拒绝合作就会招致明天的惩罚。

解决囚徒困境的另一种方式是增加缔结合约的可能性。举例来说,参与人双方可以签署一份合同,表示他们将恪守合作性策略。如果任何一方违背合同,违约方将支付罚金或者接受其他某种方式的惩罚。合同在实现各种结果方面是非常有用的,但它却要依赖于能够强制执行这种合同的法律体制的存在。这对于商业谈判的情形是有意义的,但在其他场合,如军事博弈或国际谈判,它就不再是一个恰当的假设。

保证博弈

考虑 20 世纪 50 年代美国和苏联之间的军备竞赛,当时,这两个国家都可以选择生产核导弹,也可以选择不生产。表 30.5 显示了与这些策略相对应的收益。最优的结果是双方都不生产核导弹,此时的收益为(4, 4)。但是,如果一方不生产核导弹而另一方生产,那么,生产一方的收益变为 3,而不生产一方的收益变为 1。双方同时生产核导弹时的收益为(2, 2)。

表 30.5 军备竞赛

		苏联	
		不生产	生产
美国	不生产	4, 4	1, 3
	生产	3, 1	2, 2

不难发现,这里存在两个纯策略纳什均衡:(不生产,不生产)和(生产,生产)。但是,(不生产,不生产)对于双方都是一个较好的选择。问题在于,任何一方都不知道对方将会作出的选择。在承诺不生产以前,每一方都想得到对方不会生产的保证。

获得这种保证的一条途径是,其中的一方先采取行动,并接受公开的检查。注意,这可以是一种单边的行动,至少在它相信博弈中的收益时是如此。如果一方宣称它已经停止部署核导弹,并给予另一方充分的证据来证明它的选择,那么,可以确信无疑的是,另一方也会停止部署核导弹。

懦夫博弈

有关协调博弈的最后一个例子是在电影中非常流行的汽车博弈(懦夫博弈)。两个年轻人分别从一条街的两头,驾车笔直地驶向对方。第一个转向的人会颜面尽失成为懦夫;如果没有人转向,那么,他们最终会撞在一起。表 30.6 显示了这个博弈的可能收益。

表 30.6 懦夫博弈

		列参与人	
		转向	不转向
行参与人	转向	0，0	−1，1
	不转向	1，−1	−2，−2

这里存在两个纯策略纳什均衡：(行转向，列不转向)和(行不转向，列转向)。列参与人偏好第一个均衡，而行参与人则偏好第二个均衡，但每一个均衡都要比撞车好。注意这个博弈与保证博弈之间的差异；在保证博弈中，与做不同的事情相比较，博弈双方做相同事情(同时生产核导弹，或者，同时不生产核导弹)时的境况较好。而在这里，博弈双方做相同事情(直线驾驶或转向)时的境况要劣于做不同事情时的境况。

每一个参与人都知道，如果他能够承诺直线驾驶，对方就会因惧怕而放弃直线驾驶。但是，每一个参与人也都知道，两车相撞是一件很疯狂的事情。因此，参与人如何坚持他们所偏好的均衡呢？

一个重要的策略是作出某种承诺。假定行参与人在出发前，很夸张地将汽车的方向盘锁住。于是，列参与人就会意识到，行参与人现在只有直线驾驶而别无其他选择，此时，他将选择转向。当然，如果双方都把方向盘上了锁，结果将是灾难性的！

如何协调

如果你是协调博弈的一个参与人，那么，你也许愿意与对方在双方都偏爱的均衡处合作(保证博弈)；或者与对方在其中一方偏爱的均衡处合作(性别战)；或者采取有别于均衡策略的策略(囚徒困境)；或者作出某种选择从而实现你所偏爱的结果(懦夫博弈)。

在保证博弈、性别战和懦夫博弈中，这一点可以通过某一方先采取行动，并承诺选择某个特定的策略来实现。然后，对方就可以观察到第一个参与人的选择，并相应地作出反应。在囚徒困境中，这种策略并不起作用：如果博弈的一方选择抵赖，那么，另一方的最佳选择也是选择抵赖。除序贯行动以外，声誉和缔结合同是“解决”囚徒困境的主要方式。

30.4 竞争博弈

与合作相对应的另一个极端是竞争。它就是有名的零和博弈，之所以称作零和博弈，是因为在这种博弈中，博弈一方的收益等于另一方的损失。

实际上，大多数体育竞技项目都是零和博弈：一个组得 1 分等价于另一个组失 1 分。由于参与人之间的利益是完全相反的，这类博弈中的竞争非常激烈。

我们通过一个足球比赛的例子，来阐明零和博弈是如何进行的。行参与人主罚点球，列参与人防守。行参与人可以踢向球门的左方，也可以踢向球门的右方；列参与人可能偏好球门的某一方，从而扑向球门的左方或球门的右方，以拦截来球。

我们用预期的百分点数来表示这些策略产生的收益。很显然，如果列参与人扑错了方向，行参与人得分的可能性就较大一些。另一方面，这个博弈并非完全对称，这是因为，行参与人可能善于朝某个方向踢；同样，列参与人可能善于按某个方向防守。

我们假定,如果行参与人踢向球门的左方,那么,当列参与人扑向右方时,行参与人将在80%的时间内得分,当列参与人扑向左方时,行参与人将在50%的时间内得分;如果行参与人踢向球门的右方,那么,当列参与人扑向左方时,行参与人将在90%的时间内得分,当列参与人扑向右方时,行参与人将在20%的时间内得分。这些收益列示在表30.7中。

表30.7　足球赛中的罚点球得分

		列参与人	
		扑向左方	扑向右方
行参与人	扑向左方	50, −50	80, −80
	扑向右方	90, −90	20, −20

注意,每一方格中的总收益为零,这显示参与人的得分完全相反。行参与人试图最大化他的期望收益,列参与人也想使自己的期望收益最大化——也就是说,最小化行参与人的收益。

很明显,如果列参与人知道行参与人踢球的方向,他就拥有极大的优势。意识到这一点,行参与人会竭力使得列参与人猜不透自己的意图。具体地,他有时会踢向他擅长的一方,有时会踢向他不擅长的一方。这就是说,他采取的是一种*混合策略*。

如果行参与人选择踢向左方的概率为p,那么,当列参与人扑向左方时,行参与人的期望收益为$50p+90(1-p)$;当列参与人扑向右方时,行参与人的期望收益为$80p+20(1-p)$。行参与人想使这个期望收益尽可能得大,而同时,列参与人却想使这个期望收益尽可能得小。

举例来说,假定行参与人选择踢向左方的概率是50%。当列参与人扑向左方时,行参与人的期望收益为$50\times1/2+90\times1/2=70$;当列参与人扑向右方时,行参与人的期望收益为$80\times1/2+20\times1/2=50$。

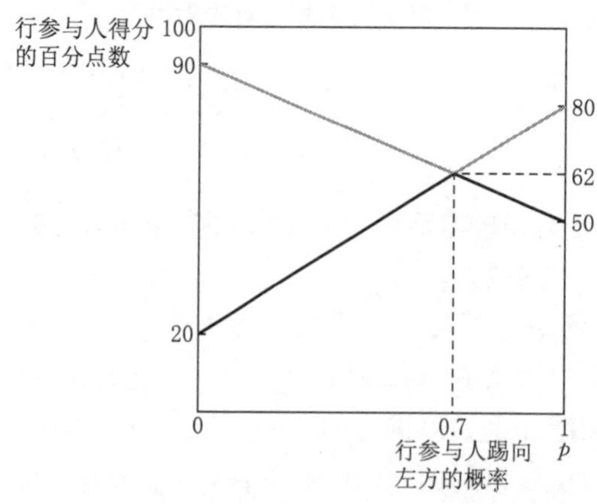

这两条直线表示的是行参与人的期望收益,它是p的函数,而p则是行参与人踢向左方的概率。无论行参与人选择怎样的p值,列参与人将竭力使行参与人的收益最小化。

图30.2　行参与人的战略

当然,上述的推理过程也同样适用于列参与人。如果列参与人相信行参与人踢向左方的概率为50%,那么,他会扑向右方,因为这是使行参与人的期望收益最小化的选择(从而也是使列参与人的期望收益最大化的选择)。

图30.2显示了对应于不同的概率选择p,行参与人的期望收益。这只要把两个函数$50p+90(1-p)$和$80p+20(1-p)$绘制在图上即可。由于这两个表达式都是p的线性函数,所以它们的图形都是直线。

行参与人意识到,列参与人总是在试图最小化他的期望收益。因此,对于任意的p,他有望获得的最佳收益是这两个策略所给出的收益中的最小值。在图30.2中，我们用深色线段来表示这些最小值。

这些最小收益的最大值出现在什么位置呢？很明显，它位于深色线段的顶点，或者等价地，它位于这两条直线相交的地方。用代数方法求解下式，我们就可以得到这个 p 值：

$$50p + 90(1-p) = 80p + 20(1-p)$$

经过验证，$p = 0.7$。

因此，如果行参与人踢向左方的概率为 70%，并且，列参与人相应地作出最优反应，那么，行参与人将获得的期望收益是 $50 \times 0.7 + 90 \times 0.3 = 62$。

列参与人的情况又如何呢？对于它的选择，我们可以进行相似的分析。假定列参与人选择扑向左方的概率为 q，从而其扑向右方的概率为 $(1-q)$。由此，当行参与人踢向左方时，行参与人的期望收益是 $50q + 80(1-q)$；当行参与人踢向右方时，行参与人的期望收益是 $90q + 20(1-q)$。对于任意的 q，列参与人将使得行参与人的收益最小化。但是，列参与人同时意识到，行参与人想最大化这个收益。

因此，如果列参与人选择扑向左方的概率是 1/2，他意识到，行参与人在踢向左方时获得的期望收益为 $50 \times 1/2 + 80 \times 1/2 = 65$，在踢向右方时获得的期望收益为 $90 \times 1/2 + 20 \times 1/2 = 55$。这种情况下，行参与人当然会选择踢向左方。

我们可以把这两个收益函数绘制在图 30.3 中，它们与前面的图形类似。从列参与人的角度看，两条直线的较高部分是重要的，这是因为，这部分线段反映了对于每个 q，行参与人的最优选择。因此，图 30.3 将这部分线段加深了颜色。与前文一样，我们可以找到列参与人的最佳 q 值——在该点，行参与人的最大收益取最小值。也就是说，下面的式子成立：

$$50q + 80(1-q) = 90q + 20(1-q)$$

这意味着 $q = 0.6$。

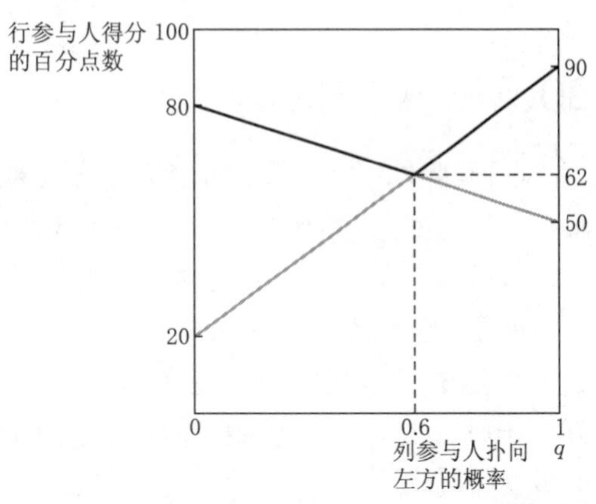

这两条直线表示的是行参与人的期望收益，它是 q 的函数，而 q 则是列参与人扑向左方的概率。无论列参与人选择怎样的 q 值，行参与人将竭力最大化自己的收益。

图 30.3　列参与人的策略

迄今为止，我们已经计算出了这两个参与人的均衡策略。行参与人应该按概率 0.7 踢向左方，列参与人应该以概率 0.6 扑向左方。这些概率值使得不论对方采取什么行动，行参与人和列参与人都得到相等的收益，这是因为，我们是通过使对方选择两个策略所给出的收益相等，来确定这些概率值的。

因此，当行参与人选择 $p = 0.7$ 时，列参与人在扑向左方和扑向右方之间无差异，或者，基于此，他可以选择按任意的概率 q 扑向左方。特别地，按概率 0.6 扑向左方是列参与人最乐意做的事情。

类似地，如果列参与人按概率 0.6 扑向左方，那么，行参与人在踢向左方和踢向右方之间无差异，或者，他可以选择这两个策略的任何混合策略。特别地，他愿意按 0.7 的概率

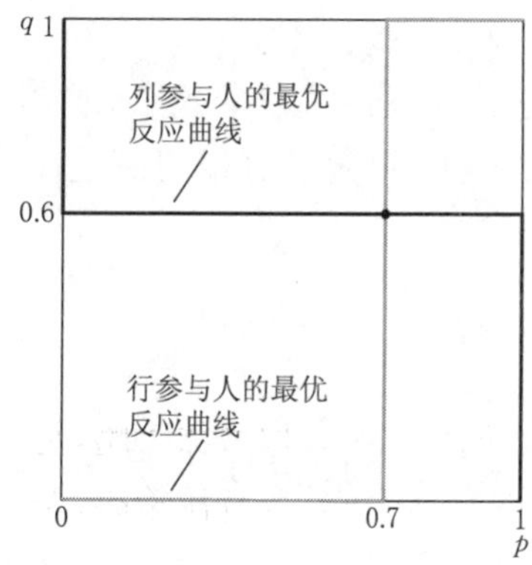

图中显示的是行参与人和列参与人的最优反应曲线,它们分别是 p 和 q 的函数,其中,p 是行参与人踢向左方的概率,q 是列参与人扑向左方的概率。

图 30.4 最优反应曲线

踢向左方。因此,这些选择是一个纳什均衡:给定对方的选择,每一个参与人的选择都是最优的。

在均衡状态,行参与人在 62%的时间内能够得分,而在 38%的时间内不能得分。如果对方作出最优的反应,那么,这就是行参与人的最优选择。

如果列参与人没有作出最优的反应,情况又会如何呢? 行参与人能够做得更好吗? 为了回答这个问题,我们可以使用本章开始所介绍的最优反应曲线。我们已经看到,当 p 小于 0.7 时,列参与人将扑向左方;当 p 大于 0.7 时,他将扑向右方。类似地,当 q 小于 0.6 时,行参与人将踢向左方;当 q 大于 0.6 时,他将踢向右方。

图 30.4 显示了这两条最优反应曲线。注意到,它们相交于 $p=0.7$ 且 $q=0.6$ 的点。有关最优反应曲线的一件令人愉快的事情是,对于对方采取的任何选择,不论是最优的还是非最优的,最优反应曲线告诉每一个参与人他应该采取的行动。作为对方一个最优选择的唯一最优反应出现在这两条曲线相交的地方——纳什均衡。

30.5 共存博弈

前面,我们将混合策略解释为参与人的随机选择。在罚点球博弈中,如果行参与人的策略是按概率 0.7 踢向左方,按概率 0.3 踢向右方,那么,我们认为行参与人将"混合他的策略",即他会在 70%的时间内踢向左方,在 30%的时间内踢向右方。

但是,这里还存在另外一种解释。假定一组踢球者和防守者随机地组合在一起,并且,有 7 成的踢球者总是踢向球门的左方,有 3 成的踢球者总是踢向球门的右方。于是,从防守者的角度看,这类似于面临单独一个按这些概率随机选择方向的踢球者。

对于罚点球博弈,这种表述并不是非常有说服力,但对于动物的行为,它却是一个相当合理的描述。这里的观点是,各种各样的行为都是基于遗传指令的,并且,进化所选择的种群混合比例在进化动力方面保持稳定。最近,生物学家开始把博弈论视作研究动物行为的一种不可或缺的工具。

有关动物互动的一个最著名的例子是鹰-鸽博弈。它并不是指老鹰和鸽子之间的博弈(这样的结果是完全可以预测的),而是指涉及显示两种行为的单一物种的博弈。

考虑豺狗的情形。当两只豺狗同时遇到一块食物时,它们必须决定是争斗还是分享食物。争斗是鹰派的策略:一方将获胜,另一方将落败。分享食物则是鸽派的策略:在对方也是鸽派时,这个策略将发挥很好的功效;但当对方是鹰派时,分享食物的提议则会遭到拒绝,并且,鸽派参与人将一无所获。

表 30.8 显示了这个博弈可能的收益组合。

表 30.8 鹰-鸽博弈

		列	
		鹰派	鸽派
行	鹰派	−2，−2	4，0
	鸽派	0，4	2，2

如果两只豺狗都采取鸽派策略，它们最终将获得(2，2)。如果一方采取鹰派策略，另一方采取鸽派策略，那么，鹰派豺狗将获得全部的收益。但如果双方都采取鹰派策略，两只豺狗最终都会落得严重受伤的下场。

很显然，双方都采取鹰派策略不可能是一个均衡，这是因为，如果一方转向鸽派策略，它最终获得的收益就不是−2 而是 0；如果两只豺狗都采取鸽派策略，那么，某一方转向鹰派策略就是值得的。因此，在均衡状态，一定存在鹰派和鸽派这两种类型的某个混合比例。问题是，我们可以预期哪种类型的混合比例呢？

假定鹰派的比例是 p。于是，一个鹰派遇见另一个鹰派的概率是 p，而遇见一个鸽派的概率是 $1-p$。基于此，鹰派的期望收益等于

$$H=-2p+4(1-p)$$

鸽派的期望收益等于

$$D=2(1-p)$$

假定具有较高收益的类型的繁殖速度更快一些，并且，它会将其采取鹰派策略或鸽派策略的倾向遗传给后代。那么，我们就可以预期，如果 $H>D$，种群中鹰派的比例就将上升；如果 $H<D$，鸽派的数量就将上升。

种群处于均衡状态的唯一途径是这两种类型的收益相等。这要求下面的等式成立，即

$$H=-2p+4(1-p)=2(1-p)=D$$

求解上式，我们得到 $p=1/2$。

我们已经发现，鹰派和鸽派之间 50－50 的混合比例是一个均衡。它在某种程度上是一个稳定的均衡吗？鹰派和鸽派的收益都是种群中鹰派的比例 p 的函数，我们将这两个函数绘制在图 30.5 中。注意，如果 $p>1/2$，鹰派的收益小于鸽派的收益，所以，我们可以预期，鸽派的繁殖速度较快，从而使我们回到 50－50 比例的均衡状态。类似地，当 $p<1/2$ 时，鹰派的收益大于鸽派的收益，使得鹰派的繁殖速度更快一些，最终还是会返回均衡。

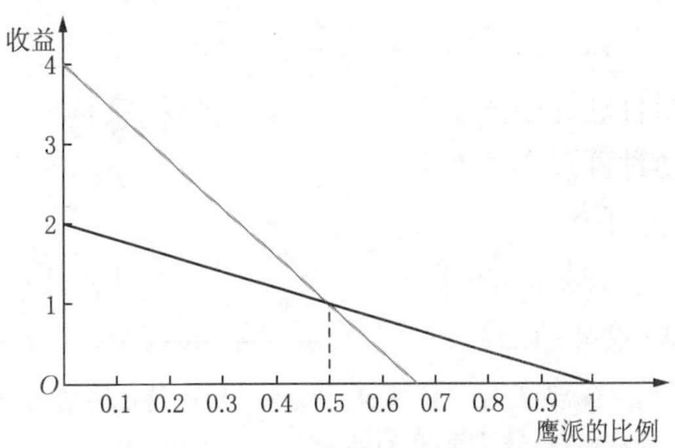

鹰派的收益表示为浅色线段，而深色线段则代表的是鸽派的收益。当 $p>1/2$ 时，鹰派的收益小于鸽派的收益，反之亦然，这显示了均衡是稳定的。

图 30.5 鹰-鸽博弈的收益

上述分析表明，$p=1/2$ 不仅是一个

均衡,它还是一个在进化动力下稳定的均衡。这种分析引出了一个称作进化稳定策略(evolutionarily stable strategy, ESS)的概念。①特别地,可以证明一个ESS就是一个纳什均衡,即使它源于完全不同的考虑。

纳什均衡概念旨在处理精明的、理性的个人之间以下的行为问题,即他们都在努力设计一种与对方可能选择的最优策略相适应的策略。ESS则是用来模型化进化动力下的动物行为的,这里,具有较高适应性收益的策略的复制速度较快一些。但是,ESS均衡也是纳什均衡的事实,为博弈论中的这个特殊概念为何如此引人注目提供了另一个注解。

30.6 承诺博弈

前文有关合作博弈和竞争博弈的例子关注的都是同时行动的博弈。在这类博弈中,每个参与人必须在不知道对方所作选择(不论他正在选择还是已经选择了)的情况下,作出自己的选择。事实上,在合作博弈和竞争博弈中,如果一方知道另一方的选择,博弈就会变得毫无价值。

在本节,我们将注意力转向*序贯行动*的博弈。这类博弈的一个重要的策略问题是*承诺*。为了看清楚承诺是如何起作用的,我们回顾本章前面讨论的懦夫博弈。在懦夫博弈中,如果一个参与人能够强迫自己直线驾驶,那么,另一个参与人的最优选择就是转向。在保证博弈中,如果其中的一方先采取行动,结果就会变得对双方更有利。

注意,对于另一个参与人而言,这个被承诺的选择必须同时是不可撤销的和可观察的。不可撤销性是承诺的部分内容,而如果要说服另一方改变行为,那么,可观察性就是关键的要素。

青蛙和蝎子

我们从青蛙和蝎子的寓言故事开始分析。青蛙和蝎子站在一条河岸上,商量一个过河的办法。蝎子说:"我想到了!我爬到你的背上,你背我过河。"青蛙说:"如果你蜇我怎么办?"蝎子说:"我怎么会这样做呢?这样做只会使我们都淹死。"

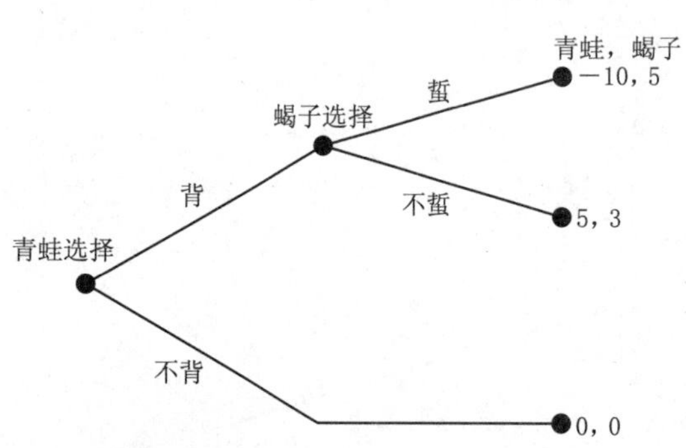

如果青蛙选择背蝎子过河,蝎子将选择蜇青蛙,双方最终都会被淹死。

图30.6 青蛙和蝎子

青蛙觉得蝎子的话有道理,所以,它让蝎子爬上了自己的后背,开始过河。游到中途,在河水最深的地方,蝎子蜇了青蛙一下。青蛙疼得叫了起来:"你为什么要蜇我?现在,我们都要死掉了。""唉,"蝎子在不断沉入河底时应道,"这就是我的本性呀。"

我们从博弈论的角度来考察青蛙和蝎子的问题。图30.6显示了一个序贯博弈,这个博弈的收益与上述寓言故事一致。我们从博弈树的底部开始分析。如

① 参看约翰·梅纳德·史密斯(John Maynard Smith):《进化和博弈理论》,剑桥大学出版社1982年版。

果青蛙拒绝蝎子的建议，双方都一无所获。考虑蝎子没蜇青蛙的博弈分枝，我们看到，如果青蛙背蝎子过河，它会因做这件好事而得到收益 5，蝎子也会因渡过河而得到收益 3。在青蛙被蜇的博弈分枝中，青蛙的收益为－10，蝎子的收益为 5，蝎子的这部分收益代表它因实现自然本能而获得的满足。

从博弈的最后一个阶段开始分析是最佳的：蝎子面临蜇还是不蜇的选择。如果蜇，蝎子将获得较高的收益，因为“蜇是它的本性”。因此，青蛙的理性选择应该是拒绝背蝎子过河。不幸的是，青蛙并不清楚蝎子的收益；很显然，它认为蝎子的收益是图 30.7 所示的形式。唉，青蛙犯的这个错误是致命的！

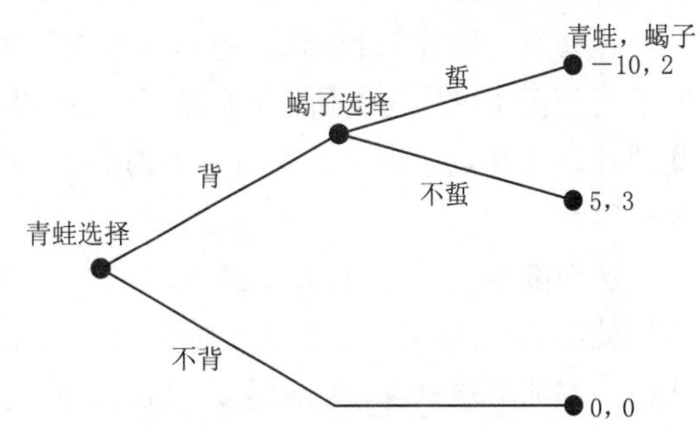

依据这些收益，如果青蛙选择背蝎子过河，蝎子是不会蜇青蛙的，所以，双方能够安全地渡过河。

图 30.7　青蛙和蝎子

一只聪明的青蛙能够合计出某种办法，使得蝎子作出不蜇的承诺。例如，它可以缚住蝎子的尾巴，或者，它可以雇用一名“职业杀手”，在出现意外时对蝎子家族实施报复。不论采取何种策略，青蛙的关键问题是要使得蝎子蜇的成本更高而不蜇时获得的奖励更多，从而改变蝎子的收益。

善意的绑匪

在世界上的某些地区，绑架并勒索赎金是一笔很大的交易。在哥伦比亚，据预测每年大约发生 2 000 起绑架勒索案。在前苏联，绑架勒索案从 1992 年的 5 起上升到 1999 年的 105 起。许多受害人都是西方的商人。

有些国家，如意大利，颁布了禁止支付赎金的法律。它们的理由是，如果受害人的家庭或者雇主能够承诺不支付赎金，那么，绑架者最初就不会有动机绑架受害人。

当然，问题是一旦绑架已经发生，受害人的家庭将偏好于向绑架者支付赎金，即使这样做是违法的。因此，惩罚向绑架者支付赎金的行为并不是一个有效的承诺工具。

假定几个绑匪绑架了一名人质，但接下来他们发现他们得不到任何赎金。他们应该释放人质吗？当然，人质会发誓不揭露绑匪的身份。但是，人质会信守这个承诺吗？一旦人质获得释放，他就不再有遵守承诺的激励——他将努力惩罚这些绑匪。因此，即使绑匪想释放人质，但因担心暴露身份，他们也不会这样做。

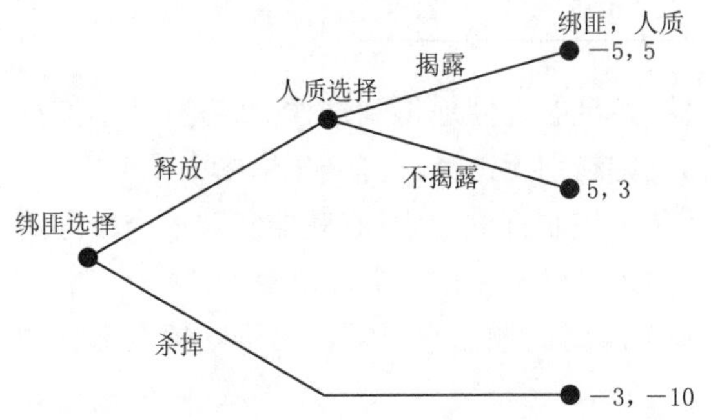

绑架者愿意释放人质，但如果他这样做，人质将揭露他的身份。

图 30.8　绑架博弈

图 30.8 显示了这个博弈可能的收益。绑匪会因杀掉人质而感到沮丧，从而得到收益－3。当然，人质的境况将更加糟糕，他此时的收益为－10。如果人质获得释放，并且对绑匪的身份守口如瓶，那么，人质获得收益 3，绑匪获得收益 5。但是，如果人质揭露了绑匪的身份，则他的收益为 5，绑匪的收益为－5。

现在轮到人质面临一个承诺问题:他如何能够使绑匪相信他不会违背自己的诺言而揭露绑匪的身份呢?

人质需要合计出一个办法,以改变博弈的收益。具体地说,他需要找到一个方法,使得如果他揭露绑匪的身份,他就要承担某种成本。

托马斯·谢林(Thomas Schelling)是马里兰大学的一位经济学家,他曾经对动态博弈的策略分析作过广泛的研究,他建议,人质可以让绑匪对他们的不雅行为拍照,并保留这些照片。这有效地改变了人质将来揭露绑匪身份时的收益,这是因为,绑匪此时可以曝光这些照片。

这种策略就是所谓的"交换人质"。在中世纪,当两位国王想保证某个条约的实施时,他们就会把自己的家人当作人质交换。如果任何一方违背条约,他的人质就会被杀害。任何一方都不想牺牲自己的家人,所以,每一位国王都具有恪守条约的激励。

在绑架的情形中,令人难堪的照片如果曝光就会增加人质所承担的成本,从而保证他遵守协议,不揭露绑架者的身份。

当力量成为弱势时

我们的下一个例子来自动物世界的心理学。我们发现,猪群会迅速地建立起一种支配-从属关系,在这种关系下,支配猪倾向于支配从属猪。

一些心理学家考察过这样一种情形:一个猪圈里有两只猪,一只是支配猪,另一只是从属猪。①猪圈的一头装有一个控制杆,通过它可以将一部分食物释放到安装在猪圈另一头的食槽里。这些心理学家感兴趣的是,哪只猪将会按控制杆,哪只猪将会吃到食物?

令人感到有些奇怪的是,实验结果表明,支配猪按控制杆,从属猪等待进食。从属猪会吃掉大部分食物,而支配猪则以最大可能的速度奔向食槽,最终,它只能吃到一小部分食物。表 30.9 显示了阐明这个问题的一个博弈。

表 30.9 智猪博弈

		支配猪	
		不按控制杆	按控制杆
从属猪	不按控制杆	0, 0	4, 1
	按控制杆	0, 5	2, 3

从属猪会比较(0, 4)和(0, 2)这两组收益,并足够理性地得到这样的结论,即不按控制杆优于按控制杆。给定从属猪不按控制杆,支配猪别无选择,只有按控制杆。

如果支配猪不吃掉全部食物,并奖励从属猪按控制杆的行为,它就能实现一个较好的结果。问题是两只猪之间没有缔结合约,支配猪还是忍不住作一个贪婪者。

如同善意绑匪的例子,支配猪也要面临一个承诺问题。它只须作出不吃掉全部食物

---

① 这个例子最早出自鲍德温和米斯(Baldwin and Meese)的《基于操作性条件反射的猪的社会行为》(《动物行为》,1979 年)。我这里引用的是约翰·梅纳德·史密斯(John Maynard Smith)在《进化和博弈理论》(剑桥大学出版社,1982 年)一书中的描述。

的承诺，它的境况就会得到改善。

储蓄和社会保障

承诺问题不仅仅局限于动物的世界，它在经济政策中也有所体现。

退休储蓄是一个有趣而适宜的例子。每个人口头上都称赞储蓄是一个不错的想法。不幸的是，实际中很少有人会这样做。不愿意储蓄的部分原因是，他们意识到社会不会让他们挨饿，所以，他们将来极有可能被救助。

为了明确地描述两代人之间的博弈，我们考虑可供老年人选择的两个策略：储蓄或者挥霍。类似地，年轻人也可以选择两个策略：赡养老人或者为自己退休进行储蓄。表30.10显示了这个博弈的可能的收益矩阵。

表 30.10　两代人之间有关储蓄的冲突

		年轻人	
		赡养	不赡养
老年人	储蓄	3，−1	1，1
	挥霍	2，−1	−2，−2

如果老年人储蓄，并且年轻人赡养老人，那么，老年人的收益为 3，年轻人的收益为−1。如果老年人挥霍，年轻人赡养老人，最终，老年人获得收益 2，年轻人得到收益−1。

如果年轻人不赡养自己的老人，并且老年人储蓄，那么，老年人的收益为 1，年轻人的收益为 1。最后，如果老年人挥霍，年轻人不赡养老人，那么，最终老年人因挨饿而获得收益−2，年轻人因必须探视照顾而得到收益−2。

不难发现，这个博弈存在两个纳什均衡。如果老年人储蓄，那么，年轻人的最优选择是不赡养老人。但是，如果老年人挥霍，那么，年轻人赡养老人就是最优的。当然，给定年轻人赡养老人，老年人的最优选择是挥霍。

但是，上述分析忽略了博弈的时间结构：老年人的（较少）优势之一是先采取行动。如果我们画出博弈树，博弈的收益如图30.9所示。

如果老年人储蓄，年轻人将会不赡养他们，所以，老年人的最终收益为1。如果老年人挥霍，他们知道年轻人不能忍受眼看着他们挨饿，所以，他们的最终收益为 3。因此，老年人的明智选择是挥霍，因为他们清楚，将来他们一定会得到救助。

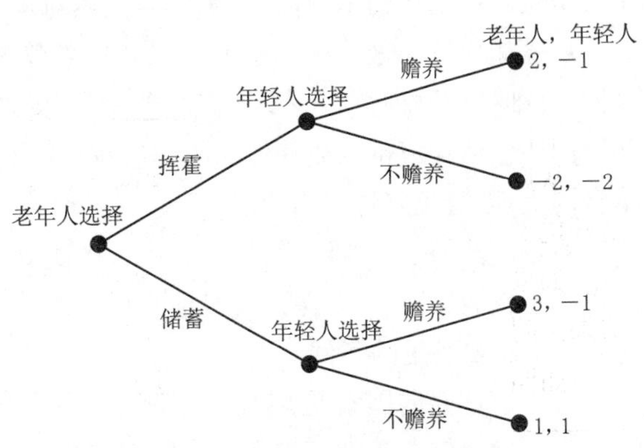

知道年轻人将赡养他们，老年人会选择挥霍。子博弈完美均衡是（赡养，挥霍）。

图 30.9　扩展形式的储蓄博弈

当然，大多数发达国家现在都拥有一套类似于美国的社会保障计划，这种计划强迫每一代人都进行退休储蓄。

敲竹杠

我们考虑以下的策略互动。你雇用一家承包商建造一座仓库。当建造计划被批准并且建筑几乎完工时,你注意到建筑的颜色非常糟糕,所以,你要求承包商更换颜色,这种颜色修改只涉及较少的费用。但是,承包商却说:"要更换颜色,请支付 1 500 美元。"

你意识到,延迟工期直至找到一个油漆工的成本至少等于承包商的开价,并且,你特别喜欢新颜色,所以,抱怨几句后,你还是会支付这笔费用。恭喜你,你被敲竹杠了。

当然,承包商并不是这类博弈中唯一找麻烦的一方,客户也可以延迟对承包商的支付"敲竹杠",从而给承包商带来诸多困扰。

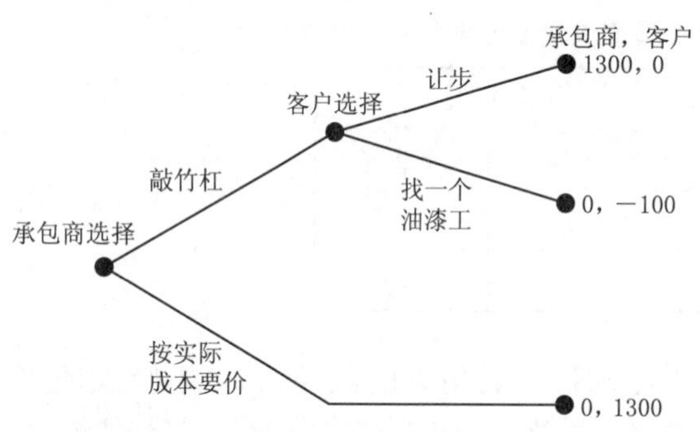

承包商为改颜色索要一个较高的价格,因为客户除了接受没有其他选择。

图 30.10 敲竹杠问题

图 30.10 显示了这个敲竹杠问题的博弈树。我们假定,客户为粉刷新油漆需要支付 1 500 美元,粉刷油漆的实际成本是 200 美元。我们从博弈树的顶端开始分析,如果承包商要价 1 500 美元,他将实现净利润1 300美元,客户的净效用为零。

如果客户寻找另一个油漆工,那么,他要支付油漆工 200 美元,还要承担时间成本 1 400 美元。仓库粉刷成他喜欢的颜色,这对他的价值是1 500美元;他还需要支付直接成本和误工成本,总共是 1 600 美元,最终,他获得的净收益为−100 美元。

如果承包商向客户实际要价 200 美元,他能够实现盈亏平衡;客户支付 200 美元的费用,并同时获得价值 1 500 美元的东西,那么,他的净收益就为 1 300 美元。

我们发现,承包商的最优选择是敲竹杠,客户的最优选择是让步。但是,一位明智的客户将意识到,类似更换颜色的要求在任何工程中都会出现。有鉴于此,客户就不愿意雇用背负敲竹杠名声的承包商,这种声誉当然对承包商是不利的。

厂商如何解决敲竹杠问题呢?基本的答案是缔结合同。正式地,承包商会提供一份合同,详细规定哪种类型的修改是适当的要求,以及它们的成本是如何确定的。有时,这些合同还包括仲裁条款或其他纠纷解决程序。总之,大量的时间、精力和金钱都花费在起草合同上,以避免敲竹杠问题。

但是,合同并不是唯一的解决方案。解决这类问题的另一种方式是承诺。例如,承包商也许会缴纳保证金,以保证及时地完成工程。而且,合同中通常有某些客观条款规定了建筑完工需要满足的条件。

另一个重要的因素是声誉。很明显,一家总是在竭力敲诈客户的承包商具有不良的声誉。这个客户不会再雇用他,他当然也一定不会获得好的评价。我们可以在重复博弈的框架下考察这种声誉效应,在重复博弈下,承包商今天敲竹杠,将来他就要付出代价。

30.7 讨价还价

经典的讨价还价问题是分配货币。两个参与人共同拥有1美元,现在,他们想分配这1美元,他们应该怎么做?

这个问题没有答案,因为这里只有很少量的信息,还不足以创建一个合理的模型。将讨价还价问题模型化所面临的一个挑战,是要找到问题的其他一些角度,从这些角度出发,参与人可以进行谈判。

一种解决方案是纳什讨价还价模型,它采用一种公理化的方式,规定一个合理的讨价还价解所应该具备的某些性质,并且,它还证明只有一种结果满足这些公理。

最终的结果依赖于参与人厌恶风险的程度,以及不存在讨价还价时将会发生的情况。不过,对这个模型的完整描述已经超出了本书的范围。

一种替代的方案是鲁宾斯坦讨价还价模型,它考虑的是一系列选择,并求解出子博弈完美均衡。幸运的是,我们可以利用简单的例子,来阐明这个模型的基本内容。

两个参与人,艾丽丝和鲍勃,分配1美元。他们同意最多用3天的时间协商分配问题。第1天,艾丽丝给出一个报价;第2天,鲍勃可以接受也可以拒绝这个报价,如果他拒绝,他要提出一个新报价;第3天,艾丽丝提出最终的报价。如果他们不能在3天之内达成协议,那么,双方都将一无所获。

我们假定艾丽丝和鲍勃具有不同的耐性:艾丽丝对将来收益的贴现因子是α/每天;鲍勃对将来收益的贴现因子是β/每天。最后,我们假定,如果一方在两个报价之间无差异,他将选择对方最偏好的报价。这里的思想是,对方会提供某个任意小的数量使得这个参与人严格地偏好某个选择,并且,依据上述假定,我们就可以将这个“任意小的数量”近似为零。可以证明,这种讨价还价博弈存在唯一的子博弈完美均衡。

我们从博弈的末端即博弈结束的前一天开始分析。这一天,艾丽丝可以向鲍勃提供一个“要么接受要么拒绝”的报价。很明显,艾丽丝此时的最优选择是向鲍勃提供一个他可以接受的最小数量,依据假定,这个数量等于零。因此,如果博弈实际上只持续3天,艾丽丝将得到1美元,鲍勃将一无所获(即,一个任意小的数量)。

现在,我们转向博弈的上一个阶段,此时,鲍勃要给出一个报价。这一天,鲍勃应该意识到,在博弈的下一个阶段,艾丽丝拒绝鲍勃的报价就能保证自己获得1美元。下一个时期的1美元在这个时期对艾丽丝价值α美元,所以,任何低于α美元的报价一定会遭到拒绝。与下一个时期的0美元相比,鲍勃当然偏好现在的$1-\alpha$美元,所以,他应该理性地向艾丽丝提供α美元,艾丽丝自然也会接受这个报价。因此,如果博弈在第二个阶段结束,艾丽丝将获得α美元,鲍勃将获得$1-\alpha$美元。

现在,我们再回到博弈的第一个阶段。这一天,艾丽丝要提出报价,她意识到,鲍勃只要等到第二天,就可以获得$1-\alpha$美元。因此,为了避免拖延,艾丽丝必须向鲍勃提供一个至少等于这个数额的现值的报价,所以,她向鲍勃提供$\beta(1-\alpha)$美元。鲍勃发现,这个数额恰好是他可以接受的,博弈到此结束。最终的结果是,博弈在第一个阶段结束,艾丽丝获得$1-\beta(1-\alpha)$美元,鲍勃得到$\beta(1-\alpha)$美元。

图 30.11 中的第一个图形演示的是 $\alpha=\beta<1$ 的情形。最外面的一条斜线显示的是第 1 天的可能收益模式，即所有的收益满足 $x_A+x_B=1$。移向原点的第二条斜线显示的是，博弈在第 2 天结束时的所有收益的现值：$x_A+x_B=\alpha$。距离原点最近的斜线表示的是，博弈在第 3 天结束时的所有收益的现值；这条线的方程是 $x_A+x_B=\alpha^2$。图中的直角形路径描述的是每个时期最低可以接受的分配额，由它们可以得到最终的子博弈完美均衡。图 30.11 中的第二个图形显示了相同的进程在包含更多个谈判阶段时的形式。

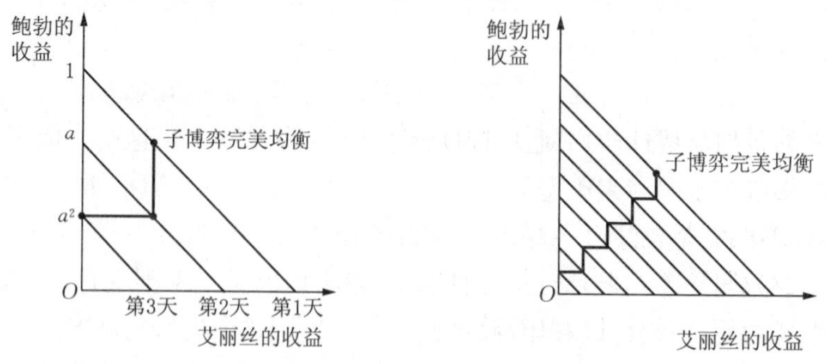

图中的粗线将子博弈的均衡结果连接在一起。粗线最外端的点表示的是子博弈完美均衡。

图 30.11　一个讨价还价博弈

很自然，我们会考虑无穷的情形，也就是说，无限博弈下的情况是怎样的呢？在这种情况下，可以证明，子博弈完美均衡的分配额是

$$\text{艾丽丝获得的收益}=\frac{1-\beta}{1-\alpha\beta}$$

$$\text{鲍勃获得的收益}=\frac{\beta(1-\alpha)}{1-\alpha\beta}$$

注意，如果 $\alpha=1$ 且 $\beta<1$，那么，艾丽丝将得到全部的收益。

最后通牒博弈

鲁宾斯坦讨价还价模型是如此优美，以至于经济学家们急着在实验室对它作出检验。但是，他们发现，优美并不意味着准确。朴素学科（即非经济学专业）并不擅长于预测未来。

此外，其他一些因素也可能引起麻烦。为了看清楚这一点，我们考虑上述讨价还价模型的一个只包括一个阶段的变形。艾丽丝和鲍勃分配 1 美元，艾丽丝给出一个报价，如果鲍勃接受，博弈就此结束。问题是，艾丽丝的报价应该是多少？

依据理论分析，她应该为自己保留 99 美分，而只分给鲍勃 1 美分。鲍勃意识到 1 美分总比一无所获要好，所以，他接受了这个报价，艾丽丝高兴地回到家，并庆幸自己读过经济学。

但是，事实并非如此。一种更有可能的结果是，鲍勃非常厌恶这微不足道的 1 美分，他拒绝艾丽丝的报价。最终，艾丽丝一无所获。艾丽丝在考虑到这种可能性后，会给出一个对鲍勃更有吸引力的报价。在实际的实验中，美国大学生给出的平均报价是 45 美分，并且，在大多数情况下，这个报价都能够被接受。

报价的一方是理性的，这是因为，给定观察到的报价被拒绝的频率，45 美分相当接近

使期望收益最大化的水平。实际上，与理论预测相违背的是报价受盘人的行为，因为他们会拒绝小额的报价，即使这样做会使他们的境况恶化。

对此存在许多解释。一种观点认为，一个太少的报价违背了行为的社会准则。事实上，经济学家已经在最后通牒博弈中发现了非常重要的跨文化差异。另外一种前后一致的观点是，作为对小额报价的报复，受盘人可以从伤害报价人的行为中获得某些效用。毕竟，与失去一小笔金钱相比，回击对方所获得的满足感还是相当有诱惑力的。

小　结

1. 一个参与人的最优反应曲线给出了他的最优选择，这个最优选择是其他参与人可能作出的选择的函数。
2. 在双人博弈中，纳什均衡是指这样一组策略组合，两个策略分别对应于不同的参与人，并且，每个策略都是一方相对于另一方选择的最优反应。
3. 混合策略纳什均衡涉及对几个纯策略的随机选择。
4. 普通的合作博弈包括：性别战，博弈双方想做同一件事情而不是不同的事情；囚徒困境，最终的占优策略使双方都受到伤害；保证博弈，只要参与人相信对方会采取合作的策略，他们都会选择合作；懦夫博弈，博弈双方会避免采取相同的策略。
5. 在双人零和博弈中，一方的收益是另一方收益的相反数。
6. 进化博弈关注的是人口繁殖下的稳定结果。
7. 在序贯博弈中，参与人交替采取行动。因此，每一个参与人都必须推测对方对自己的选择所作出的反应。
8. 在许多序贯博弈中，承诺是一个重要的问题。这里，找到一种方法，强制承诺采取某个特定的策略是非常重要的。

复习题

1. 在一个双人博弈纳什均衡中，每一个参与人都在针对什么作出最优的反应？在一个占优策略均衡中，每一个参与人又都在针对什么作出最优的反应？

2. 在有关混合策略的章节中，考虑行参与人和列参与人的最优反应。它们会产生最优反应函数吗？

3. 在一个合作博弈中，如果博弈双方作出相同的选择，那么，结果对于他们都令人满意。这个结论是否正确？

4. 本章正文指出，在均衡状态，行参与人在62%的时间内会得分。这个数值是如何得到的？

5. 承包商说，他打算“降低要价，并在以后的修改要求中寻求补偿”。他的本意是什么？

▶31

行为经济学

我们已经学习过的消费者选择的经济模型不仅简单而且优美，也是许多经济分析的出发点。然而，消费者选择的经济模型并不是全部。在许多场合，要精确描述选择行为，更细致的消费者行为模型是必要的。

行为经济学(behavioral economics)研究消费者实际上如何进行选择。它借鉴部分心理学的理论来预测消费者将如何作出选择。行为经济学的许多预测偏离常规的理性消费者的经济模型的分析结论。

在本章中，我们讨论部分已得到行为经济学家确认的重要经济现象，并将行为经济学的分析结论与在本书以前章节中说明的结论进行比较。①

31.1 消费者选择的框架效应

在消费者行为的基本模型中，一般利用红铅笔或蓝铅笔、汉堡包和炸薯条等抽象语言描述选择对象。然而，在现实生活中，人们的选择强烈地受到选择对象的呈现方式或框架效应(framing effects)的影响。

相同的褪色牛仔裤，放在旧货店销售与放在专卖店销售或许获得非常不同的反应。即使购入股票与出售股票的交易最终获得相同的资产组合，但在感觉上购入股票的决定非常不同于出售股票的决定。书店可能售出大量标价 29.95 美元的书籍，但标价 29.00 美元的相同书籍可能无人问津。

这些都是框架效应的事例。框架效应在选择行为中起着非常重要的作用。事实上，市场营销的许多方法都基于对消费者选择中的行为偏差的理解和运用。

疾病治疗困境

框架效应在涉及不确定性的选择中特别普遍。例如，考虑以下的决策问题：②

---

① 本章的写作得益于以下文献：科林·F.卡默勒、乔治·洛温斯坦和马修·雷宾(Colin F. Camerer, George Loewenstein and Matthew Rabin)：《行为经济学进展》(*Advances in Behavioral Economics*)，普林斯顿大学出版社 2003 年版；特别是其中卡默勒和洛温斯坦的导论性综述。相关问题的讨论也引用其他著作。

② A. Tversky and D. Kahneman, 1981, "The Framing of Decisions and the Psychology of Choice", *Science*, 211, 453—458.

一种严重的疾病在威胁着600个人的生命。你必须在两种治疗方案A和B中作出选择，每种治疗方案产生如下后果。

治疗方案A　肯定可以拯救200人的生命。

治疗方案B　1/3的可能性可以拯救600人的生命；2/3的可能性无法拯救600人的生命。

在方案A和方案B中，你选择哪个治疗方案？现在，考虑从以下治疗方案中进行选择。

治疗方案C　肯定无法拯救400人的生命。

治疗方案D　2/3的可能性无法拯救600人的生命；1/3的可能性可以拯救600人的生命。

现在，你又会如何选择治疗方案？

尽管治疗方案A与C、治疗方案B与D的治疗结果分别完全相同，但在描述可以拯救多少人生命的*正面信息框架*的比较中，多数人认为治疗方案A的选择优于治疗方案B；而在*负面信息框架*的比较中，多数人选择治疗方案D而不是治疗方案C。显然，与消极地（以无法拯救多少人生命的方式）表述问题的治疗方案相比，积极地（以可以拯救多少人生命的方式）表述问题的治疗方案更富有吸引力。

即使专业的决策专家也会陷入框架效应的陷阱。在心理学家尝试对医生进行对上述治疗方案作出选择的实验中，72%的医生选择安全的治疗方案A而不是冒险的治疗方案B，但在消极地表述治疗方案的实验中，只有22%的医生选择安全的治疗方案C，而72%的医生选择了冒险的治疗方案D。

我们很少有人面临生死抉择，许多的选择事项都是类似买卖股票的世俗性选择。关于投资组合的理性选择理想地依赖于对各种可能投资结果的评估而不是人们如何获取投资机会。

例如，假设给你100股Concrete-Block.com的股票。（这个公司的口号是："我们放弃股票，你们支付包装和运输费用。"）尽管事实上你从没考虑过购买这个公司的股票，你还是不愿意出售作为礼物得到的该公司股票。

人们往往不愿意出售亏本的股票，认为亏本的股票还有可能反弹。亏本的股票是有反弹的可能，但它们并没有反弹。你最终不应该让历史来决定自己的投资组合，正确的问题是你现在是否具有选择自己理想的投资组合的机会。

锚定效应

上述的Concrete-Block.com的假设事例与所谓的*锚定效应*（anchoring effect）有关。锚定效应的想法是人们的选择可能完全受到虚假信息的影响。在经典研究中，被实验者旋转抓阄转轮得到与某个主题相关的数字。①这个相关主题是回答加入联合国的非洲国家的总数是大于还是小于抓阄转轮显示的数字。

被实验者回答完以上问题后，还被要求对加入联合国的非洲国家的总数给出自己的

① D.Kahneman and A.Tversky，1974，"Judgment under uncertainty：Heuristics and biases"，*Science*，185：1124—1131.

最好猜测。尽管抓阄转轮显示的数字显然具有随机性,但转轮显示的数字还是对被实验者具体猜测的数字产生显著的影响。

在一个相似的实验中,给 MBA 学生一瓶昂贵的葡萄酒,并询问他们是否愿意为这瓶葡萄酒支付与自己社会保障卡号的最后两位数字相同的价格。例如,社会保障卡号的最后两位数字是 29 时,问题就变成:"你是否愿意为这瓶葡萄酒支付 29 美元?"

在回答完以上问题后,还要求 MBA 学生回答"自己愿意为这瓶葡萄酒支付的最高价格是多少?"的问题。学生对后一个问题的回答强力地受到自己社会保障卡号的最后两位数字所决定的价格的影响。例如,社会保障卡号的最后两位数字等于或低于 50 的学生愿意支付平均的价格是 11.62 美元,而社会保障卡号的最后两位数字高于 50 的学生愿意支付的平均价格是 19.95 美元。

这些选择似乎只是实验室的游戏,但一些非常严肃的经济决策也会受选择框架方式的微小变化的影响。

例如,考虑年金计划的选择问题。①

部分经济学家研究了自动加入 401(k)计划的三个大企业的数据。雇员可以不加入 401(k)的年金计划,但他们必须明确地表示不愿加入的意向。经济学家发现具有自动加入条款的 401(k)计划的员工加入率非常高,超过 85%的员工接受自动加入 401(k)计划的默认选择。

这是一个好消息,但坏消息是自动加入 401(k)计划的全部员工都选择默认投资,典型的是具有很低收益和每月低投资额的货币市场基金。企业大概尽量选择非常保守的投资策略以避免资产损失和员工可能提出的法律诉讼。

接着,经济学家分析了参加没有自动加入的默认选择的年金计划的企业。这些企业要求员工在开始工作的第一个月内必须选择要么加入 401(k)计划要么延缓加入 401(k)计划。

通过去除不加入 401(k)计划和参加低收益基金的标准默认选择,这个"积极决策"的方法将新雇员的 401(k)计划的参加率从 35%提高到 70%。进一步地,加入 401(k)计划的员工压倒性地选择了高储蓄率。

就像 401(k)计划这一事例所显示的那样,仔细设计人力资源收益计划会使得所选择的计划明显不同于其他计划,并潜在地对消费者储蓄行为产生巨大影响。

选择分类

人们经常对如何理解自己的行为感到困惑,发现很难预测自己在不同环境条件下实际上会作出什么选择。例如,市场营销学教授在课堂上连续三周要求学生从六份不同的快餐中选择自己可能消费的一种快餐。②(你应该这样幸运!)一种实验要求学生必须事先选定快餐,而另一种实验是让学生每天选择快餐,并在当天吃掉自己选择的快餐。

学生必须事先选择快餐时,会选择不同的快餐组合。实际上,在事先选择的实验中,

---

① James Choi, David Laibson, Brigitte Madrian, and Andrew Netrick, "For Better or for Worse: Default Effects and 401(k) Savings Behavior", NBER working paper, W8651, 2001.

② I. Simonson, 1990, "The Effect of Purchase Quantity and Timing on Variety-seeking Behavior", *Journal of Marketing Research*, 17:150—164.

有 64%的学生每周选择不同的快餐,而在当天选择的实验中,只有 9%的学生每周选择不同的快餐。面临一次性选择的时候,人们明显地愿意选择多样性而不是单一性。然而,人们在实际进行选择的时候,又会作出使自己满足程度最高的选择。我们都是自己习惯的产物,即使在快餐的选择问题中。

过多选择

常规理论认为选择越多越好,但这种主张忽视了决策成本。在富裕国家,消费者很容易对各种选择不知所措,从而使得他们更难作出自己的选择。

在一个实验中,两名市场营销专家在超市设立果酱展示柜台,①一个柜台展示 24 种风味的果酱,而另一个柜台只提供 6 种风味的果酱。更多顾客聚集在 24 种果酱的柜台前,但聚集在 6 种果酱柜台前的顾客更多地购买果酱。更多的选择能够吸引购物者,但 24 种果酱柜台的丰富备选对象又反而使得购物者更难作出自己的选择。

两名行为金融学家希望知道相同的过多选择问题是否也出现在投资者的决策问题中。他们发现设计自己养老金投资组合的人们在做出自己的选择时,更倾向于选择这样的投资组合,自己从自我选择的投资组合获得的满足度恰好等于周边同事选择平均投资组合时获取的满足度。给予人们拥有构建自己养老金投资组合的更多弹性并不能使得投资者得到更大程度的满足。②

构造的偏好

我们如何解释这些事例?心理学家和行为经济学家认为偏好并不指导选择,只能通过选择的实验局部地发现偏好。

想象观察到有人在超市挑出一个番茄,将它放下,随后又挑出这个番茄。他是否要这个番茄呢?其价格质量组合是否可接受?你观察到以上挑选番茄的现象时,你认为挑选番茄的购物者正处于是否进行选择的边界位置。然而,心理学家将挑选番茄的现象解释成购物者正在发现自身的偏好。

常规理论认为偏好是预先存在的。根据这种观点,偏好可以解释行为。相反地,心理学家却认为偏好是构造出来的,人们通过自己的选择和消费行为发展或创造出偏好。

似乎心理学模型能更好地解释实际发生的现象,但以上两种观点并不完全是相互矛盾的。我们已经知道,一旦可以通过某种神秘的过程发现偏好,偏好就趋向于确定具体的选择行为只要作出了选择,选择就趋向于产生具体的决策。如果你试图从最终挑选好番茄的消费者手中购买那个番茄,你就要为这个番茄支付更高的价格。

31.2 不确定性

通常的选择已够复杂,而不确定性下的选择往往更显得特别不易处理。我们已经知道人们的决策依赖于各种备选对象的描述方式,但在不确定性下的选择问题中还存在许

---

① Sheena S.lyengsr and Mark R.Lepper "When Choice is Demotivating: Can One Desire Too Much of a Good Thing?" *Journal of Personality and Social Psychology*, 2000.

② Shlomo Benartzi and Richard Thaler, "How Much is Investor Autonomy Worth?" UCLA working paper, 2001.

多其他偏差。

小数定律

如果你学过统计学,你就可能熟悉大数定律。大数定律是一个数学原理,其大致含义是:总体的大样本的平均值接近于总体的均值。

小数定律是一种心理学描述,其含义是:人们往往受到小样本的过度影响,特别是对于自己亲身经历过的事情。①

考虑以下问题:②

“某镇有两家医院提供医疗服务。较大的医院每天大约有45个婴儿出生,较小的医院每天大约有15个婴儿出生。就像你知道的那样,出生婴儿的一半左右是男婴。然而,男婴的确切比率每天都是不一样的。有时可能高于50%,有时可能低于50%。在一年的时间内,每家医院都记录男婴出生比率超过60%的天数。你认为哪家医院记录的相应天数会多一些?”

在针对医学院学生的调查中,22%的学生认为大医院记录的男婴出生比率超过60%的天数要多些,而56%的学生认为两家医院记录的男婴出生比率超过60%的天数应该相同。只有22%的学生正确地说出了小医院的男婴出生比率超过60%的天数要多些的结论。

如果正确答案对你而言显得非常特别,那么假设小医院每天出生2名婴儿,大医院每天出生100名婴儿,小医院大约在25%的时间内出生的婴儿都是男婴,但这对大医院是非常罕见的事情。

相关的问题是人们很难认识到随机性。一个实验要求实验参与人记录随机投掷硬币150次的实验结果。大约15%的实验记录包含连续三次出现硬币正面或连续三次出现硬币反面的结果,但这种结果随机出现的可能性是25%。只有3%的实验记录包含连续四次出现硬币正面或连续四次出现硬币反面的结果,而概率论告诉我们,连续四次出现正面或反面的可能性是12%。

这个事例对博弈论具有重要的意义。我们知道,人们在许多场合应该随机地选择自己的博弈策略,从而需要博弈对手始终猜测自己的策略。然而,根据心理学文献,人们并不擅长于随机选择自己的博弈策略。另一方面,人们也不擅长于找出非随机性的博弈策略,至少对于没有经过多少统计学训练的人是这样。混合策略均衡的结果不是数学无法预测的选择,而是博弈参与人在博弈中无法预测那些数学预测的选择。

有经济学研究人员分析温布尔登的网球半决赛和决赛。③理想状况是,网球选手应该不时变换发球的落地点,使得对方无法猜测发球的方向。然而,即使熟练的选手也无法达到人们预期的那种发球水平。研究成果如下:

---

① 小数定律这一术语源自以下文献:A. Tversky and D. Kahneman, 1971, “Belief in the Law of Small Numbers”, *Psychological Bulletin*, 76.2 105—110。正文的许多讨论都基于加州伯克利大学的Matthew Rabit的工作论文:“Inference by Believers in the Law of Small Numbers”。

② A. Tversky and D. Kahneman, 1982, “Judgments of and by Representativeness”, in *Judgment under Uncertainty: Heuristics and Biases*, D. Kahneman. P. Slovic, and A. Tversky, Cambridge University Press, 84—98.

③ M. Walker and J. Wooders, 1999, “Minimax Play at Wimbledon”, University of Arizona Working paper.

“我们的实验表明：网球选手不能很好地随机发球；为符合随机发球的要求，他们稍微频繁地从左到右或相反地变换发球的落地点。这个结果也与大量心理学和经济学的实验研究相吻合，那些实验研究表明试图真正随机行动的人们往往过于频繁地变招。”

资产整合和规避损失

在我们讨论期望效用时，我们隐含地假设个人关心自己在各种不同状态中最终可以获得的总财富。这个假设就是*资产整合假设*。

即使多数人觉得接受资产整合假说是合理的事情，但对于经济学家而言，很难将这个资产整合假说付诸实践。人们一般非常在意避免小风险的事件，但又过多地接受了大风险的事件。

假设你每年可以得到 10 万美元的收入，还有机会参加投掷硬币的赌博。出现所投掷硬币的正面时，你赢得 14 美元；出现所投掷硬币的反面时，你损失 10 美元。这个赌博的期望收益是 12 美元，并只对你每年的总收入产生微小的影响。除非你在道德上反感赌博，不然这个赌博是非常吸引你的，你几乎肯定愿意参加。然而，使人感到意外的事情是大多数人都不愿参加这种硬币赌博活动。

这种过度风险厌恶也出现在人们过度投保各种小概率事件的保险市场上。例如，尽管可以低成本地频繁调换自己的手机，但人们还是为自己手机的意外丢失购买保险。人们也购买几乎没有多少经济价值的有扣减的汽车保险。

在进行保险决策时，一般应该关注保险的损失补偿率(house odds)。假设手机保险的月保费为 3 美元或年保费为 36 美元，而新手机的价格是 180 美元，那么手机保险的损失补偿率是 36/180 或 20%。只有你丢失手机的可能性超过 20%或你有经济困难而无法更换新手机时，购买手机保险才能获益。

显然，相对于*风险厌恶*，人们更加*规避损失*。换言之，相对于自己可能遇到的实际结局，人们似乎对已经存在的现状赋予极大的权重。

在多次重复的实验中，两名研究人员将实验对象分成两个小组，并向一组成员发放咖啡杯。①研究人员要求获得咖啡杯的小组成员报告各自愿意出售咖啡杯的最低价格，再要求没有得到咖啡杯的小组成员报告各自愿意购买咖啡杯的最高价格。既然实验对象的分组是随机的，咖啡杯的卖价和买价应该大致相等。然而，实验表明，咖啡杯的卖价和买价之间存在显著差异，卖价的中位数是 5.79 美元，而买价的中位数是 2.25 美元。显然，与没有咖啡杯的实验对象相比，获得咖啡杯的实验对象更不愿意放弃咖啡杯。不同于标准的消费者理论，实验对象的偏好受到了初始禀赋的影响。

相似的效应出现在所谓的*沉没成本谬误*(sunk cost fallacy)中。一旦购买某种东西，实际支付的费用就已“沉没”或不再能够恢复。未来的行为不应该受到沉没成本的影响。

然而，现实中人们往往关心自己为某种东西已经支付的成本。研究人员发现，波士顿的公寓所有者的挂牌价格是与公寓的购买价格相关的。②就像以前指出的那样，即使买卖

---

① D.Kahneman, J.L.Kitsch, and R.Thaler, 1990, “Experimental tests of the endowment effect and the Coase theorem”, *Journal of Political Economy*, 98, 1325—1348.

② David Genesove and Christopher Mayer, 2001, “Loss aversion and seller behavior: Evidence from the housing market”, *Quarterly Journal of Economics*, 116, 4, 1233—1260.

股票遭受的损失可以获得税收抵扣,但股票的持有者还是非常不愿意遭受实际损失。

普通人受到沉没成本谬误影响的事实是非常有趣的,更值得关注的是经济学家没有关注这个谬误问题。例如,讨论波士顿公寓售价的经济学家发现,同购买自住公寓的个人相比,出于投资目的购买公寓的个人很少受到沉没成本的影响。

相似地,金融咨询专家很少不愿意承认股票投资损失,特别是在对股票投资损失有税收优惠的时候。显然,我们雇用专业咨询专家的理由之一,就是希望获得专业咨询专家对我们决策的无偏见分析。

31.3 时间

就像涉及不确定性的行为容易产生各种反常行为那样,与时间相关的行为也有自身的异常性。

贴现

例如,考虑时间贴现问题。经济学的标准模型是指数贴现模型,指数贴现假设人们依据固定比率对未来进行贴现。若 $u(c)$表示现在消费的效用,t 年后消费的效用似乎是,$\delta^t u(c)$,其中 $\delta < 1$。

以上的指数贴现是一种简单的数学模型化方法,但还存在其他似乎能更好地拟合实际数据的贴现方式。

一个经济学家拍卖掉在未来不同时间支付收益的债券,并发现人们对未来收益的评价低于指数贴现模型预测的收益值。另一个被称为双曲线贴现的理论模型设想贴现因子不是 δ^t 而是 $\frac{1}{(1+kt)}$。

指数贴现特别引人瞩目的特征是行为的时间一致性。设想规划 3 期消费的个人的效用函数具有以下形式

$$u(c_1) + \delta u(c_2) + \delta^2 u(c_3)$$

第 1 期消费与第 2 期消费之间的边际替代率为

$$\mathrm{MRS}_{12} = \frac{\delta MU(c_2)}{MU(c_1)}$$

第 2 期消费与第 3 期消费之间的边际替代率为

$$\mathrm{MRS}_{23} = \frac{\delta^2 MU(c_3)}{\delta MU(c_2)} = \frac{\delta MU(c_3)}{MU(c_2)}$$

上式表示,消费者愿意用第 2 期消费替代第 3 期消费的边际替代率无论从第 1 期还是从第 2 期视角来看都是一样的。双曲线贴现不具备这种形式的边际替代率。进行双曲线贴现的个人对遥远未来的贴现幅度要高于对短暂未来的贴现幅度。

进行双曲线贴现的个人表现出时间不一致性(time inconsistency)。这类进行双曲线贴现的个人先制定自己未来行为的计划,但在计划规定的未来时间到来后,自己又希望做

与计划不同的其他事情。考虑决定花费 5 000 美元到欧洲旅游而不是节省开支的一对夫妻。他们理性地作出从明年夏天开始储蓄的决定。然而，第二年夏天来临时，他们又决定花钱去坐船游览。

自我控制

与时间一致性问题密切相关的是自我控制问题。几乎所有人都在一定程度上遇到过自我控制的问题。站在盥洗室的体重器上时，我们发誓要控制我们的卡路里和尽量吃得少些，但坐在摆满丰盛美餐的餐桌前时，我们的决心又非常容易消失。能理性控制饮食的人明显健康和身材苗条，而其他不能自我控制的人则不然。

重要的问题是人们是否知道自我控制的自身困难所在。如果我知道自己有拖延时间的倾向，或许我应该认识到有重大事情的时候，我就该立即完成任务，如果发现自己有过多承诺的倾向，或许我就该学会更多地说不。

然而，还有其他可能性。如果我知道自己明天很有可能屈服于多吃一块甜点的诱惑，那或许我在今天也会多吃一块甜点。肉体是脆弱的，精神也是脆弱的。

解决自我控制的方法之一是找到自己对未来行为的承诺方法。换言之，你可以找到一种方法使得你在未来偏离自己的理想行为时要承担更大的成本。例如，事先公开宣布自己未来行为的人们不太可能偏离自己事先计划的行为。有这样一种治疗嗜酒者的药品，嗜酒者服用了这种药品后如果饮酒会得暴病。还有针对减肥者的承诺机制，这种机制或者说装置可以使人感到自己胃不舒服而不愿多吃东西。

即使条件的变化使得既定的未来计划对人们没有吸引力，但不同个人之间的契约也能保证人们实施其既定的未来行动。根据相似的方法，人们可以雇用他人在自己偏离预定行为时对自己实施处罚，从而实际上产生自己与自己签订契约的效果。加入减肥中心、聘请运动教练和辅导员等都属于“购买自我控制”的各种方法。

例子：自负

自我控制的一种有趣变异是自负现象。两名金融经济学家布拉德·巴伯(Brad Barber)和特伦斯·奥迪恩(Terrance Odean)研究了拥有折扣交易账户的 66 465 个家庭的金融投资绩效。在他们的研究期间内，不频繁交易的家庭获得了 18%的投资收益率，而最积极进行交易的家庭只获得了 11.3%的投资收益率。

性别是明显影响过度交易的重要因素之一，男性的股票交易次数大大高于女性。心理学家一般都发现男性往往过度地相信自己的能力，而女性在大多数情况下往往表现得更现实。心理学家将男性的行为称为自利的归因偏差。男性(或至少多数男性)都将自己的成功看成是自己能力的结果，而非懒汉运气的结果。因此，男性也变得自负。

这种自负有来自金融学研究的回应。在折扣交易账户的样本中，男性的股票交易次数要比女性高 45%。这种过度交易导致男性的平均投资收益比女性整整低了一个百分点。正如巴伯和奥迪恩指出的那样，“交易或许有损于你的财富”。

31.4 策略互动和社会准则

特别有趣的心理学或社会学的行为出现在策略互动的场合。我们已经学习了博弈论,博弈论试图预测理性博弈参与人会如何相互影响,还存在行为博弈论的学科,行为博弈论研究现实生活中的人们是如何相互作用的。事实上,存在说明人们的实际行为偏离纯理论预测的系统有力证据。

最后通牒博弈

考虑第30章简要讨论过的最后通牒博弈。回忆一下,最后通牒博弈是有提议者和回应者两个参与人的博弈。先给予提议者10美元,提议者再提出相互之间如何分配这10美元的报价。知道提议者的报价后,回应者需要回答是否接受提议者的报价。如果回应者接受报价,就根据报价分配10美元。如果回应者拒绝报价,博弈结束,双方的收益都为零。

首先,我们考虑完全理性的博弈参与人会如何行动。一旦回应者知道了分配方案,他的占优策略就是接受报价,这总比什么也没得到要好,毕竟可以假设我提议你在10美分和一无所得之间进行选择,难道你不觉得10美分比什么也没有要好?

假设理性回应者会选择任何数量,那么提议者应该选择将尽可能少的货币分给回应者,比如说只给对方1美分。博弈论预测的结局是一个极端的分配结果,提议者几乎可以得到全部10美元。

在分钱博弈实际发生时,博弈的结局并非如此。事实上,回应者往往拒绝自己认为不公平的报价。分给回应者的低于总量30%的报价被拒绝的可能性高于50%。

当然,如果提议者知道回应者会拒绝不公平的报价,那么提议者会理性地希望采用接近平等分配的分配方案。平均分配趋向于回应者得到总量的45%而提议者得到总量的55%的分配方案,但平均分配方案被拒绝的可能性也有16%。

有大量文献研究博弈参与人的特征会如何影响博弈结果。其中的一个例子是性别差异。性别差异的例子说明,男性倾向于接受更有利于自己的分配方案,尤其是在由女性提出分配方案的时候。

文化差异也很重要。某些文化可能比其他文化更注重公平的问题,从而使得人们拒绝自己认为不公平的提议。①非常有趣的结果是,尽管对分配数量的报价受地区因素和文化因素的影响不大,但在可接受的分配方案之间存在系统性差异。用于分配的总量也很重要。如果分配总量是10美元,你也许不愿接受1美元。但如果分配总量是1 000美元,你是否愿意拒绝100美元呢?显然,回应者发现自己很难获得更大份额的货币。

另一个变化是在博弈的设计上。一种变化是策略方法,具体要求回应者在知道对方提出的具体报价之前,给出自己可能接受的底线分配方案。提议者知道回应者事先进行决策,但不知道回应者最低愿意接受的分配额。这个实验设计趋向于增加提议者对分配量的报价,也就是使得分配更平等。

公平

最后通牒博弈研究的一个影响似乎与公平相关。多数人似乎自然地偏爱平等(或者

① 参见Swee-Hoon Chuah, Robert Hoffman, Martin Jones, and Geoffrey Williams, "Do Cultures Clash? Evidence from Cross-National Ultimatum Game Experiments", Nottingham University Business School working paper。

至少不是太不平等)分配。这不仅仅是一个个别现象,而是社会现象。即使在平均分配不直接地符合自身利益的时候,人们也愿意实施公平准则。

例如,考虑惩罚博弈。这个博弈是将最后通牒博弈扩展到存在可以观察到提议者或分配者的选择的第三方的场合。第三方可以选择从提议者收益中扣除部分收益的方法对提议者进行惩罚。①

实验者发现大约60%作为第三方的观察者实际上会对提出不公平分配方案的提议者进行惩罚。不管是天生的还是后天习得的,在人类的天性中似乎存在拒绝不公平行为的因素。

事实上,各种文化中关于公平的社会准则存在差异,属于某些社会的个人对公平的评价很高,而属于其他社会的个人并不强烈地要求公平。不过,可以普遍感受到要求惩罚那些做了不公平事情的人的强烈意愿。这也意味着或许是相互公平行事的个人拥有更多的生存繁衍机会,因而爱好公平结果成为人类天性的一部分。

31.5 行为经济学的评价

心理学家、市场商人和行为经济学家已经收集了关于经济选择的基本理论如何错误或至少不完善的大量事例。

部分事例似乎是错觉。例如,对选择问题的不同描述可能影响决策的事实可能类似于人们对大小距离的判断受到图形表示方法影响的事实。如果人们花时间运用冷静推理的方法仔细考虑自己面对的选择问题,他们可能得到正确的结论。

毫无疑问,人们不可能完全按照经济行为的最简单理论行动,人们仍然可以作出没有100%正确的理论的反应。心理学家也已经发现,人们并没有真正理解物理学的简单原理。具体例子是,如果在绳子的一端系上一个重物,你再将这根绳子绕着头部旋转一周后放手,绳子所系的重物将如何飞行?

多数人说重物将向圆周外飞行,而不能准确回答说重物将沿着圆周的切线方向运动。②当然,人们的整个一生已经与物理世界密切相关。既然人们偶尔不能准确地认识到物理世界的原理,在人们对经济世界产生误解时,我们也不必感到多惊奇。

显然,我们对物理的直观理解已足以应付日常生活的需要。在业余或专业的体育运动中,尽管棒球运动员可以很好地投球,但棒球运动员未必能够描述棒球将如何运动。相似地,也可能出现以下意见:人们可能更擅长处理日常必须决策的各种事件,即使人们未必能很好地对这些事件进行抽象的推理分析。

对行为异常的另一种反应是,市场往往对理性行为给予奖赏,而对非理性行为予以惩罚。即使许多市场参与者并不理性行事,但那些理性者的聪明行事会对价格和市场交易结果产生最大的影响。这个观点给人确实如此的感觉。回忆一下不动产投资者比普通人

① 参见 Ernst Fehr and Urs Fischbacher, 2004, "Third-party Punishment and Social Norms", *Evolution and Human Behavior*, 25, 63—87。

② 参见 M.McCloskey, 1983, "Intuitive Physics", *Scientific American*, April, 114—123。

更少地受到沉没成本的影响的事例即可。

此外,你可能雇用专家帮助自己更好地进行决策。减肥咨询师或金融顾问能够对你如何饮食和如何投资的事项提供客观建议。如果你担心这些建议过于公正,你也可以总是雇用强硬的专家。

回到错觉的事例,我们使用规则或标尺的原因在于我们知道不能过于相信自己的眼睛。相似地,在进行重要决策的时候,询问无偏见专家的观点的做法是明智的。

小　结

1. 行为经济学讨论消费者实际上如何进行选择的问题。
2. 在许多情况下,实际的消费者行为不同于根据理性消费者的简单模型预测的行为。
3. 根据问题的不同表述,消费者作出不同的选择。
4. 默认选择非常重要。
5. 人们发现很难预测他们自己的选择行为。
6. 太多的选择可能让人不知所措,使得作决策很难。
7. 在与不确定性相关的选择问题中,选择行为特别成问题。
8. 在实验环境中人们倾向于表现出过度的风险厌恶。
9. 与传统理论所假定的相比,人们可能对未来进行更多的贴现。
10. 时间不一致性是指实际的选择可能最后与计划的选择不同。
11. 在最后通牒博弈中,一个博弈参与人提议如何分配一笔钱,另一个博弈参与人要么接受提议,要么拒绝提议而结束博弈。传统的博弈理论则预测会出现非常不公平的分配。
12. 消费者似乎具有对"公平"分配的偏好,并愿意对有不公平行为的人进行惩罚,即使这样也会损害到自身利益。

复习题

1. 假设要求被实验者摇奖买票。告诉一组被实验者,他们有55%的可能性买到票,而告诉另一组被实验者,他们有45%的可能性买不到票。哪个小组更愿意摇奖买票?这种效应的名称是什么?

2. 玛丽为自己的家庭制定了整周的膳食计划,而弗雷德负责每天购物。谁更愿意使得膳食多样化?这种效应的名称是什么?

3. 设想一个中等规模公司的人力资源主管正试图决定为自己公司雇员的年金计划提供几种共同基金。提供10种共同基金好还是提供50种共同基金好?

4. 在正常的硬币投掷中,连续出现三次硬币正面的概率是多少?

5. 约翰决定本周和下周各节省5美元和10美元的开支。然而,在下周来临时,约翰决定只节省8美元的开支。可以用哪种专业术语描述这类不一致性行为?

▶32

交 换

迄今为止，我们已普遍地考察了孤立的单一商品的市场。我们认为某一商品的需求函数和供给函数仅仅取决于该商品的价格，而置其他商品的价格于不顾。然而，一般说来，其他商品的价格是会影响人们对某特定商品的需求与供给的。当然，某一商品的替代品和互补品的价格必定会影响对该商品的需求，而更为微妙的是，人们出售的商品的价格会影响他们的收入量，从而影响他们能够购买的其他商品的数量。

到目前为止，我们一直忽略不计其他商品价格对市场均衡的影响。当我们探讨某特定市场的均衡条件时，仅仅考察了问题的一个方面，即只探讨需求与供给是如何受我们所考察的特定商品的价格的影响。这种方法叫做局部均衡分析。

本章我们将开始探讨一般均衡分析，即几个市场的需求与供给条件是如何互相影响的，从而决定多种商品的价格。如人们可能猜想的那样，这是一个复杂的问题，为了解决这一问题，我们不得不作若干简化。

首先，我们将讨论的范围限于竞争市场的行为，所以每个消费者或生产者都接受既定的价格，并相应地作出最优的抉择。研究具有不完全竞争的一般均衡是十分有趣的，但要考察这一点也是十分困难的。

其次，我们将采用我们通常的那种简化方法，即尽可能考察最少的商品数量和消费者人数。这里只要用两种商品和两个消费者便可描述许多有趣的现象。当然我们讨论的一般均衡分析的各个方面，可以推广到任意数量的商品和消费者，而选择两种商品和两个消费者能使阐述更加简明。

第三，我们将分两个阶段来考察一般均衡问题。我们先开始考察一种人们具有固定的商品禀赋的经济，考察在他们之间是如何相互交换这些商品的，不涉及生产问题，这就是所谓纯交换的情况。一旦我们对纯交换市场有明确的了解之后，接着再考察一般均衡模型中的生产行为。

32.1 埃奇沃思方框图

有一种称为埃奇沃思方框图[①]的简便图示法可被用于分析两个人之间两种商品的交换。它可使我们在一张简单的图形上描述出两个人各自的商品禀赋及对商品的偏好,因而它可用于研究这种商品交换过程所产生的各种各样的结果。为便于了解埃奇沃思方框图的结构原理,有必要考察一下无差异曲线以及行为人的商品禀赋。

设参与交换的行为人为A和B,所交换的商品为商品1和商品2。我们用$X_A=(x_A^1, x_A^2)$来表示A的消费束。式中,x_A^1表示A所消费的商品1,x_A^2表示A所消费的商品2。B的消费束用$X_B=(x_B^1, x_B^2)$表示。X_A和X_B这一对消费束称为一种*配置*。如果所消费的每种商品的总数与其总的禀赋量相同,这种配置就是*可行配置*:

$$x_A^1+x_B^1=\omega_A^1+\omega_B^1$$
$$x_A^2+x_B^2=\omega_A^2+\omega_B^2$$

令人感兴趣的具体的可行配置是*初始禀赋配置*(ω_A^1, ω_A^2)和(ω_B^1, ω_B^2)。这是消费者开始交换时的配置。它包括了消费者带至市场的各种商品的数量。他们在交易过程中互相交换部分商品,从而导致*最终配置*。

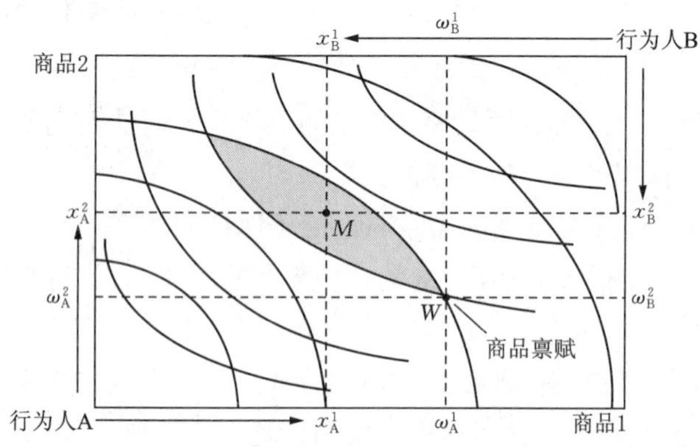

方框的长用以度量经济中商品1的总量,方框的宽用以度量商品2的总量。行为人A的消费选择以左下角为原点度量,而行为人B的消费选择则以右上角为原点度量。

图32.1 埃奇沃思方框图

图32.1所示的埃奇沃思方框图用图示方式阐明了上述这些概念。我们首先用一张标准的消费者理论图来阐明消费者A的商品禀赋和偏好。我们还可在这些轴上标出经济中每种商品的总量即A所拥有的每种商品量加上B所拥有的每种商品量。鉴于我们仅对两个消费者之间的商品的可行配置感兴趣,我们可以绘制一个方框图,图内包含了A拥有的这两种商品的一切可能的组合。

请注意方框内A的各消费束也表示B可能拥有的商品的数量。假如有10单位商品1,20单位商品2,如果A分别拥有7单位商品1和12单位商品2,那么,B必然相应地拥有3单位商品1和8单位商品2。A对商品1的拥有量可通过从左下角的原点开始的横轴上的距离来表示,B对商品1的拥有量可用从右上角的原点开始的横轴上的距离来表示。同样,纵轴上的距离则表示A和B各自对商品2的拥有量。为此,方框内的各个点既告诉我们A拥有的消费束,又告诉我

① 该图以英国经济学家弗朗西斯·Y.埃奇沃思(Francis Ysidro Edgeworth, 1845—1926年)命名,他是首次使用这种分析工具的著名经济学家之一。

们B的消费束——只是从不同的原点加以度量罢了。埃奇沃思方框图内的各个点可表示这一简单经济中的所有可行的配置。

我们可用通常的方式来画出A的无差异曲线，至于B的无差异曲线则要采用不同的方式来表示。要画出B的无差异曲线，我们先拿一张B的无差异曲线的标准图，将其倒过来"叠"在埃奇沃思方框图上。这就成了方框图中B的无差异曲线。从位于左下角的A的原点出发向上向右移动，我们是在移向A更偏好的配置，反之，从位于右上角的B的原点出发向下向左移动则是移向B更偏好的配置。（读者不妨将书转过来看此图像，也许这样就更清楚了。）

埃奇沃思方框图描述了两个消费者的可行的消费束——可行的配置——以及两者各自的偏好，因而它全面地阐明了两个消费者所具有的同经济有关的各种特性。

32.2　交易

我们阐述了偏好与商品禀赋问题之后，就可着手分析交易如何进行的问题了。从图32.1中W点所表示的初始商品禀赋开始。请注意通过这一配置点的A和B的无差异曲线。A的经济境况改善的区域（同其初始商品禀赋相比较）由通过W点的A的无差异曲线之上的全部消费束组成。而B的经济境况改善的区域（同其初始商品禀赋相比较）从B的角度来看是由通过W点的B的无差异曲线之上的全部消费束组成。（在我们看来，则是由该条无差异曲线之下的全部消费束组成。）

那么，A和B境况均较好的区域又在哪里呢？很明显，是两个区域的相交部分，即图32.1中呈透镜状的区域。假设两者在洽谈过程中将达成一些互利的交易，这些互利的交易将使配置点移到图32.1中透镜状区域内的M点。

如图32.1所示，趋向M点的移动意味着行为人A放弃$|x_A^1-\omega_A^1|$单位的商品1，换取$|x_A^2-\omega_A^2|$单位的商品2。而这意味着行为人B放弃$|x_B^2-\omega_B^2|$单位的商品2，以获得$|x_B^1-\omega_B^1|$单位的商品1。

M点的配置并无奇特之处，透镜状区域内的任何配置都是可能的。因为该区域内的任一商品配置均系使各个消费者的境况好于其初始商品禀赋时的配置。我们仅需设想消费者从事交易而达到该区域内的某点就行了。

现在我们可在M点重复同样的分析。我们可以画出通过M点的两条无差异曲线，构成新的透镜状"互利区"，设想交易双方移至该区域中新的N点，交易继续进行下去……直至无双方均偏好的交易为止。那么这种情况会是怎样的呢？

32.3　帕累托有效率配置

在图32.2中可找到问题的答案。在该图的M点上，A的无差异曲线之上的点集合并不与B的无差异曲线之上的点集合相交。A之境况较好的区域不与B之境况较好的区域相交，这就意味着任何使一方境况变好之举必然使另一方境况变坏。因此，这里不存在对双方均有利的交换。在这类配置点上不存在相互改善的交易。

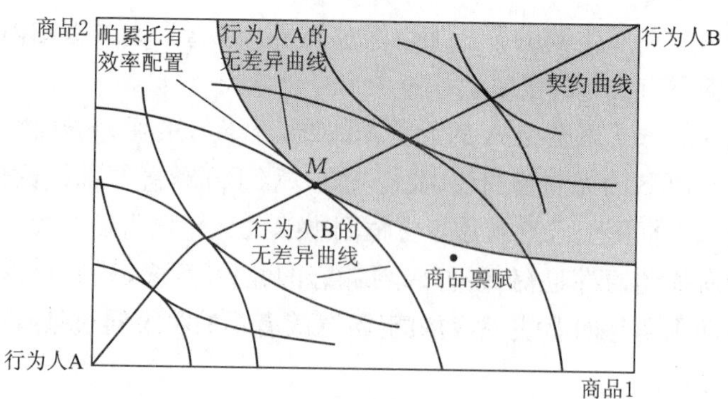

在帕累托有效率配置点如 M 点上,给定其他人的无差异曲线,每一个人处在他所可能达到的最高的无差异曲线上,连接这些点的线称为契约曲线。

图 32.2 帕累托有效率配置

诸如这样的配置称为*帕累托有效率配置*。帕累托效率的思想在经济学中是一个非常重要的概念,它以多种面目出现。

帕累托有效率配置为如下所描述的那种配置:

1. 无法使所有各方境况更好;

2. 不可能使某一方境况更好,而又不使另一方境况变坏;

3. 从交易中能得到的所有收益都已取尽;

4. 无法进一步再作互利的交易,等等。

事实上,我们在论述单一市场时已多次论及帕累托效率的概念。我们提到过单一市场中的帕累托有效率产量水平,是边际购买意愿与边际销售意愿相等的产量。在这两个数字不同的任何产量水平上,总有一种方法通过交易使市场的供需双方的境况均变得更好。本章将深入探讨包含多种商品与多个交易者的帕累托效率的概念。

请留意下述帕累托有效率配置的简单几何学原理:双方的无差异曲线必须在方框内任何帕累托有效率配置点上相切。看清楚这一点并不困难。如果这两条无差异曲线不在方框内的一个配置点上相切,则两条曲线必定相交。而如果两条曲线相交则必定有一个互利区域,所以这点就不可能是帕累托有效率配置点了。(方框的边上也可能有帕累托有效率配置点,这种情况表示某消费者对某商品的消费量为零,此时无差异曲线并不相切。这种边界实例对于眼前的讨论无足轻重。)

从相切的情况看,很容易弄清楚埃奇沃思方框图内存在许多帕累托有效率配置点。事实上,比如只要给定 A 的任何一条无差异曲线,就很容易找到一个帕累托有效率配置点。只要沿着 A 的无差异曲线移动,直至移动到对 B 来说是最佳的一点。这一点就是帕累托有效率配置点,因而两条无差异曲线必在此点相切。

埃奇沃思方框图内所有帕累托有效率配置点的集合称为*帕累托集*,或*契约曲线*。其中,后一种说法来自这样一种观点,即任何交易的"最终契约"必定在帕累托集上,否则就不可能是最终契约,因为如不在帕累托集上的话,还可有某些改进。

在典型例子中,契约曲线将从 A 的原点穿过埃奇沃思方框图到达 B 的原点,如图 32.2 所示。如果我们从 A 的原点开始,在该原点处 A 一无所有,而 B 拥有全部这两种商品。

由于 A 的境况改善的唯一途径是从 B 那儿拿走一些商品，所以这就是帕累托有效率配置。沿着契约曲线上移，A 的境况越来越好，直至最终抵达 B 的原点。

帕累托集描述了从方框内任何一点开始的互利交易所可能产生的全部结果。如果我们设定一起始点，即每个消费者的初始商品禀赋，就可考察每个消费者较其初始商品禀赋更偏好的帕累托集的子集。该子集就位于图 32.1 所述的透镜状区域内。透镜状区域内的配置就是从图中所描述的特定初始商品禀赋点开始的互利交易的可能结果。然而，除了该禀赋决定现有两种商品的总数，从而决定埃奇沃思方框图的大小时，帕累托集本身并不取决于初始商品禀赋。

32.4 市场交易

上面所说的交易过程的均衡，即帕累托有效率配置集是十分重要的，但是关于交易双方在何处终止交易的问题仍有不少模棱两可的解释。其原因是我们所描述的交易过程太一般化了。事实上，我们仅设想交易双方将到达双方境况均更好的某个配置点。

如果我们确立一种特定的交易过程，就可对均衡问题作更精确的描述。我们先来描述一个模拟竞争市场结果的交易过程。

假设有一第三方愿意充当交易者 A 和 B 的"拍卖商"，该拍卖商为商品 1 和商品 2 各选定了一个价格，并把所定价格告诉了交易者 A 和 B。每个交易者估量，按价格(p_1, p_2)其持有的商品禀赋值多少钱，从而决定按这样的价格每种商品该买进多少。

这儿有必要告诫大家，如果在交易中确实只有两人参与，那么对他们来说，采用竞争手段就并无多大意义。相反，他们会就交易条件进行洽谈。解决这一难题的一种方法就是把埃奇沃思方框图看作描述一个只有两种类型消费者的经济中的平均需求，每种类型的消费者都有许多人。处理该难题的另一种方法是指出：在仅有两人参与的实例中，这种行为令人难以置信，但它在有多人参与的实例中却是可信的。这就是我们的关心所在。

不管采用哪种方法，我们都知道如何去分析这种框架中的消费者选择问题。这就是本书第 5 章所阐述的标准消费者选择问题。图 32.3 给出了两个交易者的两种需求束。（注意图 32.3 所示的情形并不是一种均衡结构，因为一个交易者的需求并不等于另一个交易者的供给。）

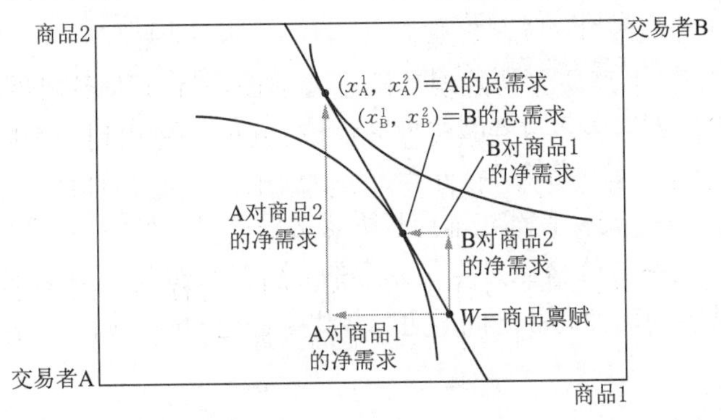

总需求是某人要求消费的数量，而净需求则是他要求购买的数量。

图 32.3 总需求与净需求

第 9 章论及这种框架下有关“需求”的两种相关的概念。交易者 A 对商品 1 的*总需求*就是按现行价格他需要的商品 1 的总量。A 对商品 1 的*净需求*则是这一需求总量与他所拥有的商品 1 的初始禀赋的差。在一般均衡分析中,净需求有时也叫做*超额需求*。我们用 e_A^1 来表示 A 对商品 1 的超额要求。根据定义,设 A 的总需求为 x_A^1,其禀赋为 ω_A^1,则我们有

$$e_A^1 = x_A^1 - \omega_A^1$$

超额需求这一概念可能比较自然,而总需求这一概念一般来说更为有用。我们通常所用“需求”一词即表示总需求,如要特地说明是净需求或是超额需求,才用“净需求”或“超额需求”。

对于任意价格(p_1, p_2),不能保证供给等于需求(这里所说的需求包括净需求和总需求)。就净需求而言,这意味着 A 想买(或卖)的数量不一定与 B 想卖(或买)的数量相等。再就总需求而言,这意味着 A 要求得到某一商品的总数加上 B 要求得到该商品的总数之和,与所能提供的该商品的总数量是不相等的。事实上,图 32.3 所示的例子就是如此。在这个例子中,交易者不能实现他们想要达成的交易:市场将不会出清。

在这种情况下,市场处于一种*非均衡*状态。在这种情形下,自然会设想拍卖商将会调整商品的价格。如果对某种商品有超额需求,拍卖商会提高该商品的价格;如果对某种商品有超额供给,则拍卖商会降低该商品的价格。

假设这种调整过程会延续到对某种商品的需求与供给相等。那么,这最终的结构会是怎么样的呢?

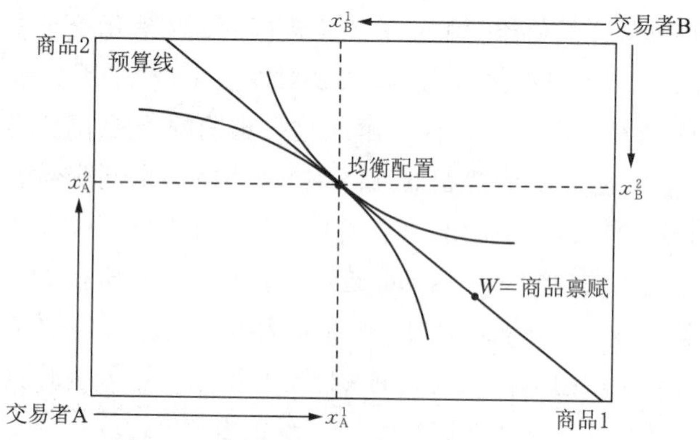

在均衡状态中,每个消费者都在选择其预算集中的最偏好的消费束,这些选择正好用尽现有的供给。

图 32.4 埃奇沃思方框图内的均衡

图 32.4 提供了问题的答案。图中 A 想购买的商品 1 的数量正好同 B 想出售的商品 1 的数量相等。商品 2 的情况也是如此。换言之,按现价每人想购买的每种商品的总量同该商品可提供的总量相等。我们说,这样的市场是处于*均衡*状态。更精确地说,这是一种*市场均衡*,一种*竞争均衡*或一种*瓦尔拉斯均衡*。①所有这些术语所指的是同一件事情:即一组价格,按此价格每个消费者正在选择他(或她)的最偏爱的买得起的消费束,而所有消费者的选择是相容的,这是从每个市场的供求是相等的意义上说的。

我们知道,如果每个交易者都在选择其所能支付得起的最佳消费束,那么他的这两种商品之间的边际替代率与价格比必定是相等的。但是如果所有消费者都面临相同的价格,那么,所有消费者的两种商品之间的边际替代率必定相同。图32.4中,均衡具有每个交

① 里昂·瓦尔拉斯(Leon Walras, 1834—1910 年),瑞士洛桑大学经济学教授,他是最早探讨一般均衡理论的法国经济学家。

易者的无差异曲线同其预算线相切这样一个特性。但鉴于每个交易者的预算线的斜率均为$-p_1/p_2$，这意味着两个交易者的无差异曲线必定是相切的。

32.5 均衡的代数式

如果设$x_A^1(p_1, p_2)$为交易者A对商品1的需求函数，$x_B^1(p_1, p_2)$为交易者B对商品1的需求函数，并用类似的表达式来定义商品2。我们可将此均衡描述为这样一组价格(p_1^*, p_2^*)，使得

$$x_A^1(p_1^*, p_2^*)+x_B^1(p_1^*, p_2^*)=\omega_A^1+\omega_B^1$$
$$x_A^2(p_1^*, p_2^*)+x_B^2(p_1^*, p_2^*)=\omega_A^2+\omega_B^2$$

上述方程式表明，在均衡中，每种商品的总需求应同该商品的总供给相等。

另一种描述均衡的方法是重新排列这两个方程式得出

$$[x_A^1(p_1^*, p_2^*)-\omega_A^1]+[x_B^1(p_1^*, p_2^*)-\omega_B^1]=0$$
$$[x_A^2(p_1^*, p_2^*)-\omega_A^2]+[x_B^2(p_1^*, p_2^*)-\omega_B^2]=0$$

这两个方程式表明每个交易者对每种商品的净需求总数为0。或者说，A选择的需求（或供给）的净数量必须同B选择的供给（或需求）的净数量相等。

这些均衡方程式的另一种形式，出自*总超额需求函数*的概念。让我们用$e_A^1(p_1, p_2)=x_A^1(p_1, p_2)-\omega_A^1$来表示交易者A对商品1的净需求函数，并用同样的方式来表示交易者B对商品1的净需求函数$e_B^1(p_1, p_2)$。

函数$e_A^1(p_1, p_2)$度量A的*净需求*或*超额需求*——A要求消费的商品1的数量同他最初拥有的商品1的数量之间的差额。现在让我们把交易者A对商品1的净需求同交易者B对商品1的净需求相加。我们得到

$$\begin{aligned} z_1(p_1, p_2) &= e_A^1(p_1, p_2)+e_B^1(p_1, p_2) \\ &= x_A^1(p_1, p_2)+x_B^1(p_1, p_2)-\omega_A^1-\omega_B^1 \end{aligned}$$

我们称它为对商品1的*总超额需求*。同样，我们用$z_2(p_1, p_2)$来表示对商品2的总超额需求。

这样，我们就可用每种商品的总超额需求为零的说法来描述一种均衡状态(p_1^*, p_2^*)：

$$z_1(p_1^*, p_2^*)=0$$
$$z_2(p_1^*, p_2^*)=0$$

实际上，下这个定义的理由再充足不过了。可以证明，如果商品1的总超额需求为零的话，商品2的总超额需求必定是零。要证明这一点，首先确定总超额需求函数的特征，即众所周知的*瓦尔拉斯法则*，是很方便的。

32.6 瓦尔拉斯法则

利用上述已知的等式，瓦尔拉斯法则表明

$$p_1z_1(p_1, p_2)+p_2z_2(p_1, p_2)\equiv 0$$

也就是说,总超额需求的值恒等于零。所谓总超额需求的值恒等于零,意指它对于所有可能的价格选择来说均为零,而不只是对均衡价格来说才为零。

将两个交易者的预算约束相加,便能证明此结论。先考察交易者 A,鉴于其对每种商品的需求同其预算约束相吻合,我们得到

$$p_1x_A^1(p_1, p_2)+p_2x_A^2(p_1, p_2)\equiv p_1\omega_A^1+p_2\omega_A^2$$

或

$$p_1[x_A^1(p_1, p_2)-\omega_A^1]+p_2[x_A^2(p_1, p_2)-\omega_A^2]\equiv 0$$
$$p_1e_A^1(p_1, p_2)+p_2e_A^2(p_1, p_2)\equiv 0$$

此方程式表明交易者 A 的净需求值为零,即,他想购买的商品 1 的价值加上他想购买的商品 2 的价值必定等于零。(当然,他对一种商品想要购买的数量必须是负值,即,他必须卖出一定数量的某一种商品,才能买进另一种商品。)

交易者 B 的方程式同 A 的方程式相似,即

$$p_1[x_B^1(p_1, p_2)-\omega_B^1]+p_2[x_B^2(p_1, p_2)-\omega_B^2]\equiv 0$$
$$p_1e_B^1(p_1, p_2)+p_2e_B^2(p_1, p_2)\equiv 0$$

把交易者 A 的方程式和交易者 B 的方程式相加,并利用总超额需求的定义 $z_1(p_1, p_2)$和 $z_2(p_1, p_2)$,可得出

$$p_1[e_A^1(p_1, p_2)+e_B^1(p_1, p_2)]+p_2[e_A^2(p_1, p_2)+e_B^2(p_1, p_2)]\equiv 0$$
$$p_1z_1(p_1, p_2)+p_2z_2(p_1, p_2)\equiv 0$$

现在可看清瓦尔拉斯法则的来龙去脉了:由于每个交易者的超额需求值为零,所以所有交易者的超额需求总和的值也为零。

现在我们可以证明,如果在一个市场内供求相等,则在另一市场内供求也必然相等。请注意,瓦尔拉斯法则必须对所有价格都适用,因为每个交易者必须根据这些价格满足其预算约束。既然瓦尔拉斯法则对所有价格都适用,那么具体来说它也适用于对商品 1 的超额需求为零的一组价格

$$z_1(p_1^*, p_2^*)=0$$

根据瓦尔拉斯法则,下列等式也成立:

$$p_1^*z_1(p_1^*, p_2^*)+p_2^*z_2(p_1^*, p_2^*)=0$$

从上述两个方程式很容易推导出这样一个结论:如果 $p_2>0$,则

$$z_2(p_1^*, p_2^*)=0$$

据此,如果有一组价格(p_1^*, p_2^*),在该组价格中对商品 1 的需求与供给相等,则对商品 2 的需求与供给也必定相等。也可以说,如果有一组价格,在该组价格中对商品 2 的需求与供给相等,则市场 1 必定是均衡市场。

一般说来,如果有 k 种商品的市场,我们只需找到一组使($k-1$)种商品的市场处于均衡的价格。瓦尔拉斯法则意味着在商品 k 的市场中需求与供给将自动地相等。

32.7 相对价格

如上所述,瓦尔拉斯法则隐含着,在 k 种商品的一般均衡模型中只存在着 $k-1$ 个独立方程式,即如果在 $k-1$ 个市场中需求与供给相等,那么,最后一个市场的需求与供给也必然相等。但如果有 k 种商品,则要确定 k 种价格。如何用 $k-1$ 个方程式来求取 k 种价格呢?

问题的答案是,事实上只有 $k-1$ 种独立价格。从本书的第 2 章我们了解到,如用一个正数 t 乘上所有的价格和收入,则预算集不变,从而需求束也不会变。在一般均衡模型中,每个消费者的收入就是其商品禀赋按照市场价格的价值。如用 $t>0$ 乘上全部价格,则就自动地用 t 乘上每个消费者的收入。如果我们找到一组均衡价格(p_1^*, p_2^*),那么,对于任意 $t>0$,(tp_1^*, tp_2^*)也是一组均衡价格。

这就意味着,我们可任选一种价格,使之与一常数相等。特别是,为方便起见,我们常设其中一种价格等于 1,以便其他价格通过与其比较进行计量。如本书第 2 章所述,这种价格称为计价物价格。若我们选定第一种价格为计价物价格,那就像全部价格乘以常数 $t=1/p_1$。

鉴于全部价格乘上一个正数不会改变任何人的需求与供给行为,所以要确定均衡的相对价格,只能期望这样一个必要条件:每个市场的需求和供给相等。

例子:均衡的代数式实例

本书第 6 章描述的柯布-道格拉斯效用函数对交易者 A 的表达式为 $u_A(x_A^1, x_A^2)=(x_A^1)^a(x_A^2)^{1-a}$,对交易者 B 也有相似的表达式。我们知道这一效用函数可导出下列需求函数:

$$x_A^1(p_1, p_2, m_A)=a\frac{m_A}{p_1}$$

$$x_A^2(p_1, p_2, m_A)=(1-a)\frac{m_A}{p_2}$$

$$x_B^1(p_1, p_2, m_B)=b\frac{m_B}{p_1}$$

$$x_B^2(p_1, p_2, m_B)=(1-b)\frac{m_B}{p_2}$$

其中,a 和 b 为两个消费者效用函数的参数。

我们知道,在均衡中,每个人的货币收入由其禀赋的价值决定,即

$$m_A=p_1\omega_A^1+p_2\omega_A^2$$
$$m_B=p_1\omega_B^1+p_2\omega_B^2$$

因此,两种商品的总超额需求为

$$z_1(p_1, p_2)=a\frac{m_A}{p_1}+b\frac{m_B}{p_1}-\omega_A^1-\omega_B^1$$

$$=a\frac{p_1\omega_A^1+p_2\omega_A^2}{p_1}+b\frac{p_1\omega_B^1+p_2\omega_B^2}{p_1}-\omega_A^1-\omega_B^1$$

以及

$$z_2(p_1, p_2)=(1-a)\frac{m_A}{p_2}+(1-b)\frac{m_B}{p_2}-\omega_A^2-\omega_B^2$$

$$=(1-a)\frac{p_1\omega_A^1+p_2\omega_A^2}{p_2}+(1-b)\frac{p_1\omega_B^1+p_2\omega_B^2}{p_2}-\omega_A^2-\omega_B^2$$

你能证实这些总需求函数满足瓦尔拉斯法则。

我们假设 $p_2=1$,那么,上述方程就变为

$$z_1(p_1, 1)=a\frac{p_1\omega_A^1+\omega_A^2}{p_1}+b\frac{p_1\omega_B^1+\omega_B^2}{p_1}-\omega_A^1-\omega_B^1$$

$$z_2(p_1, 1)=(1-a)(p_1\omega_A^1+\omega_A^2)+(1-b)(p_1\omega_B^1+\omega_B^2)-\omega_A^2-\omega_B^2$$

我们已知商品 1 的超额需求 $z_1(p_1, 1)$,以及商品 2 的超额需求 $z_2(p_1, 1)$这两个超额需求方程式,每个方程式均表示为商品 1 的相对价格 p_1 的函数。为求得均衡价格,我们设两个方程式中的任一方程式等于零,并求解 p_1。根据瓦尔拉斯法则,不管求解哪个方程式,均得出相同的均衡价格。

该均衡价格应是

$$p_1^*=\frac{a\omega_A^2+b\omega_B^2}{(1-a)\omega_A^1+(1-b)\omega_B^1}$$

(若有怀疑,不妨将此 p_1 值代入需求等于供给方程式,验证此方程式是否成立。)

32.8 均衡的存在性

在上例中,我们已知每个消费者需求函数的特定方程式,因而可以直接求出均衡价格。但一般来说,我们并不具有每个消费者需求的显性代数式。我们或许会问,如何确知有一组使每个市场上的需求与供给相等的价格呢?这就是所谓*竞争均衡的存在*问题。

竞争均衡的存在是十分重要的,因为它可用以检验我们在前面几章所考察的各种模型是否一致。要是根本不存在均衡,那么,精心地建立竞争均衡运行的理论又有什么用呢?

早期的经济学家指出,在一个有着 k 种商品的市场内,需要确定 $k-1$ 种相对价格,并存在着表明在每个市场内需求应与供给相等的 $k-1$ 个均衡方程式。由于方程式的数目等于未知因素的数目,他们断言,存在着一个能满足所有方程式的解。

经济学家不久发现这种观点是靠不住的。仅计算方程式和未知因素的个数不足以证明存在着一个均衡解。然而,有一些数学工具可用来证实竞争均衡的存在。可以证明,关键性的假定是:总超额需求函数是*连续函数*。大致地讲,这意味着,较小的价格变化会导致较少的总需求变化,即价格的小幅度变化不应导致需求量的大起大落。

在何种条件下总需求函数才是连续函数呢？基本上有两个条件能保证连续性：其一，每个人的需求函数应是连续函数，即价格的较小变化只会引起少量的需求变化。这要求每个消费者具有凸状的偏好，这一问题我们已在第 3 章作了讨论。另一个条件则更为普遍。即便消费者本身的需求行为是不连续的，只要这些消费者的人数相对小于市场的规模，总需求函数依然是连续函数。

这后一个条件相当微妙。毕竟，只有在消费者的数量很多，而他们的规模与市场规模相比又很小时，竞争行为的假设才有意义。这恰好是证明总需求函数是连续函数的条件。而连续性正好能保证竞争性均衡的存在。为此，正是这种使假设的行为合乎情理的设想，确保了这种均衡理论内容的充实。

32.9　均衡与效率

我们已用一种纯交换模型对市场交易作了分析。我们可用这种特定的交易模型同本章开始所探讨的一般交易模型相比较。应用竞争市场理论时一个可能出现的问题是：此机制是否确实能取得所有的交易利益。当每个市场处于需求同供给相等的竞争性均衡时，人们是否还愿意进行更多的交易呢？上述问题的另一种提法为市场均衡是不是帕累托有效率配置，即各交易者按竞争价格进行交易之后，是否还愿意作更多的交易？

考察图 32.4 便能找到问题的答案。结果是，市场均衡配置确实是帕累托有效率的。其证明是：若 A 偏好的消费束集同 B 偏好的消费束集不相交，埃奇沃思方框图内的配置便是帕累托有效率配置。而在市场均衡中，A 所偏好的消费束集须位于其预算集之上。B 的情况也是同样，只不过在这里，“之上”的意思是从 B 看来位于其预算集“之上”，因而这两个偏好配置集是不可能相交的。这意味着不存在比均衡配置更受两个消费者偏好的配置。因此，这种均衡是帕累托有效率的。

32.10　效率的代数式

我们可用代数式来表示帕累托有效率分配。假设有一个不是帕累托有效率的市场均衡，我们可证明这种假设会导致逻辑上的矛盾。

说市场均衡不是帕累托有效率的意味着存在其他可行的配置 $(y_A^1, y_A^2, y_B^1, y_B^2)$，因而

$$y_A^1 + y_B^1 = \omega_A^1 + \omega_B^1 \tag{32.1}$$

$$y_A^2 + y_B^2 = \omega_A^2 + \omega_B^2 \tag{32.2}$$

并且

$$(y_A^1, y_A^2) \succ_A (x_A^1, x_A^2) \tag{32.3}$$

$$(y_B^1, y_B^2) \succ_B (x_B^1, x_B^2) \tag{32.4}$$

前两个方程式表明 y 配置是可行的，后两个方程式则表明每个交易者选择 y 配置而不是 x 配置。（符号 $\succ_A$ 和 $\succ_B$ 代表交易者 A 和 B 的偏好。）

假定市场均衡，每个交易者按其财力购买最佳的消费束。如果 (y_A^1, y_A^2) 优于 A 所选

择的消费束,则其费用必大于 A 的财力。B 的情况同 A 类似:

$$p_1y_A^1+p_2y_A^2>p_1\omega_A^1+p_2\omega_A^2$$
$$p_1y_B^1+p_2y_B^2>p_1\omega_B^1+p_2\omega_B^2$$

将上述两个方程式相加得到

$$p_1(y_A^1+y_B^1)+p_2(y_A^2+y_B^2)>p_1(\omega_A^1+\omega_B^1)+p_2(\omega_A^2+\omega_B^2)$$

将方程式(32.1)和(32.2)代入便得

$$p_1(\omega_A^1+\omega_B^1)+p_2(\omega_A^2+\omega_B^2)>p_1(\omega_A^1+\omega_B^1)+p_2(\omega_A^2+\omega_B^2)$$

此式显然是矛盾的,因为此式的左边同右边完全相同。

这个矛盾是由于假设市场均衡不是帕累托有效率配置而导致的。所以这一假设肯定是错误的。这说明所有市场均衡都是帕累托有效率的,这就是所谓福利经济学第一定理。

福利经济学第一定理确保竞争市场可以取得所有的交易利益,即一组竞争市场所达到的均衡配置必定是帕累托有效率配置。这样的配置也许没有任何其他合意的特征,但一定是有效率的。

福利经济学第一定理毫不论及经济利益的分配问题。这种市场均衡也许不是一种"公平"的配置——如果 A 开始时拥有一切,则交易后他仍拥有一切。这是有效率的,但或许是不公平的。毕竟,效率确实很重要,它能确保我们已描述过的一种简单的市场机制能够达到有效率的配置。

例子:用埃奇沃思方框图分析垄断

为了更好地理解福利经济学第一定理,考察另一种不导致有效率结果的资源配置机制是有益的。当一个消费者企图充当垄断者时,便会发生这样的绝妙例子。假设除交易双方外无第三者充当拍卖商,由交易者 A 向交易者 B 报价,B 将按 A 所报的价格决定其成交量。进一步假设 A 已知 B 的"需求曲线",因而试图在 B 的需求行为给定的情况下,选择一组使 A 的境况尽可能最好的价格。

为考察这一过程的均衡,回顾一下消费者的价格提供曲线的定义是合适的。我们在第 6 章所讨论的这一价格提供曲线,表示出消费者在各种不同价格上的所有最优选择。B 的提供曲线表示其在各种不同价格下将会购买的消费束,即描述了 B 的需求行为。如果我们给 B 画一条预算线,那么,此预算线与其提供曲线相交的这点就是 B 的最优消费。

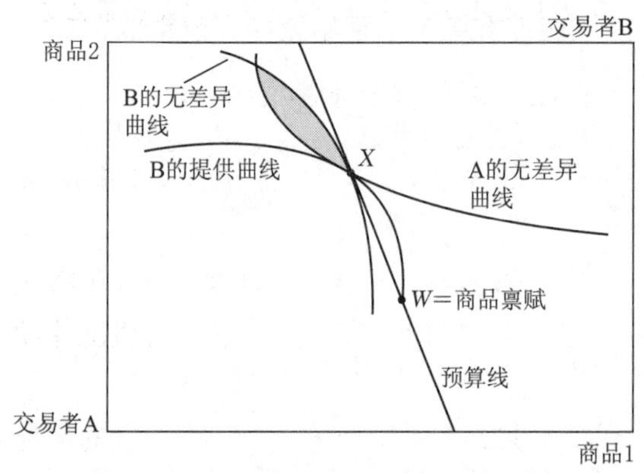

A 在 B 的提供曲线上选择能给 A 最大效用的一个点。

图 32.5 用埃奇沃思方框图分析垄断

因此,如果交易者 A 想选择尽可能对己有利的价格向 B 报价,他会发现,此点落在 B 的提供曲线上,此处 A 会获得最大的效用。图 32.5 绘出了这个选择点。

与往常一样,这种最优选择满足相

切条件:即 A 的无差异曲线同 B 的提供曲线相切。如果 B 的提供曲线同 A 的无差异曲线相交,B 的提供曲线上就有一个 A 所偏好的点,我们并没有处于 A 的最佳点。

一旦确定了 A 的最佳点后(此点在图 32.5 中用 X 表示),我们就画一条从最初商品禀赋点到此点的预算线。在形成这一预算线的价格上,B 会选择消费束 X, A 则达到了尽可能好的境况。

此种配置是帕累托有效率配置吗? 一般说来,答案是否定的。要理解这一点,只要注意到,A 的无差异曲线不同预算线在 X 点相切,因而也不会同 B 的无差异曲线相切。A 的无差异曲线同 B 的提供曲线相切,因而不可能同 B 的无差异曲线相切。这种垄断配置是帕累托低效率配置。

事实上,这正是本书第 25 章讨论垄断问题时所论述的帕累托低效率配置。在边际上,A 愿意按均衡价格出售更多的商品,但是他只有降低其售价,才能做到这点,而这样做势必会减少其全部边际内销售所得的收入。

从第 26 章,我们看到一个实行完全价格歧视的垄断者会最终生产有效率的产量。请回想一下,一个实行价格歧视的垄断者就是那种能将每一单位商品出售给肯出最高价格的顾客的人。那么,这种实行完全价格歧视的垄断者在埃奇沃思方框图内是怎样的呢?

答案可用图 32.6 表示。让我们以初始商品禀赋 W 为起点,假设 A 按不同的价格向 B 出售每一单位商品 1,即这些价格不影响 B 购买每一单位这种商品。因此,A 向 B 出售第一个单位商品后,B 仍留在通过 W 点的同一条无差异曲线上。接着 A 以 B 所愿支付的最高价格卖给 B 第二个单位商品 1。这意味着配置进一步向左移动,但仍留在 B 的通过 W 点的无差异曲线上。A 继续以这种方式向 B 出售商品 1,从而沿 B 的无差异曲线向上移动,以找到 A 的最偏好点,此点在图 32.6 中用 X 表示。

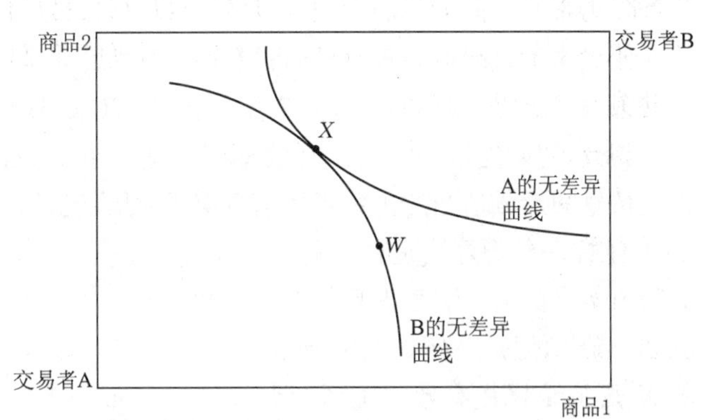

A 在 B 的通过初始商品禀赋 W 点的无差异曲线上选择使他获得最大效用的 X 点。这样一点必定是帕累托有效率配置。

图 32.6　实行完全价格歧视的垄断者

不难看出这个点必定是帕累托有效率的。在 B 的无差异曲线给定的情况下,A 将达到尽可能好的境况。在这样的点上,A 设法吸收了 B 的全部消费者剩余,而 B 的境况并没有比在其初始商品禀赋处变得更好。

这两个例子为我们思考福利经济学第一定理提供了有用的基准。普通垄断者的情况是一个导致低效率均衡的资源配置机制的例子,而实行价格歧视的垄断者的情况是一个导致有效率均衡的资源配置机制的例子。

32.11　效率与均衡

福利经济学第一定理指出，在一组竞争市场中均衡是帕累托有效率的。那么，逆定理是否成立呢？假定有一个帕累托有效率配置，我们能否找到一组使市场均衡的价格呢？在一定条件下，答案是肯定的。图32.7说明了此论点。

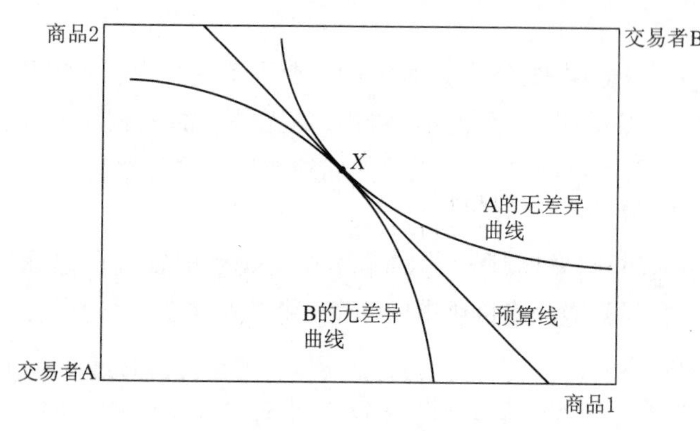

当偏好呈凸性时，帕累托有效率配置在某组价格上是一种均衡。

图 32.7　福利经济学第二定理

我们选择一个帕累托有效率配置。我们知道A较其现状更为偏好的一组配置同B所偏好的一组配置是不相交的。这意味着两条无差异曲线在这个帕累托有效率配置点上相切。为此，如图32.7所示，让我们画一条作为它们共同切线的直线。

假设这条直线代表各交易者的预算集，然后如果每个交易者选择其预算集上的最佳消费束，由此产生的均衡将会是初始的帕累托有效率配置。

据此，初始配置是帕累托有效率配置这一事实会自动地确定均衡价格。商品禀赋可以是任意的形成适当的预算集的消费束，即处在已确定的预算线上的消费束。

这样一条预算线是否总能成立呢？不幸的是，答案是否定的。图32.8所示便是一例。图中所示的X点是帕累托有效率配置，但不存在形成市场均衡的价格。图中标出了最有可能的预算线，但在该预算线上A的最佳需求同B的并不一致。A的需求是消费束Y，而B的需求是消费束X，即按照这一价格条件需求与供给并不相等。

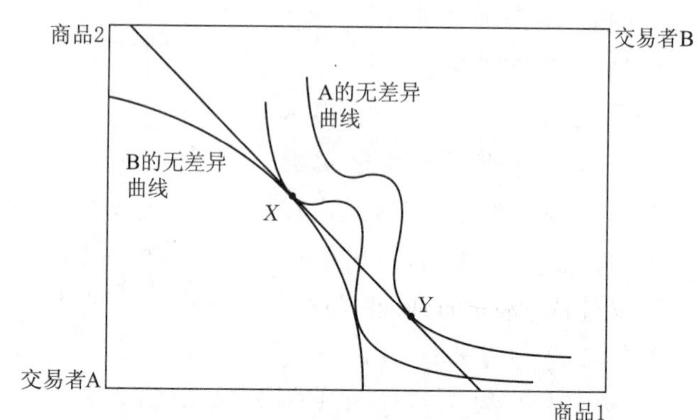

如果偏好不呈凸性，有可能发现竞争市场无法实现像图中X点这样的帕累托有效率配置。

图 32.8　不是均衡的帕累托有效率配置

图32.7与图32.8之间的差别在于图32.7中的偏好呈凸性，而在图32.8中并非如此。如果两个交易者的偏好均呈凸性，则共同切线只可能同两条无差异曲线中的任何一条相交一次，于是就诸事顺利。这使我们注意到福利经济学第二定理。即如果所有交易者的偏好呈凸性，则总会有一组这样的价格，在这组价格上，每一个帕累托有效率配置是在适当的商品禀赋条件下的市场均衡。

这一证明基本上是我们上面所指出的几何学论据。在一个帕累托有效率配置点上,A较该点更偏好的消费束与B较该点更偏好的消费束肯定不一致。为此,如两位交易者具有呈凸性的偏好,我们就可在两组偏好的消费束之间画一条将其隔开的直线。此线的斜率即告诉我们相对价格,并且,任何使两个交易者位于此直线上的商品禀赋,都会导致最初的帕累托有效率配置最终实现市场均衡。

32.12 福利经济学第一定理的含义

福利经济学的两条定理是经济学中最基本的结论之一。我们只在简单的埃奇沃思方框图中论证了这两条定理,其实,这两条定理适用于具有任意数量消费者和商品的更为复杂的模型。福利经济学定理对于设计配置资源的方法具有深刻的含义。

就说福利经济学第一定理吧,该定理指出任何竞争均衡都是帕累托有效率的。这条定理几乎不存在什么明显的假设条件,完全从定义引申而来。但却有一些暗含的假设条件,主要的假设之一是交易者只关心其本人的商品消费而不顾他人的消费。如果一名交易者关心另一名交易者的消费,我们就称之为*消费的外部效应*。我们将看到,当存在消费的外部效应时,竞争均衡就不一定是帕累托有效率配置。

举一简单的例子加以说明,假定交易者 A 关心 B 的雪茄消费,那就没有特殊的理由来说明每个交易者按市场价格选择各自的消费束一定会导致帕累托有效率配置。每个交易者按其财力购买最佳消费束之后,仍有使双方境况均变好的余地——比如 A 按让 B 少抽雪茄的条件向 B 付钱。我们将在第 35 章详细地探讨外部效应问题。

福利经济学第一定理中另一个重要的暗含假设条件是每个交易者确实在进行竞争。如果像埃奇沃思方框图例子中那样只有两个交易者,那么,这两个交易者不太可能接受给定的价格。相反,这两个交易者也许会认识到自己所拥有的市场力量,并力图利用这个市场力量来改善自己的境况。只有当存在足够多的交易者以确保每个人致力于竞争时,竞争均衡的概念才有意义。

最后,只有竞争均衡确实存在时,福利经济学第一定理才有其意义。如前所述,如果诸消费者的消费量相对于市场规模充分小的话,就会出现这种情况。

在上述条件下,福利经济学第一定理的结论是相当有力的,即每个交易者努力追求其最大效用的私营市场会产生一种帕累托有效率配置。

福利经济学第一定理的重要性在于它表述了一种我们可用来确保帕累托有效率配置结果的普遍机制——即竞争市场。如果只有两个交易者,问题就无关紧要,很容易让双方坐下来洽谈相互交易的可能性。但如果有成千上万的人参与,则必须有一套贯穿于交易过程的某种结构。福利经济学第一定理表明,竞争市场的特定结构具有实现帕累托有效率配置的合乎需要的特性。

假如我们处理有许多人参与的资源配置问题,注意到利用竞争市场可大大减少每个参与者需要掌握的信息量这一点是重要的。每个消费者作出消费决策时只需掌握一个情况,即他想消费的商品的价格。在竞争市场上,消费者不必知道商品是如何生产、属何人所有、从何而来之类的情况。假设每个消费者只要知道商品价格,就可决定他的需求;假设市场运行良好足以确定竞争价格,我们就能确保有效的配置结果。竞争市场能减少每个人所需掌握的信息量这一事实,有力地证明它不失为一种配置资源的好方法。

32.13 福利经济学第二定理的含义

福利经济学第二定理认为在一定条件下,每一帕累托有效率配置均能达到竞争均衡。

这一结论的意义何在?福利经济学第二定理意指分配与效率问题可分开来考虑。任何帕累托有效率配置都能得到市场机制的支持。市场机制在分配上是中性的,不管商品或财富公平分配的标准如何,都可利用竞争市场来实现这种标准。

价格在这种市场体制中起着两种作用。一是配置作用,即表明商品的相对稀缺性;一是分配作用,即确定不同的交易者能够购买的各种商品的数量。福利经济学第二定理认为这两种作用可以区别开来,即我们可重新分配商品禀赋来确定各人拥有多少财富,然后,再利用价格来表明商品的相对稀缺性。

政策讨论在这个问题上常常变得含糊不清。人们常常听到一种基于分配平等而要求干预定价决策的观点。然而这种干预往往令人误入歧途。如上所述,获得有效率配置的捷径是让每个人正视其行动的真正的社会代价,并作出反映这些社会代价的抉择。因此,在一个完全竞争市场上,消费多少商品的边际决策将取决于价格,而价格是其他人按边际利益估价这种商品的尺度。对效率的考虑隐含在边际决策中,即每个人在作出其消费决策时会面临一个正确的边际替代问题。

确定不同的交易者究竟应消费多少则是一个完全不同的问题。在竞争市场中,这是由一个人不得不出售的资源的价值来确定的。从纯理论的观点看,国家一定可以用任何适当的方式在消费者中间转移购买力,即禀赋。

事实上,国家不必亲自转移实际禀赋,所需要的只是转移禀赋的购买力。国家可依据某个消费者禀赋的价值对其征税,并将这些钱转移给他人。只要税收是根据该消费者的商品禀赋的价值课征的,就丝毫不影响效率。只有在按消费者的选择征税时,才导致无效率的结果,因为在这种情况下,税收会影响该消费者的边际选择。

按禀赋征税的确会普遍地改变人们的行为,但根据福利经济学第一定理,始于任何初始商品禀赋的交易会导致一种帕累托有效率配置。为此,不管一个人如何重新分配禀赋,由市场力量决定的均衡配置依然是帕累托有效率配置。

然而,这里也包含着一些实际问题。向消费者征收一次性总额税是比较容易的。例如,我们可以向所有蓝眼睛的消费者课税,并将税收收入重新分配给褐眼睛的消费者。只要眼睛颜色不变,这里就没有效率的损失。或者,我们向高智商的消费者课税,并将税金重新分配给低智商的消费者。同样,只要智商是可以测定的,这类税收也不会有效率损失。

但问题是如何测定人们的商品禀赋。对绝大多数人来说,禀赋的主体是其劳动力。人们的劳动禀赋是指其可以考虑出卖的劳动而不是其实际出卖的劳动。按人们决定向市场出售的劳动征税是一种*扭曲税*,如果对出售的劳动征税,消费者的劳动供给就会被扭曲,他们会比没有这种税收时提供更少一些的劳动。只有按潜在劳动价值即劳动禀赋征税才不会造成扭曲。根据定义,潜在劳动价值是不会因税收本身而改变的东西。按禀赋的价值征税似乎很容易,但困难在于,这是对可能出售的东西,而不是对已出售的东西加以确认和征税。

我们可设想一种征收此类税的机制。假设有这样一个社会,该社会要求每个消费者每周将其10小时劳动所得的钱上缴给国家。这类税收不取决于该消费者实际劳动多少和实际出售的劳动量,仅取决于劳动禀赋。这种税收基本上是将每个消费者的一部分劳动时间禀赋转移到国家手中。国家可利用这些资金提供各类商品,或者可将这些资金转移给其他人。

根据福利经济学第二定理,此类一次性总额税不会引起扭曲。事实上,通过这样的一次性总额税收的再分配,可以实现任何帕累托有效率配置。

但是没有人提倡这种偏激的税制调整。大多数人的劳动供给决策对于工资率的变化并不敏感,因此征收劳动税所引起的效率损失不会太大。福利经济学第二定理给予我们的这种启示是十分重要的。价格应能反映稀缺。财富的一次性总额转移应该用于以分配为目标的调整。这两种政策决策在很大程度上是可以分开的。

人们对于财富分配的关心会导致他们拥护各种各样控制价格的方法。例如,有人主张老年人应享受较便宜的电话服务,或者用电小户的电费价格应低于用电大户的电费价格。这些主张基本上是想通过给予一部分人较低的优惠价格的价格体制来实行收入的再分配。

切记这种通过实行不同价格来进行收入再分配的做法实为无效的下策。如果想实行收入再分配,何不直接重新分配收入呢?如果你多给某个人几个美元用于消费,那么,他可以选择多消费他想要消费的东西——不一定限于得到补贴的那种商品。

小　结

1. 一般均衡研究经济如何调节以使所有市场的需求同供给在同一时间内达到相等。
2. 埃奇沃思方框图是一种图解工具,它被用来研究存在两个消费者和两种商品时的一般均衡情况。
3. 帕累托有效率配置是一种不能再作使全部消费者境况至少不变,部分消费者境况明显变好的配置的商品配置。
4. 瓦尔拉斯法则指出,对于所有的价格,总超额需求的价值为零。
5. 一般均衡配置是这样一种配置,在该配置中,每个人从其能够买得起的商品集中选择其最偏好的商品束。
6. 在一般均衡系统中,人们只确定相对价格。
7. 假如对每种商品的需求随价格的变化而不断变化,那么,总是存在着一些使每个市场中需求同供给相等的价格,这就是竞争均衡。
8. 福利经济学第一定理指出,竞争均衡为帕累托有效率配置。
9. 福利经济学第二定理指出,只要偏好呈凸性,则每一帕累托有效率配置可被证明为竞争均衡。

复习题

1. 是否有可能存在这样一种帕累托有效率配置,这时有些人的境况比其在非帕累托有效率配置中的境况更差?

2. 是否有可能存在这样一种帕累托有效率配置,这时每个人的境况比其在非帕累托有效率配置中的境况更差?

3. 假如我们知道一条契约曲线,我们就可以知道任何交易的结果。这句话是对还是错?

4. 如果我们实现了帕累托有效率配置,是否还能使有些人的境况变得更好?

5. 假如10个市场中有8个市场的超额需求值等于零,那么,剩下2个市场的结果必然是什么?

附录

我们来考察描述帕累托有效率配置的微积分条件。按定义,在另一交易者的效用给定的情况下,帕累托有效率配置会使每个交易者的境况尽可能地好。用$\bar{u}$表示B的效用水平,我们来看怎么让A的境况尽可能地好。

最大化问题是

$$\max_{x_A^1,\, x_A^2,\, x_B^1,\, x_B^2} u_A(x_A^1,\, x_A^2)$$

$$\text{s.t. } u_B(x_B^1,\, x_B^2)=\bar{u}$$

$$x_A^1+x_B^1=\omega^1$$

$$x_A^2+x_B^2=\omega^2$$

其中,$\omega^1=\omega_A^1+\omega_B^1$为现有商品1的总量,$\omega^2=\omega_A^2+\omega_B^2$为现有商品2的总量。这个最大化问题要求我们在B的效用水平给定不变及每种商品的使用总量同其可供总量相等的情况下,找出使A的效用尽可能大的一种配置$(x_A^1,\, x_A^2,\, x_B^1,\, x_B^2)$。

我们可写出这个问题的拉格朗日函数:

$$L=u_A(x_A^1,\, x_A^2)-\lambda(u_B(x_B^1,\, x_B^2)-\bar{u})$$
$$-\mu_1(x_A^1+x_B^1-\omega^1)-\mu_2(x_A^2+x_B^2-\omega^2)$$

其中,λ是效用约束的拉格朗日乘数,而μ是资源约束的拉格朗日乘数。当我们对每一种商品微分时,我们得到在最优解上必定成立的4个一阶条件。

$$\frac{\partial L}{\partial x_A^1}=\frac{\partial u_A}{\partial x_A^1}-\mu_1=0$$

$$\frac{\partial L}{\partial x_A^2}=\frac{\partial u_A}{\partial x_A^2}-\mu_2=0$$

$$\frac{\partial L}{\partial x_B^1} = -\lambda \frac{\partial u_B}{\partial x_B^1} - \mu_1 = 0$$

$$\frac{\partial L}{\partial x_B^2} = -\lambda \frac{\partial u_B}{\partial x_B^2} - \mu_2 = 0$$

如果我们用第一个方程除以第二个方程,用第三个方程除以第四个方程,我们就可以得到

$$\mathrm{MRS_A} = \frac{\partial u_A/\partial x_A^1}{\partial u_A/\partial x_A^2} = \frac{\mu_1}{\mu_2} \tag{32.5}$$

$$\mathrm{MRS_B} = \frac{\partial u_B/\partial x_B^1}{\partial u_B/\partial x_B^2} = \frac{\mu_1}{\mu_2} \tag{32.6}$$

对这些条件的解释可见正文:在帕累托有效率配置处,两种商品的边际替代率必定相同。否则就有某种使每个消费者的处境都改善的交易。

我们回顾一下使消费者的最优选择必须成立的条件。如果消费者 A 在其预算约束下实现效用最大化,而消费者 B 也在其预算约束下实现效用最大化,且这两个消费者面对着相同的商品 1 和商品 2 的价格,则我们必定得到

$$\frac{\partial u_A/\partial x_A^1}{\partial u_A/\partial x_A^2} = \frac{p_1}{p_2} \tag{32.7}$$

$$\frac{\partial u_B/\partial x_B^1}{\partial u_B/\partial x_B^2} = \frac{p_1}{p_2} \tag{32.8}$$

注意这两个式子与效率条件的相似性。效率条件中的拉格朗日乘数 μ_1 和 μ_2,就像消费者选择条件中的价格 p_1 和 p_2。事实上,这类问题中的拉格朗日乘数有时被称为影子价格或效率价格。

每一个帕累托有效率配置必须满足的条件类似于方程(32.5)和(32.6)中的条件。每一种竞争均衡必须满足的条件则类似于方程(32.7)和(32.8)中的条件。描述帕累托效率的条件与描述市场环境中个人最大化的条件实质上是相同的。

▶33

生 产

在上一章，我们分析了一个完全交换经济的一般均衡模型，并讨论了在各种商品的可供量给定条件下的资源配置问题。在这一章中我们将描述生产如何与一般均衡模型相适应的问题。当生产进行时，商品的数量不是固定的，而是随市场价格变化的。

如果你在一个假定只有两个消费者和两种商品的限制性模型中考察交换，设想一下生产可能会怎样进行！为了使讨论的问题引起人们的兴趣，我们规定一个最小的参与者集合，即一个消费者、一个企业和两种商品。这样一个经济模型的传统名称就是鲁滨逊·克鲁索经济，它是以笛福所塑造的沉船失事英雄的名字而命名的经济。

33.1 鲁滨逊·克鲁索经济

在这样的经济中，鲁滨逊·克鲁索扮演了双重角色：他既是一个消费者，又是一个生产者。鲁滨逊可以在海滩上闲荡消磨时间，即消费闲暇，也可以花费时间去收集椰子。椰子收集得越多，他吃的就越多，但可以用于晒黑肤色的时间就越少。

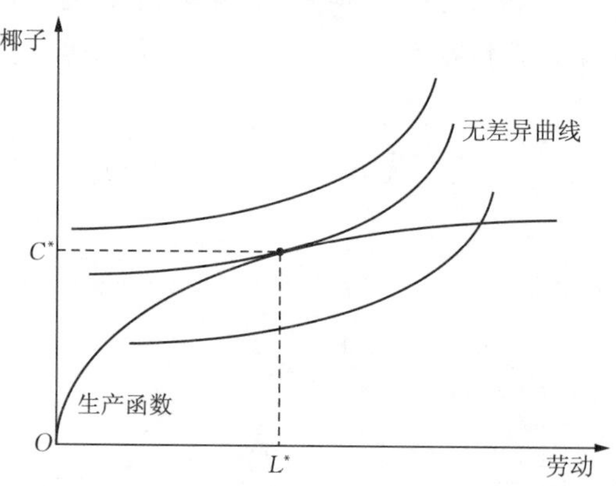

无差异曲线表示鲁滨逊对于椰子和闲暇的偏好。生产函数曲线表示他的工作时间和生产的椰子量之间的技术关系。

图 33.1 鲁滨逊·克鲁索经济

鲁滨逊对于椰子和闲暇的偏好可用图 33.1 表示。除了图中用横坐标表示劳动而不是闲暇以外，其余关于闲暇和消费的偏好与在第 9 章中所指出的完全一样。所以这里并没有增加什么新的内容。

现在，让我们画出生产函数：这一函数表明了鲁滨逊的工作时间和得到的椰子数量之间的关系。一般具有图 33.1 中所描绘的形状。鲁滨逊工作得越多，他得到的椰子越多；不过由于劳动收益递减，他的劳动的边际产量下降：随着他工作时间的增加，每增加一小时劳动所得到的椰子的增加量减少。

鲁滨逊打算工作多少时间和消费多少

呢？考察一下正好和生产集相切的最高无差异曲线便可回答这一问题。这一无差异曲线显示了在鲁滨逊所使用的收集椰子的技术给定的条件下，他能得到的劳动和消费的最优组合。

在这一最优点上，无差异曲线的斜率必定等于生产函数曲线的斜率，这是根据这样一个基本论点得出的：如果它们相交而不是相切，那么必然存在着另一可能的偏好点。这意味着增加一单位劳动所得到的边际产品必然等于闲暇和椰子之间的边际替代率。如果边际产品大于边际替代率，鲁滨逊放弃一些闲暇以换取更多的椰子就是合算的。如果边际产品小于边际替代率，这就会使鲁滨逊减少一些工作时间。

33.2 克鲁索公司

至此，上述情况只是对我们已看过的模型作了稍微的扩展。以下我们加入一个新的情况。假定鲁滨逊对既是一个生产者又是一个消费者感到厌倦，他决定交替扮演这两个角色。某天作为一个完全的生产者，而第二天又充当一个完全的消费者。为了协调这些行为，他决定建立劳动市场和椰子市场。

另外，他还建立了一个企业，克鲁索公司，并成为唯一的股东。公司打算根据利润最大化原则来考察劳动和椰子的价格并决定雇用多少劳动和生产多少椰子。在作为一个工人时，鲁滨逊打算通过在公司的工作而获得收入；在充当公司的股东时他得到利润；而在作为消费者时，他要决定购买多少公司的产品。（无疑，这种情况看上去不可思议，然而在一个荒岛上也未尝不可。）

为了记录所进行的交易，鲁滨逊发明了他称之为“美元”的通货，并且多少有些任意性地决定每只椰子的价格为 1 美元。这样椰子就是这一经济中的计价物商品；如我们在第 2 章所看到的那样，计价物商品是其价格被定为 1 的商品。由于椰子的价格被一般地规定为 1，唯一需要决定的就是工资率。为了使这一市场得以运转，他的工资率应为多少？

我们将首先从克鲁索公司的角度来考虑这一问题，然后再从作为消费者的鲁滨逊的角度来分析。这样论述问题虽然很有些重复，但鉴于这里分析的是只有一个人的经济，所以也就不得已而为之了。我们对这一经济的分析从假定它已运行一段时间、所有的事情已处于均衡状态时开始。在均衡时，对椰子的需求等于椰子的供给，对劳动的需求等于劳动的供给。克鲁索公司和鲁滨逊消费者将在他们各自的约束条件下作出最优选择。

33.3 厂商

每天晚上，克鲁索公司决定第二天要雇用的劳动量和打算生产的椰子数量。假定椰子的价格为 1，劳动的工资率为 w，我们可解出图 33.2 中厂商的利润最大化问题。我们首先分析产生

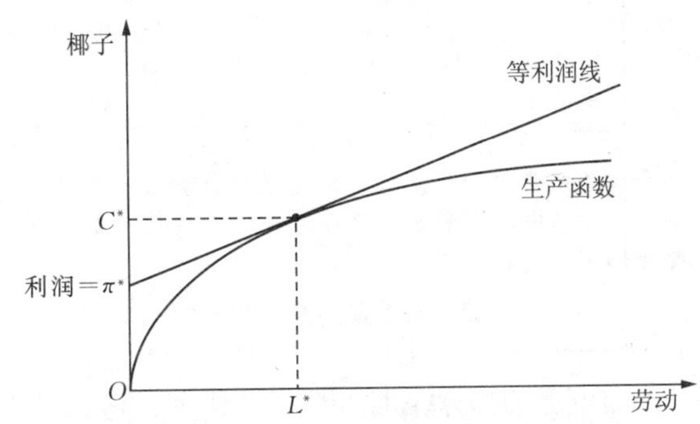

克鲁索公司选择一个实现利润最大化的生产计划，这一计划由等利润线和生产函数曲线之间的切点决定。

图 33.2　利润最大化

固定的利润水平 π 的各种椰子和劳动的组合。这意味着

$$\pi = C - wL$$

求解 C,我们得到

$$C = \pi + wL$$

如同在第 20 章中一样,此公式描述了等利润线——所有能产生 π 水平利润的劳动和椰子的组合。克鲁索公司将决定一个利润最大化的点。和通常一样,这个点包含着相切条件:生产函数曲线的斜率——劳动的边际产品——必定等于 w,如图 33.2 所示的那样。

因此,等利润线的纵截距代表了以椰子数量计量的最大利润水平:如果鲁滨逊获得 π^* 美元的利润,它正好能用来购买 π^* 单位的椰子,因为椰子的价格已定为 1。我们得到的就是这一结果。克鲁索公司已完成它的任务。在工资率 w 给定的情况下,它决定了打算雇用多少劳动、生产多少椰子和根据这一计划能获得多少利润。这样克鲁索公司宣布股票股息为 π^* 美元,并把它寄给公司唯一的股东——鲁滨逊。

33.4 鲁滨逊的问题

第二天鲁滨逊醒来后收到了他的股息 π^* 美元。他在吃着椰子早餐时盘算着他要工作多少时间和消费多少。可能他打算正好消费完他所拥有的一切东西——花费他的利润在 π^* 单位椰子上并消费他所拥有的闲暇。但听着胃咕咕叫总是让人不太舒服,还是应该工作些时间的。这样鲁滨逊蹒跚地走进克鲁索公司,和他平常每天所做的那样开始收集椰子。

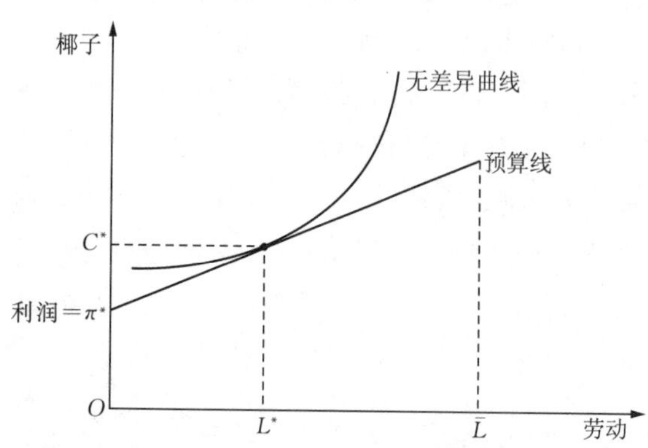

作为消费者的鲁滨逊在给定的价格和工资条件下决定工作多少和消费多少。最优选择点将位于无差异曲线和预算线相切处。

图 33.3 鲁滨逊的最大化问题

我们可以用标准的无差异曲线方法来描述鲁滨逊的劳动-消费选择。以纵轴表示椰子、以横轴表示劳动,我们可以作出一条如图 33.3 所示的无差异曲线。

由于劳动从消费角度看是劣等商品,而椰子是正常商品,这样图中的无差异曲线具有正的斜率。如果用 $\bar{L}$ 表示最大的劳动数量,从 $\bar{L}$ 到鲁滨逊所选定的劳动供给量的距离就是鲁滨逊对闲暇的需求量。除了我们把横轴上的原点标在相反方向外,这个图和第 9 章中所分析的劳动供给模型完全一样。

鲁滨逊的预算线也如图 33.3 所示。它的斜率为 w,穿过鲁滨逊的资源禀赋点(π^*, 0)。(鲁滨逊的劳动禀赋为零,椰子禀赋为 π^*,这是他在未参加任何市场交易时的消费束。)在工资率给定的条件下,鲁滨逊最优化地决定工作多少和消费多少。在他的最优消费水平上,消费和闲暇之间的边际替代率必然等于工资率,正好同标准的消费者选择问题的结果一样。

33.5 综合

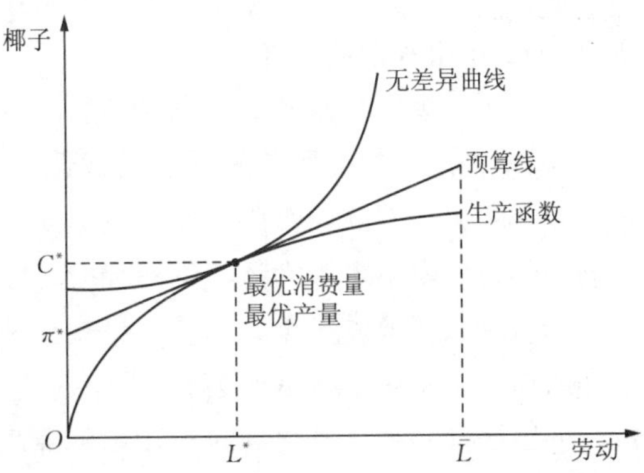

消费者鲁滨逊所需求的椰子量等于克鲁索公司提供的椰子量。

图 33.4　消费和生产的均衡

现在我们把图 33.2 和图 33.3 合并成图 33.4,看看发生了什么！鲁滨逊的奇怪行为毕竟产生了结果。他最终的消费量正好和他如果一次作出所有的决定时应当消费的数量一样,位于同一点。利用市场体系导致的结果与直接决定消费和生产计划得到的结果一样。

由于闲暇和消费之间的边际替代率等于工资,劳动的边际产品也等于工资,我们可以确信劳动和消费之间的边际替代率等于边际产品——这就是说,无差异曲线的斜率和生产集的斜率相等。

在只有一个人的经济的例子中,利用市场完全是件傻事。为什么鲁滨逊要多此一举把他的决策一分为二呢？而在有着许多人的经济中,把决策分解得支离破碎就不令人奇怪了。如果存在许多企业,那么要了解每个人对每件东西需要多少是完全行不通的。在市场经济中企业为了作出它们的生产决策只要考察产品的价格就行了,因为产品价格表示消费者对于消费的额外单位产品的估价。在大多数情况下,企业所要决定的是它们应该多生产些还是少生产些。

市场价格又反映了作为企业的投入和产出的商品的边际价值。如果企业以利润的变化来指导生产——这里的利润按市场价格计算——那么它们的决策将反映消费者对产品所估计的边际价值。

33.6 不同的技术

在上述讨论中我们假定鲁滨逊可获得的技术显示出劳动收益递减。由于劳动是生产中唯一的投入,这就是规模收益递减。(如果有更多的投入就不是这种情况了！)

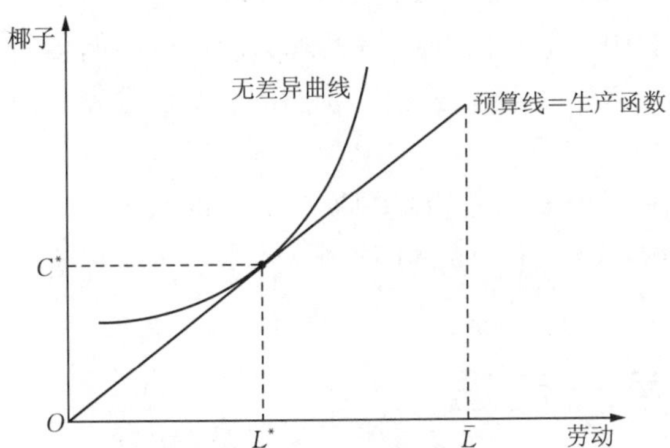

如果技术显示出规模收益不变,则克鲁索公司得到的利润为零。

图 33.5　规模收益不变

观察一下其他的可能性也是有意义的。例如,假定技术表现出规模收益不变。我们已知规模收益不变意味着使用两倍的投入会产生两倍的产出,在只有一种投入的生产函数中,这意味着生产函数曲线必然是一条如图 33.5 所示的穿过原点的直线。

由于技术的规模收益不变,第 20 章中的论点意味着,对于一个竞争性企业来说,唯一合理的经营状况是利润为零。这是因为如果企业的利润大于零,企业无限制地扩大产量就是有利的。反之,如果企业的利润小于零,则企业将产量下降到零是有利的。

这样,鲁滨逊的禀赋包括零利润和其劳动时间的初始禀赋 $\bar{L}$。他的预算集和生产集重合,分析结果和前面一样。

当技术的规模收益递增时,情况就有所不同,这点可用图 33.6 表明。在这个简单例子中,要显示鲁滨逊的消费和闲暇的最优选择是没什么困难的。无差异曲线照例与生产集相切。问题源于尝试证明该切点是利润最大化点。困难在于,如果企业面临的是由鲁滨逊的边际替代率给定的价格,它将会生产出大于鲁滨逊所需求的产量。

如果企业在最优选择点上显示出规模收益递增,那么生产的平均成本将大于生产的边际成本——而这表明企业会得到负的利润。利润最大化的目标将引导企业去提高产量——但这将与来自消费者的对产出的需求和对投入的供给不相容。在这个例子中,不存在这样的价格,按此价格消费者在效用最大化时的需求等于企业在利润最大化时的供给。

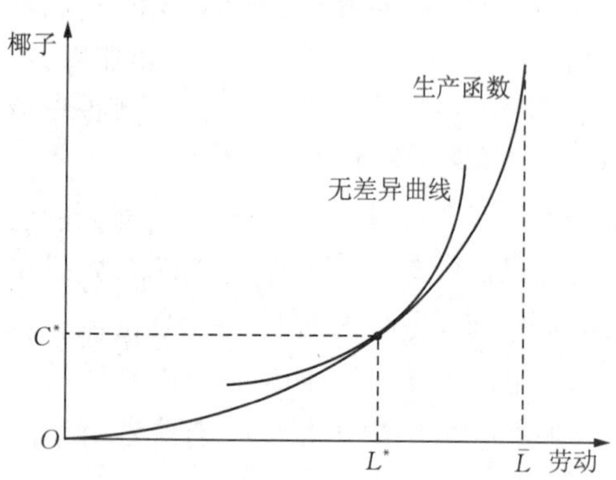

生产集表明规模收益递增和竞争市场不可能实现帕累托有效率配置。

图 33.6 规模收益递增

规模收益递增是非凸性的一个例子。在这种情况下,生产集——即对于经济来说椰子和劳动可能的组合——不是一个凸集。这样,图 33.6 中的无差异曲线和生产函数曲线在点(L^*, C^*)的共同切线将不会如它在图 33.4 中那样,把偏好点从可能的点中分离出来。

像这样的非凸性给竞争市场带来了严重困难。在一个竞争市场中,消费者和生产者都根据一套数据——即市场价格——来作出他们的消费决策或生产决策。如果技术和偏好是凸的,那么经济主体要作出有效率的决策所唯一需要知道的是这一经济目前正在生产的那一点附近的价格和边际替代率之间的关系:价格告诉经济主体决定一个有效率的资源配置所需要知道的一切信息。

但是,如果技术和偏好,或者技术和偏好中的某一个是非凸的,那么价格就不能传递为决定资源有效率配置所需要的所有信息了。有关远离目前生产状态的生产函数和无差异曲线各自的斜率的信息也是必不可少的。

不管怎样,这些观察结果仅仅适用于规模报酬相对于市场规模较大时的情形。对于一个竞争市场来说,较小范围的规模收益递增不会产生太大的困难。

33.7 生产与福利经济学第一定理

回顾前面,在一个完全交换经济的情况中,竞争均衡是帕累托有效率均衡,这就是所谓福利经济学第一定理。那么在一个存在着生产的经济中是否有同样的结果呢?以上采用的图形分析方法还不足以回答这个问题,而第 32 章中采用的代数论证方法的推广却能很好地解答这个问题。结果证明答案是肯定的：如果所有的企业均是竞争性的追求利润最大化的企业，那么竞争均衡就是帕累托有效率的。

这一结论具有通常的防止误解的说明。第一，它与分配无关。利润最大化只保证效率，不保证公平！第二，这一结论只有当竞争均衡实际存在时才有意义。具体地说，它排除了较大的规模收益递增的区域。第三，这一定理暗含地假定任何一家厂商的选择并不影响其他厂商的生产可能性边界。也就是说，它排除了生产的外部效应的可能性。同样，这个定理要求企业的生产决策不直接影响消费者的消费可能性，这就是说，不存在消费的外部效应。有关外部效应的更确切的定义将在第35章中说明，那时我们将更详细地考察外部因素对资源有效率配置的影响。

33.8　生产与福利经济学第二定理

在完全交换经济的情况下，只要消费者显示出凸的偏好，每一种帕累托有效率配置就有可能是一个竞争均衡。在一个包含着生产的经济中，会得出同样的结果，但这时我们不仅要求消费者的偏好是凸的，而且要求企业的生产集也是凸的。如以上所讨论的那样，这一要求完全排除了规模收益递增的可能性：如果企业在均衡的生产水平上有规模收益递增，它们将按竞争价格生产更多的产品。

总之，只有在规模收益不变或递减时，福利经济学第二定理才成立。任何帕累托有效率配置都可以通过竞争市场来达到。当然一般来说，在消费者之间实行禀赋的再分配以支持不同的帕累托有效率配置是必要的。特别是，劳动禀赋的收入和企业的股份所有权都得实行再分配。如上一章所示，在这类再分配中包含着巨大的实际困难。

33.9　生产可能性

我们已看到了在只有一种投入、一种产出的经济中是如何作出生产和消费决策的。在本节，我们要探讨如何把这个模型推广到具有几种投入和几种产出的经济中去。尽管我们只分析具有两种产品的经济，但这些概念自然而然可以推广到许多种产品的情况。

所以，我们假定还存在着鲁滨逊可能生产的某种其他产品，例如鱼。他可以把他的时间花在收集椰子或捕鱼上。在图33.7中我们描述了鲁滨逊在每种活动上花费不同时间所可能生产的椰子和鱼的各种组合。这一集合就是所谓的生产可能性集合。生产可能性集合的界限又称为生产可能性边界。这和前面讨论的描述投入和产出之间关系的生产函数曲线形成对照；生产可能性集合表明的只是可能的产出品集合。（在更高深的分析中，投入和产出均

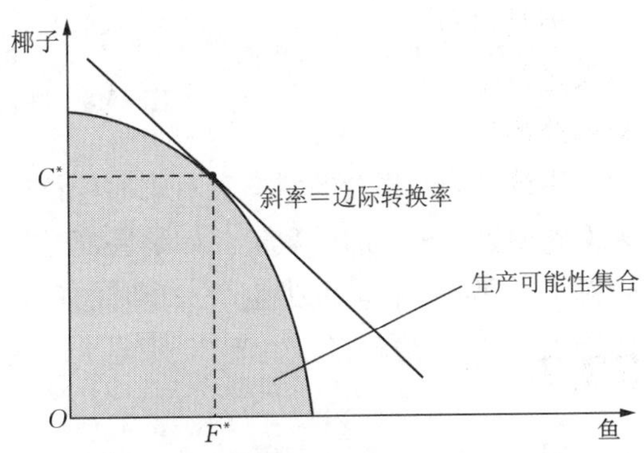

生产可能性集合表示在技术和投入数量给定的条件下可能实现的产出集合。

图33.7　生产可能性集合

可被看作是生产可能性集合的一部分,不过这一分析用二维图像很难表示。)

生产可能性集合的形状取决于所用技术的性质。如生产椰子和鱼的技术显示出规模收益不变,生产可能性集合就将是一种特别简单的形状。由于假定生产中只有一种投入——鲁滨逊的劳动——鱼和椰子的生产函数将是劳动的线性函数。

例如,假如鲁滨逊每小时能生产 10 磅鱼或 20 磅椰子。那么,当他把 L_C 小时用于生产椰子,把 L_F 小时用于生产鱼时,他将生产 $10L_F$ 磅的鱼和 $20L_C$ 磅的椰子。假定鲁滨逊决定一天工作 10 小时,那么,生产可能性集合将包括椰子 C 和鱼 F 的所有组合,这样

$$F=10L_F$$
$$C=20L_C$$
$$L_C+L_F=10$$

前两个方程代表生产关系,第三个方程表示资源约束。对前两个方程分别求解 L_F 和 L_C 就能决定生产可能性边界:

$$L_F=\frac{F}{10}$$
$$L_C=\frac{C}{20}$$

把这两个方程相加,并根据 $L_C+L_F=10$,可得

$$\frac{F}{10}+\frac{C}{20}=10$$

这一方程告诉我们鲁滨逊一天工作 10 小时所能生产的鱼和椰子的所有组合,见图 33.8A。

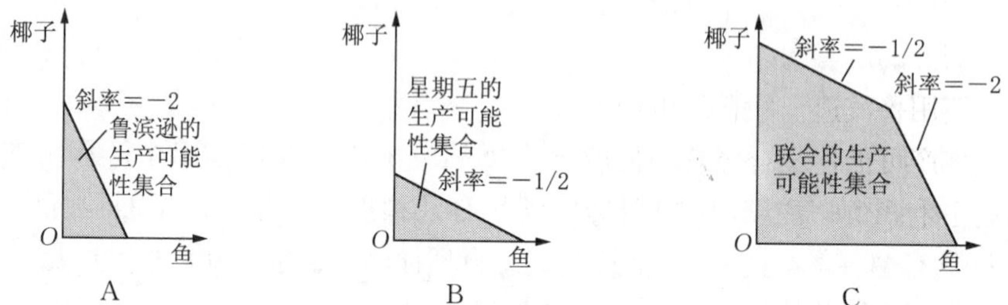

鲁滨逊和星期五各自的生产可能性集合与联合的生产可能性集合。

图 33.8 联合的生产可能性

生产可能性集合的斜率表示边际转换率——鲁滨逊如果决定牺牲一些某种产品时可以得到的另一种产品的数量。如果鲁滨逊放弃能够生产 1 磅鱼的时间,他将能够多得到 2 磅椰子。即如果鲁滨逊少生产一小时的鱼,他就将少生产 10 磅鱼。而如果他把这一时间用于生产椰子,他就将多生产 20 磅椰子。这一转换比率是 2 比 1。

33.10 比较优势

以上构筑的生产可能性集合是十分简单的,原因在于鱼和椰子都只有一种生产方法。

如果每种产品都不止有一种生产方法会有什么结果呢？假定我们在这一孤岛经济中再增加一个工人，他具有不同的生产鱼和椰子的技能。

我们把这一新工人称为星期五，并假定他每小时能生产 20 磅鱼或者每小时能生产 10 磅椰子。这样如果星期五工作 10 小时，他的生产可能性集合就将由下列方程决定：

$$F = 20L_F$$
$$C = 10L_C$$
$$L_C + L_F = 10$$

采用和鲁滨逊相同的计算方法得到星期五的生产可能性集合为

$$\frac{F}{20} + \frac{C}{10} = 10$$

图 33.8B 绘出了这一图像。注意，星期五的椰子和鱼的边际转换率为 $\Delta C/\Delta F = -1/2$，而鲁滨逊的边际转换率为 -2。星期五每放弃一磅椰子的生产，可以多生产两磅鱼；而鲁滨逊每放弃生产一磅鱼能生产两磅椰子。在这样的情况下我们说星期五在生产鱼方面有比较优势，鲁滨逊则在生产椰子方面有比较优势。我们在图 33.8 中画出了三个生产可能性集合：图 A 表示鲁滨逊的，图 B 为星期五的，图 C 是联合的生产可能性集合——两个人可能生产的每种产品的产量总和。

联合的生产可能性集合是两个人的最优组合。如果每个人都全部生产椰子，可以生产 300 个椰子——星期五生产 100 个，鲁滨逊生产 200 个。如果我们希望得到更多的鱼，理所当然应该让最擅长捕鱼的人——星期五——从椰子的生产转向鱼的生产。星期五每少生产 1 磅椰子就可以得到 2 磅鱼，这样联合的生产可能性集合的斜率是 $-1/2$——正好等于星期五的边际转换率。

如果星期五的所有时间用于生产鱼，产量为 200 磅。如果我们想得到更多的鱼，我们就必须转而使用鲁滨逊。联合的生产可能性集合在这一点上的斜率为 -2，因为我们将沿着鲁滨逊的生产可能性集合经营。最后，如果我们要生产尽可能多的鱼，那么鲁滨逊和星期五全都集中生产鱼，可以得到 300 磅鱼，200 磅由星期五生产，100 磅由鲁滨逊生产。

由于每个人在不同的产品上都有比较优势，联合的生产可能性集合具有一个“拗折点”，如图 33.8C 所示。在这个例子中，只有一个拗折点，因为只有两种生产产品的不同方式——克鲁索生产方式和星期五生产方式。如果有更多种类的产品生产方式，生产可能性集合将会是典型的“曲线”形状，如图 33.7 所示。

33.11　帕累托效率

在前两节中已了解了生产可能性集合的形成，该集合描述了整个经济的可能的消费束。以下我们考察在可能的消费束中作出选择的帕累托有效率方法。

我们用(X^1, X^2)表示总消费束。它表明有 X^1 单位的产品 1 和 X^2 单位的产品 2 可供消费。在克鲁索/星期五经济中，两种产品是椰子和鱼，但是我们用(X^1, X^2)表示，用以强调与第 32 章中的分析的相似性。一旦我们知道了每种产品的总量，我们就能画出如图

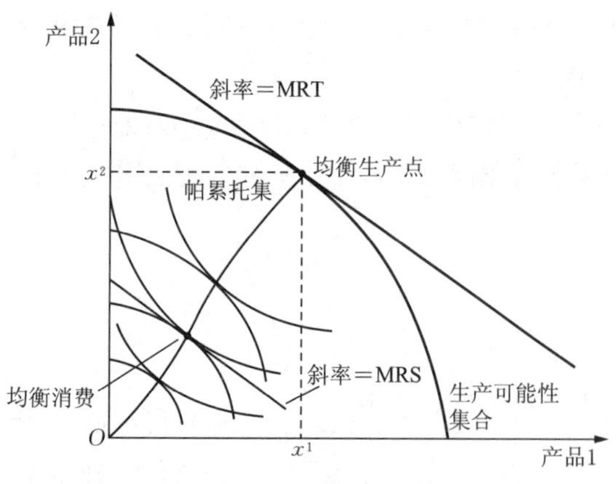

在生产可能性边界上的每一点,我们均可以画出表示可能的消费配置的埃奇沃思方框图。

图 33.9 生产和埃奇沃思方框图

33.9 中那样的埃奇沃思方框图。

给定(X^1, X^2),帕累托有效率的消费束集就和上一章中所考察的相同:帕累托有效率消费水平将位于帕累托集——两种产品的无差异曲线相切的轨迹线——上,如图 33.9 所示。这就是每一个消费者的边际替代率——即消费者正好愿意交易的比率——等于其他消费者的边际替代率的消费配置。

就消费决策而言,这些配置都是帕累托有效率配置。如果人们能简单地用一种产品交换另一种产品,则帕累托集就是描述最大化交易利益的消费束集。但是在一个有生产的经济中,另外还有一种用一种产品"交换"另一种产品的方式——即减少一种产品的生产以生产更多的另一种产品。

帕累托集表明的是在产品 1 和产品 2 的可供数量给定的条件下的帕累托有效率的消费束集合,不过在一个有生产的经济中,这两种产品的数量本身可以在生产可能性集合之外决定,那么,生产可能性集合中的哪些选择是帕累托有效率选择呢?

我们考虑一下边际替代率条件的逻辑基础。我们的论点是,在一个帕累托有效率配置中,消费者 A 的边际替代率必须等于消费者 B 的边际替代率:按这一比率,消费者 A 愿意用这一种产品换取那一种产品的比率正好等于消费者 B 愿意用那一种产品换取这一种产品的比率。如果不相等的话,那么就存在着能使两个消费者的境况都得到改善的某种交易。

边际转换率(marginal rate of transformation, MRT)表示一种产品可以"转换"为另一种产品的比率。当然这并不是说一种产品真的变成了另一种产品,而是说生产要素正在被移动,以便一种产品的少生产带来另一种产品的多生产。

假定经济正处在这样一种情况下运转,即一个消费者的两种产品之间的边际替代率并不等于它们之间的边际转换率。那么这样一种情况就不可能是帕累托有效率的,为什么呢?原因是在这一点上,一个消费者愿意用产品 1 交换产品 2 的比率不等于产品 1 能被转换成产品 2 的比率——这样就存在着一种重新安排生产方式使消费者境况变好的方式。

例如,假定消费者的边际替代率为 1;这个消费者愿意用产品 1 换取产品 2 的比率正好是一比一。如果边际转换率为 2,这表示放弃一单位产品 1 的生产会给社会带来两单位的产品 2。很明显每降低一单位产品 1 的生产,就会增加生产两单位的产品 2。由于消费者对于在交易中放弃一单位产品 1,来换取一单位产品 2 不在乎,他当然会因为多得到了两单位的产品 2 而境况改善。

当任何一个消费者的边际替代率和边际转换率不相同时也可得出相同的论点——总存在着一种能使该消费者的境况更好的消费和生产的重新安排。我们已了解了,对于帕累托效率来说，每一个消费者的边际替代率都应相等，而以上的结论表明每一个消费者的边际替代率事实上还应当等于边际转换率。

图 33.9 显示了一种帕累托有效率配置。每一个消费者的边际替代率(MRS)都相等，因为他们的无差异曲线在埃奇沃思方框图中相切。另外，每一个消费者的边际替代率也等于边际转换率——生产可能性集合的斜率。

33.12　遇难人公司

在上一节我们已得到了帕累托效率的必要条件：每一个消费者的边际替代率必须等于边际转换率。任何一种导致帕累托效率的资源配置方式都必须符合这一条件。在本章的前面部分，我们已说明了一个存在着追求利润最大化的企业和追求效用最大化的消费者的经济会达到帕累托有效率配置。这一节我们对此作详细阐述。

现在，我们的经济中包含了两个人，鲁滨逊和星期五。还存在四种物品：两种生产要素(鲁滨逊的劳动和星期五的劳动)与两种产品(椰子和鱼)。我们假定鲁滨逊和星期五都是一个企业的股东，我们还把这一企业叫做遇难人公司。当然，他们同时也是雇员和客户，但仍然和前面一样，我们依次考察每个人的作用，并且不允许参与者了解过多。总之，这一分析的目的是为了了解一个分散化的资源配置系统是怎样运行的——在这样的系统中的每一个人只需要作出自己的决策，而不必考虑整个经济的问题。

遇难人公司首先要考虑的是利润最大化问题。遇难人公司生产两种产品，椰子(C)和鱼(F)，采用两种劳动，克鲁索的劳动(L_C)和星期五的劳动(L_F)。当椰子的价格给定为 p_C、鱼的价格给定为 p_F、克鲁索和星期五的工资率给定为 w_C 和 w_F 时，利润最大化问题在由生产可能性集合表示的技术约束条件下可归结为

$$\max_{C,\,F,\,L_F,\,L_C} \ p_C C + p_F F - w_C L_C - w_F L_F$$

假定企业发现当星期五的劳动量为 L_F^*，克鲁索的劳动量为 L_C^* 时，企业处于最优均衡。我们在这里所要关心的问题是利润最大化如何决定产品的生产方法。令 $L^* = w_C L_C^* + w_F L_F^*$ 表示生产的劳动成本，π 表示企业的利润，即

$$\pi = p_C C + p_F F - L^*$$

重新整理，我们有

$$C = \frac{\pi + L^*}{p_C} - \frac{p_F F}{p_C}$$

这一方程表示企业的等利润线，如图 33.10所示，等利润线的斜率为 $-p_F/p_C$，纵截距为$(\pi + L^*)/p_C$。由于根据假定 L^* 是固定的，等利润线的纵截距越大表

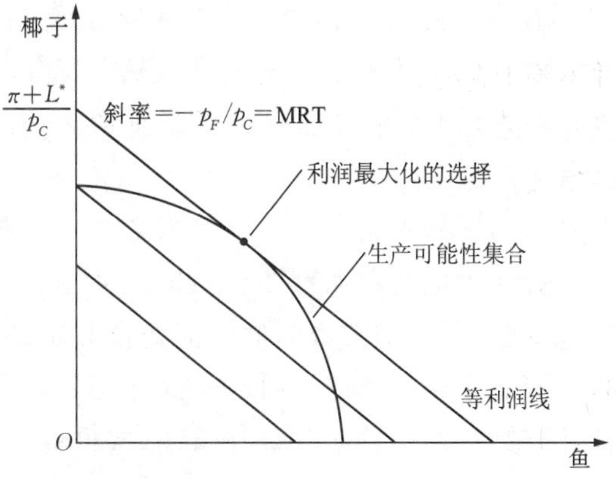

在边际转换率等于等利润线的斜率 $-p_F/p_C$ 的点上必然得到最大化利润。

图 33.10　利润最大化

示利润越大。

如果企业要使它的利润最大化,它就应该在生产可能性集合上选择这样一个点,使穿越该点的等利润线具有最大的纵截距。根据这样的条件,显然等利润线必定与生产可能性集合相切;也就是说生产可能性集合的斜率(MRT)应等于等利润线的斜率$-p_F/p_C$:

$$\mathrm{MRT}=-\frac{p_F}{p_C}$$

我们已阐述了在一个企业情况下的利润最大化问题,而这对有任意数量企业的情况来说也是成立的:决定按利润最大化方式来生产椰子和鱼的每一个企业将以这任意两种产品之间的边际转换率和这两种产品之间的价格比率相等时的产量来经营。即使企业有着极不相同的生产可能性集合这一点也成立,只要这两家企业面临的两种产品的价格相同。

这意味着,在均衡时两种产品的价格可以度量边际转换率——以一种产品衡量另一种产品的机会成本。如果想要更多的椰子,就必须放弃若干鱼。放弃多少呢?只要考察一下鱼和椰子之间的价格比率:这些经济变量之间的比率告诉我们如何进行技术上的权衡抉择。

33.13 作为消费者的鲁滨逊和星期五

我们已了解了遇难人公司如何制定它的利润最大化生产计划。为了实现这一计划,它必须雇用若干劳动才能产生一定的利润。当它雇用劳动时,它就向这些劳动支付工资;当它获取利润时,它就向股东支付股息。遇难人公司无论以何种方式获得的收入,都付还给了鲁滨逊和星期五,或是以工资的形式,或是以利润的形式。

由于企业把所有收入都付给了它的工人和股东,所以这些工人和股东就必然有足够的钱来购买它的产品。这就是第32章中所阐述的瓦尔拉斯法则的变形:人们从出售他们所拥有的禀赋中获得收入,所以他们有足够的收入来购买那些禀赋。在我们的这个例子中,人们也从出售他们所拥有的禀赋中获得收入,并从企业那里获得利润。由于在经济体系中收入既不会消失也不会增加,所以人们总有刚刚够用的钱来购买这一体系所生产的产品。

人们用从企业中获得的收入去做什么呢?和通常一样,他们用这些钱去购买消费品。每一个消费者在价格p_F和p_C下选择他所能购买的最佳商品束。如我们前面所看到的那样,每个消费者的最佳消费束必定要符合两种商品之间的边际替代率等于它们的价格比率这一条件。而这一价格比率也因为企业的利润最大化行为而等于边际变换率。这样帕累托效率的必要条件为:每一个消费者的边际替代率(MRS)等于边际转换率(MRT)。

在这样的经济中,商品的价格是相对稀缺性的信号。它们表示技术上的稀缺性——为了多生产一单位的某种商品所必须降低的另一种商品的生产量;它们还表示消费的稀缺性——消费者为了多获得一种商品所愿意减少的另一种商品的消费量。

33.14　分散化的资源配置

克鲁索-星期五经济是一种极其简化的情况。为了建立一个更为复杂的经济运行模型，需要运用大量更精细的数学方法。不过，在上述简单的模型中也包含了有用的见解。

所有这些内容中最重要的是消费者个人的效用最大化目标和资源有效利用的社会目标之间的关系。在确定的条件下，消费者努力实现个人的目标所导致的资源配置是整体帕累托有效率的。进一步来说，任何帕累托有效率配置会在竞争市场中形成，只要最初拥有的资源禀赋——包括企业的所有权——能被适当地再分配。

竞争市场的最大优点是每一个消费者和每一个企业只须操心自己的最大化问题。消费者和企业之间唯一需要交流的因素是商品的价格。在相对稀缺性给定的条件下，消费者和企业具有充分的信息去决定怎样获得资源的有效率配置。在这种情况下，资源有效利用的社会问题就可能被分散化，在个体水平上得到解决。

每一个消费者都能够解决自己消费什么的问题。企业根据消费者所消费的商品的价格决定每种商品生产多少。它们在利润信号的指导下去作出上述决策。在这一点上，利润的作用完全是正确的引导。要说一个生产计划是有利可图的，等于说人们愿意以高于生产成本的价格购买商品——所以这自然使企业扩大这种商品的生产。如果所有企业实行的是竞争性的利润最大化策略，同时所有消费者也选择使自己效用最大化的消费束，那么所导致的竞争均衡就必然是帕累托有效率配置。

小　结

1. 通过允许追求利润最大化的竞争性企业去生产用于经济中交换的产品的方法，可以扩大一般均衡的框架。
2. 在某些条件下，经济中存在着所有投入和产出的价格集，使得企业的利润最大化行为和消费者的效用最大化行为能最终实现所有市场上的每一种商品的需求等于供给的目标——即形成一个竞争均衡。
3. 在某些条件下，所形成的竞争均衡必定是帕累托有效率的：在一个包含生产的经济中，福利经济学第一定理成立。
4. 在加上凸的生产集的情况下，福利经济学第二定理在包含生产的经济中仍然成立。
5. 当产品以尽可能最高的效率生产时，两种产品之间的边际转换率表示整个经济为多获得一单位某一产品所必须放弃的另一产品的数量。
6. 帕累托效率要求每一个消费者的边际替代率等于边际转换率。
7. 竞争市场的最大优点在于提供了通过生产和消费决策的分散化来实现资源的有效率配置的途径。

复习题

1. 椰子的竞争价格是每磅 6 美元,而鱼的价格是每磅 3 美元。如果社会放弃 1 磅椰子,能够多生产多少磅鱼?

2. 如果图 33.2 中描述的厂商决定支付较高的工资,会发生什么情况?

3. 从何种意义上讲竞争均衡对一个经济是件好事或是件坏事?

4. 如果鲁滨逊的椰子和鱼之间的边际替代率是—2,而这两种商品的边际转换率是—1,如果他要增加效用,他应怎么办?

5. 假定鲁滨逊和星期五每天都需要 60 磅鱼和 60 磅椰子。利用本章中所说的两人的生产率,如果两人不相互帮助,他们每天需要干多少小时?假定他们决定一起干并以最有效率的方式工作,现在他们每天得干几小时?从经济学上如何解释时间减少的原因?

附录

我们来推导包含生产的经济中的帕累托效率的微积分条件。同本章正文一样,我们令 X^1 和 X^2 分别表示生产和消费的商品 1 的总量和商品 2 的总量:

$$X^1 = x_A^1 + x_B^1$$
$$X^2 = x_A^2 + x_B^2$$

首先,我们要找到一个方便的方法来描述生产可能性边界——所有技术上可行的 X^1 和 X^2 的组合。就我们的目的而言,使用转换函数是最有用的。转换函数 $T(X^1, X^2)$是这两种商品总量的这样一个函数,它使得组合(X^1, X^2)落在生产可能性边界上,当且仅当

$$T(X^1, X^2) = 0$$

一旦我们对技术作出刻画,我们就可以计算出边际转换率:为了生产更多的商品 1,我们必须牺牲的商品 2 的比率。尽管这个名称会引起我们关于一种商品被"转换"成另一种商品的联想,但这种想象却是一种误解,实际情况只是其他资源从商品 2 的生产转入到商品 1 的生产。因此,由于资源较少地被用于商品 2 而较多地被用于商品 1,所以我们从生产可能性边界上的这一点变动到那一点。边际转换率其实就是生产可能性集合的斜率,我们用 dX^2/dX^1 来表示它。

考虑可行的生产的微小变动(dX^1, dX^2),我们有

$$\frac{\partial T(X^1, X^2)}{\partial X^1} dX^1 + \frac{\partial T(X^1, X^2)}{\partial X^2} dX^2 = 0$$

求解边际转换率

$$\frac{dX^2}{dX^1} = -\frac{\partial T/\partial X^1}{\partial T/\partial X^2}$$

下面我们将用到这个式子。

帕累托有效率配置是这样一种配置:使任何一个人的效用在其他人的效用给定时达到最大。在两个人的情况下,我们可以把这个最大化问题写成

$$\max_{x_A^1, x_A^2, x_B^1, x_B^2} u_A(x_A^1, x_A^2)$$

$$\text{s.t. } u_B(x_B^1, x_B^2) = \bar{u}$$

$$T(X^1, X^2) = 0$$

这个问题的拉格朗日方程是

$$L = u_A(x_A^1, x_A^2) - \lambda(u_B(x_B^1, x_B^2) - \bar{u}) - \mu(T(X^1, X^2) - 0)$$

其一阶条件是

$$\frac{\partial L}{\partial x_A^1} = \frac{\partial u_A}{\partial x_A^1} - \mu \frac{\partial T}{\partial X^1} = 0$$

$$\frac{\partial L}{\partial x_A^2} = \frac{\partial u_A}{\partial x_A^2} - \mu \frac{\partial T}{\partial X^2} = 0$$

$$\frac{\partial L}{\partial x_B^1} = -\lambda \frac{\partial u_B}{\partial x_B^1} - \mu \frac{\partial T}{\partial X^1} = 0$$

$$\frac{\partial L}{\partial x_B^2} = -\lambda \frac{\partial u_B}{\partial x_B^2} - \mu \frac{\partial T}{\partial X^2} = 0$$

移项并用第一个方程除以第二个方程,得到

$$\frac{\partial u_A / \partial x_A^1}{\partial u_A / \partial x_A^2} = \frac{\partial T / \partial X^1}{\partial T / \partial X^2}$$

对第三和第四个方程作相同的运算,得到

$$\frac{\partial u_B / \partial x_B^1}{\partial u_B / \partial x_B^2} = \frac{\partial T / \partial X^1}{\partial T / \partial X^2}$$

这些方程的左边是我们的老朋友边际替代率,右边是边际转换率。因此,这些方程要求每个人在两种商品间的边际替代率必须等于边际转换率:每个人愿意用一种商品替代另一种商品的比率,必须等于技术上可行的将一种商品转换为另一种商品的比率。

这个结果可以直接感知。假设对某人来说 MRS 不等于 MRT,个人愿意牺牲一种商品以得到更多另一种商品的比率就会和技术上可行的比率不等——但这就意味着存在某种可以使这个人的效用增加而不影响其他人的消费的方法。

▶34

福　利

迄今为止，我们集中分析的是评价经济配置中的帕累托效率。但是还有其他重要的问题需要考虑。必须记住帕累托效率并未涉及人们之间的福利分配，把一切都给予一个人肯定是典型的帕累托有效率。但在其他人看来这未必就是合理的配置。在这一章中我们要考察某些可以用来使与福利分配有关的思想形式化的方法。

帕累托效率本身是一个理想的目标——如果能使部分人境况变好而又不损害其他人的话，何乐而不为呢？不过通常总会有许多种帕累托有效率配置同时存在，社会如何在它们中加以选择呢？

本章主要阐述福利函数概念，它提供了一个把不同消费者的效用“加总”的方法。更一般地说，福利函数提供了一个对不同消费者的效用集合进行排序的方法。在阐述这个概念的含义之前，有必要先对如何着手“加总”个别消费者的偏好以构筑某种“社会偏好”作一考察。

34.1　偏好的加总

我们回到早先有关消费者偏好的讨论。和通常一样，我们假定这些偏好是传递的。以前我们认为消费者偏好是针对消费者自己的商品束确定的，现在我们要扩大这一概念，把它看作是每一个消费者对于消费者之间的整个商品配置的偏好。当然这里包括这样一种可能性，即如我们最初假定的那样，每个消费者也许并不关心其他消费者有些什么。

我们用符号 $\mathbf{x}$ 表示某一特定的配置——对每个消费者所得到的每一种商品的描述。然后给定两种配置，$\mathbf{x}$ 和 $\mathbf{y}$，每个消费者 i 可以表明他对 $\mathbf{x}$ 的偏好是否胜过 $\mathbf{y}$。

在所有经济行为人的偏好给定的条件下，我们可能有办法把它们“加总”为社会偏好。也就是说，如果我们知道了所有消费者如何排列各种配置的秩序，我们就能用这些信息来描述各种配置的社会排列。这就是最一般水平上的社会决策问题。让我们来考虑几个例子。

加总个人偏好的一种途径是采用某种投票方法。如果绝大部分消费者偏好 $\mathbf{x}$ 胜过 $\mathbf{y}$，我们就可以一致认为“社会偏好”于 $\mathbf{x}$ 而不是 $\mathbf{y}$。不过这种方法中有个问题——它也许不可能产生一个传递性的社会偏好次序。考察一下表 34.1 所示的例子。

表 34.1　导致非传递性投票的偏好

行为人 A	行为人 B	行为人 C
x	y	z
y	z	x
z	x	y

我们在表中列出了三个人所作出的 3 种选择 **x**、**y** 和 **z** 的排列。可以看到大多数人偏好 **x** 胜过 **y**,大多数人偏好 **y** 胜于 **z**,而大多数人又偏好 **z** 胜过 **x**。因此,通过多数投票加总个别消费者的偏好行不通,因为一般说来由多数人投票决定的社会偏好并不是性状良好的偏好,得到的社会偏好是没有传递性的。由于这些偏好不是传递性的,在选择集(**x**, **y**, **z**)中不存在最好的选择。社会选择哪种结果将取决于投票进行的顺序。

为了表明这一点,我们假定表 34.1 中的三个人决定首先在 **x** 和 **y** 之间投票,然后再在该回合的胜者和 **z** 之间投票。由于大多数人偏好 **x** 胜于 **y**,第二回合将在 **x** 和 **z** 之间进行,这意味着最后的结果是 **z**。

但是,如果他们决定先在 **z** 和 **x** 之间投票,然后再对胜者和 **y** 进行投票表决,那结果又将怎样呢? **z** 将在第一轮中获胜,而 **y** 将在第二回合中击败 **z**。最后的结果将完全取决于交付投票表决的选择的顺序。

我们可以考虑的另一种投票方法是排列-顺序投票方法。每个人按其偏好排列商品并据此标上一个注明顺序的号码:最优选择定为 1,次优选择定为 2,依此类推。然后在投票者中加总每种选择的序号来得到每种选择的总分,如果某种结果的得分较低,社会对它的偏好就会超过对另一种结果的偏好。

在表 34.2 中,我们列出了两个人对于三种选择 **x**、**y** 和 **z** 的可能的偏好顺序。首先假定只有 **x** 和 **y** 可供选择。这样,在这个例子中行为人 A 把 **x** 的序号定为 1 而行为人 B 将其序号定为 2。他们对选择 **y** 所定的序号正好和 **x** 相反。因此投票的结果将是两种选择不分胜负,它们的总的排列序号都是 3。

表 34.2　x 和 y 之间的选择取决于 z

行为人 A	行为人 B
x	y
y	z
z	x

现在,把 **z** 引入投票中。行为人 A 将 **x** 定为 1, **y** 定为 2, **z** 定为 3。行为人 B 把 **y** 标为 1, **z** 标为 2, **x** 标为 3。这意味着现在 **x** 的总分为 4, **y** 的总分为 3。在这个例子中,根据排列-顺序投票方法,对 **y** 的偏好胜于 **x**。

多数人投票和排列-顺序投票这两种方法所存在的问题是它们的结果可能受机敏的经济行为人操纵。多数人投票方法可以因为改变投票表决的顺序以得到合意的结果而受到操纵。排列-顺序投票方法可以因为引进新的选择改变了有关选择的最终顺序而受操纵。

这就会使人自然地产生这样一个问题,即是否有社会决策机制——即加总偏好的方法——能免受上述操纵?是否存在不具有上述不合意性质的"加总"偏好的方法?

让我们列出一些希望我们的社会决策机制能做到的事情:

1. 当任何一组完全的、反身的和传递的个人偏好集给定时,社会决策机制将产生具有相同性质的社会偏好。

2. 如果每个人偏好选择 **x** 超过选择 **y**,那么社会偏好就应当把 **x** 排在 **y** 的前面。

3. **x** 和 **y** 之间的偏好唯一地取决于人们如何排列 **x** 和 **y** 的顺序,而不是人们如何排列其他选择的顺序。

所有这三个性质看起来极有道理。不过要找到一个具有所有这些性质的机制却相当困难。事实上,肯尼思·阿罗已证明了以下这个著名的结论:①

阿罗的不可能性定理 *如果一个社会决策机制满足性质 1、2 和 3,那么它必然是一个独裁统治:所有的社会偏好顺序就是一个人的偏好顺序。*

阿罗的不可能性定理是非常令人惊奇的,它表明社会决策机制的这三个非常有道理且合意的性质是和民主不相容的:不存在进行社会决策的"完美"方式。不存在完美的方式把个人的偏好"加总"成为社会的偏好。如果我们企图寻找一个把个人偏好加总成社会偏好的方法,我们将不得不放弃阿罗定理中所描述的社会决策机制的性质中的一个性质。

34.2 社会福利函数

如果我们打算放弃上述社会福利函数合意的性质中的某一性质的话,我们一般总是放弃性质 3——两种选择之间的社会偏好唯一由这两种选择的排列顺序决定,如果我们这样做了,那么某些类型的排列-顺序投票方法就成为可能。

当每个人 i 对配置的偏好给定时,我们可以建立一个效用函数 $u_i(\mathbf{x})$,它概括了所有个人的价值判断:当且仅当 $u_i(\mathbf{x}) > u_i(\mathbf{y})$时,某个人 i 对 **x** 的偏好超过对 **y** 的偏好。当然这些函数和所有的效用函数一样——它们可以按任何保留基本偏好顺序的方法来标数字,不存在唯一的效用表示方法。

但我们可以选择某种效用表示方法并将它固定下来,那么从个人的偏好得出社会偏好的一种方法就是将个人效用函数相加,并用相加所得的数字来表示一种社会效用。这就是说,我们认为配置 **x** 比配置 **y** 更是社会的偏好,其条件为

$$\sum_{i=1}^{n} u_i(\mathbf{x}) > \sum_{i=1}^{n} u_i(\mathbf{y})$$

其中,n 是社会中的人数。

这一方法完全是任意性的,因为我们的效用表示方法是完全任意选择的。求和方法的选择也是任意的。为什么不用一个加权的效用和方法呢?为什么不用效用的积或效用

① 见肯尼思·阿罗(Kenneth Arrow):《社会选择和个人价值》(纽约:威利公司,1963 年)。阿罗是斯坦福大学的教授,他因在这个领域中的研究被授予诺贝尔经济学奖。

的平方和方法呢?

可以施加在“加总函数”上的一个合理的限制是,它是每个个人效用的增函数。只有在这种情形下,我们才可保证如果每个人对 **x** 的偏好超过对 **y** 的偏好,那么社会偏好就是偏好 **x** 胜过 **y**。

这样一种加总函数有一个名称,叫做社会福利函数。一个社会福利函数就是各消费者个人效用函数的函数:$W(u_1(\mathbf{x}), \cdots, u_n(\mathbf{x}))$。它给我们提供了一种方法来排列只建立在个人偏好基础上的不同配置的顺序,而且它是每个人的效用的增函数。

现在举几个例子来加以说明。前面曾提到的一个具体例子是个人效用函数的总和

$$W(u_1, \cdots, u_n) = \sum_{i=1}^{n} u_i$$

有时它被叫做古典效用主义或边沁福利函数。[①]这一公式的较一般的形式是加权的效用和福利函数:

$$W(u_1, \cdots, u_n) = \sum_{i=1}^{n} a_i u_i$$

其中,权数 $a_1, \cdots, a_n$ 被假定为表明每一经济行为人的效用在整个社会福利中的重要性的数字。当然每一个 a_i 都是正的。

另一个有意义的福利函数是最小最大或罗尔斯社会福利函数:

$$W(u_1, \cdots, u_n) = \min\{u_1, \cdots, u_n\}$$

这一福利函数说明配置的社会福利唯一地由境况最差的经济行为人的福利决定——这个经济行为人的效用最小。[②]

以上每种方法都可以用来比较个人效用函数。每一种都表达了关于不同经济行为人的福利比较的不同伦理判断。这里,我们在福利函数结构上唯一要加上的限制是它是每一个消费者的效用的递增函数。

34.3 福利最大化

一旦我们建立了福利函数,我们就能考察福利最大化问题。我们用 x_i^j 表示每一个消费者 i 所具有的商品数量 j,假定有 n 个消费者和 k 种商品。这样配置 **x** 包含了所有每一个消费者所具有的每种商品的数量情况。

如果我们所有的在消费者中间分配的商品 $1, \cdots, k$ 的总数为 $X^1, \cdots, X^k$,我们就可以提出福利最大化问题:

$$\max W(u_1(\mathbf{x}), \cdots, u_n(\mathbf{x}))$$

---

① 杰里米·边沁(Jeremy Bentham,1748—1832 年)是伦理哲学的效用学派奠基人,这一学派认为最高的善是最大多数人的最大幸福。

② 约翰·罗尔斯(John Rawls)是哈佛大学的当代伦理哲学家,他对这一公平原则作了阐述。

$$\text{s.t.} \sum_{i=1}^{n} x_i^1 = X^1$$

$$\vdots$$

$$\sum_{i=1}^{n} x_i^k = X^k$$

这样,我们便可以求解能使社会福利最大化的可行的配置。这样的配置具有什么性质呢?

首先,我们应该认识到,一种福利最大化的配置必须是帕累托有效率配置。要证明这点是容易的:假定它不是的话,那么,必然有其他某种可能的配置,能给每个人至少同样大的效用,并使其中某个人获得严格说来更大的效用。但是福利函数是每一行为人效用的增函数,因此新的配置必然有更高的福利,这就和我们在开始时假定的福利最大化发生矛盾。

我们可以用图 34.1 表明这种情况,其中集合 U 表示两个行为人情况下的可能的效用集合。这个集合叫做*效用可能性集合*。这一集合的边界——*效用可能性边界*——是帕累托有效率配置所对应的效用水平的集合。如果一种配置位于效用可能性集合的边界上,那么就不存在能给两个行为人都带来更高效用的任何其他可行的配置。

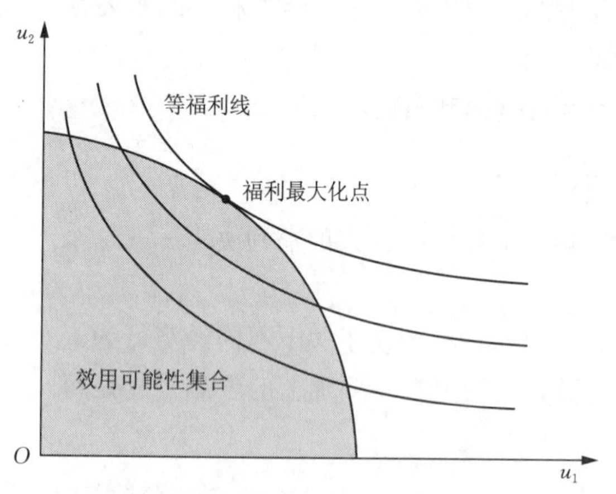

使福利函数最大化的配置必然是帕累托有效率配置。

图 34.1 福利最大化

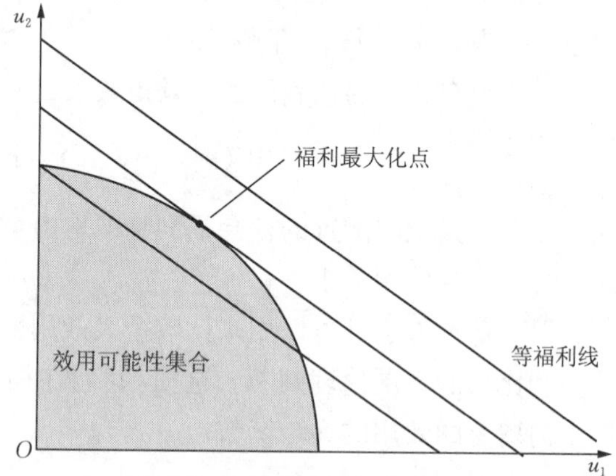

如果效用可能性集合是凸的,那么每一个帕累托有效率点就是效用加权和的福利函数的最大化点。

图 34.2 效用加权和的福利函数的最大化

图中的"无差异曲线"被称作*等福利线*,因为它们表示的效用的分布具有不变的福利。和通常一样,最优点的特征可由相切条件来表示。不过对我们的目的来说,值得注意的是福利最大化点是具有帕累托效率的——它必然出现在效用可能性集合的边界上。

根据这张图我们可以观察到的另一点是任意一个帕累托有效率配置必然是某一福利函数的福利最大化。图 34.2 给出了一个例子。

在图 34.2 中我们选择了一个帕累托有效率配置并找出了一组等福利线,对于这组等福利线来说,这个帕累托有效率配置产生的福利是最大的。实际上,我们还可以进一步说,如果可能的效用分布集合如图所示是个凸集,那么它的边界上的每一点对于效用加权和的福利函数来说都是福利最大化点,如图 34.2 所示。因此,福利函数提供了一种指出帕累托有效率配置的方法：每一个福利最大化点都是帕累托有效率配置，而每一个帕累托有效率配置点都达到了福利最大化。

34.4 个人社会福利函数

迄今为止，我们所分析的都是根据整个资源配置而不是根据每个个人的商品束定义的个人偏好。不过，如我们前面所指出的那样，个人可能只关心他们自己的商品束。在这种情况下，我们可以用 x_i 来表示个人 i 的消费束，并令 $u_i(x_i)$ 为个人 i 的用某一固定的效用表示法表示的效用水平。这样，社会福利函数就具有如下形式：

$$W = W(u_1(x_1), \cdots, u_n(x_n))$$

这一福利函数是个人效用水平的直接函数，同时又是个别经济行为人的消费束的间接函数。这一特殊形式的福利函数就是所谓的*个人福利函数*或*伯格森-萨缪尔森福利函数*。①

如果每一个经济行为人的效用只由他自己的消费决定，那么就不存在消费的外部效应。于是第 32 章的标准结论就变得适用，我们就有了帕累托有效率配置和市场均衡之间的内在关系：所有竞争均衡都是帕累托有效率的，并且在一个适当的凸的假定条件下，所有的帕累托有效率配置都是竞争均衡。

现在，我们可以进一步发展这一内容。在上述给定的帕累托效率和福利最大化之间的关系条件下，我们可以下这样一个结论：所有的福利最大化都是竞争均衡，且所有的竞争均衡都是某一福利函数的福利最大化。

34.5 公平配置

福利函数方法是一种描述社会福利的一般方法。正因为它是这样的一般，所以它能用来概括许多种道德判断的性质，另一方面，它又不经常用于决定哪种道德判断最有道理。

以下我们根据某些特定的道德判断来阐述另一种方法，然后考察它们对于经济分配的意义。这就是研究*公平配置*时采用的方法。首先我们从一个什么可以被认为是分配一组商品的公平方法的定义出发，然后利用已学过的经济分析方法来考察它的含义。

假定要把一些商品公平地分配给 n 个应该平等所得的人。你将怎样分配呢？大多数人会简单地把这些商品平等地分配给这 n 个人。根据他们应该平等所得的假定，还能有什么其他方法吗？

这样一种平等分配的想法的吸引力是什么呢？一个具有吸引力的性质是对称性。每个人都有相同的商品束：没有一个人对于其他人商品束的偏好会超过对他自己的商品束的偏好，因为每个人都有着完全相同的商品束。

不幸的是，平等分配并不一定是帕累托有效率的。如果人们的嗜好不同，他们一般就

① 阿伯拉姆·伯格森（Abram Bergson）和保罗·萨缪尔森（Paul Samuelson）是当代的经济学家，他们在 20 世纪 40 年代初就研究了这种福利函数的性质。萨缪尔森因他的许多贡献而被授予诺贝尔经济学奖。

想偏离平等分配的状态。假定交换发生,并把我们带到帕累托有效率配置。

问题出现了:这种帕累托有效率配置从任何方面看仍是公平的吗?从平等分配出发的交换是否继承了对称性这样一个出发点?

答案是两可的。考虑上述例子。我们共有三个人,A、B 和 C。A 和 B 有着相同的嗜好,而C 有着不同的嗜好。从平等分配开始,假定 A 和 C 互相交换。他们的境况一般都会好起来。但 B 却没有了与 C 交换的机会,他将妒忌 A——即他对 A 的商品束的偏好超过了对他自己的商品束的偏好。即使一开始 A 和 B 有着相同的配置,A 却因交换而更幸福,这就违背了最初配置的对称性。

这表明从平等分配出发的任意交换不一定能保持平等分配最初具有的对称性。我们可能要问,是否存在能保持这种对称性的其他配置?是否有一种导致既具有帕累托效率同时又很公平的配置的方法?

34.6 妒忌和平等

我们先阐述这些概念。"对称的"和"平等的"到底指什么意思呢?以下说明一种可能的定义。

如果没有一个行为人对于任何其他行为人的商品束的偏好超过对他自己的商品束的偏好,我们就说这种配置是*平等的*。如果某行为人 i 确实偏好另一行为人 j 的商品束,我们就说 i *妒忌* j。最后,如果一种配置既是平等的又是帕累托有效率的,我们就说这是一种*公平的*配置。

上面提到的对称性概念可由各种方法阐述。虽然平等分配的配置具有这样一个性质:没有一个行为人妒忌其他行为人,但是还有许多种其他配置具有这一相同性质。

考察图 34.3。要判定一种配置是不是平等的,只要看这两个行为人相互交换各自的商品束所导致的配置。如果相互交换后的配置位于每个行为人的经过最初配置的无差异曲线"之下",那么最初配置是一种平等的配置。(这里"之下"表示每个行为人所认为的之下,从我们的观点看,交换后的配置必定位于两条无差异曲线之间。)

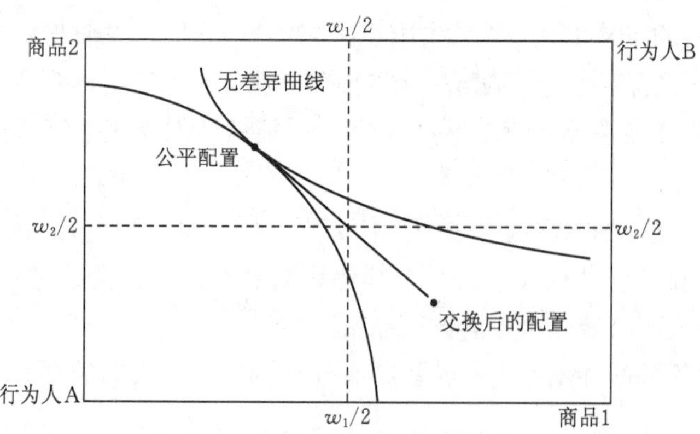

埃奇沃思方框图中的公平配置。每个行为人对公平配置的偏好都超过对交换后的配置的偏好。

图 34.3 公平配置

还要注意图 34.3 中的配置具有帕累托效率。因此,它不仅按我们所下的定义是平等的,而且还具有效率。根据我们的定义,这是一种公平配置。这种配置是不是偶然的,或者说公平配置是否一般地存在呢?

可以证明公平配置一般是存在的,有一个简单的方法可以说明这点。在上一节中我们阐述了一种平等分配的配置,并考虑了交换以达到帕累托有效率配置。我们现在以此作为出发点,我们不采用任何一种原有的交换方式,而是采用竞争市场的特殊机制。这将使我们移向一种新的配置,在这种配置中每一个行为人都按均衡价格(p_1, p_2)选择他或她所能购买的最优商品束。我们从第 32 章中知道,这样一种配置必然是帕累托有效率配置。

但是,它仍是平等的吗?假定不是。假定其中一个消费者比如说消费者 A 妒忌消费者 B,这意味着 A 希望得到 B 的商品束。用符号表示就是

$$(x_A^1, x_A^2) \prec_A (x_B^1, x_B^2)$$

但是,如果 A 偏好 B 的商品束胜过他自己的商品束,而他自己的商品束又是他按价格(p_1, p_2)所能购买的最优商品束,那么这就表明 B 的商品束所需的费用必然比 A 的支付能力更大。这可用符号表示为

$$p_1\omega_A^1 + p_2\omega_A^2 < p_1x_B^1 + p_2x_B^2$$

但是,这里有一个矛盾。因为根据假设,A 和 B 开始时拥有完全相同的商品束,因为他们是从平等的分配出发的。如果 A 不能支付 B 的商品束,那么,B 也就不能购买自己的商品束。

所以,我们可以断定,在这样的情况下,A 不可能妒忌 B。来自平等分配的竞争均衡必然是一个公平配置。因此,市场机制将保持某种平等性:如果最初配置是平等分配,那么最终配置一定是公平的。

小　结

1. 阿罗的不可能性定理表明不存在一种把个人偏好加总为社会偏好的理想方法。
2. 然而,经济学家还是经常采用这种或那种福利函数来表示关于配置的分配判断。
3. 只要福利函数对于每个人的效用是递增的,福利最大化点就是帕累托有效率的。而且,每一种帕累托有效率配置都可以看作某个福利函数的最大化。
4. 公平配置思想提供了另一种对分配予以判断的方法,这种思想强调了对称性分配这个观念。
5. 即使最初配置是对称的,随意的交换也并不一定产生公平配置。然而,情况表明,市场机制可以形成公平配置。

复习题

1. 假定一个配置 **x** 被认为比另一个配置 **y** 更为社会所偏好,仅当每个人都偏好 **x** 胜过 **y**。(有时这被叫做帕累托顺序,因为它同帕累托效率概念密切关联。)它作为社会决策的规则有何不足之处呢?

2. 罗尔斯福利函数只计算境况最差的行为人的福利水平。与罗尔斯福利函数相反的是所谓的"尼采"福利函数——一种表明配置的值只取决于境况最好的行为人的福利水平的福利函数。"尼采"福利函数的数学表达式是什么?

3. 假定效用可能性集合是个凸集,消费者只关心自己的消费。哪种配置能代表尼采福利函数的最大福利?

4. 假定一种配置是帕累托有效率的,每个个人只关心自己的消费。按正文描述的意义证明必存在某些不妒忌他人的个人。(这个问题要动一番脑子,但是值得。)

5. 安排选举日程的能力常常是一笔很可观的资产。假定社会偏好由成对方式的大多数投票决定,且表 34.1 所示的偏好成立,通过制定一个导致配置 **y** 取胜的选举日程来证明这个事实。制定导致配置 **z** 取胜的选举日程。造成这种安排选举日程的能力的社会偏好的相应特性是什么?

附录

这里,我们运用个人福利函数来考虑福利最大化问题。利用第 33 章所述的转换函数来描绘生产可能性边界,我们可以把福利最大化问题记作

$$\max_{x_A^1,\, x_A^2,\, x_B^1,\, x_B^2} W(u_A(x_A^1,\ x_A^2),\ u_B(x_B^1,\ x_B^2))$$

$$\text{s.t. } T(X^1,\ X^2)=0$$

其中,我们用 X^1 和 X^2 表示生产和消费的商品 1 和商品 2 的总量。

这个问题的拉格朗日方程是

$$L=W(u_A(x_A^1,\ x_A^2),\ u_B(x_B^1,\ x_B^2))-\lambda(T(X^1,\ X^2)-0)$$

对每一选择变量进行微分,得到一阶条件如下

$$\frac{\partial L}{\partial x_A^1}=\frac{\partial W}{\partial u_A}\frac{\partial u_A(x_A^1,\ x_A^2)}{\partial x_A^1}-\lambda\frac{\partial T(X^1,X^2)}{\partial X^1}=0$$

$$\frac{\partial L}{\partial x_A^2}=\frac{\partial W}{\partial u_A}\frac{\partial u_A(x_A^1,\ x_A^2)}{\partial x_A^2}-\lambda\frac{\partial T(X^1,\ X^2)}{\partial X^2}=0$$

$$\frac{\partial L}{\partial x_B^1}=\frac{\partial W}{\partial u_B}\frac{\partial u_B(x_B^1,\ x_B^2)}{\partial x_B^1}-\lambda\frac{\partial T(X^1,\ X^2)}{\partial X^1}=0$$

$$\frac{\partial L}{\partial x_{\mathrm{B}}^{2}}=\frac{\partial W}{\partial u_{\mathrm{B}}}\frac{\partial u_{\mathrm{B}}(x_{\mathrm{B}}^{1},\ x_{\mathrm{B}}^{2})}{\partial x_{\mathrm{B}}^{2}}-\lambda\frac{\partial T(X^{1},\ X^{2})}{\partial X^{2}}=0$$

重新整理，然后用第一个方程除以第二个方程，用第三个方程除以第四个方程，我们得到

$$\frac{\partial u_{\mathrm{A}}/\partial x_{\mathrm{A}}^{1}}{\partial u_{\mathrm{A}}/\partial x_{\mathrm{A}}^{2}}=\frac{\partial T/\partial X^{1}}{\partial T/\partial X^{2}}$$

$$\frac{\partial u_{\mathrm{B}}/\partial x_{\mathrm{B}}^{1}}{\partial u_{\mathrm{B}}/\partial x_{\mathrm{B}}^{2}}=\frac{\partial T/\partial X^{1}}{\partial T/\partial X^{2}}$$

注意，这些恰好是我们在第 33 章附录中碰到的相同的方程式。因此，我们从福利最大化问题中得到的一阶条件同帕累托效率问题中得到的一样。

显然，这不是偶然的，根据正文中的论述，由伯格森-萨缪尔森福利函数的最大化所导出的配置是帕累托有效率的，而每一帕累托有效率配置也总是使某个福利函数实现最大化。因此，福利最大化和帕累托有效率配置必定满足相同的一阶条件。

▶35

外部效应

如果一个消费者直接关注另一个经济行为人的生产或消费,我们就说这种经济情形包含了*消费外部效应*。例如,对于邻居在凌晨3点大声吹奏音乐,对于饭店里抽着廉价雪茄的邻座,对于当地汽车排放的污染量,我都有明确的偏好。这些全是负的消费外部效应的例证。另一方面,观赏邻居的花园,可以使我得到快乐——这是正的消费外部效应的一个例子。

同样,*生产外部效应*发生在一个厂商的生产可能性受到另一个厂商或消费者的选择影响的时候。在苹果园和它邻近的养蜂者的那个经典的例子中,存在着相互的正生产外部效应——每一个厂商的生产对于别的厂商的生产可能性的影响都是正的。相似地,渔场关注着倾倒在捕鱼区的污染物的数量,因为这对于它的捕鱼量有负的影响。

外部效应最主要的特征是存在人们关注但又不在市场上出售的商品。没有凌晨3点大声吹奏音乐的市场,没有廉价雪茄飘绕的烟尘的市场,也没有把花园料理得漂漂亮亮的邻居的市场。问题正是由于缺乏外部效应的市场才引起的。

迄今为止,我们一直隐含地假定,每个经济行为人在进行消费和生产决策时,是无需顾虑其他行为人的行为的。消费者和生产者之间的全部相互影响,都是通过市场发生的,因此,一切经济行为人所需要知道的就是市场价格和他们自己的消费或生产可能性。在这一章里,我们将放宽这个假设,然后考察外部效应的经济后果。

我们在前面几章中知悉,在无外部效应出现时,市场机制是能够实现帕累托有效率配置的。如果外部效应出现,市场就不一定能产生资源的帕累托有效率供给。然而,其他一些社会机构,例如法律体系或政府干预,是可以在一定程度上"模仿"市场机制从而实现帕累托有效率的。在这一章里,我们将看到这些机构是怎样发挥作用的。

35.1 抽烟者和不抽烟者

从一个例子开始来说明我们所考虑问题的某些主要方面是比较方便的。我们设想同房间的两个人A和B,他们对"货币"和"抽烟"有偏好。我们假定这两个消费者都喜欢货币,但A喜欢抽烟,而B却喜欢洁净的空气。

我们可以在埃奇沃思方框图中画出这两个消费者的消费可能性。横轴的长度表示这两个行为人所有的全部货币数量，纵轴的高度表示可能产生的全部烟量。行为人A偏好较多的货币和香烟，而行为人B则偏好较多的货币和洁净的空气——没有人抽烟。烟量可以按0到1的比例标度来测度，其中0表示完全没有烟，1表示房间里充满了烟尘。

通过这些工作，我们可以得到如图35.1所示的一张曲线图。注意，虽然看起来这张图同标准的埃奇沃思方框图非常相似，但它们的解释却是十分不同的。香烟对A来说是有益物品，对B来说却是有害物品，所以在A消费香烟较少的时候，B就移向较高偏好的位置。一定要留心纵轴和横轴的测度方式是不同的。我们从方框图的左下角沿横轴度量A的货币，从右上角沿横轴度量B的货币。但全部烟量却都是从左下角沿纵轴度量的。出现这些差别的原因在于，货币是可以在这两个消费者之间划分的，所以总有两个货币量可以度量，但他们必须共同消费的烟量却只有一个。

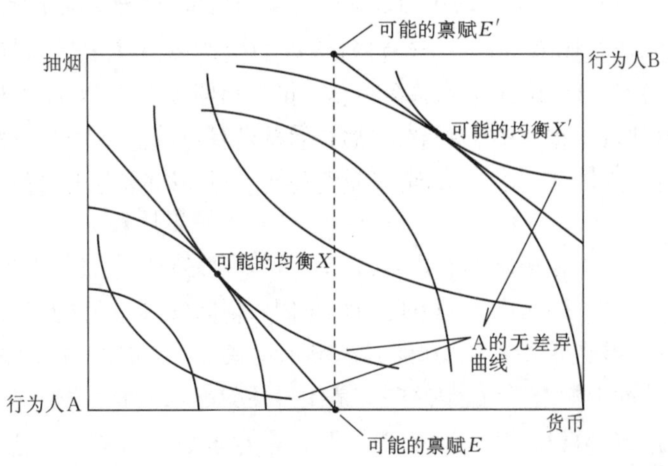

香烟对行为人A来说是有益物品，对行为人B来说是有害物品。最终的均衡位置取决于最初的禀赋位置。

图35.1 对货币和香烟的偏好

在普通的埃奇沃思方框图中，当A减少消费商品2时，由于B因此能消费更多的商品2，所以B的境况会变得更好一些。在图35.1所示的埃奇沃思方框图中，当A减少消费商品2(抽烟)时，B的境况也会变得更好一些，但是原因却十分不同。在这个例子中，在A减少抽烟时B的境况之所以会变得更好一些，是因为这两个行为人必须消费相同的烟量，而行为人B认为抽烟是有害的。

现在，我们来说明这两个人的消费可能性和他们的偏好。他们的禀赋是什么呢？我们假定他们持有的货币量相同，比如说，每人100美元，因此，他们的禀赋将位于图35.1中垂直线上的某个地方。为了精确确定禀赋位于垂直线上什么地方，我们必须确定香烟和洁净空气的初始“禀赋”。

这个问题的答案取决于抽烟者和不抽烟者的法定权利。可能是A有权随意抽烟而B只能忍受。或者，也可能是B有享受洁净空气的权利。或者，还可能是抽烟和享受洁净空气的法定权利处于这两个极端之间。

香烟的初始禀赋取决于法律体系。这和一般种类的商品的初始禀赋没有很大区别。

说A有100美元初始禀赋,就是说,或者A能决定他自己消费这100美元,或者他可以送掉这100美元,再或者,他能用这100美元同其他人进行交易。在说一个人“拥有”100美元,或者说他“有权”支配100美元时,这里面包含着产权的法定定义。同样,如果一个人具有洁净空气的产权,那么这就意味着如果他愿意的话,他可以消费洁净的空气,或者,他可以将这种权利送人,也可以将它卖给别人。就此而论,拥有洁净空气的产权同拥有100美元的产权并没有什么区别。

我们先考虑B拥有洁净空气的法定权利这样一种法律状况。在这种情况下,初始禀赋在图35.1中用E标记,在该点,A所有的是(100, 0),B所有的是(100, 0)。这意味着A和B都有100美元,初始禀赋——在交易没有发生时——是洁净的空气。

恰同以前一样,在没有外部效应的情况下,初始禀赋并没有理由一定是帕累托有效率的。拥有洁净空气的产权的一方有权用它来交换其他合意的商品——在现在这个例子中是货币。B愿意用部分洁净空气的权利去交换更多的货币,这种情况是很容易发生的。图35.1中的点X,就是这种情况的一个例子。

同以前一样,帕累托有效率配置是这样一种情况:如果没有另一个消费者的境况变得更坏一些的话,任何一个消费者的境况都不会变得更好一些。这样一种配置通常通过相切的条件来表示,即如图35.1所示的那样,抽烟和货币的边际替代率在两个行为人之间是相同的。容易设想A和B怎样通过交易达到这样一个帕累托效率点。事实上,虽然B有享受洁净空气的权利,但他还是可以让自己“受贿”从而吸入因A抽烟而产生的某些烟尘。

当然,对产权作别样的指派也是可能的。我们可以设想这样一种法律体系:A有权随心所欲地抽烟,B若想要A少抽烟,只能对A进行贿赂。图35.1中标记为E'的禀赋对应的就是这种情况。同上面一样,通常这并不是帕累托效率点,所以我们也可以设想行为人通过交易而达到双方都喜欢的一点,例如标记为X'的那点。

X和X'都是帕累托有效率配置点;它们只是出自不同的初始禀赋。可以肯定,抽烟者A的境况在X'点一定比在X点要好一些,不抽烟者B的境况在X点一定比在X'点要好一些。这两个点的分配效果是不同的,但就效率而论,它们都同样令人满意。

事实上,我们并没有理由一定只局限在这两个效率点上。同通常情况一样,存在着一条完整的货币和抽烟的帕累托有效率配置的契约曲线。如果行为人可以自由地交易这两种商品,我们知道,他们最终就会在这条契约曲线上的某个地方达到均衡。确切的均衡位置将取决于他们的包括货币和抽烟在内的产权以及他们用于交易的精密机制。

价格机制是他们能够用来进行交易活动的一种机制。就像以前一样,我们可以设想一个拍卖者喊出价格,然后问每个行为人在这个价格上愿意购买多少。如果初始禀赋点给予A抽烟的产权,A就可以考虑出售部分抽烟权给B以交换B的货币。同样,如果给予B洁净空气的产权,那B也会将部分洁净的空气卖给A。

当拍卖者设法找到一组价格,使得供给和需求达到平衡时,问题就圆满解决了:我们有了一个很好的帕累托有效率结果。如果有一个抽烟市场存在的话,那么一个竞争均衡就是帕累托有效率的。而且,如同在标准的例子中的情况一样,竞争价格将测度这两种商品之间的边际替代率。

这就像通常的埃奇沃思方框图分析一样,只是在一个稍有不同的框架中进行描述罢了。只要我们明确界定涉及外部效应的商品的产权——不管谁拥有了产权——行为人都能从他们的初始禀赋出发,通过交易达到帕累托有效率配置。如果我们想要创立一个外部效应的市场以鼓励交易的话,那么这个市场也会发挥作用。

只有在产权未能明确界定的情况下,才会有问题发生。如果A认为他有权抽烟,而B认为他有权享受洁净的空气,那我们就有困难了。有关外部效应的实际问题,一般都是在产权未能很好界定的情况下发生的。

我的邻居可能认为他有权在凌晨3点吹奏喇叭,而我则相信我有权获得安静。一个企业可能相信它有权将污染物排放到我所呼吸的大气当中,而我则可能认为它没有这种权利。产权界定不清的情况可能导致无效率生产的外部效应——这意味着可以有许多办法通过改变生产的外部效应而使所涉及的双方的境况都得到改善。如果产权界定明确,各种机制能允许人们进行适当的谈判的话,那么人们就能以他们交换生产和消费一般商品的权利的方式,交换他们产生外部效应的权利。

35.2 拟线性偏好和科斯定理

上面我们指出,只要产权界定明确,行为人之间的交易就能导致外部效应的有效率配置。一般来说,在有效解中产生的外部效应的数量,取决于产权的分配。在上面那个两人同室的例子中,产生的烟量将取决于是抽烟者拥有产权还是不抽烟者拥有产权。

但也有这样的特例:外部效应的结果独立于产权分配。如果行为人的偏好是拟线性的,那么每一个有效解就都会有相同数量的外部效应。

图35.2中的埃奇沃思方框图,以抽烟者对不抽烟者为例来说明这种情况。由于他们各自的无差异曲线都是水平地从一个位置平移到另一个位置,所以相互间切点的轨迹——帕累托有效率配置集——一定是一条水平线。这意味着在每一个帕累托有效率配置中,抽烟量都是相同的;各有效率配置之间所不同的只是行为人所持有的货币量。

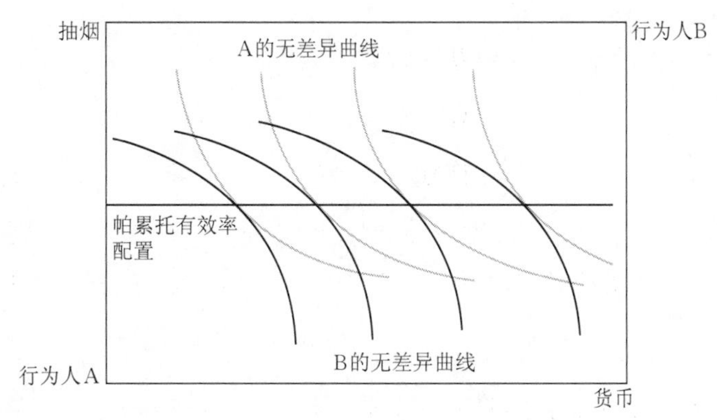

如果每个消费者的偏好都是拟线性的,从而它们相互都只作水平移动的话,那么,帕累托有效率配置集就将是一条水平直线。因此,在每个帕累托有效率配置中都将只有唯一的一个外部效应量,在这个例子中,就是只有一个抽烟量。

图35.2 拟线性偏好和科斯定理

在某些条件之下,涉及外部效应的商品的有效率数量独立于产权分配这个结论有时被称作科斯定理。①然而,必须强调指出,这些条件是非常特殊的。从本质上说,拟线性偏好假设规定,对引起外部效应的商品的需求独立于收入的分配——即没有"收入效应"。

在这种情况下,帕累托有效率配置意味着:产生的外部效应的数量是唯一的。虽然不同的帕累托有效率配置下消费者持有不同的货币数量,但外部效应的数量——烟量——却独立于财富的分配。

35.3 生产的外部效应

现在,我们来考虑包括生产的外部效应的情形。企业 S 生产某一数量的钢 s,同时产生一定数量的污染物 x 倒入一条河中。企业 F 是个渔场,它位于河的下游,受到企业 S 排出的污染物的不利影响。

假设企业 S 的成本函数由 $c_S(s, x)$ 给出,其中,s 是所生产的钢的数量,x 是所产生的污染物的数量。企业 F 的成本函数由 $c_F(f, x)$ 给出,其中,f 表示鱼的产量,x 表示污染物的数量。应该注意,企业 F 生产一定数量鱼的成本,取决于企业 S 所产生的污染物的数量。我们假定污染一方面使鱼的生产成本增加 $\Delta c_F/\Delta x > 0$,另一方面使钢的生产成本下降 $\Delta c_S/\Delta x \leqslant 0$。最后一个假定意味着,增加污染物的数量将减少生产钢的成本,减少污染物的数量将增加生产钢的成本,至少在一定的范围内情况的确是如此。

钢厂 S 的利润最大化问题是

$$\max_{s, x} p_S s - c_S(s, x)$$

渔场 F 的利润最大化问题是

$$\max_{f} p_F f - c_F(f, x)$$

要注意,虽然钢厂可以对它所产生的污染物的数量进行选择,但渔场却必须接受超出它控制的污染水平。

表示利润最大化的条件,对于钢厂来说是

$$p_S = \frac{\Delta c_S(s^*, x^*)}{\Delta s}$$

$$0 = \frac{\Delta c_S(s^*, x^*)}{\Delta x}$$

对于渔场来说是

$$p_F = \frac{\Delta c_F(f^*, x^*)}{\Delta f}$$

① 罗纳德·科斯(Ronald Coase)是芝加哥大学法学院的荣誉退休教授。人们对他的著名论文《社会成本问题》(《法律与经济学杂志》,1960 年 10 月)作了许多不同的解释。某些作者认为,科斯只是断定对于外部效应的讨价还价必须在没有成本的情况下才能实现帕累托有效率结果,科斯并没有说这种结果可以独立于产权的分配。科斯因这篇论文而获得了 1991 年度的诺贝尔经济学奖。

这些条件说明,在利润最大化点上,每种产品——钢和污染——的价格,应该等于它的边际成本。对于钢厂来说,它的产品之一是污染,根据假定,它的价格为零。因此,确定使利润达到最大化的污染供给量的条件说明,在新增一单位污染的成本为零之前,污染还会继续产生。

不难看出,这里的外部效应是:虽然渔场十分关心污染的排放量,但却无法对它加以控制。钢厂在作利润最大化算计时,看到的只是生产钢的成本,并不考虑它加在渔场上的成本。随着污染增加而增加的渔场的成本,是生产钢的一部分社会成本,钢厂对这种成本是忽略不计的。一般来说,我们可以预料,从社会的角度看,钢厂产生的污染总是太多,因为钢厂忽略了这种污染对于渔场的影响。

钢厂和渔场的帕累托有效率生产计划应该是什么样的呢?有一个容易的办法可用以了解这个计划是什么样的。假设渔场和钢厂合并成一个既产鱼又产钢(和可能的污染物)的企业。这样外部效应就没有了!因为外部效应只在一个企业的行为影响到另一个企业的生产可能性时才会发生。如果只有一个企业,那它在选择利润最大化的生产计划时就会将它内部不同"部门"间的相互影响考虑在内。我们的看法是,通过产权的再分配,外部效应可以内部化。在合并以前,不管别的企业干什么,每个企业都有权生产其想要生产的某个数量的钢、鱼或污染物。合并以后,组合的企业有了同时控制钢厂和渔场的生产的权利。

合并企业的利润最大化问题是

$$\max_{s,\, f,\, x} p_S s + p_F f - c_S(s,\, x) - c_F(f,\, x)$$

由它推得的最优条件是

$$p_S = \frac{\Delta c_S(\hat{s},\, \hat{x})}{\Delta s}$$

$$p_F = \frac{\Delta c_F(\hat{f},\, \hat{x})}{\Delta f}$$

$$0 = \frac{\Delta c_S(\hat{s},\, \hat{x})}{\Delta x} + \frac{\Delta c_F(\hat{f},\, \hat{x})}{\Delta x}$$

最后这个条件是关键的。它表明合并企业将同时考虑污染对钢厂和渔场的边际成本的影响。在产钢部门决定排放多少污染的时候,它将考虑这种举动对产鱼部门利润的影响,也就是说,将考虑它生产计划的社会成本。

这对排放的污染量意味着什么?当钢厂独立行动的时候,污染物数量是由条件

$$\frac{\Delta c_S(s^*,\, x^*)}{\Delta x} = 0 \tag{35.1}$$

决定的。这就是说,直到边际成本为零,即

$$MC_S(s^*,\, x^*) = 0$$

钢厂才不会再更多地排放污染。在合并企业中,污染物数量是由条件

$$\frac{\Delta c_S(\hat{s}, \hat{x})}{\Delta x} + \frac{\Delta c_F(\hat{f}, \hat{x})}{\Delta x} = 0 \tag{35.2}$$

决定的。这就是说,直到钢厂的边际成本和渔场的边际成本的和等于零,合并企业才不会再排放更多的污染。这个条件也可以记作

$$-\frac{\Delta c_S(\hat{s}, \hat{x})}{\Delta x} = \frac{\Delta c_F(\hat{f}, \hat{x})}{\Delta x} > 0 \tag{35.3}$$

或者

$$-MC_S(\hat{s}, \hat{x}) = MC_F(\hat{f}, \hat{x})$$

在后面这个表达式中,$MC_F(\hat{f}, \hat{x})$是正的,因为更多的污染会增加既定产鱼量的成本。因此,合并企业只有在$-MC_S(\hat{s}, \hat{x})$大于零的条件下才会进行生产,这也就是说,它将比独立的钢厂排放较少的污染物。当生产钢所包含的外部效应的真实社会成本被考虑在内时,最适当的污染排放量就会减少。

当钢厂考虑它生产钢的私人成本最小化时,它的生产将在新增污染的边际成本等于零的水平上进行;而污染的帕累托有效率水平则要求使污染的社会成本变得最小。在帕累托有效率污染水平上,这两个企业污染的边际成本的和必定等于零。

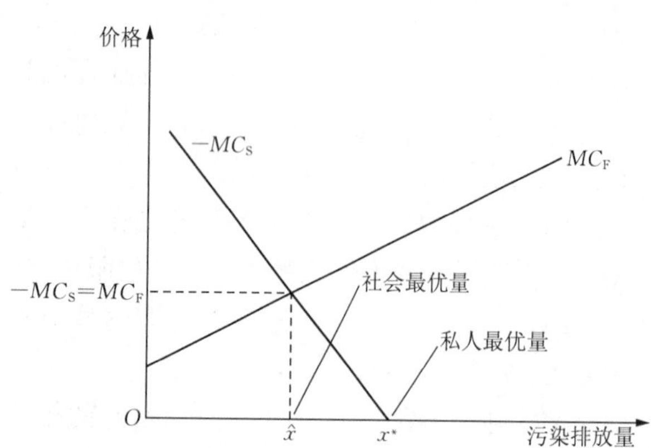

钢厂排放的污染达到这样一个水平,在这个水平上,新增污染的边际成本等于零。但帕累托有效率的污染排放是在这样一个水平上,在这个水平上,价格等于包括渔场负担的污染的成本在内的社会边际成本。

图 35.3　社会成本和私人成本

图 35.3 说明了这一点。在该图中,$-MC_S$ 测度钢厂排放更多污染的边际成本。标记为 MC_F 的曲线测度更多的污染带给渔场的边际成本。在没有任何干预的情况下,寻求利润最大化的钢厂的污染排放量将达到这样一个水平,在这个水平上,它排放更多污染的边际成本等于零。

而在帕累托有效率的污染水平上,钢厂排放的污染量将达到这样一个水平,在这个水平上,污染的边际增加量的效应等于计算污染对这两个企业的成本的影响的社会边际成本。在有效率的污染排放水平上,钢厂愿意为新增一单位污染所支付的代价应该等于新增污染带来的社会成本——包括新增污染加在渔场上的成本。

这和前面几章所述的效率概念是完全一致的。我们在那里假设不存在外部效应,所以私人成本和社会成本合二为一。在这种情况下,自由市场将决定每种货物的帕累托有效率产量。但是如果私人成本和社会成本分开的话,单靠市场就可能不足以实现帕累托效率。

例子:排污许可权证

每个人都想要一个清洁的环境……只要其他人愿意为此进行支付。即使我们关于应该削减多少污染量达成了一个协议,我们还是需要确定一种最节省成本的方式,来实现目

标削减量。

考虑氮氧化物的排放问题。对于某一个排放器而言，降低这种污染物的排放的成本也许较低；而对另一个排放器而言，这样做的成本也许非常高。那么，它们是否应该按相同的物质数量，或相同的比例，或其他标准降低污染物的排放呢？

我们考察一个简单的经济模型。假定只有两家厂商，厂商 1 的排放限额是 x_1，厂商 2 的排放限额是 x_2。厂商 1 的排放量控制在限额 x_1 的成本是 $c_1(x_1)$，类似地，厂商 2 的成本是 $c_2(x_2)$。总的排放量限定在某个目标水平 X 上。如果我们想要在总的约束条件下，使达到目标排放量的总成本最小化，我们就需要解决以下的问题：

$$\min_{x_1, x_2} c_1(x_1) + c_2(x_2)$$
$$\text{s.t. } x_1 + x_2 = X$$

现在，依据标准的经济分析，我们可以证明，控制排放的边际成本在各个厂商之间必须相等。如果一家厂商控制排放的边际成本大于另一家厂商的边际成本，那么，我们降低前者的排放限额，并相应地增加后者的限额，就能够降低总的成本。

我们如何能够做到这一点呢？如果政府管制者拥有关于所有厂商排放成本的信息，他们就能估计出适当的生产模式，并将它强加于相关的各方。但搜集这些信息并随时保持更新的成本非常高。因此，表示最优的解决方案远比实际执行它来得容易。

许多经济学家曾经提出，对于控制排放问题，执行有效率的解决方案的最佳途径就是利用市场。看起来，这样一个基于排放控制系统的市场不久就会在南加利福尼亚付诸实施。下面我们要介绍加利福尼亚计划是如何发挥作用的。①

在南加利福尼亚，最大的 2 700 家污染厂商都被指派了一个氮氧化物的排放限额。最初，这个限额比它们上一年度的排放量低 8%。如果厂商准确地执行了它的排放限额，那么，它就不会受到惩罚。但是，如果它的排放量低于它的排放限额，它就能够将这些额外的“排放权”在公开市场上出售。

假如一家厂商的氮氧化物排放限额为每年 95 吨。如果在某个既定的年份，它的排放量只有 90 吨，那么，它就能够将排放 5 吨氮氧化物的权利出售给其他厂商。每家厂商都可以将一种排放信用(emissions credits)的市场价格和降低排放量的成本作一比较，并以此决定是进一步降低排放量，还是向其他厂商购买排放信用更节省成本。

降低排放量相对容易的厂商，将向降低排放量的成本非常高的厂商出售信用。在均衡处，排放 1 吨污染物的权利的价格，应该恰好等于减少排放 1 吨污染物的成本。这就是表示最优排放模式的条件。排放许可证市场会自动生成有效率的排放模式。

35.4 对一些条件的解释

对于上面推得的帕累托效率的条件，存在着若干有用的解释。每种解释都提出了一

① 参看理查德·史蒂文森(Richard Stevenson)：《尝试一种减少烟雾的市场方式》，《纽约时报》，1992 年 3 月 25 日，C1。

种对由生产外部效应所造成的效率损失作出纠正的方案。

第一种解释认为,钢厂面临的是不正确的污染价格。就钢厂而论,它排放污染是没有成本的。但这种解释忽略了渔场因受污染而增加的成本。按照这种观点,只要保证污染者所面临的其污染行为的社会成本是恰当的,忽略污染成本的情形就能得到纠正。

纠正的一种办法是对钢厂产生的污染征税。假设我们对钢厂排放的每单位污染征收 t 美元税金。钢厂的利润最大化问题于是就变成

$$\max_{s, x} p_S s - c_S(s, x) - tx$$

这个问题的利润最大化条件将是

$$p_S - \frac{\Delta c_S(s, x)}{\Delta s} = 0$$

$$-\frac{\Delta c_S(s, x)}{\Delta x} - t = 0$$

把这些条件同方程(35.3)相比较,我们可以看到,令

$$t = \frac{\Delta c_F(\hat{f}, \hat{x})}{\Delta x}$$

将使这些条件等同于表示帕累托有效率污染水平的那些条件。

这种税称作*庇古税*。①同庇古税相关的问题是,为了征税,我们需要知道最适的污染水平。但如果我们知道最适污染水平的话,我们就能告诉钢厂就精确地生产那么多,而完全不必再理会这种税收计划了。

不存在污染物市场,是对这个问题的另一种解释。产生外部效应问题的原因在于,对于所产生的排放物来说,即使人们愿意为减少排放量支付货币,污染者面临的价格也等于零。从社会的角度看,污染排放物的价格应是负值。

我们可以设想有这样一个地方,在那里,渔场虽然拥有清水的权利,但却可以出售这种权利,以允许一定量的污染。令 q 为每单位污染的价格,x 为钢厂排放的污染数量。钢厂的利润最大化问题于是可以表示为

$$\max_{s, x} p_S s - qx - c_S(s, x)$$

渔场的利润最大化问题可以表示为

$$\max_{f, x} p_F f + qx - c_F(f, x)$$

在钢厂的利润表达式中,qx 项带负号,这是因为它代表着一种成本——钢厂必须购买排放 x 单位污染的权利。但在渔场的利润表达式中,qx 这一项却带正号,因为渔场得到了出售这种权利的收益。

利润最大化条件是

① 阿瑟·庇古(Arthur Pigou, 1877—1959 年),剑桥大学经济学家,在他的有影响的著作《福利经济学》中提出了这种税。

$$p_S = \frac{\Delta c_S(s, x)}{\Delta s} \tag{35.4}$$

$$q = -\frac{\Delta c_S(s, x)}{\Delta x} \tag{35.5}$$

$$p_F = \frac{\Delta c_F(f, x)}{\Delta f} \tag{35.6}$$

$$q = \frac{\Delta c_F(f, x)}{\Delta x} \tag{35.7}$$

因此，当每个企业选择购买或出售多少污染的时候，企业面临的是它的每个行为的社会边际成本。如果污染的价格调整到使污染的需求等于污染的供给，我们就达到了有效率的均衡，这同其他商品所具有的性质是一样的。

要注意，在最优解处，方程(35.5)和(35.7)隐含着

$$-\frac{\Delta c_S(s, x)}{\Delta x} = \frac{\Delta c_F(f, x)}{\Delta x}$$

这表示钢厂减少污染的边际成本应当等于渔场得自污染减少的边际收益。如果这个条件没有得到满足，我们就不会有最适的污染水平。当然，这个条件同我们在方程(35.3)中碰到的条件是相同的。

在分析这个问题的时候，我们已经表明，渔场对清水有权，钢厂必须购买污染权。我们也可以按相反的方式分配产权：钢厂有权排放污染，渔场必须向钢厂支付才能使钢厂减少污染。就像抽烟者和不抽烟者的那个例子一样，这样也能得到一个有效率的结果。事实上，这样得到的恰好是相同的结果，因为确切地说，这里必须满足的是相同的方程。

为了说明这一点，现在我们假设，比如说，钢厂有权污染到 $\bar{x}$ 的程度，渔场愿意向钢厂支付以使钢厂减少污染。于是，钢厂的利润最大化问题是

$$\max_{s, x} p_S s + q(\bar{x} - x) - c_S(s, x)$$

现在，钢厂有两个收入来源：它可以从钢的销售中得到收入，也可以从减少污染并出售污染权中得到收入。价格等于边际成本的条件变成

$$p_S - \frac{\Delta c_S(s, x)}{\Delta s} = 0 \tag{35.8}$$

$$-q - \frac{\Delta c_S(s, x)}{\Delta x} = 0 \tag{35.9}$$

渔场的利润最大化问题现在是

$$\max_{f, x} p_F f - q(\bar{x} - x) - c_F(f, x)$$

它的最优条件是

$$p_F - \frac{\Delta c_F(f, x)}{\Delta f} = 0 \tag{35.10}$$

$$q-\frac{\Delta c_{\mathrm{F}}(f,x)}{\Delta x}=0 \tag{35.11}$$

现在可以看出:(35.8)至(35.11)的四个方程与(35.4)至(35.7)的四个方程显然相同。在生产外部效应的场合,最优生产模式与产权的分配没有关系。当然,利润分配一般取决于产权分配。即使社会结果独立于产权分配,企业所有者对什么是适当的分配也可以有强有力的意见。

35.5 市场信号

最后,我们转到对外部效应的第三种解释上,这种解释的意义在某些方面是很深远的。在钢厂和渔场的例子中,如果这两个企业合并,是不会有什么问题的——那么,为什么它们不合并呢?事实上,在你考虑这个问题的时候,对这两个企业进行合并的一定激励是存在的:如果一个企业的行为影响到另一个企业,那么它们的行为协调后可能得到的利润之和就会高于它们各自单独行动时可以得到的利润之和。利润最大化目标本身就促使生产外部效应的内部化。

换一种说法:如果企业协调后的联合利润超过企业不作协调时的利润之和,那么,当前所有者的全部产权就都可以被一一买下,支付的数量等于企业利润流的现值,这两个企业就可以得到协调,买者就可以获得超额利润。新的买者可以是原有这两个企业中的任何一个,或者,就这里的情况来说,也可以是任何别的什么人。

市场本身提供了使生产外部效应内部化的信号,这就是这种生产外部效应很少能看到的一个原因。大多数企业已经使相互影响生产的单位之间的外部效应内部化。前面提到的苹果园和养蜂者的例子就是这方面的一个例子。在这里,如果两个企业都忽视了它们的相互影响,那么就会有外部效应存在……可是,为什么它们要愚蠢到这种地步呢?更有可能的是,其中的一个或这两个企业都认识到,不论是通过相互协定还是通过一个企业购买另一个企业,协调它们的活动可以得到更多的利润。事实上,出于使苹果树花粉受精的目的,苹果园养蜜蜂是十分普遍的事情。这种特定的外部效应是很容易内部化的。

例子:蜜蜂和杏仁

许多果树需要蜜蜂传授它们的花粉,从而使得果树生产更多的果实。

根据位于亚利桑那州土桑(Tucson)的卡尔·哈登(Carl Hayden)蜜蜂研究中心的研究,蜜蜂为1/3左右的人类食物传授花粉,且每年为价值200多亿美元的50多种不同的农作物传授花粉。①

部分果园的所有者拥有自己的蜜蜂,部分果园的所有者依靠邻居的蜜蜂或野蜂。然而,根据外部效应理论,蜜蜂供给不足问题的最自然的解决方法是设立蜜蜂服务市场。

例如,考虑加利福尼亚州的杏仁市场。加利福尼亚州有53万英亩土地种植杏仁树,每年需要100万个蜂巢为杏仁树传授花粉。然而,加利福尼亚州只有44万个蜂巢,不足以满足加利福尼亚州的全部杏仁树的花粉传授需求。

① 参见安娜·澳波瑟(Anna Oberthur):《杏仁种植者需要蜜蜂》,美联社,2004年2月29日。

解决方法是从临近的各州进口蜜蜂。事实上，存在提供蜜蜂服务的市场，养蜂者从北达科他州、华盛顿州和科罗拉多州携带蜜蜂去帮助加利福尼亚州的蜜蜂。杏仁种植者也为这种蜜蜂服务支付不菲报酬：2004 年每个蜂巢的花粉传授服务售价是 54 美元。

35.6 公地的悲剧

上面我们已经指出，如果产权得到明确界定，外部效应就不会带来什么问题。但如果产权界定不明确的话，经济相互作用的结果将毫无疑问是无效率的。

在这一节，我们将特别考察众所周知的所谓“公地的悲剧”的无效率。①我们先从公共牧地方面来提出这个问题，虽然可能还有许多其他的解释。

考虑这样一个乡村，那里的村民在公地上放牛。我们要比较两种配置机制。第一种是私人所有的解决办法，按照这种办法，某人将拥有这块牧地并决定有多少头牛可以在那里放牧；第二种解决办法是这样的：这块牧地由村民们共同所有，进入牧地是免费的并且没有限制。

假设购买一头母牛要花 a 美元。这头母牛能挤出多少牛奶取决于有多少其他母牛在这块公地上放牧。如果有 c 头母牛在这块公地上放牧，我们令 $f(c)$ 表示所生产的牛奶的价值。因此，每头母牛产奶的价值刚好是平均价值 $f(c)/c$。

如果我们要使这个村子的总财富达到最大，应该允许多少头母牛在公地上放牧才合适呢？为了使总财富达到最大，我们建立下面这样一个最大化问题：

$$\max_{c} f(c)-ac$$

现在很清楚，最优产量出现在母牛的边际产量等于它的成本 a 时，即

$$MP(c^{*})=a$$

如果一头母牛的边际产量大于 a，那么在公地上增加放牧头数是有利的，如果母牛的边际产量小于 a，那么减少已放牧的母牛的头数是有利的。

如果公共牧地由某人所有，他能限制进入牧地的牛的数量，那么，这确实可能是导致上面这种结果的解决办法。因为在这种情况下，牧地的所有者可以购买恰当数量的母牛以实现利润最大化。

如果单个村民都能决定是否在公共土地上放牧，现在情况会发生什么变化呢？每个村民都有是否放牧母牛的选择机会，只要一头牛的产出大于这头牛的成本，放牧这头牛就是有利可图的。假设现在放牧 c 头母牛，那么，现在每头母牛的产量就是 $f(c)/c$。当一个村民打算再增添一头母牛时，总产量应该变成 $f(c+1)$，牛的总头数应该变成 $c+1$。因此，这头牛可能为这个村民带来的收益将是 $f(c+1)/(c+1)$。他必定将这收益同这头牛的成本 a 进行比较。如果 $f(c+1)/(c+1)>a$，增加牛的头数就是有利可图的，因为产出超过了成本。因此，在每头牛的平均产出降为 a 以前，村民们总是会作出放牧牛的选择。这就是说，放牧牛的总头数将是 $\hat{c}$，在这里

① 参见 G.哈丁(G.Hardin)：《公地的悲剧》，载于《科学》，1968 年，第 1243—1247 页。

$$\frac{f(\hat{c})}{\hat{c}}=a$$

推导这种结果的另一种方法是诉之于自由进入。如果在公地上放牛是有利可图的,村民们就会购进母牛。只有到利润降至零时,即在 $f(\hat{c})-a\hat{c}=0$ 时,他们才会停止在公地上增加牧牛。其实,这只是对上面一段中的条件重新作了排列。

当个人决定是否买牛时,他所注意的是他将得到的超额价值 $f(c)/c$,他将把这个价值同牛的成本 a 进行比较。对他来说,这样考虑是够精细的了,然而,这种计算却忽略了这样一个事实,即他所增加的母牛将使所有其他母牛的奶产量下降。因为他忽略了他购买行为的社会成本,在公地上放牧的母牛数将会变得太多。(我们假定每一个人拥有的母牛头数,相对于在公地上放牧的总的母牛头数可以忽略不计。)

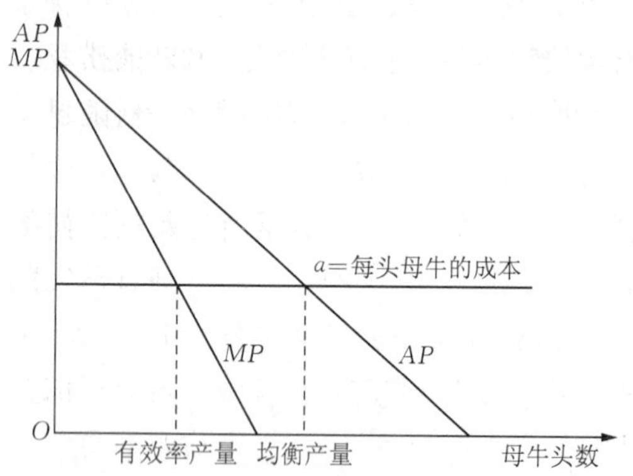

如果牧地是私人所有的,所选择的母牛的头数就会使得母牛的边际产量等于一头母牛的成本。但如果牧地是公共财产的话,所放牧的母牛头数就会一直增至使利润下降到零为止,因此牧地就会过度放牧。

图 35.4 公地的悲剧

图 35.4 对此作了说明。我们在图中画了一条下降的平均产量曲线,这是因为随着公地上放牧的母牛头数增加,每头母牛的产量将会递减这一假设是合乎情理的。

由于平均产量是递减的,所以边际产量曲线一定始终位于平均产量曲线的下方。因此,使边际产量等于 a 的母牛头数一定少于使平均产量等于 a 的母牛头数。在缺乏限制使用牧地的机制的情况下,公共牧地一定是过度放牧的。

私人产权提供了这样一个机制。的确,我们已经看到,如果人们所关心的一切东西都由某个人所有,这个人能够控制这种东西的使用,特别是,能够排斥其他人的过分使用,那么根据定义,就没有外部效应存在。市场解决办法可以导致帕累托有效率结果。只有在无法排斥其他人使用某种东西的情况下才会产生无效率,我们将在下一章中研究这个论题。

当然,私人产权并不是促使资源有效使用的唯一社会制度。例如,可以制定关于多少头牛可以在村公地上放牧的规章。如果有法律制度实施这些规章的话,那么这就是如何有效率使用公共资源的有效解决办法。然而,在法律不尽明确甚至不存在的情形下,公地的悲剧可能很容易发生。国际水域的过度捕捞和若干种动物因过度捕猎而灭绝就是使人们清醒认识这种现象的例子。

例子:过度捕捞

根据《纽约时报》的报道:"……过度捕捞已经使鳕鱼、黑线鳕和比目鱼的数量急剧减少,几个世纪以来,它们一直都是英格兰人的主要食物。"①一位专家指出,英格兰渔夫的捕捞量占整个储藏量的50%—70%,这超出了鱼类可以维持生养的数量的2倍。

这种过度捕捞是公地悲剧问题的一个典型例子:每一个渔夫对整个鱼量储备的影响

① 《海里有大量的鱼吗?不再是这样了》,《纽约时报》,1992年3月25日,A15。

都可以忽略不计,但是,成千上万的渔夫的累积效应却会导致严重的损耗。新英格兰渔业管理委员会正在试图通过禁止行业进入来缓解这个问题,它要求渔夫限制出海的时间,并加大网眼的尺寸。

看起来,如果采取了保护措施,在5年之后,鱼的储藏量就会得到恢复。有了预防过度捕捞的管制措施,整个行业利润的现值就会较大。但是,这类措施几乎肯定会大幅度降低行业中捕鱼船的数量,而这非常不受小渔夫的欢迎,他们有可能被迫离开这个行业。

例子:新英格兰龙虾

部分捕捞业已经实施避免过度捕捞的严厉规则。例如,龙虾捕捞者在仔细设计的规则下进行捕捞,从而保证他们可以持续地以捕捞龙虾为生。具体而言,龙虾捕捞者必须将任何即将产卵的雌龙虾、任何短于最小尺寸的龙虾和任何大于最大尺寸的龙虾放回大海。

即将产卵的雌龙虾会生出更多龙虾,小龙虾可以慢慢长大。为什么要放生大的龙虾呢?根据海洋生物学家的研究,大的龙虾可以繁衍更多更大的龙虾后代。如果捕捞者总是捕捞最大的龙虾,剩余的小龙虾会将自己的基因传递给它们的后裔,使得每一代的龙虾变得越来越小。

既有关于龙虾的好消息,也有坏消息。首先,好消息是2003年缅因州的龙虾捕捞量是540万磅,比1945—1985年的平均数增加2.5倍。这意味着龙虾行业的精细管理实践已经使得龙虾种群数量明显增加。

然而,保护并不是龙虾种群数量增加的唯一因素。类似海胆等远离缅因州海岸的其他海洋生物种群的数量也有很大变化。部分观察者认为:这些变化才是导致龙虾总量变化的主要原因。①

坏消息是在靠南一点的马萨诸塞州和纽约州,龙虾捕捞量急剧下降。没有人能够明确说明各地龙虾捕捞量的不同变化趋势背后的原因。由于吃食幼小龙虾的鳕鱼和海胆的捕捞量的增加,缅因州的龙虾捕捞量才可能出乎意料地更多了。马萨诸塞州的龙虾捕捞量下降可能在于大规模石油泄漏、毁坏性甲壳病等特殊因素。另一个罪魁祸首可能是海水温度上升。过去20年内,纳拉甘西特湾的海水温度已经上升了将近2摄氏度。

生态可能非常复杂并且快速变化着。虽然避免过度捕捞的努力值得赞许,但它们只是生态变化的部分原因。

35.7 汽车污染

如上所述,污染是经济的外部效应的一个主要例子。一个消费者驾驶一辆汽车的活动通常会使其他消费者呼吸的空气的质量降低。不受管制的自由市场似乎不可能产生最适污染数量;更为可能的是,如果消费者排放污染不承担费用的话,他们就会排放过多的污染。

① 参见《虾钳》,《经济学家》,2004年8月19日;科妮莉亚·迪安(Cornelia Dean):《龙虾的增加与减少》,《纽约时报》,2004年8月9日。

控制汽车污染数量的一个办法是要求汽车排放的污染数量符合某些标准。这是自1963年《清洁空气法》通过以来,美国反污染政策的基本点。1963年的这项法规,或者更确切地说是随后的修正案,对美国的车辆制造业规定了汽车排污标准。

劳伦斯·怀特最近对这项计划的收益和成本作了论述,下面的大部分讨论材料都取自他的著述。①

怀特估计:每辆汽车控污设备的成本大约是600美元,每辆汽车附加的维修费用大约是180美元,每辆汽车消耗一加仑汽油所行里程的减少和必须使用无铅汽油所增加的费用大约达670美元。因此,每辆汽车在整个使用年限中控制排污标准的总成本大约是1 450美元。(所有的数字都按1981年美元计算。)

他认为现行的管制汽车排污的办法存在一些问题。首先,这种方法要求所有的汽车都达到相同的标准。(加利福尼亚是唯一实行不同污染排放标准的一个州。)这意味着,每一个购买汽车的人,不管他是住在污染程度严重的地区还是住在污染程度并不严重的地区,都必须再额外支付1 450美元费用。美国科学院1974年的一项研究结果表明,事实上美国目前有63%的汽车并不需要有严格的控污标准。按照怀特的说法:"实际上,约有三分之二的人正在为不必要的控污系统支付巨额的费用。"

其次,达到控污标准的责任,除了很小一部分落在使用者身上外,大部分都落到制造者身上。汽车的所有者几乎没有将他们的控污装置保持正常工作状态的激励因素。除非他们居住在要求进行检查的那些州里。

更为重要的是,驾驶汽车的人并没有减少行车的激励。在像洛杉矶这样的城市里,污染是一种严重的公害,在这些城市中鼓励人们少使用汽车是有重要经济意义的。按现行的系统,在北达科他州每年驾车2 000英里的人实际上与在洛杉矶每年驾车50 000英里的人支付着相同数量的控污费用。

解决污染的另一种办法是收取排污费。就像怀特所描述的那样,收取排污费要求每年都检查所有汽车的里程计读数和进行能够估计汽车去年可能排污量的试验。不同地区的收费取决于对汽车行驶实际产生的污染的估计量。这种方法可以保证人们面对的是所造成污染的真实费用,并鼓励他们对造成社会最适污染量作出选择。

这样一种收取排污费的系统鼓励车辆所有者去寻找较低成本的减少排污量的办法:在控污设备上进行投资,改变驾驶习惯,改换所用汽车的类型。在那些污染已成为一个严重问题的地区,这种收取排污费的方法甚至可以比现在实际运用的系统实行更高的标准。只要适当地收取排污费,就可以实现任何合意的控污水平……实际上,在费用方面,还可以远低于现行的管理标准系统。

当然,这里并没有理由说明,对那三分之二运行在污染尚不太严重的地区的车辆,为什么也不能有某些联邦委托管理的标准。如果附加排污标准比要求检查更为便宜,那么,前者当然是更合适的选择。汽车控污的恰当办法取决于对收益和费用所作的合理分析——所有的社会政策都具有这一特征。

---

① 参见劳伦斯·怀特(Lawrence White):《汽车排放污染物法规》(华盛顿特区美国企业协会公共政策研究,1982年)。

小　结

1. 福利经济学第一定理说明，在没有外部效应的情况下，自由的竞争市场将产生有效率的结果。
2. 但如果出现外部效应，竞争市场的结果就不可能是帕累托有效率的。
3. 然而，在这种情况下，国家有时可以"模仿"市场的作用，运用价格来提供有关个人行为的社会成本的正确信号。
4. 更重要的是，法律系统可以保证产权界定明确，从而有效地增进交易。
5. 如果是拟线性偏好的话，消费外部效应的有效数量就同产权的分配没有关系。
6. 纠正生产外部效应的办法包括：征收庇古税，建立外部效应市场，仅仅许可企业合并，或以其他方式转让产权。
7. 公地的悲剧指的是公共财产有被过分使用的倾向。这是特别常见的外部效应形式。

复习题

1. 产权的明确界定消除了外部效应问题，是对还是错？
2. 拟线性偏好消除了划分产权的分配后果，是对还是错？
3. 列举其他一些正、负消费外部效应和生产外部效应的例子。
4. 假设政府要控制公地的使用，有哪些办法可以实现有效的使用水平？

▶36

信息技术

在过去的15年内，经济领域中一项最激进的变革就是信息经济的出现。流行的报纸杂志充斥着有关计算机技术、互联网和软件最新进展的文章。毫不奇怪，许多这样的文章都刊登在报纸的商业版，因为这类技术革命本身也是一项经济革命。

有些观察家甚至将信息革命和产业革命等同起来。正如产业革命改变了产品生产、分配和消费的方式一样，信息革命也在改变着信息生产、分发和消费的方式。

据称，这些引人注目的新技术需要一种完全不同的经济形式来适应。比特根本不同于原子。比特可以不费成本地进行复制，按光速在世界各地传播，并且，它们永远不会变质。由原子构成的物质产品不具备这些性质：它们的生产和运输成本都非常高，它们不可避免地会损坏变质。

毋庸置疑，比特的这种不同寻常的性质需要新的经济分析，但是，我认为，这里并不需要引入一类新式的经济分析。毕竟，经济学主要是针对人而不是商品的一门学科。我们在本书中已经分析过的模型必须处理人们是如何作出选择的，以及他们之间是如何相互影响的。我们很少考虑交易所涉及的特定商品。基本上，我们关注的是个人嗜好、生产技术和市场结构，这些因素将决定信息市场是如何发挥作用或失灵的。

在本章，我们将考察与信息革命有关的一些经济模型。第一个模型涉及的是网络经济学，第二个模型与转换成本有关，第三个模型要处理的是信息产品的权限管理。这些例子将阐明，经济分析的基本工具不仅能够帮助我们了解原子世界，也能够帮助我们了解比特世界。

36.1 系统竞争

信息技术通常应用于系统。这类系统包括几个元件，它们一般由不同的厂商提供，并且，它们只有组合在一起时才具有价值。离开了软件，硬件设备毫无用处；离开了DVD光盘，DVD播放器毫无用处；离开了应用软件，操作系统毫无用处；离开了网络服务器，网络浏览器也毫无用处。所有这些都是*互补品*的例子：对于互补品，一种元件的价值会因另一种元件的存在而得到显著提升。

在讨论消费者理论时，我们将左脚鞋和右脚鞋描述为互补品。上述例子也同样非常极端：即使是世界上最好的计算机硬件设备也不能运转，除非它安装了软件。但与鞋子的例子不同，更多的软件会使得硬件更具价值。

这些元件供应商之间的竞争，使得他们要像关注竞争者那样关注他们的互补者。苹果公司的竞争战略的一个核心部分，是必须考虑它与软件开发商之间的关系。这就赋予了信息产业(IT)的竞争战略有别于传统产业的竞争战略一种不同的特点。①

36.2 互补性问题

为了阐明这些观点，我们考虑中央处理器(CPU)和操作系统(OS)的例子。CPU 是一块集成电路板，它是计算机的"大脑"。两家著名的 CPU 生产商是英特尔和摩托罗拉。操作系统是一个软件，终端用户和应用程序通过它就能启动 CPU 的功能。苹果和微软公司都生产操作系统。通常，每一种 CPU 都有一款特定的操作系统与之匹配。

从终端用户的角度看，只有存在一款兼容的操作系统时，CPU 才能发挥作用。如同左脚鞋和右脚鞋是互补品一样，CPU 和 OS 也是一对互补品。

当今世界上最流行的 CPU 和 OS 分别是由英特尔和微软制造的。当然，这是两家不同的公司，它们独立地对它们的产品定价。另一款流行的 CPU 是 PowerPC，它是由一家包括 IBM、摩托罗拉和苹果的企业集团设计的。PowerPC 适应的两款商业操作系统是 Apple OS 和 IBM's AIX。除这些商业操作系统以外，还有一些免费提供的系统，如 BSD 和 GNU-Linux，它们是由一组编程者志愿提供的。

我们考虑互补性产品销售商所面临的定价问题。这里的关键特征是，任意一种产品的需求都同时依赖于这两种产品的价格。如果 CPU 的价格是 p_1，OS 的价格是 p_2，那么，终端用户的成本就取决于 p_1+p_2。当然，要组装一个有用的系统，仅有一个 CPU 或者一个 OS 是不够的，但要全部购买，你需要支付更多的费用。为简化起见，我们只考虑包括两个元件的情形。

对 CPU 的需求取决于整个系统的价格，所以，我们将它记为 $D(p_1+p_2)$。如果我们令 c_1 表示生产 CPU 的边际成本，F 表示固定成本，那么，CPU 生产商的利润最大化问题就可以表示为

$$\max_{p_1}\ (p_1-c_1)D(p_1+p_2)-F_1$$

类似地，OS 生产商的利润最大化问题可以记作

$$\max_{p_2}\ (p_2-c_2)D(p_1+p_2)-F_2$$

为了分析这个问题，我们假定需求函数是线性的

$$D(p)=a-bp$$

① 要了解 IT 产业的竞争战略，请参看卡尔·夏皮罗和哈尔·R.范里安(Shapiro, Carl and Hal R. Varian)：《信息规则：网络经济的一种战略指引》，哈佛商学院出版社 1998 年版。

同时,为简化起见,我们还假定,边际成本非常小,可以忽略不计。于是,CPU 生产商的利润最大化问题变为

$$\max_{p_1} p_1[a-b(p_1+p_2)]-F_1$$

或者

$$\max_{p_1} ap_1-bp_1^2-bp_1p_2-F_1$$

可以证明,厂商因价格上升 Δp_1 而获得的边际收益等于

$$(a-2bp_1-bp_2)\Delta p_1$$

如果利润实现了最大化,那么,由 p_1 增加而导致的收益的变化一定为零:

$$a-2bp_1-bp_2=0$$

求解这个方程,我们得到

$$p_1=\frac{a-bp_2}{2b}$$

运用完全相同的方式,我们求得使 OS 厂商利润最大化的价格:

$$p_2=\frac{a-bp_1}{2b}$$

注意,对每一家厂商而言,其价格的最优选择取决于它对其他厂商所索要的元件价格的预期。与往常一样,我们关心的是纳什均衡,在纳什均衡中,每一家厂商有关另一家厂商行为的预期都得到了实现。

求解包含两个未知数的这两个方程,我们有

$$p_1=p_2=\frac{a}{3b}$$

这样,我们就得到了在每一家厂商单边、独立制定系统元件价格时的利润最大化价格。整个系统的价格是

$$p_1+p_2=\frac{2a}{3b}$$

现在,我们考虑下面的实验。假定两家厂商合并为一家厂商。一体化厂商不再制定元件的价格,而只制定系统的价格,我们把它记为 p。此时的利润最大化问题是

$$\max_{p} p(a-bp)$$

厂商因系统的价格提高 Δp 而获得的边际收益等于

$$(a-2bp)\Delta p$$

使上式等于零并求解相应的方程,我们发现,一体化厂商为系统制定的价格是

$$p=\frac{a}{2b}$$

注意下面这个有趣的事实：一体化厂商制定的利润最大化价格，小于两家独立厂商制定的利润最大化价格。由于系统的价格较低，消费者将购买更多的数量，并且，他们的境况得到了改善。进一步，一体化厂商获得的利润要大于两家独立厂商均衡利润的总和。通过协调定价，每一方的境况都得到了改善。

一般地，可以证明，与合并前相比，两家生产互补品的垄断厂商在合并后会实现较低的价格和较高的利润。①

我们不难看清楚这里的直觉。当厂商 1 企图降低 CPU 的价格时，这将引起对 CPU 和 OS 的需求上升。但是，厂商 1 只考虑了降价对它自身的利润的影响，而忽视了其他厂商可能获得的利润。如果厂商 1 关心的是整体利润的最大化，那么，它降价的幅度就会相对较大。同样的分析也适用于厂商 2，从整体利润最大化和消费者剩余的角度看，厂商 2 的定价"太高"。

互补者之间的关系

"互补者合并"分析极富鼓动性，但是，我们不能立即得出 OS 和 CPU 制造商合并是一个好的想法。上述分析的结论是，从整体利润的角度看，独立定价将导致一个较高的价格，但在完全独立和一体化之间还存在许多中间的情况。

例如，一家厂商可以先与供应商协商元件的价格，然后再捆绑销售。在某种程度上，这是苹果公司的经营模式。苹果公司向摩托罗拉批量购买 PowerPC，将它们组装成计算机，然后将操作系统和计算机打包销售给终端用户。

处理系统定价问题的另一个模型是采用收益分享机制。波音公司生产飞机的机身，而 GE 生产飞机的发动机。通常，最终的用户同时需要机身和发动机。如果 GE 和波音独立地制定各自的价格，最终的价格会太高。因此，它们宁可达成这样一项交易，使得 GE 可以从飞机整机的销售中获得部分收益。于是，GE 就乐意让波音去协商，从而为整机索要一个尽可能高的价格，因为它相信，它将获得特定的收益份额。

还有其他一些机制在不同的产业中发挥着作用。例如，考虑本章开始提到的 DVD 产业。这是一种相当成功的新产品，但要普及它却不是一件容易的事情。除非获得保证有大量的内容可供应，消费类电子厂商不会生产播放器，同样，内容供应商也不会想制作有关的内容，除非它们相信存在大量的播放器生产商。

此外，消费电子厂商和内容供应商还必须考虑这对互补品的定价问题：如果只有少数的几家播放器生产商和内容供应商，那么，它们就都会为自己的产品制定一个过高的价格，从而降低产业的整体利润，使消费者的境况恶化。

索尼和飞利浦拥有 DVD 技术的主要专利权，它们是通过按照富有吸引力的价格广泛进行技术许可交易，来解决这个问题的。它们还意识到，必须存在大量的竞争以压低价格使产业保持活力。它们承认，在一个成功的产业中拥有较小的份额，要远远好于在一个根本不存在的市场上拥有较大的份额。

有关互补者之间关系的另一个模型是"使互补品商业化"。回顾厂商 1 的利润最大化问题：

① 这个惊人的事实是由古诺(Augustin Cournot)发现的，在前面的第 28 章，我们曾介绍过这个人。

$$\max_{p_1} p_1 D(p_1 + p_2) - F_1$$

对于任意给定的价格结构,提高 p_1 是否能够增加厂商 1 的收益并不明确,这要取决于需求弹性。但是,降低 p_2 总是会增加厂商 1 的收益。因此,厂商 1 面临的挑战就是如何使得厂商 2 降价。

一种方式是使厂商 2 所面临的竞争更加激烈。这里,各种各样的战略都有可能被采取,具体的情况要依赖于产业的性质。在技术密集型产业,标准化日益成为一个重要的工具。例如,一家 OS 生产商会愿意促进硬件设备的标准化。这不仅能使工作变得更简单,还保证了硬件产业的高度竞争性。这样,竞争力量一定会降低硬件的价格,从而降低整个系统对于终端用户的价格,并最终增加对操作系统的需求。①

例子:苹果的 iPod 和 iTunes

苹果的 iPod 音乐播放器极为流行。根据 2009 年 1 月的数据,苹果公司已经销售了 60 亿首歌曲,约占美国的在线音乐销售量的 70%,拥有美国的 88%的市场份额。

音乐播放器和音乐之间存在明显的互补关系。互补商品的传统商业模式源自吉列的"去掉刀片,再卖剃刀"的模式。但在 iPod 的销售模式中,刀片和剃刀的关系发生了对换:苹果的大部分利润来自 iPod 的销售,只有小部分利润来自音乐的销售。

出现这种现象的主要原因在于苹果公司自己不拥有音乐作品,苹果必须和音乐作品的制作者共同分享在 iTunes 上销售音乐的收入。既然苹果公司的大部分利润来自播放器的销售,苹果便希望有便宜的音乐作品。由于音乐工作室的大部分利润来自歌曲的销售,音乐工作室则希望提高音乐作品的价格。这就导致苹果和音乐工作室之间的利益冲突。

起初,iTunes 上销售的所有歌曲的价格都是 99 美分。部分音乐出版商觉得应该提高新歌的价格。经过大量的反复协商,苹果在 2009 年 3 月宣布了新政策,部分新歌的销售价格变成 1.29 美元。这是一种常见于传媒市场的差异化定价或版本化定价的政策。没有耐心的着急的消费者支付更高的价格购买新歌,而更有等待耐心的消费者可以等待降价。

例子:谁制造了 iPod?

提示:不是苹果公司。事实上,iPod 是由许多亚洲国家的大量组装商组装的,具体包括华硕、英业达、富士康。

这还不是故事的全部。这些组装商只是组装从其他供应商处采购的零部件。最近,部分经济学家试图还原构成一个 iPod 的 451 个零部件的来源。②

这些经济学家们讨论的 30GB 视频 iPod 的零售价格是 299 美元。其中最贵的零部件是东芝生产的硬盘,其成本约为 73 美元。接下来成本较高的零部件依次是显示屏(约 20 美元)、视频/多媒体处理芯片(约 8 美元)、控制器芯片 (约 5 美元)。经济学家们估计每个 iPod 在中国的最终组装成本约为 4 美元。

这些经济学家们试图说明主要零部件的生产地在哪里以及生产过程的每个阶段的附

① 有关互补者战略的进一步分析,请参看布兰登堡、亚当和巴里·纳莱巴夫(Brandenburger, Adam and Barry Nalebuff):《合作与竞争》,Doubleday 1997 年版。

② Greg Linden, Kenneth L.Kraemer and Jason Dedrick, "Who Captures Value in a Global Innovation Network", *Communications of the ACM*, 52(3), March 2009, 140—144.

加价值是多少。他们估计 iPod 在美国的 299 美元的零售价格中,美国公司和工人获得了 163 美元,具体包括 75 美元的批发零售成本、苹果公司的 80 美元以及美国国内各零部件生产者的 8 美元。日本贡献了约 26 美元的附加价值(主要是通过东芝的硬盘),而韩国贡献的附加价值低于 1 美元。

理想的做法是,每个零部件都从成本最低的供应商处采购,这些决策可以在很大程度上反映不同零部件供应商的比较优势。

尽管在中国的组装活动仅贡献了一个 iPod 的 1%左右的价值,但每个 iPod 贡献了近 150 美元的中美双边贸易赤字。这说明双边贸易赤字并没有多大意义。事实上,iPod 的大部分高价值的零部件首先是从其他国家进口到中国的。与 iPod 的设计和制造工艺相关的 iPod 的最高价值部分来自美国。

例子:赞助商链接和相关广告

谷歌的两个广告方案分别是赞助商链接(AdWords)和相关广告(AdSense)。赞助商链接显示的是指向搜索项的广告,而相关广告显示的是基于网页内容的广告。赞助商链接显示“搜索导向的广告”,相关广告显示“相关内容导向的广告”。

当用户点击特定网站上相关内容导向的广告时,类似于第 17 章的讨论,广告主为每次点击支付由拍卖决定的价格。依据收入分成的公式,这次广告点击的收入在广告发行者和谷歌之间进行分成。因此,相关广告方案为广告发行者提供了无须亲自管理广告业务而获得广告收入的简单方法。

赞助商链接方案和相关广告方案之间存在强*互补性*(complementarity)。通过为广告发行者提供从其广告内容中获得收入的方法,相关广告方案促进了广告内容的生产。这意味着从网页上可以获取更多有用的信息,因此谷歌可以提供更好的索引和搜索服务。谷歌通过内容创新创立了一种商业模式,使得自己的搜索服务更富有价值。

36.3 锁定

由于 IT 元件通常都是作为一个系统工作的,调换任意一个元件往往也需要更换其他的元件。这意味着,在 IT 产业中,与某个元件有关的*转换成本*可能非常高。例如,将一台麦金塔(Macintosh)机更换为基于 Windows 的 PC 机不仅涉及计算机本身的硬件成本,而且需要购买一整套新的软件,以及更重要的是,还需要学习如何使用崭新的系统。

当转换成本非常高时,终端用户就可能发现他们正处在一种*被锁定*的状态:转换为一个不同系统的成本是如此之高,以至于要实现转换是难以想象的。这对消费者来说非常糟糕,但是,对于系统元件的生产商,它无疑是有吸引力的。由于被锁定的用户具有一种无弹性的需求,销售商可以抬高元件的价格,从而攫取用户的消费者剩余。

当然,机敏的消费者会竭力避免被锁定,或者,最低限度的,他会努力讨价还价,以获得被锁定的补偿。即使消费者本身不善于讨价还价,系统销售商之间的竞争也会压低初始购买的价格,这是因为被锁定的消费者日后能够为它们提供一个稳定的收益流。

例如,考虑选择一家互联网服务供应商(ISP)。一旦你作出了某个选择,再更换供应商就非常不方便,因为你需要将新的邮件地址通知所有与你保持联系的人,以及重新设计进入互联网的程序,等等,这些都要支付成本。因这些转换成本而产生的垄断势力意味着,一旦你成为某家 ISP 的客户,它就能够向你索要比提供服务的边际成本更高的价格。但是,这种效应的另一面是,被锁定客户的利润流是一项有价值的资产,ISP 会事先竞争,通过提供折扣以及其他激励措施来笼络这些客户。

一个具有转换成本的竞争模型

我们考虑一个这种情况的模型。我们假定,向一个消费者提供访问互联网的服务的成本是每个月 c 美元。我们还假定,一个完全竞争市场由于拥有许多同质的厂商,所以,如果不存在任何的转换成本,互联网服务的价格就是 $p=c$。

但是,现在我们假定更换 ISP 的成本是 s 美元,并且,为吸引新客户,ISP 为第一个月的使用所提供的折扣为 d 美元。在某个月份的开始,消费者计划更换一家新的 ISP。这样做,他只需要支付折扣价格 $p-d$,此外,他还必须承担转换成本 s。如果他不更换供应商,他就必须永远支付 p。我们假定,第一个月结束后,这两家供应商都将一直索要价格 p。

如果对新供应商支付的现值加上转换成本低于对原先供应商支付的现值,消费者就将更换供应商。令 r 表示(月度)利率,如果下式成立,消费者就会更换供应商,

$$(p-d)+\frac{p}{r}+s<p+\frac{p}{r}$$

供应商之间的竞争确保消费者在转换和不转换之间无差异,这意味着

$$(p-d)+s=p$$

从中,我们求得 $d=s$,也就是说,供应商提供的折扣恰好能够补偿消费者的转换成本。

从生产商的角度看,我们假定,竞争使得利润的现值等于零。与单个消费者相联系的利润的现值就是初始的折扣,加上将来利润的现值。令 r 表示(月度)利率,并依据 $d=s$,零利润条件可以表示为

$$(p-s)-c+\frac{p-c}{r}=0 \tag{36.1}$$

对上式进行重新整理,我们可以得到两种描述均衡价格的等价方式:

$$p-c+\frac{p-c}{r}=s \tag{36.2}$$

或者

$$p=c+\frac{r}{1+r}s \tag{36.3}$$

式(36.2)表明,从消费者处所获得的将来利润的现值,一定恰好等于消费者的转换成本。式(36.3)指的是,服务的价格等于边际成本加成,加成的数量与转换成本成比例。

将转换成本引入模型提高了服务的月度价格超出成本的幅度,但是,为追逐这个利润流而产生的竞争却降低了初始价格。实际上,生产商投资于折扣的数量为 $d=s$,以获得将来的加成数。

在现实生活中,许多 ISP 的利润不仅仅限于来自消费者的月度收入。例如,美国在线

的广告收入就占其营业收入的很大比重。为了获得广告收入,提供巨额的初始折扣对它们来说非常有意义,即使它们必须按等于或低于成本的价格提供访问互联网的服务。

我们可以很容易地将这个效应引入模型。如果 a 代表来自消费者的月度广告收入,依据零利润条件,我们有

$$(p-s)+a-c+\frac{p+a-c}{r}=0 \tag{36.4}$$

求解 p,我们得到

$$p=c-a+\frac{r}{1+r}s$$

这个等式显示,重要的是向消费者提供服务的净成本 $c-a$,这个成本同时包括服务成本和广告收入。

例子:在线账单支付

许多银行提供低成本或免费的账单支付服务。部分银行甚至将向开始使用其在线账单支付服务的顾客付费。

为什么会出现大力推动在线账单支付的活动呢?答案在于:银行已经发现,一旦顾客不辞辛劳地设定账单支付服务后,就不太愿意更换银行。根据美洲银行的研究,出现此类麻烦的顾客更换银行的频率下降了80%。①

确实如此,一旦使用了在线账单支付服务,顾客就很难放弃使用。为多获得 0.1 个百分点的支票账户的利息而转换到其他银行的吸引力就不是那样大了。根据上述对锁定的分析,对创造转换成本的服务进行投资就显得很有商业赢利性了。

例子:手机的号码可携性

一度,移动电话运营商不允许个人客户在更改移动电话运营商时还可以继续使用原来的手机号码。既然更换移动电话运营商的个人需要将自己新的电话号码通知自己所有的朋友,禁止手机号码的转移就明显地增加了用户的转换成本。

根据本章讨论的模型,面临更高转换成本的顾客需要支付更多的转换费用的事实意味着,移动电话运营商愿意更积极地竞相获取给自己带来更高利润的客户。这种竞争采取了以下形式:提供与"免费通话时间"捆绑的低价手机或免费手机、"过渡计划"、"指定手机之间的通话折扣"以及其他市场营销的方法。

手机行业也参与到阻止手机的号码可携性的活动中,并游说管制委员会、国会维持现有的政策。

伴随着消费者对手机的号码可携性的需求,潮流确实慢慢地转向了不利于手机行业。对电话业务进行管制的联邦通讯委员会开始敦促移动电话运营商考虑实现手机的号码可携性的方法。

2003 年 6 月,威瑞森无线公司(Verizon Wirelss)宣布放弃反对手机的号码可携性。这个

① Michelle Higgins, "Banks Use Online Bill Payment in Effort to Lock in Customers", *Wall Street Journal*, Septemeber 4, 2002.

决定明显地基于下述两点考虑。首先,威瑞森无线明显感到自己是在为无取胜希望的战斗而战,手机的号码可携性将最终取胜。其次,或许更明显的是,近期的几个消费者调查都显示,在消费者满意度方面,威瑞森无线公司领导着手机行业。如果能降低转换成本,威瑞森无线公司获得的顾客会超过失去的顾客。威瑞森无线最终确实从手机的号码可携性中获益。

这个插曲提供了一个很好的经营战略案例:增加消费者的转换成本的方法只有短期的价值。服务质量在吸引和留住消费者上起着决定性的作用。

36.4 网络外部性

在第 34 章,我们已经考察过*外部效应*的概念。回顾前面的分析,经济学家是在利用这个术语来描述这样一种情形,在这种情形下,一个人的消费直接影响到另一个人的效用。*网络外部性*是外部效应的一种特殊形式,即一个人得自某种商品的效用取决于消费这种商品的其他消费者的数量。①

例如,考察一个消费者对传真机的需求。人们需要传真机以相互联系。如果其他人没有传真机,那么,你购买传真机一定是毫无意义的。调制解调器具有类似的性质:只有存在其他可以连接的调制解调器时,一个调制解调器才是有用的。

网络外部性的另一个更间接的效应出现在互补品的情形中。一家影像店开在一个没人拥有录像机的社区是毫无道理的;但是,与上述情形相同,除非你可以获得事先制作好的录像带,否则,购买一台录像机也是毫无理由的。在这种情况下,对录像带的需求取决于录像机的数量,而对录像机的需求又依赖于现有的录像带的数量,这就形成了一种更为一般化的网络外部性。

36.5 具有网络外部性的市场

接下来,我们要试着利用一个简单的需求和供给模型,将网络外部性模型化。假定在某种商品市场上有 1 000 个人,我们将他们标记为 $v=1, \cdots, 1\,000$。v 度量的是第 v 个人对这种商品的*保留价格*。因此,如果商品的价格是 p,那么,认为该商品至少值这个价格的人的数量就是 $1\,000-p$。例如,如果商品的价格是 200 美元,那么,有 800 个人愿意为这种商品至少支付 200 美元,所以,出售的商品的数量是 800。这种结构形成了一条标准的向下倾斜的需求曲线。

但是,现在我们对这个模型作一下变形。假定我们所考察的商品显示网络外部性,如一部传真机或一部电话。为简化起见,我们假定该商品对第 v 个人的价值是 vn,其中,n 是消费商品的人数——也就是与网络联系的人数。消费商品的人数越多,每个人为获得这件商品而愿意支付的价格就越高。②在这个模型中,需求曲线的形状是怎样的呢?

---

① 更一般的情况是,一个人的效用依赖于其他使用者的身份;我们可以很容易地将这种情形引入正式的分析。

② 实际上,我们应该将 n 解释为预期消费商品的人的数量,但这个区别对下文的分析并不重要。

如果价格是 p，市场上会有某个人在购买和不购买商品之间无差异。令 $\hat{v}$ 表示这个边际个人的标号。依据定义，他恰好在购买和不购买商品之间无差异，所以，他对商品的支付意愿就等于它的价格：

$$p = \hat{v} n \tag{36.5}$$

由于这个"边际个人"是无差异的，所以，与 $\hat{v}$ 相比，具有较高 v 值的每一个人都会购买商品。这意味着，想购买商品的人的数量等于

$$n = 1\,000 - \hat{v} \tag{36.6}$$

将式(36.5)和式(36.6)联立，我们可以得到一个描述这个市场的均衡条件：

$$p = n(1\,000 - n)$$

这个等式给出了商品价格和使用者数量之间的关系。从这层意义上说，它是一种需求曲线；如果有 n 个人购买商品，那么，边际个人的支付意愿就由需求曲线的高度度量。

但是，如果考察图 36.1 显示的这条曲线，我们发现，它完全不同于标准的需求曲线。如果与网络联系的人数较少，那么，边际个人的支付意愿也较低，这是因为，他能够联系的其他人的数量并不是很多。如果存在大量的与网络联系的人，那么，因为对商品评价较高的人已经参与进来，所以边际个人的支付意愿还是较低，这两种力量最终导致了图 36.1 所示的拱形。

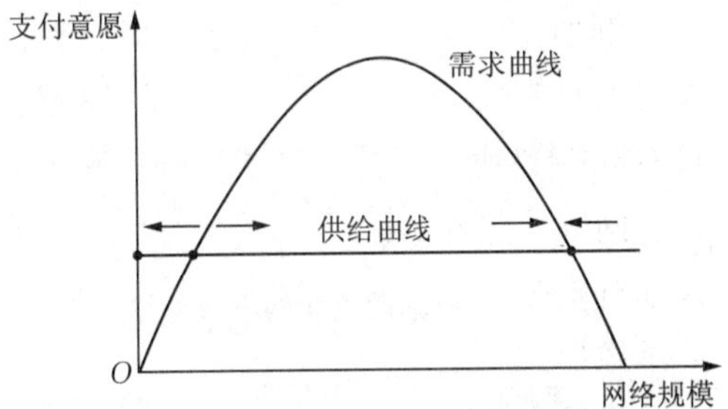

需求表示为拱形的曲线，供给表示为一条水平直线。注意，需求曲线和供给曲线有 3 个交点。

图 36.1 网络外部性

既然我们已经了解市场的需求，我们再来考察市场的供给。为简化起见，我们假定厂商可以按规模报酬不变的技术提供商品。如同我们已经看到的，这意味着，供给曲线是一条由等于平均成本的价格出发的水平直线。

注意，需求曲线和供给曲线有 3 个可能的交点。一个是低水平的均衡，在这一点上，$n^* = 0$。这是一个没有人消费该商品(与网络连接)的均衡，所以，没有人愿意为消费该商品进行任何支付。这可以称作一个"悲观预期"均衡。

中间的均衡拥有较小规模的消费者，此时，人们并不认为网络将会变得很大，所以，他们不愿意进行较多的支付——从而网络的规模较小。

最后一个均衡拥有较多数量的消费者 n_H。在这里，商品的价格较低，这是因为购买商品的边际个人对它的评价并不是很高，即使市场的规模很大。

36.6 市场动态分析

实际上，这 3 个均衡哪一个会实现呢？迄今为止，模型本身并没有告诉我们如何对它们进行选择。在每一个均衡，需求等于供给。但是，我们可以引入一个动态调整过程，来

帮助我们确定究竟哪一个均衡更有可能发生。

我们作出以下的假定是合理的:当人们愿意支付高于商品成本的价格时,市场的规模将扩大;而当人们支付低于成本的价格时,市场就会萎缩。从几何图形上看,这就是说,当需求曲线位于供给曲线上方时,消费数量将上升;当需求曲线位于供给曲线下方时,消费数量将下降。图 36.1 中的箭头演示了这个调整过程。

这些动态过程给了我们更多的信息。可以证明,没有人加入网络的低水平均衡,以及有许多人加入网络的高水平均衡都是稳定的均衡,而中间均衡则是不稳定的。因此,最终系统不可能停留在中间均衡处。

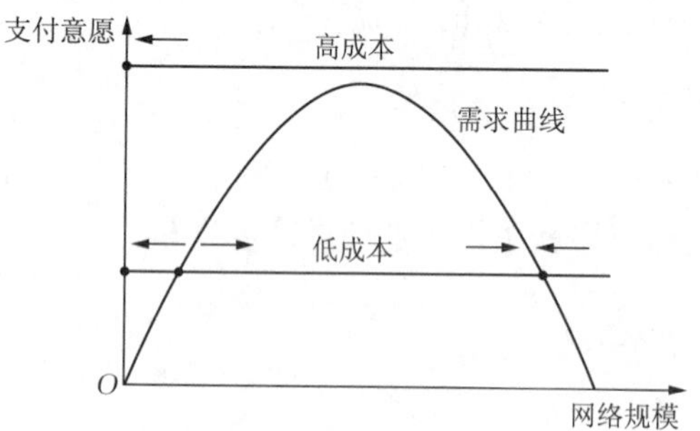

当成本较高时,在唯一的均衡处,市场规模为零。随着成本的降低,市场上会出现其他可能的均衡。

图 36.2 成本调整和网络外部性

现在,我们就只剩下 2 个均衡;我们如何判断哪一个更有可能发生呢?一种思路是考虑成本如何随着时间的推移而发生变化。对于我们前面已经讨论的例子,如传真机、录像机以及计算机网络,等等,假定商品的成本因技术进步而表现出开始较高以后逐步递减的特点是非常自然的,如图 36.2 所示。在一个较高的单位成本处,只存在一个稳定的均衡——需求为零。当成本下降足够多时,就会存在两个稳定的均衡。

现在,我们给系统加入某个干扰噪声。考虑扰动均衡点 $n^*=0$ 附近的与网络连接的人数。这些扰动可能是随机产生的,或者,可能是商业战略的一部分,如初始的折扣或其他促销措施。随着成本变得越来越低,其中的某个扰动更有可能使系统跳过不稳定均衡。当这种情况发生时,动态的调整过程就会将系统推至高水平的均衡。

图 36.3 显示了一个有关商品的消费者数量的可能路径。

基本上,它起始于零点,并且,随着时间的推移,会出现一些微小的扰动。成本逐渐下降,在某一点,我们到达一个临界容量(critical mass),它使得我们跳过低水平的均衡,并且系统快速上升至高水平的均衡。

这类调整的一个现实中的例子是传真机市场。图 36.4 显示了在一段 12 年的时期内,传真机的价格和运送的传真机的数量。①

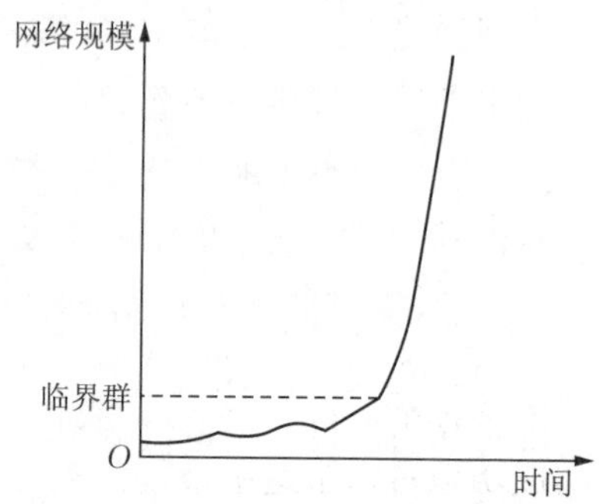

最初,与网络联系的用户的数量很少,用户的数量只会随着成本的降低而逐渐增加。当到达某个临界群时,网络的增长会急剧地膨胀。

图 36.3 均衡的可能调整

① 这个图表摘自尼古拉斯·伊科诺米季斯和查尔斯·希梅尔伯格(Nicholas Economides and Charles Himmelberg):《临界容量和网络规模在美国传真市场上的应用》(讨论稿,EC-95-11,斯特恩商学院,纽约大学,1995 年)。要对网络外部性及其含义有一个较好的总体认识,还可以参看迈克尔·L.卡茨和卡尔·夏皮罗(Michael L.Katz and Carl Shapiro):《系统竞争和网络效应》,《经济展望期刊》,第 8 期(1994 年),第 93—116 页。

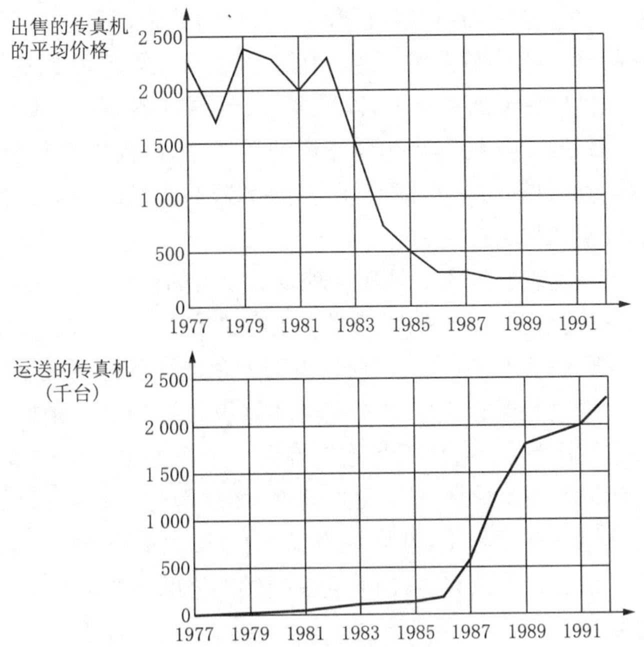

在一段相当长的时期内,对传真机的需求是小规模的。但到上世纪80年代中期,传真机的价格大幅度下跌,需求急剧上升。

图 36.4 传真机市场

例子:计算机软件的网络外部性

很自然,网络外部性出现在计算机软件的供应中。能够与使用相同软件的其他用户交换数据文件和使用技巧是非常方便的。这赋予了某个既定市场上最大的销售商很大的优势,并且促使生产商进行巨额投资以谋取市场份额。

这方面的例子很多。例如,Adobe 系统投资开发了一种称作桌面出版 PostScript 的“页面描述语言”。Adobe 很清楚地意识到,没有人愿意付出必要的时间和资源来学习 PostScript,除非它是完全的“行业标准”。因此,企业有意让竞争者“克隆”它的语言,以创建一个 PostScript 解释程序的竞争市场。Adobe 的战略获得了回报:有几家竞争者渗透到这个领域(其中的一家甚至放弃了它原先的产品),PostScript 成为桌面出版领域一个广泛应用的标准。Adobe 拥有少部分技术产权——例如,按低分辨率显示字体的技术——然而成功地占据了这个市场的高端部分。颇具讽刺意味的是,Adobe 的市场成功得益于它的鼓励竞争者进入市场的能力。

最近几年,许多生产商沿袭了这一模型。Adobe 本身也放弃了几款软件产品的生产,如 Adobe Acrobat 阅读器。1995 年的一次火爆的新股发行,是 Netscape 通讯公司通过放弃它的主导产品,占据了网络浏览器市场的最大份额,从而成就了一个公司“在每笔交易上都亏钱,但最终获得了足够的补偿”的经典案例。

36.7 网络外部性的含义

上面描述的模型尽管简单,但我们仍然可以从中洞察一些东西。例如,临界容量问题是非常重要的:如果一个用户的需求取决于其他用户的数量,那么,在产品生命周期的早期就竭力促进市场的发展就显得非常重要。当前,我们可以经常看到这样一种情况:生产商按非常低的价格提供软件或通信服务,以培育一个原本不存在的市场。

当然,关键的问题是,市场规模要达到怎样的程度,才能使它依靠自身的力量发展起来?在这里,理论分析可以提供一些指引;所有的事情都依赖于商品的性质,以及用户在接受它时所面临的成本和收益。

网络外部性的另一层重要的含义是政府政策所发挥的作用。互联网是一个典型的例子。最初,互联网是一些小型实验室用来交换数据文件的。在20世纪80年代中期,国家自然科学基金利用互联网技术,将几所规模较大的大学连接到部署在全国各地的12台超级计算机上。最初的想法是要在大学的研究员和超级计算机之间来回传送数据。但是,通讯网络的一个根本性质是:如果你们都连接到同一个东西上,那么,你们所有人就相互联接在了一起。它使得研究员之间可以发送邮件,而这与超级计算机无关。一旦有数量达到临界群的用户连接到互联网上,互联网对新用户的价值就会显著上升。大多数这些新用户对超级计算机中心并不感兴趣,即使它是提供网络的初始动机。

例子:电话黄页

各地的电话黄页的市场规模是140亿美元。10年前,这个市场主要受电话公司的控制,电话公司占有95%的电话黄页的市场份额。现在,电话公司的市场份额只有85%了。

市场份额变化的原因在于竞争。近年,几家小创业企业进入了电话黄页市场,从当地的电话公司手中争夺生意。这不是一件容易的事情,原因在于本地的商务指南具备传统形式的网络效应:消费者都已经习惯使用本地电话公司提供的电话黄页,本地的商家也只能在本地电话公司的电话黄页上做广告。

一家名为黄页书(Yellow Book)的创业企业试图利用自己聪慧的商业策略来克服这种网络效应,具体的商业策略包括:自己的广告收费大幅度地低于本地电话公司的广告收费,在本地电话公司的电话黄页发放的稍前时候分发自己的电话黄页。本地电话公司认为自己的电话黄页市场是安全的,因而没有重视咄咄逼人的新进入者的威胁,但等本地电话公司认识到新进入者的威胁时,已经为时过晚了。在过去的几年中,电话黄页市场的竞争程度不断加剧。这个例子说明了,即使网络效应很强的行业也不能免受竞争压力的影响,尤其是在行业的现有企业变得过于自信的时候。

例子:电台广告

1910年无线电台的“杀手级应用程序”(killer-app)是船岸之间的通信。不幸的是,无线对话没有私密性,人们相互之间的对话也被广播传递给了其他处在无线对话频率上的人员。后来David Sarnoff认识到无线电台的这个缺点也可能成为一个特征,并可以成为通过电波传送音乐的“无线音乐盒”。他的同事们对此持怀疑态度,提出:“这种无线音乐盒没有可想象的商业价值。谁愿意为无特定接收人的信息付费呢?”

Sarnoff的同事们抓住了问题的要害。虽然人们发现无线电广播富有吸引力,但业界还没有发现有效的商业运作模式。人们如何通过无线广播获利呢?

《无线世界》(*Wireless World*)杂志举办了一次涵盖五种商业模式的投票竞赛,人们投票选出自己最喜爱的商业模式。所涉及的五种商业模式是:

- 由公共税收支持；
- 公众捐赠；
- 无线设备制造商补助无线节目的制作；
- 由广告赞助无线广播；
- 征收真空管税支持节目制作。

投票中获胜的商业模式是最后一个模式：对真空管征税。其他商业模式有的现在还在使用。BBC 的广播电视是通过对电视征税的方式支撑的，美国的国家公共电台的经费来源则是广大公众的捐赠。然而，在大多数的国家中，广告已经成为最普遍的商业模式。

1922 年的美国有 30 家广播电台进行播音，收音机的销售量是 10 万台。到了 1923 年，进行播音的广播电台变成了 556 家，销售的收音机的量是 50 万台。无线广播在那时大行其道。

36.8 双边市场

双边市场(two-sided market)是一种特殊的网络效应。我们来考虑蓝光 DVD 之类的新技术。由于人们并不真的关心其他人拥有什么样的 DVD 播放机，因而没有直接的网络效应。然而，存在一种间接的网络效应：蓝光 DVD 播放机的销售量越大，可播放的蓝光碟片就越多；可播放的蓝光碟片越多，购买蓝光 DVD 播放机就更具有吸引力。

还可以想出许多其他事例。考虑一种新的信用卡：更多的商家愿意接受新的信用卡，新的信用卡就对消费者更具有吸引力。然而，使用新的信用卡的消费者越多，新的信用卡对商家也就更具吸引力。

我们可以考虑 Adobe 的 PDF 平台。拥有 PDF 阅读软件(Acrobat Reader)的用户越多，就有越多的图像设计者愿意使用 PDF 的文件格式，对制作 PDF 文件的软件 Acrobat Distiller 的需求也就越多。

上述 Adobe 的事例说明了一个重要的问题：为刺激一种产品(Acrobat Distiller)的需求，Adobe 需要放弃另一种产品(Acrobat Reader)。尽管 Adobe 的商业模式与“去掉刀片，再卖剃刀”的模式一样陈旧，但数码商品和互联网的结合已经实现了廉价批发，这种策略模式也就变得非常普遍。

例如，苹果公司销售流行的 iPod 音乐播放器，也在其 iTunes 商店发售针对 iPod 的音乐。根据行业报告，苹果在音乐上的盈利不多，大多数利润都归音乐工作室了。然而，从苹果的角度而言，去掉刀片(歌曲)再卖剃刀(iPod)是有道理的。

双边市场的模型

我们来一般化 36.5 节的模型，并将其应用于双边市场。

假设存在两种商品。商品 1 的保留价格 v_1 的取值为 $v_1=1, \cdots, 1\,000$。相似地，商品 2 的保留价格 v_2 的取值也是 $v_2=1, \cdots, 1\,000$。

商品 1 的总价值依赖于多少人采用商品 2，而商品 2 的总价值依赖于多少人采用商品 1。因此，我们得到 $U_1=v_1n_2$ 和 $U_2=v_2n_1$。最后，存在提供商品 1 和商品 2 的外生价格 p_1 和 p_2。(你可以把这些外生价格当作规模报酬不变的生产过程的成本。)

商品 1 和商品 2 的边际使用者取决于 $\hat{v}_1 n_2 = p_1$ 和 $\hat{v}_2 n_1 = p_2$。每个对商品 1 的估价高于 $\hat{v}_1$ 的个人都会购买商品 1,从而 $n_1 = 1\,000 - \hat{v}_1$。相似地,$n_2 = 1\,000 - \hat{v}_2$。

联立以上所有方程,我们得到:

$$\hat{v}_1 n_2 = p_1 \tag{1}$$

$$\hat{v}_2 n_1 = p_2 \tag{2}$$

$$n_1 = 1\,000 - \hat{v}_1 \tag{3}$$

$$n_2 = 1\,000 - \hat{v}_2 \tag{4}$$

将式(3)和式(4)带入式(1)和式(2),我们得到:

$$(1\,000 - n_1) n_2 = p_1$$

$$(1\,000 - n_2) n_1 = p_2$$

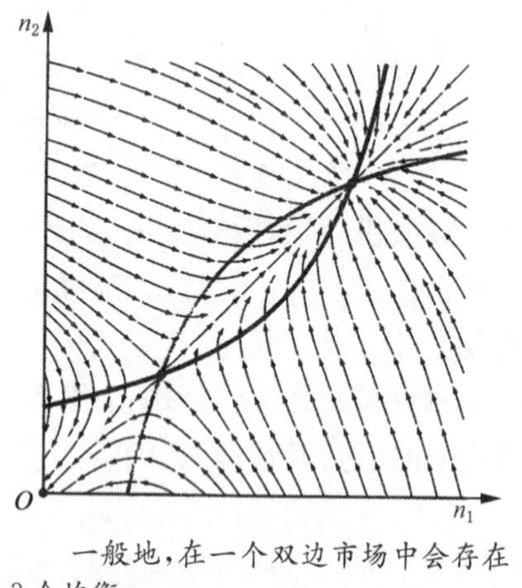

一般地,在一个双边市场中会存在 3 个均衡。

图 36.5　双边市场的均衡

我们观察到的第一件事情是 $n_1 = n_2 = 0$ 时始终存在均衡。如果没有人购买商品 1,商品 2 的价格就等于零。反之也是如此。为寻找其他的均衡解,我们画出两个函数。正如你的猜测,像图 36.5 中的例子所描绘的那样,一般存在两种商品的销售量都不多的低水平均衡解和大量销售两种商品的高水平均衡解。

供应商面对的挑战是如何实现高水平的均衡解。以上提到的一种策略是对两种商品中的一种商品的生产进行补助。如果一种商品以低于成本的价格销售可以拓展市场,并能使你销售的其他商品获利更多,那就值得这样做。

36.9　权限管理

现在,人们开始对有关知识产权(IP)的新式商业模型产生浓厚的兴趣。知识产权交易可以采取各种各样的形式:图书可以直接出售,也可以向图书馆借阅。影像产品可以出售也可以租赁。有些软件要授权才能使用,其他软件则是直接出售。共享软件是一种无偿使用的软件。

选择提供知识产权的条款是一项关键的商业决策。你应该使用拷贝防护吗?你应该鼓励用户和他的朋友分享一则新闻节目吗?你应该将产品直接出售给消费者,还是采用区域性许可使用权?

进行简单的经济分析有助于理解这些重要的问题。我们考虑一种完全的数字产品,例如在线报纸,这样,我们就不必考虑生产的边际成本。首先,我们考虑在某些默认条款下的行为。数字产品的所有者将选择一个价格,隐含地,还有数量,以实现利润的最大化:

$$\max_{y} p(y) y \tag{36.7}$$

从中,我们可以求得一个最优的价格-数量组合(p^*, y^*)。

现在,产品的销售商试图放松这些条款的限制:例如,将免费试用期从 1 个星期延长为 1 个月。这对需求曲线有两方面的影响。首先,它提高了产品对每个潜在用户的价值,使需求曲线向上移动。但它同时也降低了销售的数量,因为对于某些用户而言,较长的试用期足以满足他们的需求。

通过定义新的消费数量 $Y=by$,其中,$b>1$;新的需求曲线 $P(Y)=ap(Y)$,其中 $a>1$,我们将上述问题模型化。现在,新的利润最大化问题变为

$$\max_Y P(Y)y$$

注意,我们是将价格乘以销售的数量 y,而不是消费的数量 Y。

依据定义 $Y=by$ 和 $P(Y)=ap(Y)$,我们将上式记为

$$\max_Y ap(Y)\frac{Y}{b}=\max_Y \frac{a}{b}p(Y)Y$$

这个最大化问题看似式(36.7)所表示的最大化问题,只是这里式子的前面多了一个常数 a/b。它不会影响最优的选择,所以,我们得到 $Y^*=y^*$。

通过上述简单的分析,我们得到以下几个结论:

- 商品的消费数量 Y^* 与销售条款无关。
- 商品的生产数量 y^*/b 小于 y^*。
- 利润是增加还是减少,要取决于 a/b 是大于 1 还是小于 1。如果购买产品的消费者所获价值的增加能够抵补消费者数量的减少,那么,利润就会上升。

例子:音像制品租赁

音像商店可以选择音像制品的租赁条款。你保留音像制品的时间越长,你获得的价值就越大,这是因为你可以在一个较长的时期内观赏它。但是,你保留音像制品的时间越长,商店获得的利润就越少,因为商店在这段时间内不能将它出租给其他人。最优的租赁期限应该平衡这两种效应。

实际上,这已经导致了一种形式的产品差异化。新发行音像制品的租赁期较短,这是因为来自被排除在外的其他租赁者的利润非常高。而由于旧版音像制品不在商店只会产生较低的成本,所以它们可以租赁较长的时间。

36.10 知识产权共享

知识产权通常是共享的。例如,图书馆提供图书共享的服务。音像商店帮助人们"共享"音像制品并为此索要一个价格。馆际借阅有利于图书馆之间共享图书资源。即使是教科书——如你手头正持有的这本,通过二手市场,也可以在不同的学期实现在学生之间的共享。

在出版和图书馆领域,有关共享的正确作用问题存在相当大的争议。图书管理员已经创立了一种非正式的馆际互借"五项规则":图书馆外借一项物品最多不能超过 5 次,超过 5 次就要向出版商缴纳额外的特许使用金。传统上,出版商和作者对图书的二手市场

并不热衷。

数字信息的出现甚至使这种情况变得更加复杂。数字信息可以完全复制,从而使"共享"发挥到一个新的极致。最近,一位知名的乡村音乐歌手参加了一场声势浩大的、旨在抗议商店销售二手CD的公众活动。这里的问题是CD重放时的质量不会下降,人们有可能先购买一张CD,进行录音,然后再将这张CD出售给二手CD商店。

接下来,我们将试着创建一个有关这类共享现象的模型。首先,我们从不存在共享的基准情形开始分析。在这种情况下,一家音像制品生产商选择生产 y 张影碟,以实现利润的最大化:

$$\max_{y} p(y)y - cy - F \tag{36.8}$$

与往常一样,$p(y)$表示的是反需求曲线,c 是(不变的)边际成本,F 是固定成本。我们令 y_n 代表利润最大化的产量,其中,n 代表"不存在共享"。

现在,假定存在一个音像制品租赁市场。在这种情况下,被观看的影碟数目与生产的影碟数目并不相同。如果 y 是影碟的生产数量,并且,每张影碟由 k 个人共享,那么,观看的数目就是 $x=ky$。(这里,为简化起见,我们假定所有的影碟都是租赁的。)

我们需要指定消费者是如何将自己归入不同类型的影碟共享"俱乐部"的。最简化的假定是,具有较高评价的消费者聚在一起,具有较低评价的消费者聚在一起。这就是说,一个俱乐部包括 k 个具有最高评价的消费者,另一个俱乐部包含接下来 k 个具有最高评价的消费者,依此类推。(其他的假定也是适用的,但这个假设可以简化分析。)

如果生产的影碟数目是 y,那么,消费者观赏的影碟数目就是 $x=ky$,所以,边际个人的支付意愿为 $p(x)=p(ky)$。但是,很明显,这里指的情况是,租赁一张影碟,而不是自己拥有,会存在某些不方便成本。我们将这个"交易成本"记为 t,所以,边际个人的支付意愿变为 $p(x)-t$。

回顾上文,我们已经假定,每一张影碟都是在 k 个用户之间共享的。因此,一家音像商店的支付意愿恰好是边际个人的边际支付意愿的 k 倍。这就是说,如果生产出 y 张影碟,音像商店的支付意愿将是

$$P(y) = k[p(ky) - t] \tag{36.9}$$

式(36.9)包含了两个因共享而产生的关键效应:由于观看影碟的数目超过了影碟的生产数量,支付意愿将下降;但同时,由于单独一张影碟的成本在几个人之间分摊,支付意愿也将上升。

现在,生产商的利润最大化问题变为

$$\max_{y} P(y)y - cy - F$$

这可以重新记为

$$\max_{y} k[p(ky) - t]y - cy - F$$

或者

$$\max_{y} p(ky)ky - \left(\frac{c}{k} + t\right)ky - F$$

回顾前文，被观看影碟的数目 x 与生产的数目 y 之间的关系为 $x = ky$，所以，我们也可以将上述最大化问题记为

$$\max_{x} p(x)x - \left(\frac{c}{k} + t\right)x - F$$

注意，这个问题与式(35.8)表示的最大化问题基本一致，不同之处在于，这里的边际成本是$(c/k + t)$ 而不是 c。

这两个问题之间的紧密联系是非常有用的，因为我们可以由此观察到以下的结论：当且仅当下式成立时，租赁能够比不能租赁产生更高的利润，即

$$\frac{c}{k} + t < c$$

重新整理，我们有

$$\left(\frac{k}{k-1}\right)t < c$$

对于较大的 k，上式左边的分数约等于1。因此，这里的关键问题是生产的边际成本 c 和租赁的交易成本 t 之间的关系。

如果生产成本较高，租赁成本较低，那么，厂商最有利可图的选择是生产少量的影碟，按较高的价格出售，并让消费者租赁。另一方面，如果租赁的交易成本大于生产成本，那么，生产商禁止租赁就能够获得更多的利润：由于消费者租赁影碟非常不方便，从而音像商店不愿意为“共享的”影碟支付更高的价格，所以，生产商选择销售是有利的。

例子：在线双边市场

在互联网上存在几个双边市场的事例。例如，电子港湾(eBay)的作用是为希望买卖收藏品的人提供会面场所。例如，如果你准备出售稀有钱币，你便希望将这些稀有钱币放到存在许多潜在买主的市场上。相似地，如果你是一个买主，你便希望到一个存在多个竞争卖主的市场上去购买物品。这种双边网络效应往往会导致产生单一的会面场所。在过去几年中，电子港湾已经从买卖收藏品的场所发展成为销售各种不同商品的场所。

另一个有趣的事例是类似脸谱网(Facebook)、聚友网(MySpace)、人际网(LinkedIn)等的社会交友网络。参与者希望在他们的朋友已经注册过的网站进行注册。这又是一种网络效应：最大的网络吸引最多的新参与者。

脸谱网的增长速度极快。创立于 2004 年 2 月的脸谱网在 2004 年的 12 月就拥有了 1 百万活动用户。依据脸谱网网站的统计，到 2009 年 9 月，世界各地的脸谱网的活动用户人数超过了 3 亿。

小　结

1. 由于信息技术在系统中是共同起作用的,所以,消费者更换任意一个元件都要支付很高的成本。
2. 如果生产互补产品的两家垄断供应商协调定价,那么,它们的价格就都会低于单独定价时的价格。
3. 协调定价将增加两家垄断厂商的利润,并改善消费者的境况。
4. 要实现这种协调定价存在许多方法,包括合并、协商、收益分享和商品化。
5. 在一个锁定均衡中,第一个时期提供的折扣由将来的价格增长来补偿。
6. 当一个人对某件商品的支付意愿取决于消费该商品的其他消费者的数量时,网络外部性就会产生。
7. 典型地,有关网络外部性的模型具有多重均衡。最终的结果通常取决于产业的发展进程。
8. 权限管理涉及增加的价值与价格之间的一种权衡,其中,价格与降低的销售量相对应。
9. 通常,诸如图书和影碟之类的信息产品既可以出售,也可以出租。租赁或者销售都可能更为有利可图,这要取决于交易成本和生产成本之间的关系。

复习题

1. 如果一个客户更换长途电话服务公司的成本是50美元,那么,长途电话服务公司应该为获得一个新客户支付多少?

2. 描述对文字处理软件包的需求是如何显示网络外部性的。

3. 假定生产额外一张影碟的边际产品是零,并且,租赁一张影碟的交易成本也为零。生产商出售影碟会获得较多的利润吗?租赁的情况又如何呢?

▶37

公共物品

在第35章我们论述了，对于某些外部效应，要消除这些无效率现象并不困难。例如，在两个人之间具有消费外部效应的情况下，我们必须做的一切就是确保初始产权得到明确的规定。然后，人们就能通过正常的方式交换产生外部效应的产权。在存在生产外部效应的情况下，市场本身提供的利润信号就能以最有效的手段对产权进行区分。在财产共有的情况下，将产权分配给个人就可以消除无效率现象。

遗憾的是，并非所有的外部效应都能用这种方法加以处理。一旦有两个以上的经济行为人参与其中，问题就会变得非常复杂。例如，假定在第35章所考察的同室人数不是两个而是三个——一个抽烟者和两个不抽烟者，那么，在两个不抽烟者看来，烟尘量可能就是一种负的外部效应。

我们假定产权已明确界定，不妨说不抽烟者有权得到清洁的空气。如前所述，虽然他们有权得到清洁空气，他们也有权用一部分清洁空气与适当的补偿进行交换。但现在有一个问题出现了——即在不抽烟者之间必须就可接受的烟尘量为多少以及用什么方法加以补偿取得一致意见。

可能不抽烟者中有一人比另一人对烟尘更为敏感，或其中一人比另一人更富有。他们对烟尘量的偏好可能不同，两人的财力可能也不同，然而他们必须达成某种协议以有效地分配烟尘量。

假如我们考察的不是同室居住者，而是整个国家的居民，那么，这个国家的污染达到怎样的程度才是可接受的呢？你只要想象在只有三个人的时候要达成一项协议就那么困难，要在数以百万计的人之间达成一项协议该是何等困难！

三个人中抽烟的外部效应是**公共物品**的例子之一——公共物品是指对所有涉及的消费者都必须供应同样数量的物品。在这个例子中，抽烟所带来的烟尘量对所有的人都一样多——每个人对此的评价可能不同，但都必须消费同样的数量。

许多公共物品是由政府提供的。例如，街道和人行道就是由地方市政部门提供的。城市里有一定数量和质量的街道，每个人都可以使用这些街道。公共物品的另一个例子是国防。国家向其所有居民提供同一水平的国防安全。虽然每个公民可能对此评价不一，有些人希望国防多一些，另一些人希望少一些，但提供给他们的数量是相同的。

公共物品是消费外部效应的一类特殊的例子:每个人必定消费相同数量的这种物品。这是一类特别令人费解的外部效应的例子,因为经济学家所偏爱的分散化的市场解决方法在配置公共物品时不起作用。人们不可能购买不同数量的公共防务,因而不管怎样,他们总得对共同的防务数量作出决定。

本章要考察的第一个问题是公共物品的理想数量应该是多少?然后再讨论某些可能被用来对公共物品进行社会决策的方法。

37.1 何时提供公共物品

我们从一个简单的例子开始。假定同一个房间有两个人,以 1 和 2 代表。两人都设法就是否购买一台电视机作出决定,在住房大小既定的条件下,电视机必然要放在起居室中以便两人都能看到电视。因此电视机将是一种公共物品而不是私人物品。问题是他们购买一台电视机是否值得?

我们用 w_1 和 w_2 代表每人最初的财富,用 g_1 和 g_2 代表每人对购买电视机所作出的贡献,x_1 和 x_2 代表每人剩余下来用作私人消费的资金。预算约束由下面的方程式给出:

$$x_1 + g_1 = w_1$$
$$x_2 + g_2 = w_2$$

我们还假定电视机的费用为 c 美元,因而为购买电视机,两人所作出的贡献之和至少必须等于 c:

$$g_1 + g_2 \geqslant c$$

这一方程概括了可用于提供这种公共物品的技术:如果他俩合起来支付费用 c,就能买到一台电视机。

行为人 1 的效用函数将由他或她的私人消费 x_1 和公共物品电视机的可获性来决定。我们将用 $u_1(x_1, G)$ 表示行为人 1 的效用函数,这里,G 既可以是 0,表示没有电视机,也可以是 1,表示拥有一台电视机。行为人 2 的效用函数为 $u_2(x_2, G)$。每人的私人消费都有下标以表明物品是由行为人 1 还是由行为人 2 消费的,但是公共物品没有下标,它是由两个人共同消费的。当然,这种消费并不是指真的耗尽电视机,而是指两人共同消费电视机所提供的服务。

两人对电视机提供的服务的评价可能很不相同。通过征询每人可能为购买电视机支出的金额,我们可以估计出每人对电视机服务所作出的评价。要进行这种计算,我们还需运用第 15 章中曾经介绍过的保留价格概念。

行为人 1 的保留价格是指他为购买电视机而愿意支付的最高价格。这就是说,保留价格 r_1 是这样一种价格;它可以使行为人 1 觉得支付 r_1 的价格购买电视机与根本不购买电视机这两种选择之间毫无区别。如果行为人 1 支付了这种保留价格并得到一台电视机,他就剩余 $w_1 - r_1$ 的财产可用于私人消费。如果他不购买电视机,他就有 w_1 的财产用于私人消费。如果他认为这两种选择没有差别,就必然有

$$u_1(w_1 - r_1, 1) = u_1(w_1, 0)$$

这一方程明确地表达了行为人 1 的保留价格,即他购买电视机愿意支付的最高价格。行为人 2 的保留价格也可用类似的方程式表达。注意,一般而言每人的保留价格视每人的财产而定:即每个人将愿意支付的最高价格要根据每个人能够支付多少来确定。

回想一下,一种配置之所以是帕累托有效率的,是由于没有任何其他配置方式能使两人的境况变得更好。如果还有其他配置方式能使两人的境况变得更好,那么,这种配置就是帕累托低效率的。在帕累托低效率的情况下,我们说*帕累托改进*是可能的。在电视机一例中,只有两种配置方式是值得注意的:一种是不买电视机;这种配置具有简单的形式$(w_1, w_2, 0)$,即每个人把自己的全部财产都用于私人消费。

另一种配置方式是购买电视机(即提供公共物品),这种配置取$(x_1, x_2, 1)$的形式,其中,

$$x_1 = w_1 - g_1$$
$$x_2 = w_2 - g_2$$

这两个方程式是由预算约束方程改写的,表明每个人的私人消费由购买公共物品后剩余的财产决定。

在什么条件下应该购买电视机呢?也就是说,什么时候有一种支出方案(g_1, g_2)可以使两人合伙购买一台电视机,比不购买电视机经济福利要好些呢?用经济学语言来表达就是,什么时候提供电视机是一种帕累托改进呢?

如果购买电视机使两人的境况比没有购买电视机要好些,那么购买电视机这样一种配置方式就属于帕累托改进,也就是说

$$u_1(w_1, 0) < u_1(x_1, 1)$$
$$u_2(w_2, 0) < u_2(x_2, 1)$$

现在,运用保留价格 r_1 和 r_2 以及预算约束的定义,可得

$$u_1(w_1 - r_1, 1) = u_1(w_1, 0) < u_1(x_1, 1) = u_1(w_1 - g_1, 1)$$
$$u_2(w_2 - r_2, 1) = u_2(w_2, 0) < u_2(x_2, 1) = u_2(w_2 - g_2, 1)$$

考察不等式的左边和右边,并记住更多的私人消费必定增加效用,我们可以得出结论:

$$w_1 - r_1 < w_1 - g_1$$
$$w_2 - r_2 < w_2 - g_2$$

这意味着

$$r_1 > g_1$$
$$r_2 > g_2$$

如果一种配置$(w_1, w_2, 0)$是帕累托低效率的,则必定满足这一条件:每个人对购买电视机的贡献必定小于他愿意支付的价格。如果一个消费者能按低于他愿意支付的最高价格获得这种商品,那么,获得这种商品无疑能改善他的福利。因此,保留价格大于所分担的费用这一条件无非是说,当室中每个人都能按低于他们愿意支付的最高价格获得电视机提供的服务时,就实现了帕累托改进。显然,这一条件是使购买电视机成为帕累托改进的必要条件。

如果室中每人愿意支付的数额大于他的电视机费用分担额,那么,对每人愿意支付的最高额进行加总必然大于电视机的总费用:

$$r_1 + r_2 > g_1 + g_2 = c \tag{37.1}$$

这个条件是使购买电视机成为帕累托改进的充分条件。如果该条件得到满足,那么,就一定存在某种通过提供电视机这种公共物品使两人的境况改善的支付方案。如果 $r_1 + r_2 \geqslant c$,那就说明,同室两人愿意支付的总额至少与购买电视机的成本相等,因而他们可以很容易地找到一种支付方案(g_1, g_2)使得 $r_1 \geqslant g_1$、$r_2 \geqslant g_2$ 和 $g_1 + g_2 = c$。你会觉得奇怪,这一条件如此简明,为什么在推导时还要进行这么详尽的论证。这里包含了几个不太令人注意的细节。

首先,值得注意的是,在上述条件中,什么时候提供公共物品是一种帕累托改进,仅取决于人们的支付意愿和公共物品的总成本。如果保留价格总额大于电视机成本,那么肯定存在着某种支付方案,使两人拥有这种公共物品的境况比不拥有它的境况要好。

其次,提供公共物品是不是帕累托有效率的,一般来说取决于初始的财富分配(w_1, w_2)。这是正确的,因为保留价格 r_1 和 r_2 一般是由财富分配决定的。某些财富分配完全有可能使 $r_1 + r_2 > c$,而另一些财富分配则可能使 $r_1 + r_2 < c$。

要搞清楚怎么会产生这种现象,只要设想这样一种情况:同室中有一人真的很希望获得电视机,而另一人则对此抱无所谓的态度。于是,如果喜爱电视机的人拥有全部财富,他可能愿意独自支付大于电视机成本的价格。这样提供电视机就可能是一种帕累托改进。但是,如果另一个对电视机抱无所谓态度的人拥有全部财富,那么,偏爱电视机的人就不会有足够的钱购买电视机,在这种情况下不买电视机就可能是一种帕累托有效率。

所以,一般来说,是否应该购置公共物品将取决于财富的分配。但在某些特殊情况下,公共物品的提供可能与财富分配无关。例如,假定同室两人的偏好是拟线性的,换言之,效用函数具有下述形式:

$$u_1(x_1, G) = x_1 + v_1(G)$$
$$u_2(x_2, G) = x_2 + v_2(G)$$

这里,G 为 0 或 1,取决于是否能获得公共物品。为简化起见,假定 $v_1(0) = v_2(0) = 0$。这就是说,当没有电视机时,你收看电视的效用为零。①

在这种情况下,保留价格的定义就成为

$$u_1(w_1 - r_1, 1) = w_1 - r_1 + v_1(1) = u_1(w_1, 0) = w_1$$
$$u_2(w_2 - r_2, 1) = w_2 - r_2 + v_2(1) = u_2(w_2, 0) = w_2$$

这两个方程意味着保留价格可由 $r_1 = v_1(1)$, $r_2 = v_2(1)$ 给出。可见保留价格与财富数量无关。因而公共物品的最优供给将与财富无关,至少在某种财富范围内是这样。②

① 也许收看电视应该被指派一个负的效用。

② 甚至这也仅适用于某种财富范围,因为我们必须始终规定 $r_1 \leqslant w_1$, $r_2 \leqslant w_2$——即支付意愿小于支付能力。

37.2 私人提供公共物品

前面我们已经知道，如果同室两人愿意支付的价格超过公共物品的成本，那么购买电视机对他们来说就是帕累托有效率的。这就解决了产品有效率配置问题，但并不一定可以得出结论说他们真的决定购买电视机。他们是否真的决定购买电视机，还要取决于他们作出共同决定时所采用的具体方式。

如果同室两人互相合作并能如实地表明他们对电视机的评价，那么他们要作出是否应该购买电视机的决定并不困难。但在某些环境条件下，他们可能并不乐意如实地表明自己对电视机的评价。

例如，假定他们对电视机的评价相同，每个人的保留价格都大于成本即 $r_1 > c$，$r_2 > c$。则行为人 1 可能会想，如果他表明对电视机的评价为零，那么另一人不论怎样都会购买电视机。但是行为人 2 也会以同样的方式思考问题！也可以设想两人都可能会拒绝出资，以期望另一个人独自购买电视机的其他情况。

在这种情况下，经济学家认为这是人们试图互相搭便车：每人都希望其他人会独自购买公共物品。由于一旦拥有电视机后，每个人都可以充分使用电视机所提供的服务，因此每人都希望在购买电视机时支付尽可能少的费用。

37.3 搭便车

搭便车与第 29 章考察的“囚徒困境”类似，但并不完全相同。要看清楚这一点，我们考虑有关上述电视机问题的一个具体的例子。假定每个人拥有 500 美元的财富，每个人对电视机的评价是 100 美元，电视机的成本是 150 美元。由于保留价格的总和超过电视机的成本，所以，购买电视机是帕累托有效率的。

假定同室中的任何人都不能阻止另一人收看电视，并且，同室中的两人将独立地决定是否购买电视机。考虑其中的一个人，如参与人 A 的决策。如果他购买电视机，他将获得收益 100 美元，并支付成本 150 美元，最终他的净收益为－50 美元。但是，如果参与人 A 购买电视机，参与人 B 就可以免费观看，从而获得收益 100 美元。表 37.1 显示了这个博弈的收益。

表 37.1　搭便车博弈矩阵

		参与人 B	
		买	不买
参与人 A	买	－50，－50	－50，100
	不买	100，－50	0，0

这个博弈的占优策略均衡是，两个参与人都不购买电视机。如果参与人 A 决定购买电视机，那么，搭便车对于参与人 B 就是有利的：即收看电视，但不进行任何的支付。如果

参与人A决定不购买电视机,那么,搭便车还是符合参与人B的利益。这与囚徒困境的情形类似,但两者并不完全相同。在囚徒困境中,使参与双方的总体效用最大化的策略,是双方作出一致的选择。但在这里,最大化总体效用的策略却是其中的一个参与人购买电视机(参与双方都观看电视)。

如果参与人A购买电视机,并且参与双方共同收看电视,那么,仅仅让参与人B向参与人A作一笔单边支付,我们就能创建一个帕累托改进。例如,如果参与人B向参与人A支付51美元,那么,在参与人A购买电视机时,参与双方的境况就都能得到改善。更一般地,在这个例子中,任意在50美元和100美元之间的支付都能导致一个帕累托改进的结果。

事实上,这大概就是实际可能发生的情况:每一个参与人都支付电视机的一部分成本。这类公共物品问题相对容易解决,但在家庭公共物品分享中,还有可能出现更为复杂的搭便车问题。例如,由谁清扫房间的问题?每一个参与人都乐于看到房间清洁,并愿意尽一份力量。但双方也可能都想搭对方的便车——以致最终没有人打扫房间,结果同往常一样,房间还是脏乱不堪。

当房间里住的人多于两人时,情况也许会变得更糟糕——因为可以在更多的人那里搭便车!从个人的角度看,让其他人清扫房间是最优的,但从社会整体的角度看,这样做属于帕累托低效率。

37.4 不同水平的公共物品

在上述例子中,我们面临一种非此即彼的选择:要么购买电视机要么不买。当面临一种需要提供多少公共物品的选择时,会出现同样的这类问题。例如,假定同室两人必须决定花多少钱购买电视机。他们花的钱越多,得到的电视机就越好。

与前面一样,我们令 x_1 和 x_2 代表每人的私人消费,令 g_1 和 g_2 代表支付电视机的款项。现在,令 G 代表他们购买的电视机的质量,令质量的成本函数由 $c(G)$ 表示。这就是说,如果同室两人要购买一台质量为 G 的电视机,那么,他们就得花 $c(G)$ 美元才能购得。

同室两人所面临的约束条件,就是他们花在公共物品和私人消费上的货币总量必须等于两人所拥有的货币量,即

$$x_1 + x_2 + c(G) = w_1 + w_2$$

帕累托有效率配置是指,在消费者2的效用水平不变的条件下,消费者1的效用水平要尽可能大。如果把消费者2的效用固定在某一水平 $\bar{u}_2$,上,我们就可以把问题表述为:

$$\max_{x_1, x_2, G} u_1(x_1, G)$$

$$\text{s.t. } u_2(x_2, G) = \bar{u}_2$$

$$x_1 + x_2 + c(G) = w_1 + w_2$$

可以证明，与这一问题相应的合适的最优化条件，是这两位消费者的私人物品和公共物品之间的边际替代率的绝对值相加之和，等于多提供一个单位的公共物品所增加的边际成本：

$$|\mathrm{MRS}_1| + |\mathrm{MRS}_2| = MC(G)$$

或者，把边际替代率的含义更清楚地表述出来，得到

$$\left|\frac{\Delta x_1}{\Delta G}\right| + \left|\frac{\Delta x_2}{\Delta G}\right| = \frac{MU_G}{MU_{x1}} + \frac{MU_G}{MU_{x2}} = MC(G)$$

为了理解为什么这必定是正确的效率条件，让我们运用常规的方法设想一下，如果违反了这一条件，情况会怎样？例如，假定边际替代率的绝对值相加之和小于边际成本，比如说 $MC=1$，$|\mathrm{MRS}_1|=1/4$，$|\mathrm{MRS}_2|=1/2$，我们需要证明存在某种方法可以使两人的境况变得更好。

在边际替代率给定的条件下，我们知道，为减少 1 美元的公共物品，行为人 1 可能愿意接受增加 1/4 美元的私人物品(因为两种物品每单位的费用都是 1 美元)。同样，为减少 1 美元的公共物品，行为人 2 可能会接受增加 1/2 美元的私人物品。假定我们减少提供公共物品的数量，然后以此补偿两个人的私人消费。当我们减少 1 单位公共物品时就可以节约 1 美元的开支。在我们支付给每个人用以完成这种改变所需的货币量($3/4=1/4+1/2$)之后，我们发现，原先的 1 美元还剩下 1/4 美元，这样，剩余的资金可由两人进行分享，因而会使两人的境况都得到改善。

同样，如果边际替代率的绝对值相加之和大于 1，我们可以增加公共物品的数量以使他们的境况得到改善。例如，$|\mathrm{MRS}_1|=2/3$，$|\mathrm{MRS}_2|=1/2$，这就意味着，行为人 1 可以放弃 2/3 美元的私人消费以增加 1 单位公共物品，行为人 2 可以放弃 1/2 美元的私人消费以增加 1 单位的公共物品。但是，如果行为人 1 放弃 2/3 单位，行为人 2 放弃 1/2 单位，则由此得到的货币量足以超过为多生产 1 单位公共物品所需的货币量，因为供应这种公共物品的边际成本等于 1。因此可以把多余的货币归还给个人，使两人的境况都得到改善。

帕累托效率条件的意义是什么呢？一种解释是把边际替代率视作对一个额外单位公共物品的边际支付意愿的度量。因此，效率条件无非是说边际支付意愿相加之和必须等于多提供 1 单位公共物品的边际成本。

当物品为非连续时，不论提供物品与否，我们说有效条件就是支付意愿相加之和至少应该与成本相等。在我们此处考察的公共物品可以在不同水平上提供的情形中，效率条件就是在公共物品数量为最优时，边际支付意愿相加之和应该等于边际成本。无论何时，只要对公共物品的边际支付意愿相加之和超过边际成本，提供更多的公共物品就是正确的。

把公共物品的帕累托有效率条件与我们在私人物品条件下推导出的帕累托有效率条件进行比较是有意义的。就私人物品而言，每个人的边际替代率必须等于边际成本；就公

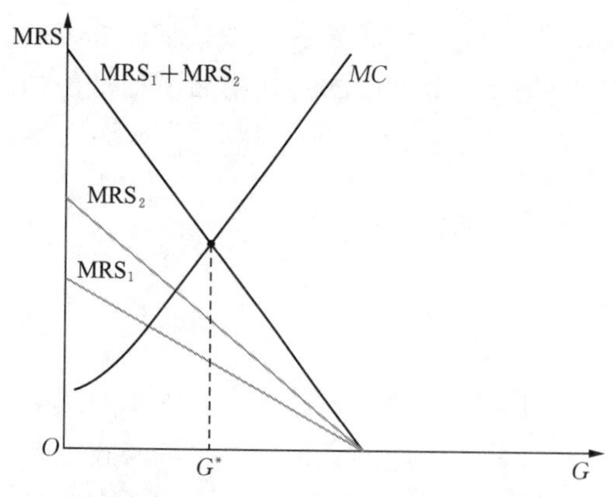

边际替代率的绝对值相加之和必须等于边际成本。

图 37.1　确定有效率的公共物品数量

共物品而言,边际替代率的绝对值相加之和必须等于边际成本。在私人物品情形中,每个人可以消费不同数量的私人物品,但他们对边际消费量的评价必定全都相同,否则他们就会进行交换。在公共物品的情形中,每人的消费量必定相同,但他们对边际消费量的评价可以各不相同。

我们可以用图 37.1 来说明公共产品的有效率条件,只需要绘制出每个人的边际替代率(MRS)曲线,然后将这些曲线垂直迭加得到总的 MRS 曲线。当总的 MRS 与边际成本相等时,就得到公共物品的有效率配置,如图 37.1 所示。

37.5　拟线性偏好与公共物品

当私人物品的配置发生变化时,公共物品的最优数量一般也会不同。但是如果消费者具有拟线性偏好,那么就每一种有效率配置而言显然只存在一个唯一的公共物品提供量。要搞懂这一点,最简单的方法就是考察表达这种拟线性偏好的效用函数。

如第 4 章所述,拟线性偏好的效用表达式为:

$$u_i(x_i, G)=x_i+v_i(G)$$

这就是说,私人物品的边际效用总是等于 1。因此,私人物品和公共物品之间的边际替代率——边际效用比率——只取决于 G,具体地,

$$|\text{MRS}_1|=\frac{\Delta u_1(x_1, G)/\Delta G}{\Delta u_1/\Delta x_1}=\frac{\Delta v_1(G)}{\Delta G}$$

$$|\text{MRS}_2|=\frac{\Delta u_2(x_2, G)/\Delta G}{\Delta u_2/\Delta x_2}=\frac{\Delta v_2(G)}{\Delta G}$$

我们已经知道,一种公共物品的帕累托有效率水平必须满足条件 $|\text{MRS}_1|+|\text{MRS}_2|=MC(G)$,利用拟线性效用方程式中各 MRS 的具体表述式,我们可以把该条件写成

$$\frac{\Delta v_1(G)}{\Delta G}+\frac{\Delta v_2(G)}{\Delta G}=MC(G)$$

注意,该方程式决定了 G,而与 x_1 和 x_2 根本无关。因此,存在一个唯一的公共物品有效供给数量。

考察这个问题的另一种方法是观察无差异曲线的形状。就拟线性偏好而言,所有无差异曲线恰巧是它们互相之间的移动变换形式。进而言之,这是说当我们改变私人物品

的数量时，无差异曲线的斜率即边际替代率不会发生变化。假定我们找到一种公共物品和私人物品的有效配置方式，使得各 MRS 的绝对值相加之和等于 $MC(G)$。现在如果从其中一人的私人物品中取出一部分给予另一个人，两人的无差异曲线的斜率不变，那么各 MRS 的绝对值相加之和仍然等于 $MC(G)$，结果就产生了另一种帕累托有效率配置形式。

在拟线性偏好条件下，把公共物品的数量固定在有效率水平上不变，只需通过重新配置私人物品就可得到所有帕累托有效率配置形式。

例子：重新考察污染问题

回顾第 35 章论述的钢厂和渔场的模型。在那个模型中我们曾论证过，有效率的污染排放量是指能使钢厂和渔场各自负担的污染成本内部消化掉的那个排放量。现在假定有两家渔场，钢厂产生的污染是一种公共物品（或者更确切地说是一种公害）。

于是，污染的有效率排放量应使三家企业的利润总和最大化，即使污染的社会总成本最小。要正规地表达，可令 $c_S(s, x)$ 代表钢厂生产 s 单位钢产量和 x 单位污染的成本。以 $c_F^1(f_1, x)$ 代表渔场 1 在污染程度为 x 的条件下捕鱼 f_1 的成本。$c_F^2(f_2, x)$ 代表渔场 2 在污染程度为 x 的条件下捕鱼 f_2 的成本。那么，要计算帕累托有效率污染数量，就要使三家企业的利润总和达到最大：

$$\max_{s, f1, f2, x} p_S s + p_F f_1 + p_F f_2 - c_S(s, x) - c_F^1(f_1, x) - c_F^2(f_2, x)$$

污染程度的加重对总利润的影响怎样，是我们感兴趣的问题。污染程度的加重会降低钢厂生产的成本，但会提高每个渔场的捕鱼成本。从该利润最大化问题得出的合适的最优条件是

$$\frac{\Delta c_S(\hat{s}, \hat{x})}{\Delta x} + \frac{\Delta c_F^1(\hat{f}_1, x)}{\Delta x} + \frac{\Delta c_F^2(\hat{f}_2, x)}{\Delta x} = 0$$

这是说由三家企业负担的污染边际成本相加之和应该等于 0。同在公共物品消费的例子中一样，正是经济行为人的边际收益或边际成本相加之和，对决定公共物品的帕累托有效率提供量的影响极大。

37.6 搭便车问题

我们既已知道公共物品的帕累托有效率配置是什么，我们就能把注意力转到寻求如何达到帕累托有效率配置上。在没有外部效应的私人物品情况下，我们看到市场机制会导致有效率配置的形成。在公共物品情形中，市场机制会不会导致帕累托有效率配置的形成呢？

我们可以设想每个人都拥有一定数量的私人物品 w_i，每个人都可以把私人物品的一部分用于自身的私人消费。他或她也可以把一部分私人物品贡献出来用于购买公共物品。让我们用 x_1 代表行为人 1 的私人消费，用 g_1 表示他购买的公共物品的数量。类似表达方法也适用于行为人 2。为简化起见，假定令 $c(G) \equiv G$，这表示供应 1 单位公共物品的边际成本恒等于 1。所供应的公共物品总量将是 $G = g_1 + g_2$。由于每个人关心的是所提供公共物品的总量，所以，第 i 个人的效用函数表达式为

$$u_i(x_i, g_1 + g_2) = u_i(x_i, G)$$

行为人 1 为决定他应该对公共物品贡献多少,必须对行为人 2 可能会贡献多少作出某种预测。这里最简易的方法是采用第 29 章论述过的纳什均衡模型,并假定行为人 1 预期行为人 2 的贡献是购买一定数量的公共物品$\bar{g}_2$。对行为人 2 的行为,我们也可以作出同样的假定,然后寻求这样一种均衡,在这种均衡下,每个人都在另一个人的行为既定的条件下作出最优贡献。

因此,行为人 1 的最大化问题具有下述形式:

$$\max_{x_1, g_1} u_1(x_1, g_1 + \bar{g}_2)$$

$$\text{s.t. } x_1 + g_1 = w_1$$

这与普通的消费者最大化问题十分相似,因而最优条件也相同:如果两人购买两种物品,则每个消费者的公共物品和私人物品之间的边际替代率的绝对值都应该是 1:

$$|\text{MRS}_1| = 1$$

$$|\text{MRS}_2| = 1$$

但在这里我们必须小心谨慎。如果行为人 2 真的要购买一些公共物品,那么他将购买这种公共物品一直到边际替代率的绝对值等于 1 为止。然而很可能产生这样一种情况,即行为人 2 认为由行为人 1 所贡献的公共物品的数量已完全够用,因而他认为他不需要再作出任何贡献。

我们一般假定每个人为购买公共物品所作出的贡献只能为正数——他们可以把金钱放进收款盘但不能从中拿出来,因此对于每个人的贡献存在一种附加约束,即 $g_1 \geqslant 0$ 和 $g_2 \geqslant 0$。每个人只能决定是否要增加公共物品的数量。但结果也可能出现这种情况:一个人认为另一个人所购买的公共物品数量正好够用,因而不愿意作出任何贡献。

类似这样的例子如图 37.2 所示。图中水平轴表示每个人的私人消费,纵轴表示他或她的公共消费。每个人的"禀赋"由两部分组成:他或她的财产 w_1 和另一个人贡献的公共物品数量——如果这个人决定不作贡献的话,这就是他可能得到的公共物品的数量。

图 37.2A 说明行为人 1 是公共物品的唯一贡献者,因而 $g_1 = G$。如果行为人 1 贡献 G 单位的公共物品,那么行为人 2 的禀赋将由两部分组成:他或她的私人财产 w_2 和 G 数量的公共物品——因为行为人 2 不论是否作出贡献都能消费公共物品。鉴于行为人 2 不

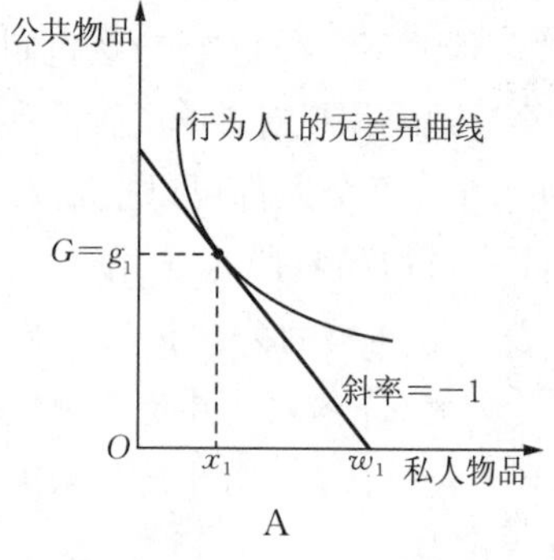

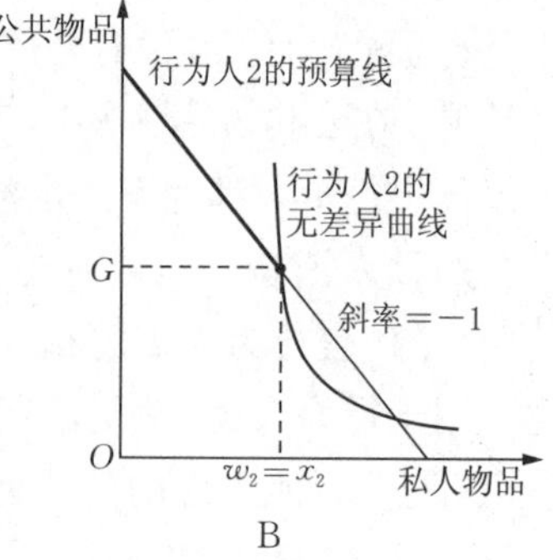

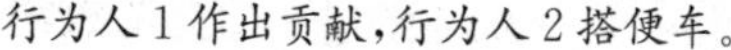
行为人 1 作出贡献,行为人 2 搭便车。

图 37.2 搭便车问题

可能减少公共物品的数量相反只能增加公共物品的数量,因此他的预算约束由图 37.2B 中的粗线段表示。当行为人 2 的无差异曲线形状既定时,从他的角度看,免费享用行为人 1 作出的贡献以及独自消费自己的"禀赋"是最优选择,如图所示。

这是行为人 2 免费享用行为人 1 对公共物品作出的贡献的一个例子。由于公共物品是每个人必须消费同等数量的一种物品,所以任何一个人提供了某种公共物品就将减少其他人的提供量。因此,自愿均衡条件下的公共物品提供量与公共物品的有效率提供量相比一般要少得多。

37.7 与私人物品的比较

在私人物品的讨论中,我们已经证明,一种特殊的社会制度——竞争市场——可以使私人物品达到帕累托有效率配置。每个消费者为其自身决定各种物品应购买多少数量,结果会形成一种帕累托有效率的消费方式。这种分析的一个重要假定是一个人的消费不会影响到其他人的效用,即不存在消费外部效应。因此每个人都使自身的消费最优化,就足以形成某种消费的社会最优化。

就公共物品来说,情况有着很大差异。在这种情况下,由于每个人需要消费同样数量的公共物品,因此个人之间的效用是牢固联系着的。在这种情况下,市场提供的公共物品不大可能导致帕累托有效率提供量。

确实,在许多场合我们利用不同的社会制度来确定公共物品的提供量。有时候,人们运用*指令机制*,即由一个人或一小部分人来决定由公众提供的种种公共物品的数量。在另一些场合人们采用*投票制度*来作决定,即由每个人对公共物品的提供进行投票来作出决定。对投票选择或其他社会决策机制,人们可能也会提出类似于对私人市场机制提出的问题,即这些配置机制能否使公共物品的配置达到帕累托有效率?公共物品的任何帕累托有效率配置是否都能由这些机制来取得?要全面分析这些问题已超出了本书的范围。但下面我们将对某些配置机制是怎样运行的作一浅近的介绍。

37.8 投票

虽然私人提供公共物品进行得并不很好,但是,尚有其他几种配置机制也可用于社会选择。在民主国家里最为普遍采用的一种机制就是*投票*。让我们来考察投票决定公共物品提供量的效果怎样。

当只有两个消费者时投票没有什么意义,所以我们假定有 n 个消费者,更进一步假设 n 为奇数,这样就不必担心出现投票数相同的局面。想象一下消费者正在投票决定某种公共物品的规模大小——譬如说国防开支的大小。每个消费者都有一个自己赞成的开支数额,他对其他开支数额的评价要看这种开支水平与他所赞成的开支数额的接近程度如何而定。

作为决定社会结果的一种手段,投票所带来的第一个问题在第 34 章曾经考察过。假定可供选择的开支水平有 A、B、C 三种。多数消费者赞成 A 而不是 B,或者多数消费者赞成 B 而不是 C……,以及多数赞成 C 而不是 A,这都是完全可能出现的情形。

用第 34 章的术语来说，由消费者选择而产生的社会偏好是不传递的，这就是说对公共物品的数量进行投票的结果不是很确定的——总有某种开支水平的得票数超过其他开支计划。如果允许社会对一个问题进行多次投票，那就意味着投票结果会出现循环现象。如果社会对一个问题只能投一次票，那么投票结果要看选择按什么顺序提请投票而定。

如果先对 A 或 B 进行投票，然后再投票决定 A 或 C，那么投票结果将是选择 C。但如果先投票决定 C 或 A 然后再决定 C 或 B，那么结果就是选择 B。改变提请投票的选择方案的顺序你就能得到三种结果中的任意一种。

这种"投票悖论"现象使问题更趋复杂化。因而人们必然会产生这样的问题：对偏好作一些怎样的限制才可避免这种循环现象的产生？或者说偏好应取何种形态才可保证上述循环现象不至于发生？

我们把消费者 i 的偏好用图 37.3 来表示。图中曲线的高度表示购买公共物品的不同支出水平给消费者带来的净效用或价值水平。这里采用净效用的概念是妥帖的，因为每个消费者不仅关心公共物品的数量，还要考虑到他对公共物品的购买所作出的贡献量。支出水平越高意味着公共物品的数量越多，而且为支付这些公共物品须缴纳的税额也越高。因此，有理由设想，一开始消费者得益于公共物品，故公共物品支出的净效用上升，但最终由于提供公共物品的成本增加，公共物品支出的净效用会下降。

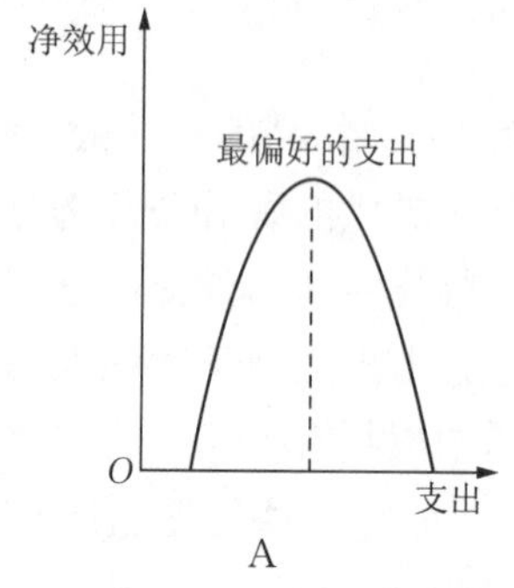

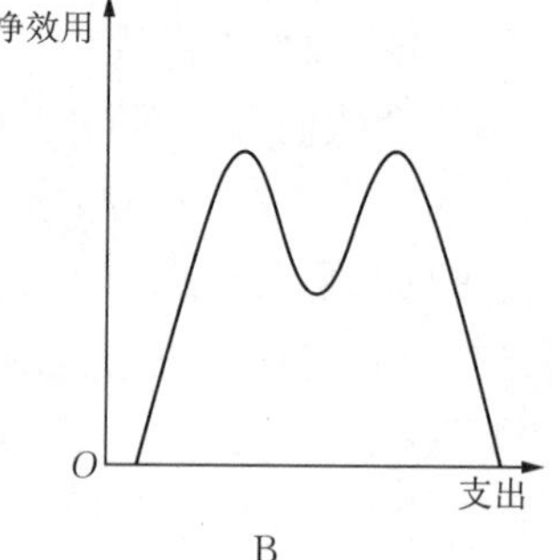

图 A 所示为单峰偏好，图 B 所示为多峰偏好。

图 37.3　偏好的形状

这类偏好的一个限制就是它们是"单峰"的。这意味着这类偏好具有图 37.3A 所显示的那种形状，而不是图 37.3B 所显示的那种形状。在单峰偏好的条件下，见图 37.3A ，随支出量的增加净效用会上升一直到最偏好的某一支出点为止然后便开始下降，它不可能出现图 37.3B 中所显示的上升下降然后再上升的现象。

如果每人都具有单峰偏好，那就可以证明，由大多数投票所表达出来的社会偏好根本就不会出现我们上面论述过的那种不传递性。在承认单峰偏好的条件下我们就可以设问，如果每个人都具有单峰偏好，那么应该选择怎样的支出水平？答案显然是应该选择中位数支出水平——这种开支水平会使占人口一半的人认为应该增加开支，而另一半人感到应该减少开支。这一结论从直观上看也是有道理的：如果超过一半的人要求增加公共物品的支出，他们就会投票要求增加开支。所以唯一可能的均衡投票结果是要求增加公共物品支出与要求减少公共物品支出的投票数正好相等。

这就是公共物品的有效率数量水平吗？一般来说，答案是否定的。中位数支出额结论只意味着一半的人希望增加开支，另外一半的人希望减少开支，根本没有涉及他们需要多少公共物品。由于这种信息在研究效率问题时必须加以考虑，因此投票一般不会导致产生公共物品的有效率数量水平。

进一步，即使人们的真实偏好呈单峰状，使得投票可能会导致产生一种合理的结果，人们在进行投票时也可能作出与他们的真实偏好不符的选择。因此，为了操纵投票最终结果，人们会产生某种冲动，作出与他们可能具有的真实偏好并不一致的投票选择。

例子：操纵议程

我们已经看到，一系列投票的结果可能取决于投票的顺序。有经验的政治家非常清楚这种可能性。在美国国会中，对一项法案进行修订必须经过投票表决，这也为影响立法程序提供了一种通用的方式。

1956年，美国众议院考虑颁布一项旨在为修建学校提供联邦援助的法案。一位代表提出了一个修改方案，他建议该法案只向拥有综合学校的州提供联邦援助。关于这个问题，三个规模大体相当的团体分别持有以下不同的观点：

- 共和党人。他们反对为教育提供联邦援助，但是，他们对修订的法案的偏好甚于最初的法案。他们对这几个选择的偏好顺序是没有法案、修订的法案、最初的法案。
- 北方的民主党人。他们希望为教育提供联邦援助，并支持综合类学校，所以，他们对这几个选择的排序是：修订的法案、最初的法案、没有法案。
- 南方的民主党人。这个团体希望为教育提供联邦援助，但在修订的法案下，由于南方的学校是分离的，它们得不到任何援助。他们的排序是最初的法案、没有法案、修订的法案。

在对是否修订法案进行投票表决时，共和党人和北方的民主党人占大多数，所以，修订的法案会替代最初的法案。若在对修订的法案进行投票表决时，共和党人和南方的民主党人占大多数，最终，修订的法案遭到否决。但是，在修订以前，最初的法案拥有大多数的选票。

37.9 维克里-克拉克-格罗夫斯机制

让我们在一个极为一般的框架中讨论公共物品问题。目的是选择实现与公共物品相关的行为人的效用总和最大化的某个结果(如，是否安装路灯)。既然消费者没有报告自己真实评价的良好动机，挑战就在于确定这些相关行为人的效用函数是什么。

在最简单的情况下选择可能是0-1决策：$x=1$表示安装路灯，$x=0$表示不安装路灯。在更一般的情况下，选择或许涉及安装多少路灯、路灯的亮度如何、在何处安装路灯等具体事情。我们使用x表示可能的选择，而忽视具体的选择内容。我们假设存在n个行为人，$u_i(x)$表示行为人i的效用。目的是选择最大化行为人效用总和$\sum_i u_i(x)$的x。

如果决策者知道效用函数，问题就比较简单。不幸的是，在任何现实问题中，决策者都不会知道效用函数。而且正如我们所知道的那样，各个行为人或许都有虚假报告自己真实的效用函数的动机。

有些令人惊异的是,存在让行为人说真话并获得有效率结果的敏捷方法。这种经济机制(economic mechanism)被称为维克里-克拉克-格罗夫斯机制(Vickrey-Clarke-Groves mechanism)或 VCG 机制。

格罗夫斯机制

我们下面来说明维克里-克拉克-格罗夫斯机制。首先,我们解释什么是所谓的格罗夫斯机制。

第 1 步:中心要求每个行为人 i 报告其愿意为提供 x 单位公共物品承担多少费用。我们将对 x 单位公共物品报告的效用表示成 $r_i(x)$。

第 2 步:中心选择最大化报告效用的总和 $R=\sum_{i=1}^{n} r_i(x)$ 的公共物品单位量 x^*。

第 3 步:每个行为人 i 收到一个额外支付(sidepayment),这个额外支付的数额等于除自己以外所有其他人对第 2 步确定的 x 单位公共物品报告的效用的总和。将这个额外支付表示成 $R_i=\sum_{j\neq i} r_j(x^*)$。

可以证明,在这个机制中,每个人的占优策略(dominant strategy)是报告自己的真实效用函数。为说明其理由,考虑行为人 i 的总收益。行为人 i 的总收益等于其效用与其额外支付之和:

$$u_i(x)+\sum_{j\neq i} r_j(x)$$

注意:行为人 i 关心他自己的真实效用函数,但其额外支付取决于其他人报告的效用函数之和。

行为人 i 认识到决策者将使用他所报告的效用函数来最大化效用总和:

$$r_i(x)+\sum_{j\neq i} r_j(x)$$

然而,行为人 i 希望决策者最大化他自己的真实效用和额外支付的总和。

$$u_i(x)+\sum_{j\neq i} r_j(x)$$

行为人 i 确信当报告自己真实的效用时,决策者就会作出最大化上述表达式的选择;相当于设定 $r_i(x)=u_i(x)$。

格罗夫斯机制的本质是在不同行为人之间“内生化外部性”。该机制使得每个行为人承担自己的报告给其他行为人造成的成本和收益。既然每个行为人都希望最大化自己的真实效用,因而每个行为人也就希望报告自己的真实效用。

维克里-克拉克-格罗夫斯机制

格罗夫斯机制自身的麻烦之处在于其潜在成本太高:中心必须向每个行为人支付其他行为人报告的效用的总和。如何能够减少额外支付的规模呢?

一个重要的观察是,我们可以向每个行为人征“税”,只要该税收独立于每个行为人的选择。如果该税收独立于行为人 i 的选择,那么征税就不会影响他的选择。①我们将以保

① 这就是拟线性效用假设的重要性所在。

证中心收到的净收入非负的方式选择征税形式。因此,中心将总是需要至少恰能支付公共物品成本的货币收入。

一种特别方便的税是对行为人 i 征收一种税额等于除行为人 i 以外的其他人报告的效用总和最大值的税收。换言之,我们对每个行为人征收不包括他自己时其他人所报告效用的总和的税收。对行为人 i 征收的净税额等于

$$W_i - R_i = \sum_{j \neq i} r_j(x) - \max_z \sum_{j \neq i} r_j(z)$$

注意这个净税额非负。原因何在?因为 $n-1$ 个报告效用的总和的最大值必然大于这 $n-1$ 个报告效用的总和的其他值。

我们在此计算的是包括行为人 i 时和不包括行为人 i 时之间的差异。因此,这也衡量了行为人 i 对其他行为人施加的净成本。只要行为人 i 承担自己施加给其他行为人的成本,行为人 i 就有报告自己真实效用的适当动机。

现在,我们可以完成对维克里-克拉克-格罗夫斯机制的描述。我们使用上述的格罗夫斯机制的第 1 步和第 2 步,但用以下的步骤替代格罗夫斯机制的第 3 步。

第 3 步:中心也计算最大化不包括行为人 1, 2, …, n 的 $n-1$ 个报告效用的总和的结果。W_i 表示不包括行为人 i 的报告效用总和的最大值。

第 4 步:每个行为人 i 支付数额为 $W_i - R_i$ 的税额。

37.10 维克里-克拉克-格罗夫斯机制的事例

诚然,上节的讨论是抽象的,因此讨论几个特殊事例是有益的。

维克里拍卖

我们分析的第一个事例是第 18 章讨论过的*维克里拍卖*(Vickrey auction)。现在,结果非常简单:哪个人应该得到拍卖的物品。令 $v_1 > v_2$ 表示两个投标人的真实估价,$r_1 > r_2$ 表示两个投标人的报告估价。

如果行为人 1 出现,行为人 1 获得效用 v_1。如果行为人 1 缺席,拍卖物品归另一个行为人,所以行为人 1 的总收益是 $v_1 - r_2$。不管出现什么结果,行为人 2 的收益均为零。每个行为人都有报告自己真实估价的动机,所以我们最终得到最优的结局。

克拉克-格罗夫斯机制

下一个事例是类似表 37.1 说明的购买电视机的博弈例子的有关公共物品的例子。此例子涉及准备决定是否购买电视机的两个室友。令 c_i 表示购买电视机时行为人 i 将支付的费用。既然电视机的总成本是 150 美元,我们一定有 $v_1 + v_2 = 150$。

根据维克里-克拉克-格罗夫斯机制,每个行为人报告自己对电视机的估价 r_i。若 $r_1 + r_2 > 150$,将购买电视机,且每个人根据维克里-克拉克-格罗夫斯机制支付费用。$x = 1$ 表示购买了电视机,$x = 0$ 表示没购买电视机。

在分析维克里-克拉克-格罗夫斯机制之前,我们考虑使用如下简单机制将出现什么结果:要求每个行为人报告自己对电视机的估价,如果报告的估价总和大于电视机的成本,则购买电视机。

假设行为人 1 的估价超过其分摊的成本,从而 $v_1 - c_1 > 0$。因此,行为人 1 可能报告对电视机的 100 万美元的估价,这保证了行为人 1 希望看到的购置电视机的结果。另一方面,若 $v_1 < c_1$,行为人 1 也可能报告对电视机的负 100 万美元的估价。

问题在于每个行为人都独立行事,不需要考虑其他行为人的估价。行为人拥有以各种方式夸大自己的报告估价的强大动机。

让我们看看维克里-克拉克-格罗夫斯机制是如何解决这个问题的。行为人 1 的收益是

$$(v_1 - c_1)x + (r_2 - c_2)x - \max_y (r_2 - c_2)y$$

第一项是行为人 1 从电视机中获得的净效用:他对电视机的估价减去他需要支付的成本。第二项是行为人 1 的室友所报告的净效用。最后一项是不存在行为人 1 时他的室友可能获得的最大效用。既然行为人 1 不能影响这个最大效用,我们从现在起可忽视这个最大效用。

重新整理前面两项,我们可以得到行为人 1 的收益如下:

$$[(v_1 + r_2) - (c_1 + c_2)]x$$

若上式为正,那么如果行为人 1 报告 $r_1 = v_1$,他就能确保会购置电视机,因为此时报告的估价之和会大于总成本。若上式为负,行为人 1 只要报告 $r_1 = v_1$ 就能确保不会购买电视机。不管出现哪种情况,报告真实估价是最优的。对于行为人 2 也是如此。若两个行为人都报告真实的估价,则只有在 $v_1 + v_2 > 150$ 时,才可能会购买电视机。这也是最优行事的要求。

注意:只有在行为人 i 改变社会决策的时候,行为人 i 才必须进行额外支付。此时,我们说行为人 i 成为关键(pivotal)行为人。关键行为人需要负担的额外支付就等于关键行为人对其他行为人施加的成本。

37.11 维克里-克拉克-格罗夫斯机制的问题

尽管维克里-克拉克-格罗夫斯机制要求说真话和实现公共物品的最优供给,但它也不是没有问题的。

第一个问题是维克里-克拉克-格罗夫斯机制仅适用于拟线性偏好。这是因为我们并不知道你需要交纳的影响你对公共物品的需求的费用数量。重要的是存在唯一的公共物品的最优提供量。

第二个问题是维克里-克拉克-格罗夫斯机制确实不能形成帕累托有效率的结果。尽管公共物品的提供数量是最优的,但私人消费可能更大,原因在于征税。回想一下,为保证激励正确,关键行为人实际上必须支付反映自己确实给他人带来的损害的税收。既然税收负担影响着人们的决策,参与决策过程的其他的非关键行为人就不可能负担这些税收。税收需要从决策体系中消失。这就产生以下问题:若实际上必须交税,则私人消费将最终低于不征税时可能达到的水平,出现帕累托无效率的结果。

然而,只有关键行为人必须交纳税收。在许多人参与决策的场合,任何一个行为人会成为关键行为人的概率不可能很大。因此,一般认为征税的可能性是相当小的。

第三个问题是维克里-克拉克-格罗夫斯机制对串谋非常敏感。例如,考虑前述的公共物品问题。假如三个室友参与电视机的拍卖,但其中的两个人串谋。串谋者都同意声称他们从电视机中获得的净收益是 100 万美元。这将确保购置电视机,但既然串谋的行为人都没有成为关键行为人(即两个串谋的行为人都没有改变社会决策),两个串谋的行为人都不需要支付税收。

最后的问题涉及维克里-克拉克-格罗夫斯机制固有的平等与效率的抉择问题。既然必须预先确定支付计划,一般会产生以下现象:即使提供了帕累托有效率的公共物品的数量,部分人的境况仍将因公共物品的供给而变坏。帕累托有效率的公共物品提供的含义是存在一种支付计划,这种支付计划使得每个人因为提供了公共物品的境遇要优于没有公共物品的境遇。然而,这并不意味着任意的支付计划都将改善每个人的境遇。维克里-克拉克-格罗夫斯机制确保了若每个人因为提供了公共物品而境遇变得更好,就应该提供公共物品。然而,这并不意味着实际提供公共物品时,每个人的境遇将实际上变得更好。

理想的情形是支付计划不仅可决定公共物品提供与否,还可决定分担费用的帕累托有效率方式,即存在可使每个人的境遇都变得更好的支付计划。然而,并不存在这样一般可行的理想的支付计划。

小　结

1. 公共物品是每个人必须“消费”相同数量的物品,例如国防、空气污染等等。
2. 如果公共物品按某个固定数量提供或者根本不提供,公共物品提供量是帕累托有效率的充分必要条件就是支付意愿(保留价格)之和超过公共物品的成本。
3. 如果公共物品按可变数量提供,所提供的公共物品的数量为帕累托有效率的必要条件就是边际支付意愿(边际替代率)之和等于边际成本。
4. 搭便车问题指的是对个人的一种诱惑,即让别人去提供公共物品。一般来说,由于搭便车问题,完全个人主义的机制不会产生最优数量的公共物品。
5. 为决定公共物品的供给,已提出了多种集体决策方法。这些办法包括中央集权机制、投票和维克里-克拉克-格罗夫斯机制。

复习题

1. 假定 10 个人住在同一条街上,每个人都愿意为每新增加的一盏路灯多支付 2 美元而不考虑已提供的路灯数量。如果提供 x 盏路灯的成本为 $c(x)=x^2$,实现帕累托有效率的路灯数量应是多少?

附录

我们来解决定公共物品帕累托有效率配置的最大化问题:

$$\max_{x1,\, x2,\, G} u_1(x_1, G)$$

$$\text{s.t. } u_2(x_2, G) = \bar{u}_2$$

$$x_1 + x_2 + c(G) = w_1 + w_2$$

我们构筑拉格朗日函数:

$$L = u_1(x_1, G) - \lambda[u_2(x_2, G) - \bar{u}_2] - \mu[x_1 + x_2 + c(G) - w_1 - w_2]$$

然后,对 x_1、x_2 和 G 求微分,我们得到

$$\frac{\partial L}{\partial x_1} = \frac{\partial u_1(x_1, G)}{\partial x_1} - \mu = 0$$

$$\frac{\partial L}{\partial x_2} = -\lambda \frac{\partial u_2(x_2, G)}{\partial x_2} - \mu = 0$$

$$\frac{\partial L}{\partial G} = \frac{\partial u_1(x_1, G)}{\partial G} - \lambda \frac{\partial u_2(x_2, G)}{\partial G} - \mu \frac{\partial c(G)}{\partial G} = 0$$

如果用第三个方程式除以 μ,经过整理,我们可得到

$$\frac{1}{\mu} \frac{\partial u_1(x_1, G)}{\partial G} - \frac{\lambda}{\mu} \frac{\partial u_2(x_2, G)}{\partial G} = \frac{\partial c(G)}{\partial G} \tag{37.2}$$

现在,从第一个方程式求解 μ,得到

$$\mu = \frac{\partial u_1(x_1, G)}{\partial x_1}$$

从第二个方程式求解 μ/λ,得到

$$\frac{\mu}{\lambda} = -\frac{\partial u_2(x_2, G)}{\partial x_2}$$

把这两个方程式代入方程(37.2),得到

$$\frac{\partial u_1(x_1, G)/\partial G}{\partial u_1(x_1, G)/\partial x_1} + \frac{\partial u_2(x_2, G)/\partial G}{\partial u_2(x_2, G)/\partial x_2} = \frac{\partial c(G)}{\partial G}$$

这就是正文中给出的

$$\text{MRS}_1 + \text{MRS}_2 = MC(G)$$

▶38

不对称信息

在前面所作的关于市场的研究中，我们舍弃了信息不同引起的问题。假设购买者和销售者对于市场销售的商品的质量都有完全的信息。如果商品的质量很容易检验，这个假设就可以获得辩解。如果很容易指出哪种商品是高质量的商品和哪种商品是低质量的商品，那么商品的价格就能作出反映质量差异的调整。

但是，如果关于质量的信息是要花代价获取，这个假设恐怕就不尽合理了。在现实世界中，肯定有许多这样的市场，在那里，获取有关被销售商品质量的信息可能要花很高的代价，甚至根本就不可能。

劳动市场是一个明显的例子，在前面所述的简单模型中，劳动是同质产品——每个人拥有的都是相同“种类”的劳动，每工作小时提供的都是相同努力程度的劳动量。显然，这里已作了极大的简化！在现实中，厂商可能很难确定其雇员的才干和能力。

信息成本不仅仅是劳动市场上碰到的问题。在消费品市场上，也有同样的问题发生。当消费者购买一辆二手汽车的时候，他可能很难确定这辆车的质量是好还是不好。相反，二手车的出售者却清楚地知道车子的质量。我们将看到，这种不对称信息会给市场的有效运转带来很大的问题。

38.1 次货市场

为了弄清究竟会发生哪种问题，让我们来详细考察一个需求者和供给者对于待售商品的质量具有不同信息的市场模型。①

考虑这样一个市场，那里有 100 个人想要出售他们用过的二手汽车，还有 100 个人想要购买二手汽车。他们每个人都知道这些汽车中有 50 辆是“俏货”，另有 50 辆是“次

① 最早指出这种市场困难的论文是乔治·阿克洛夫(George Akerlof)在 1970 年发表的《次货市场：质量不确定性和市场机制》，此文载于《经济学季刊》，84 卷，1970 年，第 488—500 页。乔治·阿克洛夫凭这项工作获得 2001 年的诺贝尔经济学奖。

货”。[①]每辆车现在的所有者知道它的质量,但潜在的买家却不清楚某辆汽车是“俏货”还是“次货”。

次货的所有者希望能卖1 000美元,俏货的所有者希望能卖2 000美元。汽车的购买者愿意对俏货支付2 400美元,对次货支付1 200美元。

如果汽车的质量容易估定,那么这个市场就不存在什么问题。次货将按1 000美元和1 200美元之间的某个价格出售,俏货将按2 000美元和2 400美元之间的某个价格出售。但是,如果购买者不能估定汽车的质量,情况又会怎么样呢?

在这种情况下,购买者不得不对每辆汽车值多少钱作出猜测。我们对这种猜测所采取的形式作一简单的假设。我们假定,如果一辆汽车是俏货或次货的可能性相等,那么代表性购买者就愿意支付这辆汽车的期望值。给定上述数字,这个假定就意味着购买者愿意支付$\frac{1}{2}\times 1\,200+\frac{1}{2}\times 2\,400=1\,800$美元。

然而,谁愿意按这个价格出售他们的汽车呢?次货的所有者当然愿意按这个价格出售他们的汽车,可是,俏货的所有者却不愿意出售他们的汽车——根据假设,他们至少需要2 000美元才肯让渡他们的汽车。购买者愿意对“平均质量的”汽车支付的价格,小于俏货销售者让渡他们的汽车所想要的价格。按1 800美元的价格,只有次货可供出售。

但是,如果购买者确定他将得到次货的话,他就会不再愿意对它支付1 800美元!事实上,这个市场的均衡价格一定在1 000美元和1 200美元之间的某个地方。对于这个范围内的价格来说,只有次货的所有者才出售汽车,因此,购买者(正确地)预期得到的是次货。在这个市场上永远没有俏货出售!即使购买者愿意购买俏货的价格高于销售者愿意出售俏货的价格,这样的交易也不会发生。

这种市场失灵的原因很值得考虑。问题在于质量好的汽车和质量不好的汽车之间存在外部效应;当个人作出试图出售质量不好的汽车的决策时,他对购买者关于市场上汽车的平均质量的直觉就产生了影响。这使购买者对平均质量的汽车愿意支付的价格降低,从而使试图出售质量好的汽车的人受到损害。正是这种外部效应造成了市场失灵。

最可能提供出售的汽车是人们最想放弃的汽车。正是提供出售某种东西的行动向可能成为购买者的人递送了有关它的质量的信号。如果提供出售的低质量产品太多,高质量产品的所有者就很难出售他们的产品。

38.2 质量选择

在次货模型中,每种质量的汽车的数目是固定的。现在我们来考察该模型的一种变化的形式,在这种形式下,质量由生产者决定。我们将在这个简单的市场模型中说明均衡质量如何决定的问题。

假设有两类不同质量的雨伞,且每个消费者只想购买一把雨伞。消费者认为高质量的雨伞值14美元,低质量的雨伞值8美元。商店里雨伞的质量是说不清的,它只有在经历

① “俏货”和“次货”都是行话,前者指质量好的汽车,后者指质量不好的汽车。

了几场暴风雨以后才能被确定。

假设一些制造商生产高质量雨伞，另一些制造商生产低质量雨伞。再假设高质量和低质量雨伞的生产成本都是 11.50 美元，且制伞业是完全竞争的行业。我们对所生产的雨伞的均衡质量应作怎样的预期呢？

我们假设消费者就像在次货市场上一样，凭借平均销售质量来判断市场上可获得的雨伞的质量。如果高质量雨伞所占的比率是 q，那么消费者就愿意对每把雨伞支付 $p = 14q + 8(1-q)$。

需要考虑这样三种情况：

只生产低质量雨伞。在这种情况下，消费者对每把平均质量的雨伞只愿意支付 8 美元，但每把雨伞的生产费用是 11.50 美元，所以一把雨伞也卖不出去。

只生产高质量雨伞。在这种情况下，生产者之间的竞争使得每把雨伞的价格降到它的边际成本 11.50 美元。消费者本来愿意对每把雨伞支付 14 美元，所以现在他们得到了一些消费者剩余。

高质量和低质量雨伞都生产。在这种情况下，竞争把价格确定在 11.50 美元水平上。因此，对于消费者来说，可以获得的平均质量的雨伞必须至少值 11.50 美元。这意味着我们必须有

$$14q + 8(1-q) \geqslant 11.50$$

满足这个不等式的最小 q 值是 7/12。这表明，如果 7/12 的供给者提供高质量雨伞，消费者就愿意对每把雨伞支付 11.50 美元。

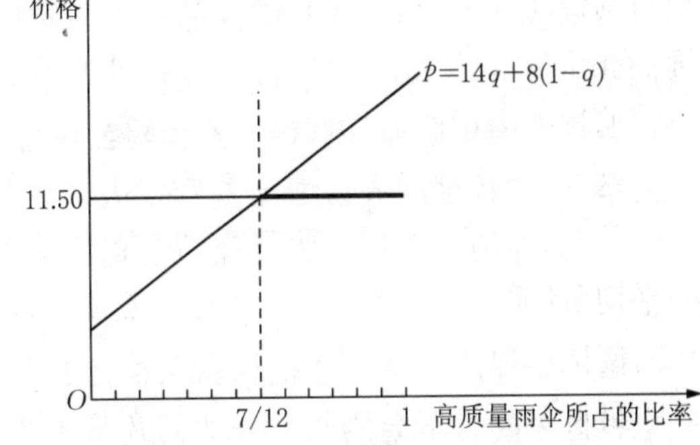

水平线表示供给条件：按 11.50 美元，市场愿意供给任何质量的雨伞。斜线表示需求条件：平均质量越高，消费者愿意支付的价格就越高。如果高质量雨伞所占的比率不低于 7/12，市场就处于均衡状态。

图 38.1　均衡质量

图 38.1 对高质量生产者的均衡比率的决定作了描述。横轴测度高质量雨伞所占的比率。纵轴测度消费者在所提供的高质量雨伞的比率是 q 的情况下愿意支付给每把雨伞的价格。按每把 11.50 美元的价格，生产者愿意提供任何一种质量的雨伞，因此，供给条件可以用 11.50 美元处的水平直线来刻画。

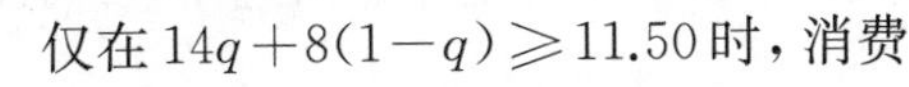
仅在 $14q+8(1-q) \geqslant 11.50$ 时，消费者才愿意购买雨伞；这个区域的边界用黑线标出。均衡值 q 处在 7/12 和 1 之间。

在这个市场上，虽然均衡价格是 11.50 美元，但对于消费者来说，平均质量的雨伞的价值却可以是 11.50 美元和 14 美元之间的任何值，它取决于高质量雨伞所占的比率。1 和 7/12 之间的任何 q 值都是均衡值。

然而，从社会的角度看，这些均衡却是不等价的。在完全竞争和边际成本不变的假设下，所有均衡点上的生产者剩余都等于零，所以我们不得不只考察消费者剩余。这里容易明白，平均质量越高，消费者的境况就越好。从消费者的角度看，最好的均衡是只生产高

质量商品的均衡。

选择质量

现在让我们将模型稍作一些变动。假设每个生产者都能对他生产的雨伞的质量加以选择,生产高质量雨伞的成本是每把 11.50 美元,生产低质量雨伞的成本是每把 11 美元。在这种情况下,事情会发生什么变化呢?

假设选择高质量雨伞的生产者所占的比率是 q,在这里 $0<q<1$。考察其中的一个生产者。如果它采取竞争的行为,并相信它对市场价格和数量只有可以忽略不计的影响,那么,它就会始终只想生产低质量的雨伞。因为根据假设,这个生产者只占有市场的很小一个部分,所以它可以不考虑它对于市场价格的影响,并因而作出生产可使它盈利更多的产品的选择。

然而,如果每个生产者都这样考虑,那么就只有低质量雨伞会被生产了。但是,消费者对低质量雨伞只愿意支付 8 美元,所以不存在均衡。或者,你也可以说,唯一的均衡是两种质量的雨伞的生产量都等于零!生产低质量商品的可能性破坏了两种质量的商品的市场。

38.3 逆向选择

上节所述的现象只是*逆向选择*的一个例子。在该模型中,我们只是考察了,由于获得信息的高成本,所以低质量的商品挤出高质量的商品。恰同我们所见的那样,这种逆向选择问题可以变得十分严重,以致完全摧毁市场。让我们来考察逆向选择的其他几个例子。

首先考察保险业。假设一家保险公司想提供自行车失窃保险。它经过认真的市场调查发现,不同社区的失窃情况差别很大。在某些社区,自行车被盗的概率很高,在另一些社区,盗窃却极为罕见。假设保险公司决定根据平均失窃率提供保险。你认为会出现什么情况?

答案是保险公司可能很快就会破产!想一想,谁会按平均费率购买保险呢?居住在安全社区里的人不会购买——他们几乎不需要任何保险。相反,居住在高失窃率社区的人却想要保险——他们正是需要这种保险的人。

这意味着,保险索赔大多数是由居住在高风险地区的消费者提出的。以失窃的平均概率为基础的费率,将是一个令人对向保险公司实际提出的索赔发生误解的指标。保险公司得到的将不是客户的无偏选择;而是他们的逆向选择。事实上,"逆向选择"一词最早在保险行业中使用,就是用来描述这类问题的。

因此,必然可以得出这样的结论:一方面,保险公司为了保持盈亏平衡,一定会将它们的费率建立在对"最坏情况"的预测的基础上;另一方面,自行车失窃风险虽不可忽略不计但却较低的那些消费者将不愿意购买由此导致的高价保险。

健康保险也有相似的问题——保险公司不能将它们的费率建立在全体居民的健康问题平均发生率的基础上。他们只能将他们的费率建立在潜在购买者的健康问题平均发生率的基础上。但是,最想购买健康保险的居民是那些可能最需要保险的居民,因此,费率必须反映这种不同。

在这种情况下，很可能每个人的境况都会由于要求购买反映全体居民平均风险的保险而变得更好。因为高风险居民可以按低于他们实际面临的风险的费率购买保险，所以他们的境况会变得更好。而同只有高风险居民购买保险时提供的那种保险相比，低风险居民这时可以购买对他们更为有利的保险。

这种情况——市场均衡由强制购买计划支配——令大多数经济学家感到十分意外。我们通常认为“选择多多益善”，因此，限制选择可以导致帕累托改善就显得很奇特。然而，应该强调指出，造成这种自相矛盾的结果的原因，是低风险居民和高风险居民之间的外部效应。

事实上，存在着许多有助于解决这种市场低效率的社会机构。一般情况是，雇主把保健计划作为一揽子附加福利的组成部分提供给他们的雇员。保险公司能够将它的费率建立在这些雇员的平均风险的基础上，同时又确保所有的雇员一定参加保健计划，因此，逆向选择被排除。

38.4 道德风险

发生在保险行业中的另一个有趣的问题叫做**道德风险**问题。虽然这个术语比较奇特，但是这种现象却不难描述。再次考虑自行车失窃保险市场。为简化起见，假设在所有的消费者居住区失窃的概率都相同，因此不存在逆向选择问题。但是，自行车所有者采取的行动却会对失窃的概率发生影响。

举例来说，如果自行车所有者因嫌麻烦而未给他们的自行车装锁，或者仅仅使用易损的轻便锁，那么，同他们使用安全锁的结果相比，他们的自行车就更有可能被盗。其他种类的保险也可以举出相同的例子。例如，在健康保险的情况下，如果消费者采取的行动同有益于健康的生活方式相关联，他们就可能较少需要保险。我们把影响某种事件发生概率的行动称作提防行动。

保险公司在确定它的费率的时候，必须考虑使消费者有不得不采取适量提防行动的激励。如果不能得到保险，消费者就会有尽最大可能采取提防行动的激励。如果不能买到自行车失窃保险，全体骑自行车的人就会大量使用昂贵的车锁。在这种情况下，个人承担他行动的全部费用，因此，他需要对提防进行“投资”，直至采取更谨慎的措施所产生的边际效益恰好等于这样做的边际成本为止。

然而，如果消费者能够购买到自行车保险，那么由自行车被盗造成的个人费用负担就会变得很小。毕竟如果自行车失窃的话，个人只须向保险公司提出报告，然后他就能拿到更换一辆自行车的保险金。但是，在这种极端的情况下，由于保险公司对自行车失窃的个人实行全部赔偿，所以个人将完全没有采取提防行动的激励。这种缺乏采取提防行动的激励的情况叫做**道德风险**。

注意这里包含的权衡关系：保险太少意味着人们承担很多风险，保险太多意味着人们采取的提防行动会不够。

如果提防行动的量可以察知，那么就不会存在什么问题。保险公司可以把它们的费率建立在提防行动的量的基础之上。在现实生活中，保险公司通常对建筑物内有洒水防火系统的工商企业实行不同的费率,或者,对抽烟者和不抽烟者的健康保险收取不同的费率。在这些情况下,保险公司试图依据使用者所作出的影响受损概率的选择,在使用者中实行差别费率。

但是,保险公司并不能察知它们承保的那些被保险人的全部有关行动。因此,我们仍有上面所述的权衡关系:全部保险意味着个人采取的提防行动会太少,因为他们面对的不是他们行动的全部成本。

对于将被提供的保险契约的类型来说,这种关系隐含着什么呢?一般来说,保险公司并不想向消费者提供"完全"的保险。它们总希望消费者也面对一部分风险。这就是为什么最好的保险政策要包括"免赔额"的原因,在任何索赔中,被保险人都必须支付这份金额。通过使消费者支付部分赔偿金额的办法,保险公司就能确保消费者始终有采取一定量提防行动的激励。如果保险公司能够核查提防行动的量,它们就有可能愿意对消费者提供完全的保险,但即使这样,消费者能够选择他所采取的提防行动的量这个事实,也还是隐含着这样一个结论:如果保险公司不能察知提防行动的水平,它是不会允许消费者购买他想要购买的那么多的保险的。

同标准的市场分析相比较,这也有一个似非而可能是的结论。一般情况是,在竞争市场上,交易的商品量由供求相等——边际支付意愿等于边际销售意愿——这个条件决定。在道德风险的情况下,市场均衡具有这样一个性质:每个消费者都愿意购买更多的保险,而如果消费者连续采取相同量的提防行动,保险公司就会愿意提供更多的保险……但是,这种交易却不会发生,因为,如果消费者能够购买到更多保险的话,他们的合理选择就应该是较少采取提防行动!

38.5 道德风险和逆向选择

道德风险指的是市场的一方不能察知另一方的行动这样一种情形。因此,它有时被称作*隐藏行动问题*。

逆向选择指的是市场的一方不能察知市场另一方的商品的"类型"或质量这样一种情形。因此,它有时被称作*隐藏信息问题*。

涉及隐藏行动的市场均衡通常包含某种形式的配给——厂商很想比实际提供得更多,但是它们不愿意这样做,因为这样做会改变它们客户的激励。由于"正品"和"次品"两种类型商品之间的外部效应,涉及隐藏信息的市场均衡通常意味着发生的交易太少。

在这种市场上,均衡结果似乎是低效率的,但是,在作这样一个判断的时候,我们必须十分小心。问题在于"低效率是相对什么而言的"。相对于具有充分信息的均衡来说,这种均衡总是低效率的。但这对于政策的决定几乎没有什么帮助:如果本行业的厂商认为搜集更多的信息代价太高,政府就很可能也认为这样做代价太高。

真正的问题在于,即使政府有同厂商一样的信息问题,政府对于市场的某种干预是否能够改进效率。

在上面所述的隐藏行动的情况下,对于这个问题的回答通常是"不"。如果政府不能察知消费者采取的提防行动，那么，它就不可能比保险公司做得更好。当然，政府有保险公司不可能获得的其他工具可供使用——它可以通过强制来获得特定的提防水平，它也可以规定对于那些不采取适当提防行动的消费者进行应有的惩罚。但是，如果政府仅仅规定价格和数量的话，那它就不可能比私人市场做得更好。

同样的问题也发生在隐藏信息的情况下。我们已经知道，如果政府能够强制所有风险等级的人都购买保险，那么，每个人的境况就有可能变得更好一些。乍看起来，这是干预有效的一个例证。但从另一方面看，政府干预也有成本，在成本方面，通过政府法令作出经济决策不会像私人厂商作出经济决策那样有效。仅仅由于政府行动能够改进社会福利，并不意味着这种行动就一定应该采取！

此外，逆向选择问题很可能有完全的私人解。例如，我们已经看到，如何将健康保险作为一种附加福利提供才可以帮助消除逆向选择问题。

38.6 发送信号

回顾一下我们的二手汽车市场模型：二手车的所有者知道车子的质量，而购买者却不得不对质量进行猜测。我们看到，这种信息的不对称会引起市场问题；在某些情况下，逆向选择问题会导致只有很少的交易得以实现。

然而，事情并不就此为止。质量好的二手汽车的所有者有着试图将他们拥有一辆质量好的汽车的实情传递给潜在的购买者的激励，他们很想采取行动用*信号*向那些可能购买他们汽车的人传递关于他们汽车质量的信息。

对于这里所说的质量好的二手汽车的所有者来说，提供*保证书*是一种切合实际的信号。它向购买者保证，如果他们买下的二手汽车被证明是次货的话，卖主就将付给他们根据成交额商定的若干赔款。质量好的二手汽车的所有者有支付能力提供这样一份保证书，而次货的所有者却没有这样的支付能力。对于质量好的二手汽车的所有者来说，这是他们发送他们有质量好的汽车的信号的一种方式。

在这种情况下，发送信号有助于使市场运行得更好。通过提供保证书——信号——质量好的二手汽车的出售者可以使他们自己同质量次的二手汽车的出售者区别开来。然而，在另一些情况下，发送信号也能使市场运行得更差。

我们来考察一个非常简化的教育市场模型，该模型最早由斯宾塞提出。①假设我们有两种类型的工人：能干的和不能干的。能干的工人的边际产品是 a_2，不能干的工人的边际产品是 a_1，在这里，$a_2 > a_1$。假设工人中能干的工人所占的比率是 b，不能干的工人所占的比率是 $1-b$。

为了简化起见，我们假设一个线性生产函数，使得能干的工人 L_2 和不能干的工人 L_1 生产的总产量等于 $a_1L_1 + a_2L_2$。我们还假设劳动市场是一个竞争的市场。

如果工人的素质容易察知，那么，厂商就有充分的根据向能干的工人提供工资 $w_2 = a_2$，向不能干的工人提供工资 $w_1 = a_1$。换言之，每个工人得到的报酬都等于他的边际产

① 迈克尔·斯宾塞(Michael Spence)：《市场信号发送》，哈佛大学出版社 1974 年版。

品,因此,我们获得一个有效率的均衡。

但是,假如厂商无法察知边际产品,情况又会怎么样呢?如果厂商不能够区分两种类型的工人,那么,它最好就是提供平均工资 $w=(1-b)a_1+ba_2$。只要能干的和不能干的工人都同意按这个工资工作,就不会有逆向选择的问题。此外,给定我们关于生产函数的假设,厂商的产量和利润就会同它在能完全察知工人类型的情况下的产量和利润恰好一样。

但是,现在假设工人能够获得区分两种类型工人的某种信号。例如,假设工人能够受到教育。令 e_1 代表类型 1 的工人接受教育的程度,e_1 代表类型 2 的工人接受教育的程度。假设工人接受教育的成本不同,以至于能干的工人接受教育的总成本为 c_2e_2,不能干的工人接受教育的总成本为 c_1e_1。这些成本的含义不仅包括需用美元支付的各种上学费用,而且包括机会成本、必要的努力的成本等等。

现在,我们有两种决策需要考虑。工人们必须对接受多少教育作出决策,而厂商则必须对向具有不同教育程度的工人支付多少报酬作出决策。让我们作一个极端的假设:教育对工人的生产率完全没有影响。当然,这在实际生活中是不真实的——尤其是对于经济学课程来说——但它却有助于模型保持简单的形式。

可以证明,在这个模型中,均衡的性质主要取决于接受教育的成本。假设 $c_2<c_1$。这说明能干的工人接受教育的成本小于不能干的工人。令 e^* 表示满足下列不等式的受教育程度:

$$\frac{a_2-a_1}{c_1}<e^*<\frac{a_2-a_1}{c_2}$$

如果我们假设 $a_2>a_1$ 和 $c_2<c_1$,那么,就一定存在这样一个 e^*。

现在,考虑下面这组选择:能干的工人的受教育程度都是 e^*,不能干的工人的受教育程度都是 0,厂商支付给受教育程度为 e^* 的工人的工资等于 a_2,支付给受教育程度低于 e^* 的工人的工资等于 a_1。注意,一个工人对于教育程度所作的选择完美地发送了有关他的类型的信号。

但是,这是一种均衡吗?他们会有激励改变自己的行为吗?每家厂商付给每个工人的报酬都是他或她的边际产品,因此厂商没有激励改变自己的做法。唯一的问题在于,工人们在他们面对的工资表既定的情况下是否会采取理性的行为。

购买受教育程度 e^* 是否有利于不能干的工人呢?他们的效益将是工资增加 a_2-a_1。他们的成本将是 c_1e^*。如果

$$a_2-a_1<c_1e^*$$

效益就小于成本。选择 e^* 将保证这个条件成立。因此,不能干的工人将发现零受教育程度是他的最优选择。

受教育程度 e^* 真的对能干的工人有利吗?效益超过成本的条件是

$$a_2-a_1>c_2e^*$$

由于选择 e^*,所以这个条件也成立。

因此，这种工资模式的确是一种均衡：如果每个能干的工人都选择受教育程度 e^*，每个不能干的工人都选择零受教育程度，那么工人就没有理由改变自己的行为了。由于我们关于成本差别所作的假设，所以在均衡状态下，工人的受教育程度可以充作不同生产率的信号。这一类的信号传递均衡有时叫做*分离均衡*，因为在这种均衡中，每一种类型的工人都可以作出使他同其他类型的工人分离开来的选择。

另一种可能性是*混同均衡*，在这种均衡中，每一种类型的工人都作出相同的选择。例如，假设 $c_2 > c_1$，因而能干的工人比不能干的工人有更高的受教育成本。在这种情况下，可以证明，唯一的均衡是所有工人的工资都以他们的平均能力为基础，因此，没有信号发生。

分离均衡特别重要，因为从社会的角度看，它是低效率的。每个能干的工人都认为即使他的生产率完全不会因获得信号而发生变化，负担获得信号的费用对他也是有利的。能干的工人想要获得信号，并不是因为信号能使他们的生产率提高，而是因为信号能将他们同不能干的工人区分开来。确切地说，（分离的）信号传递均衡情况下的产量同完全没有发送信号情况下的产量是一样的。在这个模型中，信号的获得从社会的角度看完全是一种浪费。

这种低效率的性质值得考虑。同以前一样，外部效应是这种低效率发生的原因。如果能干的工人和不能干的工人都被付给他们的平均产品，那么能干的工人的工资就会由于不能干的工人的出现而被压低。因此，他们有激励对能把他们同不能干的工人区分开来的信号进行投资。这种投资虽有个人效益，但却没有社会效益。

当然，信号并不总是导致低效率。某些类型的信号，如前面所述的二手汽车的保证书之类，就有助于促进交易。在该情况下，有信号的均衡比无信号的均衡更为可取。因此，信号可以使事情变得更好，也可以使事情变得更坏，对每种情况都必须单独考察。

例子：羊皮效应*

在上述教育信号模型的一种极端形式中，教育对生产力没有任何影响：在学校的时间只是传递了有关个人的确定能力的信号。很明显，下面这种情形有点夸张：一个在学校待了 11 年的学生几乎一定比在学校待了 10 年的学生更具生产力，因为前者在多出的 1 年内获得了更多有用的技能。假定上学的报酬中部分来自发送信号，部分来自在校期间获得的有用技能。我们如何将这两种因素区分开呢？

曾经研究过教育报酬的劳动经济学家注意到以下颇具启发性的事实：中学毕业者的收入远远高于只完成 3 年中学教育的人的收入。一项研究表明，与只完成 1 年中学教育并且没有毕业的人相比，中学毕业者的收入增长幅度是前者的 5 到 6 倍。与此类似的收入不连续跳跃也发生在从大学毕业的人群中。根据一项预测，经历 16 年教育的经济报酬大约是经历 15 年教育的经济报酬的 3 倍。①

如果教育能够传授生产性技能，那么，我们可以预期，拥有 11 年教育经历的人应该比拥有 10 年教育经历的人获得更多的报酬。令人感到奇怪的是，与中学毕业相联系的报酬

---

* 羊皮效应(sheepskin effect)也称证书效应，表示学历对收入溢价的影响。——译者注

① 参见托马斯·亨格福德和加里·索伦(Thomas Hungerford and Gary Solon)：《教育报酬中的羊皮效应》，《经济学和统计学评论》1987 年第 69 期，第 175—177 页。

存在较大的跳跃性。经济学家将这称作*羊皮效应*,它的命名是基于毕业文凭通常都记录在羊皮纸上这一事实。假定中学毕业是一种信号。但是,它是有关什么的信号呢?在前面描述的教育信号模型中,获得教育是关于能力的一个信号。能力也是中学毕业所传递的信号吗?或者,它是有关其他东西的信号?

波士顿大学的一位经济学家安德鲁·韦斯(Andrew Weiss)试图回答这些问题。①他考察了描述工人如何组装设备的一组数据,并获得了一种对工人在工作第1个月的产出的度量。他发现,教育对产出有一种非常细微的影响:工人每增加1年的中等教育能够使产出增加大约1.3%。进一步来说,中学毕业者和没有毕业的人几乎拥有相同的产出。很明显,教育只对这些工人的最初生产力产生很小的影响。

韦斯察看了另一组数据,这组数据描述了各类职业中的工人所具有的各色各样的特征。他发现,中学毕业者比没有毕业的人具有显著低的辞职和缺勤率。看起来,中学毕业者获得较高的报酬是因为他们更富生产力——但他们更富生产力却是他们在企业待的时间较长,很少缺勤的缘故。这意味着,信号传递模型确实使我们能够对实际中的劳动市场有一个很好的洞察。但是,获得教育所发送的实际信号,要比最简单的信号传递模型所得出的结果更为复杂。

38.7 激励

现在,我们转向一个略有不同的论题——*激励体系*的考察。正如结果将表明的那样,我们研究这个论题自然会涉及不对称信息。但是,以完全信息的情况作为出发点有助于我们的分析。

"我怎样使某人为我做某事",是设计激励体系的中心问题。让我们在一个具体的背景下来提出这个问题。假设你拥有一块土地,而你自己却没有能力在这块土地上进行耕作。因此你雇用别人来为你做农活。在这种情况下,你应该建立哪种报酬体系呢?

一种计划是将报酬一次性付给工人而不论他生产了多少。但这样他会缺乏劳动激励。一般说来,卓有成效的激励计划应该以某种方式使工人获得的报酬取决于他们所提供的产量。确切地讲,激励设计问题就是决定报酬该对产量作出怎样敏感的反应。

令 x 表示工人付出的"劳动"量,$y=f(x)$ 表示产量;为了简化起见,我们假设产品的价格是1,因此 y 也是产品价值的测度。令 $s(y)$ 表示你在工人生产了价值 y 美元的产品后将支付给他的报酬。假设你希望选择能使你的利润 $y-s(y)$ 最大化的函数 $s(y)$。

你面临的约束是什么呢?为了回答这个问题,我们必须从工人的角度来观察事物。

我们假设工人认识到劳动是有成本的,并把劳动 x 的成本记作 $c(x)$。我们假设这个成本函数的形状与通常的成本函数一样,总成本和边际成本都随着劳动的增加而增加。选择 x 劳动水平的工人的效用于是就等于 $s(y)-c(x)=s(f(x))-c(x)$。工人可以有其他使他得到效用 $\bar{u}$ 的各种选择。这种选择可以是从事别的工作,也可以是完全不工作。设计激励计划,最重要的事情是必须使工人从事某项工作而获得的效用至少等于他在别

① 参见《中学毕业、绩效和工资》,《政治经济学期刊》,1988年第96期,第4卷,第785—820页。

的选择中可能获得的效用。这使我们得到参与约束：

$$s(f(x))-c(x)\geqslant \bar{u}$$

给定这个约束，我们就可以确定工人将提供多少产量了。你想要诱导工人选择在既定约束下给你带来最大剩余的劳动水平 x：

$$\max_{x} f(x)-s(f(x))$$
$$\text{s.t. } s(f(x))-c(x)\geqslant \bar{u}$$

通常，我们希望工人选择的 x 刚好满足约束条件，所以，我们有 $s(f(x))-c(x)=\bar{u}$。将此式代入目标函数，我们有无约束的最大化问题

$$\max_{x} f(x)-c(x)-\bar{u}$$

这个问题很容易求解！只要所选的 x^* 使得边际产品等于边际成本：

$$MP(x^*)=MC(x^*)$$

不能使边际效益和边际成本相等的任何选择 x^*，都不可能使利润实现最大化。

我们由此获知雇主想要得到的劳动水平；现在我们要问，为了得到这个劳动水平，他必须支付给工人多少报酬。换言之，为了诱使工人的选择成为最优选择 x^*，函数 $s(y)$ 必须是什么样子？

假设你想诱使工人投入 x^* 的劳动量，那么你就必须使得这样做符合他的切身利益。换言之，你必须将你的激励计划 $s(y)$ 设计成能使工人由选择劳动量 x^* 而获得的效用大于他由选择任何其他劳动量 x 而获得的效用。这使我们得到约束

$$s(f(x^*))-c(x^*)\geqslant s(f(x))-c(x)\text{，对于所有的 } x$$

这个约束叫做*激励相容约束*。它明白表示，工人得自选择 x^* 的效用一定大于他由选择任何其他劳动量而获得的效用。

因此，我们有了激励计划必须满足的两个约束条件：第一，激励计划必须使工人得到总效用 $\bar{u}$；第二，激励计划必须使劳动水平 x^* 处的边际劳动产品等于边际劳动成本。有许多办法可以做到这两点。

收取租金　土地所有者只按一定的价格 R 向工人收取地租，因此工人得到交纳了地租 R 后的全部产量。对于这种计划来说，

$$s(f(x))=f(x)-R$$

如果工人追求 $s(f(x))-c(x)=f(x)-R-c(x)$ 最大化，那么，他就会选择使 $MP(x^*)=MC(x^*)$ 的劳动水平，这恰好就是土地所有者想要的那个水平。地租率 R 由参与约束条件决定。因为工人的总效用必须等于 $\bar{u}$，所以，我们有

$$f(x^*)-c(x^*)-R=\bar{u}$$

这个式子表明

$$R=f(x^*)-c(x^*)-\bar{u}$$

雇佣劳动 在这种计划中,土地所有者除了一次性总付的报酬 K 以外,还按不变工资对工人的每单位劳动支付报酬。这意味着激励性报酬采取如下形式:

$$s(x)=wx+K$$

工资率 w 等于工人在最优选择水平 x^* 上的边际产品 $MP(x^*)$。常数 K 要选择得使工人在为土地所有者劳动和在别处劳动之间恰好没有差异;换言之,它的选择要满足参与约束。

这样,$s(f(x))-c(x)$ 的最大化问题就变成

$$\max_x wx+K-c(x)$$

这意味着,工人将选择能使他的边际成本等于工资,即 $w=MC(x)$ 的 x。由于工资是 $MP(x^*)$,所以,这又意味着工人的最优选择将是使得 $MP(x^*)=MC(x^*)$ 的 x^*,这恰好就是厂商想要的水平。

要么接受,要么拒绝 在这种计划中,如果工人的劳动水平是 x^*,那么,他就能从土地所有者那里得到报酬 B^*,否则,他的报酬就是零。B^* 的量由参与约束条件 $B^*-c(x^*)=\bar{u}$ 决定,所以,$B^*=\bar{u}+c(x^*)$。如果工人选择的劳动水平 $x\neq x^*$,那他得到的效用就是 $-c(x)$。如果工人选择 x^*,那他得到的效用就是 $\bar{u}$。因此,工人的最优选择是使 $x=x^*$。

就所作的分析而言,每一种这样的计划都是等价的:每一种计划都使工人得到效用 $\bar{u}$,每一种计划都给予工人提供最优劳动水平 x^* 的激励。在一般情况下,没有必要在它们之间再作选择。

如果这些都是最优计划,那么非最优计划又是怎样的呢?请看下面这个例子。

分成制 在分成制情况下,工人和土地所有者每一方都按某个固定的百分比从收获的产量中分得属于他的那份谷物。假设工人的份额采取形式 $s(x)=\alpha f(x)+F$,其中,F 是某个常数,$\alpha<1$。那么,对于我们所考虑的问题来说,这就不是一个有效率的计划。原因是一目了然的。工人的最大化问题是

$$\max_x \alpha f(x)+F-c(x)$$

这意味着,它将选择劳动水平 $\hat{x}$,在这个水平上

$$\alpha MP(\hat{x})=MC(\hat{x})$$

这个劳动水平显然不能满足效率条件 $MP(x)=MC(x)$。

上述分析可以这样概括:为了设计有效率的激励计划,必须确保进行劳动量决策的个人是产量的剩余索取者。所有者能使自己的境况变得尽可能好的办法是确保他使工人生产最优产量。这个产量水平就是使工人额外劳动的边际产品和提供这些劳动的边际成本相等的那个产量水平。由此必然可以得出这样一个结论:激励计划向工人提供的边际效益必须等于他的边际产品。

例子:公司内部的投票权

通常,公司的股东有权就与公司管理有关的各种问题进行投票表决,而公司的债券持

有人却不能这样做。为什么呢？要回答这个问题，我们需要考察股东和债券持有人的收益结构。如果在某个年度，公司实现了 X 美元的利润，那么，债券持有人对这些利润拥有首位的索取权，剩余的部分才归股东所有。如果债券持有人总的索取金额是 B 美元，那么，股东获得的数量就是 $X-B$ 美元。这使得股东成为剩余索取者——所以，他们有激励使利润 X 尽可能大。另一方面，债券持有人只有确保使 X 至少等于 B 的激励，这是因为，B 才是他们有权获得的最大数量。因此，给予股东作决策的权力通常能够实现较多的利润。

例子：中国的经济改革

在 1979 年以前，中国的乡村公社是按照传统的马克思主义路线组建的。工人依据有关他们对公社收入贡献的大概估计而获得报酬。公社将 5%的土地划归私人耕种，但是，却不允许农民到城市出售其私人耕种农田上收获的产品。所有的交易都是通过一个高度管制的政府市场来进行的。

1978 年底，中国中央政府发起了一轮称作"承包责任制"的农业结构重大改革。在承包责任制中，超过固定限额的任意产出都可以由家庭保留，并可以在自由市场上出售。政府取消了对私人耕种的限制，并增加了用于私人耕种的土地的数量。截至 1984 年，97%的农户是在这种责任制下经营的。

注意，这种体制的结构非常接近上述的最优激励机制：每一户家庭都向公社支付一次性的款项，但却可以保留超出定额的产量。因此，从经济的角度看，家庭生产的边际激励是一种适当的形式。

这种新体制对农业产出的影响是非常显著的：在 1978 年到 1984 年间，中国农业产量的增长幅度超过了 61%。但是，并不是所有的增长都来自较好的激励；与此同时，这类改革还在继续，中国政府还改变了农产品的控制价格，甚至允许一些农产品的价格由自由市场决定。

三位经济学家试图将这种产量增长的诱因分成两个，即它部分源自较好的激励，部分归因于价格机制的转换。①他们发现，超过 3/4 的增长来自激励的提升，而只有 1/4 的增长是由于价格的改革。

38.8　不对称信息

上述分析提供了对于不同种类激励计划应用的一些见解。例如，它表明将土地租给工人比分成制更好。但这种证明实际上是很过分的。如果我们的分析逼真地描述了现实，那么，我们就只能期望看到在农业中采用土地出租或雇佣劳动，除非出了差错，我们是永远看不到采用分成制的。

显然，情况并不是这样。在世界的某些地方，分成制已被采用了几千年，因此，它很可能满足了某种需要。我们在模型中遗漏了什么呢？

① J.麦克米伦、J.惠利和 L.朱(J.McMillan, J.Whalley and L.Zhu)：《中国的经济改革对农业生产力增长的影响》，《政治经济学期刊》，第 97 期，第 4 卷，1989 年，第 781—807 页。

给出本节的标题,答案是不难猜到的:我们遗漏了涉及不完全信息的问题。我们假设厂商的所有者能够完全察知工人的劳动量。在许多饶有兴趣的情况中,劳动量是不可能察知的,所有者充其量只能观察劳动量的某种信号,如作为结果的产量。农业工人提供的产量,部分取决于他的劳动,部分取决于天气、投入品的质量和其他许多因素。因为有这种"噪音",所以所有者根据产量支付给工人的报酬一般并不等价于只根据劳动量支付的报酬。

本质上,这是一个不对称信息问题:工人可以选择他的劳动水平,但所有者却不能完全察知这个水平。所有者不得不根据观察的产量来猜测劳动水平,因此,最优激励计划的设计必须反映这个猜测问题。

考虑上述四种激励计划。如果劳动和产量相互不完全关联,它们还灵不灵呢?

收取租金 如果厂商将技术租给工人,那么工人就能得到支付了固定租金后剩下的全部产量。如果产量有随机分量,那么,这就意味着工人将不得不承受由随机因素引起的全部风险。如果工人比所有者更想规避风险——这是一种可能的情形——那么这种激励计划就是低效率的计划。一般说来,为了得到风险较小的收入流,工人是愿意放弃一些剩余的利润。

雇佣劳动 雇佣劳动所具有的问题是它要求对劳动投入量进行观察。工资必须取决于投入生产的劳动量,而不是仅仅取决于上班的小时数。如果所有者不能够察知劳动的投入量,那么这种激励计划就不可能得到实施。

要么接受,要么拒绝 如果有激励的报酬取决于劳动投入,那么这种计划就有与雇用劳动计划相同的问题。如果报酬取决于产量,那么,这种计划就会使工人承担全部风险,甚至稍微偏离一点"目标产量",最终导致报酬为零的结果。

分成制 有时,这是一种恰当的手段。虽然工人的报酬只部分取决于观察到的产量,但是工人和所有者却共同承担着产量波动的风险。这使工人有生产激励,而又不必承担全部风险。

不对称信息的引入使我们对激励方法的评价发生巨大变化。如果所有者不能察知劳动的水平,那么雇佣劳动就不可行。收取租金和要么接受、要么拒绝计划使工人承担的风险太多。分成制是这两个极端的折中:它使工人有生产激励,却不使他承担全部风险。

例子:监督成本

要观察一个雇员在工作中投入的努力水平并不总是一件容易的事情。例如,考察一名在24小时便利店工作的员工。经理如何在不在现场的情况下,考察这个员工的绩效呢?即使有办法观察到这个雇员的物质产出(货架上的存货,登记的销售金额),要观察诸如他对顾客的态度之类的事情还是很困难的。

毫无疑问,世上一些最糟糕的服务是由前东欧国家提供的:当你成功地吸引到店员的注意力时,你面对的却是满脸的怒容而不是微笑。但是,匈牙利的一位企业家加伯·瓦兹泽吉(Gabor Varszegi)竟然在布达佩斯的照片洗印店,通过提供高质量的服务而拥有百万身价。①

① 参看史蒂文·格林豪斯(Steven Greenhouse):《匈牙利的一个新规则:迅捷服务和致富》,《纽约时报》,1990年6月5日,A1。

瓦兹泽吉称，他是在上世纪60年代中期，通过演奏低音电吉他并组建了一个摇滚乐队，而开始他的经商生涯的。“在那以前，”他追忆道，“东欧的唯一私营商人就是摇滚音乐家。”1985年，他将1小时照片洗印的经营模式引入匈牙利；而当时的次优选择是，人们要在国营商店等一个月才能取到照片。

瓦兹泽吉在劳动关系中遵循了两个准则：他从未雇用过曾经在国营体制下工作的工人；他支付给工人的工资是市场工资的4倍。根据上述对监督成本的评价：每家商店只有少数几个员工，监督他们行为的成本非常高，他的做法是非常合理的。如果被解雇时只受到轻微的惩罚，那么，偷懒的动机就会变得很强烈。通过向雇员支付远远高于他们在其他地方可以获得的工资，瓦兹泽吉就提高了他们被解雇的成本——从而大幅度地降低了他的监督成本。

例子：乡村银行

在孟加拉国，一个乡村放债人索要的年利率为150%。任何一位美国银行家都会喜欢这个利率水平：花旗银行为什么不在孟加拉国设置取款机呢？提出这个问题也就是在回答这个问题：花旗银行大概不会像上面的放债人那样做。基于以下几个方面的原因，乡村放债人在小规模贷款方面拥有比较优势：

- 乡村放债人能够更有效地处理小规模的贷款。
- 与外部的贷款人相比，乡村放债人拥有更好的途径来获得有关信贷风险的信息。
- 放债人在监督贷款偿还进程以保证偿还贷款方面处于比较有利的地位。

这三个问题——规模报酬、逆向选择和道德风险——使得乡村放债人能够在信贷市场上保持局部的垄断地位。

这样一种局部垄断在类似孟加拉国这样的不发达国家是特别有害的。按150%的利率，有许多盈利的项目没有被农民采纳。在这里，改善信用渠道就能够极大地促进投资，并相应地提高人们的生活水平。

一位在美国受过专业训练的孟加拉国经济学家穆罕默德·尤纳斯(Muhammad Yunas)引入了一个具有独创性的称作乡村银行的机构，来处理这些问题。在乡村银行计划中，拥有独立项目的企业家集中在一起，共同申请贷款。如果贷款申请获得批准，那么，这个小组中的两位成员会得到贷款，并进行投资活动。如果这两个人成功地履行了还款计划，则更多的成员将获得贷款。如果这些成员也做到这一点，那么，小组的最后一个成员，即小组的领导者也将获得贷款。

乡村银行可以应付上述三个问题中的任何一个。由于小组的质量将影响到小组成员是否能够获得贷款，潜在的成员会谨慎地选择他们将与之合作的伙伴。由于小组成员只有在其他成员的投资项目成功以后才能获得贷款，所以，他们拥有很强的激励互相帮助，并分享专有技术。最后，选择潜在合作者的活动和监督还款的进程都是由农民自己进行的，贷款银行的官员并不直接介入。

乡村银行运作得非常成功。它一个月的贷款规模就有475 000美元，平均每笔贷款额为70美元。它的贷款回收率大约为98%，而孟加拉国的普通贷款人实现的贷款回收率大约为30%—40%。集体责任计划在促进投资方面的成功，使它获得了在北美和南美的其他一些贫困地区的广泛采用。

小　结

1. 不完全和不对称的信息能使市场均衡的性质变得十分不同。
2. 逆向选择指的是这样一种情况,在这种情况下,行为人的类型是不可察知的,因此,市场的一方必须根据市场另一方的行为猜测产品的类型或质量。
3. 在涉及逆向选择的市场上,很可能出现交易太少的情况。在这种情况下,有可能通过强迫交易使每个人的境况变得更好。
4. 道德风险指的是市场一方不能察知另一方的行动这样一种情况。
5. 发送信号指的是这样一个事实,当逆向选择或道德风险出现的时候,某些行为人会想要对能使他们与其他行为人区别开来的信号进行投资。
6. 对信号进行投资可以使个人受益,但却造成社会浪费。另一方面,对信号进行投资可以有助于解决不对称信息带来的问题。
7. 有效率激励计划(对劳动水平有完全的察知)使工人成为剩余索取者。这表明工人将使边际效益等于边际成本。
8. 但是,如果信息不完全的话,这就不再可靠了。一般地,适当的激励计划既能提供激励,又能分担风险。

复习题

1. 考虑本章所描述的二手汽车市场模型。由市场均衡时的交易产生的最大消费者剩余数量是多少?

2. 在相同的模型中,通过把购买者随机地分配给出售者而产生的消费者剩余是多少?哪种方法可以产生较大的剩余?

3. 一个工人能够以 $c(x)=x^2/2$ 的成本生产 x 单位产品。他在别处工作可以实现的效用水平是 $\bar{u}=0$。对于这个工人来说,最优雇佣劳动激励计划 $s(x)$ 是什么?

4. 给定上述问题的条件。这个工人愿意为租用生产技术支付多少费用?

5. 如果这个工人的备选就业机会可以使他获得效用 $\bar{u}=1$,你对上面这个问题的回答会作什么变动?

数学附录

这个附录将对本书使用的一些数学概念作一个简要的回顾。目的是向读者提示一下正文中所用到的各种术语的定义。需要特别指出的是，它不是数学教材。因此，给出的定义都是最简单的，而且不十分严格。

A.1 函数

函数是描述变量之间关系的一种规则。对于变量 x 的每一个取值，函数都按照某种规则赋予它唯一一个数值 y。因此，一种函数规则可以描述为"取一个数，求它的平方"，或"取一个数，求它的两倍"，等等。我们把这些特定的函数记作 $y=x^2$，$y=2x$。函数有时也称作变换。

常常，我们需要表示某个变量 y 依从另一个变量 x，但又不知道这两个变量之间具体的代数关系。在这种情况下，我们记 $y=f(x)$，表示变量 y 按照规则 f 依从变量 x。

给定函数 $y=f(x)$，变量 x 通常叫做自变量，变量 y 通常叫做因变量，即 x 是独立变化的，但 y 的值须依从 x 的值。

通常，某个变量 y 依从若干其他变量 x_1，x_2 等，因此，我们记 $y=f(x_1, x_2)$，以表示 y 的值由两个变量共同决定。

A.2 图像

函数图像表示函数的性状。图 A.1 绘制了两幅函数图像。在数学中，自变量通常标在横轴上，因变量标在纵轴上。因此，函数图像表示自变量和因变量之间的对应关系。

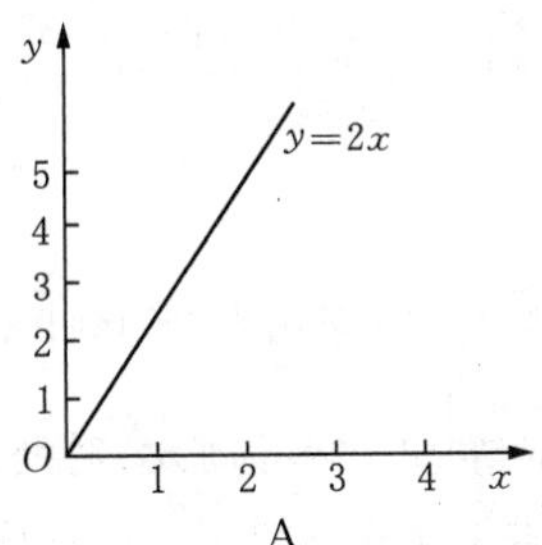

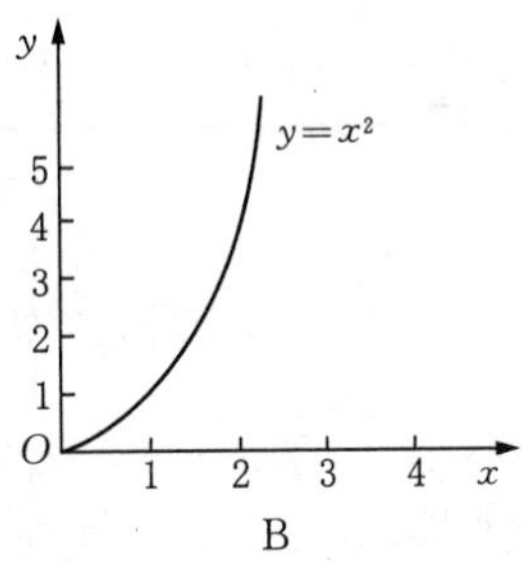

图 A 是函数 $y=2x$ 的图像，图 B 是函数 $y=x^2$ 的图像。

图 A.1　函数图像

但是，在经济学中，却经常把函数图像的自变量标在纵轴上，因变量标在横轴上。例如，需求函数一般是把价格标在纵轴上，需求量标在横轴上。

A.3 函数的性质

连续函数是铅笔不离纸画出的函数：连续函数没有跳跃。平滑函数是没有折拗或隅角的函数。单调函数是始终上升或始终下降的函数；正单调函数始终随 x 变大而变大，而负单调函数则始终随 x 变大而变小。

A.4 反函数

回顾一下：函数有这样的性质，对于 x 的每个值，都只有唯一一个 y 的值与它对应；单调函数是始终上升或始终下降的函数。这意味着,对于单调函数来说,对于 y 的每个值,都只有唯一一个 x 的值与它对应。

我们称以这种方式将 x 与 y 联系起来的函数为*反函数*。如果你已知 y 是 x 的函数,那么你只要解出 x 为 y 的函数,你就能写出反函数。如果 $y=2x$,那么反函数就是 $x=y/2$。如果 $y=x^2$,那么就没有反函数;这是因为对于任何给定的 y 值,$x=+\sqrt{y}$ 和 $x=-\sqrt{y}$ 的平方都等于 y,所以,不存在唯一一个 x 的值与 y 的每个值相对应,这就违反了反函数的定义。

A.5 方程和恒等式

*方程*表明函数何时等于某个特定的数字。方程的例子有

$$2x = 8$$
$$x^2 = 9$$
$$f(x) = 0$$

方程的解是满足方程的 x 的值。第一个方程的解是 $x=4$。第二个方程有两个解,$x=3$ 和 $x=-3$。第三个方程只是一个一般的方程。我们只有在确切知道 f 所表示的规则后才能求出它的解,不过,我们可以用 x^* 来表示它的解。这只是意味着 x^* 是一个使得 $f(x^*)=0$ 的数字。我们称 x^* *满足*方程 $f(x)=0$。

*恒等式*是变量之间的这样一种关系:它对于变量的所有取值都成立。下面是恒等式的一些例子:

$$(x+y)^2 \equiv x^2+2xy+y^2$$
$$2(x+1) \equiv 2x+2$$

恒等号"≡"表示对于变量的一切值,左边和右边都相等。方程只需对变量的某些值成立,而恒等式则要求对变量的一切值都成立。恒等式的成立通常依赖于对所涉诸项的界定。

A.6 线性函数

*线性函数*是具有以下形式的一种函数:

$$y = ax+b$$

其中,a 和 b 均为常数。线性函数的例子有

$$y = 2x+3$$
$$y = x-99$$

严格地讲,形如 $y=ax+b$ 的函数应该称为*仿射函数*,只有形如 $y=ax$ 的函数才应该叫线性函数。不过,我们不打算坚持这种区别。

线性函数也可以简单地表示为 $ax+by=c$ 的形式。在这种情况下,我们通常将 y 作为 x 的函数解出,从而把这种形式变换成"标准"形式:

$$y = \frac{c}{b} - \frac{a}{b}x$$

A.7 变化量和变化率

符号 Δx 读作"x 的变化量",它不是 Δ 乘以 x 的意思。如果 x 从 x^* 变化到 x^{**},那么,x 的变化量就是

$$\Delta x = x^{**} - x^*$$

我们也可以记为

$$x^{**} = x^* + \Delta x$$

以表示 x^{**} 等于 x^* 与 x 的变化量的和。

一般地,Δx 指的是 x 的微小变化。我们有时称 Δx 表示*边际*变化,指的就是这个意思。

*变化率*是两个变化量的比率。如果 y 是 x 的由 $y=f(x)$ 给定的函数,那么,y 对 x 的变化率就可以表示为

$$\frac{\Delta y}{\Delta x}=\frac{f(x+\Delta x)-f(x)}{\Delta x}$$

变化率度量 y 如何随 x 的变化而变化。

线性函数具有 y 对 x 的变化率是常数这样一个性质。要证明这一点，假设 $y=a+bx$，则

$$\frac{\Delta y}{\Delta x}=\frac{a+b(x+\Delta x)-a-bx}{\Delta x}=\frac{b\Delta x}{\Delta x}=b$$

非线性函数的变化率依从 x 的值。例如，考虑函数 $y=x^2$。对它来说，

$$\frac{\Delta y}{\Delta x}=\frac{(x+\Delta x)^2-x^2}{\Delta x}=\frac{x^2+2x\Delta x+(\Delta x)^2-x^2}{\Delta x}=2x+\Delta x$$

这个函数从 x 到 $x+\Delta x$ 的变动率取决于 x 的值和 Δx 的大小。但如果我们考虑 x 的非常微小的变化，Δx 就将接近于零，因此，y 对 x 的变化率将近似于 $2x$。

A.8 斜率和截距

函数的变化率可以看作函数图像的斜率。在图 A.2A 中，我们画出了线性函数 $y=-2x+4$ 的图像。函数的纵截距是 $x=0$ 时的 y 的值，图中是 $y=4$。横截距是 $y=0$ 时的 x 的值，图中是 $x=2$。函数的斜率是 y 对 x 的变化率。这里，函数的斜率等于 -2。

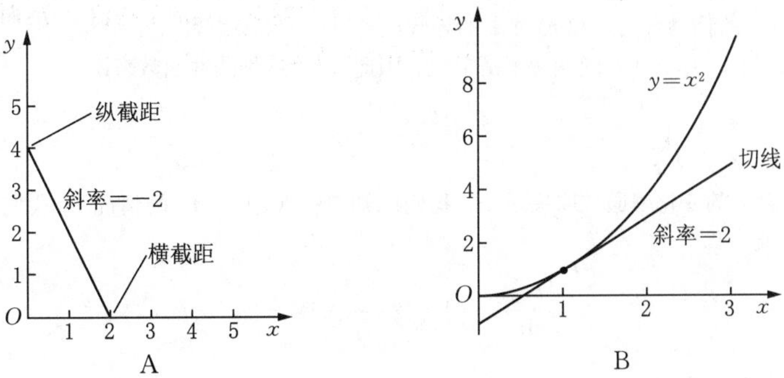

图 A 是函数 $y=-2x+4$ 的图像，图 B 是函数 $y=x^2$ 的图像。

图 A.2　斜率和截距

一般地，如果线性函数的形式是 $y=ax+b$，那么，纵截距一定是 $y=b^*$，横截距一定是 $x^*=-b/a$。如果线性函数采取形式

$$a_1x_1+a_2x_2=c$$

那么横截距就是 $x_2=0$ 时的 x_1 的值，即 $x_1^*=c/a_1$，纵截距就是 $x_1=0$ 时的 x_2 的值，即 $x_2^*=c/a_2$。函数的斜率等于 $-a_1/a_2$。

非线性函数具有斜率随 x 变化而变化的性质。它在 x 点的切线是线性函数，这一线性函数的斜率与非线性函数在该点的斜率相同。在图 A.2B 中，我们绘制了函数 x^2 和它在 $x=1$ 处的切线的图像。

如果 y 不论何时都随 x 的增加而增加，那么，Δy 总是与 Δx 同号，所以函数的斜率为正值。反之，如果 y 随 x 的增加而减少，或者随 x 的减少而增加，那么，Δy 和 Δx 就将取异号，因此函数的斜率为负值。

A.9 绝对值和对数

一个数的绝对值是由下述规则定义的一个函数 $f(x)$：

$$f(x)=\begin{cases}x,\ x\geqslant 0\text{ 时}\\-x,\ x<0\text{ 时}\end{cases}$$

因此,省略一个数的符号,就可以得到这个数的绝对值。通常,绝对值函数记作$|x|$。

x 的(自然)对数描述的是 x 的一种特殊函数,我们把它记作 $y=\ln x$ 或 $y=\ln(x)$。对数函数是唯一具有下述性质的函数:对于所有的正数 x 和 y,有

$$\ln(xy)=\ln(x)+\ln(y)$$

和

$$\ln(e)=1$$

(在最后一个方程中,$e=2.718\,3\cdots$,它是自然对数的底。)用文字来表述,就是两个数乘积的对数等于每个数的对数的和。这个性质隐含着对数的另一个重要的性质:

$$\ln(x^y)=y\ln(x)$$

它表明 x 的 y 次幂的对数等于 y 乘以 x 的对数。

A.10 导数

函数 $y=f(x)$ 的导数定义为

$$\frac{\mathrm{d}f(x)}{\mathrm{d}x}=\lim_{\Delta x\to 0}\frac{f(x+\Delta x)-f(x)}{\Delta x}$$

用文字来表述就是,导数是当 x 的变化趋向于零时的 y 对 x 的变化率的极限。导数给出了短语"对于 x 的微小变化,y 对 x 的变化率"的精确含义。$f(x)$对 x 的导数也可以用 $f'(x)$来表示。

我们已知线性函数 $y=ax+b$ 的变化率是常数。因此,对于这种线性函数来说,

$$\frac{\mathrm{d}f(x)}{\mathrm{d}x}=a$$

对于非线性函数,y 对 x 的变化率通常取决于 x。我们已知,在 $f(x)=x^2$ 的情况下,我们有 $\Delta y/\Delta x=2x+\Delta x$。应用导数的定义

$$\frac{\mathrm{d}f(x)}{\mathrm{d}x}=\lim_{\Delta x\to 0}(2x+\Delta x)=2x$$

因此,x^2 对 x 的导数等于 $2x$。

用更高级的方法可以证明,如果 $y=\ln x$,那么

$$\frac{\mathrm{d}f(x)}{\mathrm{d}x}=\frac{1}{x}$$

A.11 二阶导数

一个函数的二阶导数是这个函数的导数的导数。如果 $y=f(x)$,那么 $f(x)$对 x 的二阶导数就可写作 $\mathrm{d}^2f(x)/\mathrm{d}x^2$ 或 $f''(x)$。我们知道

$$\frac{\mathrm{d}(2x)}{\mathrm{d}x}=2$$

$$\frac{\mathrm{d}x^2}{\mathrm{d}x}=2x$$

因此

$$\frac{\mathrm{d}^2(2x)}{\mathrm{d}x^2}=\frac{\mathrm{d}(2)}{\mathrm{d}x}=0$$

$$\frac{\mathrm{d}^2(x^2)}{\mathrm{d}x^2}=\frac{\mathrm{d}(2x)}{\mathrm{d}x}=2$$

二阶导数度量函数的曲率。一个函数在某一点有负的二阶导数,这个函数在该点附近就是凹的,它的斜率递减。

一个函数在某一点有正的二阶导数，这个函数在该点附近就是凸的，它的斜率递增。一个函数在某一点的二阶导数为零，这个函数在该点附近就是水平的。

A.12 乘积规则和链式法则

假设 $g(x)$和 $h(x)$都是 x 的函数。我们可以定义 $f(x)$表示它们的乘积，即 $f(x)=g(x)h(x)$。于是，$f(x)$的导数可以表示为

$$\frac{\mathrm{d}f(x)}{\mathrm{d}x}=g(x)\frac{\mathrm{d}h(x)}{\mathrm{d}x}+h(x)\frac{\mathrm{d}g(x)}{\mathrm{d}x}$$

给定两个函数 $y=g(x)$ 和 $z=h(y)$，复合函数就是

$$f(x)=h(g(x))$$

例如，如果 $g(x)=x^2$，$h(y)=2y+3$，那么复合函数就是

$$f(x)=2x^2+3$$

链式法则指出，复合函数 $f(x)$对 x 的导数可以表示为

$$\frac{\mathrm{d}f(x)}{\mathrm{d}x}=\frac{\mathrm{d}h(y)}{\mathrm{d}y}\frac{\mathrm{d}g(x)}{\mathrm{d}x}$$

在我们的例子中，$\mathrm{d}h(y)/\mathrm{d}y=2$，$\mathrm{d}g(x)/\mathrm{d}x=2x$，因此，链式法则表明 $\mathrm{d}f(x)/\mathrm{d}x=2\times 2x=4x$。直接的计算表明这就是函数 $f(x)=2x^2+3$ 的导数。

A.13 偏导数

假设 y 既取决于 x_1 又取决于 x_2，则 $y=f(x_1, x_2)$。$f(x_1, x_2)$对 x_1 的偏导数定义为

$$\frac{\partial f(x_1, x_2)}{\partial x_1}=\lim_{\Delta x_1\to 0}\frac{f(x_1+\Delta x_1, x_2)-f(x_1, x_2)}{\Delta x_1}$$

$f(x_1, x_2)$对 x_1 的偏导数就是在 x_2 保持不变时，函数对 x_1 的导数。同样，函数对 x_2 的偏导数是

$$\frac{\partial f(x_1, x_2)}{\partial x_2}=\lim_{\Delta x_2\to 0}\frac{f(x_1, x_2+\Delta x_2)-f(x_1, x_2)}{\Delta x_2}$$

偏导数与普通导数的性质完全相同，只是名称作了改变以照顾没有见过符号∂的人。

特别地，偏导数虽服从链式法则，但计算起来却比较麻烦。假设 x_1 和 x_2 都依从某个变量 t，我们定义函数 $g(t)$为

$$g(t)=f(x_1(t), x_2(t))$$

则 $g(t)$对 t 的导数就等于

$$\frac{\mathrm{d}g(t)}{\mathrm{d}t}=\frac{\partial f(x_1, x_2)}{\partial x_1}\frac{\mathrm{d}x_1(t)}{\mathrm{d}t}+\frac{\partial f(x_1, x_2)}{\partial x_2}\frac{\mathrm{d}x_2(t)}{\mathrm{d}t}$$

当 t 变化时，它同时影响 $x_1(t)$和 $x_2(t)$。因此，我们需要计算 $f(x_1, x_2)$对于其中每一个变化的导数。

A.14 最优化

设 $y=f(x)$，如果对于所有的 x，都有 $f(x^*)\geqslant f(x)$，那么，$f(x)$就在 x^* 处取得最大值。可以证明，如果 $f(x)$是在 x^* 处取得最大值的平滑函数，就一定有

$$\frac{\mathrm{d}f(x^*)}{\mathrm{d}x}=0$$

$$\frac{\mathrm{d}^2 f(x^*)}{\mathrm{d}x^2}\leqslant 0$$

这些表达式是求最大值的一阶条件和二阶条件。一阶条件表示函数在 x^* 处是水平的,二阶条件表明函数在 x^* 附近是凹的。很显然,如果 $f(x^*)$ 确是最大值,那么这两个性质就一定满足。

如果对于所有的 x,都有 $f(x^*) \leqslant f(x)$,我们就说 $f(x)$ 在 x^* 处取得最小值。如果 $f(x)$ 是在 x^* 处取得最小值的平滑函数,那么一定有

$$\frac{\mathrm{d}f(x^*)}{\mathrm{d}x} = 0$$

$$\frac{\mathrm{d}^2 f(x^*)}{\mathrm{d}x^2} \geqslant 0$$

再次,一阶条件表示函数在 x^* 处是水平的,而二阶条件现在则表明函数在 x^* 附近是凸的。

如果 $y = f(x_1, x_2)$ 是在某一点 (x_1^*, x_2^*) 取得最大值或最小值的平滑函数,那么我们必定满足

$$\frac{\partial f(x_1^*, x_2^*)}{\partial x_1} = 0$$

$$\frac{\partial f(x_1^*, x_2^*)}{\partial x_2} = 0$$

这些式子称作一阶条件,这个问题也有二阶条件,但它们较难表述。

A.15 约束最优化

我们通常要考虑在 (x_1, x_2) 的值受到某种约束下函数的最大值和最小值。符号

$$\max_{x_1, x_2} f(x_1, x_2)$$

$$\text{s.t. } g(x_1, x_2) = c$$

意味着求解 x_1^* 和 x_2^*,使得对于所有满足方程 $g(x_1, x_2) = c$ 的 x_1 和 x_2,都有 $f(x_1^*, x_2^*) \geqslant f(x_1, x_2)$。

函数 $f(x_1, x_2)$ 称作目标函数,方程 $g(x_1, x_2) = c$ 称作约束条件。第 5 章附录描述了求解这类约束最优化问题的方法。

各章复习题答案

第1章　市场

1. 25 套住房固定在 500 美元，然后跌到 200 美元。

2. 第一种情况下，均衡价格为 500 美元；第二种情况下，均衡价格为 200 美元；第三种情况下，均衡价格为介于 200 美元和 500 美元之间的任一价格。

3. 因为如果我们要多租一套住房，我们就必须开一个较低的价格。随着 p 的降低，保留价格大于 p 的人的数量一定会增加。

4. 内圈的住房价格会上升，因为住房的需求不变，但供给却减少。

5. 内圈的住房价格将上升。

6. 税收无疑会减少住房的长期供给数量。

7. 他把价格定为 25 并出租 50 套住房。在第二种情况下，他将按市场的最高价格出租所有 40 套住房。根据 $D(p) = 100 - 2p = 40$，$p^* = 30$。

8. 每一个人在竞争市场中都有一个高于均衡价格的保留价格，这样，最后的结果将是帕累托有效率的。（当然在长期中多半只会建造少量新公寓，这种情况导致了另一种低效率。）

第2章　预算约束

1. 新的预算线由 $2p_1x_1 + 8p_2x_2 = 4m$ 表示。

2. 纵（x_2 轴）截距变短，横（x_1 轴）截距不变，所以预算线变得更平坦。

3. 较平坦。斜率是 $-2p_1/3p_2$。

4. 价格被定为 1 的一种商品；所有其他商品的价格由相对于作为计价物的商品的价格的比价来计量。

5. 每加仑征税 8 美分。

6. $(p_1 + t)x_1 + (p_2 - s)x_2 = m - u$。

7. 是的，消费者的境况不会变差。因为消费者以前所能支付得起的所有消费束在新的价格和收入条件下仍能可以支付得起。

第3章　偏好

1. 否。消费者也许对于两个消费束的偏好无差异。我们所能证明的是 $(x_1, x_2) \succeq (y_1, y_2)$。

2. 两个都是。

3. 它是传递的，但不是完备的——两个人可能一样高。它不是自反的，因为一个人绝对不会高于他自己。

4. 它是传递的，但不是完备的。如果 A 大于但慢于 B 会怎样？他偏好哪一个？

5. 能。一条无差异曲线能穿过自身，但不能穿过另一条截然不同的无差异曲线。

6. 不能。因为在这条无差异曲线上，某些消费束的两种商品数量都严格大于该条线上其他消费束的两种商品数量。

7. 斜率为负。如果给该消费者更多的鱼，会使他的境况恶化，这样不得不拿走一些香肠以使他回到原先的无差异曲线上。在这种情况下，效用增加的方向朝向原点。

8. 因为消费者对于这两个消费束的加权平均组合弱偏好于其中任何一个消费束。

9. 如果你放弃一张 5 美元钞票，要补偿你多少张 1 美元钞票？5 张 1 美元的钞票。因此，答案是 -5 或 $-1/5$，这取决于你把哪种商品作为横轴。

10. 零——如果拿走一些商品 1，消费者不需要用商品 2 来补偿他的损失。

11. 鱼和花生酱，苏格兰威士忌和冰镇水，以及其他相似的组合。

第4章 效用

1. 函数 $f(u)=u^2$ 在 u 为正时是一种单调变换,但在 u 为负时不成立。

2. (1)是。(2)非(v 为正时成立)。(3)非(v 为负时成立)。(4)是(仅在 v 为正时成立)。(5)是。(6)非。(7)是。(8)非。

3. 假定对角线与一给定的无差异曲线交于两点,如点(x, x)和点(y, y),则要么是 $x>y$,要么是 $y>x$,这表明其中一个消费束的两种商品均较多。但是如果偏好是单调的,则其中一个消费束必然被偏好于另一个消费束。

4. 两个均表明完全替代。

5. 拟线性偏好。是的。

6. 该效用函数代表柯布-道格拉斯偏好。不是。是。

7. 因为 MRS 是沿着无差异曲线计算的,而沿着无差异曲线效用保持不变。

第5章 选择

1. 当 $p_2>p_1$ 时,$x_2=0$;当 $p_2<p_1$ 时,$x_2=m/p_2$;当 $p_1=p_2$ 时,x_2 为 0 和m/p_2 之间的任何值。

2. 当 $p_1/p_2<b$ 时,最优选择是$x_1=m/p_1$ 和 $x_2=0$;当 $p_1/p_2>b$ 时,最优选择是 $x_2=m/p_2$ 和 $x_1=0$;当 $p_1/p_2=b$ 时,最优选择是预算线上的任何值。

3. 令 z 为消费者所买的咖啡杯数,则可知 $2z$ 是他所买的糖的匙数。他必须满足预算约束 $2p_1z+p_2z=m$,求解 z 可得

$$z=\frac{m}{2p_1+p_2}$$

4. 人们要么消费所有的冰淇淋,要么消费所有的橄榄。因此,最优消费束的两种选择分别为 $x_1=m/p_1$ 和 $x_2=0$;或者 $x_2=m/p_2$ 和 $x_1=0$。

5. 这是一个柯布-道格拉斯效用函数,所以,他在商品 2 上将花费 $4/(1+4)=4/5$ 的收入。

6. 对于如完全互补这样的折拗偏好,价格变化不会引起需求数量的任何变化。

第6章 需求

1. 不能。如果她的收入增加,并且花光全部收入,她必定至少多购买一种商品。

2. 完全替代品的效用函数是 $u(x_1, x_2)=x_1+x_2$。如果$u(x_1, x_2)>u(y_1, y_2)$,我们就有 $x_1+x_2>y_1+y_2$。由于 $tx_1+tx_2>ty_1+ty_2$,所以 $u(tx_1, tx_2)>u(ty_1, ty_2)$。

3. 柯布-道格拉斯效用函数具有如下性质,即

$$u(tx_1, tx_2)=(tx_1)^a(tx_2)^{1-a}=t^a t^{1-a}x_1^a x_2^{1-a}=tx_1^a x_2^{1-a}=tu(x_1, x_2)$$

这样,如果 $u(x_1, x_2)>u(y_1, y_2)$,则 $u(tx_1, tx_2)>u(ty_1, ty_2)$,所以柯布-道格拉斯偏好确实是位似(homothetic)偏好的。

4. 需求曲线。

5. 不。凹的偏好只能产生其中一种商品是零消费的最佳消费束。

6. 通常,它们是互补品,至少对非素食者是如此。

7. 我们知道 $x_1=m/(p_1+p_2)$。求解作为其他变量的函数的 p_1 可得

$$p_1=\frac{m}{x_1}-p_2$$

8. 错误。

第7章 显示偏好

1. 否。这个消费者违背了显示偏好弱公理,因为当他购买(x_1, x_2)时,他本可以购买(y_1, y_2),反之亦然。

用式子表示就是

$$p_1x_1+p_2x_2=1\times1+2\times2=5>4=1\times2+2\times1=p_1y_1+p_2y_2$$

和

$$q_1y_1+q_2y_2=2\times2+1\times1=5>4=2\times1+1\times2=q_1x_1+q_2x_2$$

2. 是。这并不违背显示偏好弱公理，因为当购买 x 消费束时，消费者无力购买 y 消费束，反之亦然。

3. 因为当购买 x 消费束时，y 消费束就比 x 消费束贵，反之亦然，所以，难以说明消费者更偏好哪个消费束。

4. 如果两种价格的变动量相同，则基年消费束仍为最优。

5. 完全互补。

第 8 章　斯勒茨基方程

1. 是。要看清楚这一点，考虑我们熟悉的红、蓝铅笔的例子。假定红铅笔 10 美分一支，蓝铅笔 5 美分一支，消费者在铅笔上的支出是 1 美元。于是她将消费 20 支蓝铅笔。如果蓝铅笔的价格下降到 4 美分一支，她将消费 25 支蓝铅笔，可见，消费量的变化完全取决于收入效应。

2. 是。

3. 收入效应将不存在。所留下的只是完全的替代效应，它自动地为负值。

4. 政府得到的税收为 tx'，支出为 tx，所以政府受损。

5. 由于消费者有能力支付原来的消费束，所以他们的境况不会变差。原因是政府返还给他们的钱大于他们由于汽油价格上涨而损失的钱。

第 9 章　购买和销售

1. 她的总需求是(9, 1)。

2. 按现行的价格，需求束$(y_1, y_2)=(3, 5)$的成本大于需求束(4, 4)的成本。消费者未必偏好消费该需求束，不过她一定愿意拥有它，因为她可以将它卖掉，然后再购买一个她偏好的需求束。

3. 当然。这取决于她是那个变得更贵的商品的净购买者还是净销售者。

4. 可能。不过只有在美国转变成为一个石油的净出口国时成立。

5. 新预算线将向外移动，并与原预算线平行，因为增加一天的时间是一个完全的禀赋效应。

6. 斜率为正。

第 10 章　跨时期选择

1. 根据表 10.1，利率为 20%时，20 年后的 1 美元只相当于今天的 3 美分。所以，20 年后的 100 万美元相当于今天的 $0.03\times1\,000\,000=30\,000$ 美元。

2. 跨时期预算线的斜率等于 $-(1+r)$。因此当 r 变大时，斜率变得更陡峭。

3. 如果商品是完全替代品，则消费者只会购买价钱较便宜的那种。在跨时期的食品购买中，这意味着消费者只在一个阶段购买食品，这看上去很不现实。

4. 为了在利率改变后仍保持贷款人身份，消费者必然选择一个按原先利率他本来可以选择但却没有选择的点。因此该消费者的境况必然恶化。如果在利率调整后消费者变成一个借款人，他将选择一个以前不能选择的点，该点不能与原来的点作比较(因为按新的预算约束，原来的点已不能选择)，因此就难以评价消费者的福利变化。

5. 当利率为 10%时，100 美元的现值为 90.91 美元。当利率为 5%时，100 美元的现值为 95.24 美元。

第 11 章　资产市场

1. 资产 A 必然按 $11/(1+0.1)=10$ 美元出售。

2. 收益率等于$(10\,000+10\,000)/100\,000=20\%$。

3. 我们知道免税债券的收益率 r，必定为$(1-t)r_t=r$，即$(1-0.4)\times0.1=0.06=r$。

4. 今天的价格一定为 $40/(1+0.1)^{10}=15.42$ 美元。

第 12 章　不确定性

1. 我们需要一种在坏状况下减少消费、在好状况下增加消费的办法。为此我们必须出售转嫁亏损的保险，而不是购买它。

2. 函数(a)和函数(c)具有期望效用性质(它们是本章所讨论的函数的仿射转换)，函数(b)则不具有期望效用性质。

3. 由于他是风险厌恶者，因此相对于赌局本身，他更偏好于赌局的期望值 325 美元，所以他会选择接受 325 美元的支付。

4. 如果支付额为 320 美元，究竟如何决策将取决于效用函数的形式，我们无法下定论。

5. 你画出的图形应该对应于一个先凸后凹的函数。

6. 要提供自保，风险必须相互独立。但在发生洪灾时并非如此。只要有一幢邻居的房子被洪水冲坏，所有的房子往往都会被冲坏。

第 13 章　风险资产

1. 为了产生 2% 的标准差并获得更大报酬率，需要把 $x=\sigma_x/\sigma_m=2/3$ 的财富投资于风险资产。这样，报酬率等于 $(2/3)\times0.09+(1-2/3)\times0.06=8\%$。

2. 风险价格等于 $(r_m-r_f)/\sigma_m=(9-6)/3=1$。这就是说，标准差每增加 1%，你就能多获得 1% 的收益。

3. 根据 CAPM 定价方程，该股票提供的期望报酬率应该为 $r_f+\beta(r_m-r_f)=0.05+1.5\times(0.10-0.05)=0.125$，即 12.5%。如果股票的期望价值是 100 美元，该股票应该按它的期望现值出售，它的期望现值等于 $100/1.125=88.89$ 美元。

第 14 章　消费者剩余

1. 均衡价格是 10 美元，均衡销售量是 100 单位。如果征税，价格上升至 11 美元，均衡销售量仍然是 100 单位，所以不存在额外净损失。

2. 我们想计算需求曲线之下，数量 6 左方的区域面积。把它分割成底为 6、高为 6 的三角形和长为 6、宽为 4 的长方形。按照高中学习的几何公式，三角形的面积等于 18，长方形的面积为 24。这样，总消费者剩余是 42。

3. 当价格为 4 时，消费者剩余由一个底为 6、高为 6 的三角形面积表示，即消费者剩余等于 18。当价格为 6 时，对应的三角形底为 4、高为 4，面积等于 8。因此，价格的变化使消费者剩余减少 10 美元。

4. 10 美元。因为对离散商品的需求没有变化，所发生的变化只是消费者必须将他在其他商品上的支出减少 10 美元。

第 15 章　市场需求

1. 反需求曲线为 $p(q)=200-2q$。

2. 是否消费毒品的决策对价格变化是敏感的，因此市场需求在广延边际上的调整对市场需求的弹性是起作用的。

3. 收益为 $R(p)=12p-2p^2$，在 $p=3$ 时收益最大化。

4. 收益为 $pD(p)=100$，与价格无关，因此任何一个价格都可实现收益最大化。

5. 正确。收入弹性的加权平均值一定等于 1，因此，当一种商品的收入弹性为负值时，其他商品的收入弹性就必须大于 1，这样才能保证平均值等于 1。

第 16 章　均衡

1. 当供给曲线水平时，所有补贴都会转移给消费者，当供给曲线垂直时，则生产者获得所有补贴。

2. 消费者。

3. 在这种情况下，红铅笔的需求曲线在价格为 p_b 时是水平的，因为那是他们愿为红铅笔支付的最高价格。因此，如果对红铅笔征税，消费者最终会对它们支付价格 p_b，所有税收都将由生产者来承受(如果有红铅笔销售出去的话——那么税收将迫使生产者退出红铅笔生产行业)。

4. 在这里，外国石油的供给曲线在25美元的价格上是水平的。因此，消费者支付的价格必定会因税收而上涨5美元，也就是说，消费者的净支付价格达到30美元。由于外国石油和国产石油对消费者来说是完全替代品，国内生产者也会按30美元销售它们的石油并得到每桶5美元的意外收入。

5. 零。额外损失代表了损失的产值。由于税前和税后的供给量相同，因此不存在额外损失。换言之，供给者支付所有的税收，而且这些税收都进了政府的腰包。生产者为避税而所需支付的数量正好就是政府得到的税收，所以不存在超额税收负担。

6. 收益为零。

7. 所征得的税额为负，因此借款享受了净补贴。

第17章　测度

1. 这是辛普森悖论的一个例子。

2. 如果硬币是均质的，那么第一次投掷硬币时出现硬币正面的概率为1/2，第二次投掷硬币时出现硬币正面的概率为1/2，以此类推。连续5次投掷硬币都出现硬币正面的概率为 $1/2^5 = 1/32 \approx 0.03$。

3. 如果对该需求函数的两边取对数，可以得到 $\ln(x) = c + bp$，这是一个半对数需求函数。

第18章　拍卖

1. 由于收藏者可能对棉被的价值有自己的评价，并且不是特别关注其他投标者对棉被价值的评价，因此，这是一个个人价值拍卖。

2. 按正文的分析，这里有四种同等可能的出价组合：(8，8)，(8，10)，(10，8)和(10，10)。当保留价格为零时，最优的出价是(8，9，9，10)，此时的期望利润为9美元。仅有的另外一个候选保留价格是10美元，相应的期望利润为 $30/4 = 7.50$ 美元。因此，在这个拍卖中，零价格就是利润最大化的保留价格。

3. 让每个同学都递交一个价值，然后将这两本书卖给递交最高价值的两个人，但只向他们索要与第三高出价相等的价格。

4. 它将经营许可证授予对它评价最高的企业，从这层意义上讲，它是有效率的。但这个过程需要1年的时间，所以它又是低效率的。一个维克里拍卖或英式拍卖能够在更短的时间内实现相同的结果。

5. 这是一个共同价值拍卖，因为奖品的价值对所有竞标者都是相同的。中标者通常都会高估罐子中硬币的数量，这是说明“胜者的诅咒”的一个实例。

第19章　技术

1. 规模报酬递增。

2. 规模报酬递减。

3. 如果 $a + b = 1$，规模报酬不变；如果 $a + b < 1$，规模报酬递减；如果 $a + b > 1$，规模报酬递增。

4. $4 \times 3 = 12$ 单位。

5. 正确。

6. 是的。

第20章　利润最大化

1. 利润将减少。

2. 利润会增加，因为产量的上升幅度大于投入品的成本。

3. 如果该企业确实是规模报酬递减的，那么将所有投入一分为二就会生产出大于一半的产量。因此，分离后的企业的利润总和将大于原先企业的利润。这就是为什么规模报酬递减现象普遍存在是不可信的一个论据。

4. 园丁忽略了机会成本。为了准确地计算实际成本，园丁必须把他用来生产庄稼的时间的成本也计算在内,即使无人向他明确支付工资。

5. 一般不是,比如在不确定性情况下。

6. 增加。

7. x_1 的使用量不变,利润将增加。

8. 不会。

第 21 章　成本最小化

1. 由于利润等于总收益减去总成本,如果一个厂商尚未实现成本最小化,则该厂商存在一种增加利润的方法;然而这与厂商是利润最大化追求者的事实矛盾。

2. 要素 1 的使用量增加,要素 2 的使用量减少。

3. 由于两种投入是相同价格的完全替代品,厂商对于使用哪种投入是无差异的。因此厂商会使用这两种投入的任何数量,使得 $x_1 + x_2 = y$。

4. 对纸的需求要么下降,要么保持不变。

5. 这表明 $\sum_{i=1}^{n} \Delta w_i \Delta x_i \leqslant 0$,其中,$\Delta w_i = w_i^t - w_i^s$, $\Delta x_i = x_i^t - x_i^s$。

第 22 章　成本曲线

1. (1)对;(2)对;(3)错。

2. 在第二家工厂增产,同时又在第一家工厂减产,厂商就能降低成本。

3. 错。

第 23 章　厂商供给

1. 反供给曲线是 $p = 20y$,所以供给曲线是 $y = p/20$。

2. 令 $AC = MC$,求解 $10y + 1\,000/y = 20y$,得到 $y^* = 10$。

3. 求解 p,可以得到 $p_S(y) = (y - 100)/20$。

4. 价格等于 10 时供给为 40,等于 20 时供给为 80。生产者剩余由一个面积为 10×40 的矩形和一个面积为 $(1/2) \times 10 \times 40$ 的三角形构成,可知生产者剩余变化的总量为 600。因为固定成本不变,利润的变化也相同。

5. 供给曲线这样给出:$p \geqslant 2$ 时,$y = p/2$; $p \leqslant 2$ 时,$y = 0$。当 $p = 2$ 时,厂商在供给 1 单位产品和不生产之间无差异。

6. (1)多半是技术约束(在更高级的模型中,这可能是市场约束);(2)市场约束;(3)可以是市场约束,也可以是技术约束;(4)技术约束。

7. 行业中的所有厂商将市场价格视为既定价格。

8. 市场价格。一个利润最大化的厂商会把它的产量定在生产最后一单位产品的边际成本等于该单位产品的边际收益的水平上,在完全竞争情况下,该边际收益等于市场价格。

9. 厂商将生产零单位产品(不管是否有固定成本)。

10. 在短期内,如果市场价格大于平均可变成本,企业即使亏损也应生产一定的产量。这是因为,如果它不生产就会亏损更多,因为它总是要支付固定成本。不过,在长期内,不存在固定成本,任何亏损的企业都可以停止生产,使亏损最大为零。

11. 对于行业中的所有厂商,市场价格必定等于生产的边际成本。

第 24 章　行业供给

1. 反供给曲线为 $p_1(y_1) = 10 + y_1$ 和 $p_2(y_2) = 15 + y_2$。当价格低于 10 时,没有一个厂商生产产品。当价格为 15 时,厂商 2 进入市场,当价格高于 15 时,所有厂商均进入市场。因此,折拗发生在价格为 15 的时候。

2. 在短期内,由消费者支付全部税收。长期内则由生产者支付税收。

3. 错。一个更好的表述是:便利店之所以能收取高价,是因为它们位于校园附近。由于商店可收取高价,所以土地所有者也可对使用位于便利位置的土地收取高的地租。

4. 对。
5. 行业中目前正在经营的企业是赢利还是亏损。
6. 更平坦。
7. 不,这并不违反模型。在计算成本时我们忽略了执照的租金。

第 25 章　垄断

1. 不相容。一个追求利润最大化的垄断者从不在产品需求无弹性的地方进行生产。

2. 首先求反需求曲线 $p(y)=50-y/2$。因此边际收益由 $MR(y)=50-y$ 给出。令它等于边际成本 2,可解出 $y=48$。把它代入反需求函数,求出价格等于 $p(48)=50-48/2=26$。

3. 需求曲线有固定的弹性−3。利用公式 $p[1+1/\varepsilon]=MC$,代入可得 $p[1-1/3]=2$,即 $p=3$。再代回需求函数,可得生产数量为 $D(3)=10\times 3^{-3}$。

4. 需求曲线的弹性固定为−1。这样,所有产量水平的边际收益均为零。因此,它始终不会等于边际成本。

5. 对于线性需求函数,价格的上升相当于成本变化的一半。在这种情况下,答案为 3 美元。

6. 这时,$p=kMC$,其中,$k=1/(1-1/3)=3/2$。因此价格上升 9 美元。

7. 价格是边际成本的两倍。

8. 补贴为 50%,所以垄断者面临的边际成本为实际边际成本的 1/2。这保证了在垄断者选择的产量水平上价格等于边际成本。

9. 一家垄断厂商在 $p(y)+y\Delta p/\Delta y=MC(y)$ 处经营。整理后得到 $p(y)=MC(y)-y\Delta p/\Delta y$。由于需求曲线的斜率为负值,我们知道 $\Delta p/\Delta y<0$,这证明 $p(y)>MC(y)$。

10. 不对。对一家垄断企业征税会引起市场价格上升,但上升幅度会大于、等于或小于税收额。

11. 会引起一系列问题,包括决定企业的实际边际成本,确保能为所有消费者服务,保证垄断厂商在新的价格和产量水平上不亏损。

12. 一些适合的条件是:较大的固定成本和较小的边际成本,相对于市场来说大的最低效率规模,易于串谋等等。

第 26 章　垄断行为

1. 是的。如果允许它进行完全价格歧视的话。

2. 对于 $i=1,2$,$p_i=\varepsilon_i c/(1+\varepsilon_i)$。

3. 如果他能够实施完全价格歧视,他就能攫取全部的消费者剩余;如果他收取门票,他的境况相同。因此,垄断厂商在两种定价策略下的境况相同。(实际上,收取门票要比对每一个项目索要不同的价格来得容易。)

4. 这是第三级价格歧视。很明显,迪斯尼乐园的经营者相信,加利福尼亚南部居民比公园的其他游客具有更大的需求弹性。

第 27 章　要素市场

1. 对。买方垄断厂商可以在任何供给弹性水平上进行生产。

2. 因为按照这个工资,劳动供给将超过劳动需求,所以会出现失业。

3. 我们通过代入需求函数求出均衡价格。因为 $p=a-by$,所以我们可以由 y 的解得到 $p=\frac{3a+c}{4}$,因为 $k=a-2bx$,所以我们能利用 x 的解求出 $k=\frac{a+c}{2}$。

第 28 章　寡头垄断

1. 均衡时每个企业生产 $(a-c)/3b$,所以,整个行业的产量为 $2(a-c)/3b$。

2. 没有。由于所有企业具有相同的边际成本,它们中的哪一家生产产品无关紧要。

3. 不能。因为斯塔克尔伯格领导者的一个选择就是把产量定在古诺均衡的水平上。这是它至少能够做到的事情。

4. 我们从书中可知必有 $p[1-1/n|\varepsilon|]=MC$。由于 $MC>0$, $p>0$,必有 $1-1/n|\varepsilon|>0$,重新整理这个不等式就可得出结果。

5. 使 $f_2(y_1)$ 比 $f_1(y_2)$ 更陡峭即可。

6. 一般情况下不会。只有在伯特兰解中,价格才等于边际成本。

第 29 章　博弈论

1. 第 2 个参与人将以背信策略作为对第 1 个参与人采取的(错误)背信策略的反应。然后第 1 个参与人又以背信策略作出反应,因此,每个参与人都不断地以背信策略作为对另一个参与人采取的背信策略的反应!这个例子说明,当参与人在行动中或在他们对另一个参与人的行动的理解过程中发生错误时,针锋相对并不是一个很好的策略。

2. 对;不对。一个参与人偏好占优策略而不考虑对手的战略(即使对方也采用占优策略)。这样,如果所有参与人都采取占优策略,将会出现给定对方的策略所有参与人采用的正是最优策略的情况,从而形成纳什均衡。不过,并非所有的纳什均衡都是占优策略均衡,如表 29.2 所示的例子。

3. 并非必然。我们知道一个人的纳什均衡策略,是他在对手采用纳什均衡策略时可以选择的最优策略,但如果他的对手不这么做,那么,他就可能还有更好的策略。

4. 从形式上说,如果允许囚徒报复,博弈中的收益就可能发生变化。这会导致博弈产生帕累托有效率结果(例如,考虑两个囚徒都同意谁坦白就杀死谁,并且假定死亡的效用非常低这种情况)。

5. 占优纳什均衡策略是在每个回合都背信。这个策略是通过后向归纳过程得出的,这与推导有限的 10 回合例子所采用的方法相同。在相当短的时间阶段内,经验证据似乎表明参与人很少采用这一策略。

6. 均衡使参与人 B 选择左边,使参与人 A 选择上边。参与人 B 愿意先采取行动,因为由此产生的收益是 9 对 1。(注意,不管怎样,先采取行动在序贯博弈中并非始终有利,你能举个例子吗?)

第 30 章　博弈论的应用

1. 在一个纳什均衡中,每个参与人都对其他参与人的最优反应作出了自己最优的反应。在一个占优战略均衡中,每个参与人的选择都是对其他参与人任何选择的最优反应。

2. 没有。因为当 $r=1/3$ 时,存在无穷多个最优反应,而不是像函数的数学定义所要求的那样,只有一个最优反应。

3. 并非必要。这要取决于博弈的收益。在懦夫博弈中,如果双方都选择直线驾驶,他们将陷入最糟糕的境况。

4. 在均衡战略"行参与人按 0.7 的概率踢向左方而列参与人以 0.6 的概率扑向左方"中,这是行参与人的期望收益。我们必须加总行参与人在四个事件下的收益:行参与人踢向左方且列参与人扑向左方的概率×行参与人在这种情况下的收益+行参与人踢向右方而列参与人扑向左方的概率×行参与人在这种情况下的收益+……。这个数字等于 $0.7\times0.6\times50+0.7\times0.4\times80+0.3\times0.6\times90+0.3\times0.4\times20=62$。

5. 他表示他将出低价以赢得合同,但随后对任意的修改索要高价。客户只得接受,因为在工作中途进行转换的成本非常高。

第 31 章　行为经济学

1. 由于框架效应,第一组被实验者更愿意购买。

2. 选择分类效应使得玛丽选择的膳食更具多样性。

3. 根据经典消费者理论的观点,选择越多越好。然而,更多的选择可能误导雇员,10 种共同基金可能是更安全的选择。如果你决定提供 50 种共同基金,一个好的想法是将它们归并为相对更少的几类基金。

4. 连续出现三次硬币正面的概率为 $\frac{1}{2}\times\frac{1}{2}\times\frac{1}{2}=\frac{1}{8}=0.125$。

5. 这可称为"时间的不一致性"。

第 32 章　交换

1. 有可能。例如，设想一个某个人拥有一切资源的配置。这时，另一个人在这一配置中的境况比在一个他多少有些资源的配置中要差。

2. 不可能。因为这意味着在所谓的帕累托有效率配置中，存在某种使每个人的境况均改善的方法，这与帕累托效率的假定相矛盾。

3. 如果已知契约曲线，则任何交易都将出现在曲线上的某点，当然，我们并不知道在哪一点上。

4. 是的，但并非不使某个其他人的境况恶化。

5. 在剩余的两个市场中，超额需求的价值之和为零。

第 33 章　生产

1. 每放弃一单位椰子就可释放出价值 6 美元的资源，这能用来生产 2 磅(价值 6 美元)的鱼。

2. 较高工资会形成一条较陡的等利润线，这意味着厂商的利润最大化水平出现在现有均衡的左方，导致一个较低水平的劳动需求。不过在新的预算约束下，鲁滨逊打算供给大于需要的劳动水平(为什么?)，因此劳动市场就不处在均衡之中。

3. 给定一些假定条件，一个处于竞争均衡的经济是帕累托有效率的。一般认为这对于一个社会来讲是件好事，因为这表明经济中不存在使任何个人的境况改善而不影响其他人境况的可能。当然也可能出现社会宁可要一个不同的福利分配的情况，即社会宁愿以损害另一部分人的境况为代价使一部分人的境况获得改善。

4. 他将生产更多的鱼。他的边际替代率表明，他愿意为多生产 1 单位鱼而放弃生产 2 单位椰子。边际转换率表明他只需为多得到 1 单位鱼放弃 1 单位椰子。因此，通过放弃 1 单位椰子(即使他本来愿意放弃 2 单位)他能多得到 1 单位鱼。

5. 双方每天均需工作 9 小时。如果他们每天均工作 6 小时(鲁滨逊生产椰子，星期五捕鱼)，并把总产量的一半给对方，他们能生产相同产量。每天的工作时间从 9 小时减少到 6 小时是由于在每个人的比较优势基础上重新安排了生产。

第 34 章　福利

1. 主要的缺陷是存在许多不能进行比较的配置——没有办法在任意两个帕累托有效率配置之间加以抉择。

2. 它的形式为：$W(u_1, \cdots, u_n) = \max\{u_1, \cdots, u_n\}$。

3. 由于尼采福利函数只关心境况最好的个人，因此典型地，这一配置的福利最大化将包括一个人得到一切。

4. 假定不是这种情况，则每一个人妒忌某个其他人。创建一个"谁妒忌谁"的名单。例如 A 妒忌 B，B 又妒忌 C，等等。我们最终要发现的是哪一个妒忌别人的人出现在名单的最前列。假定循环为"C 妒忌 D 妒忌 E 妒忌 C"。再假定有以下交易：C 得到了 D 的东西，D 得到了 E 的东西，E 得到了 C 的东西。循环中的每个人都得到了他偏爱的组合，所以每个人的境况都得到了改善，但这样的话，最初的配置就不可能是帕累托有效率的。

5. 首先在 **x** 和 **z** 之间投票，然后在胜者(**z**)和 **y** 之间投票。或者首先在 **x** 和 **y** 之间投票，然后在胜者(**x**)和 **z** 之间投票。社会偏好不可传递的事实可以解释这种安排选举日程的能力的重要性。

第 35 章　外部效应

1. 对。通常效率问题会受到产权情况的影响。当然，当我们施加产权时，同时也施加了禀赋，它可以产生重要的分配结果。

2. 错误。

3. 来吧，和你的同寝室同学讨论一下吧，他们中总有人会知道答案的……。

4. 政府完全可以放弃最优数量的放牧权。还有一个替代方法是出售放牧权。(问题：这些权利按多少价格出售？提示：考虑一下租金。)政府还可以征税，每头牛为 t，这样 $f(c^*)/c^* + t = a$。

第36章 信息技术

1. 他们应该愿意最多支付50美元,因为这就是在长期内他们希望从这个客户身上所实现利润的现值。

2. 用户将偏爱拥有最多使用者的软件包,因为这将使他们交换有关如何使用程序的文件和信息变得更加方便。

3. 在这种情况下,利润最大化问题是一致的。如果两人共享一台录像机,生产商将使价格翻番,从而得到相同的利润。

第37章 公共物品

1. 应使边际替代率之和等于提供公共物品的边际成本。MRS的和是20($=10\times 2$),边际成本是$2x$,这样方程为$2x=20$,可得$x=10$。路灯的帕累托有效率数量是10。

第38章 不对称信息

1. 因为在均衡时只有低质量的汽车被交换,且每次交换都有200美元的消费者剩余,所以创造的总的消费者剩余为$50\times 200=10\,000$美元。

2. 如果汽车是被随机分配的,每次交换的平均剩余就等于平均支付意愿1 800美元减去平均销售意愿1 500美元的差,由此得到每次交换的平均剩余是300美元,我们有100次交换,所以我们得到的总剩余是30 000美元,该境况比市场解更好。

3. 我们从本章获知,最优激励计划的形式是$s(x)=wx+K$。工资w必须等于工人的边际产品,这里的边际产品等于1。常数K要选得使工人在最优选择情况下的效用$\bar{u}=0$。x的最优选择发生在价格1等于边际成本x的地方,取$x^*=1$。在这点上,工人得到的效用为$x^*+K-c(x^*)=1+K-1/2=1/2+K$。因为工人的效用必须等于0,所以必然有$K=-1/2$。

4. 我们在上一个答案中看到,最优生产水平上的利润是1/2。因为$\bar{u}=0$,所以工人愿意支付1/2租用技术。

5. 如果工人要达到1的效用水平,厂商就必须一次性支付给工人1/2。

英汉名词对照表

absolute value　绝对值
active decision　主动决策
ad valorem subsidy　从价补贴
ad valorem tax　从价税
Adobe　Adobe 公司
Adobe Systems　Adobe 系统
AdSense　相关广告
adverse selection　逆向选择
Adwords　赞助商链接
affine function　仿射函数
after-tax interest rate　税后利率
aggregate demand　总需求
aggregate excess demand　总超额需求
aggregate excess demand function　总超额需求函数
airline industry　航空业
all other goods　其他各种商品
allocation　配置
　fair　公平配置
　feasible　可行配置
　final　最终配置
　initial endowment　初始禀赋配置
allocation of resources　资源配置
anchoring effect　锚定效应
Apple　苹果公司
appreciation　升值
arbitrage　套利
　rule　套利规则
Arrow's Impossibility Theorem　阿罗不可能性定理
Arrow, Kenneth　肯尼思·阿罗
asset bubbles　资产泡沫
asset integation hypothesis　资产整合假说
assets　资产
assurance game　保证博弈
asymmetric information　不对称信息
auction　拍卖
average cost　平均成本
　curve　平均成本曲线
　fixed　平均不变成本
　long-run　长期平均成本
　pricing　平均成本定价
　short-run　短期平均成本
　variable　平均可变成本
average cost function　平均成本函数
axioms　公理

backward-bending labor supply curve　向后弯曲的劳动供给曲线
bad　厌恶品
Bangladesh　孟加拉国
barriers to entry　进入壁垒
battle of sexes　性别战
behavioral economics　行为经济学
behavioral game theory　行为博弈理论
Benthamite welfare function　边沁主义福利函数
Bergson-Samuelson welfare function　伯格森-萨缪尔森福利函数
Bertrand competition　伯特兰竞争
Bertrand equilibrium　伯特兰均衡
best response　最优反应
best response curve　最优反应曲线
beta　β 值
bid increment　竞价增量
bidding agent　竞价代理人
bidding pools　竞价联盟
bliss　最佳点
bond　债券
borrower　借款人
boundary optimum　边界最优
bracketing　选择分类
budget　预算
　constraint　预算约束
　line　预算线
　set　预算集
bulk discounts　数量折扣
bundles　搭售

cap and trade　限额交易

capital　资本
　financial　金融资本
　physical　物质资本
Capital Asset Pricing Model(CAPM)　资本资产定价模型
capital gains　资本利得
capital goods　资本货物
carbon taxes　碳税
cardinal utility　基数效用
cartel　卡特尔
catastrophe bonds　巨灾债券
cell phone industry　手机产业
chain rule　链式法则
chicken　懦夫博弈
Chinese economic reforms　中国经济改革
choice behavior　选择行为
choice under uncertainty　不确定性条件下的选择
classical utilitarian　古典效用主义
Coase Theorem　科斯定理
Cobb-Douglas　柯布-道格拉斯
　demand　柯布-道格拉斯需求
　preference　柯布-道格拉斯偏好
　production function　柯布-道格拉斯生产函数
　technology　柯布-道格拉斯技术
　utility　柯布-道格拉斯效用
collusion　串谋
command mechanism　指令机制
commitment　承诺
commitment devices　承诺机制
common-value auction　共同价值拍卖
commons　公地
　tragedy of　公地的悲剧
commuting behavior　通勤行为
comparative advantage　比较优势
comparative statics　比较静态
compensated demand　补偿需求
compensated demand curve　补偿需求曲线
compensating variation　补偿变化
competitive　竞争
　behavior　竞争行为
　equilibrium　竞争均衡
　market　竞争市场
　market and Pareto efficiency　竞争市场和帕累托效率

complement　互补品
　gross　总互补品
complementary goods　互补品
complements　互补性
complete preferences　完全偏好
composite function　复合函数
composite good　复合商品
computer chips　计算机芯片
concave　凹性
　preferences　凹偏好
　utility function　凹的效用函数
conditional factor demand　有条件的要素需求
condominiums　共用
Congress　国会
consols　统一公债
constant average cost　不变平均成本
constant returns to scale　规模报酬不变
constant elasticity demand curve　不变弹性需求曲线
constrained maximization　约束最大化
constraint　约束
　economic　经济约束
　market　市场约束
consumer preferences　消费者偏好
consumer's surplus　消费者剩余
　change in　消费者剩余的变化
　gross　总消费者剩余
consumption　消费
　bundle　消费束
　contingent　或有消费
　externality　消费的外部效应
　returns　消费报酬
continuous function　连续函数
contract curve　契约曲线
convex　凸性
　indifference curve　凸的无差异曲线
　isoquant　凸的等产量线
　preferences　凸偏好
　set　凸集
　technology　凸的技术
cooperative game　合作博弈
cooperative insurance　合作保险
coordination game　协调博弈
copyrights　版权
corporation　公司
cost　成本

average 平均成本
average, fixed 平均不变成本
average, long-run 长期平均成本
average, variable 平均可变成本
fixed 不变成本
long run 长期成本
long run, average 长期平均成本
long run, marginal 长期边际成本
marginal 边际成本
private 私人成本
short run, average 短期平均成本
variable 可变成本
costly information 信息成本
counterparty risk 交易对象风险
coupon 息票
Cournot 古诺
equilibrium 古诺均衡
model 古诺模型

datacenter 数据中心
deadweight loss 额外损失
due to monopoly 由垄断引起的额外损失
due to tax 由税收引起的额外损失
decentralized resource allocation 分散的资源配置
decreasing return to scale 规模报酬递减
demand 需求
curve 需求曲线
curve facing the firm 厂商面临的需求曲线
elastic 有弹性的需求
function 需求函数
inelastic 无弹性需求
revelation 需求显示
unit elastic 单位弹性需求
demanded bundle 需求束
dependent variable 因变量
depletable resources 可耗竭资源
derivative 导数
derived factor demands 派生的要素需求
diminishing marginal rate of substitution 边际替代率递减
diminishing technical rate of substitution 技术替代率递减
Ding 叮
direct revelation mechanism 直接显示机制
directly revealed preferred 直接显示偏好
discrete good 离散商品
discriminating monopolist 歧视性垄断厂商
disequilibrium 不均衡
Disney 迪斯尼公司
Disneyland dilemma 迪斯尼乐园的两难选择
distortionary tax 扭曲税
distributional consequences 分配结果
diversification 多样化
dividend 股息,红利
dominant strategy 占优策略
equilibrium 占优策略均衡
dominates 控制,支配
double markup 双重加成定价
downstream monopolist 下游垄断厂商
duopoly 卖方双头垄断
game 卖方双头垄断博弈
Dupuit, Emile 埃米尔·迪皮
Dutch auction 荷兰式拍卖

eBay 电子港湾
economic mechanism 经济机制
economic mechanism design 经济机制设计
economic rent 经济租金
Edgeworth box 埃奇沃思方框图
effective price 有效价格
efficiency 效率
prices 效率价格
effluent fees 排污费
elasticity 弹性
and revenue 弹性和收益
demand 弹性需求
electricity 电力
emission standards 排污标准
emissions licenses 排放许可
endogenous variable 内生变量
endowment 禀赋
of consumption 消费禀赋
of time 时间禀赋
endowment income effect 禀赋收入效应
Engel curve 恩格尔曲线
English auction 英国式拍卖
entitlement program 权利计划
entry 进入
deterrence 进入阻挠
envy 妒忌
equation 方程

hawk-dove game　鹰-鸽博弈
Hicks substitution effect　希克斯替代效应
hidden action　隐藏行动
hidden information　隐藏信息
homothetic preferences　相似偏好
horizontal intercept　横截距
horizontal supply curve　水平供给曲线
housing　住房
　rate of return on　住房报酬率
　rental rate on　住房租金率
　tax treatment of　住房税务处理
hyperbolic discounting　双曲线贴现

identity　恒等(式)
implicit income　隐含收入
implicit rental rate　隐含租金率
incentive compatibility constraint　激励相容约束
incentive systems　激励体系
income　收入
　distribution　收入分配
　effect　收入效应
　expansion path　收入扩展线
　offer curves　收入提供曲线
　tax　所得税
income elasticity of demand　需求的收入弹性
increasing return to scale　规模报酬递增
independence assumption　独立性假定
independent variable　自变量
index fund　指数基金
indexing　指数化
indifference　无差异
indifference curve　无差异曲线
　construction of　无差异曲线的构造
indirect revealed preference　间接显示偏好
individualistic welfare function　个人福利函数
industry equilibrium　行业均衡
　long run　长期行业均衡
　short run　短期行业均衡
industry supply curve　行业(市场)供给曲线
inelastic　无弹性
inferior good　低档商品
inflation　通货膨胀
inflation rate　通货膨胀率
　expected rate of　预期通货膨胀率
information economy　信息经济
inframarginal　边际内
initial endowment　初始禀赋
installment loans　分期贷款
insurance　保险
Intel　英特尔公司
intellectual property　知识产权
intensive margin　集约边际
interest rate　利率
　nominal　名义利率
　real　实际利率
interior optimum　内部最优
internal monopolist　内部垄断者
internalization of production externalities　生产外部效应的内在化
internalize　内在化
intertemporal　跨期
　budget constraint　跨期预算约束
　choice　跨期选择
InterTrust Technology　联聚信科公司
intransitive preferences　非传递偏好
intransitivity　非传递性
inverse demand function　反需求函数
inverse function　反函数
inverse supply function　反供给函数
Iraq　伊拉克
isocost lines　等成本线
isoprofit curves　等利润线
isoprofit lines　等利润线
isoquant　等产量线
isowelfare lines　等福利线

jewelry　珠宝
joint production possibilities set　联合生产可能性集

kinky tastes　折拗的偏好
Kodak　柯达

labor　劳动
　market　劳动市场
　supply　劳动供给
　supply curve, backward bending　向后弯曲的劳动供给曲线
Laffer　拉弗
　curve　拉弗曲线
　effect　拉弗效应

Lagrange multiplier　拉格朗日乘数
Lagrangian　拉格朗日算子
Laspeyres　拉氏
　price index　拉氏价格指数
　quantity index　拉氏数量指数
Law of Demand　需求定律
law of diminishing marginal product　边际产品递减规律
leisure　闲暇
lender　借款人
level set　水平集
linear demand　线性需求
linear function　线性函数
LinkedIn　人际网
liquidity　流动性
liquor license　酒业执照
loans　贷款
lock-in　锁定
logarithm　对数
long run　长期
　average cost　长期平均成本
　marginal costs　长期边际成本
　cost function　长期成本函数
　equilibrium　长期均衡
　supply curve　长期供给曲线
　supply function　长期供给函数
loss averse　规避损失
lower envelope　下包络线
lump sum　总额
　subsidy　总额补贴
　tax　总额税
luxury good　奢侈品

maintained hypothesis　既定的假设
majority voting　多数人投票
marginal change　边际变化
marginal cost　边际成本
marginal product　边际产品
marginal rate of substitution(MRS)　边际替代率
marginal rate of transformation　边际转换率
marginal revenue　边际收益
marginal revenue product　边际产品收益
marginal utility　边际效用
marginal willingness to pay　边际支付意愿
market　市场
　constraint　市场约束
　demand　市场需求
　environment　市场环境
　equilibrium　市场均衡
　line　市场线
　portfolio　市场组合
　supply　市场供给
　system　市场体系
market supply curve　市场供给曲线
markup pricing　成本加成定价
maturity date　到期日
maximum　最大值
mean　均值
mean-variance model　均值-方差模型
measured income　已评定的收入
median expenditure　中位数支出水平
Mickey Mouse　米老鼠
Microsoft Corporation　微软公司
minimax social welfare function　最小最大社会福利函数
minimum　最小值
minimum efficient scale(MES)　最小有效规模
minimum wage　最低工资
mixed strategy　混合策略
model　模型
monitoring cost　监督成本
monopolist　垄断者
　discriminating　实行价格歧视的垄断者
monopolistic competition　垄断竞争
monopoly　垄断
　deadweight loss　垄断的额外净损失
　government-run　政府经营的垄断企业
　inefficiency　垄断低效率
　natural　自然垄断
　Pareto efficiency　帕累托效率
monopsony　买方垄断
monotonic　单调的
　transformation　单调变换
monotonicity　单调性
moral hazard　道德风险
MS-DOS　微软操作系统
municipal bonds　市政债券
mutual fund　共同基金
mutually assured destruction　相互确保毁灭
MySpace　聚友网

Nash bargaining model　纳什讨价还价模型
Nash equilibrium　纳什均衡
natural monopoly　自然垄断
necessary condition　必要条件
necessary good　必需品
negative correlation　负相关
negative framing　负面信息框架
negative monotonic function　负单调函数
net buyer　净购买者
net consumer's surplus　净消费者剩余
net demand　净需求
net present value　净现值
net producer's surplus　净生产者剩余
net seller　净出售者
net supplier　净供给者
Netscape Communications Corporation　Netscape通讯公司
network externality　网络外部性
neutral good　中性商品
no arbitrage condition　无套利条件
nominal rate of interest　名义利率
nonconvex preferences　非凸性偏好
nonconvexity　非凸性
nonlabor income　非劳动收入
nonlinear pricing　非线性定价
normal good　正常商品
number portability　号码可携性
numeraire　计价物

objective function　目标函数
offer curves　提供曲线
oil　石油,原油
oligopoly　寡头垄断
online bill payment service　在线账单支付服务
OPEC(Organization of Petroleum Exporting Countries)　欧佩克(石油输出国组织)
opportunity cost　机会成本
optimal choice　最优选择
optimality condition　最优化条件
optimization principle　最优化原理
ordinal utility　序数效用
ordinary good　普通商品
ordinary income effect　普通收入效应
Organization of Petroleum Exporting Countries (OPEC)　石油输出国组织(欧佩克)
overconfidence　自负
overtime wage　加班工资

Paasche　帕氏
　price index　帕氏价格指数
　quantity index　帕氏数量指数
paradox of voting　投票悖论
Pareto efficiency, competitive market　帕累托效率,竞争市场
Pareto efficient　帕累托有效率
　allocation　帕累托有效率配置
　competitive market　帕累托有效率竞争市场
　discriminating monopolist　帕累托有效率的实行价格歧视的垄断者
　monopoly　帕累托有效率垄断
　rent control　帕累托有效率房租管制
Pareto improvement　帕累托改进
Pareto inefficient　帕累托低效率
Pareto set　帕累托集
partial derivative　偏导数
partial equilibrium　局部均衡
participation constraint　参与约束
partnership　合伙制
passing along a tax　税收的转嫁
patent　专利,专利权
patent portfolios　专利组合
patent thicket　专利丛林
payoff matrix　收益矩阵
perfect complements　完全互补品
perfect price discrimination　完全价格歧视
perfect substitutes　完全替代品
perfectly discriminating monopolist　实行完全价格歧视的垄断者
perfectly elastic　完全弹性
perfectly inelastic　完全无弹性
perpetuities　终身年金
philatelist auction　集邮者拍卖
physical capital　物质资本,实物资本
Pigouvian tax　庇古税
pivotal agent　关键行为人
pivoted and shifted budget lines　转动和移动的预算线
pollution　污染
Polonius point　波洛尼厄斯点
pooling equilibrium　混同均衡
portfolio　资产组合
position auction　位置拍卖

positive affine transformation　正仿射变换
positive framing　正面信息框架
positive monotonic function　正单调函数
preference(s)　偏好
　ordering　序数偏好
　strict　严格偏好
　axioms　偏好公理
　complete　完备性
　concave　凹状偏好
　convex　凸状偏好
　estimation　偏好估计
　maximization　偏好最大化
　nonconvex　非凸状偏好
　over probability distributions　对概率分布的偏好
　reflexive　自反性
　single peaked　单峰偏好
　strict　严格偏好
　transitive　传递性
　weak　弱偏好
　recovering　恢复偏好
present value　现值
　of consumption　消费现值
　of income　收入现值
　of profit　利润现值
　of the firm　企业的现值
price　价格
　allocative role of　价格的配置作用
　controls　价格控制
　discrimination　价格歧视
　distributive role　价格的分配作用
　elasticity of demand　需求的价格弹性
　follower　价格追随者
　leader　价格领导者
　maker　价格制定者
　of risk　风险价格
　offer curve　价格提供曲线
　supports　价格支持
　taker　价格接受者
price discrimination　价格歧视
Principle of Revealed Preference　显示偏好原理
prisoner's dilemma　囚徒困境
private costs　私人成本
private-value auction　个人价值拍卖
probability distribution　概率分布
producers' surplus　生产者剩余
product differentiation　产品差别
production　生产
　externalities　生产的外部性
　function　生产函数
　possibilities frontier　生产可能性边界
　possibilities set　生产可能性集
　set　生产集
　techniques　生产技术
profits　利润
　economic　经济利润
　long-run　长期利润
　maximization　利润最大化
　short-run　短期利润
property rights　产权
proprietorship　业主制企业
public good　公共物品
punishment strategy　惩罚策略
purchasing power　购买力
pure competition　完全竞争
pure exchange　纯交换
pure strategy　纯策略
purely competitive　完全竞争

quality　质量
　choice　质量选择
quantity　数量
　follower　数量追随者
　leader　数量领导者
　subsidy　从量补贴
　tax　从量税
quasi-fixed costs　准不变成本
quasi-fixed factors　准不变要素
quasilinear　拟线性
　preferences　拟线性偏好
　utility　拟线性效用

randomize　随机化
rank-order voting　排列-顺序投票
rate of change　变化率
rate of exchange　汇率
rate of return　收益率,报酬率
rationing　配给
Rawlsian social welfare function　罗尔斯社会福利函数
reaction curve　反应曲线
real interest rate　实际利率

Real Time Pricing(RTP)　实时定价
real wage　实际工资
recovering preferences　恢复偏好
reflexive　自反的
　preferences　自反性偏好
regulatory boards　管制委员会
reinsurance market　再保险市场
relative prices　相对价格
rent　租金
　control　租金控制
　control and Pareto efficiency　租金控制和帕累托效率
　economic　经济租金
　seeking　寻租
rental rate　租金率
repeated games　重复博弈
representative consumer　代表性消费者
reservation price　保留价格
residual claimant　剩余索取者
residual demand curve　剩余需求曲线
resource allocation　资源配置
　decentralized system　分权制资源配置
returns to scale　规模报酬
　and the cost function　规模报酬和成本函数
　constant　规模报酬不变
　decreasing　规模报酬递减
　increasing　规模报酬递增
revealed preference　显示偏好
revealed profitability　显示的盈利能力
revenue　收益
rights management　权限管理
risk　风险
　adjusted return　风险调整收益
　adjustment　风险调整
　averse　风险厌恶
　averter　风险厌恶者
　lover　风险爱好者
　neutral　风险中立者
　premium　风险溢价
　spreading　分散风险
risk-free asset　无风险资产
riskless arbitrage　无风险套利
risky asset　风险资产
　taxation　风险资产税
Robinson Crusoe economy　鲁滨逊·克鲁索经济
rock paper scissors　石头剪刀布
Rubinstein bargaining model　鲁宾斯坦讨价还价模型

sales tax　销售税
satiation　餍足
sealed-bid auction　密封拍卖
search targeted ads　搜索导向的广告
second derivative　二阶导数
Second Theorem of Welfare Economics　福利经济学第二定理
second-degree price discrimination　第二级价格歧视
second-order condition　二阶条件
security　证券
self select　自选择
separating equilibrium　分离均衡
sequential game　序贯博弈
sequential moves　序贯行动
shadow price　影子价格
sharecropping　分成制
shareholder voting rights　股东投票权
sheepskin effect　羊皮效应
short run　短期
　average cost　短期平均成本
　cost function　短期成本函数
　supply curve　短期供给曲线
shutdown condition　停产条件
signaling　发送信号
simultaneous game　同时博弈
simultaneous move　同时行动
single peaked preferences　单峰偏好
slope　斜率
Slutsky　斯勒茨基
　demand function　斯勒茨基需求函数
　equation　斯勒茨基方程
　equation，with endowment　具有禀赋的斯勒茨基方程
　identity　斯勒茨基恒等式
　income effect　斯勒茨基收入效应
　substitution effect　斯勒茨基替代效应
Smith，Adam　亚当·斯密
smooth function　平滑函数
social cost　社会成本
social norms　社会准则
social preference　社会偏好

unit elastic demand　单位弹性需求
upstream monopolist　上游垄断厂商
utility　效用
　function　效用函数
　function, concave　凹的效用函数
　possibilities frontier　效用可能性边界
　possibilities set　效用可能性集

value　价值
value at risk　风险价值
value of the marginal product　边际产品价值
value tax　从价税
VaR　风险价值
variable cost　可变成本
variable factor　可变要素
variance　方差
VCG mechanism　VCG 机制
Verizon Wireless　Verizon 无线
vertical intercept　纵截距
Vickrey anction　维克里拍卖
Vickrey-Clarke-Groves mechanism　维克里-克拉克-格罗夫斯机制
von Neumann-Morgenstern utility function　冯·诺伊曼-摩根斯坦效用函数
voting mechanisms　投票机制
voting system　投票制度

wage labor　雇佣劳动
waiting in line　排队等候
Walras' law　瓦尔拉斯法则
Walrasian equilibrium　瓦尔拉斯均衡
warranty　保证书
Weak Axiom of Cost Minimization (WACM)　成本最小化弱公理
Weak Axiom of Profit Maximization (WAPM)　利润最大化弱公理
Weak Axiom of Revealed Preference　显示偏好弱公理
weak preference　弱偏好
weakly preferred set　弱偏好集
web page　网页
weighted-sum-of-utilities welfare function　效用加权求和的福利函数
welfare function　福利函数
　Bergson-Samuelson　伯格森-萨缪尔森福利函数
　individualistic　个人主义的福利函数
　Rawlsian(minimax)　罗尔斯(最小最大)社会福利函数
welfare maximization　福利最大化
well-behaved indifference curve　良态无差异曲线
well-behaved preferences　良态偏好
windfall profits　暴利
　tax　暴利税
Winner's Curse　胜者的诅咒

Yahoo　雅虎公司

zero profits　零利润
zero-sum game　零和博弈

上海市版权局著作权合同登记号:图字 09-2014-710

图书在版编目(CIP)数据

微观经济学:现代观点:第9版/(美)范里安著;
费方域、朱保华等译.—上海:格致出版社:上海人民出版社,
2014(2019.4重印)
(当代经济学系列丛书/陈昕主编.当代经济学教
学参考书系)
ISBN 978-7-5432-2461-2

Ⅰ.①微… Ⅱ.①范… ②费… Ⅲ.①微观经济学
Ⅳ.①F016

中国版本图书馆CIP数据核字(2014)第277701号

责任编辑 李 娜
装帧设计 敬人设计工作室
吕敬人

微观经济学:现代观点(第九版)
[美]哈尔·R.范里安 著
费方域 朱保华 等译

出 版 格致出版社
上海三联书店
上海人民出版社
(200001 上海福建中路193号)
发 行 上海人民出版社发行中心
印 刷 浙江临安曙光印务有限公司
开 本 787×1092 1/16
印 张 36.25
插 页 3
字 数 820,000
版 次 2015年1月第1版
印 次 2019年4月第6次印刷
ISBN 978-7-5432-2461-2/F·796
定 价 65.00元

当代经济学教学参考书系

微观经济学：现代观点（第九版）/H.范里安著
鲁宾斯坦微观经济学讲义（第二版）/阿里尔·鲁宾斯坦著
机制设计理论/提尔曼·伯格斯著
博弈论/迈克尔·马希勒等著
金融市场学/彭兴韵著
信息与激励经济学（第三版）/陈钊著
经济增长导论（第三版）/查尔斯·I.琼斯等著
劳动经济学：不完全竞争市场的视角/提托·博埃里等著
衍生证券、金融市场和风险管理/罗伯特·A.加罗等著
劳动和人力资源经济学——经济体制与公共政策（第二版）/陆铭等著
国际贸易理论与政策讲义/理查德·庞弗雷特著
高级微观经济学教程/戴维·克雷普斯著
金融基础：投资组合决策和证券价格/尤金·法玛著
环境与自然资源经济学（第三版）/张帆等著
集聚经济学：城市、产业区位与全球化（第二版）/藤田昌久等著
经济数学引论/迪安·科尔贝等著
博弈论：经济管理互动策略/阿维亚德·海菲兹著
新制度经济学——一个交易费用分析范式/埃里克·弗鲁博顿等著
产业组织：市场和策略/保罗·贝拉弗雷姆等著
数量金融导论：数学工具箱/罗伯特·R.雷伊塔诺著
《微观经济学：现代观点》练习册（第九版）/H.范里安等著
现代宏观经济学高级教程：分析与应用/马克斯·吉尔曼著
政府采购与规制中的激励理论/让·梯若尔等著
集体选择经济学/乔·B.史蒂文斯著
市场、博弈和策略行为/查尔斯·A.霍尔特著
公共政策导论/查尔斯·韦兰著
宏观经济学：现代原理/泰勒·考恩等著
微观经济学：现代原理/泰勒·考恩等著
微观经济理论与应用：数理分析（第二版）/杰弗里·M.佩洛夫著
国际经济学（第七版）/西奥·S.艾彻等著
金融学原理（第五版）/彭兴韵著
新动态财政学/纳拉亚纳·R.科彻拉科塔著
货币理论与政策（第三版）/卡尔·瓦什著
全球视角的宏观经济学/杰弗里·萨克斯著
《微观经济学》学习指南（第三版）/周惠中著
《宏观经济学》学习指南/大卫·吉立特著
法和经济学（第六版）/罗伯特·考特等著
宏观经济理论/让-帕斯卡·贝纳西著
国际经济学（第五版）/詹姆斯·吉尔伯著
博弈论与信息经济学/张维迎著
计量经济学（第三版）/詹姆斯·H.斯托克等著
微观经济学（第三版）/周惠中著
基本无害的计量经济学：实证研究者指南/乔舒亚·安格里斯特等著
中级公共经济学/吉恩·希瑞克斯等著
应用微观经济学读本/克莱格·M.纽马克编
理性的边界/赫伯特·金迪斯著
合作的微观经济学/何维·莫林著
宏观经济学数理模型基础/王弟海著
策略：博弈论导论/乔尔·沃森著
博弈论教程/肯·宾默尔著
经济增长（第二版）/罗伯特·J.巴罗著
宏观经济学/查尔斯·琼斯著
经济社会的起源（第十三版）/罗伯特·L.海尔布罗纳著
政治博弈论/诺兰·麦卡蒂等著
发展经济学/斯图亚特·R.林恩著
宏观经济学：现代观点/罗伯特·J.巴罗著
合同理论/帕特里克·博尔顿等著
高级微观经济学/黄有光等著
货币、银行与经济（第六版）/托马斯·梅耶等著
全球市场中的企业与政府（第六版）/默里·L.韦登鲍姆著
经济理论中的最优化方法（第二版）/阿维纳什·K.迪克西特著